NomosPraxis

Dipl. Psych. Dr. Helen A. Castellanos
Sachverständige für Forensische Psychologie

Psychologische Sachverständigengutachten im Familienrecht

Grundlagen | Qualitätsstandards
Mustergutachten

3. Auflage

Nomos

Zitiervorschlag: Castellanos, Sachverständigengutachten, § 1 Rn. 1

Die Deutsche Nationalbibliothek verzeichnet diese Publikation in der Deutschen Nationalbibliografie; detaillierte bibliografische Daten sind im Internet über http://dnb.d-nb.de abrufbar.

ISBN 978-3-8487-6936-0

3. Auflage 2021

Vorwort

In den letzten 30 Jahren hat sich kaum etwas so stark verändert wie die Kommunikationstechnologie – und das Familienleben. Menschen gründen unter Bedingungen eine Familie, die noch vor einer Generation undenkbar waren: Unfruchtbare Paare lassen Kinder aus eigenem, teilweise oder gänzlich fremdem genetischem Material austragen, homosexuelle Paare erfüllen sich ihren Kinderwunsch, Väter werden zu Müttern umoperiert und umgekehrt. Das traditionelle Rollenverständnis hat begonnen, sich aufzulösen. Eine Familie besteht mittlerweile nur noch aus Menschen, die sich emotional zusammengehörig fühlen und aus verschiedenen Generationen stammen, ohne dass unbedingt eine biologische Abstammung besteht.

Und das Familienrecht versucht, diesen Veränderungen gerecht zu werden.

Trotzdem sind die grundlegenden Themen, mit denen Kinder bei familiären Umbrüchen oder gefährdenden Bedingungen im Elternhaus konfrontiert werden, gleich geblieben: Angst, Unsicherheit, unklare Zukunftsperspektiven, Anpassungsleistungen an veränderte Lebenssituationen, Stress, Trennungsschmerz, Sorge um Geschwister oder um die Eltern, um nur einige zu nennen.

Psychologische Sachverständige übernehmen mit ihren Empfehlungen, die in eine richterliche Entscheidung eingehen, Mitverantwortung für den Lebensweg der von ihnen untersuchten Familienmitglieder, insbesondere der Kinder. Sie müssen sich der Tragweite ihrer Empfehlungen bewusst sein. Je nachdem, wie diese ausfallen, werden Biografien geschrieben, die sich im Fall einer anderslautenden Entscheidung divergent gestaltet hätten. Kinder werden als Erwachsene sowohl die entbehrenden als auch die unterstützenden Erfahrungen aus ihrer Kindheit mit großer Wahrscheinlichkeit an die nachfolgende Generation weitergeben. Andererseits kann durch zielführende Interventionen dazu beigetragen werden, dass transgenerationale Wiederholungen negativer Muster unterbrochen werden.

Die dritte Auflage dieses Fachbuchs aktualisiert und ergänzt die bisher diskutierten Aspekte hinsichtlich der Qualität, Verwertbarkeit, Wissenschaftlichkeit und Neutralität eines psychologischen Sachverständigengutachtens sowie das mittlerweile geänderte Sachverständigenrecht. Die theoretischen Grundlagen und die Methodik der Begutachtung wurden erneut überarbeitet und um den aktuellen Forschungsstand ergänzt. Der Zugang zu einigen neueren Themen wie Regenbogenfamilien oder unterschiedlichen Formen der Berichterstattung über die Ergebnisse der Begutachtung wird hergestellt. Auch aktuelle Fragestellungen, wie die Arbeit mit der steigenden Zahl von Familien mit Migrationshintergrund und die damit verbundene Notwendigkeit, in der Begutachtung kultursensitiv vorzugehen oder die Folgen außerfamiliärer Traumatisierungen einzubeziehen, werden diskutiert. Der Grundsatz, den Blick auf die betroffenen Kinder zu lenken und die Verantwortung der am Verfahren beteiligten Fachpersonen für diese zu stärken, bleibt dagegen unverändert und gilt auch für diese Auflage.

Christiane Hertkorn, die sich mittlerweile der stationären Jugendhilfe widmet, danke ich herzlich für die Mitarbeit an den ersten beiden Auflagen dieses Buches.

Für Ergänzungen, Anregungen, Kritik – und natürlich positive Rückmeldungen – bin ich weiterhin dankbar.

Helen A. Castellanos

im Oktober 2020

Inhaltsverzeichnis

Teil IV:
Begutachtung von Umgangskontakten nach § 1684 BGB

Teil V: Abschlussbericht der Sachverständigen

Teil I:
Allgemeine Richtlinien

Im ersten Teil des Buches werden allgemeine **Grundlagen** für die Durchführung von Sachverständigengutachten im familiengerichtlichen Verfahren vorgestellt. Ziel ist es dabei, die Richtlinien, Vorgehensweisen, Methoden und aktuellen Grundlagen der psychologischen Forschung darzustellen, um das Vorgehen von Sachverständigen im Rahmen der Begutachtung nachvollziehbar zu machen. Eine Besprechung der aktuellen fachlichen Diskussion zu Standards, Qualitätsmerkmalen und Mindestanforderungen an Sachverständigengutachten wird vorangestellt. 1

Dabei erscheint es zunächst wichtig, einerseits zwischen der **Begutachtung** als umfassendem diagnostischen Vorgehen mit möglicherweise sich anschließenden Interventionen und andererseits der Form der Berichterstattung hierüber als **Gutachten** zu unterscheiden. 2

In den vorliegenden Ausführungen werden Begutachtungsfragen ausgeschlossen, die im Rahmen strafrechtlicher Prozesse durchgeführt werden, wie beispielsweise hinsichtlich Aussagefähigkeit, Schuldfähigkeit und Kriminalprognose, da sich das dort notwendige Vorgehen, von dem im Familienrecht unterscheidet bzw. andere Aspekte im Vordergrund stehen. 3

A. Rahmenbedingungen der Begutachtung in familiengerichtlichen Verfahren

1. Formale und rechtliche Vorgaben für Sachverständige in Kindschaftsverfahren

Immer wieder kursieren in der **Presse** Berichte über Einzelschicksale, bei denen Gerichtsbeschlüsse, die der Empfehlung eines Sachverständigengutachtens gefolgt sind, schwerwiegende negative Konsequenzen für Kinder und/oder ihre Eltern nach sich gezogen haben. Nicht immer handelt es sich dabei um eine objektive Berichterstattung, und nicht selten wird polarisierend lediglich ein Familienmitglied befragt, das sich durch eine richterliche Entscheidung bzw. durch ein Sachverständigengutachten benachteiligt fühlte.[1] 4

Mittlerweile bestehen im Bereich der familienpsychologischen Begutachtung Vorgaben des Gesetzgebers und der Fachverbände, die Mindestanforderungen an die Qualifizierung von Sachverständigen bzw. die **Qualität** der Begutachtung formulieren. 5

Die Fachdiskussion beschäftigt sich beispielsweise mit der notwendigen **Qualifikation** und der angewandten Methodik der Sachverständigen. Die Ergänzung 6

1 S. hierzu Linsler, 2015.

einer reinen Statusdiagnostik durch eine lösungsorientierte Begutachtung, mit dem Ziel, auf die Herstellung eines Einvernehmens zwischen den Parteien hinzuwirken, hat die Rolle der Sachverständigen verändert, was nach Ansicht der Kritiker eine Rechtsunsicherheit bewirke.[2]

7 Ob der vorsitzende Richter einen Sachverständigen zur Begutachtung **beauftragt,** ist abhängig vom jeweiligen Vorwissen, der Bereitschaft des Einzelnen, sich fundiert mit der Familiendynamik auseinanderzusetzen, den gestellten Anträgen der Eltern oder des Jugendamts und den Vorerfahrungen über die Nützlichkeit von Sachverständigengutachten. Chronifizierte Elternkonflikte oder ein hohes Konfliktniveau zwischen den Parteien führen in der Praxis ebenfalls dazu, dass Richter psychologische Sachverständige beauftragen. Damit verbinden sie gelegentlich auch die Hoffnung, dass sich durch entsprechende psychologische, therapeutische oder mediative Interventionen eine richterliche Entscheidung erübrigen könnte. Aktuell wird in ca. 20 % der erstinstanzlichen kindschaftsrechtlichen Verfahren bzw. 28 % der zweitinstanzlichen Verfahren ein Sachverständigengutachten eingeholt.[3] Juristen schätzen die Nützlichkeit der Aussagen psychologischer Sachverständiger unterschiedlich ein.[4] Unter Juristen wurde die Kritik geäußert, dass in familienrechtlichen Verfahren zunehmend und teilweise ohne die entsprechende Erforderlichkeit Sachverständigengutachten in Auftrag gegeben werden, was unter anderem die Dauer der Verfahren zum Teil erheblich verlängere und diese verteuere.[5] Es wurde auf die Gefahr hingewiesen, dass sich Richter auf das Ergebnis eines Sachverständigengutachtens berufen, ohne sich selbst mit den Empfehlungen kritisch auseinandergesetzt zu haben.[6]

8 Im Oktober 2016 wurde vom Deutschen Bundestag ein Gesetz zur Änderung des **Sachverständigenrechts** beschlossen (§§ 404 ff. Zivilprozessordnung (ZPO)). Es beinhaltet folgende Eckpunkte:[7]

- Vor Benennung eines Sachverständigen durch den Richter können die Parteien zur Person des Sachverständigen gehört werden und ihrerseits Personen bezeichnen, die als Sachverständige geeignet sein könnten.
- Das Gericht hat die Tätigkeit der Sachverständigen zu leiten, sofern notwendig, vor Abfassung der Beweisfrage die Sachverständigen zu hören und diesen gegenüber zu bestimmen, welche streitigen Tatsachen sie der Begutachtung zugrunde legen sollen, inwieweit sie mit den Parteien in Verbindung treten

2 Korn-Bergmann & Purschke, 2014.
3 Antwort der Bundesregierng auf die Kleine Anfrage 19/20100 vom 07.07.2020, www.dip21.bundestag.de/dip21/btd/19/208/1920876.pdf.
4 Cuvenhaus, 2001.
5 Korn-Bergmann, 2013.
6 Herrler, 2015; Britz, 2015.
7 www.Bundesgesetzblatt.de, Jahrgang 2016, Teil I Nr. 48 (BGBl. 2016 I 2222).

dürfen und wann sie ihnen die Teilnahme an ihren Ermittlungen zu gestatten haben.

- Der Sachverständige hat unverzüglich nach Erhalt des Auftrags zu prüfen, ob der Auftrag in sein Fachgebiet fällt und ob ein Grund vorliegt, der geeignet ist, Misstrauen gegen seine Unparteilichkeit zu rechtfertigen und gegebenenfalls das Gericht darüber zu informieren. Hierunter sind objektive Gründe gefasst, wie die eigenständige Erweiterung der gerichtlichen Fragestellung, unsachliche oder diffamierende Argumentation des Sachverständigen gegenüber einem Probanden oder der Aufbau persönlicher Beziehungen zu einem Verfahrensbeteiligten.[8] Wird schriftliche Begutachtung angeordnet, setzt das Gericht dem Sachverständigen eine Frist, innerhalb derer er das von ihm unterschriebene Gutachten zu übermitteln hat. Bei unbegründeten Versäumnissen hiergegen kann ein Ordnungsgeld in Höhe von maximal 3.000 EUR verhängt werden. Das Gericht kann auch eine schriftliche Erläuterung oder Ergänzung des Gutachtens anordnen. Der Sachverständige hat auf Verlangen des Gerichts die Akten und Untersuchungsergebnisse unverzüglich herauszugeben.

Als **Sachverständige** sollen Personen bestellt werden, die mindestens über eine 9
psychologische, psychotherapeutische, kinder- und jugendpsychiatrische, psychiatrische, ärztliche, pädagogische oder sozialpädagogische Berufsqualifikation verfügen. Bei den letzten beiden Berufsgruppen muss der Sachverständige eine Zusatzqualifikation bezüglich ausreichender diagnostischer und analytischer Kenntnisse nachweisen.[9]

Vom Gericht beauftragte Sachverständige werden in Deutschland nach dem Jus- 10
tizvergütungsgesetz bezahlt. Zunehmend erfolgen dabei Beauftragungen, die den **Kostenrahmen** limitieren. Dies sollte nicht zulasten der Qualität der Begutachtung führen, kann sich aber unter Umständen in einer Verknappung der abschließenden Ergebnisdarstellung niederschlagen (→ Rn. 1066 ff.). In anderen europäischen Ländern wie Spanien und Frankreich sind Fallpauschalen bereits seit Langem üblich.

Kritiker merken an, dass als weiteres Instrument zur Verbesserung der Sach- 11
verständigengutachten eine bessere **Qualifikation der Familienrichter** notwendig wäre, damit diese sowohl die Geeignetheit des Sachverständigen für die Fragestellung als auch die Verwertbarkeit und Qualität der vorgelegten Begutachtungsergebnisse angemessen beurteilen können.[10]

---

8 Vogel, 2016.
9 Zu den Qualifikationserfordernissen von Sozialpädagogen s. Josupeit, Kursawe & Köhler, 2018.
10 Vesting, 2017. Vgl. hierzu auch den Gesetzentwurf für ein Gesetz zur Bekämpfung sexualisierter Gewalt gegen Kinder vom 22.10.2020, BR-Drs. 634/20.

12 Die psychologischen Berufsverbände (Bundesverband Deutscher Psychologinnen und Psychologen BDP, Bundes Psychotherapeuten Kammer BPtK, Deutsche Gesellschaft für Psychologie DGPs und Fachverband Systemisch-Lösungsorientierter Sachverständiger FSLS) beschäftigen sich ebenfalls mit der Entwicklung professionsübergreifender Qualitätsstandards und spezifischer Aus-, Fort- und **Weiterbildungen** von Sachverständigen (→ Rn. 15 ff.).[11]

2. Fachliche Anforderungen an psychologische Sachverständige

13 Als Sachverständige werden vom Gericht Experten benannt, die sich durch besonderes Fachwissen auf einem bestimmten Gebiet auszeichnen. Die **Beauftragung** erfolgt über eine förmliche Beweisaufnahme. Sachverständige sind nur bei Vorliegen wichtiger Gründe berechtigt, eine Beauftragung abzulehnen.

14 Für familiengerichtliche Fragestellungen werden vor allem Diplompsychologen oder Master of Art in Psychologie beauftragt, die aufgrund ihrer **Ausbildung** mit dem hierfür notwendigen Fachwissen vertraut sind. Hinzu kommen spezifische Fachkenntnisse beispielsweise aus den Bereichen Familienpsychologie (familiäre Interaktionen über die Lebensspanne), Entwicklungspsychologie (Veränderungen durch Reife- und Lernprozesse über die Lebensspanne), Pädagogische Psychologie (Lernprozesse in pädagogischen Kontexten),[12] Sozialpsychologie (intraindividuelle Prozesse und Auswirkungen sozialen Kontextes auf das Individuum), Kommunikationspsychologie, Klinische Psychologie (psychische Gesundheit, Krankheit und Therapie), Diagnostik und Intervention. In Einzelfällen kann ein spezifisches Fachwissen über Psychiatrie und Psychotherapie für Erwachsene bzw. Kinder und Jugendliche erforderlich sein.[13] Psychologische Sachverständige müssen sich zudem mit den rechtlichen Grundlagen hinsichtlich Familien- und Kindschaftsrecht sowie der Zivilprozessordnung vertraut machen.

15 Die Bezeichnung „Sachverständiger" ist gesetzlich nicht geschützt. Psychologische Sachverständige weisen zunächst den Erwerb des Diploms bzw. eines Masters of Art in Psychologie als Basisqualifikation nach, da die Tätigkeit eine eigenständige Leistung voraussetzt. Anschließend erwerben sie ihren **Fachkundenachweis** beispielsweise über die Akkreditierung durch die Psychotherapeutenkammer oder durch den Erwerb des „Fachpsychologen für Rechtspsychologie" beim Berufsverband Deutscher Psychologen. Öffentlich bestellte und vereidigte Sachverständige gibt es innerhalb Europas nur in Deutschland, vor allem in gewerblichen Berufen aus der Wirtschaft, Technik, Land- und Forstwirtschaft. Die vormals in Bayern durchgeführte öffentliche Bestellung psychologischer Sachverständiger wurde mittlerweile eingestellt. Zusatzqualifikationen aus der Klini-

11 Arbeitsgruppe Familienrechtliche Gutachten, 2019.
12 Richter et al., 2020.
13 Arbeitsgruppe Familienrechtliche Gutachten, 2019.

schen Psychologie (Psychotherapie), Mediation oder Familientherapie können bei der Erstellung psychologischer Sachverständigengutachten im familienrechtlichen Kontext hilfreich sein, sind jedoch keine unabdingbare Voraussetzung.

Um die **Qualifikation** von forensischen Sachverständigen zu sichern, bieten 16 die Berufsverbände den „Fachpsychologen für Rechtspsychologie BDP/DGPs" oder einen „postgradualen oder Weiterbildungsstudiengang (Master of Science Rechtspsychologie)" an. Weiter besteht für psychologische Psychotherapeuten die Möglichkeit zur Eintragung in der Sachverständigenliste der Psychotherapeutenkammer, nachdem seine Fachkunde überprüft wurde. Eine qualifizierte Ausbildung beispielsweise zum „Fachpsychologen Rechtspsychologie", angeboten von der „Föderation Deutscher Psychologenvereinigungen", umfasst nach Abschluss des Universitätsstudiums berufsbegleitend umfangreiche Weiterbildungsseminare (240 Unterrichtseinheiten), kontinuierliche Fallarbeit unter Supervision im Fachteam (120 Unterrichtseinheiten) sowie Fallarbeit in Einzelsupervision (30 Unterrichtseinheiten). Nach einer entsprechenden Prüfung wird ein Zertifikat erteilt. Die Aufrechterhaltung des Titels ist an die Verpflichtung zu Fortbildungen, Supervision und Teilnahme an einem Fallteam gebunden.

Darüber hinaus sind forensische Sachverständige angehalten, ihre Weiterbildung 17 zu sichern und ihre Arbeit der fachlichen **Supervision** zu unterziehen bzw. sich Fachteams anzuschließen.[14] Die ständige Teilnahme an Fortbildungen sowie die Auseinandersetzung mit dem aktuellen Forschungsstand wird ebenso vorausgesetzt. Teilweise ausschließlich Online kursierende Fortbildungen, „Zertifikatslehrgänge" oder „Institute" zur Verbesserung der Qualität von Sachverständigengutachten nutzen die bestehenden Unsicherheiten zwar marktwirtschaftlich aus, müssen jedoch gründlich auf ihre Seriosität hin geprüft werden.

Psychologische Sachverständige setzen sich ua mit der Qualität des Zusammenle- 18 bens beziehungsweise der familiären Beziehungen auseinander. Sie **untersuchen** die Qualität und Charakteristiken der in der betroffenen Familie vorherrschenden familiären Interaktionen, die besondere Beziehungsgeschichte, die innere Repräsentation von Beziehungen und die sich daraus ableitenden Erwartungen der untersuchten Personen über zukünftige, auch außerfamiliäre Beziehungen.[15] Familienrechtliche Sachverständige verfügen in der Regel ebenfalls über das Wissen und die Methoden, zwischen Eltern, Familien oder Behörden mediativ zu vermitteln und bei der Erarbeitung einvernehmlicher, außergerichtlicher, den Bedürfnissen der betroffenen Kinder entsprechenden Lösungen von Problemen mitzuwirken.[16] Die von ihnen durchgeführte Diagnostik ist überwiegend im Hinblick auf die gerichtliche Fragestellung entscheidungsorientiert, dh dient der Be-

14 Kannegießer, 2015.
15 Vgl. beispielsweise Gloger-Tippelt, 2000.
16 Balloff, 2006.

schreibung, Erklärung und Vorhersage relevanter Verhaltensbereiche. Sie machen zielführende Beobachtungen, minimieren Verzerrungen und erarbeiten möglichst reliable und valide Empfehlungen für das Gericht.[17] Neben der Kenntnis über die aktuelle Fachliteratur und neue Studien ist ein profundes Wissen über Standards und Qualität empirischer Forschungsmethoden notwendig.

19 Je nach zugrunde liegender Fragestellung und familiärer Konstellation sind weitere Qualifikationen der Sachverständigen hilfreich, wie beispielsweise besondere **interkulturelle Kompetenzen** oder Sprachkenntnisse bei Familien mit Migrationshintergrund.

20 In der Verantwortung der beauftragten Sachverständigen liegt es zu überprüfen, ob ihre **Sachkunde** und Kompetenz für die Beantwortung der gerichtlichen Fragestellung ausreichen.[18] Beinhaltet die gerichtliche Fragestellung Aspekte, die einem anderen, ihnen nicht vertrauten Sachbereich zugeordnet sind (bspw. Aussagepsychologie, medizinische Fragestellungen aus der Pädiatrie, Neurologie, Forensischen Pathologie oder Pharmazie), ist dies dem Gericht mitzuteilen.

B. Psychologische Gutachtenserstellung

1. Grundhaltung der psychologischen Sachverständigen

21 Neben dem fachspezifischen Sachverstand ist von für Familiengerichte tätigen Gutachtern auch „gesunder Menschenverstand" und Augenmaß zu fordern. Dies bedeutet beispielsweise, dass nur Interventionen empfohlen werden, die von den betroffenen Eltern auch umgesetzt werden können. Die Bewertung der erhobenen Daten darf nicht durch individuelle **Wertmaßstäbe** bestimmt sein, sondern sollte auf der Basis des Respekts vor der individuellen Lebensführung und Selbstbestimmung der Probanden, ihrer jeweiligen Wertmaßstäbe und kulturellen Hintergründe stattfinden. Sachverständige dürfen sich beispielsweise nicht ausschließlich an den in der deutschen Mittelschicht herrschenden Bedingungen orientieren.

22 Hilfreich ist hierbei, sich vor Augen zu halten, dass erzieherische **Normen** und Erwartungen an Elternschaft ständigen Veränderungen und Neudefinitionen unterworfen sind.[19] So gilt das, was noch vor drei Generationen (dh weniger als hundert Jahren) üblich war, heute teilweise als kindeswohlschädigend. Dazu zählen nicht nur körperliche Strafen in der Erziehung, sondern auch die geschlechtsspezifische Sozialisation, die Einstellungen zur Elternschaft oder zur Ausgestaltung von Partnerschaften.

17 Okulicz-Kozaryn, Schmidt & Banse, 2019.
18 ZB Grehsin & Lante, 2004.
19 ZB Juul, 2011.

Entsprechend ändert sich auch das Familienrecht, wobei gelebte Familie, gesellschaftliche Werte und Gesetzgebung einander gegenseitig beeinflussen.[20] Auch aktuell wird eine große Reform des **Kindschaftsrechts** diskutiert, durch die dem geänderten elterlichen Rollenverständnis Rechnung getragen und einvernehmliche Regelungen nach elterlicher Trennung gefördert werden sollen.[21] 23

Sowohl in der Medizin als auch in der Psychotherapie wird gemäß eines humanistischen Menschenbilds nach Linderung oder Heilung von menschlichem Leid gestrebt. Im Gegensatz dazu werden im Rahmen einer Begutachtung die betroffenen Probanden untersucht, ohne eine therapeutische Beziehung zu ihnen aufzubauen. Sachverständige sind damit in einer anderen **Rollenbeziehung** als behandelnde Therapeuten. Sie sollten Rückmeldungen über ihre Bewertung des Verhaltens eines Probanden unterlassen und diesem gegenüber emotional zurückhaltend sein. Gleichzeitig müssen sich aber die Probanden möglichst offen darstellen und persönliche Informationen preisgeben. 24

Die begutachteten Eltern fühlen sich mitunter in ungerechtfertigter Weise abgelehnt, unverstanden oder stigmatisiert, sie leiden unter Schuld- und Schamgefühlen und darunter, ihre persönliche Situation im öffentlichen Raum rechtfertigen zu müssen. Dieses Spannungsfeld erfordert von Sachverständigen im familienrechtlichen Verfahren eine besondere Beachtung **ethischer Grundlagen**. In erster Linie ist dies eine unbelastete und vorurteilsfreie Einstellung gegenüber der zu begutachtenden Familie, unabhängig von den Akteninhalten. Weiter ist Offenheit in Bezug auf das Ergebnis und den Ausgang der Begutachtung unter Einbezug aller Entwicklungs- und Interventionsmöglichkeiten gefordert. Die betroffenen Familien sind ungeachtet ihrer Herkunft, Religion, Lebensführung und politischen Einstellungen zu respektieren. Dies umfasst beispielsweise auch die Bereitschaft, Probanden die Möglichkeit einer muttersprachlichen Befragung zu bieten und sich gegebenenfalls über spezifische kulturelle Besonderheiten explizit zu informieren (→ Rn. 299 ff.). Auch muss darauf geachtet werden, dass keine bewusste Manipulation der untersuchten Erwachsenen und Kinder erfolgt. 25

Alle familienrechtlichen Fragestellungen umfassen – mehr oder minder stark – emotionale Aspekte, die das Gefühlserleben der untersuchten Familien berühren, aber auch bei den mit der Familie befassten Fachpersonen **Betroffenheit** auslösen können. Themen wie Trennung, Verlust, Instrumentalisierung von Kindern in Sorge- und Umgangsverfahren und insbesondere die Gefährdung von Kindern in der Obhut ihrer Eltern können bei allen am Verfahren Beteiligten zu individuellen Reaktionen wie Verständnis und Parteinahme, Wut und Ablehnung, Verstärkung von Vorurteilen oder Bagatellisierung führen. 26

20 Sanders, 2019.
21 Köhler, 2020.

27 Die an Sachverständige gestellten Ansprüche lassen sich mit der Grundhaltung von Familienrichtern vergleichen, nämlich einer distanzierten und rationalen Beobachtung der bestehenden Situation. Diese Haltung ist im Fall der Rechtsanwälte als Parteienvertreter schwieriger einzuhalten, da sie sich ihren Mandanten verpflichtet fühlen. Hier tritt die Neutralität zugunsten einer durch die individuellen Bedürfnisse der Mandanten bestimmten **Parteilichkeit** zurück.[22] Manche der in Anhörungsterminen zu beobachtenden Differenzen zwischen den Berufsgruppen können so erklärt werden.

28 Auch bei anderen am Verfahren beteiligten oder mit der Familie befassten Fachpersonen wie Mitarbeitern des Jugendamts, Erziehern, Lehrern oder behandelnden Ärzten kommt es gelegentlich zu einseitiger **Parteinahme** und damit im Verlauf des Verfahrens zur Polarisierung. Dadurch kann sich die Ausgangslage der Familie erheblich verschlechtern und die betroffenen Kinder geraten mehr und mehr aus dem Blick. Gefälligkeitsatteste und Stellungnahmen, die lediglich auf der Kenntnis einer einseitigen Sachverhaltsdarstellung beruhen oder die eigene Fachkompetenz übersteigen, tragen in der Regel eher zu einer Eskalation und Chronifizierung der familiären Konflikte bei.

29 Daher sollte sowohl von beauftragten Sachverständigen als auch von anderen Fachpersonen, die im Rahmen eines familiengerichtlichen Verfahrens Stellung beziehen, gefordert werden, **Empfehlungen** nur aufgrund einer fundierten und umfassenden Datenbasis abzugeben. Gleichzeitig sollte der Fokus aller Beteiligten darauf liegen, Eltern in ihrer Verantwortung gegenüber den betroffenen Kindern zu stärken und hinsichtlich ihrer Kooperationsbereitschaft gegenüber notwendigen Therapien oder sonstigen Interventionen zu motivieren.

30 Gerade bei Fragestellungen nach § 1666 BGB (Kindeswohlgefährdung) ist es besonders wichtig, mit den Eltern eine realistische Einschätzung ihrer Situation zu erarbeiten und ihnen keine falschen Hoffnungen zu machen. Werden **unrealistische Hoffnungen** aktiviert, führt deren Enttäuschung zu Frustration und damit verbunden zu psychischer Belastung, die sich wiederum belastend auf den Verfahrensverlauf und die Versorgung der betroffenen Kinder auswirkt.

31 Eine zielführende Kooperation und **Vernetzung** von Sachverständigen mit anderen Verfahrensbeteiligten kann dem Kindeswohl dienlich sein, solange sie sich nicht der Gefahr der Parteilichkeit aussetzen. In vielen Gerichtsbezirken existieren Arbeitskreise, die die interdisziplinäre Zusammenarbeit der am familiengerichtlichen Verfahren beteiligten Personen und Institutionen unterstützen und die Vernetzung der Fachleute fördern. Auch die Verfahrensparteien profitieren von einer wertschätzende Zusammenarbeit der unterschiedlichen Professionen.

22 Trossen, 2002.

Ein gemeinsames Ziel der Arbeitskreise, die sich mit dem Problem der fachübergreifenden, konstruktiven Kooperation beschäftigen ist, dass alle beteiligten Fachpersonen mit und in Gegenwart der betroffenen Familie höflich und respektvoll miteinander umgehen, um auch den einzelnen Familienmitgliedern das Gefühl zu vermitteln, sich in kompetenter Begleitung zu befinden und dass die angebotenen Interventionen und Schlichtungsversuche hilfreich sein können. Sämtliche mit der Familie befassten Fachpersonen, auch die beauftragten Rechtsanwälte, gelten als **Verhaltensvorbilder.**[23] Bezogen auf psychologische Sachverständige betrifft dies zB das äußere Erscheinungsbild, Verhalten in sozialen Kontexten, Sorgfalt im Umgang mit Arbeitsmaterialien und Daten sowie einen konstruktiven Umgang mit Konflikten. Interdisziplinäre Zusammenarbeit – hier insbesondere zwischen Juristen und Psychologen – trägt erfahrungsgemäß zu qualitativ besseren Ergebnissen bei und schützt vor der Tradierung empirisch nicht haltbarer Grundannahmen, auch wenn die erforderlichen Transfer- und Übersetzungsleistungen teilweise aufwendig sind.[24] 32

Kinder, deren Eltern sich in einem beim Familiengericht anhängigen Rechtsstreit befinden, sind multipel **belastet.** Bereits im Vorfeld werden sie beispielsweise mit der psychischen Erkrankung eines Elternteils oder mit chronischem Streit zwischen den Eltern konfrontiert, der sie emotional aufwühlt. Sie werden in Themen einbezogen, die im Erleben eines Kindes normalerweise keinen Raum einnehmen sollten. Gleichzeitig verfügen die Eltern meist über reduzierte zeitliche, emotionale und finanzielle Ressourcen, da sie mit der Lektüre und Verarbeitung von Gerichtspost, dem Verfassen von Stellungnahmen und der Wahrnehmung von Terminen bei ihren Rechtsanwälten, beim Jugendamt oder anderen Stellen beschäftigt sind. Darüber hinaus werden die Kinder im Rahmen eines Gerichtsverfahrens mit einer Vielzahl von fremden Personen konfrontiert, die sich mit ihnen über die familiäre Situation unterhalten und sie zu ihrer persönlichen Position befragen (oder sogar drängen). Auch Personen, die nicht unmittelbar an der Entscheidungsfindung beteiligt sind, wie Lehrer, Erzieher, Sporttrainer, Großeltern usw befragen mitunter die Kinder zusätzlich. Dies kann sich langfristig schädigend auswirken, vor allem dann, wenn jede getätigte Aussage eines Kindes an das Gericht weitergegeben wird und durch die Sachverständigen, das Jugendamt oder den Verfahrensbeistand wiederaufgenommen werden muss. 33

Kinder wünschen sich in familiengerichtlichen Auseinandersetzungen meistens nur, dass wieder Normalität in ihren Alltag einkehrt und sie sich unbefangen ihren eigenen Entwicklungsaufgaben zuwenden können. Das Bemühen aller Beteiligten sollte daher sein, betroffene Kinder möglichst von den Streitigkeiten zu **entlasten.** Sie sollten darüber hinaus darin bestärkt werden, (wieder) Vertrauen 34

23 Zur Frage des ethischen Verhaltens in familiengerichtlichen Verfahren: Castellanos (in Vorbereitung).
24 Salgo, 2017.

in die Konfliktlösefähigkeit ihrer Eltern zu gewinnen, so dass sie sich nicht mehr für das Geschehen verantwortlich fühlen müssen.

35 Auch Eltern reagieren häufig erschrocken über den durch einen Antrag beim Familiengericht in Gang gesetzten Apparat und die Einmischung der vielen Außenstehenden in ihr Privatleben. Sie haben ebenfalls das Bedürfnis, zu ihrer gewohnten Lebensführung zurückzukehren, was häufig wieder ihren „gesunden Menschenverstand" aktiviert. Dies führt letzten Endes dazu, dass etwa 85–90 % der gerichtsanhängigen Familienstreitigkeiten innerhalb relativ kurzer Zeit und mehr oder minder **einvernehmlich** gelöst werden können. Nur wenige hochstrittige Familien mit entsprechend psychisch belasteten Eltern verfolgen noch das Ziel, um jeden Preis ihre Vorstellungen durchzusetzen. Hier bleiben die Kinder die Leidtragenden (→ Rn. 451 ff.).

36 Das **Beschleunigungsgebot** für familiengerichtliche Verfahren ist im Interesse der Kinder in den meisten Fällen als positiv zu bewerten. Eine zügige Klärung, insbesondere bei Fragen des Aufenthalts, eines anstehenden Umzugs, der unter Umständen mit einem Schulwechsel verbunden ist, sowie bei Kontaktunterbrechungen zu einem oder beiden Elternteilen, kann zur Stabilisierung der betroffenen Kinder beitragen. Vorschnelles Handeln sollte allerdings aus Verantwortung für die betroffenen Kinder ebenso vermieden werden. Überstürzte Lösungsansätze, die lediglich zu einer oberflächlichen Beruhigung der Situation führen, jedoch die zugrundeliegenden Probleme nicht berühren, können zu einer chronischen Belastung der Kinder und damit erheblichen Langzeitschäden führen. Insofern darf auch eine schnelle Begutachtung nicht zulasten der Qualität der Arbeit des Sachverständigen gehen.

37 Aus psychologischer Sicht sollten daher alle an einem familiengerichtlichen Verfahren Beteiligten darum bemüht sein, zur **Deeskalation** und Befriedung der Konflikte beizutragen und Eltern in ihrer Bereitschaft zur Kompromissbildung zu unterstützen.

2. Vorgehen der Sachverständigen

38 Oberste **Prinzipien** der Gutachtenerstellung sind die Neutralität, Objektivität und Unabhängigkeit sowie Unbestechlichkeit der Sachverständigen. Weitere gesetzlich verankerte Verpflichtungen der Sachverständigen ergeben sich aus FamFG (§ 163 Abs. 1 und 2), ZPO (§§ 402–414) und StPO (§§ 72–86).[25]

39 Hervorzuheben ist, dass die Erstellung eines Gutachtens eine wissenschaftliche Leistung ist, die den **Gütekriterien** von Validität, Reliabilität, Objektivität und Replizierbarkeit entsprechen muss. Es handelt sich dabei um eine sorgfältig ge-

25 S. hierzu auch Zuschlag, 2006.

plante Einzelfalluntersuchung, die einerseits fachlichen Standards, andererseits den Besonderheiten der betroffenen Individuen genügen muss.[26]

Für psychologische Sachverständige sollte als leitende Maxime gelten, sich auf 40
die Bedürfnisse der untersuchten Kinder zu konzentrieren, auch wenn diese von den Interessen der Eltern abweichen (→ Rn. 96 ff.). Handlungsleitend sind weiter (berufs-)ethische **Normen,** wie die Würde und Grundrechte der Verfahrensbeteiligten sowie deren Persönlichkeitsrechte zu respektieren, den Datenschutz zu achten und das Herstellen eines Einvernehmens der Beteiligten zu verfolgen.[27]

Selbstverständlich unterliegen psychologische Sachverständige einer strengen 41
Schweigepflicht gegenüber Dritten. Verstöße gegen diese können gem. § 203 StGB strafrechtlich geahndet werden. Auch im Rahmen von Supervision oder kollegialer Intervision besteht keine Ausnahme von der beruflichen Verschwiegenheitspflicht. In diesem Rahmen diskutierte Daten müssen anonymisiert dargestellt werden.[28] Gegenüber dem beauftragenden Gericht haben Sachverständige dagegen eine Übermittlungspflicht.[29]

Wenn im Rahmen der Begutachtung Gespräche mit Dritten notwendig sind, 42
beispielsweise um über das Verhalten eines Kindes in der Schule oder bezüglich therapeutischer Fortschritte bei einem behandelnden Arzt oder Psychotherapeuten Auskunft zu bekommen, ist eine **schriftliche Entbindung** von der Schweigepflicht durch die Probanden notwendig. Nach den Vorgaben der Datenschutz-Grundverordnung sollten auch diese Drittpersonen auf die Freiwilligkeit ihrer Angaben, die Zweckgebundenheit und Weitergabe der Daten (einschließlich des Namens) an das Gericht hingewiesen, sowie ihr Einverständnis damit dokumentiert werden.[30] Bei Jugendlichen sollten sich Sachverständige ebenfalls ihr Einverständnis einholen, wenn sie mit behandelnden Psychotherapeuten sprechen, um das therapeutische Vertrauensverhältnis und den Therapieverlauf nicht übermäßig zu belasten.

Die wissenschaftlich fundierte Sachverständigentätigkeit beinhaltet auch die 43
Transparenz und **Nachvollziehbarkeit** der Untersuchungen. Die Auswahl der eingesetzten diagnostischen Verfahren orientiert sich an der spezifischen Fallkonstellation und dem aktuellen Kenntnisstand der Forschung. Die Diagnostik bedient sich dabei einer multimodalen Basis voneinander unabhängiger Datenquellen. Weitere, über die gerichtliche Fragestellung hinausgehende Befunde dürfen nicht erhoben werden, da dadurch unter Umständen die Persönlichkeitsrechte

26 Plaum, 2004.
27 Berufsverband Deutscher Psychologinnen und Psychologen eV, 2005.
28 Franck, 2015.
29 Hoffmann, 2020 b.
30 Heinz, 2019.

der Verfahrensbeteiligten verletzt werden. Dies betrifft beispielsweise eine nicht notwendige Intelligenztestung.

44 Im **Beweisbeschluss** des Gerichts wird die „streitige Tatsache" benannt, die mithilfe des Sachverständigen zu klären ist, wobei durch das Gericht vorgegeben wird, ob auch das Einwirken auf das Herstellen eines Einvernehmens zwischen den Beteiligten gewünscht wird (§ 163 Abs. 2 FamFG).[31]

45 Was genau Sachverständige untersuchen und zu welchen Schlussfolgerungen sie kommen, hängt demnach nicht zuletzt von der **Fragestellung** des Auftraggebers ab. Diese variiert stark, von allgemein gehaltenen Formulierungen wie „Über die Eltern ist ein Sachverständigengutachten zu erstatten" bis hin zu mehrseitigen Auflistungen von Teilfragestellungen („Wie ist die Mutter-Kind-Beziehung? Wie ist die Vater-Kind-Beziehung? Wie ist der Entwicklungsstand der Kinder? Wie wirkt sich die Geschwisterbeziehung auf das Wohl des Kindes aus?" usw). Die gerichtliche Fragestellung ist wegweisend für das diagnostische Vorgehen der Sachverständigen und begrenzt die Datenerhebung. Von den Verfahrensbeteiligten dürfen sich Sachverständige jedoch keine Vorschriften (hinsichtlich der erhobenen Daten, der Methoden usw) machen lassen.

46 Psychologische Sachverständige sollten sorgfältig überprüfen, ob der Beweisbeschluss tatsächlich einer **psychologischen Fragestellung** entspricht. Beauftragungen, die beispielsweise nach einer dem Kindeswohl entsprechenden Sorgerechtsregelung fragen, entsprechen einer juristischen Fragestellung und können nicht durch einen Psychologen beantwortet werden. Gegebenenfalls muss dies dem Auftrag gebenden Richter zurückgemeldet und der Beweisbeschluss von diesem entsprechend angepasst werden.[32] Allerdings können Sachverständige aufgrund des Akteninhalts allgemein gestellte Fragen des Gerichts (Bindungen des Kindes, Erziehungsfähigkeit, angestrebte Lebensperspektiven) in Bezug auf die tatsächlich gestellten Anträge (beispielsweise Lebensmittelpunkt des Kindes) thematisch eingrenzen.[33]

47 Nehmen Sachverständige zu weiteren, nicht in der **Beauftragung** genannten Themen Stellung, setzen sie sich unter Umständen dem Vorwurf der Befangenheit aus. Eine anerkannte Ausnahme hierzu ist die Feststellung einer (akuten) Kindeswohlgefährdung, die sich im Verlauf der Untersuchung herausstellt und die mitzuteilen ethische und rechtliche Pflicht der Sachverständigen ist. Sachverständige können jedoch nicht als befangen abgelehnt werden, wenn sie auf einen persönlichen Angriff gegen ihre Person oder Leistung scharf reagieren.

---

31 Lüblinghoff, 2015.
32 Bergmann, 2018.
33 OLG München 3.4.2018 - 12 WF 318/18.

Auch bei Hinweisen auf einen sexuellen Missbrauch, oder im Rahmen der Begutachtung konkret vorgebrachte entsprechende Vorwürfe durch einen Elternteil, ist dieser Umstand in jedem Fall in die psychologischen **Fragestellungen** aufzunehmen, selbst wenn im Beschluss diesbezüglich keine juristische Fragestellung formuliert wurde. In Rücksprache mit dem Gericht kann gemäß Beschluss die Hinzuziehung eines Sachverständigen zur aussagepsychologischen Begutachtung erfolgen.[34] 48

Die Teilnahme eines Probanden an einem familienrichterlich angeordneten Gutachten ist freiwillig. Daher sollte am Anfang der Begutachtung eine ausführliche **Aufklärung** über die Freiwilligkeit sowie die Informationsweitergabepflicht der Sachverständigen gegenüber dem Auftrag gebenden Familiengericht und die dadurch beschränkte Schweigepflicht erfolgen. Die Verfahrensbeteiligten sind seitens der Sachverständigen über die Prinzipien und die geplante Vorgehensweise der Begutachtung zu informieren. Ebenso sollten Sachverständige die Vorgaben der Europäischen Datenschutz-Grundverordnung berücksichtigen, was insbesondere bedeutet, dass die an der Begutachtung Beteiligten darauf hingewiesen werden, dass die erhobenen Daten an das Auftrag gebende Familiengericht weitergeleitet werden. Mit Fertigstellung des Gutachtens überlassen somit gerichtlich beauftragte Sachverständige die Daten an das Gericht, was durch die Beauftragung implizit erlaubt ist. Das Gericht ist dann für den weiteren Datenschutz verantwortlich, beispielsweise wenn das Sachverständigengutachten an Dritte weitergegeben wird, Verfahren verbunden oder Akten beigezogen werden.[35] Gleichzeitig besteht die Verpflichtung, nur zweckgebundene, notwendige Daten zur erheben (Prinzipien der Zweckbindung und Datenminimierung).[36] Gegebenenfalls sollten Sachverständige zu Beginn der Begutachtung den Probanden ein entsprechendes Informations- und Einwilligungsformular vorlegen. 49

Psychologische Sachverständige sollten erhobene Daten zunächst zeitnah und ohne Bewertung dokumentieren. Dies geschieht meist in Form von Mitschriften der geführten Gespräche bzw. Verhaltensbeobachtungen. Die Praxis zeigt, dass den meisten Gerichten diese Form der **Dokumentation** ausreichend erscheint. Bei bestimmten Fallkonstellationen ist auch eine Ton- oder Videoaufzeichnung empfehlenswert. Dies betrifft insbesondere Probanden, die angeben, in vorherigen Untersuchungen schlechte Erfahrungen gemacht zu haben, weil sie beispielsweise missverstanden oder falsch zitiert worden seien. Weiter betrifft es Probanden, die gegenüber Fachdiensten ein erhöhtes Misstrauen haben oder im Vorfeld nicht mit der Benennung des Sachverständigen einverstanden waren. Bei Interaktionsbeobachtungen oder Bindungsdiagnostik bietet die Aufzeichnung den Vorteil, 50

34 Griesel & Salzgeber, 2015.
35 Hoffmann, 2020 a.
36 Heinz, 2019.

komplexe Situationen im Nachhinein detaillierter auswerten zu können. Allerdings verändert das Bewusstsein, aufgenommen oder gefilmt zu werden, teilweise das Verhalten der Beteiligten beträchtlich.

51 **Ton- und Videoaufzeichnungen** der Termine erfolgen durch den Sachverständigen, die entsprechenden Datenträger müssen auf Nachfrage dem Gericht zur Verfügung gestellt werden. Die Aufzeichnungen dürfen selbstverständlich nur mit Einverständnis der Beteiligten erfolgen. Unautorisierte Aufzeichnungen (auch wenn diese von Probanden vorgenommen werden) stellen eine Straftat (§ 201 StGB) dar.

52 Die im Rahmen psychologischer Begutachtungen erhobenen Daten gelten als schutzbedürftig und müssen entsprechend sicher vor Einblick von außen verwahrt werden. Aktuell wird diskutiert, ob dies auch beinhaltet, dass die erhobenen Daten nach Abschluss des Auftrags vollständig vernichtet werden müssen. Dem Bedürfnis nach **Datensicherheit** steht hier die Notwendigkeit entgegen, beispielsweise im Rahmen von Nachbegutachtungen die Erstbefunde nochmals einzusehen.

53 Hinsichtlich der **Anwesenheit Dritter** bei Explorationsgesprächen oder sonstigen Untersuchungsterminen bestehen erhebliche Differenzen zwischen Juristen und Psychologen. Allerdings wird das Thema auch unter Juristen kontrovers diskutiert. Einige sehen das Recht auf beispielsweise die Anwesenheit des Rechtsbeistands (eventuell im Nebenraum) als verbrieft an,[37] wobei die Begleitperson kein eigenes Äußerungsrecht hat. Die Aussage eines Anwalts vor Gericht gilt ohnehin nicht als neutrale Zeugenaussage und ist daher für die Überprüfung der Datenqualität nicht geeignet. Andere stellen fest, dass Probanden keinen Anspruch auf die Anwesenheit Angehöriger in der Untersuchungssituation haben.[38] Aus psychologischer Sicht verändert die Anwesenheit Dritter die Untersuchungssituation grundlegend. Der Wunsch nach einem „Beistand“ ist zwar als Bedürfnis in einer für die Probanden mit Anspannung und teilweise Angst besetzten Situation nachvollziehbar. Seitens des Sachverständigen sollte daher geprüft werden, welche Gründe der Proband hat, diesen Wunsch zu äußern, und wie diesen begegnet werden kann. Dem Wunsch nach Transparenz kann mit Tonaufzeichnungen besser begegnet werden. Zudem sind in der Sozialpsychologie die Auswirkungen sozialer Beeinflussung umfassend untersucht worden. So reicht bereits die Annahme aus, das eigene Verhalten werde von jemandem beobachtet, um dieses zu verändern. Probanden zeigen ein anderes Leistungsverhalten, wenn ein passiver Beobachter im Raum ist.[39] Hinsichtlich der Befragung von Kindern wird auch von Juristen als selbstverständlich angenommen und widerspruchslos hingenom-

37 OLG Hamm 3.2.2015 - 14 UF 135/14.
38 Landessozialgericht Baden-Württemberg 24.10.2011 - L 11 R 4243/10.
39 Für einen Überblick zB Jonas, Stroebe & Hewstone, 2014.

men, dass Kinder ohne Anwesenheit ihrer Eltern angehört werden. Entsprechend legen psychologische (und medizinische) Sachverständige Wert darauf, die externen Einflussfaktoren in der Untersuchungssituation möglichst gering zu halten.

Letztlich entscheidet der Auftrag gebende Richter darüber, ob die Anwesenheit Dritter in der Untersuchung zuzulassen ist. Gehen psychologische Sachverständige darauf ein, sollten sie dennoch darauf hinweisen, dass die in dieser Form gewonnenen Daten eine zumindest veränderte, möglicherweise auch **geminderte Qualität** haben. Es steht Sachverständigen jedoch auch frei festzustellen, dass sie unter diesen Umständen keine im Sinne ihrer Berufsauffassung verwertbaren Daten erheben können, und den Auftrag zurückzugeben. 54

Nach der Übersetzung von juristischen Fragestellungen in psychologische Fragen und der Erstellung eines Untersuchungsplans beinhaltet ein hypothesengeleitetes Vorgehen psychologischer Sachverständiger[40] die Formulierung von **Arbeitshypothesen** (psychologische Fragestellung) zu den einzelnen erfragten Aspekten im Sinne von These und Antithese.[41] 55

Hinsichtlich der Forderung, zu Beginn der Begutachtung eine wissenschaftliche Leithypothese zu formulieren,[42] ist kritisch anzumerken, dass bei einer familiengerichtlichen Begutachtung eine **hermeneutische** Vorgehensweise in der Datenerhebung angezeigt ist, da kaum zuvor konstatierte Antwortalternativen vorgegeben sind.[43] Es handelt sich daher nicht um ein Forschungsvorhaben, bei dem statistisch geprüfte, unter Laborbedingungen standardisierte, allgemeingültige Aussagen getroffen werden können. 56

Psychologische Sachverständige beschäftigen sich somit zunächst mit einer prognosebezogenen Status-**Diagnostik**, der psychologische Definitionen von Kindeswohl zugrunde liegen. Aufgrund der Ergebnisse der Begutachtung kommt das Gericht dann zu einer juristischen Beurteilung.[44] 57

Aufgrund einer in der Regel eingeschränkten Validität der Tatsachenaufklärung durch die Datenerhebung sowie durch die stets fortschreitende Dynamik in einem komplexen Familiensystem können meist nur wissenschaftlich begründete **Prognosen** über zukünftige Entwicklungen gestellt werden.[45] Gleichzeitig reagieren unter emotionalem Druck stehende familiäre Systeme nicht immer vorhersehbar. Daher können unerwartete Ereignisse den Verlauf beeinflussen. Anders als bei einer reinen Statusdiagnostik ist eine hinreichende Formulierung von 58

40 Westhoff & Kluck, 2008.
41 Dettenborn & Fichtner, 2015 a.
42 Salewski & Stürmer, 2015.
43 Fichtner, 2015 b.
44 Hommers, 2004.
45 Klemmert, 2015.

Hypothesen erschwert, wenn Entwicklungsmöglichkeiten und Verläufe vorab beurteilt werden sollen.[46]

59 Grundsätzlich ist davon auszugehen, dass die Einschätzungen von Sachverständigen auf **Wahrscheinlichkeitsaussagen** beruhen. Eine von juristischer Seite häufig gewünschte Sicherheit oder an Sicherheit grenzende Wahrscheinlichkeit kann daher von psychologischen Sachverständigen nicht gewährleistet werden.

60 Die einzelnen **Arbeitsschritte** umfassen in der Regel (ohne Gewichtung, in der ungefähren zeitlichen Reihenfolge): Überprüfung der Fachkunde und zeitlichen Verfügbarkeit sowie Bestätigung der Beauftragung, Aktenanalyse, Anschreiben und Terminvereinbarungen, Erstgespräche mit den Eltern, Explorationsgespräche mit den Eltern, Explorationsgespräche mit den Kindern, Beobachtung des Verhaltens und der Interaktionen der Kinder mit beiden Elternteilen oder anderen bedeutsamen Bezugspersonen, Beaufsichtigung der Eltern und der Kinder bei der Bearbeitung von psychodiagnostischen Verfahren, Durchführung einer Bindungsdiagnostik, Auswertung eingesetzter Untersuchungsverfahren, unter Umständen ergänzende Gespräche mit neuen Lebensgefährten der Eltern, themenzentrierte Befragungen von Lehrern, Psychotherapeuten, Umgangsbegleitern und weiteren beteiligten Fachpersonen, Vermittlungsgespräche mit den Eltern und das Verfassen des schriftlichen Gutachtens beziehungsweise die mündliche Gutachtenerstattung mit entsprechender Vorbereitung. Es ist darauf zu achten, unterschiedliche Informationsquellen und Datenbasen zu nutzen, um einer multimodalen Diagnostik gerecht zu werden.

61 Weiter sind die Vorbereitung der gerichtlichen Anhörung, die Anhörung vor Gericht und die Anfahrten in die Planung einzurechnen, da zumindest einige **Termine** im häuslichen Umfeld der Familie stattfinden sollten. Hinzu kommt, dass Termine nicht immer zügig vereinbart und durchgeführt werden können, beispielsweise wenn große Entfernungen zu überwinden, die Probanden nicht ausreichend motiviert oder verängstigt sind, was vor allem bei Fragestellungen im Rahmen des § 1666 BGB häufig vorkommt.

62 Gerade in letztgenannten Fällen kann die **längerfristige Beobachtung** eines Verlaufs in der familiären Entwicklung unter beispielsweise der Installation ambulanter Unterstützungsmaßnahmen für die sachverständige Empfehlung ausschlaggebend sein (→ Rn. 76 ff.).

63 Darüber hinaus können psychologische Sachverständige neben der Klärung von Sachverhalten (beispielsweise welche Beschulungsform für ein bestimmtes Kind geeignet ist) und der Erfassung entscheidungsrelevanter Kriterien (wie beispielsweise die familiären Bindungen und Beziehungen) durch eine ausführliche Reflexion mit den Beteiligten zu einer **Beruhigung** der Probleme beitragen und damit

46 Fichtner, 2015 a.

den Prozess nachhaltig beeinflussen, sofern die Beteiligten hierfür erreichbar sind. Auch dies zeitigt einen Einfluss auf das Ergebnis.

Die vom Sachverständigen erhobenen Daten und Ergebnisse werden interpretiert 64 und in einem **Befund** bewertet. Die gezogenen Schlussfolgerungen müssen hierbei eindeutig und nachvollziehbar aus den erhobenen Daten abgeleitet werden können. Sollten heterogene Befunde vorliegen, sind diese aufzuzeigen und kritisch zu diskutieren.[47] Dabei ist die Darstellung der Begutachtungsergebnisse klar von der Bewertung durch den Sachverständigen zu trennen.

Bei der **Darstellung** der Befunde sollten die in der Begutachtung erhobenen Da- 65 ten wertneutral und unter gleichzeitiger Berücksichtigung von Defiziten und Ressourcen beschrieben werden. Auch wenn sich die Verwendung von Fachbegriffen nicht immer vermeiden lässt, sollten diese zumindest in allgemein verständlichen Begriffen erläutert werden.[48]

Abschließend wird die gerichtliche Fragestellung **beantwortet**. Hierbei ist deut- 66 lich zu machen, welche Aspekte und Kriterien in welcher Gewichtung der Bewertung des Sachverständigen unterlagen. Es ist darauf zu achten, dass die juristische Beweisfrage und die Formulierung der psychologischen Fragestellungen umfassend beantwortet werden. Die Beantwortung der gerichtlichen Fragestellung kann in schriftlicher oder mündlicher Form erfolgen (→ Rn. 1073 ff.).

Entsprechend der Forderung nach einem **lösungsorientierten Vorgehen** sollten 67 Sachverständige auch konkrete Empfehlungen aussprechen, welche Unterstützungsmaßnahmen, Interventionen oder Therapien für die Lösung des jeweiligen familiären Problems oder die Entwicklung der betroffenen Kinder hilfreich sein können (→ Rn. 498 ff., 634 ff., 701 ff., 736 ff., 817 ff., 1039 ff.).

Die Begutachtungsergebnisse können sowohl in unterschiedlicher schriftlicher 68 Ausführlichkeit als auch mündlich erstattet werden (→ Rn. 1073 ff.). Über die **Darstellungsform** entscheidet das Gericht. Auch hier können Sachverständige Empfehlungen darüber abgeben, welche Darstellungsform sich aus psychologischer Sicht für die vorliegende Problemkonstellation am besten eignet und zu einer Lösung der Probleme beitragen kann.

Die Länge bzw. Kürze des **schriftlichen Gutachtens** sagt nichts über dessen Qua- 69 lität aus. Auf Weisung des Auftrag gebenden Gerichts müssen Sachverständige jedoch in der Lage sein, nachzuweisen, auf welchen Daten die getroffenen Feststellungen beruhen und auf welches Fachwissen sie sich beziehen; gegebenenfalls ist ein ausführliches schriftliches Gutachten nachzureichen. Die Forderung nach Transparenz dient dem Schutz der zu begutachtenden Probanden im Sinne einer objektiven Gutachtenerstellung. In dieselbe Richtung weist die Notwendigkeit,

47 Dettenborn & Fichtner, 2015.
48 Krohne & Hock, 2007.

ein schriftliches Gutachten mit der vom Sachverständigen persönlich unterschriebenen Versicherung abzuschließen, das Gutachten nach bestem Wissen und Gewissen erstattet zu haben.

70 Die **Qualität** eines Sachverständigengutachtens ist Ergebnis einer sorgfältigen Datenerhebung anhand mehrerer Datenquellen und einer Gewichtung der erhobenen Daten anhand wissenschaftlicher Grundlagen. Als weitere Qualitätskriterien sind die Fachkompetenz des Gutachters, die Nachvollziehbarkeit der Schlussfolgerungen und die daraus resultierende Überzeugungskraft des Gutachtens zu nennen.[49] Ein qualitativ hochwertiges Gutachten wird seine Empfehlungen auf möglichst viele unterschiedliche Datenquellen stützen und unter Berücksichtigung des Stands der psychologischen Forschung für die Untersuchten in transparenter und nachvollziehbarer, verständlicher Weise darstellen.

71 Die Qualität eines Gutachtens, gleichgültig in welcher Form erstattet, wird einerseits durch die Qualität des gutachterlichen Handelns und Schlussfolgerns, dh der Datenerhebung und der Bewertung der erhobenen Daten, bestimmt. Andererseits zeigt sie sich in der Qualität der (schriftlichen oder mündlichen) Darstellung der Gutachtensergebnisse.[50] Der Umfang des **Berichts** sollte angemessen sein, kürzeren Berichtformen sollte der Vorzug gegeben werden.[51] Diese sollten in jedem Fall in wertschätzender Weise abgehalten sein.

72 **Fehler** und Verzerrungen ergeben sich durch nicht hinterfragte Stereotype, implizite und durch die persönlichen Erfahrungen der Sachverständigen geprägte, jedoch nicht auf wissenschaftlichen Erkenntnissen beruhende Theorien und Urteilsheuristika, durch ungerechtfertigte Kausalannahmen oder eingeschränkte Differenziertheit der Sachverständigen in der Untersuchung.[52]

73 Die Qualität und **Verwertbarkeit** eines Sachverständigengutachtens müssen sich auch daran messen, ob das betroffene Kind in seiner Individualität, seinen spezifischen Bedürfnissen und hinsichtlich des Schutzes seines Wohlergehens ausreichend beachtet wurde. Weiter wird zu beurteilen sein, ob das familiäre Bezugssystem mit seinen Einschränkungen und Möglichkeiten umfassend diagnostiziert wurde, ob den Eltern bzw. dem familiären Bezugssystem eine veränderte Perspektive auf die Ausgangssituation ihres Kindes ermöglicht und die erzieherischen Kompetenzen gestärkt wurden.

74 Wie bereits (→ Rn. 58) ausgeführt, unterliegen familiäre Systeme insbesondere in Krisenzeiten dynamischen Prozessen, die teilweise nicht vorhersehbar sind. Zwischen Abschluss eines Gutachtens und der Erörterung vor dem Familiengericht verstreichen zum Teil mehrmonatige Zeiträume, während derer die Sachverstän-

49 Zuschlag, 2006.
50 Arbeitsgruppe Familienrechtliche Gutachten, 2019.
51 Heyken & Kilian, 2019.
52 Westhoff & Kluck, 2008.

digen keinen Kontakt zu der Familie haben. Insofern verstehen sich Sachverständigengutachten immer **vorbehaltlich** zum Zeitpunkt der Begutachtung nicht vorhersehbarer Ereignisse.

Die **Dauer** einer Begutachtung hängt unter anderem von der Fragestellung und den betroffenen Familienmitgliedern ab, aber auch von der Notwendigkeit einer Prozessbegleitung bzw. Intervention. Mittlerweile ist die Vorgabe von zwei bis drei Monaten Frist für die Erstellung des Gutachtens, vom Beweisbeschluss bis zur Berichterstattung, gängige Praxis. Diese dürfen von Sachverständigen nur überschritten werden, wenn triftige Gründe vorliegen, wie fehlende Mitwirkung der Beteiligten, Unterbrechung der Begutachtung aufgrund einer stationären Behandlung oder berufsbedingter Abwesenheit eines der Elternteile bzw. Erkrankung des Sachverständigen. Dem Gericht sollte über entsprechende Gründe zeitnah Mitteilung gemacht werden. Ebenso kann sich der Abschluss der Begutachtung verzögern, wenn beispielsweise durch die Mediation des Sachverständigen einvernehmliche Lösungen erarbeitet oder auf ihre Alltagstauglichkeit getestet werden. 75

3. Lösungsorientierte Begutachtungen

Ohne dass hierfür empirische Belege vorliegen, besteht professionsübergreifend Einigkeit, dass eine konsensuale, kindorientierte **Lösung** gerichtsanhängiger Probleme die Belastung für betroffene Kinder minimiert, insbesondere bei Trennungskonflikten zwischen Eltern.[53] 76

Das Hinwirken auf ein **Einvernehmen** der Beteiligten, sollte es dem Kindeswohl nicht entgegenstehen, entspricht dem FamFG (§ 156 Abs. 1). Ebenso besteht seitens der Sachverständigen im Verlauf der Begutachtung die Möglichkeit, dem Gericht eine entsprechende Anregung für eine lösungsorientierte Vorgehensweise zu geben. Hierzu bedarf es eines richterlichen Beschlusses oder dessen Anordnung.[54] Dem Sachverständigen obliegt dann das Prüfrecht, ob das Hinwirken auf ein Einvernehmen sinnvoll und machbar ist.[55] 77

Durch eine entsprechende Erweiterung des Gutachtenauftrags sind Sachverständige demnach nicht nur mit der Feststellung und Bewertung von Tatsachen befasst, sondern ebenso mit der **Intervention**.[56] Eine sogenannte lösungsorientierte Vorgehensweise entbindet den beauftragten Sachverständigen jedoch nicht von einer soliden Datenerhebung.[57] 78

53 Huber & Ulrich, 2019.
54 Balloff, 2016.
55 Balloff, 2013.
56 Arbeitsgruppe Familienrechtliche Gutachten, 2019.
57 S. a. Dettenborn & Walter, 2015.

79 Im gegebenen Fall werden in Absprache mit dem Gericht Interventionen geplant bzw. erprobt, um mögliche Entwicklungsprozesse zu beobachten oder ein Einvernehmen zwischen den Parteien herzustellen. Hierbei muss beachtet werden, dass sich die Rolle der psychologischen Sachverständigen auch im Rahmen einer **lösungsorientierten Begutachtung** deutlich von der eines Psychotherapeuten abgrenzt.[58] Die Unterschiede beziehen sich insbesondere auf den Beziehungsaspekt zwischen Therapeut und Klient, respektive Gutachter und Verfahrensbeteiligten, ferner auf die Transparenz in Bezug auf die vollzogenen Einzelschritte im Rahmen der Begutachtung und die fehlende Schweigepflicht der Sachverständigen gegenüber dem Gericht.

80 Als mögliche **Interventionen** für familienpsychologische Sachverständige bieten sich beispielsweise an: Gemeinsames Elterngespräch; die situative Erörterung des elterlichen Verhaltens, beispielsweise wenn ein Elternteil gegenüber den Sachverständigen konfliktverschärfendes Verhalten ankündigt; ein „Runder Tisch" mit den beteiligten Eltern und Fachpersonen auf Initiative der Sachverständigen; Erprobung und Begleitung von Teil- oder Zwischenlösungen durch die Sachverständigen oder die Erstellung von Kurzgutachten oder Stellungnahmen, um das Verfahren zu beschleunigen[59] (→ Rn. 1082 ff.).

81 Für die **Methodik** einer lösungs-, interventions- oder einvernehmensorientierten Begutachtung gibt es bisher eine Vielzahl nebeneinanderstehender Konzepte.[60] Diese werden nicht zuletzt durch die individuellen beruflichen Qualifikationen und damit das ihnen zur Verfügung stehende Instrumentarium der Sachverständigen mitbestimmt. Gemeinsam ist ihnen lediglich das Bemühen, Einvernehmen zwischen den Parteien herzustellen. Dieses kann sich auf die gerichtsanhängige Frage, kurzfristige Handlungsalternativen, Teilbereiche der familiären Konflikte oder auch nur darauf beziehen, dass sie einen richterlichen Beschluss wünschen.

82 Bisher können lediglich die **Wirkfaktoren**, welche für Paartherapie und Erziehungsberatung, Mediation sowie andere Interventionen im Bereich von Paar- und Familiendynamik als zum Erfolg beitragend empirisch bestätigt wurden, extrapoliert werden. Dies sind beispielsweise eine wertschätzende Beratungsallianz, Erzeugen von Hoffnung bzw. Ressourcenaktivierung, Motivation der Probanden und eine plausible „Therapie"-Theorie des Beraters. Als weitere psychoedukative Elemente werden das Sensibilisieren der Eltern für die Bedürfnisse des Kindes, das Schulen von Perspektivenwechsel zur Wahrnehmung der Bedürfnisse des Gegenübers, das Fokussieren auf Gemeinsamkeiten und Ressourcen genannt. Psychoedukative Elemente scheinen ein wichtiges Element zu sein, um Eltern für die

58 Dettenborn & Fichtner, 2015.
59 Lübbehüsen & Kolbe, 2009.
60 Bergau & Walper, 2011.

situationsspezifischen Bedürfnisse ihrer Kinder zu sensibilisieren.[61] Weiter hat sich das Entschleunigen des Gesprächsverlaufs und die Erarbeitung kurzfristiger, begrenzter, veränderbarer und möglichst konkreter Vereinbarungen vor allem bei hochstrittigen Eltern als hilfreich erwiesen.[62]

Bei einer interventions- oder lösungsorientierten Begutachtung schließt sich an die anfängliche Diagnostik eine **Arbeitsphase** an, die auf eine Veränderung der das Kindeswohl gefährdenden Bedingungen oder der bestehenden familiären Konflikte abzielt. Die lösungsorientierte Arbeit richtet sich dabei nach den individuellen Gegebenheiten in der untersuchten Familie. Dabei kann sowohl mit jedem Elternteil einzeln gearbeitet werden, es können gemeinsame Gespräche geführt oder auch zu einer Helferrunde mit den Eltern und beteiligten Fachpersonen eingeladen werden. Ziel ist es, eine außergerichtliche Einigung der Beteiligten auf eine Lösung herbeizuführen, welche dem Wohl der betroffenen Kinder entspricht und ein gerichtliches Eingreifen nicht mehr notwendig macht. 83

Die niedrigschwelligste lösungsorientierte Arbeit sind **Einzelgespräche** mit den Eltern, um ihnen die Bedürfnislage der betroffenen Kinder zu verdeutlichen und ihr Verständnis für diese zu wecken. Getrennte Termine sind vor allem bei hochkonflikthaft verstrickten Eltern indiziert.[63] 84

Um zu vermeiden, dass sich Parteien lediglich unter dem Druck kooperativ verhalten, da andernfalls eine negative Beurteilung durch den Sachverständigen resultieren könnte, ist insbesondere bei tiefergehend therapeutischen Interventionen vorzuziehen, eine entsprechende Fachstelle hinzuzuziehen. In der Praxis hat sich beispielsweise bewährt, gemeinsam mit beiden Elternteilen sowie der örtlichen Erziehungs- oder Paarberatung ein Erstgespräch zu führen, in welchem der Sachverständige eine Einführung in die aus seiner Sicht bestehenden Problemfelder gibt. Die anschließende beraterische oder therapeutische Arbeit unterliegt der Schweigepflicht und wird dadurch nicht Gegenstand des Gerichtsverfahrens. Der Sachverständige nimmt erst wieder am Abschlussgespräch teil, in dem er die erzielten Ergebnisse erfährt. Auch diese Hinbegleitung einer Familie in eine **ausgelagerte Intervention** gilt als lösungsorientiertes gutachterliches Vorgehen. Dem Gericht ist hierüber, sowie über die voraussichtlich benötigte Zeit, Bericht zu erstatten. 85

Bei Familiensystemen, die einer konfliktreduzierenden oder -lösenden Intervention zugänglich sind, können die Sachverständigen vermittelnde Gespräche durchführen und **Zwischenvereinbarungen** oÄ mit den Eltern erarbeiten. Solche Teilergebnisse sollten jeweils dem zuständigen Richter mitgeteilt und von diesem 86

61 Huber & Ulrich, 2019.
62 Krabbe, 2016.
63 Dietrich, Fichtner, Halatcheva & Sandner, 2010.

bestätigt werden. Auch bei einem solchen Vorgehen sind die einzelnen Schritte zu protokollieren und gegebenenfalls als Zwischenbericht dem Gericht zuzuleiten.[64]

87 **Vorteil** einer lösungsorientierten Begutachtung ist, dass die dadurch in Gang gesetzte familiäre Entwicklung von Sachverständigen beobachtet werden kann. Gegebenenfalls können dann in Zusammenarbeit mit der Familie Interventionen an die individuellen Bedürfnisse angepasst und in die abschließende Beantwortung der gerichtlichen Fragestellung einbezogen werden.[65] Insofern dient eine solche Interventionsphase gleichzeitig der Gewinnung zusätzlicher diagnostischer Daten.[66]

88 Ein weiteres Beispiel für eine Interventionsphase, die zwischen zwei diagnostischen Phasen durchgeführt wird, ist die **Anbahnung von Umgangskontakten** nach einer längeren Kontaktpause zwischen einem Elternteil und einem Kind, die auf entsprechende Intervention der Sachverständigen bei einem Jugendhilfeträger durchgeführt wird, um anschließend eine Interaktionsbeobachtung für die Datengewinnung durchführen zu können.

89 Bei einem **positiven Verlauf** können auch die Kinder in die interventionsorientierte Arbeit einbezogen werden, beispielsweise um ihnen gemeinsam die erzielte Lösung zu erklären.

90 Lehnen sich Ansätze der lösungsorientierten Begutachtung eng an Therapiekonzepte und eine entsprechende Methodik, kann dies zu einer Vermischung der Rollen im Begutachtungsprozess und damit zum Verlust der notwendigen **Distanz** der Sachverständigen führen.[67] Vor dem Beginn einer Intervention sollte daher eine ausreichende Diagnostik erfolgen.

91 Grundsätzlich ist davon auszugehen, dass eine lösungsorientierte Begutachtung dazu beitragen kann, die elterliche **Eigenverantwortung** zu stärken. Das Herstellen eines Einvernehmens führt die Eltern zurück zur autonomen Gestaltung des Familienlebens, indem sie selbst entscheiden, wie sie die Familie beispielsweise nach einer Trennung der Eltern organisieren oder in welcher Form sie nach der Feststellung einer Kindeswohlgefährdung mit notwendigen Fachdiensten kooperieren und diese Entscheidung nicht Dritten überlassen. Es ist von einer höheren Stabilität der Lösungen und von einer Entlastung der Kinder vom Nachtrennungskonflikt auszugehen,[68] wenn die Beteiligen aktiv an einer Lösung mitwirken.

92 In einer empirischen Untersuchung wurde geprüft, wie Sachverständige im Rahmen einer lösungsorientierten Begutachtung auf die Herstellung des elterlichen

64 Dettenborn & Fichtner, 2015.
65 Rohmann & Stadler, 1999.
66 Huber & Ulrich, 2019.
67 Lehmann, 2012.
68 Salzgeber, 2015 c.

Einvernehmens bei hochstrittigen Elternkonflikten hinwirken können[69] und welche **Effekte** diese Vorgehensweise langfristig zeitigt. Eltern scheinen demnach deutlich davon zu profitieren, wenn ihnen die Untersuchungsergebnisse ihrer Kinder erläutert und dadurch ihr Blick auf die kindliche Perspektive geschärft werden konnte. Ebenso war eine Erprobungsphase im Rahmen der laufenden Begutachtung prognostisch günstig.[70]

Es sollte jedoch nicht vergessen werden, dass Gutachten in der Regel im Zusammenhang mit Familiensystemen in Auftrag gegeben werden, bei denen im Vorfeld bereits niederschwellige Interventionen gescheitert oder die chronisch in hoch konflikthaftes Geschehen verstrickt sind. Entsprechend sind auch die **Erfolgsaussichten** für den beauftragten Sachverständigen eingeschränkt, zu einer Befriedung beitragen zu können.[71] Grenzen der Interventionsmöglichkeiten werden beispielsweise durch mangelnde Problemeinsicht, Problemkongruenz oder Hilfsakzeptanz sowie durch beleidigende oder bedrohende Kommunikation der Elternteile untereinander markiert.[72] Sachverständige, die lösungsorientiert arbeiten, müssen besondere Sorgfalt darauf verwenden, auch in dieser Phase der Begutachtung ihre Unparteilichkeit zu wahren.[73] 93

Kontraindiziert erscheint eine konsensorientierte Arbeit bei den Familien, bei denen kein Änderungswunsch besteht, Einvernehmen der Eltern auf einer dem Kindeswohl widersprechenden „Lösung“ besteht oder hoch eskalierende Elternkonflikte bestehen, ebenso wie bei häuslicher Gewalt und erheblichen psychischen Störungen ohne Krankheitseinsicht.[74] Ebenso ist von der Durchführung gemeinsamer Gespräche abzuraten, wenn bei beiden Elternteilen keine Kompromissbereitschaft erkennbar ist oder ein erhebliches Gewaltpotenzial besteht. 94

Ein lösungsorientiertes Vorgehen bei der familienpsychologischen Begutachtung entbindet Sachverständige allerdings nicht von ihrer **Informationspflicht** gegenüber dem Auftrag gebenden Gericht. Das Gericht entscheidet dann, ob, in welcher Form und Ausführlichkeit eine abschließende schriftliche oder mündliche Berichterstattung notwendig ist. Nicht zuletzt erscheint die Empfehlung, welche Form der Berichterstattung im Hinblick auf das Erarbeiten einer kindeswohldienlichen Lösung aus psychologischer Sicht zu empfehlen ist, als Möglichkeit einer lösungsorientierten Vorgehensweise psychologischer Sachverständiger (→ Rn. 1081, 1087, 1094, 1102). 95

69 S. hierzu auch Fichtner, 2015 c.
70 Bergau, 2014.
71 Krause, 2003.
72 Balloff & Vogel, 2016.
73 Osthold, 2011.
74 Huber & Ulrich, 2019.

4. Kindeswohl versus Elternrecht

96 Für den Begriff „Kindeswohl" gibt es bisher weder in der juristischen noch in der psychologischen Fachliteratur eine hinreichend konkret operationalisierte **Definition.** Entsprechend wird das Kindeswohl je nach Interessenslage als Argument für oder gegen unterschiedlichste Belange verwendet. Das Kindeswohlprinzip verlangt Entscheidungen, die dem konkreten Einzelfall gerecht werden, die Feststellung des Kindeswohls muss individuell erfolgen. Der Persönlichkeit des Kindes ist Rechnung zu tragen, sämtliche Lebensumstände und Bedürfnisse sind einzubeziehen und zu würdigen.[75]

97 Die **inhaltliche Festlegung** des Begriffs „Kindeswohl" ist in Abhängigkeit des jeweiligen gesellschaftlichen, kulturellen und ideologischen Rahmens großen Schwankungen unterworfen und davon mitbestimmt, welche Persönlichkeitstypen eine Gesellschaft fördern möchte.[76] Sich wandelnde gesellschaftliche Verhältnissen, Wertvorstellungen und neue wissenschaftliche Erkenntnisse führen zu veränderten Definitionsversuchen.[77]

98 Nimmt man die von der Bundesrepublik Deutschland 1992 ratifizierte UN-**Kinderrechtskonvention**[78] zur Grundlage, ist darunter die Gewährleistung von Schutz und die Fürsorge zu verstehen, die für das kindliche Wohlergehen notwendig sind, wobei die Rechte und Pflichten der Eltern oder anderer, für das Kind gesetzlich verantwortlicher Personen berücksichtigt werden müssen. Die Verantwortung für die Wahrung des Kindeswohls liegt in erster Linie bei den Eltern (Artikel 18). Hierfür werden rechtliche Erziehungsleitbilder vorgegeben, welche auch den Wandel der gesellschaftlichen Werte abbilden.[79] Primäres Interesse der Gesellschaft ist, dass Menschen nachwachsen, die sowohl Verantwortung für sich selbst übernehmen können als auch sich solidarisch gegenüber anderen verhalten. Dafür soll die Familie Heranwachsende ausrüsten.[80]Als wesentliche Aufgaben werden ua genannt:

- Vorrang des Kindeswohls in allen das Kind betreffenden Entscheidungen (Artikel 3);
- Berücksichtigung des Kindeswillens in allen das Kind berührenden Gerichts- oder Verwaltungsverfahren (Artikel 12);
- Schutz vor körperlicher oder geistiger Gewaltanwendung, Misshandlung, Verwahrlosung, schlechter Behandlung oder Ausbeutung (Artikel 19);

75 Cremer, 2012.
76 Lorenz, 2016.
77 Zu einer ausführlichen kritischen Betrachtung des Begriffs s. Hommers, 2004.
78 www.institut-fuer-menschenrechte.de.
79 Coester, 2018.
80 Seelmann, 2014.

- Erhalt des erreichbaren Höchstmaßes an Gesundheit und Behandlung von Krankheiten (Artikel 24);
- ein seiner körperlichen, geistigen, seelischen, sittlichen und sozialen Entwicklung angemessener Lebensstandard (Artikel 27);
- das Recht auf Bildung, insbesondere durch den verpflichtenden und unentgeltlichen Besuch der Grundschule (Artikel 28);
- das Recht des Kindes auf Ruhe und Freizeit (Artikel 31);
- Schutz vor wirtschaftlicher Ausbeutung (Artikel 32);
- Schutz vor Suchtstoffen und psychotropen Stoffen (Artikel 33);
- Schutz vor sexuellem Missbrauch (Artikel 34).

In Artikel 29 werden darüber hinaus **Wertvorstellungen** benannt, die der Bildung 99
(und Erziehung) der Kinder zugrunde liegen sollen:

- die Persönlichkeit, die Begabung und die geistigen und körperlichen Fähigkeiten des Kindes voll zur Entfaltung zu bringen;
- dem Kind Achtung vor den Menschenrechten und Grundfreiheiten und den in der Charta der Vereinten Nationen verankerten Grundsätzen zu vermitteln;
- dem Kind Achtung vor seinen Eltern, seiner kulturellen Identität, seiner Sprache und seinen kulturellen Werten, den nationalen Werten des Landes, in dem es lebt, und gegebenenfalls des Landes, aus dem es stammt, sowie vor anderen Kulturen als der eigenen zu vermitteln;
- das Kind auf ein verantwortungsbewusstes Leben in einer freien Gesellschaft im Geist der Verständigung, des Friedens, der Toleranz, der Gleichberechtigung der Geschlechter und der Freundschaft zwischen allen Völkern und ethnischen, nationalen und religiösen Gruppen sowie zu Ureinwohnern vorzubereiten;
- dem Kind Achtung vor der natürlichen Umwelt zu vermitteln.[81]

Im **psychologischen Verständnis** geht es bei der im Rahmen familiengerichtlicher 100
Auseinandersetzungen gestellten Frage nach dem Kindeswohl um die familiären Rahmenbedingungen, die ein Kind benötigt, um sich gesund entwickeln zu können. Kindeswohldienlich ist demnach, was zu einer gesunden Entwicklung eines Kindes beiträgt, mit dem Ziel, dass es zu einem zufriedenen, beziehungsfähigen und lebenstüchtigen Erwachsenen wird. Neben den in der UN-Kinderrechtskonvention genannten Aspekten zählen dazu die Gewährleistung einer kontinuierlichen und verlässlichen emotionalen Versorgung, Kontakt zu mehreren, Halt ge-

81 www.institut-fuer-menschenrechte.de.

benden, emotional verfügbaren Bezugspersonen, möglichst beiderlei Geschlechts, emotional positive, Selbstwert und Selbstwirksamkeit bestätigende Erlebnisse, altersgemäße außerfamiliäre soziale Bezüge und möglichst wenig Konfrontation mit schweren Belastungen wie chronischen Konflikten oder Gewalt im familiären Umfeld, Beziehungsabbrüchen oder seelischen Verletzungen durch nahestehende Personen.[82]

101 Als **Bereiche**, auf die sich das Kindeswohl auswirkt, werden in der Literatur beispielsweise die kognitive und schulische Entwicklung, das Wohlbefinden, Selbstvertrauen, der Selbstwert, psychische und Verhaltensauffälligkeiten diskutiert.

102 Der **Beurteilung** der familiären Ausgangslagen hinsichtlich der Rechte, die Eltern zugeschrieben werden bzw. der Kinderrechte, liegen zum Teil abweichende Ansätze bei Juristen und Psychologen zugrunde. Juristen, die sich im Rahmen der Kindschaftsverfahren an den rechtlichen Rahmenbedingungen orientieren, betonen hier häufig die im Grundgesetz (Art. 6 Abs. 1–3 GG) verankerten Rechte und Pflichten der Eltern, selbstverantwortlich für ihre Kinder zu sorgen und eigenständig Entscheidungen zu deren Lebenssituation und Entwicklungsförderung zu treffen. Der Staat ist allerdings dazu berufen, über die Wahrung der elterlichen Pflichten und den Schutz der Rechte des Kindes zu wachen.[83] Gleichzeitig toleriert der Gesetzgeber damit elterliches Fehlverhalten, solange dieses nicht zu hinreichend quantifizierbaren Beeinträchtigungen des Kindeswohls führt.[84]

103 Auch wenn, rein juristisch gesehen, Kinder als eigenständige Personen Träger von Grund- und Menschenrechten sind und ihre Eltern die Verpflichtung haben, das Wohl und Interesse des Kindes zu wahren, entsteht in der familienpsychologischen Praxis häufig der Eindruck, dass die **Elternrechte** an erster Stelle stehen und das Wohlergehen der Kinder diesen untergeordnet wird.[85] Dabei fällt auf, dass Kinder auch mit Bedingungen konfrontiert werden, die betroffene Erwachsene für sich als unzumutbar ablehnen würden. Gewichtiges Argument dabei ist, dass das Kind vermutlich keinen nachhaltigen Schaden davonträgt.

104 Aus einer klinisch-psychologischen Perspektive muss darauf hingewiesen werden, dass die Beurteilung „dem Kindeswohl nicht abträglich“ in keiner Weise mit „dem Kindeswohl **dienlich**“ gleichzusetzen ist. Der Unterschied wird deutlich, wenn man diese Grundhaltung beispielsweise auf den pharmazeutischen Bereich überträgt. Ein Medikament, das zwar nicht schadet, aber auch keinen Nutzen hat, würde von der entsprechenden Ethik- oder Zulassungskommission nicht freigegeben werden – und wohl auch vom Konsumenten nicht angewendet.

82 Heiß & Castellanos, 2013.
83 Heiß, 2015.
84 Bohnert, 2017.
85 Für eine juristische Sichtweise auf die Abwägung s. Heiß, 2015.

Die Betrachtung des Kindeswohls erfordert aus psychologischer Sicht über eine kurzfristige Perspektive hinaus die Abwägung **langfristiger Folgen** für das betroffene Kind. Dabei muss darüber entschieden werden, was für die weitere Persönlichkeitsentwicklung des Kindes das günstigste Verhältnis zwischen dessen Bedürfnislage und seinen Lebensbedingungen darstellt.[86] 105

Gemäß BGB werden zwei **Eingriffsschwellen** unterschieden, die ein staatliches Eingreifen in das Elternrecht nach sich ziehen können: 106

- Maßnahmen, die dem Wohl des Kindes am besten entsprechen bzw. solche, die dem Kindeswohl dienen oder Interventionen, die zum Wohl des Kindes erforderlich bzw. notwendig sind (positiv formuliertes Kindeswohl),
- Regelungen, die dem Kindeswohl nicht widersprechen oder Begebenheiten, die das körperliche, geistige oder seelische Wohl des Kindes gefährden (negativ formuliertes Kindeswohl).

Eingriffe in die Elternrechte dürfen nur erfolgen, wenn eine konkrete nachhaltige **Gefährdung** des körperlichen, geistigen oder seelischen Kindeswohls vorliegt. Gleichzeitig stellt das Gesetz fest, dass das Kindeswohl Vorrang vor den Interessen der Eltern oder anderer Parteien hat. Mit einer frühzeitigen Abschätzung einer Gefährdung bzw. vorbeugender Maßnahmen beschäftigt sich § 8 a Jugendhilfegesetzes (SGB VIII). 107

Die **Schädigung** des Kindes muss vor Einleiten einer familiengerichtlichen Maßnahme nach § 1666 BGB entweder bereits eingetreten oder mit hinreichender Wahrscheinlichkeit zu erwarten sein. Hierfür sind konkrete Verdachtsmomente zu benennen. Das bloße Vorhandensein von Risikofaktoren reicht hierfür nicht aus.[87] Ein Eingriff in die elterliche Sorge ist damit nur erlaubt, wenn er tatsächlich eine Abwendung der Kindeswohlgefährdung erreicht, diese nicht durch ein milderes Mittel abgewendet werden kann und die mit ihm verbundenen Nachteile nicht außer Verhältnis zu den erwarteten Vorteilen stehen (→ Rn. 520).[88] 108

In der **psychologischen Beurteilung** einer möglicherweise vorliegenden Kindeswohlgefährdung muss neben den festgestellten Beeinträchtigungen der Entwicklung auf Kindesseite (beispielsweise durch anhaltend hochstrittige Auseinandersetzungen der Eltern, anhaltende häusliche Gewalt oder chronische Vernachlässigung) beurteilt werden, inwiefern die Bereitschaft und Fähigkeit der Sorgeberechtigten besteht, vorhandene Gefährdungsmomente zu erkennen und diesen mit entsprechender Unterstützung entgegen zu wirken. Die Frage einer Wiederholung von Gefährdungsereignissen ist ebenso zu beurteilen, wie die tatsächliche Veränderungsbereitschaft der Erziehungsberechtigten. Die Verhältnismäßigkeit 109

86 Dettenborn, 2014.
87 Clausius, 2019.
88 Deutsches Institut für Jugendhilfe, 2019.

der im Raum stehenden Trennung eines Kindes von den Eltern gegenüber einer anhaltenden Gefährdung im häuslichen Umfeld ist kritisch zu überprüfen, wobei ambulante Hilfs- und Schutzkonzepte in die Risikoabwägung einbezogen werden müssen.[89]

110 Bei der Einschätzung elterlicher Kompetenzen ist nicht von einer dichotomen Verteilung (vorhanden/nicht vorhanden) auszugehen, sondern von einem **Kontinuum**, dessen oberes Ende als „good enough" markiert ist. Dabei werden von psychologischen Sachverständigen keine „perfekten Eltern" erwartet. Die Messlatte der Erziehungsfähigkeit ist die Forderung, dass eine gedeihliche, also insgesamt positive Entwicklung des Kindes in der Familie gewährleistet sein muss.

111 Dabei muss berücksichtigt werden, dass **Prognosen** über einen möglichen Entwicklungsverlauf bei anhaltender Schädigung eines Kindes durch das elterliche Fehlverhalten versus der Entwicklungsmöglichkeit eines Kindes nach der Trennung von seinen Eltern dadurch erschwert sind, dass Kinder unterschiedlich vulnerabel auf Beeinträchtigungen reagieren. Grundsätzlich können lediglich Wahrscheinlichkeitsaussagen auf der Basis der vorhandenen Forschungsergebnisse zu Auswirkungen von definierten Entwicklungsrisiken getroffen werden.

112 Die **UN-Kinderrechtskonvention** verfasste ein Zusatzprotokoll, das sich insbesondere mit dem Beschwerdeverfahren für Kinder und Jugendliche befasste und im April 2014 in Deutschland in Kraft getreten ist. Neben der Möglichkeit der Kinder, ihre Rechte vor Gericht selbst zu vertreten, setzten sich die Experten mit den Bedingungen auseinander, mit denen Kinder und Jugendliche in beispielsweise familienrechtlichen Gerichtsverfahren konfrontiert sind.

113 Bezogen auf familiengerichtliche Verfahren verweist die Kinderrechtskonvention (Art. 12 Abs. 2 KRK) auf das Recht des Kindes, **gehört zu werden**. Danach hat ein Kind entsprechend seiner entwicklungsbedingten Möglichkeiten das Recht, seine Meinung in allen es berührenden Angelegenheiten frei zu äußern.[90]

114 Nach den Bestimmungen des FamFG sind in Deutschland Kinder und Jugendliche in familienrechtlichen Verfahren, die ihre unmittelbaren Interessen betreffen, beteiligt. Im Alter von unter 14 Jahren sind sie allerdings nicht verfahrensfähig. Ihre **Anhörung** steht dem Richter frei und ist besonders dann empfohlen, wenn familiäre Beziehungen und Bindungen des Kindes, dessen Willensbildung und Neigungen für die gerichtliche Entscheidung als erheblich angesehen werden. Sind die Kinder noch nicht explorationsfähig, ist es gesetzlich empfohlen, dass sich das Gericht zumindest einen Eindruck über die Perspektive des beteiligten Kindes verschafft (§ 159 Abs. 1–3 FamFG). Über 14-Jährige müssen grundsätzlich angehört werden.

89 Kindler, 2012.
90 Cremer, 2012.

Das Deutsche Institut für Menschenrechte hat eine Studie vorgelegt, die sich mit einer **kindgerechten Justiz** befasst und untersucht, wie der Zugang zum Recht für Kinder und Jugendliche verbessert werden kann. So liegen beispielsweise bislang keine verbindlichen Leitlinien für die Anhörung in Kindschaftssachen vor. Die in der Studie zu ihren Erfahrungen vor Gericht befragten Kinder berichteten von Einschränkungen im Bereich der angemessenen Informationsweitergabe bzw. bezüglich der umfassenden Aufklärung vor einer richterlichen Anhörung. Ihnen sei mitunter mit wenig Empathie begegnet worden, die Befragung sei mit erheblichen emotionalen Belastungen einhergegangen und sie hätten eine Diskriminierung beispielsweise aufgrund des Alters oder der Herkunft erfahren. Die Befragung wurde zum Teil als zu fordernd und Einfluss nehmend erlebt oder sei mit dem Gefühl einhergegangen, Entscheidungsverantwortung für den Ausgang des Verfahrens übertragen bekommen zu haben.[91] 115

Auf dieser Basis wird eine verbindliche **Handreichung** zu Kindesanhörungen mit entsprechenden Vorschlägen zur kindgerechten Gestaltung von Gerichtsverfahren empfohlen. Des Weiteren werden entsprechende Fortbildungen für Richter (und Justizangestellte), Ausbildungsstandards für Verfahrensbeistände und Qualifizierungsstandards für Sachverständige gefordert.[92] 116

Weiterer Schauplatz in der Frage um das Kindeswohl ist die aktuelle Diskussion um den Begriff der „**Kindesinteressen**" („best interests of the child"). Dieses Konzept kann nicht allgemeingültig definiert werden, sondern ist für jedes Kind spezifisch und muss entsprechend einzelfallbezogen umrissen werden. Dadurch ist es anfällig für die Begründung von Eigeninteressen der an einem Gerichtsverfahren beteiligten Erwachsenen.[93] 117

Die **Interessen** eines Kindes sind weder mit seinem Willen noch mit seinem Wohlbefinden gleichzusetzen und müssen auch gegenüber den Bedürfnissen Anderer abgewogen werden. Dabei sollen Prinzipien der Kindererziehung mit den Kinderrechten kombiniert werden, um seine Entwicklung zu fördern.[94] Als Kriterien werden die in der Kinderrechtekonvention genannten Punkte genannt, sowie das Recht auf Kontakt zu beiden Elternteilen, emotionale Zuwendung, unterstützende und flexible Erziehungsmethoden, adäquate Vorbildfunktion der Eltern, Kontinuität der Betreuungsbedingungen und der Zukunftsperspektiven, Zugang zu Kontakten mit Gleichaltrigen, Respekt, Schutz vor Armut, schlechten Wohnbedingungen und schlechten Umweltbedingungen, Zugang zu Ernährung und Sicherheit und zu Informationen über die eigene Herkunft. Weiter liegt es in den Interessen eines Kindes, ein Mitspracherecht in allen es betreffenden 118

91 Graf-van Kesteren, 2015.
92 Graf-van Kesteren, 2015.
93 Van Hooijdonk, 2016.
94 Kalverboer, 2016.

Angelegenheiten zu haben.[95] Diese Bedingungen sollten stets in Zusammenhang mit dem aktuellen Entwicklungsstand des Kindes und seiner sich entwickelnden Fertigkeiten gesehen werden.

C. Grundlagen der psychologischen Begutachtung im familiengerichtlichen Verfahren

119 Der Blick des psychologischen Sachverständigen richtet sich bei familienrechtlichen Fragestellungen einerseits auf das Erleben und Verhalten der einzelnen Familienmitglieder, andererseits auf Interaktions- und Kommunikationsprozesse, die das Zusammenleben und die Beziehungen im **Familienverband** prägen. Dabei wird Familie als ein umfassendes System begriffen, das mehrere Generationen umfasst. In den heutigen gesellschaftlichen Strukturen wird hierzu neben der (hetero- oder homosexuellen) Kernfamilie mit ein oder zwei erwachsenen Bezugspersonen und deren Kindern die sogenannte Patchwork-Familie gezählt, ebenso wie die Pflegefamilie oder Adoptivfamilie, was insgesamt einen erweiterten Blick auf die Beziehungsgestaltung erfordert. Vor allem in Familien mit Migrationshintergrund müssen sich Sachverständige unter Umständen mit der Struktur einer Großfamilie auseinandersetzen. Die in der untersuchten Familie vorgefundenen Bedingungen werden in Relation zu ihren Auswirkungen auf das Wohlbefinden und die gedeihliche Entwicklung der dort lebenden Kinder gesetzt.

120 Dabei kommt der **Erziehungshaltung** der Eltern und spezifischen Stressfaktoren, die die Familiendynamik beeinflussen, eine zentrale Bedeutung zu.

121 Hier stellt die Begutachtung gelegentlich besondere Herausforderungen, beispielsweise wenn es sich um Familien mit **multikulturellem Hintergrund** oder aus nicht deutschen Ethnien handelt, deren Vorstellungen von der Kindererziehung zugrunde liegenden Wertvorstellungen vom gesellschaftlichen Kontext abweichen[96] (→ Rn. 314 ff.).

1. Zentrale Kriterien auf der Eltern-Ebene

122 Die **Eltern-Kind-Beziehung** ist dadurch gekennzeichnet, dass sie verschiedene Teilaspekte umfasst, die beim Kind Lern- und Entwicklungsprozesse fördern. Neben dem Aspekt der Fürsorge als Grundlage der Bindung sind kognitive Förderung, spielerische Anregung und der Autoritätsaspekt von Belang.[97] Psychologische Sachverständige sollten sich über die entsprechenden Bedürfnisse von Kindern aller Altersstufen umfassend informieren, um diese in die Untersuchung einbeziehen zu können.

95 Khazova, 2016.
96 Korbin, 2002; UNICEF, 2003.
97 Dettenborn & Walter, 2015.

Das Verhalten von Eltern hat unter anderem im Sinn einer **Vorbildfunktion** Auswirkungen auf ihre Kinder, sowohl in positiver Hinsicht als auch bezüglich negativer Nebenwirkungen.[98] Diese zeigen sich nicht nur in der akuten Situation, sondern auch in Bezug auf ihr späteres Verhalten in der eigenen Partnerschaft und Familie, im Beruf und in der Ausgestaltung der eigenen Persönlichkeit. 123

Erzieherisches Verhalten ist grundsätzlich von drei **Determinanten** abhängig: Persönlichkeitsmerkmale des Elternteils, Merkmale des Kindes und der soziale Kontext der Familie. Diese drei Determinanten interagieren miteinander. 124

Als grundlegende Funktion im Erziehungsauftrag gilt die ausreichende **Versorgung** auf dem Gebiet der körperlichen Entwicklung eines Kindes. Hier steht ausreichende physische Betreuung, wie Nahrung, medizinische Versorgung, Unterkunft und Schutz vor Gefahren im Vordergrund. Weiter ist die Versorgung des Kindes in emotionaler Beziehung von Bedeutung, wie angemessene Nähe auf der Gefühlsebene, Blickkontakt, äußere Anzeichen von Freude und Übereinstimmung mit dem Kind. Dritter Bestandteil ist eine angemessene intellektuelle Förderung, beispielsweise Sprechen mit dem Kind, kognitive Anregung des Kindes, Bereithalten interessanter Erfahrungen, Zulassen der Erkundung der Umgebung bei gleichzeitiger Grenzsetzung, Sicherstellen des Schulbesuchs und einer den Interessen und Neigungen des Kindes entsprechenden Ausbildung, Einbindung in die soziale Umwelt mit stimulierenden Außenkontakten und die Förderung sozialer Kompetenzen. 125

Diese Anforderungen setzen voraus, dass die Erziehungsperson bereit und in der Lage ist, die körperlichen und emotionalen Bedürfnisse des jeweiligen Kindes zu erkennen, erzieherisch angemessen darauf zu reagieren und auf die individuelle Situation des Kindes einzugehen. Hier ist von einem **interaktiven** und reziproken Prozess in der Dyade Erwachsener-Kind auszugehen. Die Interaktionsqualität auf Seiten der Eltern hängt dabei wesentlich von der eigenen Bindungsrepräsentation ab.[99] 126

a) Physische Versorgung

Für den Besuch der Sachverständigen ist bei Familie Aa extra geputzt worden. Man erkennt das daran, dass der Boden noch feucht ist und in der Zimmermitte ein zusammengeschobener Haufen Müll liegt. Bei der Interaktionsbeobachtung tritt das Kind der Familie barfuß in eine Scherbe. Die Suche nach Verbandszeug verläuft ergebnislos. Der Termin wird für einen Arztbesuch unterbrochen. Das Kind weigert sich aber weinend, an den gesunden Fuß einen Schuh anzuziehen. Bei der flüchtigen Überprüfung zeigt sich, dass der Schuh mehrere Zentimeter zu klein ist.[100] 127

98 Bösel & Bösel, 2013.

99 Scheuerer-Englisch, Suess & Pfeifer, 2003.

100 Die Fallbeispiele entstammen der Praxis der Verfasserin. Es handelt sich dabei um die vereinfachte Darstellung einzelner Aspekte von komplexen Sachverhalten, die in dieser Ungenauigkeit selbstverständlich nicht ausreichen würden, um zu einer sachverständigen Einschätzung der Gesamtsituation zu kommen.

128 Um die **Qualität** der physischen Versorgung im konkreten Einzelfall abzuschätzen, sind psychologische Sachverständige außer einem Hausbesuch meist auf Informationen weiterer, mit dem betroffenen Kind vertrauter Fachpersonen angewiesen.

129 Zur physischen Versorgung zählt zunächst die Befriedigung **basaler Bedürfnisse** wie ausreichende Nahrung und Kleidung, ausreichende körperliche Pflege, ein sicherer Schlafplatz, die Etablierung eines entwicklungsgemäßen Schlaf-Wach-Rhythmus', ausreichende hygienische Bedingungen in der Wohnumgebung und die medizinische Versorgung bei Erkrankungen.

130 Ein sicherer Schlafplatz und ausreichende hygienische Bedingungen in der **Wohnung** können durch Inaugenscheinnahme im Rahmen eines Hausbesuchs bewertet werden. Auch wenn davon auszugehen ist, dass die Probanden vor Besuch des Sachverständigen dafür gesorgt haben, ihre Wohnung zu ordnen und zu putzen, können insbesondere bei den Familien, die über keine ausreichenden Maßstäbe verfügen, Hinweise auf Kindeswohlgefährdung gewonnen werden. Als dem Kindeswohl entgegenstehend sind anzusehen: Eine unklare Schlafsituation, beispielsweise mit häufig wechselnden Umgebungsveränderungen, anhaltende akustische Störung, drohende oder tatsächliche Obdachlosigkeit, mangelhafte hygienische Verhältnisse. Ein Elternteil, der unter einem sogenannten „Messie-Syndrom" leidet und damit bereits die eigene Gesundheit gefährdet, ist auch nicht in der Lage, Kindern ein angemessen hygienisches und gefährdungsfreies Aufwachsen zu garantieren. Unter widrigen Wohnverhältnissen kommt es beispielsweise häufiger zum plötzlichen Kindstod.[101]

131 Zur **Schlafsituation** ist anzumerken, dass Kinder vor allem nach einer elterlichen Trennung häufig bei einem Elternteil im Bett schlafen. Dies ist in Abhängigkeit von Alter und Geschlecht der Kinder zu bewerten und unter dem Gesichtspunkt zu betrachten, wessen Bedürfnis nach Nähe dadurch befriedigt wird. Im Zusammenhang mit der Schlafsituation ist weiter von Bedeutung, dass das Kind nicht mit sexuellen Handlungen der Eltern konfrontiert werden sollten. Ein weiterer Gesichtspunkt betrifft die Hygiene der Schlafstätte, beispielsweise bei nächtlichem Einnässen eines Kindes oder wenn es unter Allergien leidet.

132 Mangelhafte hygienische Wohnbedingungen gefährden das Kindeswohl, wenn dadurch **Verletzungs- oder Infektionsgefahr** besteht (ungeschützter Zugang zu Messern, Scherben, Spritzen usw) oder aufgrund beispielsweise unangenehmer Geruchsbildung die Gefahr sozialer Stigmatisierung. Die Einhaltung hygienischer Standards verhindert darüber hinaus die Verbreitung von Krankheitserregern sowie Schädlingen (Läuse, Flöhe, Krätze) und ist damit eine zentrale Präventionsmaßnahme gegen Erkrankungen.

101 Petermann, Niebank & Scheithauer, 2004.

Bei Kindern, die in Flüchtlings- oder **Asylbewerberunterkünften** leben, muss von einem Mindeststandard in Bezug auf die hygienischen Verhältnisse bzw. die Ausgestaltung der Schlafsituation ausgegangen werden. 133

Ein niedriger sozio-ökonomischer Status und fehlende **finanzielle Absicherung,** die gerade bei Jugendlichen mit dem Risiko einhergeht, sexuell ausgebeutet zu werden oder Schulden zu machen, sind ebenfalls zu berücksichtigen. Insbesondere wirkt sich ökonomische Unsicherheit hemmend auf die kognitive und emotionale Entwicklung von Kindern aus,[102] die körperliche Gesundheit ist tendenziell belastet (ua durch häufiger auftretende Ernährungsstörungen und Suchtmittelmissbrauch), es besteht ein höheres Risiko für dissoziale Verhaltensstörungen sowie für internalisierende Störungen wie Angst und Depression. Armut ist ein bedeutsamer Risikofaktor für Einschränkungen hinsichtlich der kognitiven, sprachlichen und emotionalen Entwicklung von Kindern und Jugendlichen, sie marginalisiert und stigmatisiert.[103] 134

Es ist von Geburt an wesentlich, dass Eltern auf eine angemessene **Ernährung** ihrer Kinder achten bzw. im Bedarfsfall Rat durch Hebammen, Kinderkrankenschwestern und Kinderärzte einholen. Die Gewichtsentwicklung ist bei Kleinkindern insbesondere im Hinblick auf die Hirnreifung und ausreichende Versorgung der inneren Organe ausschlaggebend. Dies wirkt sich auf die spätere Intelligenzleistung und körperliche Gesundheit aus. Es ist auf mögliche Allergien und Unverträglichkeiten zu achten und darauf, dass falsches Ernährungsverhalten zu einem übermäßigen Kariesbefall führen kann. 135

Hinsichtlich der ausreichenden Ernährung wird der in der kinderärztlichen Untersuchung festgestellte **Ernährungszustand** (Über- oder Untergewicht als Hinweis auf Fehlernährung) herangezogen. Insbesondere bei jüngeren Kindern kann die Nahrungsversorgung auch durch Nachfrage bei betreuenden Einrichtungen wie Kindergarten oder Kindertagesstätten ermittelt werden. 136

Die gleichen Quellen geben Auskunft über den **Pflegezustand** des Kindes und die Witterungsangemessenheit der Kleidung. Modische Aspekte sind hier nicht relevant, es sei denn, das Kind wird mit Kleidung versorgt, die in altersinadäquater Weise sexuelle Reize betont und durch die das Risiko, Opfer sexueller Übergriffe zu werden, steigen könnte. Auch stark abgetragene bzw. ungepflegte Kleidung ist problematisch, wenn diese beispielsweise zur sozialen Ausgrenzung eines Kindes beiträgt. 137

Die Gewährleistung der physischen Gesundheit ist auch in Haushalten gefährdet, in denen stark geraucht wird. Medizinischen Studien zufolge kann **Passivrauchen** unter anderem Allergien oder Asthma auslösen oder bereits bestehende 138

102 Weiß, 2010.
103 Schleiffer, 2010.

chronische Atemwegserkrankungen, wie eine Lungenentzündung oder Bronchitis, erheblich verstärken. Außerdem werden durch das Passivrauchen Selbstreinigungsmechanismen der Atemwege und die Immunabwehr beeinträchtigt. Das Deutsche Krebsforschungszentrum geht davon aus, dass knapp zwei Prozent aller Todesfälle, die durch eine chronisch-obstruktive Lungenerkrankung bei lebenslangen Nichtrauchern hervorgerufen werden, eine Folge des Passivrauchens sind. Dies entspricht in Deutschland etwa 60 Todesfällen im Jahr, wenn man allein das Passivrauchen im häuslichen Umfeld berücksichtigt.[104]

139 Zur physischen Versorgung gehört auch der Schutz von Kindern und Jugendlichen vor **körperlichen Verletzungen**. Hierzu zählen alltägliche Dinge wie angemessene Kindersicherungen im Auto, aber auch Schutz vor sexuellem Missbrauch und Gewalt durch Dritte (→ Rn. 744 ff.). Diesen Schutz können Eltern nur im sozialen Nahbereich und innerhalb der Familie bieten. Von Krankenkassen und ärztlichen Vereinigungen sind Informationsmaterialien über den Schutz von Kindern vor häuslichen Gefahren erarbeitet worden, die vor allem die Eltern jüngerer Kinder betreffen. Diese beschreiben beispielsweise eine kindersichere Aufbewahrung von Medikamenten und Putzmitteln, die Absicherung von Steckdosen und Elektrogeräten und Schutz vor Stürzen.

140 Von erheblicher Relevanz in der Verantwortungsübernahme für Kinder sind weiter die **medizinische Versorgung** bei Erkrankungen und die Krankheitsprophylaxe. Zu diesem Zweck werden in Deutschland in den ersten sechs Lebensjahren neun Vorsorge-Untersuchungen durchgeführt, ergänzt durch vier weitere Untersuchungen, die bis ins Jugendalter reichen. Zweck ist die frühzeitige Erkennung von Störungen der Entwicklung, gesundheitlicher Beeinträchtigungen oder eines Misshandlungsrisikos, um diesen mit entsprechenden Förder- und Therapiemaßnahmen vorzubeugen. Die Wahrnehmung der Vorsorgeuntersuchungen ist in Deutschland freiwillig, in anderen Ländern (beispielsweise Österreich) ist sie Voraussetzung für den Bezug von Kinderbetreuungsgeld. Allerdings sehen manche deutschen Bundesländer vor, dass bei fehlender Vorstellung der Kinder beim Kinderarzt das Jugendamt informiert wird, welches überprüft, inwieweit Maßnahmen zum Kinderschutz notwendig sind.

141 Die Bedeutung der prophylaktischen Untersuchungen zeigt sich beispielsweise, wenn man sich die Auswirkungen nicht erkannter **Hörschädigungen** auf die psychosoziale Entwicklung von Kindern anschaut: Die normale Sprachentwicklung wird gestört, dadurch entstehen kognitive Defizite, soziale Ausgrenzung, Verhaltensauffälligkeiten oder psychovegetative Reaktionen.[105] Auch aus nicht frühzeitig erkannten und versorgten Beeinträchtigungen der Sehfähigkeit durch

104 Deutsches Krebsforschungszentrum, 2003.
105 Walger, 2010.

Fehlsichtigkeit oder Schielen können Langzeit-Folgeschäden entstehen, die sich beispielsweise auf den Erwerb schulischer Fertigkeiten auswirken.

Zu beachten ist allerdings, dass Kinderärzte aus Furcht vor einem Behandlungsabbruch durch die Eltern häufig nicht alle relevanten Befunde in diesen Heften dokumentieren. Mögliche Störungen sollten deshalb bei einer Begutachtung beim behandelnden **Kinderarzt** gesondert erfragt werden, sofern die Eltern diesen von der Schweigepflicht entbunden haben. 142

Leidet ein Kind an einer akuten oder **chronischen Erkrankung**, obliegt es der Verantwortung der Eltern, über die Notwendigkeit von Arztbesuchen und medizinischen bzw. therapeutischen Maßnahmen zu entscheiden. Diese müssen in jedem Fall so gestaltet sein, dass das Kind vor einer Chronifizierung und vermeidbaren Folgeschäden geschützt ist. Ein besonderer Streitpunkt ist zum Beispiel die Notwendigkeit von Schutzimpfungen. Es gibt zwar Empfehlungen der Impfkommission, letztlich müssen aber die Eltern abwägen, ob das gesundheitliche Risiko, das eine Impfung mit sich bringt, das Risiko einer fehlenden Impfprophylaxe aufwiegt. 143

Besondere Bedeutung kommt der elterlichen Fürsorge in Sachen Gesundheit, Förderung und Therapie zu, wenn Kinder mit angeborenen Erkrankungen oder **Behinderungen** geboren werden. Hier ist darauf zu achten, ob die festgestellten Handikaps durch teratogene Faktoren im Rahmen der Schwangerschaft ausgelöst wurden (→ Rn. 683 ff.). Aufgabe der Eltern ist es, das Kind in einer Weise zu betreuen und zu fördern, die die Auswirkungen der chronischen Einschränkungen mildert, wie Ernährungsumstellung bei Diabetes oder Erlernen von Zeichensprache bei Taubheit. 144

Zur physischen Versorgung eines Kindes gehört auch die **sensomotorische Stimulierung**. Die fehlende motorische Anregung eines Neugeborenen und Kleinkindes kann zu erheblichen, langfristigen Entwicklungsrückständen führen. Wenn ein Kind beispielsweise in stets unveränderter Weise hingelegt und nicht bewegt wird, können neben Asymmetrien im Haltungsapparat ein muskulärer Hypotonus sowie mangelhafte Koordinierungsabläufe in Wahrnehmung und Motorik die Folge sein. Deutliches Anzeichen für eine geringe Stimulierung ist eine durch ständiges Liegen am Hinterkopf abgeflachte Kopfform, die auch psychologische Sachverständige unschwer erkennen können. 145

Bei den hier genannten Aspekten der physischen Versorgung ist davon auszugehen, dass Eltern nicht unbedingt in der Lage sein müssen, diese (ausschließlich) allein zu gewährleisten. Für die gutachterliche Einschätzung ist jedoch die Fähigkeit der Eltern maßgeblich, die kindlichen Bedürfnisse zumindest nach Rückmeldungen durch Fachpersonen zu erkennen, sowie ihre Bereitschaft, für **Abhilfe** bzw. entsprechende Unterstützungsmaßnahmen zu sorgen. Um gesundheitliche Beein- 146 trächtigungen oder Gefährdungen eines Kindes abzuwenden, kann es unter Umständen notwendig sein, dass Eltern das Sorgerecht im Bereich der medizinischen Versorgung gerichtlich entzogen wird, wenn medizinisch notwendige Maßnahmen unterlassen werden, das Kind nicht ausreichend vor möglichen Gefährdungen der gesundheitlichen Unversehrtheit geschützt wird, bei Münchhausen-by-Proxy-Syndrom eines Elternteils oder Kindesmisshandlung (→ Rn. 754).[106]

b) Emotionale Versorgung und Bindungsangebot

147 Die sehr junge Frau Ab hat geplant rasch hintereinander zwei Kinder bekommen. Vor allem das Baby fällt durch Lethargie auf, es sucht keinen Blickkontakt zum Interaktionspartner, lächelt selten. Das zweijährige Mädchen wirkt bedürfnislos. Ernährungs- und Pflegezustand beider Kinder sind in der kinderärztlichen Untersuchung unauffällig. Während des Hausbesuchs der Sachverständigen läuft im Hintergrund ständig der Fernseher, auf dem Computer sind Spiele sichtbar. Beim Wickeln werden die Kinder von der Mutter nicht angesprochen. Während sie dem Baby mit einer Hand das Fläschchen gibt, spielt sie mit der freien Hand am Handy.

148 Die Beurteilung der Kompetenzen von Eltern, ihre Kinder emotional ausreichend zu versorgen und ihrem Alter und Entwicklungsstand angemessen zu erziehen, ist eine primär **psychologische Fragestellung.**

149 **Erziehungskompetenzen**[107] umfassen selbstbezogene Kompetenzen des Erwachsenen (Wertvorstellungen, Wissen, Kontrolle der eigenen Emotionen), kindbezogene Kompetenzen (Empathie, Erkennen von Entwicklungspotenzialen, Gewähren und Fördern von Eigenständigkeit, Setzen und Erweitern von Grenzen), kontextbezogene Kompetenzen (Prävention erwartbarer Schwierigkeiten) sowie handlungsbezogene Kompetenzen (Vertrauen in eigene Handlungsfähigkeit, situationsangemessene Dosierung der eigenen Handlungen).

150 In der Diskussion der emotionalen Versorgung von Kindern kommt dem Begriff **Empathie** eine zentrale Bedeutung zu. Darunter versteht man die Fähigkeit eines Menschen, den affektiven Zustand seines Gegenübers zu erfassen und sich darin einzufühlen. Das angemessene Eingehen auf die Befindlichkeit des Sozialpartners beinhaltet auch die Sorge um dessen Wohlbefinden. Dies wird als Grundlage des Fürsorgeverhaltens in der Erziehung angesehen. Die Befähigung zur Empathie wird wiederum in der frühen Kindheit durch das jeweilige Fürsorgeverhalten der Erziehungspersonen angelegt.

151 Aus der neuropsychologischen Forschung wird derzeit abgeleitet, dass das **Bindungsverhalten** von Erwachsenen gegenüber Kindern oder Partnern anderen Mechanismen unterliegt als das von Säuglingen an die Bezugspersonen. So ist die Voraussetzung für das Eingehen einer engen emotionalen Beziehung für

106 Finke, 2015.
107 Schneewind et al., 2005.

Erwachsene die Wahrnehmung zuvor erlernter sozialer Signale, die wiederum das dopaminerge System aktivieren, was bei positiven Affekten zu Nähe suchendem Verhalten führt.[108] Weiter ist bei Erwachsenen festzustellen, dass die in einer emotional engen Beziehung erlebte Sicherheit der Bindungsrepräsentation in Abhängigkeit von der beim Partner erlebten Befriedigung innerpsychischer Bedürfnisse variabel ist.[109] Bei Säuglingen und Kleinkindern wird dagegen davon ausgegangen, dass Bindungsverhalten nicht zielgerichtet auf die leiblichen Eltern ist, sondern es sich vielmehr um ein übergreifendes universelles Muster handelt, sich der Person zuzuwenden, die am meisten Zeit mit ihnen verbringt, am häufigsten ihre Bedürfnisse abdeckt und dadurch das eigene Überleben sichert.

Das Erleben sozialer **Wertschätzung** und Anerkennung ab Geburt wirkt sich 152 sowohl auf neuronaler und hormoneller als auch auf kognitiver Ebene aus. Kinder werden dadurch befähigt, ein reflexionsfähiges, inneres Bild von sich zu entwickeln, das im Wesentlichen positiv ist. Auf dieser Ausgangsbasis beginnen Kinder, über Motive und Absichten anderer Menschen nachzudenken. Im weiteren Verlauf zeigt sich, dass sich die durch Wertschätzung in den ersten Lebensjahren aktivierten neuronalen Motivationssysteme lebenslang auf die Lebensfreude eines Menschen, seine Vitalität oder auch den Schutz vor Depressionen auswirken.[110]

Grundsätzlich ist davon auszugehen, dass ein **sicherer Bindungsaufbau** gegen- 153 über mindestens einer Bezugsperson eine positive Voraussetzung dafür ist, später seinen eigenen Kindern ebenfalls eine sichere Bindungsrepräsentation zu ermöglichen. Die in der Kindheit seitens der Eltern erfahrene Fürsorge, verlässliche Versorgung und Betreuung sowie das einfühlende Eingehen auf geäußerte Bedürfnisse tragen dazu bei, im Laufe der späteren Entwicklung gelungene Beziehungen zu Sozialpartnern, Beziehungspartnern und zu den eigenen Kindern aufzubauen. Personen, die durch ihre Mütter feinfühliges Verhalten erlebt haben, erleben in ihren späteren Partnerschaften eine bedeutend höhere Beziehungsqualität. Das Fehlen feinfühligen Verhaltens der Hauptbezugsperson in der Kindheit kann in ihrer Auswirkung auf die Lebensqualität Erwachsener selbst durch das Erleben sehr guter partnerschaftlicher Beziehungen nicht vollständig kompensiert werden.[111]

Das **Entbehren** von Urvertrauen und die Erfahrung, von den primären Bezugs- 154 personen nicht verlässlich versorgt und beschützt zu werden, zerstört häufig die Fähigkeit, später das eigene Kind angemessen zu versorgen. Frühe traumatische Kindheitserfahrungen können das Selbstwertgefühl in der eigenen Elternschaft

108 Coan, 2008.
109 La Guardia, Ryan, Couchman & Deci, 2000.
110 Bauer, 2017.
111 Schmoeger et al., 2018.

nachhaltig beeinträchtigen und führen zu einer latenten Misshandlungsbereitschaft.[112] Eltern mit unsicheren internalen Bindungsmodellen (→ Rn. 261 ff.) reagieren bei den Beziehungsanforderungen ihrer Kinder weniger stressresistent. Sie erzeugen einerseits durch ihre mangelnde Verfügbarkeit und geringe Responsivität stärker fordernde Verhaltensweisen der Kinder sowie später Angst- und Vermeidungsreaktionen und ein generell schlecht steuerbares kindliches Verhalten. Andererseits erleben sie gerade dies in höherem Maß als gegen sich gerichtet und bedrohlich, worauf sie mit Feindseligkeit und Verärgerung reagieren. Dadurch steigt das Risiko, in eskalierende Interaktionsprozesse zu geraten.

155 Die **emotionale Kompetenz** von Eltern, also ihre Fähigkeit, die eigenen Gefühle und die Gefühle anderer zu erkennen, die eigenen Gefühle zu regulieren und auszudrücken, spiegelt sich in der Qualität der Eltern-Kind-Beziehung wider. Studien weisen darauf hin, dass sich psychische Belastung von Eltern negativ auf deren emotionale Kompetenzen auswirkt,[113] was wiederum das Risiko der Kinder erhöht, ebenfalls psychisch instabil oder verhaltensauffällig zu werden. Bei geringer Feinfühligkeit der Hauptbezugsperson besteht bei Kindern im weiteren Verlauf ein erhöhtes Risiko für Regulationsstörungen, geringeres Konzentrationsvermögen, internalisierende und externalisierende Verhaltensauffälligkeiten sowie problematischen Suchtmittelgebrauch.[114]

156 **Bindungsförderndes** Elternverhalten beinhaltet Sensitivität für kindliche Signale, wertschätzende Haltung gegenüber dem Kind, Synchronizität der Interaktion, Reziprozität, Unterstützung bei der Erkundung seiner Umwelt sowie Stimulation. Bei dysfunktionalen Interaktionsmustern sind Über- oder Unterregulation, inkonsistente und nicht kontingente Regulation zu beobachten.[115]

157 Die frühe Bindungsforschung bezog sich insbesondere auf die Mutter-Kind-Beziehung. So wurden Forschungsarbeiten zum Bindungsverhalten ausschließlich mit Müttern durchgeführt. Bedingt durch den gesellschaftlichen Wandel, durch den Väter mehr erzieherische Verantwortung für ihre Kinder übernehmen, rückte die **Vater-Kind-Beziehungen** stärker in den Fokus der Forschung. Entsprechende Beobachtungen verweisen darauf, dass grundsätzlich kein Unterschied zwischen der mütterlichen und väterlichen Fähigkeit vorliegt, emphatisch auf die Bedürfnisse eines Kindes zu reagieren und in Kommunikation mit diesem zu treten. Ebenso geben sowohl Mütter wie Väter ihre eigenen Bindungsmuster an ihre Kinder weiter.[116]

112 Nienstedt & Westermann, 2013.
113 Greve, Müller, Albers, Romer & Achtergarde, 2020.
114 Für einen Überblick s. Jacob & Jacob, 2019.
115 Jacob & Jacob, 2019.
116 Quehenberger, 2017.

Allerdings lassen sich **geschlechtsspezifische** Besonderheiten im Interaktionsstil von Vätern und Müttern feststellen.[117] Den Forschungsergebnissen zufolge neigen Väter vermehrt dazu, ihre Kinder physisch anzuregen und durch aktives Handeln das kindliche Selbstvertrauen zu stärken bzw. herauszufordern. Bei Müttern ist dagegen ein eher auf Fürsorge bedachter Interaktionsstil zu beobachten. Stehen beide Elternteile zur Verfügung, kommt Vätern vermehrt der spielerische und herausfordernde Interaktionsbereich zu, während bei Müttern die Versorgung und Beruhigung dominiert. Ein wesentlicher väterlicher Einfluss auf die kindliche Entwicklung liegt in der feinfühligen Unterstützung und Förderung der Exploration.[118] Dies wirkt sich förderlich auf die kognitive und soziale Entwicklung eines Kindes aus und hat damit einen Einfluss auf den Aufbau sozialer Kompetenzen im Umgang mit Gleichaltrigen. 158

Weiter zeigen Untersuchungsergebnisse, dass es Vätern in der Regel schwerer fällt, Belastungen wie die chronische Erkrankung eines Kindes, Behinderungen oder Verhaltensauffälligkeiten zu kompensieren. Hier ist oft **Rückzugsverhalten** oder eine emotional belastete Beziehung des Vaters zum Kind festzustellen. 159

c) Erziehung und Autorität

Ehepaar Ac hat sich vor einem Jahr getrennt. Die 5 und 7 Jahre alten Kinder werden seither im Wechselmodell betreut. Bei der Mutter herrschen sehr strenge erzieherische Vorgaben. Beim kleinsten Fehlverhalten müssen die Kinder so lange auf einem Stuhl sitzen bleiben, bis sie Einsicht und Reue bekunden. Beim Vater gibt es gar keine Vorgaben, er greift auch dann nicht ein, als der Sohn bei einem Streit die kleine Schwester verletzt. Aus Kindergarten und Schule kommt die Rückmeldung, dass beide Kinder erzieherisch zunehmend schwer zu erreichen seien. 160

Erzieherische Anleitung von Kindern ist nicht gleichzusetzen mit der Ausübung von Macht oder negativer Verhaltenskontrolle. In der **Autoritäts-Beziehung** gilt es, Kindern auf wohlwollende und unterstützende Art Regeln zu vermitteln und deren interne Repräsentation zu fördern. Dabei müssen dem Kind Kompetenzen zur Alltagsbewältigung vermittelt werden, bestehend aus dem klaren Setzen von Regeln, Überprüfung der Regeleinhaltung und der Sanktionierung von Regelverletzungen. Grundvoraussetzung ist hierbei die Fähigkeit der Eltern, den Entwicklungsstand des Kindes richtig einzuschätzen. Die Vermittlung von Werten und gesellschaftlichen Verhaltensnormen in der Erziehung legt den Grundstein für die soziale Anpassungsleistung eines Kindes und damit verbunden für dessen Integration im Umfeld. 161

Nicht nur bei der Begutachtung von Familien mit Migrationshintergrund sollten psychologische Sachverständige explorieren, welche **Erziehungsziele** verfolgt und welche Erziehungsmittel hierfür eingesetzt werden. Als Erziehungseinstellungen 162

117 Grossmann et al., 2002.
118 Zimmermann et al., 2000.

werden kognitive Konstrukte verstanden, die Grundlage für Erziehungsverhalten und damit das Einwirken auf das Kind sind. Dies betrifft beispielsweise Einstellungen gegenüber dem Kind, Akzeptanz seiner Persönlichkeit, weltanschauliche Fragen, Verständnis von Geschlechtsrollen, zur Notwendigkeit von Emotionalität, Verständnis und Wohlbefinden, zum Ausmaß der Behütung oder Permissivität und Strafintensität. Sie basieren meist auf tradiertem, dh selbst erlebte Erziehungswissen.[119]

163 Von besonderem Interesse in Bezug auf den Erziehungsstil eines Elternteils ist in der Begutachtung dessen Einstellung zu Maßregeln oder **Strafen.** Hier ist der Einsatz von Konsequenzen bei Regelüberschreitung eines Kindes sowie die Einstellung gegenüber körperlicher Gewalt in der Erziehung zu hinterfragen. In Deutschland ist seit dem Jahr 2000 der Einsatz körperlichen Schmerzes als Erziehungsmittel gesetzlich untersagt.

164 Die Sozialpsychologie[120] beschreibt vier **Erziehungsstil-Typen:** Beim autoritären Führungsstil trifft der Erwachsene die Entscheidungen und übt direktiv Kontrolle aus. Der Laissez-Faire Führungsstil überlässt Kindern sämtliche Freiheiten, das kindliche Verhalten wird nicht kontrolliert oder bewertet. Der demokratische Führungsstil beinhaltet, dass Entscheidungen gemeinschaftlich zwischen Elternteil und Kind getroffen werden. Die Erziehungshaltung ist motivierend und unterstützend, wobei dem Kind ebenso Verantwortung übertragen wird. Beim autoritativen Erziehungsstil[121] wird den Kindern „Freiheit in Grenzen" gewährt, was bedeutet, dass neben der Autonomie und Willensfreiheit des Kindes auf die konsequente Einhaltung von Regeln geachtet wird. Diese Erziehungshaltung wird als die für die kindliche Entwicklung förderlichste angesehen. Aus Studien ist bekannt, dass beispielsweise Kinder demokratischer Eltern erheblich rascher beginnen zu sprechen als Kinder autoritärer Eltern.[122] Der Erziehungsstil eines Elternteils ist keine überdauernde Persönlichkeitseigenschaft, sondern unterscheidet sich im Umgang mit verschiedenen Kindern.[123]

165 **Inkonsequenz** in der Erziehung zeigt sich in einander widersprechenden bzw. zu vielen Anweisungen gleichzeitig oder fehlenden Konsequenzen auf deren Nichteinhalten. Sie ist einer der zentralen, langfristig wirkenden Faktoren für die Entwicklung von Verhaltensauffälligkeiten der Kinder sowie Suchtmittelmissbrauch und Delinquenz in der Jugend, eine geringere Selbstwirksamkeit und eine erhöhte Vulnerabilität für Depressionen. Wenn Erziehungsstrategien vor allem

119 Walter, 2008.
120 Kray & Schaefer, 2012.
121 Baumrind, 1966.
122 Wigati, Tamtomo & Dewi, 2016.
123 Asendorpf & Banse, 2000.

auf der Ausübung von Macht basieren, führt dies gehäuft zu Aggression und oppositionellem Verhalten der Kinder.[124]

Zusehends gerät auch die Auswirkung von **Überbehütung** und Verwöhnung in den Fokus der Forschung. Unter dem Stichwort „Helikopter-Eltern" wird das Phänomen beschrieben, dass Kinder bis in das Jugend- oder junge Erwachsenenalter weiterhin intensiv von ihren Eltern bei Schritten begleitet werden, die in den vorherigen Generationen als typische Phasen der Individuation und Ablösung vom Elternhaus galten. Beispielsweise richteten mehrere deutsche Universitäten mittlerweile einen Elternsprechtag ein. Sogenannte „Curling"- oder „Rasenmäher"-Eltern nehmen den Kindern jede Anstrengung vorausschauend ab. 166

Auf die schulischen Leistungen und damit späteren beruflichen Aussichten wirkt sich ein **verwöhnender Erziehungsstil** der Eltern negativ aus: Beispielsweise werden die Kinder später schulfähig, lernen schlechter Rechtschreibung und Lesen, vor allem wenn die Eltern gleichzeitig ein geringes Zutrauen in die Fähigkeiten des Kindes haben.[125] 167

Empirisch gesichert ist, dass **überbehütendes Elternverhalten** bei den betroffenen Kindern zu einer überhöhten Sensitivität gegenüber sozialen Signalen und Kritik sowie einem deutlich erhöhten Risiko für eine depressive Erkrankung führen kann. Der Effekt verstärkt sich, wenn die Überbehütung von der Mutter ausgeht.[126] Erklärt wird dies damit, dass Überbehütung die Grundlage für einen Attributionsstil bildet, der keinen Zusammenhang zwischen eigenem Verhalten und den Ergebnissen davon erkennt, sondern bei dem sich das Individuum hilflos externen Faktoren ausgesetzt sieht, analog zu der Art, wie das Kind seinen Eltern ausgeliefert ist. Vor allem in sozialen Zusammenhängen folgt daraus Hilflosigkeit und ein erhöhtes Risiko, eine soziale Phobie zu entwickeln.[127] Auch eine erhöhte Anfälligkeit für Angststörungen[128] und psychosomatische Beschwerden[129] ist eine bekannte Langzeitwirkung elterlicher Überbehütung. 168

Chronische **Verwöhnung** führt zu einer Vielzahl weiterer Probleme, insbesondere in der späteren Ausgestaltung zwischenmenschlicher Beziehungen: Eine überhöhte Anspruchshaltung, gesteigerte Macht- und Herrschsucht, Streben nach einer Mittelpunktstellung, Einzelgängertum, Konsumorientierung, vermehrte Abhängigkeit von Anderen, schnelles Resignieren beim Auftreten von Problemen, Schuldzuweisung an Andere bei Misserfolgen, geringe Belastbarkeit, verringerte Fähigkeit, Bedürfnisse aufzuschieben, ein Wechsel zwischen Minderwertigkeits- 169

124 Für einen Überblick s. Jacob & Jacob, 2019.
125 Al-Ammar, 2010.
126 Otani, Suzuki, Matsumoto & Kamata, 2009.
127 Spokas & Heimberg, 2009.
128 Kumnig et al., 2013.
129 Janssens, Oldehinkel & Rosmalen, 2009.

gefühlen und Selbstüberschätzung sowie Passivität und Lebensuntüchtigkeit. Es gibt Ansätze, starke Verwöhnung eines Kindes aufgrund der daraus erwachsenden seelischen Folgeschäden als psychische Misshandlung einzuordnen, da dadurch die seelische Integrität des Kindes verletzt wird.[130]

170 Schließlich ist es von Belang, dass Eltern ihren Kindern am eigenen **Modell** vorleben, wie emotionale Beziehungen gepflegt, Probleme in der Familie und im sozialen Umfeld vermieden und Konflikte gelöst werden können. Eltern stärken im Sinne eines „emotion coachings“[131] die emotionalen Kompetenzen des Kindes, wenn sie dessen Gefühle beachten und respektieren. Hierüber erwirbt das Kind die Fähigkeit, seine Gefühle selbst zu regulieren. Dieses emotionale Lernen setzt jedoch voraus, dass der Elternteil Zugang zu seinen eigenen Gefühlen findet. Er muss seine eigenen Empfindungen wahrnehmen, in der Kommunikation ausdrücken und diesen Gefühlsausdruck in Konfliktsituationen steuern können. Das spielt eine wesentliche Rolle im Prozess des Lernens am Modell.

171 Als **dysfunktionale Erziehung** werden Strategien der Eltern angesehen, die dazu beitragen, dass ihre Kinder in der Entwicklung stagnieren oder regredieren, dh Rückschritte machen. Hierzu gehören beispielsweise der Mangel an elterlicher Wärme, Akzeptanz und Feinfühligkeit, Über- oder Unterregulation, inkonsistentes Elternverhalten, psychische Manipulation, negative Verhaltenskontrolle durch Machtdurchsetzung, Überbehütung, Nachgiebigkeit, mangelnde Förderung und mangelnde Aufsicht.[132]

172 Die erzieherischen Strategien von Eltern müssen sich an den Entwicklungsstand der Kinder **anpassen**. Beispielsweise ist zwar in allen Lebensphasen die Unterstützung des Explorationsverhaltens wichtig. Bei Kleinkindern sollte dies aber durch vorausschauendes Abschätzen und Ausräumen von Gefahrenquellen begleitet werden. Bei Jugendlichen kann dies nur durch das Erzielen von Kooperation mit der Einschränkung von Risikoverhalten erzielt werden, da sie unabhängiger sind und die Eltern nicht mehr über alle Details informiert sind. Zu frühzeitiger Rückzug von Eltern aus dem „Monitoring“ ist allerdings langfristig mit negativen Folgen verbunden, wie geringere schulische Bildung, mehr Alkohol- und Tabakkonsum oder erhöhte Delinquenz.[133] Die Erziehung sollte zudem zum Temperament des Kindes passen und dessen Ressourcen verstärken bzw. negativen Wesensarten oder Verhaltensweisen entgegenwirken (→ Rn. 210, 257).[134]

173 Wie sehr ein **Vater** in die Erziehung und Betreuung eines Kindes involviert ist und inwieweit er sich engagiert, hängt von mehreren Faktoren ab.[135] Neben der

130 Frick, 2011.
131 Gottman, 1998.
132 Überblick bei Jacob & Jacob, 2019.
133 Walper, Lux & Witte, 2018.
134 Berk, 2020.
135 Kindler & Grossmann, 2008.

allgemeinen zeitlichen Verfügbarkeit spielt eine Rolle, ob diese Zeit tatsächlich für ein aktives Zusammensein mit dem Kind genutzt wird und wie die Qualität der Partnerschaft zwischen den Eltern ist. Untersuchungsergebnisse zeigen zudem, dass sich das väterliche Erziehungsverhalten in Abhängigkeit vom Geschlecht des Kindes unterscheidet. Demnach wird auf Töchter in der Regel eine stärkere Kontrolle und Korrektur ausgeübt, während Söhne mehr Bestätigung und Handlungsfreiraum erfahren.

Weiter gilt es, die Persönlichkeitsmerkmale der einzelnen Familienmitglieder zu 174
berücksichtigen, wie auch das Zusammenspiel von unterschiedlichen Temperamenten. Das Konzept der **Passung** untersucht beispielsweise Temperamentsmerkmale von Eltern und Kindern und deren Auswirkungen auf eine gelungene Beziehung. Hierbei spielt eine Rolle, welche Eigenschaften oder Verhaltensweisen eines Kindes Belastung oder Überforderung auf der Elternseite auslösen und dadurch familiäre Interaktionen erschweren. Als Temperamentsvariablen gelten (Un-)Regelmäßigkeiten von biologischen Rhythmen (Schlafen, Wachen, Essen), Ablenkbarkeit und Irritierbarkeit oder Ausdruck der Emotionalität. Diese Aspekte dienen als Moderator in der Kommunikation zwischen Eltern und Kind.[136]

Unter der systemischen Perspektive besteht eine Familie aus Personen, die in 175
einem Spannungsfeld von Autonomie und Verbundenheit stehen, es bestehen enge persönliche Beziehungen, die sich in diesem Kontext entwickeln. Ein Einzelner kann sich nicht verändern, ohne dass dies Auswirkungen auf die anderen Familienmitglieder hat. Ebenso wie die soziale Interaktion in der Familie Emotionen und Gedanken der einzelnen Mitglieder beeinflusst, so beeinflussen wiederum Emotionen und Gedanken die soziale Interaktion.[137] Dieser sozialpsychologische Denkansatz bietet eine wichtige Grundlage für die Betrachtung von **Veränderungen** in Familiensystemen, wie sie bereits durch das Heranwachsen von Kindern, aber auch durch familiäre Umbrüche wie Trennung und Scheidung hervorgerufen werden. Insofern ist eine den jeweiligen Fertigkeiten und Bedürfnissen von Kindern angepasste Erziehung ein Prozess, der lebenslang Veränderungen unterworfen ist.

Im Zusammenhang mit familiärer **Trennung** oder Scheidung kommen weitere 176
Aspekte in der Versorgung von Kindern hinzu, beispielsweise die Bereitschaft und Fähigkeit der Eltern, die veränderte Bedürfnislage ihres Kindes angesichts dieser Situation zu erkennen und zu berücksichtigen (→ Rn. 435 ff. und → Rn. 976 ff.).

136 Engfer, 1991.
137 Bierbrauer, 2005.

d) Förderung

177 Der ersehnte Sohn von Ehepaar Ad entwickelt sich von Geburt an sehr langsam. Mit sechs Jahren ist deutlich, dass er geistig behindert ist, er konnte bisher nur in rudimentärer Form Sprache erlernen, benötigt auch tagsüber Windeln und intensive Betreuung. Der Vater besteht auf einer Regelbeschulung. Die Mutter zieht auf Anraten der Frühförderung, des Heilpädagogischen Kindergartens und der Schulbehörde ein Sonderpädagogisches Förderzentrum vor. Der Streit hierum eskaliert und bedarf einer gerichtlichen Entscheidung.

178 Ein wichtiger Aspekt in der Erziehung umfasst die elterliche Fähigkeit und Bereitschaft, das Kind in seiner emotionalen, sozialen, kognitiven und körperlichen Entwicklung zu unterstützen, Kompetenzen, Ressourcen und Potenziale zu verstärken und sich um einen Ausgleich eventueller Defizite zu bemühen. Dabei werden Wertvorstellungen und Regeln vermittelt, und das Kind somit auf das Leben in der Gesellschaft vorbereitet. Hinsichtlich der Förderung des Kindes gelten das Alter und der jeweilige Entwicklungsstand als **Maßstab.** Ziel ist es, das Kind langfristig zu einer eigenständigen und selbstbestimmten Lebensführung zu befähigen.

179 Nach Ansicht mancher Eltern beginnt die Förderung eines Kindes bereits im **Mutterleib.** Nachgewiesener Weise wirkt sich eine altersgemäße Förderung ab Geburt des Kindes auf die weitere kognitive, soziale und emotionale Entwicklung aus.

180 Zunächst muss ein Elternteil in der Lage sein, die **individuelle Ausgangslage** seines Kindes adäquat zu erkennen und sich gegebenenfalls zum Zweck spezifischer Untersuchungen an entsprechende Fachstellen zu wenden. Weiter ist von Interesse, wie auf Einschränkungen in der kindlichen Entwicklung reagiert wird, ob zeitnah eine angemessene Unterstützung, Förderung oder therapeutische Intervention erfolgt. Hierbei ist entscheidend, ob fachlicher Rat angenommen und umgesetzt werden kann.

181 Eine anregende Kommunikation mit angemessener **Stimulation** eines Kleinkindes trägt dazu bei, dessen Gehirnentwicklung langfristig positiv zu unterstützen. In den ersten Lebensjahren wird der Aufbau der Gehirnstruktur durch die erhöhte neuronale Flexibilität begünstigt, also durch die Bereitschaft der einzelnen Gehirnzellen, Verbindungen einzugehen. Dadurch werden Assoziationen und Kausalzusammenhänge über Nervenverbindungen gefestigt, was ein späteres Lernen erleichtert. In den ersten drei Lebensjahren nimmt die Anzahl der Verbindungen zwischen den Nervenzellen im Gehirn rasant zu, bis sie der in einem ausgewachsenen Gehirn vorhandenen entspricht. Dies ist ein Zeichen für die große Plastizität des Gehirns und für die Lern- und Anpassungsfähigkeit des Säuglings bzw. Kleinkinds. Dabei bestimmt die Umwelt, welche Nervenverbindungen ge-

paart und aufrechterhalten werden bzw. welche Potenziale ungenutzt bleiben.[138] Eine anhaltende Unterstimulation kann funktionelle Narben hinterlassen, die oft mit irreversiblen Defiziten verbunden sind. Die Stimulation vor Abschluss des zweiten Lebensjahrs beeinflusst die spätere Intelligenzentwicklung. Für den Aufbau der sensorischen Fähigkeiten steht ein etwas breiteres Zeitfenster zur Verfügung.[139]

Studien zeigen, dass Kinder von Eltern, die sich häufig mit ihnen beschäftigen 182
und ihnen stimulierende Spielsachen zur Verfügung stellen, signifikant schneller grobmotorische Kompetenzen erwerben. Durch die damit verbundene physische und kognitive Förderung können Kinder ihr individuelles genetisches **Potenzial** optimal ausschöpfen.[140]

Mangelnde Förderung im Elternhaus führt dagegen nachweislich zu schlechte- 183
rem Abschneiden in Intelligenztests, geringeren schulischen Erfolgen, Leistungsängstlichkeit, mangelnder Lernmotivation, Verhaltensauffälligkeiten, weniger sozialen Fertigkeiten, weniger Fähigkeit zu divergentem Denken. Häufig geht mangelnde Förderung mit erhöhtem Medienkonsum einher. Dieser zeitigt negative Effekte auf kognitive und soziale Fertigkeiten, trägt zu einem gestörten Essverhalten und Übergewicht bei.[141] Übermäßiger Medienkonsum beeinflusst nachweislich kognitive Prozesse und Lernverhalten von Kindern. Beispielsweise wird langfristig die Aufmerksamkeitsspanne kürzer, das Leseverhalten oberflächlicher, die Urteilsfähigkeit durch die unkritische Wiederholung von Inhalten empfindlich reduziert uvm.[142]

In vielen Kulturen wurden und werden Kleinkinder außerhalb der Familie be- 184
treut und gefördert. Hierzu stehen Verwandte, Tagesmütter, Kinderkrippen usw zur Verfügung. Dabei entsteht mitunter ein Konflikt zwischen dem Bindungsbedürfnis eines Kindes und seiner beginnenden Autonomieentwicklung. In der gesellschaftspolitischen Diskussion gehen die Einschätzungen auseinander, ob eine optimale Förderung eher in der Familie oder **institutionalisiert** zu erreichen ist.

In Deutschland besteht keine Verpflichtung, Kinder in einem **Kindergarten** zu 185
integrieren. Es gibt Eltern, die sich dagegen aussprechen, da sie sich in der Lage sehen, ihre Kinder ebenso gut im eigenen Haushalt zu fördern und auf die Schule vorzubereiten. Teilweise scheitert der Kindergartenbesuch auch an den zur Verfügung stehenden Plätzen oder dafür aufzubringenden Kosten. Studien zur Erfassung möglicher Vorteile der institutionellen vorschulischen Entwicklungsförderungen verweisen auf eine positive Auswirkung des Kindergartenbe-

138 Eliot, 2001.
139 Haug-Schnabel & Bensel, 2012.
140 Wigati, Tamtomo & Dewi, 2016.
141 Für einen Überblick s. Jacob & Jacob, 2019.
142 Katzer, 2020.

suchs hinsichtlich der Entwicklung schulrelevanter kognitiver Kompetenzen wie beispielsweise schriftsprachliche Vorläuferfertigkeiten und basale mathematische Konzepte. Die vielfältigen Erfahrungen im Umgang mit anderen Kindern und den Erzieherinnen fördern den Erwerb grundlegender sozio-emotionaler Kompetenzen. Dies wird als besonders gewinnbringend für Kinder aus sozial benachteiligten Familien oder Familien mit Migrationshintergrund angesehen.[143]

186 Je nach Schulreife sind Eltern aufgefordert, ihren Kindern einen regelmäßigen **Schulbesuch** zu ermöglichen und deren schulische Leistungsfähigkeit gegebenenfalls zu fördern. In Deutschland ist ein neunjähriger Schulbesuch Pflicht. Es darf aber keiner Bewertung unterliegen, wenn Eltern für ihre Kinder nicht die hinsichtlich des Leistungsstandes bestmögliche Schulform wählen. Gerade im ländlichen Raum ist es häufig üblich, vor allem Jungen in eine Mittelschule zu integrieren, um die Basis für einen Handwerksberuf zu schaffen, auch wenn sie gute schulische Leistungen erbringen. Kritisch ist dagegen eine zu frühe Einschulung oder das Bestehen auf einer höheren Schulbildung zu beurteilen, wenn Kinder dadurch nachweislich überfordert sind. Auch sollte einem Kind im Bedarfsfall der Besuch einer Sonderpädagogischen Einrichtung ermöglicht werden.

187 Hinsichtlich der Förderung von musischen oder sportlichen **Talenten** der Kinder obliegt es in erster Linie der persönlichen Einstellung der Eltern, über Art und Ausmaß zu entscheiden. Auch die Vorbereitung auf eine besondere Karriere des Kindes ab dem frühen Kindesalter (Geigenvirtuose, Tennisstar etc) und die Gestaltung der Freizeit ist der elterlichen Entscheidungsfreiheit überlassen, solange das Kind keinen erkennbaren Nachteil dadurch erleidet.

188 Familiäre Trennungen führen – auch durch die Verschlechterung der finanziellen Ressourcen – häufig zu **Einschränkungen** der Außenaktivitäten.[144] Dies darf aber von Sachverständigen nicht mit einer mangelnden Förderkompetenz eines Elternteils gleichgesetzt werden.

2. Zentrale Kriterien auf der Kind-Ebene

189 In der psychologischen Begutachtung zu Sorgerechts- und Umgangsfragen sowie zur Einschätzung einer möglichen Kindeswohlgefährdung liegt das Hauptaugenmerk auf der Untersuchung der betroffenen Kinder. Hierfür muss zunächst die **individuelle Ausgangslage** eines Kindes erfasst werden, da sich die Bedürfnisse von Kindern je nach Entwicklungsstand, Entwicklungsphase und nach den individuellen Voraussetzungen erheblich voneinander unterscheiden. Ebenso muss die gesundheitliche Ausgangslage berücksichtigt werden. Hier ist von Sachverständigen auf mögliche Gedeihstörungen und Entwicklungsverzögerungen zu

143 Hasselhorn & Schneider, 2012.
144 Salzgeber, 2015 b.

achten, ebenso wie auf fragliche psychische Erkrankungen oder Verhaltensstörungen des Kindes und einen sich daraus ergebenden erhöhten Betreuungsbedarf oder Therapiebedürftigkeit.

Ein weiterer Aspekt bezieht sich auf die Erfassung des **Kindeswillens**, dh die Bewertung geäußerter Wunschvorstellungen, in familiengerichtlichen Fragestellungen, insbesondere hinsichtlich der familiären Zukunft des betroffenen Kindes. 190

Aspekte des kindlichen Beziehungs- und **Bindungserlebens** werden über das Einzelgespräch mit den betroffenen Kindern erfasst. Aufschluss gibt ebenfalls das beobachtete Verhalten des Kindes im Umgang mit seinen Eltern, Geschwistern bzw. im erweiterten familiären Umfeld. 191

Einen weiteren, wesentlichen Faktor für die zu erwartende psychische Stabilität eines Kindes stellt der Aspekt der **Kontinuität** dar, dessen unterschiedlichen Ausprägungen in verschiedenen Lebensphasen wechselndes Gewicht zukommt. 192

a) Entwicklungsbezogene Ausgangslage und Individualität

Der 17-jährige Ae wirkt äußerlich groß und stark, der beginnende Bartwuchs ist nicht zu übersehen. Mit dem Schulstoff der 9. Klasse an der Mittelschule ist er aber deutlich überfordert, er hat die Handschrift eines Erstklässlers und bekommt bei Frustration Wutanfälle wie ein Kleinkind. Die Eltern sind ratlos: Sollen sie ihn wie einen Jugendlichen oder wie ein Kind behandeln? Nachdem er zusehends Verhaltensauffälligkeiten in der Schule zeigt und beim Stehlen beobachtet wird, wird das Jugendamt eingeschaltet. 193

Die entwicklungsbezogene Ausgangslage eines Kindes ist in der Gutachtenerstellung die **Basis** für die Bewertung sowohl seiner Versorgungs- und Fördersituation als auch der Angemessenheit der familiären Interaktionen und nicht zuletzt für die Bewertung der kindlichen Willensäußerungen. So sind die Bedürfnisse und Äußerungen eines Kindes im Grundschulalter verschieden von denen eines Jugendlichen, die Bedürfnislage eines entwicklungsverzögerten oder psychisch kranken Kindes kann stark von der eines altersgemäß entwickelten Gleichaltrigen abweichen. 194

Die **Untersuchung** des Kindes erfolgt über die Beobachtung seines Verhaltens und den Einsatz psychodiagnostischer Verfahren. Ebenso ist es wichtig, Informationen von Drittpersonen wie Kinderärzten, betreuenden Einrichtungen (Kinderkrippe, Kindergarten, Schule und Nachmittagsbetreuung) zu erheben, möglicherweise auch Einrichtungen der Freizeitgestaltung zu befragen. Mit der Familie befasste Institutionen wie sozialpädagogische Familienhilfen und therapeutische Einrichtungen sollten bezüglich ihrer Einschätzung der kindlichen Ausgangslage befragt werden. Hierfür ist die Schweigepflichtsentbindung der sorgeberechtigten Eltern erforderlich. Ebenso sind Schulzeugnisse oder Untersuchungsberichte ent- 195 sprechender Fachstellen (zB Sozialpädiatrisches Zentrum oder Frühförderstelle) zu berücksichtigen.

196 Für die Beurteilung der **gesundheitlichen Ausgangslage** eines Kindes steht neben Aussagen der Eltern das Vorsorge-Untersuchungsheft zur Verfügung. Gibt es Hinweise auf gesundheitliche Beeinträchtigungen des Kindes, sollte die Einschätzung des behandelnden Kinderarztes oder eines Facharztes eingeholt werden.

197 Unmittelbar nach der **Geburt** wird das Kind ärztlicherseits auf bestehende Risikofaktoren untersucht, beispielsweise durch Feststellung von Größe und Gewicht in Relation zur bestehenden Schwangerschaftswoche sowie die postnatale Adaption nach dem „Apgar-Index" (Werte bis 10 Punkte). Bei Apgar-Werten von vier bis sieben Punkten liegt ein erhöhtes Entwicklungsrisiko beim Neugeborenen vor.[145]

198 Bei einer Schwangerschaftsdauer von weniger als 37 Wochen wird von **Frühgeburtlichkeit** gesprochen. Derzeit besteht aus medizinischer Sicht eine Überlebenschance für Frühgeborene ab der 23. Schwangerschaftswoche. Entsprechend liegen allerdings Risikofaktoren vor, die die gesunde Entwicklung des Kindes gefährden. Die Gefahr von bleibenden Behinderungen oder lebensbedrohlichen Erkrankungen reduziert sich mit zunehmender Schwangerschaftsdauer. Frühgeburtlichkeit gilt außerdem als Risikofaktor für Kindesmisshandlung (→ Rn. 766 ff.).

199 Für die frühe Kindheit ist die Erfassung der **Regulationsfähigkeit** der kindlichen Bedürfnisse von Belang. Ein Kleinkind lernt durch die Reaktion der Eltern auf seine Bedürfnisse, sich selbst zu regulieren. Anfangs lösen körperliche Signale beim Kind Stress aus, später sind aversive Emotionen wie Angst oder Unsicherheit Stressoren. Sind die elterlichen Bezugspersonen emotional verfügbar und reagieren feinfühlig auf die Befindlichkeiten des Kindes, werden dessen Bedürfnisse zeitnah und adäquat befriedigt, kann das Kind seine Erregung durch die Co-Regulation der Bindungsperson abbauen. Positive frühe Erfahrungen erweitern das sogenannte Stressregulationsfenster[146] und fördern den Aufbau von Frustrationstoleranz und den selbstständigen Abbau von Erregung. Dieser Lernprozess hat zunächst direkte Auswirkungen auf den Schlaf-Wach-Rhythmus, die Nahrungsaufnahme und das Schreiverhalten des Säuglings. Im weiteren Verlauf der Entwicklung wird sich eine gelungene Regulation bzw. eine Regulationsstörung prägend auf den Umgang mit Emotionen, Frustrationen und damit auf die sozio-emotionale Entwicklung auswirken.[147] In diesem Zusammenhang ist anzumerken, dass Stress, Ängste und negative körperliche Sensationen durch eine erhöhte Ausschüttung von Cortisol die Aktivität der Synapsen und damit das Gehirnwachstum negativ beinträchtigen.

145 Rossmann, 2012.
146 Brisch, 2011.
147 Papoušek, Schieche & Wurmser, 2004.

Im Hinblick auf das gesunde Gedeihen eines Kindes liegen **Normen** vor, die sich auf das Wachstum und Erreichen einzelner Entwicklungsschritte beziehen (→ Rn. 373 ff.). 200

Aus der Entwicklungspsychologie stehen jahrzehntelange empirische Daten zur Verfügung, die sich mit den unterschiedlichen Aspekten der Entwicklung von Menschen über die Lebensspanne beschäftigen. Diese beziehen sich beispielsweise auf den Erwerb von Fertigkeiten in den Bereichen Grobmotorik, Feinmotorik, Kognition, Sprache, soziale Kompetenzen, Selbstverständnis und Bildung. Für jede Lebensphase sind charakteristische Meilensteine und **Entwicklungsaufgaben** definiert, die ein Mensch normalerweise erreichen sollte.[148] Das Wissen darüber stellt eine Grundvoraussetzung für die Tätigkeit familienpsychologischer Sachverständiger dar.[149] 201

Es sind fundierte Kenntnisse der Sachverständigen darüber notwendig, wo Verhaltens- oder Erlebensweisen in bestimmten Lebensphasen die Schwelle zur **Pathologie** überschreiten (zB Dunkelangst bei einem jüngeren Kind versus einem Jugendlichen).[150] Bei Nicht-Erreichen der Entwicklungsmeilensteine sollten psychologische Sachverständige Hypothesen entwickeln, wodurch dies verursacht sein könnte und inwiefern ausgleichende Maßnahmen notwendig sind, um eine gedeihliche Entwicklung des untersuchten Kindes sicherzustellen. 202

Exemplarisch soll hier die Theorie der **kognitiven Entwicklung** nach Jean Piaget dargestellt werden. Die Einschätzung des kognitiven Entwicklungsstands ist in der familienrechtlichen Begutachtung beispielsweise notwendig, um Willensäußerungen von Kindern angemessen einordnen und in Relation zu anderen Kriterien gewichten zu können. Kognitive Entwicklung vollzieht sich demnach in vier Stufen:[151] 203

- In den ersten beiden Lebensjahren spricht man von der „**sensumotorischen Periode**", in der die Grundlagen des Denkens geschaffen werden. Das Kind erwirbt in dieser Phase eine innere Repräsentation von Handlungsschemata, zum Teil über Reflexe, zum Teil über sich stets wiederholende Handlungen. Hier herrscht zum einen das Beobachten vor, zum anderen ein aktives Experimentieren mit der Umgebung. Erstgenanntes setzt eine förderliche Anregung des Kindes mit sensorischen und motorischen Reizen voraus, Letzteres erfordert die erhöhte Aufmerksamkeit des sozialen Umfelds, um Kinder vor möglichen Verletzungen zu bewahren. Lerngewinn dieser Phase ist die Fähigkeit, Ergebnisse der eigenen Handlungen zu antizipieren. Auch werden in dieser Phase die Voraussetzungen für das Lernen am Modell geschaffen. In

148 Für einen umfassenden Überblick s. Berk, 2020.
149 Zumbach, 2017.
150 Kölch & Fegert, 2015.
151 Sodian, 2012.

dieser Zeit werden insbesondere die Verknüpfungen im Gehirn gebildet, die als Basis der Intelligenzentwicklung dienen. Die Anregung und Förderung eines Kindes entscheidet über dessen Gehirnausreifung, was sich auf den zur Verfügung stehenden Arbeitsspeicher, die mentalen Operationen und die Informationsverarbeitungsgeschwindigkeit auswirkt.[152]

- Im Vorschulalter herrscht die sogenannte „**präoperationale Phase**" des anschaulichen Denkens vor, die ungefähr mit dem siebten Lebensjahr endet. In dieser Periode entwickeln Kinder die Fähigkeit, auf der Vorstellungsebene über konkrete Ereignisse nachzudenken, unabhängig von der direkten Beobachtung. Der Aufbau des logischen Denkens beginnt, indem Symbole und Zeichen in Gedankengänge mit aufgenommen werden, um Gegenstände zu repräsentieren. Sprache dient Kindern hierbei zur Übermittlung von Informationen, um sich weiteres Wissen zu erschließen. Diese Phase ist von Egozentrismus im Denken gekennzeichnet. Das Kind ist noch nicht in der Lage, sich Sachverhalte aus unterschiedlichen Perspektiven vorzustellen, es sieht sich noch im Zentrum des Geschehens und nimmt nur die eigene Sichtweise wahr. Dies bedeutet, dass Kinder in diesem Alter Ereignisse ihrer Umwelt stets auf sich beziehen und sich als Ursache hierfür erleben. Der Radius der Wahrnehmung ist noch ganz auf das Selbst und die eigenen Bedürfnisse beschränkt.
- Mit dem Eintritt in das Schulalter erreicht ein Kind das kognitive Entwicklungsstadium der „**konkreten Operationen**". Das Denken wird reversibel, was bedeutet, dass Handlungsabläufe in unterschiedlichen Richtungen gedacht und vorgestellt werden können. Es ordnet unterschiedliche Wissensbereiche in Kategorien ein, wobei die einzelnen Untergruppen in logischer Beziehung zueinanderstehen. Induktive logische Schlussfolgerungen werden möglich, so dass aus einzelnen Beobachtungen Annahmen über Regeln oder Gesetzmäßigkeiten abgeleitet werden können. In dieser Phase wird es Kindern möglich, über soziale Kognitionen Verständnis für andere aufzubringen sowie deren Denken und Fühlen wahrzunehmen. Dadurch können Einschätzungen zum Verhalten und Erleben anderer Personen erfolgen. Hiermit steht auch die bewusste Wahrnehmung des emotionalen Ausdrucks beim Sozialpartner in Verbindung. Kinder lernen in dieser Phase, ihren eigenen Gefühlsausdruck zu kontrollieren und können Gefühle – in Erwartung der Reaktionen ihrer Umwelt – auch vorspielen. Es bildet sich die Voraussetzung für die Entstehung von Loyalitätskonflikten. Im Bereich der sozialen Entwicklung orientieren sich Kinder in dieser Phase vermehrt an Kontakten mit Gleichaltrigen, es besteht eine Tendenz zur Geschlechtertrennung. Freundschaftsbeziehungen, wie „der beste Freund" oder „die beste Freundin", gewinnen eine zentrale Bedeutung. Ebenso beginnen Kinder dieses Alters, Gruppenmitglie-

152 Case, 1998.

der auszugrenzen. Der soziale Vergleich und die Wahrnehmung durch andere spielen eine bedeutsame Rolle. In der Moralentwicklung werden von außen vorgegebene Regeln konventionell in eine Art „Zwangsmoral" umgesetzt. Gegen Ende dieser Phase bildet sich eine autonome Moral heraus, in der Kinder bereits nach inneren Wertmaßstäben selbstständig darüber urteilen, was sie als richtig oder falsch erleben. Es entsteht ein eigenes Gerechtigkeitsempfinden. Diese Entwicklungsphase ist durch wachsende Selbstständigkeit, größere Distanz vom Eigenerlebnis und größere Komplexität des Denkens, Handelns und Fühlens gekennzeichnet. Die neuen Fähigkeiten richten sich auch auf die Beziehung zu den Eltern, deren Handlungen und Einstellungen hinterfragt werden. Die Heranwachsenden wollen als Gesprächspartner ernst genommen und respektiert werden.

- Schließlich erreicht die kognitive Entwicklung im Jugendalter das Stadium der „**formalen Operationen**". In dieser Phase wird die Fähigkeit zum abstrakten Denken erworben, das sowohl induktive wie auch deduktive Schlussfolgerungen zulässt und das Denken in Wahrscheinlichkeiten ermöglicht. Jugendliche sind in der Lage, aktiv Einfluss auf ihre Entwicklung zu nehmen und entsprechende Aufgaben selbstständig zu bewältigen. Sie gewinnen zunehmend emotionale Unabhängigkeit von ihren Eltern und konzentrieren sich auf Beziehungen in ihrer Peergruppe. Die eigene Identität bildet sich heraus, was mit der Erkenntnis einhergeht, als Person einmalig zu sein. Im Vordergrund stehen jetzt die Selbstfindung, die Fähigkeit zum autonomen Handeln und die Anpassung in soziale und gesellschaftliche Gefüge.

In der neueren Forschung zur kognitiven Entwicklung wurde das Modell der 204
„**Theory of Mind**" postuliert. Damit wird der Erwerb psychischer Kompetenzen beschrieben, wie beispielweise sozialkognitive Fähigkeiten zur strukturierten Wahrnehmung, Speicherung und Beurteilung von Informationen über die eigene Person und über die soziale Umwelt.[153] Diese Theorie, auch als Mentalisierung bezeichnet, umfasst kindliche Annahmen über Bewusstseinsvorgänge und Verhalten anderer Menschen, dh Vermutungen über deren Gefühle, Bedürfnisse, Ideen, Absichten, Erwartungen und Meinungen.[154]

Die **moralische Entwicklung**, die mit der „Theory of Mind" in Verbindung steht, 205
basiert auf der Fähigkeit zu Empathie und Reziprozität sowie der Verinnerlichung von Werten und Normen. Diese wird über die Interaktion mit den Eltern bzw. Bezugspersonen erworben, die das kindliche Verhalten regulieren. Studien konnten nachweisen, dass bereits Kinder im Alter von zwei Jahren zu emotionaler Kommunikation und Resonanz in der Lage sind und dadurch Empathie aufweisen. So reagiert ein Kleinkind beispielsweise auf den Kummer der erwach-

153 Schneider & Lindenberger, 2012.
154 Brisch, 2013 a.

senen Bezugsperson und versucht, Trost zu spenden.[155] Dreijährige können kompetent auf die Verfassung ihres Gegenübers reagieren. Auch verstehen Kinder in diesem Alter bereits, dass Handlungsentscheidungen von den Wünschen und Absichten der handelnden Person abhängen, und sie können Handlungen aus Informationen über Wünsche und Absichten einer Person vorhersehen. Die Fähigkeit, ihre eigenen Denkinhalte als subjektiv zu erkennen, besteht dagegen noch nicht. Erst wenn die Meinung eines anderen von der eigenen unterschieden werden kann und wenn Meinungen als falsch erkannt werden können, ist die „Theory of Mind" als intuitive Psychologie oder Alltagsverständnis entwickelt. Dies ist ab dem vierten bis fünften Lebensjahr der Fall. Kinder können jetzt die Perspektive anderer übernehmen, damit wird auch eine Unterscheidung von Wirklichkeit und Schein möglich.[156]

206 Mit zunehmenden Entwicklungsfortschritten **verändern** sich die Bedürfnisse von Kindern erheblich.

207 So birgt die Entwicklungsphase der **Pubertät** neben den körperlichen und psychischen Umbrüchen neue, teilweise auch schwierige Entwicklungsaufgaben in sich. Neben der Auseinandersetzung mit körperlichen Veränderungen, der Loslösung von den Eltern, der Intensivierung von Beziehungen zu Gleichaltrigen stehen hier vor allem Entscheidungen hinsichtlich Schule und Berufswahl sowie der eigenen Zukunftsgestaltung im Vordergrund.[157] Um sich diesen neuen Anforderungen uneingeschränkt widmen zu können, benötigen Heranwachsende ein Lebensumfeld, das ihnen genügend Ruhe, Freiraum und Entspannung bietet und möglichst keine Energien an Eltern- oder Familienkonflikte bindet.

208 Die Pubertät stellt in der Regel eine besondere **Herausforderung an Eltern** und deren erzieherische Kompetenzen dar. Den Heranwachsenden sollte zum einen genügend Freiraum zur selbstständigen Entfaltung ihrer Persönlichkeit und Interessen geboten werden, andererseits benötigen sie klare Rahmenbedingungen, Regeln und Grenzen. „Absichtsvolles Kontrollieren" in der Erziehung zeichnet sich dadurch aus, dass den Eltern ein beobachtendes Begleiten (sogenanntes „Monitoring") im Alltag der Jugendlichen gelingt, ohne diese übermäßig einzuschränken. Dies setzt auf Seiten der Kinder ein offenes Vertrauen ihren Eltern gegenüber voraus, im Sinne einer Selbstoffenbarungsbereitschaft.[158] Je sicherer die Bindung des Kindes an die Eltern ist, desto vertrauensvoller wird sich das Kind auch in der Pubertät auf die Eltern einlassen bzw. sich ihnen bei Sorgen und Problemen anvertrauen. Diese Vertrauensbeziehung gilt als Fundament der elterlichen Einflussnahme auf Jugendliche und damit als Prophylaxe von Ver-

155 Emde, 2011.
156 Sodian, 2012.
157 Eschenbeck & Knauf, 2018.
158 Kerr, Stattin & Burk, 2010.

haltensauffälligkeiten. Eine Vernachlässigung oder Überstrenge im elterlichen Verhalten geht dagegen mit einer deutlich erhöhten Rate an Jugenddelinquenz einher. In der Regel findet sich gleichzeitig ein geringeres Selbstbewusstsein, erhöhte Angst- und Depressivitätsneigung sowie schlechtere schulische Leistungen und Schwierigkeiten in Beziehungen zu Gleichaltrigen.[159]

Familienpsychologische Sachverständige sollten allerdings nicht bei der Feststel- 209
lung des Entwicklungsstandes eines Kindes stehen bleiben. Für die Beantwortung der gerichtlichen Fragestellungen ist auch die Berücksichtigung des kindlichen Charakters und **Temperaments** zu berücksichtigen. So gibt es beispielsweise Kinder, die flexibel auf Veränderungen reagieren, während andere massive Stresssymptome zeigen.

Der Begriff Temperament bezieht sich auf angeborene individuelle Unterschiede 210
im Grad der Aktivität, in der Neigung zu positiven oder negativen Affekten sowie in der Aufmerksamkeit für die Umwelt.[160] Die angeborenen **Temperamentsunterschiede** machen Kinder auch unterschiedlich empfänglich für verschiedene Erziehungsstrategien.[161] Temperamentseigenschaften sind in der Lebensspanne zeitlich weitgehend stabil.

Bereits bei Säuglingen sind Unterschiede in der Art festzustellen, wie sie auf 211
leicht aversive Reize oder Erwartungsverletzungen reagieren. **Irritabilität** und Reaktibilität wie Reizbarkeit, häufiger negativer Affektausdruck und anhaltendes reaktives Schreien, gelten als Komponenten eines „schwierigen Temperaments". Dieses wirkt sich wiederum auf die Interaktion mit den Bezugspersonen aus und kann beispielsweise zu einem erhöhten Misshandlungsrisiko oder zur Entwicklung psychischer Störungen[162] beitragen.

Leben mehrere Kinder in einer Familie, kann es in der familienpsychologischen 212
Untersuchung bei Berücksichtigung der unterschiedlichen Entwicklungsphasen und individuellen Eigenschaften zu entsprechend **divergenten Empfehlungen** von Sachverständigen für jedes einzelne Kind kommen.

b) Resilienz

> Af ist zum Zeitpunkt der Begutachtung sieben Jahre alt. Das Mädchen präsentiert 213
> sich mit einem sonnigen Gemüt, wirkt unbeschwert, offen und fröhlich. Das ist in Anbetracht der Anamnese umso erstaunlicher, da Af bereits einige Umzüge und Wechsel der betreuenden Einrichtungen, Streitigkeiten und die Trennung der Eltern sowie die Geburt eines behinderten Geschwisterkindes miterlebt hat.

Wie stark oder verletzlich Kinder auf belastende Sozialisationsbedingungen re- 214
agieren, hängt im Wesentlichen von der **Balance** der vorhandenen Schutz- bzw.

159 Schneewind, 2002.
160 Zentner, 2011.
161 Berk, 2020.
162 Guerin, Gottfried, Oliver & Thomas, 2003.

Risikofaktoren hinsichtlich ihrer psychosozialen Entwicklung ab. Dabei handelt es sich um ein dynamisches Konzept, das von physischen, psychischen, familiären, sozialen und kulturellen Komponenten beeinflusst wird.

215 Unter Schutz- und Resilienzfaktoren wird in der psychologischen Forschung neben der gesundheitlichen Situation die psychische **Widerstandsfähigkeit** von Kindern gegenüber biologischen, psychologischen und psychosozialen Entwicklungsrisiken verstanden.[163] Nicht zuletzt ist damit auch die Fähigkeit gemeint, sich trotz ungünstiger Umstände positiv zu entwickeln.[164]

216 Empirisch gesichert sind auf der Ebene des Individuums, der Familie und der sozialen Umwelt **Schutzfaktoren**, die die Auftretenswahrscheinlichkeit von Störungen unter Belastungen reduzieren.[165]

217 **Persönliche Resilienzfaktoren** sind beispielsweise Problemlösefähigkeiten, Selbstwirksamkeitsüberzeugung, ein positives Selbstkonzept und Selbstvertrauen, Selbstregulation, Stressresistenz, Kontaktfreude und Kreativität, internale Kontrollüberzeugungen, ein realistischer Attributionsstil, hohe Sozialkompetenz, Flexibilität, Lernbegeisterung, optimistische Lebenseinstellung, religiöser Glaube oder Spiritualität. Weiter zählen dazu Anstrengungsbereitschaft, Durchhaltevermögen, das Annehmen von Hilfen, die Wahrnehmung von erzielten Erfolgen, die Wahrnehmung von Problemen als Möglichkeit zur Selbstentwicklung, Zuversicht, die Fähigkeit sinnvolle Prioritäten zu setzen und ein großes Repertoire an Problembewältigungsstrategien.[166] Zu genetisch verankerten Faktoren, die die Widerstandskraft eines Kindes erhöhen, zählen Eigenschaften wie körperliche Gesundheit, Intelligenz oder eine gesellschaftlich anerkannte Begabung (Musikalität, Sportlichkeit).[167]

218 **Soziale Ressourcen** finden sich in sicheren Bindungsmustern, dem Vorhandensein mindestens einer stabilen Bezugsperson, emotional positivem Erziehungsverhalten der Eltern, konstruktiver Kommunikation in der Familie, familiärem Zusammenhalt, Qualität der Elternbeziehung,[168] einer engen Geschwisterbeziehung, Freundschaften, in der Übertragung altersangemessener Verpflichtungen im Haushalt, einem hohen Bildungsniveau der Eltern, unterstützendem familiärem Netzwerk und einem hohen sozioökonomischen Status der Herkunftsfamilie.[169]

163 Schlüter-Müller, 2008.
164 Berk, 2020.
165 Für einen Überblick s. Eschenbeck & Knauf, 2018.
166 Alvord & Grados, 2005.
167 Berk, 2020.
168 Lenz, 2016.
169 Für einen Überblick Scheuerer-Englisch, 2017.

Als Resilienz fördernde **Umweltfaktoren** sind die Verfügbarkeit von Gesundheits- und kulturellen Angeboten, sozialen Diensten und Bildungseinrichtungen zu nennen (→ Rn. 183 ff., 293). 219

Widerstandskraft entwickelt sich in der Auseinandersetzung mit widrigen situations- und lebensbereichsspezifischen Bedingungen auf der Grundlage von Schutzfaktoren, auf die das Kind in seiner Interaktion mit der familiären und sozialen Umwelt zurückgreifen kann. 220

Ein anderes Konzept umfasst die **seelische Gesundheit** (in Anlehnung an die Definition der WHO von „mental health"), die sich als positives Grundgefühl äußert. Sie zeigt sich unter anderem darin, dass man Anforderungen konfrontieren und mit Ressourcen kompensieren kann, die einem die Bewältigung von Belastungen und Konflikten erleichtern. 221

Bei den **Risikofaktoren** reicht bereits eine pränatale Stressexposition als Auslöser für eine Vielzahl langanhaltender Störungen wie geringeres Geburtsgewicht, geringerer Kopfumfang, Verhaltensauffälligkeiten und Aufmerksamkeitsstörungen vor allem der männlichen Kinder, die noch im Jugendalter nachgewiesen werden konnten.[170] Auch im weiteren Verlauf wirken sich anhaltende Stresserfahrungen (beispielsweise durch miterlebte oder direkt erlebte körperliche oder sexuelle Gewalt, emotionale Vernachlässigung oder Trennung von den primären Bezugspersonen) psychisch, neuronal und physisch negativ bis ins Erwachsenenleben aus. Risikofaktoren, welche die Resilienz eines Menschen reduzieren, beziehungsweise seine Vulnerabilität erhöhen, sind beispielsweise chronische Erkrankungen oder Behinderungen des Individuums oder in dessen unmittelbarer sozialer Umgebung. Sie wirken sich insofern belastend aus, als damit häufig geringere oder keine Schulabschlüsse, Arbeitslosigkeit, Armut und Einschränkungen in einer selbstständigen Lebensführung verbunden sind. Weiter zählen Einsamkeit, Hoffnungslosigkeit, das Fehlen von unterstützenden Sozialkontakte und Bindungen sowie von Kohärenz (Vertrauen in und Verstehen von Geschehnissen) zu den Risikofaktoren.[171] Risikofaktoren können durch emotionale und soziale Defizite in der Entwicklung, unsichere Bindungen, das Erleben von Hilflosigkeit und Vertrauensverlust sowie Schuldgefühle oder Verlustängste bedingt sein.[172] Durch sie wird das Risiko erhöht, defizitäre emotionale Kompetenzen (wie mangelnde Empathie oder Alexithymie) zu entwickeln oder später selbst an einer psychischen Erkrankung zu leiden.[173] Umweltbedingte Risikofaktoren sind beispielsweise ein rigides Kommunikationsverhalten, dysfunktionale Familienstrukturen, Dauerspannungen mit feindseliger Konfliktaustragung, Instrumentalisierung des 222

170 Möhler & Resch, 2019.
171 Raghavan & Griffin, 2017.
172 Dettenborn, 2014.
173 Aust, 2017.

Kindes im Elternkonflikt, Abwertung anderer Bezugspersonen, Rollenumkehr oder Vernachlässigung.

223 Die Forschung zu „**kritischen Lebensereignissen**"[174] beschäftigt sich damit, wie besondere Anforderungen im Lebensalltag bewältigt werden. Das sogenannte Coping setzt bestimmte Ressourcen voraus, um anstehenden Stress zu minimieren. Stressreaktionen können psychosomatische Probleme, Angst und Leistungsminderung verursachen.

224 **Belastende Lebensereignisse** tragen auch zu einem erhöhten Risiko für die Entwicklung aggressiven, gewalttätigen oder delinquenten Verhaltens bei.[175] Allerdings besteht kein unmittelbar kausaler Zusammenhang zwischen ihnen, es kann also nicht zwingend davon ausgegangen werden, dass entsprechende Erfahrungen tatsächlich in antisoziales Verhalten umgesetzt werden.[176] Wichtig ist es daher, altersgemäße Strategien zur Stressbewältigung zu entwickeln, um die Differenz zwischen den erlebten Anforderungen und den eigenen Handlungsmöglichkeiten zu minimieren.[177]

225 **Krisenhafte** familiäre Prozesse stellen in einem hohen Maß Belastungen für Kinder dar; wie diese im Einzelfall bewältigt werden, hängt von dem Verhältnis der Risiko- und Schutzfaktoren ab.

226 Resilienz ist somit sowohl eine Grundeigenschaft eines Menschen als auch ein dynamischer Faktor, der sich in Abhängigkeit von der **Balance** zwischen Schutz- und Risikofaktoren verändern kann. Entsprechend sollten psychologische Sachverständige im Hinblick auf ihre Empfehlungen die vorhandenen Möglichkeiten berücksichtigen, Betreuungsbedingungen für das Kind zu schaffen, welche die individuelle Resilienz unterstützen oder wiederherstellen. Dies darf aber nicht damit gleichgesetzt werden, dass Kind überhaupt keinen Stressoren ausgesetzt werden. Im Gegenteil ist die Erfahrung, für kurze Zeit Stressoren ausgesetzt zu sein und diese zu bewältigen, für die Entwicklung von Resilienz wichtig (→ Rn. 166 ff.).

c) Kindeswille und Kindeswunsch

227 Die 14-jährige Ag will zu ihrem 18-jährigen Freund ziehen. Ihre Mutter ist dagegen. Der getrennt lebende Vater unterstützt Ag dabei, ein Gerichtsverfahren gegen die Mutter anzustrengen, um dieser das Sorgerecht zu entziehen. Aufgrund des zerrütteten Mutter-Tochter-Verhältnisses und der chronischen Streitigkeiten zwischen den Eltern wird ein Ergänzungspfleger für die Bereiche Aufenthaltsbestimmung und Beantragung von Jugendhilfemaßnahmen installiert und Ag bekommt einen Erziehungsbeistand. Sie bricht jeden Kontakt zur Mutter ab.

174 Filipp, 2010.
175 Barra, 2017.
176 McGauran, Brooks & Khan, 2019.
177 Stelzig & Sevecke, 2019.

Fünf Monate nach Abschluss des ersten Verfahrens trennt sich Ag von ihrem Freund. Auf Anraten des Jugendamts zieht sie zunächst in eine Jugendwohngruppe. Da es ihr dort nicht gefällt, nimmt Ag wieder Kontakt zu ihrer Mutter auf und zieht nach wenigen Tagen zu dieser zurück. Nunmehr strengt sie ein Gerichtsverfahren an, damit die Mutter das Sorgerecht zurückerhält.

Ein erneuter Blick in die **UN-Kinderrechtskonvention**[178] zeigt die Bedeutung, die dem Kindeswillen zugemessen wird (Artikel 12). Ein Kind, das fähig ist, sich eine eigene Meinung zu bilden, hat das Recht, diese Meinung in allen es berührenden Angelegenheiten frei zu äußern. Die Meinung des Kindes soll entsprechend seinem Alter und seiner Reife bei Entscheidungsfindungen angemessen berücksichtigt werden (→ Rn. 98 ff.). 228

Der **Kindeswille** gilt in der psychologischen Betrachtungsweise als altersgemäß stabile und autonome Ausrichtung eines Kindes auf erstrebte, persönlich bedeutsame Zielzustände.[179] Bei der Diskussion des Kriteriums wird zunächst geprüft, ob von dem Vorliegen eines eindeutigen Kindeswillens ausgegangen werden kann. Wenn dies der Fall ist, ist die Frage der Beachtlichkeit des Kindeswillens von Bedeutung. Unter Berücksichtigung der familiären Rahmenbedingungen und des kindlichen Beziehungserlebens ist zu untersuchen, welche äußeren Einflussfaktoren bei der Entstehung und Äußerung des Willens gegebenenfalls wirksam waren bzw. welche Funktion der Wille im kindlichen Erleben hat. 229

Die Ausbildung eines eigenständigen Willens setzt psychische Kompetenzen voraus, die von Alter und **Entwicklungsstand** eines Kindes abhängig sind. Auf der Grundlage der „Theory of Mind" (→ Rn. 204 f.) sind Kinder ab dem Alter von drei Jahren in der Regel in der Lage, einen autonomen und stabilen Willen zu bilden und entsprechend zu äußern. Dies hängt jedoch in erster Linie von dem bereits erreichten Entwicklungsstand ab, insbesondere in Bezug auf die sprachlichen Kompetenzen. Ab diesem Alter sollten Kinder über die Fähigkeit verfügen, Fragen zu sozialen Beziehungen zu stellen sowie mentalistische Ausdrücke (Wollen, Können) und Begriffe mit Zeitbezug zu gebrauchen. Darüber hinaus können Kinder meist erst ab dreieinhalb Jahren – bei einem unauffälligen Entwicklungsverlauf – aus dem Gegenwartsbezug heraustreten und über die Vergangenheit sowie ansatzweise über die Zukunft reflektieren. In dieser Altersstufe dominiert noch eine präintentionale Willensbildung, die sich an dem jeweiligen Bedürfnishintergrund und dem Motiv der Bedürfnisbefriedigung orientiert. 230

Ab dem Alter von vier bis fünf Jahren bildet sich emotionale und kognitive Zielorientierung und Absicht heraus. Damit liegt eine **intentionale Willensbildung** vor, mit der das Bedürfnis nach Selbstbestimmung und Kontrollüberzeugung 231

178 Schmahl, 2013.
179 Dettenborn, 2014.

verbunden ist. Der Wille wird handlungsleitend, seine Durchsetzung ist mit dem Erleben von Selbstwirksamkeit verbunden.

232 Eine eigenständige Willensbildung beinhaltet vier **Aspekte:**

- Zielorientierung, das heißt die Absicht, einen bestimmten Zustand zu erreichen, beizubehalten oder zu vermeiden;
- Intensität, das heißt Nachdrücklichkeit und Entschiedenheit, mit der Ziele angestrebt werden;
- Stabilität im Sinne einer Konstanz der Willensorientierung über unterschiedliche Kontexte und Zeiten hinweg;
- Autonomie, das heißt der Ausdruck individueller, selbstinitiierter Bestrebungen.

233 Bei jüngeren Kindern bewirkt deren Egozentriertheit, dh deren Beschränkung auf die eigene Sichtweise, eine gewisse Widerstandskraft gegen den Versuch der **Beeinflussung** von außen. Ältere Kinder neigen durch ihre Fähigkeit zur Perspektivenübernahme dazu, bezüglich der Eltern oder anderer wichtiger Bezugspersonen in einen Loyalitätskonflikt zu geraten, was ihre Suggestibilität erhöht. Wird einem Kind eine Wunschäußerung induziert, beispielsweise indem eine eigentlich geliebte Person anhaltend negativ dargestellt wird, führt dies zu kognitiven Dissonanzen. Das Kind erlebt einen Widerspruch zwischen dem, was es fühlt, und dem, was ihm eine Bezugsperson vermittelt. Die Übernahme und Verinnerlichung eines induzierten Willens können dazu beitragen, dass die Dissonanz zwischen der eigenen Intention und dem Einfluss einer subjektiv wichtigen Person beseitigt wird. Dadurch können Kinder für sich einen Ausweg aus der Konfliktsituation finden. Die so entstandene psychische Realität ist als kindliche Willensbildung anzuerkennen bzw. im Sinne der Selbstwirksamkeitserwartung eines Kindes zu berücksichtigen. Als Zielorientierung würde hier die Auflösung des inneren Konflikts beim Kind dienen, um dessen emotionale Sicherheit wiederherzustellen. Diese erfahrungs- und situationsabhängigen Strategien tragen zur Erklärung der kindlichen Willensbildung bei.[180]

234 Diese Sichtweise ging auch in die Rechtsprechung ein, nach der selbst einem **beeinflussten Kindeswillen** Beachtung gegeben werden muss. Beispielsweise sollen Kinder ab dem Alter von zwölf Jahren, die einen Umgang mit einem Elternteil aus subjektiv bedeutsamen Gründen ablehnen und deren Widerstand authentisch erscheint, nicht zur Wahrnehmung eines Umgangskontakts gezwungen werden. Dies sei mit dem Zweck des Umgangsrechts und dem Persönlichkeitsrecht des Kindes nicht vereinbar.[181]

180 Main, Hesse & Kaplan, 2005.
181 Rogalla, 2016.

Eine andere Betrachtungsweise[182] stellt bei der **Willensbildung** von Kindern im familienrechtlichen Kontext sechs Merkmale heraus: 235

- Die Motivation des Kindes, das heißt der Wunsch, bestimmte Ziele zu erreichen, mit denen Hoffnungen verbunden sind, und dabei den Erwartungen der Familienmitglieder gerecht zu werden;
- Die emotionale Variable umfasst das Bindungserleben eines Kindes und die Verarbeitung der seelischen Belastung im Familienkonflikt;
- Die Umgebungsvariable bezieht sich auf die jeweilige Wohnsituation, die finanziellen Verhältnisse, verbunden mit dem Bedürfnis nach Sicherheit, Förderung und Kontinuität;
- Die kognitive Variable im Willensbildungsprozess würde hiernach von der Fähigkeit, Probleme zu lösen und den sozialen Kompetenzen des Kindes abhängen;
- Ebenso ist als Variable zu beachten, ob gesundheitliche Probleme und damit verbunden eine besondere Betreuung eines Beteiligten bestehen;
- Schließlich bezieht sich die soziale Variable auf die Erfahrungen eines Kindes bezüglich des zwischenmenschlichen Umgangs innerhalb der Familie und im erweiterten sozialen Umfeld.

Aus psychologischer Sicht kann unter der Prämisse des Kindeswohls der Kindeswille nicht ohne Berücksichtigung bleiben. Die eigene psychische Realität in Form von Willensbekundungen zu vertreten und durchzusetzen, fördert die Kontrollüberzeugung und Selbstwirksamkeit eines Kindes. Die **Nichtbeachtung** eines Kindeswillens kann langfristig auf Seiten des Kindes zu Resignation, erlebter Hilflosigkeit und Schwächung des Selbstwertes[183] oder zu einer Abkehr von einem Elternteil führen.[184] 236

Gleichzeitig ist zu prüfen, ob der geäußerte Wille dem Wohl des betroffenen Kindes entgegensteht. Wie aus dem erzieherischen Alltag wohlbekannt, ist nicht jeder von einem Kind geäußerte Wunsch seinem Wohl förderlich. Manche Willensäußerungen von Kindern können auch **selbstgefährdend** sein, indem sie im Missverhältnis zur objektiven Bedürfnislage stehen. Dies ist beispielsweise der Fall, wenn mit Bequemlichkeit oder dem Wunsch argumentiert wird, Anforderungen auszuweichen, beziehungsweise eine fehlende Einschätzung der Folgen im Alltag vorliegt.[185] 237

182 Balloff, 2004.
183 Ell, 1990.
184 Wallerstein, Lewis & Blakeslee, 2002.
185 Dettenborn, 2008.

238 Auch die häufig anzutreffende **Weigerung** eines Kindes, hinsichtlich der gerichtlichen Fragestellung Position zu beziehen, sollte von Sachverständigen als Strategie zum Selbstschutz respektiert werden.[186]

239 Allerdings ist die Form, in welcher die **Willensäußerungen** erhoben und in ein familiengerichtliches Verfahren eingebracht werden, häufig als wenig valide zu bezeichnen. Die Kinder kommen uU nur zu einer richterlichen Anhörung und werden hier ein einziges Mal, oft für nur wenige Minuten, in einer ihnen fremden Umgebung und von einer ihnen fremden Autoritätsperson befragt. Die dann getätigte Äußerung wird als feststehende, übergreifend fortgeltende Tatsache weiterbehandelt, obwohl sie häufig nur einen punktuellen Rückschluss auf die Befindlichkeit des Kindes zulässt.

240 Die Willensäußerungen von Kindern müssen auch hinsichtlich ihrer **Entstehungsgeschichte** untersucht werden, nicht zuletzt, um der Frage nach möglichen Manipulationen oder innerpsychischen Konflikten des Kindes nachzugehen. Sie können auch direkt (zB durch verbale Vorgaben) oder indirekt (zB Versprechen von Vorteilen, materieller Verwöhnung) induziert werden. Kinder passen sich solchen Vorgaben zunächst an und verinnerlichen sie dann später.[187] Art und Inhalt der Aussagen spiegeln auch das Ausmaß an Bindungstoleranz der Eltern wider.[188] Können Kinder sich frei äußern, spiegeln ihre Willensäußerungen überwiegend die Präferenz für den Elternteil, zu dem eine hohe emotionale Sicherheit besteht.[189]

241 Willensäußerungen beinhalten aus psychologischer Sicht nicht nur verbale Bekundungen, sondern auch **nonverbale Signale**, psychische Befindlichkeiten usw. Eine kindliche Beteiligung an den Entscheidungen, die in Zusammenhang mit familiären Veränderungen stehen, sollte daher vor allem dem Zweck dienen, die kindliche Befindlichkeit ernst zu nehmen, dem Schutzbedürfnis der Kinder gerecht zu werden und aus ihrer Sicht wichtige Aspekte in die zu treffenden Regelungen einzubringen. Dies ist auch von Bedeutung, damit nicht die elterlichen Konflikte im Zentrum stehen, sondern die kindlichen Bedürfnisse bestimmend sind.[190]

242 Der Kindeswille wird durch familienpsychologische Sachverständige in **Explorationsgesprächen**, also einem zielgerichteten diagnostischen Gespräch erfasst. Es ist empfehlenswert, diese Befragungen zunächst in vertrauter Umgebung durchzuführen. Die Exploration eines Kindes in unterschiedlichen Settings, beispielsweise im Haushalt der Mutter, des Vaters und an einem neutralen Ort,

186 Spangenberg & Spangenberg, 2003.
187 Dettenborn, 2008.
188 Temizyürek, 2018.
189 Kindler, 2019.
190 Weber, 2004.

wie in den Praxisräumen der Sachverständigen, dient dazu, kindliches Erleben unabhängig von Umgebungsfaktoren zu erfassen. Es ist dabei in familienrechtlichen Auseinandersetzungen unbedingt darauf zu achten, dass das Explorationsgespräch mit dem Kind in Abwesenheit der Eltern erfolgt.

Die Befragung erfolgt **nondirektiv**. Es werden offene Fragen zu allgemeinen Le- 243
bensbedingungen und Interessen gestellt, beispielsweise ein üblicher Tagesablauf im elterlichen Haushalt und erzieherische Maßnahmen der Eltern. Ebenfalls ist es wichtig, die Einbindung des Kindes in seiner sozialen Umwelt zu erfassen. Hier ist es von Bedeutung, einerseits dessen Selbstwertgefühl und andererseits sein Beziehungserleben im familiären und sozialen Umfeld zu ermitteln.

Während der Befragung ist es wichtig, darauf zu achten, wie sich das kindliche 244
Verhalten während der Exploration darstellt, welcher **Gefühlsausdruck** erkennbar wird und ob bestimmte Themenbereiche vermieden werden. Hier ist die Ausdrucksweise bei Berichten zur Familienthematik mit der Ausdrucksweise zu neutralen Themen zu vergleichen.

Die Wunschäußerungen des Kindes müssen anschließend sachverständig in Rela- 245
tion zu seinem Entwicklungsstand, Bindungsverhalten und Umgebungsfaktoren wie das Ausmaß der elterlichen Konflikte gesetzt werden. Weiter sollten familienpsychologische Sachverständige abwägen, welche **Folgen** sich daraus ergeben, wenn der geäußerte Kindeswille umgesetzt oder übergangen wird.[191]

Aus psychologischer Sicht muss eindringlich vor einem in den letzten Jahren 246
immer stärker zu beobachtenden Trend gewarnt werden, die von den Kindern geäußerten Wünsche als ausschließlichen Maßstab für die gerichtliche Entscheidung zu werten. Dies würde einem falsch verstandenen **Partizipationsansatz**[192] entsprechen und den Kindern damit die Last der Verantwortung für schwerwiegende Entscheidungen auferlegen, denen sich die am Gerichtsverfahren beteiligten Erwachsenen nicht stellen wollen.

d) Bindungen und Beziehungen

Die Eltern des fünfjährigen Ah und der siebenjährigen Ai sind frisch getrennt und 247
versuchen, über ein Gerichtsverfahren den zukünftigen Lebensmittelpunkt der Kinder zu klären. Der Vater hat eine Arztpraxis, in der die Mutter in Teilzeit mitgearbeitet hat, bis zur Trennung wurden die Kinder daher hauptsächlich von der Mutter versorgt. Ai sagt, sie möchte bei der Mutter leben, verhält sich dem Vater gegenüber ambivalent und sucht intensiv die Nähe der Mutter. Ah sagt, er möchte beim Vater leben. In der mehrstündigen Interaktionsbeobachtung im väterlichen Umfeld beschäftigt er sich allein in seinem Zimmer und kann vom Vater nicht zu einem gemeinsamen Spiel motiviert werden. In der mehrstündigen Interaktionsbeobachtung im mütterlichen

191 Fahrendholz & Zumbach, 2020.
192 Gödde, 2004.

Umfeld spielt er mit seiner Schwester, kommt zur Mutter, wenn er Hunger oder Durst hat und nimmt dabei zärtlichen Körperkontakt zu ihr auf.

248 Der psychologische Terminus „Bindung“ bezeichnet – aus der kindlichen Perspektive betrachtet – den **Vertrauensaspekt** in der Beziehung zu seinen Bezugspersonen. Der Bindung wird eine besondere Bedeutung beigemessen, da sie weitreichende Auswirkungen auf das kindliche Beziehungserleben und die spätere Beziehungsgestaltung hat. Sie wirkt sich auch nachhaltig auf den Aufbau des individuellen Selbstwertgefühls und der sozialen Kompetenzen aus.[193]

249 In der **Neuropsychologie** wird das gesamte Gehirn als Instrument für Bindung angesehen, sämtliche Sinnesorgane stehen in Zusammenhang mit Bindungserleben und dieses wirkt sich auf die Regulation von Emotionen wie Angst und Stress, sowie auf psychische Funktionen wie Motivation und Gedächtnisleistungen aus. Mittlerweile geht man davon aus, dass der Bindungsaufbau bereits vorgeburtlich beginnt, beispielsweise durch Gewöhnung an die Stimme der Mutter. Dieser Mechanismus und die hohe Neuroflexibilität von Säuglingen erklärt auch, warum die Bindung eines Kindes an die primäre Bezugsperson unabhängig von der Qualität der angebotenen Bedingungen erfolgt: Jeder „familiäre“ (also vertraute) Reiz wird unbekannten Reizen vorgezogen, da letztere zunächst das Alarm- und Stresssystem aktivieren.[194]

250 Die Bindung an eine versorgende Person entwickelt sich auf der Basis ausreichender **Interaktionsmöglichkeiten** und weitgehend unabhängig von der Qualität der Fürsorge, solange diese beständig ist.[195] Das Geschlecht der Bezugsperson oder die genetische Abstammung ist dabei für das Kind nicht relevant.[196]

251 Beziehungserfahrungen in der frühen Kindheit generieren im Bewusstsein des Kindes ein „inneres Arbeitsmodell“, das die Bindungsstrukturen repräsentiert. Diese **Bindungsrepräsentanzen** gelten als relativ stabil für die gesamte Lebensspanne, können aber durch einschneidende Erlebnisse in eine positive oder negative Richtung verändert werden.

252 Hat ein Kind kontinuierlich Kontakt zu mehr als einer Bezugsperson, so kann es auch zu mehreren Personen – nicht jedoch zu beliebig vielen – eine Bindung aufbauen. In diesem Fall entsteht in der inneren Repräsentation eine **Hierarchie** der Bindungen mit unterschiedlichen Bindungsqualitäten. Die stärkste oder sicherste Beziehung entsteht nicht unbedingt zu der Person, mit der das Kind die meiste Zeit verbringt. Regelmäßige Kontakte vorausgesetzt, sind Qualität und Intensität der Interaktion in der gemeinsam verbrachten Zeit wichtiger als die

193 Dettenborn & Walter, 2015.
194 Coan, 2008.
195 Grossmann & Grossmann, 2005.
196 Zimmermann, 2017.

Zeitdauer des Zusammenseins. Dies bietet die Möglichkeit der Kompensation unbefriedigender Beziehungen durch andere Bezugspersonen.

In der Bindungsentwicklung werden je nach Alter des Kindes unterschiedliche 253
Phasen beschrieben:[197]

- Während der ersten beiden Lebensmonate zeigt ein Kind unspezifische soziale Reaktionen, die nahezu reflexartig erfolgen und nicht auf eine bestimmte Person ausgerichtet sind. Das Kind ist allgemein sozial ansprechbar, unabhängig von seinem Gegenüber und richtet seine Signale durch Blickkontakt und Weinen ohne Unterschiede an die Umwelt (**Prä-attachement-Phase**).
- Ab dem sechsten Lebensmonat bevorzugt der Säugling in seiner sozialen Reaktionsbereitschaft die primären Bindungspersonen bzw. vertraute Personen. Es ist eine personenunterscheidende Ansprechbarkeit zu beobachten. Die Kontaktaufnahme wird durch das Greifen erweitert. Das Bestehen einer sozial-emotionalen Bindung eines Kindes führt zum Erleben von Trennungsschmerz. Das Kind signalisiert aktiv seine Bedürfnisse, zum Beispiel, indem es sich auf die bevorzugte Bezugsperson zubewegt und Nähe zu ihr hält. Diese wird erkennbar als Basis der Sicherheit für die Exploration der Umgebung genutzt, ebenso als Rückzugspunkt bei Angst gegenüber Fremden. In dieser Phase formt sich der Aufbau einer geistigen Repräsentation der Bindungsperson heraus. Es entstehen Erwartungen an deren Verhalten und Reaktionen, alles Verhalten wird auf diese Person(en) hin orientiert (**Differenzierungsphase**).
- Im Alter von achtzehn Monaten bis zum dritten Lebensjahr bilden sich beziehungsrelevante Erwartungen und Überzeugungen des Kindes über sein Selbst aus. Je nach Gelingen dieses Entwicklungsabschnitts erfolgt eine aktive Auseinandersetzung mit der Umwelt und bedrohliche Situationen können zunehmend autonom gemeistert werden (**bindungssensitive Phase**).
- Ab dem Alter von drei Jahren sind Kinder in der Regel in der Lage, Beziehungen zu Erwachsenen selbst zu regulieren und eigene Ziele bewusst zu verfolgen. Sie sind altersbedingt unabhängiger von der primären Fürsorge und Responsivität ihrer Bezugspersonen geworden (**zielkorrigierte Partnerschaft**).

Dem von J. Bowlby begründeten und von anderen Forschern wie M. Ainsworth 254
weiter entwickelten Konzept der **Bindungstheorie** zufolge, entsteht die Bindung zwischen einem Kind und seiner Betreuungsperson im Laufe der ersten drei Lebensjahre. Im Verlauf dieses Prozesses können unterschiedliche Bindungsmuster entstehen, die als sichere (→ Rn. 258 ff.), unsichere (→ Rn. 261 ff., unsicher-ver-

197 Ainsworth, Blehar, Waters & Wall, 1978.

meidende → Rn. 262, unsicher-ambivalente → Rn. 263) und desorganisierte (→ Rn. 265 ff.) Bindung charakterisiert werden.

255 Untersuchungen zufolge ist Bindungsverhalten **universell** beobachtbar. Kulturübergreifend ist bei circa 65 % aller Kinder ein sicheres Bindungsverhalten zu beobachten.[198] Ein unsicheres Bindungsverhalten wird bei 35 % aller Kinder beobachtet, als vermeidendes Verhalten bei ungefähr 25 % und als ambivalente Bindungsorganisation bei 10 % der Kinder. Diese Verteilung findet sich sowohl in der Bindung gegenüber Müttern als auch gegenüber Vätern. Allerdings suchen Kinder im Vergleich länger und häufiger Nähe zu ihren Müttern als zu ihren Vätern, vor allem bei Belastungen.[199]

256 Die Qualität der Bindung zur Bezugsperson hängt wesentlich von deren **Feinfühligkeit** ab. Feinfühligkeit beinhaltet, die kindlichen Signale mit angemessener Aufmerksamkeit wahrzunehmen, richtig zu deuten sowie adäquat und prompt darauf zu reagieren[200] (→ Rn. 155 ff.). Insofern gibt es nicht eine, dem Kind anhaftende Bindungsqualität, sondern diese muss für die Beziehung zwischen dem Kind und jeder seiner Bezugspersonen eigenständig erhoben werden.[201]

257 Umgekehrt können auch Eigenschaften des Kindes, wie ein „schwieriges“ **Temperament** oder ein Aufmerksamkeitsdefizitsyndrom, die Fähigkeit der Eltern mindern, adäquat zu reagieren oder emotional zur Verfügung zu stehen.[202]

258 Eine **sichere Bindung** entwickelt sich, wenn es der versorgenden Person gelingt, die kindlichen Bedürfnisse feinfühlig wahrzunehmen und auf diese angemessen zu reagieren. Werden die kindlichen Bedürfnisse angemessen befriedigt, wird eine Basis der Sicherheit erlebt (auch als „sicherer Hafen“ bezeichnet), von dem aus Kinder ihre Umwelt erkunden, sich selbstbewusst entwickeln und in die sie sich in Situationen der Angst und Unsicherheit vertrauensvoll zurückziehen können. Eine sichere Bindung an eine Betreuungsperson stellt in der Entwicklung eines Kindes einen wichtigen Schutzfaktor dar. Sie fördert beispielsweise prosoziale Verhaltensweisen des Kindes und macht es widerstandsfähiger gegen psychosozialen Stress. Zudem gilt sie als wesentlicher Faktor zur Förderung von Resilienz.[203]

259 Die sichere Bindung ist das Bindungsmuster, das sich über die **Lebensspanne** am Wenigsten verändert. Forschungsarbeiten haben allerdings nachgewiesen, dass kritische Lebensereignisse wie Scheidung der Eltern bzw. Verlust eines Elternteils durch Krankheit oder Tod die Bindungsorganisation eines Kindes nachhaltig

198 Brisch, 2013 a.
199 Zimmermann, 2017.
200 Ainsworth, 1977.
201 Bretherton, 2010.
202 Rampp, Roesler & Peter, 2020.
203 Für einen Überblick Scheuerer-Englisch, 2017.

verunsichern können,[204] vor allem wenn sie gehäuft auftreten. Kindern, die eine sichere Bindung aufbauen konnten, gelingt aber die Bewältigung solcher Ereignisse leichter.[205]

Auch bei **Jugendlichen** finden sich in der Interaktion mit der Hauptbezugsperson die entsprechenden Verhaltensweisen, die auf das Vorhandensein einer sicheren Basis schließen lassen. Der Teenager kann seine Identität emotional, sprachlich und kognitiv „explorieren“, wenn die Mutter ihn beispielsweise unterstützt und mit ihm vertraut ist, seine Selbstwahrnehmung und Schwächen realistisch einschätzen kann. Letzteres setzt wiederum voraus, dass sich der Jugendliche seiner Mutter gegenüber sicher genug fühlt, um sie daran teilhaben zu lassen.[206] Das Bindungsverhalten von Jugendlichen zeigt sich beispielsweise in der Beurteilung der Eltern als Quelle von Sicherheit, offener und kooperativer Kommunikation mit ihnen oder einem positiven Selbstwertgefühl als Zeichen von Autonomie.[207] 260

Eine **unsichere Bindung** entwickelt sich, wenn die Bedürfnisse des Säuglings und Kleinkinds in der Interaktion mit der Bezugsperson nicht, nur unzureichend oder inkonsistent beantwortet werden. Bei den unsicheren Bindungstypen handelt es sich jeweils um Normvarianten der Entwicklung, was bedeutet, dass eine unsichere Bindung nicht per se die Entwicklung eines Kindes gefährdet. Unsichere Bindungsrepräsentationen dürfen nicht als pathologische Strukturen missverstanden werden.[208] Unsichere Bindungsstile wirken sich allerdings problematisch auf zukünftige Partnerschaften und den Selbstwert aus. So fühlen sich unsicher gebundene Kinder von ihren Freunden leichter zurückgewiesen, weniger geliebt, in sozialen Gruppierungen nicht zugehörig und haben vermehrt interpersonelle Probleme sowie Angst und Depressionen.[209] 261

In der **unsicher-vermeidenden** Bindungsorganisation zeigt ein Kind bei Trennung von der Hauptbezugsperson kein deutliches Bindungsverhalten. In der Regel bleibt es trotzdem an seinem Platz und spielt weiter – wenn auch mit weniger Neugier und Ausdauer – obwohl es die Abwesenheit seiner Bindungsperson registriert hat. Das Kind zeigt in der Trennungssituation keine Anzeichen von Belastung. Bei Rückkehr reagiert das Kind auf die Wiedervereinigung vermeidend und ignoriert die Bindungsperson oder lehnt sie ab. Es kommt in der Regel zu keinem intensiven Körperkontakt. 262

Bei Vorliegen einer **unsicher-ambivalenten** Bindungsorganisation verhält sich ein Kind bei der Trennung von der Bezugsperson gestresst und reagiert mit Weinen. Bei deren Rückkehr ist das Kind unfähig, sich zu beruhigen. Es dauert längere 263

204 Brisch, 2013 a.
205 Kindler, 2019.
206 Allen et al., 2003.
207 Grossmann & Grossmann, 2018.
208 Gloger-Tippelt, 2000.
209 Schaan, Schulz & Vögele, 2019.

Zeit, bis wieder ein emotional stabiler Zustand erreicht wird. Einerseits ist der Wunsch nach Körperkontakt und Nähe zu erkennen, andererseits ist aggressives Verhalten gegenüber der Bezugsperson zu beobachten. Der Kontakt wird vom Kind aktiv vermieden, beispielsweise, indem es sich abwendet.

264 Unsichere Bindungsmuster können sich innerhalb der sensitiven Phase zu einem sicheren Bindungsmuster verändern, wenn sie auf entsprechend positive **Veränderungen** der Rahmenbedingungen treffen. Dies betrifft beispielsweise eine dauerhafte Verbesserung der sozioökonomischen Rahmenbedingungen oder wenn sehr junge Mütter in ihre Elternrolle hineinwachsen. Eine Veränderung zu einer Bindungsstörung kann erfolgen, wenn entsprechend belastende Faktoren eintreten, wie Misshandlung, Depression der Bezugsperson oder schlechte Erziehungsqualität.[210]

265 Daneben bestehen **Bindungsstörungen**, die Krankheitswert haben und daher in der Internationalen Klassifikation psychischer Störungen (ICD-10[211] oder DSM-V)[212] aufgenommen wurden. Desorganisiertes oder desorientiertes Bindungsverhalten bei Kindern ist immer dann zu erwarten, wenn sich das Kind vor seiner primären Bezugsperson fürchtet. In Trennungssituationen lässt sich zwar das Bindungssystem dieser Kinder aktivieren, es stehen ihnen aber keine eindeutigen Verhaltensstrategien zur Verfügung, um auf Trennung und Wiedervereinigung zu reagieren. Das Kind kann stereotype Verhaltens- und Bewegungsmuster zeigen. Ihm fehlt die Orientierung und es befindet sich in der Ambivalenz zwischen Flucht zur und Flucht vor der angstauslösenden Bezugsperson. In solchen Fällen sind Widersprüchlichkeiten in den Bewegungsmustern der Kinder zu beobachten, die zwischen Annäherung und Vermeidung schwanken. Ist die Bindungsfigur gleichzeitig die Quelle der Angst, können Kinder stressreiche Situationen potenziell nicht bewältigen, sondern werden von diesen überwältigt. Bei desorganisierten Bindungsmustern ist außerdem häufig ein Rollentausch in der Eltern-Kind-Beziehung zu beobachten.[213] Bei Kindern kann strafendes bzw. unangemessen fürsorgliches Verhalten gegenüber den Eltern auftreten, gleichzeitig sind ängstliche Reaktionen der Kinder beobachtbar, die sich in Katastrophenphantasien ausdrücken.[214]

266 Verhaltensweisen eines Elternteils, die Kinder **erschrecken**, können sich in bedrohlichem Verhalten zeigen (aggressive Mimik oder Körpersprache, plötzliche Bewegungen) oder auch durch verängstigtes Verhalten dem Kind gegenüber (plötzliches Zurückweichen, Schüchternheit gegenüber dem Kind). Weitere Verhaltensweisen auf Seiten des erwachsenen Bindungspartners, die zur Entwick-

210 Für einen Überblick s. Berk, 2020.
211 Deutsches Institut für Medizinische Dokumentation und Information, 2018.
212 Falkai et al., 2018.
213 Brisch, 2013 a.
214 Hesse & Main, 2002.

lung desorganisierter Bindungsmuster führen, sind dissoziative, tranceartige Zustände, sexualisierter Körperkontakt oder ebenfalls desorganisierte Verhaltensweisen. Sucht das Kind Schutz bei der erwachsenen Bezugsperson, führt anhaltend dysfunktionales Verhalten – wie sich über die Not des Kindes lustig machen, Rollenkonfusion, widersprüchliche Signale und unvorhersehbare Veränderungen des elterlichen Verhaltens – ebenfalls zu desorganisierter Bindung des Kindes.[215]

Beim desorganisierten Bindungsmuster liegt eine bedeutsame **gestörte soziale** 267
Interaktion vor, mit gehemmtem, hypervigilantem oder ambivalentem Verhalten (einer Mischung aus Annäherung und Vermeidung), diffusen Bindungen mit wahllosen Personen, ausgeprägter Distanzlosigkeit Fremden gegenüber und einem Mangel an Selektivität in der Auswahl der Beziehungen. Wichtig ist dabei, dass diese Störung durch eine pathogene Umgebung bedingt ist, gekennzeichnet durch andauernde Nichtberücksichtigung der grundlegenden emotionalen und physischen Bedürfnisse des Kindes. Entwicklungsverzögerungen mit Störung des Sozialverhaltens, Angst oder andere emotionale Störungen werden als langfristige Folgen dieses gestörten Bindungsaufbaus beschrieben.[216] Desorganisiert gebundene Kinder haben ein hohes Risiko, im weiteren Leben eine inadäquate emotionale Steuerung und Gestaltung von sozialen Beziehungen zu entwickeln. Sie geraten wesentlich häufiger mit dem Gesetz in Konflikt oder erkranken an einer psychischen Störung. Werden sie selbst Eltern, reichen sie häufig die gestörten Bindungsmuster in die nächste Generation weiter.[217]

Desorganisierte Bindungsmuster finden sich überdurchschnittlich häufig bei 268
stark vernachlässigten oder misshandelten Kindern und gehen oft mit distanzlosem Sozialverhalten einher.[218] Solche Erfahrungen wirken auf Kinder zutiefst verunsichernd und vermitteln ihnen, ihren Bezugspersonen hilflos ausgeliefert zu sein, statt durch diese Schutz und Sicherheit zu erfahren. Generell ist davon auszugehen, dass desorganisiertes Bindungsverhalten von Kindern ursächlich auf **gravierende Mängel** in der Betreuung zurückzuführen ist und nicht lediglich auf unsensibles oder wenig fürsorgliches Verhalten der Eltern. Hochrisikogruppen für diese Bindungsform sind Familien, in denen Misshandlungen oder Drogenkonsum auftreten, bzw. wenn die Bezugsperson unbehandelte Traumata in der Vorgeschichte aufweist, aber auch bei massiven Einschränkungen der sozioökonomischen Versorgung oder langanhaltenden Trennungen des Kindes von der Hauptbezugsperson unter belastenden Bedingungen.[219]

215 Cassidy & Shaver, 2010.
216 Falkai et al., 2018.
217 George, 2019.
218 Giltaij, Sterkenburg & Schuengel, 2017.
219 Granqvist et al., 2017.

269 Desorganisierte Bindungsmuster finden sich häufiger in Familien mit einem niedrigen sozioökonomischen Status (bis zu 24 % der betroffenen Kinder) als in Mittelschichtsfamilien (ca. 14 % der Kinder). Unabhängig vom sozioökonomischen Hintergrund sind aber bei bis zu 90 % der **misshandelten Kinder** desorganisierte Bindungsmuster zu beobachten. Dabei ist hervorzuheben, dass Kinder, die einem Elternteil gegenüber desorganisierte Bindungsmuster entwickelt haben, dies nicht zwingend auch dem anderen Elternteil gegenüber zeigen, so dass die Bindungspathologie nicht auf kindliche Variablen wie beispielsweise das angeborene Temperament zurückgeführt werden kann.

270 Bindungsstörungen finden sich bei etwa 6–16 % der männlichen und 2–9 % der weiblichen Jugendlichen. Als besonders **vorhersagestarke Faktoren** haben sich auf Seiten der Kinder Impulsivität, niedrige Intelligenz und geringe Schulerfolge gezeigt. Bei den beteiligten Erziehungsberechtigten stellte sich mangelnde elterliche Beaufsichtigung als stärkster Prädiktor für eine Bindungsstörung des Kindes heraus, gefolgt von rauen, strafenden und körperlich gewalttätigen Erziehungsstrategien sowie elterlicher Delinquenz oder gewalttätigen Auseinandersetzungen zwischen den Eltern.[220] Als Risikofaktoren auf Seiten des Kindes sind darüber hinaus Störungen der Intelligenzentwicklung, Down-Syndrom oder erhöhte Irritabilität des Neugeborenen zu nennen.[221]

271 Im **Jugendalter** beobachtbare, ernsthafte Beziehungsstörungen zu den Eltern entstehen in der Regel bereits lange vor diesem Zeitpunkt und äußern sich möglicherweise erst dann in dysfunktional ausgetragenen Konflikten, einer beeinträchtigten Kommunikationsqualität oder einer geringeren Zufriedenheit der Jugendlichen mit der Familie und der entsprechenden emotionalen Distanz. Ebenso wie bei anderen Bindungsqualitäten ist also auch bei Bindungsstörungen eine relativ hohe Konstanz über die Lebensspanne festzustellen.[222]

272 In der Folge von Bindungsstörungen sind eine erhöhte **Vulnerabilität** für emotionale und Verhaltensprobleme und eine geringere sprachliche Ausdrucksfähigkeit belegt worden.[223] Untersuchungen legen nahe, dass desorganisiert gebundene Menschen lebenslang ein erhöhtes Risiko für die Entwicklung einer psychischen Störung haben. Allerdings entwickelt nicht jedes Kind, das aversiven Betreuungsbedingungen ausgesetzt war, eine Bindungsstörung. Entsprechend darf die Feststellung, dass eine Bindungsstörung vorliegt, nicht automatisch zu einer Herausnahme des Kindes aus seinem familiären Rahmen führen.

273 Die **Geschwisterbeziehung** wird gerade in familiären Konfliktsituationen als eine wesentliche emotionale Stütze und Sicherheit vermittelnde Verbindung wahrge-

220 Schiffer, 2011.
221 Green & Goldwyn, 2002.
222 Für einen Überblick s. Walper, Lux & Witte, 2018.
223 Schröder et al., 2019.

nommen, welche über besondere Gefühlsqualitäten verfügt.[224] Die Beziehung zwischen Geschwistern gilt in der Familienpsychologie als eine der intensivsten und längsten zwischenmenschlichen Beziehungen eines Individuums.[225] Ältere Geschwister übernehmen vor allem bei geringem Altersabstand häufig eine Vorbild- und Anleitungsfunktion, sowohl in positiver wie in negativer Hinsicht, und erbringen häufig bessere intellektuelle Leistungen. Jüngere Geschwister weisen häufig besser ausgeprägte soziale Kompetenzen auf als Ältere. Altersabstand, Geschlecht und Temperament der Geschwister sowie der Einfluss der Eltern auf die Ausgestaltung des Zusammenlebens sind entscheidende Faktoren für die Qualität der Geschwisterbeziehung.

Zudem werden verschiedene **Typen** der Geschwisterbeziehung unterschieden 274
(eng, teilweise vorhanden, distanziert). Fürsorgliche Geschwisterkinder übernehmen die Verantwortung für jüngere, kumpelhafte Geschwisterbeziehungen zeichnen sich durch ein freundschaftliches Verhältnis aus, konflikthafte Geschwisterbeziehungen durch viel Streit und Hänseleien, rivalisierende Geschwister konkurrieren miteinander und lose Geschwisterbeziehungen sind emotional distanziert, die Geschwister haben relativ wenig miteinander zu tun.

Geschwisterbeziehungen verändern sich im **Lebenslauf**. Jüngere Kinder benutzen 275
dabei ihre Geschwister vergleichbar zu den Eltern als sichere Basis. Bei Jugendlichen gewinnen gleichaltrige Freunde eine größere Bedeutung, sie grenzen sich eher von ihren Geschwistern ab, in dieser Zeit kommt es häufiger zu Streit untereinander. Auch bei Erwachsenen kommt der Geschwisterbeziehung noch eine wichtige Rolle als emotional nahe Verbindung zu, auf die insbesondere in Zeiten krisenhafter Zuspitzung zurückgegriffen werden kann und die sich im höheren Lebensalter in der Regel wieder intensiviert.[226]

Geschwister können bei elterlichen Konflikten eine Art „Notgemeinschaft" bil- 276
den, in der sich gerade ein junges Geschwisterkind auf die älteren verlassen kann und sich hier in der Regel verstanden fühlt. Dies bietet die Möglichkeit einer **Kompensation** der emotionalen Belastungen im elterlichen Konflikt. Betroffene Kinder nehmen gezielt Rückgriff auf ihre Geschwister oder andere zur Familie gehörende Bezugspersonen, wie beispielsweise Großeltern, wenn die Eltern ihnen in der belastenden Trennungssituation nicht mehr ausreichend als Beziehungspersonen zur Verfügung stehen. Andererseits führt die Trennung der Eltern häufig zu einer Verschlechterung der Geschwisterbeziehung.[227] Ebenso zeigen Kinder, die aufgrund einer Kindeswohlgefährdung im Elternhaus gemeinsam in einer Pflegefamilie untergebracht wurden, überdurchschnittlich häufiger eine negative

224 Spangenberg & Spangenberg, 2002.
225 O'Connor, 2020.
226 Jungbauer, 2009.
227 Milevsky, Schlechter & Machlev, 2011.

Geschwisterbeziehung. Sie übernehmen beispielsweise weiterhin die Elternrolle, kontrollieren das Verhalten des jüngeren Geschwisters, geben ihm die Schuld für die Fremdunterbringung oder stehen in ausgeprägter Rivalität zu ihm.[228]

277 Die Qualität der Eltern-Beziehung wirkt sich auch auf die **Qualität** der Beziehung zwischen Geschwistern aus. Vor allem, wenn die Eltern untereinander eine kooperative und unterstützende Kommunikation aufrechterhalten, besteht auch zwischen den Geschwistern bzw. zwischen jedem einzelnen Kind und den Eltern vermehrte Wertschätzung und gegenseitige Hilfe. Gleichzeitig verschlechtern sich aber auch Geschwisterbeziehungen und der Kontakt zwischen ihnen nimmt ab, wenn Konflikte zwischen den einzelnen Kindern und den Eltern bestehen.[229]

278 Durch Veränderungen im Rahmen elterlicher Trennung entstehen auch **neue Geschwisterkonstellationen**. Leben Kinder mindestens zwei Jahre zusammen, entsteht zwischen nicht leiblich verwandten Kindern ein geschwisterliches Verhältnis. Je älter Kinder aus sogenannten Patchworkfamilien vor dem Zusammenzug sind, umso eher werden sie Distanz zueinander wahren. Bei solchen Veränderungen der familiären Zusammensetzung kommt hinzu, dass sich Geschwisterpositionen verändern können, ein Kind beispielsweise jetzt nicht mehr ältestes Kind im Haushalt ist, sondern plötzlich auf einem zweiten oder dritten „Rang" steht. Dies erfordert wiederum Flexibilität in der Umstellung auf das neue Beziehungsgeflecht.[230] Insbesondere bei Jugendlichen konnte festgestellt werden, dass ihr Wohlbefinden darunter leidet, wenn noch Halbgeschwister in der Familie leben.[231] So kann es zu Neid, Rivalität oder Hass kommen, wenn keine gegenseitige Anerkennung als „Bonus-Geschwister" entsteht.[232]

279 Die **Diagnostik** von Bindungen und Beziehungen erfolgt in der familienpsychologischen Begutachtung überwiegend durch die Beobachtung der familiären Interaktionen und des Verhaltens der einzelnen Familienmitglieder in den Untersuchungssituationen.

280 Diese beginnt unmittelbar mit dem **Erstkontakt:** Hier wird von Sachverständigen darauf geachtet, in welcher Art und Weise sich ein Kind einer fremden erwachsenen Person gegenüber verhält, ob eine angemessene Distanz in der Kontaktaufnahme vorliegt oder möglicherweise aus einer emotionalen Bedürftigkeit heraus rasch Nähe hergestellt wird. Die Offenheit im Gespräch, die Unbeschwertheit in der spielerischen Interaktion sowie die Bereitschaft, mit der untersuchenden Person alleine zu bleiben und sich auf Fragen und beziehungsdiagnostische Verfah-

228 Selwyn, 2019.
229 De Bel, Kalmijn & van Duijn, 2019.
230 Toman, 2011.
231 Harcourt et al., 2014.
232 Brisch, 2020.

ren einzulassen, wird ebenfalls beurteilt und in Relation zu Alter und Reifegrad des Kindes gesetzt.

Im Zusammensein mit den familiären Bezugspersonen ist in der **Interaktionsbeobachtung** darauf zu achten, wie sich der gegenseitige Umgang und die Kommunikation gestalten. Hier ist von Belang, wie ein Kind in Situationen mit Anforderungen wie Frustration, Schmerz oder Traurigkeit reagiert. Wird Kontakt zu den Eltern aufgenommen und dort Sicherheit gesucht? Werden Gefühle offen angesprochen, wie gestaltet sich ein Körperkontakt? 281

Vor allem in einer unvertrauten Umgebung ist es von Interesse zu beobachten, wie sich das **Explorationsverhalten** eines Kindes darstellt: Ist es in der Lage, einen fremden Raum selbstständig zu erkunden oder zeigt es anklammerndes und Schutz suchendes Verhalten? 282

Des Weiteren können bindungs- und beziehungsdiagnostische Verfahren zur Anwendung kommen (→ Rn. 371, 384 ff.). 283

e) Kontinuität

Frau Aj trennt sich kurz nach Geburt ihres ersten Kindes von ihrem Mann. Ein Jahr später zieht sie zu einem neuen Lebensgefährten. Nach Geburt des zweiten Kindes trennt sie sich auch von ihm und zieht um. Beide Kinder besuchen die jeweiligen Väter tage- bzw. wochenendweise. Ab dem Kindergartenalter des jüngeren Kindes erhöht Frau Aj ihre Arbeitszeiten. Die Kinder werden jetzt abwechselnd zusammen eine Woche bei der Mutter und allein eine Woche beim jeweiligen Vater betreut. Als das jüngere Kind eingeschult wird, geht Frau Aj erneut eine Partnerschaft ein und beschließt, ins innereuropäische Ausland zu ziehen. Die Eltern vereinbaren, probeweise für die Dauer eines Jahres den Lebensmittelpunkt der Kinder jeweils bei den Vätern zu lassen, die Mutter kommt sie besuchen bzw. die Kinder verbringen die Ferien bei ihr. Beide Väter sind ebenfalls neue Partnerschaften eingegangen, aus denen Kinder entstanden sind. Vor dem Familiengericht beruft sich jeder Elternteil darauf, am besten die Kontinuität für das Kind aufrecht erhalten zu können. 284

Das Argument, die Kontinuität der bisherigen Lebensbedingungen müsse nach familiären Umbrüchen auf jeden Fall gewahrt bleiben, wird von Juristen gerne vorgetragen: Alles soll so bleiben, wie es war. Aus psychologischer Sicht ist dies nicht ohne Weiteres mitzutragen. Zum einen besteht die Entwicklung eines jeden Individuums von Geburt an in **Veränderungen**, und nur veränderte Herausforderungen führen zu Kompetenzzuwachs. Zum zweiten ist beispielsweise eine elterliche Trennung zwingend mit Veränderungen für die Kinder verbunden – und sei es die Art, wie die Eltern miteinander oder übereinander sprechen. Zum dritten gibt es eine Vielzahl von Bedingungen, die für Kinder nicht entwicklungsförderlich oder sogar schädlich sind. Diese sollten auf keinen Fall weitergeführt werden. Nur emotional positiv konnotierte und entwicklungsförderliche Erfahrungen gelten als erhaltenswert. Die Aufrechterhaltung kontinuierlich kindeswohlschädigender Betreuungsbedingungen (wie chronischem Elternstreit 285 oder Suchterkrankung eines Elternteils) entspricht nicht dem Wohl eines Kindes. Besonders unter dem Aspekt der Kindeswohlgefährdung steht die Sicherheit in jedem Fall über dem Kriterium der Kontinuität.

286 Der übergreifende **Begriff** „Kontinuität" bezieht sich auf unterschiedliche Aspekte wie Kontinuität der Beziehung zu wichtigen Bezugspersonen innerhalb und außerhalb der Familie, Kontinuität der Betreuung, Versorgung und Erziehung sowie Stabilität des Lebensumfelds. Kontinuität hängt mit dem Verlauf der Zeit zusammen, je länger eine Situation andauert und je intensiver die dort gemachten Erfahrungen sind, umso größere psychische Bedeutung gewinnen diese für ein Individuum.

287 Im Zusammenhang mit familienrechtlichen Fragestellungen steht zunächst die Frage im Vordergrund, wie die bisherigen **Betreuungsbedingungen** für die betroffenen Kinder tatsächlich waren und inwiefern diese als nicht schädigend anzusehen sind. Außerdem muss überprüft werden, welche Aspekte der Kontinuität für die aktuelle Lebensphase der betroffenen Kinder im Vordergrund stehen. Zudem sollte eine Einschätzung erfolgen, wie flexibel die betroffenen Kinder bisher auf Veränderungen reagiert haben. Prospektiv sollte zudem abgewogen werden, welche der bevorstehenden Veränderungen für die Kinder mit geringeren, größeren oder sogar nicht bewältigbaren Anpassungsleistungen verbunden sein könnten.

288 Je nach **Alter** des Kindes ist den verschiedenen Aspekten der Kontinuität unterschiedliches Gewicht beizumessen. Bei Klein- und Vorschulkindern steht die Erhaltung wichtiger familiärer Beziehungen im Vordergrund. Bei zunehmendem Alter kommt dem weiteren sozialen Umfeld, der räumlichen Umgebung und vor allem den Kontakten zu vertrauten Gleichaltrigen eine immer wichtigere Bedeutung zu. Hier dient die Exploration der Heranwachsenden dazu, ihre aktuellen Lebensbedingungen und ihre Einbindung in das soziale Umfeld zu ermitteln. Außerfamiliäre Sozialkontakte der Jugendlichen sind schwerpunktmäßig im bisherigen Lebensumfeld verankert und von der Intensität nicht mit freundschaftlichen Kontakten, die im Rahmen von Besuchen oder Umgangskontakten aufgebaut werden, zu vergleichen. In Phasen, in denen ohnehin bereits Entwicklungsübergänge stattfinden, besteht eine erhöhte Anfälligkeit für psychische Störungen, wenn weitere Belastungsfaktoren hinzukommen.[233]

289 Je nach **Temperament** reagieren Kinder unterschiedlich flexibel auf Veränderungen. Manche Kinder sehen Veränderungen vor allem als Chance, um beispielsweise neue Dinge auszuprobieren oder neue Freundschaften zu schließen. Andere Kinder sehen Veränderungen eher negativ als Verlust bisher vertrauter Menschen und Dinge.[234]

233 Petermann, Niebank & Scheithauer, 2004.
234 Berk, 2020.

Bei Eltern, die vollumfänglich erziehungsfähig, im Umgang mit den Kindern vergleichbar kompetent sind und zu denen seitens der Kinder jeweils positive Bindungen und Beziehungen bestehen, da sich beide in der Kinderbetreuung engagiert haben, müssen sich Sachverständige bei ihrer Empfehlung zum Lebensmittelpunkt häufig auf den Aspekt der Kontinuität beziehen. Neben der außerfamiliären Einbindung des Kindes, wie Freundeskreis und Schule, gewinnt auch die **Stabilität** im Lebensentwurf beider Elternteile an Bedeutung. Dabei sollte nicht nur die Kontinuität in der Vergangenheit, sondern auch die zukünftig zu erwartende Stabilität im Hinblick auf die genannten Aspekte in Betracht gezogen werden.[235] Dies beinhaltet auch die Betreuungsmodelle, die mehr oder minder auf dem Einbezug wechselnder Dritter basieren, oder auf der Konfrontation des Kindes mit vorhersehbaren weiteren familiären Veränderungen. Es wird davon ausgegangen, dass Kinder gerade bei gravierenden Veränderungen der familiären Situation, wie die Trennung der Eltern, von der Stabilität anderer Lebensbedingungen profitieren. Hierzu gibt es zwar kaum empirische Daten, aber die Ergebnisse werden aus der Untersuchung kritischer Lebensereignisse abgeleitet. Diese besagen, dass eine zeitliche Häufung solcher „stressful life events" die Resilienz eines Menschen schwächt, beziehungsweise seine Vulnerabilität erhöht. 290

Der Kontinuitätsaspekt wird im Vorgehen der familienpsychologischen Sachverständigen vor allem über die Erfassung der bisherigen familiären Geschichte und der jeweiligen Lebensplanung durch **Befragen** der verschiedenen Familienmitglieder erhoben. 291

3. Einbezug des Umfelds

Nachdem sich das Ehepaar Ak getrennt hat, ziehen sie in weit auseinanderliegende Städte. Beide Elternteile wollen die gemeinsame Tochter jeweils im eigenen Haushalt betreuen. Der Vater argumentiert damit, dass das Kind bei ihm sowohl ein Kinderzimmer als auch ein Spielzimmer haben und in einem gutbürgerlichen Viertel einer Kleinstadt aufwachsen würde. Seiner Ansicht nach bedeute der Aufenthalt bei der Mutter für das Kind eine Gefährdung, da diese beengt in einem sozialen Brennpunkt einer Großstadt lebe. 292

Aus der Sozialpsychologie ist bekannt, dass Umweltfaktoren eine bedeutsame Rolle im Hinblick auf die Lebensqualität spielen. **Umfeldaspekte** umfassen das die Kernfamilie umgebende soziale Umfeld, das Lebensumfeld außerhalb der Wohnung, zur Verfügung stehende Institutionen zur Gesundheitsfürsorge, soziale Teilhabe, Freizeitaktivitäten, kulturelle, sportliche oder kreative Förderung sowie Betreuungsmöglichkeiten wie Kinderkrippe, Kindergarten und Kindertagesstätte und die Erreichbarkeit von Schulen. Damit verbunden sind ebenfalls soziale Unterstützungssysteme, die sowohl für die kindliche Entwicklung wie auch für die Alltagsbewältigung der Eltern von Bedeutung sind. Für die erwachsenen Be- 293

235 Salzgeber, 2015 b.

zugspersonen ist beispielsweise die Erreichbarkeit von Beratungsstellen wichtig. Informelle Hilfsmöglichkeiten oder Fachdienste, deren Inanspruchnahme jedoch von der Kooperationsbereitschaft und -fähigkeit der Eltern abhängt, spielen insbesondere dann eine Rolle, wenn Familiensysteme durch ambulante Hilfen Unterstützung benötigen.

294 Gehen alleinerziehende Elternteile eine neue Partnerschaft ein, übt diese einen wesentlichen Einfluss auf die Lebenssituation der involvierten Kinder aus. Je nach Offenheit und Bereitschaft, sich auf die kindlichen Beziehungsbedürfnisse einzulassen, kann ein **Stiefelternteil** eine Bereicherung oder eine weitere Belastung für die Entwicklung des Kindes darstellen.[236] Vor allem bei räumlichem Zusammenleben kann sich auch ein erhebliches Gefährdungspotenzial ergeben, da beispielsweise die Bereitschaft zum zeitlichen und finanziellen Engagement und die Hemmschwelle für körperliche Misshandlungen und sexuelle Übergriffe gegenüber nicht leiblichen Kindern niedriger ist. Auch kann ein Kind, vor allem, wenn es Verhaltensauffälligkeiten aufweist, als Störfaktor in der neuen Partnerschaft erlebt werden. Daher müssen Erwachsene, die mit dem Kind zusammenleben oder in engem Kontakt mit diesem stehen, in die Begutachtung einbezogen und anhand der gleichen Kriterien beurteilt werden wie leibliche Eltern.

295 Die Nähe und Verfügbarkeit eines erweiterten familiären Umfelds, insbesondere von **Großeltern**, welche die Betreuung und Unterstützung der Enkelkinder gewähren oder sich für eine unter Umständen notwendige Verwandtenpflege eignen könnten, sind wesentliche Stützfaktoren einer Familie. Die Unterstützung durch eigene Verwandte oder Freunde kann – sollten die Beziehungen nicht emotional belastet sein – in der Regel leichter angenommen werden als durch Fachkräfte.

296 Auch **Freundschaften** der Kinder oder Jugendlichen stellen eine Ergänzung zur Herkunftsfamilie dar, die dann bis zur Gründung einer eigenen Familie zunehmend an Bedeutung gewinnen. Wie wichtig einem Individuum sein Freundeskreis ist, hängt allerdings auch vom familiären Klima und vom Vorbild der Eltern hinsichtlich der Pflege eines sozialen Netzwerks ab. Dabei nehmen Eltern direkt und indirekt Einfluss auf den Umgang eines Kindes mit Gleichaltrigen. Aber in der mittleren Kindheit steigt die Bedeutung des Umgangs mit der sogenannten Peer-Gruppe, also Gleichaltrigen.[237] Dabei werden beispielsweise soziale Kompetenzen eingeübt, die Bedeutung emotionaler Bindungen erkannt und Wertvorstellungen erprobt. Vor allem bei Teenagern, die zu einer ethnischen Minderheit gehören, ist das Gefühl der Zugehörigkeit ein wichtiger Aspekt der Identitätsbildung.[238]

236 Wendt & Walper, 2007.
237 Birk, 2020.
238 Rivas-Drake et al., 2014.

In der familienpsychologischen Begutachtung wird in der Regel ein Hausbesuch nicht nur durchgeführt, um das Kind in seiner häuslichen Umgebung zu beobachten, sondern auch um die Wohnverhältnisse in Augenschein zu nehmen und um mögliche Gefahrenquellen zu eruieren (→ Rn. 129 ff.). Ebenso ist die **Wohnumgebung** von Belang, um Einschätzungen bezüglich der Freizeitmöglichkeiten eines Kindes vornehmen zu können. Bezugspersonen, die in häufigem oder täglichem Kontakt mit dem betroffenen Kind stehen, sollten in der Begutachtung vor allem bei einer fraglichen Kindeswohlgefährdung ebenfalls einbezogen werden, um ihr Potenzial als Ressource abzuschätzen. 297

4. Familien mit Migrationshintergrund

Der Kindergarten reagiert alarmiert und bezieht das Jugendamt ein. Dieses ruft das Familiengericht an: Frau Al gehe so distanziert mit ihrer Tochter um, dass sie das Kind sogar sieze. Dies weise auf eine schwere Störung der Mutter-Kind-Beziehung hin. Die Begutachtung müsse allerdings auf Spanisch erfolgen, da Frau Al aus Argentinien stamme. 298

a) Grundlagen

Etwa 26 % der Menschen, die in Deutschland leben, haben einen Migrationshintergrund, aktuell also circa **21 Millionen Menschen**. In dieser Zahl enthalten sind sowohl Ausländer als auch die deutschen Staatsangehörigen, die selbst immigriert sind (Migrationshintergrund im engeren Sinne) oder deren Eltern nach Deutschland immigriert waren. Von diesen haben etwa die Hälfte die deutsche Staatsbürgerschaft. Insgesamt leben in Deutschland derzeit etwa 7 Millionen Minderjährige mit Migrationshintergrund in ihren Familien.[239] Im Gegensatz zu den genuin deutschen Staatsbürgern leben in diesen Familien häufiger verheiratete Paare mit Kindern zusammen (77 % gegenüber 68 % der deutsch-deutschen Familien), die Scheidungsrate liegt bei etwa 6 % (für deutsch-deutsche Ehen derzeit etwa bei 32 %), 16 % der Kinder leben bei einem alleinerziehenden Elternteil (im Gegensatz zu 22 % der deutsch-deutschen Kinder). Etwa jedes Dritte der Kinder mit Migrationshintergrund erreicht keinen berufsqualifizierenden Abschluss. Menschen mit Migrationshintergrund sind dadurch häufiger arbeitslos oder lediglich in befristeten, saisonalen oder geringfügigen Arbeitsverhältnissen beschäftigt und damit eher von Armut bedroht.[240] 299

Nicht bestätigt hat sich der immer wieder geäußerte Verdacht, dass Migranten krimineller sind als Deutsche, sofern ausländerrechtliche Verstöße außer Acht gelassen werden. Die Wahrscheinlichkeit von **Gewaltdelikten** steigt allerdings, wenn mehrere Risikofaktoren aufeinandertreffen, wie Sexismus, Rassismus, Diskriminierung sowie die daraus entstehende soziale Desintegration.[241] Kommt es 300

239 Statistisches Bundesamt, 2020.
240 www.destatis.de.
241 Struck & Taefi, 2019.

zu häuslicher Gewalt, sind bei Familien mit Migrationshintergrund noch häufiger als in deutschen Familien die Männer Täter (beispielsweise syrische Familien: 93 %, türkische Familien: 90 %, rumänische Familien: 84 %).[242]

301 **Kinder** passen sich einer veränderten kulturellen Umgebung rascher an als Jugendliche oder Erwachsene. Dies hängt auch damit zusammen, dass sie beispielsweise durch Kindergarten und Schule mehr Kontakt zu einheimischen Personen haben und die Sprache rascher erlernen. Allerdings wird dadurch unter Umständen der Konflikt zwischen den unterschiedlichen Kulturen in die Familien hineingetragen, woraus Generationenkonflikte entstehen können.[243] Im Vergleich zu Jugendlichen, die im gleichen Kulturkreis verblieben sind, zeigen Kinder und Jugendliche mit Migrationshintergrund häufig sogar bessere schulische Leistungen, ein geringeres Risiko für Straf- oder Gewalttaten, Fehltagen in der Schule oder frühe Sexualität. Eine solche positive Entwicklung ist vor allem von den Wertvorstellungen in der Familie und starken Bindungen innerhalb der ethnischen Gemeinschaft abhängig und weniger von der Herkunftsethnie.[244] Die Auseinandersetzung mit der Herkunftsidentität ist gerade im Jugendalter von Belang und erfordert den unbelasteten Zugang zu beiden Kulturen.

302 Migranten können teilweise auf **Ressourcen** zurückgreifen, die in deutsch-deutschen Familien weniger vorhanden sind. Dazu zählen beispielsweise verminderte Exposition an schädliche Umgebungsbedingungen durch verstärkte elterliche Kontrolle, familiärer Zusammenhalt, soziale Unterstützung, Spiritualität, Verbesserung der Sicherheitslage oder Verbesserung der ökonomischen Situation im Vergleich zum Herkunftsland. Sie sind aber auch einer Vielzahl von Stressoren ausgesetzt, wie Verlust des familiären und außerfamiliären sozialen Netzwerks, Entwurzelung, Rollenverlust, Bedrohungen, Perspektiven- und Orientierungslosigkeit, sprachliche und kulturelle Verständigungsprobleme, Generationenkonflikte, innerfamiliäre Disharmonie oder Diskriminierung.[245]

303 Besteht zwischen Ressourcen und Belastungsfaktoren eine **Dysbalance**, beeinträchtigt dies das psychische Wohlbefinden. Immigrierte Jugendliche weisen beispielsweise eine höhere Stressbelastung durch Zukunftssorgen auf als deutsche Jugendliche. Sie reagieren vermehrt mit sozialem Rückzug und Resignation.[246]

304 Für die **psychische Verarbeitung** von Migration wurden Modelle entwickelt, die ein phasenhaftes Geschehen beschreiben: Vorbereitung, Migrationsakt, Überkompensation, Dekompensation und generationenübergreifende Anpassung. Die Länge der Phasen ist von äußeren Umständen und persönlichen Eigenschaften

242 Bundeskriminalamt, 2019.
243 Schepker & Toker, 2009.
244 Überblick bei Berk, 2020.
245 Überblick bei Von Lersner & Kizilhan, 2017.
246 Seiffge-Krenke, 2019.

abhängig. Das psychische Wohlbefinden der Betroffenen ist in der Phase der Dekompensation am geringsten.[247]

In kollektivistischen oder interdependenten Kulturen (häufig in Asien, Afrika und Südamerika vorzufinden) wird großer Wert auf die Pflege von Beziehungen, Harmonie und wechselseitige Verbundenheit gelegt. Ein kollektivistischer kultureller Hintergrund gilt als **Schutzfaktor** vor den negativen Auswirkungen sozialer Exkludierung. In individualistischen, independenten Kulturen (vor allem in Europa und Nordamerika) liegt die Priorität auf der individuellen Einzigartigkeit, Autonomie und Unabhängigkeit. Für Menschen aus individualistischen Kulturen geht sozialer Ausschluss mit erheblichen Stressreaktionen, bis hin zu Aggressionen, einher.[248] 305

Im Fall von Migranten, die in **zweiter Generation** nach den großen Bevölkerungsbewegungen während und nach dem zweiten Weltkrieg nach Deutschland zurückkehren (beispielsweise die sogenannten Russlanddeutschen), zeigt sich eine weitere Dynamik: Sie wurden in dem Land, in dem sie geboren wurden, nicht als zugehörig erachtet, kehren nach ihren Vorstellungen in ihre eigentliche Heimat Deutschland zurück und werden hier ebenfalls nicht als Einheimische anerkannt. Dabei treffen zudem zwei „deutsche" Wertvorstellungen aufeinander, nämlich die im Ausland tradierten und die aktuell in Deutschland vorherrschenden. Da diese Personen teilweise gezielt in für diesen Zweck hergestellten Siedlungen untergebracht wurden, bildete sich eine Subkultur, die häufig von Arbeitslosigkeit und Perspektivenmangel geprägt ist. Davon betroffen sind in den letzten drei Jahrzehnten über 2 Millionen Menschen in Deutschland. Sie marginalisieren sich teilweise selbst und betonen dabei den kulturellen Abstand. Unter ihnen finden sich beispielsweise gehäuft autoritäre und hierarchische Strukturen, emotionales und impulsives Handeln, enge familiäre Bindungen und das Zusammenleben mehrerer Generationen. Gleichzeitig besteht die Erwartung, dass die Erziehung und Persönlichkeitsbildung ihrer Kinder durch den Staat erfolgt. Jugendliche ziehen sich in Gruppen zurück, die sich teilweise durch Kriminalität, Gewalt, Alkohol- und Drogenabusus eine Gruppenidentität zu schaffen versuchen.[249] 306

Ob es gelingt, ein für beide Seiten **positives Zusammenleben** möglich zu machen, hängt von beiden Parteien ab: Sowohl von den Menschen, die ihre Herkunftskultur verlassen, als auch von den Menschen, die die sogenannte Leitkultur im aufnehmenden Land repräsentieren. Bei Letzteren ist Verbitterung einer der Faktoren, der Angst vor Immigration und Immigranten schürt[250] (→ Rn. 907 f.). 307

247 Sluzki, 2001.
248 Pfundmair, Graupmann, Frey & Aydin, 2018.
249 Klement, 2006.
250 Poutvaara & Steinhardt, 2015.

308 Letztlich stellt sich bei der familienrechtlichen Betrachtung der Lebensbedingungen von Familien mit Migrationshintergrund eine gesellschaftspolitische Grundfrage: Bedeutet multikulturelle **Toleranz**, dass die Maßstäbe der eigenen Gesellschaft aufgegeben werden sollen? Man denke hier an Fragen der uneingeschränkten Beschulung von Mädchen, Einsatz von Körperstrafen in der Erziehung, Verehelichung von Minderjährigen oder Beschneidung von Kindern beiderlei Geschlechts.

309 In besonders polarisierender Form wurde beispielsweise die Debatte um Minderjährigenehen geführt. Auf der einen Seite wird der Schutz von Minderjährigen vor einer verfrühten Eheschließung und deren Folgen verteidigt. **Minderjährigenehen** gehen mit einem erhöhten Risiko für häusliche Gewalt einher, ebenso für fehlende Bildung, Armut und Einschränkungen in der Persönlichkeitsentfaltung.[251] Andererseits kann die Nichtigkeitserklärung oder Aufhebung der Ehe massive soziale Folgen insbesondere für die Mädchen haben, das Recht des Jugendlichen auf Mitgestaltung seines Lebens wird aberkannt, wenn die Ehe freiwillig geschlossen wurde.

310 Bei Kindern, deren Eltern aus unterschiedlichen Herkunftsländern stammen, ist die Anerkennung der **Binationalität** und Multikulturalität bei Aufrechterhaltung des Kontakts zu beiden Elternteilen ein wesentlicher Bestandteil der Identitätsbildung. Die ethnische Identität eines Menschen umfasst neben der Sprache eine Reihe von anderen Bereichen, wie Gruppenidentifikation, Teilen von kulturspezifischen Werten, Aneignung unterschiedlicher Verhaltensmuster usw. Multiethnische Elemente in der Kindererziehung können Kreativität fördern, zur Lösung interkultureller Probleme beitragen und der gegenseitigen Wertschätzung der Kulturen dienen.[252]

311 **Zweisprachiges Aufwachsen** erfolgt in der gleichen Weise wie der Erwerb nur einer Sprache. Es konnte nicht nachgewiesen werden, dass der Spracherwerb verzögert erfolgt. Dennoch kann es, ebenso wie bei Kindern, die einsprachig aufwachsen, zu Sprachentwicklungsverzögerungen kommen, die logopädisch behandelt werden sollten. Bereits sehr junge Kinder, etwa ab dem Alter von zwei Jahren, können unterscheiden, mit welcher Sprache sie sich an welche Bezugsperson wenden können. Ist ein Kind zunächst zweisprachig aufgewachsen, sollte auch nach der Trennung der Eltern die bikulturelle Identität des Kindes durch aktive Förderung beider Sprachen und Pflege der Kultur weiter wertgeschätzt werden. Dies kann beispielsweise durch den Besuch von Freizeitaktivitäten aus dem „anderen“ Sprachraum oder mehrsprachige Freunde erfolgen. Sie erwerben dadurch ein positives Selbstbild, eine Identität, die beiden Facetten ihrer Biographie gerecht wird, die Fähigkeit zu Perspektivenwechsel und interkulturelle

251 Plich, 2017.
252 Fthenakis et al., 1985.

Kompetenzen.[253] Kinder, denen in der Familie Zugang zu Geschichte, Traditionen, Werten und Sprache der in ihnen vereinten ethnischen Zugehörigkeiten vermittelt wurde, können häufiger eine positive ethnische Identität ausbilden. Diese führt zu einem besseren Selbstwertgefühl, Optimismus und zur Bewältigung sozialer Aufgaben sowie einer gestärkten Resilienz.[254]

Der kulturelle Hintergrund von Familien mit Migrationserfahrung birgt für die 312
beteiligten **Fachpersonen** die Herausforderung, sich in bisher nicht vertraute familiäre Strukturen einzuarbeiten und beispielsweise über die Kernfamilie hinausgehend wichtige Bezugspersonen in die Arbeit einzubinden, sich mit unterschiedlichen Konzepten von Krankheit und Heilung oder religiösen und sozialen Wertvorstellungen auseinanderzusetzen.

Auch bei einem **kultursensitiven Vorgehen** von Fachkräften sollte nicht verges- 313
sen werden, dass sich innerhalb jeder Kultur Veränderungen in der Ausgestaltung von familiärem Zusammenleben ergeben (man vergleiche beispielsweise in Deutschland die Veränderung des Sorgerechts in den vergangenen 100 Jahren). Viele der aus heutiger und hiesiger Sicht „exotischen" Verhaltensweisen oder Wertvorstellungen waren bis vor Kurzem auch in Deutschland üblich. Ebenso unterscheiden sich sozioökonomische Schichten und Bildungsniveaus hinsichtlich des von ihnen jeweils innerhalb derselben Leitkultur gestalteten Familienlebens (beispielsweise das Familienkonzept bäuerlicher Landbevölkerung in Bayern im 21. Jahrhundert und das Familienkonzept einer Patchworkfamilie in Berlin im gleichen Zeitraum).

b) Familienkonzepte und Erziehung

Bei Familien mit Migrationshintergrund ist zu berücksichtigen, dass unterschied- 314
liche gesellschaftliche Werthaltungen vorliegen, was die **Förderung** von Kindern betrifft. In der westlichen Kultur steht eher die Förderung von Autonomie, Selbstbestimmtheit und des Intellekts im Mittelpunkt, was im Zusammenhang mit einer vorrangig individualisierten Gesellschaftsstruktur steht. In vielen östlichen Kulturen steht dagegen die Verpflichtung eines Heranwachsenden gegenüber der Familie im Vordergrund, oder es wird mehr Wert auf die körperliche und motorische Entwicklung gelegt.[255]

Die **Erziehungsziele** und -methoden unterscheiden sich in verschiedenen Kultu- 315
ren. Bezüglich der Dauer des Stillens, der Reinlichkeitserziehung, dem Distanzverhalten, der Gestaltung der Eltern-Kind-Interaktionen und der lebenslangen Beziehung zur Herkunftsfamilie sind erhebliche Unterschiede zu beobachten.[256] Der Einsatz von Strafen und die Vermittlung von Wertvorstellungen ist in jedem

253 Verband binationaler Familien und Partnerschaften iaf eV, 2002 b.
254 Überblick bei Berk, 2020.
255 Zmyj & Schölmerich, 2012.
256 Pfundmair & Prenzlow, 2018.

ethnischen Lebensumfeld unterschiedlich.[257] Auch die Passung zwischen elterlicher Erziehung und Temperament kann kulturell beeinflusst sein.[258]

316 Alle gesunden Eltern wünschen sich für ihre Kinder „das Beste“. Auch wenn diese Grundvorstellung über Kindererziehung universal ist, bestimmt der jeweilige kulturelle Hintergrund die **Hierarchie** der erzieherisch verfolgten Werte und Ziele mit.[259]

317 Beispielsweise wird in lateinamerikanischen Familien großer **Wert** auf ein korrektes Benehmen gelegt, in amerikanischen Familien steht dagegen die Verselbständigung im Vordergrund, in japanischen Familien die schulische Leistung. Chinesische Familien sind patriarchalisch strukturiert, ihre Kinder werden dazu erzogen, Autoritäten zu respektieren, Emotionen wie Aggression zu kontrollieren und gute schulische Leistungen zu erbringen. Berufsbedingte zeitliche Trennungen von Familienverbänden sind häufig. Damit geht ein steigender Trend einher, dass Männer mehrere Partnerschaften gleichzeitig führen. Werden familiäre Probleme nach außen getragen, ist dies schambesetzt, Scheidung und eheliche Zerrüttung gelten als persönliches Scheitern, ebenso wie das Aufsuchen professioneller Hilfe.[260] In islamisch geprägten Ländern sind die Familienstrukturen patriarchalisch und strikt hierarchisch. Vielehen und Scheidungen werden nicht sanktioniert, aber sozial eher geächtet. Die Kindererziehung ist auf Gehorsam, Pflichterfüllung, Respekt vor Älteren und Harmonie ausgerichtet, persönliche Rechte und individuelle Autonomie nehmen weniger Raum ein. Nach einer elterlichen Trennung verbleiben die Kinder in der Regel bis zum siebten Lebensjahr bei der Mutter, während der Vater als Vormund fungiert.[261]

318 Bei einer weltweiten Untersuchung zu Familienstrukturen und Elternverhalten haben sich **weitere Einflussfaktoren** auf das Familienleben gezeigt: Umwelt (Nähe zu Landwirtschaft, Klima, finanzielle Stabilität des Landes) und soziopolitische Situation (Religion, Zugang zum Erziehungswesen). Diese wirken sich auf die Rollenbilder von Eltern, die Gestaltung des sozialen Netzwerks um die Familie, emotionale Verbindungen und vermittelte Werte aus. Länderübergreifend zeigt sich dagegen die Ausgestaltung emotionaler Beziehungen in der Kernfamilie. Die engste emotionale Verbindung besteht in allen untersuchten Ländern zwischen Mutter und Kind, gefolgt von den Geschwistern und dem Vater. Ebenso zeigt sich die „klassische“ Rollenaufteilung weltweit, wobei Mütter häufiger für die Kinderbetreuung und Haushaltsarbeiten zuständig sind, Väter häufiger für die finanzielle Absicherung der Familie.[262]

---

257 Renner, 2002.
258 Berk, 2020.
259 Pachter & Dumont-Mathieu, 2004.
260 Sullivan, 2005.
261 Zaman, Stewart & Zaman, 2006.
262 Georgas, Berry & Kağitçibaşi, 2006.

Elterliche **Feinfühligkeit** wird unter Umständen in verschiedenen Kulturen unterschiedlich zum Ausdruck gebracht. So gibt es Kulturen, die vor allem verbal Empathie bekunden, während bei anderen die Responsivität für physische Bedürfnisse im Vordergrund steht. Emotionale Nähe und Wärme wird häufig in anderer Weise ausgedrückt als – wie in westlichen Ländern üblich – durch Küssen, Lächeln, Streicheln oder Kuscheln. Dadurch können die beobachteten Interaktionen auf den ersten, westlich geprägten Blick eher harsch wirken. Es ist daher besonders wichtig, die familiären Interaktionen über einen längeren Zeitraum und in unterschiedlichen Situationen zu beobachten.[263] 319

Unabhängig von der jeweiligen Ethnie hat sich allerdings gezeigt, dass ein **autoritatives Erziehungsverhalten** ein positiver Prädiktor für die kindliche Entwicklung ist (→ Rn. 164). Autoritäres Erziehungsverhalten führt unabhängig vom kulturellen Hintergrund beispielsweise zu einer reduzierten Fähigkeit zur Selbstregulation.[264] 320

Eine **sichere Bindung** zwischen dem Kind und seiner Hauptbezugsperson ist weltweit das am häufigsten gezeigte und mit einer positiven Entwicklung assoziierte Bindungsmuster.[265] 321

Ein besonderes Thema in Familien mit Migrationshintergrund sind Konflikte zwischen den Eltern und ihren heranwachsenden Kindern, die durch aufeinanderprallende Wertvorstellungen der unterschiedlichen Lebenswelten (wie beispielsweise der Schule) entstehen. Trotz des Respekts vor der jeweiligen kulturellen Herkunft und individuellen Lebensgestaltung müssen in Deutschland tätige Sachverständige davon ausgehen, dass als Leitlinie kinderschutzrechtliche Maßgaben des deutschen Gesetzgebers handlungsweisend sind. Die Schwelle zur **Kindeswohlgefährdung** wird beispielsweise überschritten, wo Mädchen durch verstärkte Einbindung in die Haus- und Familienarbeit von der Schulpflicht abgehalten, von altersgemäßen Sozialkontakten isoliert, unverhältnismäßig streng bestraft oder misshandelt, mit Mord bedroht oder zwangsverheiratet werden.[266] 322

Eine sehr weit gefasste **Definition** begreift Kindesmisshandlung als von der jeweiligen Kultur geächtete, vermeidbare und dem Kind Schaden zufügende Handlung. Maßstab ist in der Regel die Vorgabe der dominanten Kultur. Der kulturelle Kontext bestimmt, inwiefern beispielsweise das Geschlecht eines Kindes die Misshandlungsgefahr erhöht.[267] 323

Der Einsatz von körperlicher **Gewalt** als Erziehungsmethode ist in den Ländern besonders hoch, in denen das durchschnittliche Einkommen, Gesundheit und 324

263 Mesman, Basweti & Misati, 2018.
264 Shen, Cheah & Yu, 2018.
265 Berk, 2020.
266 Coester, 2018.
267 Korbin, 2002.

Bildung gering sind. Davon betroffen sind nach einer aktuellen Studie vor allem die Türkei, Indonesien, USA, Kap Verde, Venezuela und Indien. Das Risiko für körperliche Züchtigung ist in den Ländern, die erzieherische Gewalt verboten haben, deutlich gesunken. Bei Migrationsfamilien sinkt das Risiko mit der Zeitdauer, die sie in einem Land leben, in dem körperliche Züchtigung verboten ist. Das Risiko für schwere Misshandlung ist allerdings durch Gesetzesvorgaben scheinbar weltweit nicht beeinflussbar.[268]

c) Flüchtlinge

325 Vor dem Hintergrund der großen **Flüchtlingsbewegung** der letzten Jahre stellen sich für psychologische Sachverständige weitere Aufgabenfelder, insbesondere im Umgang mit den circa 470.000 aus humanitären Gründen in Deutschland Schutz suchenden Kindern.[269] Im Jahr 2019 wurden unter ihnen 30.000 unbegleitete Minderjährige registriert.[270] Viele Kinder und Jugendliche sind durch die Flucht und deren Ursachen traumatisiert. Gleichzeitig müssen sie Bindungsabbrüche verkraften, ohne über gewachsene soziale Netzwerke und deren Unterstützung zu verfügen. Selbst wenn ihnen im Aufnahmeland Versorgung und Schutz geboten wird, darf nicht unterschätzt werden, dass der Vertrauensaufbau über sprachliche und kulturelle Differenzen hinweg für alle Beteiligten eine Herausforderung ist.

326 Vor allem Fluchterfahrung und die dazu führenden, oft traumatischen Lebensumstände im Heimatland führen häufig zu **Symptomen** wie Posttraumatische Belastungsstörung, Depression und Angststörung; bei Kindern kann es vermehrt zu Bettnässen, auffälligem Sozialverhalten und psychosomatischen Beschwerden kommen.

327 Das Risiko, eine **Posttraumatische Belastungsstörung** zu entwickeln, ist regional unterschiedlich und abhängig von dem erlebten Trauma. Während in der deutschen Allgemeinbevölkerung eine Prävalenz von etwa 0,5–2 % besteht, finden sich bei kriegstraumatisierten Kindern 25–75 % mit einer Posttraumatischen Belastungsstörung. Komorbide zeigen ca. 80 % der betroffenen Kindern und Jugendlichen internalisierende und externalisierende Verhaltensprobleme, schlechte schulische Leistungen, Suizidgedanken und Suizidversuche, Depression, Drogenmissbrauch, somatoforme Störungen, interpersonelle Schwierigkeiten, Angststörungen, Trennungsangst und körperliche Beschwerden.[271] Wenn in einer Familie mehrere Kinder traumatisiert wurden, können diese gleichzeitig eine Posttraumatische Belastungsstörung entwickeln.[272] Als besonders problematisch ist in die-

268 Enzmann, 2018.
269 UNICEF, 2015.
270 www.Mediendienst-integration.de.
271 Steil & Rosner, 2009.
272 Bohnacker & Goldbeck, 2017.

sem Zusammenhang anzusehen, dass das deutsche Gesundheitssystem für solcherart belastete Flüchtlinge keine Kostenübernahme für Psychotherapie vorsieht, was zu einer Chronifizierung der Symptomatik und weiteren Folgeproblemen führt.

Die meisten unbegleiteten, minderjährigen Flüchtlinge im Jahr 2015 kamen aus Afghanistan, Irak, Syrien und Somalia. Sie hatten im Herkunftsland Gewalt oder Misshandlung erlebt, Armut und Hunger, politischen und sozialen Druck, ihre familiären Vertrauenspersonen verloren und auf dem Fluchtweg weitere sexuelle, physische oder psychische Gewalt erfahren. Sie waren besonders schutzbedürftig.[273] Das örtliche Jugendamt unterliegt seither einer Verpflichtung zur vorläufigen Inobhutnahme sobald feststeht, dass der Minderjährige unbegleitet ist und keine Personensorge- oder Erziehungsberechtigten in Deutschland aufzufinden sind. Erste **Hilfsmaßnahme** ist demnach, zunächst die Möglichkeit einer Familienzusammenführung zu prüfen. Ist diese nicht vorhanden, wird eine Vormundschaft oder Pflegschaft eingerichtet. Zudem muss der deutsche Staat einen der körperlichen, geistigen, seelischen, sittlichen und sozialen Entwicklung des Kindes angemessenen Lebensstandard gewährleisten.[274] 328

Von Flucht betroffene Kinder zeigen in erhöhtem Ausmaß **Entwicklungsrisiken.** So kann eine Posttraumatische Belastungsstörung eines Elternteils oder eines Kindes erhebliche Auswirkungen auf das Stressniveau der gesamten Familie haben (→ Rn. 597 ff.). Mit der Posttraumatischen Belastungsstörung gehen eine erhöhte Irritierbarkeit, Ärger, Ängstlichkeit und Konzentrationsprobleme einher. Die Folge sind ernsthafte kognitive und sozio-emotionale Probleme bis hin zu Behinderungen der Kinder. Eltern, die kriegstraumatisiert sind, können in ihrer Erziehungsfähigkeit erheblich eingeschränkt sein, beispielsweise weil die Bereitschaft zu häuslicher Gewalt erhöht ist oder die Kinder vernachlässigt werden. Das Risiko für Kindesmisshandlung steigt, wenn die traumatisierten Eltern durch kindliches Problemverhalten überfordert sind. Bei traumatisierten Männern fand sich eine erhöhte Tendenz zu physischer und sexueller Gewalt gegenüber Frauen und Kindern und zu Alkoholmissbrauch. Betroffene Kinder benötigen außer der Behandlung der Posttraumatischen Belastungsstörung eine unterstützende Umgebung, familienfreundliche Wohnverhältnisse, Tagesbetreuung, die Förderung erzieherischer Kompetenzen der Eltern durch Beratung und hinsichtlich interkultureller Kompetenzen geschulte Fachpersonen.[275] 329

Schwierig gestaltet sich auch die Situation derjenigen Elternteile, die zunächst **ohne ihre Kinder** und Partner migrierten und hoffen, diese nachholen zu können, sobald sie in sicheren Verhältnissen angekommen sind. Sie müssen mit der all- 330

273 Balloff, 2017.
274 Kepert, 2016.
275 Fegert et al., 2018.

täglichen Trennung von ihrem Familiensystem zurechtkommen. Wie sehr dies als Belastung wahrgenommen wird, hängt auch vom soziokulturellen Kontext ab: So gibt es Kulturen, die Migration fördern und bei denen lange räumliche Trennungen Normalität sind. Bei Personen, die aus ihrem Land fliehen mussten, stellt dies allerdings tradierte Rollenverständnisse in Frage, ist mit Scham und dem Gefühl des persönlichen Scheiterns verbunden. Langfristig führt dies zu einer erhöhten Trennungsrate und zum Qualitätsverlust in der Eltern-Kind-Beziehung.[276]

331 Schwangere oder **Mütter** mit Säuglingen leiden bei der Flucht besondere Not. Nach der Geburt bleibt eine hohes Erregungsniveau aufrechterhalten, das die Feinfühligkeit und Fähigkeit zur Stressregulation erheblich vermindert. Bindungssuchendes Verhalten des Säuglings triggert die traumatischen Erlebnisse, behindert den Aufbau einer Mutter-Kind-Beziehung und kann bis zu akuter Kindeswohlgefährdung führen. Sie können von kultursensiblen, multimodalen frühen Angeboten aber rasch profitieren: Sichere Lebensbedingungen, eine Traumatherapie, Anleitung für ein entwicklungsförderliches Elternverhalten und das Durchbrechen der sozialen Isolation haben sich als Faktoren erwiesen, durch die die Prognose erheblich verbessert werden kann.[277]

d) Trennung und Scheidung

332 Unterschiedliches **Verständnis von Familie** und von Geschlechterrollen bedingt auch unterschiedliche Reaktionen auf die Trennung eines Elternpaares. Darüber hinaus sind die von Probanden wahrgenommenen Lösungsmöglichkeiten durch eigene religiöse oder rechtlich-gesellschaftlich tradierte Vorstellungen geformt. So „gehören" Kinder in manchen Kulturkreisen nach einer Scheidung oder dem Tod der Mutter automatisch der Familie des Vaters. In anderen Kulturen bleiben minderjährige Kinder stets bei der Mutter.

333 Im Zuge der Globalisierung muss sich das Gericht auch zunehmend mit Umzügen eines Elternteils über Staatsgrenzen hinweg befassen. Beim Vorliegen der gemeinsamen elterlichen Sorge müssen beide Elternteile der sogenannten „Relocation" zustimmen. Wenn der Elternteil, der den **Umzug** anstrebt, die alleinige Sorge oder das Aufenthaltsbestimmungsrecht innehat, wendet sich häufig der nicht sorgeberechtigte Elternteil an das Familiengericht, um den Wegzug des Kindes zu verhindern. Bei der Prüfung, ob einer internationalen Relocation zugestimmt werden kann, stehen Aspekte des Kindeswohls im Vordergrund. Hier ist im Einzelfall darauf zu achten, was den Bindungen und dem Willen des Kindes entspricht, seinen Umgang mit dem getrennt lebenden Elternteil nicht gefährdet und seinem Bedürfnis nach Kontinuität gerecht wird. Ausschlaggebend kann

276 Madziva, 2015.
277 Kleinz, 2016.

auch sein, welcher Elternteil bezüglich der erzieherischen Kompetenzen und der Bindungstoleranz als geeigneter angesehen wird, das Kind zu betreuen und zu fördern. Die Gründe für den Umzug dürfen dagegen nicht ausschlaggebend sein, es sei denn, es wäre erklärtes Ziel, den Umgang mit dem getrennt lebenden Elternteil zu verhindern.[278]

Binationale Paare sind zusätzlichen Stressfaktoren ausgesetzt: Ausländerrechtli- 334
che Rahmenbedingungen wie die Aufenthaltsgenehmigung; interkulturelles Zusammenleben, bei dem im Alltag unterschiedliche Wertvorstellungen, Verhaltensnormen, Kommunikations- und Problemlösemuster aufeinandertreffen; Belastungen durch das Leben in der Migration wie Fremdsprachlichkeit, Rassismus, Diskriminierung und Benachteiligung. Diese erhöhte Stressbelastung führt dazu, dass das Zusammenleben sich häufig als fragil erweist.

Nach einer **Trennung** stellen sich bei binationalen Paaren ebenfalls besondere 335
Probleme, beispielsweise wenn der nicht-deutsche Elternteil auf Heimaturlaub gehen oder in sein Heimatland zurückkehren und die Kinder mitnehmen möchte.[279] Verbringt ein Elternteil seine Kinder ohne vorherige Absprache und mit fehlendem Einverständnis des anderen Elternteils in das Ausland, liegt eine internationale Kindesentführung vor, die zivilrechtlich verfolgt wird. Nach dem Haager Kindesentführungsübereinkommen, das bislang ca. 90 Länder ratifiziert haben, erfolgt die Rückgabe der Kinder unter 16 Jahren über ein gerichtliches Verfahren.[280] Die Fallzahlen bleiben in Deutschland mit etwa 400 Anträgen jährlich weitgehend konstant.[281] Eine Studie erbrachte, dass nach Trennung oder Scheidung einer binationalen Partnerschaft überwiegend die Mütter das gemeinsame Kind meist in ihr Heimatland entführen, wobei auch das Ziel verfolgt wird, den Umgang zum zurückbleibenden Elternteil zu unterbinden.[282]

Technologische Hilfsmittel können dabei unterstützen, die Folgen physischer 336
Trennung abzumildern, soziale Beziehungen aufrecht zu erhalten, familiäre Rituale zu pflegen oder Konflikte auszutragen. Über den Einsatz von Telefon, Chats, Videotelefonie oder in geschriebener Form kann die Kommunikation in einer Familie aufrechterhalten oder sogar verstärkt werden. Sie können auch in der Beratung oder Therapie von weiträumig getrennt lebenden Familien zum Einsatz kommen.[283]

Für binationale Familien, bei denen häufig kulturelle Missverständnisse und die 337
Angst vor Entführung und Verbringung des Kindes ins Ausland festzustellen sind, stehen spezialisierte **Beratungsangebote** zur Verfügung, wie durch den Ver-

278 Eschelbach & Rölke, 2012.
279 Verband binationaler Familien und Parterschaften, iaf eV, 2002 a.
280 Bundesjustizamt, 1980.
281 Schlauß, 2018.
282 Rama, 2014.
283 Borcsa, 2019.

band binationaler Familien (iaf). Auch für die Mediation in bikulturellen Familien ist es von besonderer Bedeutung, den kulturellen Hintergrund beider Elternteile zu kennen und in der Erarbeitung einer Lösung zu berücksichtigen. Soweit möglich, sollte die Mediation auch in binationaler und bilingualer Besetzung durchgeführt werden. Vom Verein „Mediation bei internationalen Kindschaftskonflikten" wird empfohlen, die Mediation in dem Land durchzuführen, in dem sich das Kind aufhält, um dadurch auch kurzfristig Umgangskontakte mit dem weiter entfernt lebenden Elternteil zu ermöglichen, was zu einer Entspannung der Gesamtsituation beitragen kann.[284]

e) Psychische Gesundheit und Krankheiten

338 Bisher sind kulturelle Faktoren, die sich auf **Resilienz** auswirken, noch wenig untersucht. Bei Erwachsenen gilt die Zugehörigkeit zu einer religiösen Gemeinschaft als Resilienz fördernd. Bei Jugendlichen zeigten sich geringere Auffälligkeiten in der sozialen Entwicklung, wenn sie eine ethnische Identität entwickelten und intergenerationale Unterstützung außer den Eltern vorhanden war. Der Elternstress bei der Betreuung von geistig behinderten Kindern unterschied sich erheblich im interkulturellen Vergleich.[285]

339 Bei Kindern mit Migrationshintergrund findet sich eine höhere Prävalenz an Übergewicht und Adipositas. Da sie gleichzeitig meist einen niedrigen sozioökonomischen Status aufweisen, wird angenommen, dass geringe finanzielle Mittel stärker mit einer ungesunden Ernährung und weniger sportlicher Aktivität assoziiert sind.[286] Tatsächlich werden weitere Unterschiede, beispielsweise hinsichtlich der **psychischen Gesundheit** und Berufsprognose zum großen Teil durch die mit Armut einhergehenden Belastungsfaktoren erklärt, wobei diese in Familien mit Migrationshintergrund häufiger anzutreffen sind als in der deutschen Allgemeinbevölkerung. Diese allgemeinen Risikofaktoren sind fehlende Berufsausbildung des für die finanzielle Absicherung zuständigen Elternteils, psychische Erkrankung oder Delinquenz eines Elternteils, chronische Ehekonflikte und beengte Wohnverhältnisse. Kontrolliert man diese Einflussfaktoren, finden sich keine belastbaren Unterschiede in der psychischen Gesundheit von Kindern mit Migrationshintergrund, mit Ausnahme der Posttraumatischen Belastungsstörung (→ Rn. 326 ff.).[287]

340 Grundlegende **Emotionen** sind bei allen Menschen gleich. Aber weswegen und wie sie Freude, Schmerz, Trauer, Wut oder Ekel ausdrücken, wird durch ihre Sozialisation bestimmt, also durch Lernerfahrungen im kulturellen Kontext. Der Indianer, der keinen Schmerz „kennt", empfindet ihn genauso intensiv wie sein

284 Carl & Erb-Klünemann, 2011.
285 Raghavan & Griffin, 2017.
286 Warschburger & Petermann, 2008.
287 Überblick bei Schepker & Toker, 2009.

deutscher Geschlechtsgenosse, aber er zeigt ihn nicht, weil das für ihn ein Zeichen von Schwäche wäre. In Deutschland sind die Freudenbekundungen jeder Mutter über die Schönheit ihres neugeborenen Babys groß; in anderen Kulturen werden die Kinder laut als besonders hässlich gepriesen, damit keine bösen Geister aufmerksam werden und kein böser Blick auf das Kind fällt – aber die Freude beider Frauen über ihr Kind ist gleich. Von der Geburt bis zum Tod gelten in unterschiedlichen Kulturen unterschiedliche Verhaltensregeln. Ebenso verhält es sich hinsichtlich der gesellschaftlichen und religiösen Ge- und Verbote: In manchen Kulturen ist Nacktheit normal, in anderen gilt der Anblick der nackten Zehen als obszön, in wieder anderen darf eine Frau nicht einmal ihr Gesicht zeigen.

Ebenso unterscheidet sich die Wahrnehmung und Bewertung von **psychopathologischen Symptomen** zwischen den Kulturen. In der Folge werden unterschiedliche Erklärungen für ein bestimmtes Leiden entwickelt. Dies bestimmt auch, ob sich eine Person bei bestimmten Symptomen krank fühlt oder welche Form der Behandlung sie akzeptiert.[288] Für die Erfassung psychopathologischen Erlebens und Verhaltens werden in der letzten Zeit kultursensitive Diagnostika entwickelt.[289] 341

Dennoch sind die Besonderheiten hinsichtlich der psychischen Gesundheit dieser Zielgruppen bisher wenig untersucht worden. Trotz des häufig belasteten familiären und biographischen Hintergrunds ist prinzipiell nicht von migrationsspezifischen Unterschieden in der Art und Schwere der Störungsbilder auszugehen, sofern die Kinder in Deutschland aufgewachsen sind. Kinder aus Familien mit Migrationshintergrund werden allerdings oft erst zu einem späten Zeitpunkt oder auf Veranlassung Dritter in der **Psychotherapie** vorgestellt, da es den Eltern je nach kulturellem Hintergrund schwerfällt, die Diagnose einer psychischen Störung zu akzeptieren. Dies kann beispielsweise auf Erfahrungen mit einer repressiven Psychiatrie im Heimatland oder auf die Angst vor Stigmatisierung zurückzuführen sein. Bei der Beurteilung des erzieherischen Handelns der Eltern sollte dies berücksichtigt werden, ebenso wie der erschwerte Zugang zur psychotherapeutischen Versorgung für Flüchtlinge.[290] 342

Geflüchtete Menschen stellen eine **Risikogruppe** für die Entwicklung psychischer Störungen dar. Sie entwickeln in ca. 40 % Posttraumatische Belastungsstörungen oder Depressionen. Sind sie zusätzlich mit langdauernden Asylverfahren konfrontiert, mit unsicheren Aufenthaltsbedingungen, drohender Abschiebung, Arbeitsverbot oder Unterbringung in Sammelunterkünften, verdoppelt dies das Risiko, gesundheitliche Probleme zu entwickeln. Sie benötigen eine zeitnahe Ver- 343

288 Heim & Maercker, 2017.
289 Falkai & Wittchen, 2015.
290 Lorenz, Wild & Jungbauer, 2014.

sorgung mit einer kultursensibel angepassten Psychotherapie oder ressourcenorientierte Beratung.[291]

344 Auch bei Migranten ohne Traumata in der Vorgeschichte fanden sich noch Jahre nach der Migration Risikofaktoren für erhöhtes **Stresserleben** und emotionale Probleme. Betroffen sind davon vor allem Frauen, Personen aus einer optisch erkennbaren Minderheit, mit geringer sozioökonomischer Sicherheit und Flüchtlingsstatus. Alleinerziehende Elternteile waren einem noch höheren Risiko ausgesetzt. Als protektive Faktoren galten dagegen Familien, in denen beide Eltern nach der Migration für die Kinder sorgen konnten.[292]

f) Besonderheiten bei der Begutachtung

345 Für die **Grundhaltung** psychologischer Sachverständiger sollte selbstverständlich sein, dass sie die Fremdartigkeit des Verhaltens eines Probanden nicht damit gleichsetzen, dass dieses pathologisch oder kindeswohlschädigend ist. Tatsächlich werden weltweit Milliarden Kinder zu erfolgreichen und gesunden Erwachsenen, obwohl sie mit gänzlich anderen Methoden erzogen wurden als in einer deutschen Familie. Familienpsychologische Sachverständige müssen die Bereitschaft haben, sich mit den kulturellen Besonderheiten der von ihnen untersuchten Familien auseinanderzusetzen oder sich das notwendige Basiswissen anzueignen, und diese Besonderheiten lediglich hinsichtlich ihrer langfristige Funktionalität in der Kindererziehung zu bewerten. Eine in der transkulturellen Kommunikation hilfreiche Grundhaltung ist die „Anteil nehmende Neugier".[293] Grundlegende Höflichkeitsformen, wie das Ausziehen der Straßenschuhe bei muslimischen Familien – was auch bei deutschen Familien mit Kleinkindern üblich ist – sollten von den Sachverständigen beachtet werden.

346 Bei der Abklärung verschiedener **Betreuungs- und Umgangsmodelle** sollten familienpsychologische Sachverständige, die mit Familien mit nicht-deutschem Hintergrund arbeiten, auch erfragen, wie diese besonderen Situationen in deren Herkunftsland „normalerweise" gehandhabt werden. Zudem sollten sie sich nach Möglichkeit über das dort geltende Familienrecht kundig machen.[294] Insbesondere in der ethnologischen und soziologischen Fachliteratur finden sich zu vielen Ländern Portraits über Familienstrukturen und Besonderheiten im Zusammenleben.[295] Durch diese kann das psychologische Fachwissen sinnvoll ergänzt werden.

347 Familienpsychologische Sachverständige sollten sich in der Exploration **kultursensibler Befragungstechniken** bedienen. Erfragt werden sollten ua Informatio-

291 Demir, Reich & Mewes, 2016.
292 Browne et al., 2017.
293 Hegemann, 2001.
294 Andrae, 2019.
295 Siehe zB Georgas et al., 2006.

nen über die Herkunftskultur, Migration, Akkulturation in Deutschland, Diskriminierungserfahrungen hier, Werte und Tabus (erfasst in Begriffen wie Ehre, Schuld, Scham).[296] Gegebenenfalls können auch hier – zumindest in der Vor- und Nachbereitungsphase der Begutachtung – zur Überwindung großer Entfernungen modernde Kommunikationstechnologien eingesetzt werden.

Unter Umständen ergeben sich **Besonderheiten in der Aussage** der Probanden. 348
So wird in vielen Kulturen das Prinzip gelebt, Außenstehenden niemals etwas Negatives über die eigene Familie zu sagen. Bei der Befragung von Kindern, bei denen eine Kindeswohlgefährdung abgeklärt werden muss, kann dies zu ausweichenden Antworten oder einer Verweigerungshaltung bei der Befragung führen. Sachverständige sollten dieses Verhalten verstehen und durch eine adäquate Gesprächsführung zu umgehen wissen.[297] Die kulturelle Orientierung hat auch Einfluss auf Suggestibilität und sozial erwünschtes Verhalten einer Person. Je kollektivistischer der kulturelle Hintergrund ist, desto mehr wird auch das eigene Aussageverhalten durch das soziale Umfeld bestimmt.[298]

Bei der Begutachtung von Familien mit nicht-deutschem sprachlichem Hinter- 349
grund sollte den Beteiligten die Möglichkeit geboten werden, sich in ihrer **Muttersprache** auszudrücken. Hier sind entweder bilinguale Fachkollegen oder professionelle Dolmetscher beizuziehen. Das Gericht sollte das schriftliche Gutachten in die Muttersprache der Probanden übersetzen lassen, damit diese sich umfassend damit auseinandersetzen können.

Bestehen Sprachbarrieren, für die ein **Dolmetscher** hinzugezogen wird, ist zu be- 350
achten, dass die Anwesenheit einer weiteren Person Schamgefühle verstärken kann, sprachliche Nuancen verloren gehen können oder sich bewusste oder unbewusste Verfälschungen der Gesprächsinhalte einschleichen (→ Rn. 53 f.). Problematisch ist dabei, dass die Qualität der Exploration in dieser Situation sehr stark von den Kompetenzen des Dolmetschers abhängt. Häufig werden die verbalen Angaben der Probanden lediglich zusammenfassend transferiert, wobei der Dolmetscher eine Vorauswahl trifft. Für eine Diagnostik wichtige Nuancen gehen dabei verloren.[299] Vor allem bei weniger gängigen Sprachen finden sich oft keine vereidigten Dolmetscher, so dass die Gewissenhaftigkeit der Übertragung nicht überprüft ist. Zudem kommt es aufgrund unterschiedlicher Dialekte oder regionaler Sprachunterschiede auch häufig zwischen Probanden und Dolmetschern zu Missverständnissen oder Animositäten.

Generell sollte bei der familienpsychologischen Begutachtung von Familien mit 351
Migrationshintergrund bedacht werden, dass es „die Deutschen", „die Italie-

296 Utsch, 2015.
297 Pfundmair & Prenzlow, 2018.
298 Kraus et al., 2016.
299 Konrad, Huchzermeier & Rasch, 2019.

ner“, in der Steigerung auch „die Afrikaner“ oder „die Latinos“ usw nicht gibt. Was in der Arbeit mit deutschen Familien selbstverständlich ist, nämlich dass die beteiligten **Individuen** als solche und im Zusammenspiel mit ihrer Familie betrachtet werden, sollte auch für Menschen gelten, deren Kulturkreis dem Sachverständigen weniger vertraut ist.

D. Diagnostisches Vorgehen und psychodiagnostische Verfahren

1. Allgemeines

352 Klinische Psychologen verbringen etwa ein Viertel ihrer Arbeitszeit mit Diagnostik, forensische Psychologen bis zu 44 %.[300] Grundsätzlich steht eine familienpsychologische Begutachtung auf verschiedenen methodischen Säulen der **Datenerhebung:** Neben der Exploration der Familienmitglieder und der Befragung relevanter Drittpersonen aus dem direkten Umfeld der Familie dient die Verhaltens- und Interaktionsbeobachtung als wichtige Datenquelle. Der Einsatz von validen psychodiagnostischen Verfahren wie Fragebogen, Beziehungsdiagnostik oder Testdiagnostik erhöht die Objektivität der Ergebnisse.[301]

353 Bei einer psychologischen Begutachtung muss die durchgeführte Diagnostik auf die konkrete Fragestellung ausgerichtet sein. Die Untersuchung jedes einzelnen, von der gerichtlichen Fragestellung betroffenen Erwachsenen und Kindes erfolgt multimethodal. Von den Sachverständigen sollte der Grundsatz der **Gleichbehandlung** in der Planung der Diagnostik befolgt werden.

354 Psychologische Diagnostik erfordert eine **Expertise** in der Planung, Gestaltung und Führung des diagnostischen Prozesses.

355 Die Durchführung von diagnostischen Verfahren bedarf einer eingehenden Beschäftigung der psychologischen Sachverständigen mit der **Methodenlehre**, den Grundlagen der Psychodiagnostik und den einzelnen Verfahren. Die Methodenlehre, also die Lehre über Grundprinzipien der Entwicklung, Validierung und Durchführung von Untersuchungsverfahren, Qualitätskriterien wissenschaftlicher Untersuchungen, Untersuchungsplanung usw inklusive mathematischer Kenntnisse wie Statistik, nehmen im Curriculum der psychologischen Fakultäten einen zentralen Stellenwert ein.[302] Ein im deutschsprachigen Raum gegründetes Kuratorium hat ein Testbeurteilungssystem und damit DIN-Standards für die Rezension von psychologisch-diagnostischen Verfahren geschaffen, um zur Qualitätsverbesserung diagnostischer Verfahren und Entscheidungen beizutragen.[303] Bei einigen diagnostischen Instrumenten ist eine spezialisierende Schulung notwendig, um eine ausreichende Durchführungsobjektivität zu gewährleisten. Bei

300 Schmidt-Atzert et al., 2012.
301 Castellanos, Hertkorn, Plattner & Salzgeber, 2004.
302 Meiser et al., 2018.
303 www.zpid.de/Testkuratorium.

der Auswahl der eingesetzten Verfahren sollte unter anderem darauf geachtet werden, dass die zugrundeliegende Normstichprobe dem Probanden entspricht.

Informationen über die gängigen Untersuchungsverfahren finden sich in Lehrbüchern oder bei den Herausgebern dieser Verfahren. Die **Auswahl** wird nicht nur von der gerichtlichen Fragestellung bestimmt, sondern auch von Faktoren wie Erfahrung der Sachverständigen mit der Untersuchungsmethode oder Verfügbarkeit des Materials. Manche Verfahren sind nur unter experimentellen Bedingungen in Labors durchzuführen, die man ausschließlich in Forschungseinrichtungen findet. 356

Interessant wird der Einsatz der unterschiedlichen Untersuchungsverfahren, wenn deren Ergebnisse untereinander verglichen und **Diskrepanzen** sichtbar werden. Beispielsweise könnte ein in der Selbstbeschreibung als tolerant und flexibel dargestelltes Erziehungsverhalten eines Elternteils durch ein beobachtetes rigides und autoritäres Interaktionsmuster konterkariert werden. In anderen Fällen weicht das beobachtete Bindungsverhalten eines Kindes deutlich von seinen verbalen Angaben zur Beziehungsqualität ab. Treten solche Diskrepanzen auf, wird gegebenenfalls eine vertiefende Diagnostik in diesem Bereich notwendig. 357

Im **Explorationsgespräch** werden in Bezug auf die Eltern unter Berücksichtigung der eigenen Kindheitsgeschichte und Persönlichkeitsentwicklung subjektive Voraussetzungen wie Stützfaktoren, individuelle Ressourcen, persönliche Stärken und Schwächen herausgearbeitet, die in die Elternrolle eingebracht werden. Es wird die Fähigkeit der Eltern erfasst, ihr erzieherisches Verhalten realistisch einzuschätzen und gegebenenfalls zu verändern. Spezifischere Themenbereiche wie die Einstellung zur Elternschaft werden erfragt.[304] Ebenso werden die jeweilige Ausgangslage bzw. die besonderen Anforderungen, die ihre Kinder im Erziehungsalltag stellen, erhoben. Außerdem werden Unterstützung im Umfeld der Familie sowie die partnerschaftlichen Interaktionen der Eltern[305] vor und nach der Trennung berücksichtigt. Diese können sich gerade in Nachtrennungssituationen verändern.[306] Für die Beurteilung anderer Problembereiche, wie beispielsweise das Vorliegen einer psychischen Erkrankung, müssen psychologische Sachverständige über eine klinische Ausbildung verfügen oder einen Psychiater beiziehen (→ Rn. 396 ff.). 358

Ein standardisierter **Explorationsleitfaden** für die familienpsychologische Begutachtung liegt im deutschen Sprachraum nicht vor und erscheint auch nur eingeschränkt sinnvoll: Erfahrene Sachverständige beherrschen die Themen, die zur Beantwortung der gerichtlichen Fragestellung abgearbeitet werden müssen, kennen ihre im Vorfeld aus der Fallkonzeption abgeleiteten Hypothesen und 359

304 Rohmann, 2004 c.
305 Johnston & Roseby, 1997.
306 Hoffmann & Voss, 2005.

gestalten die Gesprächsführung so flexibel, dass sie auf die individuellen Problembereiche der gerade zu untersuchenden Familie zugeschnitten ist und den natürlichen Gesprächsfluss und die Selbstöffnungsbereitschaft der Probanden nicht unterbricht.

360 Als **Explorationshilfe** für spezifische Themen stehen strukturierte (dh wörtlich vorgegebene) und teilstrukturierte (dh mit Vorgabe der Themen) Interviewleitfäden zur Verfügung. Der Vorteil dieser Untersuchungsmethode ist, dass wichtige Themen systematisch angesprochen werden, die Probanden aber die Möglichkeit haben, individuelle Antworten zu geben, für die wiederum Bewertungskriterien vorliegen.

361 Ferner umfasst die Untersuchung auch die Exploration nicht direkt in der gerichtlichen Fragestellung enthaltener Familienmitglieder (aktuelle Lebensgefährten und deren Kinder, in der Kinderbetreuung engagierte Großeltern) bzw. themenzentrierte Befragung von mit der Familie befassten Institutionen oder Fachpersonen (Schule, Kindergarten, Psychotherapeuten usw). Diese **ergänzenden Gespräche** setzen zum einen voraus, dass seitens der Probanden Einverständnis und Schweigepflichtsentbindung vorliegen, die befragten Personen damit einverstanden sind und ihnen bewusst ist, dass ihre Angaben unter Nennung der Quelle in das Gutachten einfließen werden. Zum anderen ist der damit verbundene Aufwand nur gerechtfertigt, wenn daraus ein Erkenntnisgewinn zu erwarten ist.

362 Für die Durchführung sämtlicher Explorationsgespräche sollte eine ungestörte, von Dritten unbeobachtete Situation gestaltet werden. Psychologische Sachverständige sollten dabei mit offenen Fragestellungen arbeiten, die erhaltenen Antworten neutral registrieren und sich persönlicher Kommentare oder Bewertungen enthalten. Die Qualität der erzielten Daten hängt auch davon ab, ob eine vertrauensvolle und offene **Gesprächssituation** hergestellt werden kann, vor allem, wenn es um sensible Themen wie psychische Erkrankungen geht.[307]

2. Fragebogen

363 Fragebogen sind eine **ökonomische Methode**, um Einstellungen, Selbsteinschätzungen oder Fremdbeurteilungen von Probanden zu erfragen. Im Gegensatz zur mündlichen Befragung hat diese Form der Datenerfassung den Vorteil, dass die Antworten in der Regel standardisiert, dh in vorgegebenen Abstufungen erfolgen (zB Ja/Nein, nie/manchmal/häufig/immer) und dadurch mit den Antworten einer Vergleichsgruppe verglichen werden können. Auf diese Art können beispielsweise Antwortprofile bestimmter Personenkreise unterschieden werden (wie Personen mit einem erhöhten Risiko, Kinder mit unangemessenen Methoden zu erziehen versus Personen, die diesbezüglich kein Risiko aufweisen).

307 Schneider, Fabra & Dohrenbusch, 2016.

Weiterhin kann eingeschätzt werden, ob bestimmte Antworthäufungen krankheitswertig oder alters- bzw. geschlechtstypisch sind (beispielsweise Häufigkeit depressiver Gedanken bei weiblichen Jugendlichen). Fragebogen können sich auf eine subjektive Selbsteinschätzung beziehen (beispielsweise Persönlichkeitsfragebogen, Beschwerdelisten) oder auf die Fremdeinschätzung einer anderen Person (beispielsweise Verhalten des Kindes durch die Eltern, Erziehungsverhalten der Eltern aus der Perspektive des Kindes).

Die Entwicklung und **Evaluation** von Fragebogen erfolgt meist durch Forschungsgruppen und unterliegt strengen wissenschaftlichen Qualitätskriterien. 364
Die Auswertung und Interpretation der Ergebnisse ist wenig fehleranfällig, da sie durch Computerprogramme, Auswertungsschablonen usw vorgegeben ist.

Dies bedeutet nicht, dass jeder Fragebogen, der auf dem Markt zu erhalten ist, 365
auch wissenschaftlich seriös ist. Es muss sichergestellt sein, dass die eingesetzten Verfahren valide, reliabel und objektiv sind und damit wissenschaftlichen **Qualitätskriterien** entsprechen. Es muss gewährleistet sein, dass die der Auswertung zugrunde liegenden Normen auf die konkret untersuchte Person zutreffen (beispielsweise dürfen Normen einer deutschen Stichprobe nicht ohne Weiteres auf Personen anderer Kulturkreise übertragen werden; die Normen von Verfahren, die für Erwachsene validiert wurden, gelten nicht für Kinder oder Jugendliche).

Bei der Frage, welche standardisierten diagnostischen Verfahren im konkreten 366
Fall eingesetzt werden, orientieren sich Sachverständige an der Frage des Gerichts. Darüber hinausgehende Verfahren dürfen die **Persönlichkeitsrechte** der Untersuchten nicht verletzen. So ist eine Intelligenztestung nur dann zu vertreten, wenn sich Einschränkungen der Intelligenz eines Elternteils akut auf die Kinderbetreuung auswirken (zB hinsichtlich einer Prognose der schulischen Förderung oder der Umsetzung von fachlichem Rat im Erziehungsalltag) und diesbezüglich keine anderweitigen Informationen erhalten werden können. Fragebogen zu sexuellen Präferenzen eines Elternteils sind nur dann gerechtfertigt, wenn es ernstzunehmende Hinweise darauf gibt, dass diese für die Beantwortung der gerichtlichen Fragestellung von Relevanz sein können.

Das **Erscheinungsjahr** eines Verfahrens kann nicht als Kriterium herangezogen 367
werden, um die Qualität der Untersuchung in Frage zu stellen. Bei älteren Untersuchungsverfahren finden sich häufig über lange Zeit erfasste und revidierte Normwerte und eine ständige Begleitforschung, während neuere Verfahren oft noch über keine ausreichende Normierung verfügen und daher nur orientierend angewandt werden können.

Verzerrungen der Ergebnisse eines Fragebogens ergeben sich in der Regel durch 368
bewusste Täuschung, die teilweise über Validitätsskalen erfasst werden kann, oder durch das Bedürfnis des Probanden, sozial erwünscht zu antworten. Das

gelegentlich von Rechtsanwälten vorgetragene Argument, es sei unethisch, im Rahmen von Begutachtungen Verfahren mit einer „Lügenskala“ einzusetzen, erscheint nicht stichhaltig. Die Probanden werden dadurch nicht getäuscht und sind ihrerseits frei, den Tatsachen entsprechend zu antworten.

369 Fragebogen gibt es für alle **Altersgruppen** ab dem Schuleintritt. Bei jüngeren Kindern müssen Sachverständige sicherstellen, dass ein ausreichendes Leseverständnis vorhanden ist, ansonsten müssen entsprechende Hilfestellungen erfolgen.

370 Die Unterstützung durch die Eltern ist vor allem dann kontraproduktiv, wenn Kinder dazu aufgefordert sind, das Erziehungsverhalten ihrer Eltern oder ihre Beziehung zu diesen zu beschreiben. Wenn die Eltern ihnen dabei „über die Schulter schauen“, muss von einer bewussten oder unbewussten Einflussnahme ausgegangen werden. Auch die **Beeinflussung** durch Geschwister sollte nicht unterschätzt werden. Bereits die Anwesenheit im selben Raum kann den Loyalitätsdruck erhöhen oder zu übertriebenen Angaben führen. Die Bearbeitung von Fragebogen sollte daher ohne Anwesenheit Dritter in einer ruhigen, sachlichen Atmosphäre erfolgen. Vor allem Kindern sollte vorher ausdrücklich gesagt werden, dass es sich nicht um eine Leistungsprüfung handelt, um sie von dem Gefühl zu entlasten, die „richtigen“ Antworten geben zu müssen.

371 In der Begutachtung zu familiengerichtlichen Fragestellungen kommen häufig Fragebogen zum Einsatz, die direkt oder indirekt Rückschlüsse auf die Erziehungssituation zulassen, beispielsweise hinsichtlich problematischer Verhaltensweisen der Kinder, eigener Erziehungserfahrungen der Eltern, subjektiver Einschätzung der Eltern-Kind-Beziehung, zur Risikoabschätzung für Kindesmisshandlung oder zur Eltern-Kind-Bindung. Es gibt auch Fragebogen, die gezielt die Paar- oder Trennungssituation oder das Verhalten bei Konflikten beleuchten. Fragebogen gibt es im Weiteren für verschiedene **Zielgruppen**, wie zur Abklärung des Vorliegens einer Depression, zur Suchtgefährdung uvm. Auch zur Diagnostik von Persönlichkeitsprofilen bzw. -störungen werden Fragebogen eingesetzt.

372 Die meisten der Verfahren, die in familienrechtspsychologischen Begutachtungen eingesetzt werden, wurden nicht **speziell** für diese entwickelt. Sie können jedoch durch den Bezug auf die konkrete Fragestellung und die Benennung der zu untersuchenden Kriterien für diese eingesetzt werden.[308] Selbst wenn beispielsweise der Einsatz von Persönlichkeitsfragebogen in der familienrechtlichen Begutachtung nicht unumstritten ist, da sie keinen direkten Rückschluss auf die Frage der Erziehungsfähigkeit zulassen, können doch einige nutzbringende Hinweise daraus gezogen werden. Hohe Ausprägung in den Bereichen Egozentrismus, Impulsivität, antisoziale Einstellungen und Verhaltensweisen führen beispielsweise zu

308 Hommers & Steinmetz-Zubovic, 2013.

Defiziten in der Beziehungsfähigkeit der Probanden. Untersuchungen haben gezeigt, dass die Kinder von Probanden mit erhöhten Werten hinsichtlich antisozialer Verhaltensweisen ihrerseits durch eine erhöhte Tendenz zu aggressivem und delinquentem Verhalten auffallen. Ebenso lassen die Angaben in anderen Verfahren, die nicht unmittelbar für die Feststellung einer Kindeswohlgefährdung entwickelt wurden, Rückschlüsse auf eine Gefährdungslage zu.[309] Selbstverständlich darf in einem Sachverständigengutachten der Persönlichkeitsfragebogen nicht als einzige Quelle für die Einschätzung der Erziehungsfähigkeit dienen und er lässt keinen Rückschluss auf die tatsächlichen, im konkreten Umgang mit dem Kind gezeigten erzieherischen Kompetenzen zu.[310]

Innerhalb der psychodiagnostischen Verfahren wird eine Gruppe unterschieden, 373
die als **Test** im eigentlichen Sinne zu verstehen ist, nämlich als Untersuchung von Faktoren, für die Messfehler bekannt sind, die in der Auswertung berücksichtigt werden. So errechnet zwar jede Intelligenzdiagnostik einen „genauen" IQ-Wert, dieser gilt aber lediglich als Hinweis, in welchem Intervall sich die tatsächliche Intelligenzleistung eines Probanden bewegt (beispielsweise IQ=100 mit einem bestimmten Verfahren gemessen, würde bedeuten, dass das untersuchte Kind mit 95 % Wahrscheinlichkeit Intelligenzleistungen im Bereich zwischen 95 und 105 erbringt).

Testverfahren werden **bei Erwachsenen** in der Begutachtung im Rahmen famili- 374
engerichtlicher Verfahren selten eingesetzt. Eine typische Fragestellung wäre, das Reaktionsvermögen bei einem neurologisch erkrankten Elternteil zu testen, um zu überprüfen, ob er in der Lage ist, auf Gefahrenquellen bei einem Kind im Krabbelalter zu reagieren oder ob er ein Kind im Auto transportieren darf.

Bei Kindern werden Testverfahren häufiger eingesetzt, beispielsweise zur Ent- 375
wicklungsdiagnostik (Motorik, Sprache, Schulleistungen, Intelligenz, Konzentration), Beurteilung der richtigen Schulform oder Feststellung von Teilleistungsschwächen. In der Regel werden vom Familiengericht beauftragte Sachverständige hier auf die Testung durch spezialisierte Institutionen wie Sozialpädiatrische Zentren oder Beratungsstellen des schulpsychologischen Dienstes zurückgreifen. Dies ist darauf zurückzuführen, dass eine Testbatterie mit aktuellen Auflagen von Tests für sämtliche Altersgruppen und Fragestellungen sehr kostspielig ist. Umgekehrt wird in Institutionen, die auf entwicklungsbezogene Diagnostik spezialisiert sind, nur sehr selten eine umfassende Familiendiagnostik durchgeführt.[311]

Nicht zuletzt muss sichergestellt sein, dass die Verfahren tatsächlich durch den 376
zu untersuchenden Probanden bearbeitet wurden und nicht durch Dritte. Des-

309 Rohmann, 2011.
310 Caldwell, 2005.
311 Homes & Von Sydow, 2019.

halb sollten mindestens die Fragebogen, aus denen auf Persönlichkeitsstruktur, legale Prognose und erzieherische Einstellungen eines Probanden geschlossen werden kann, ausschließlich unter **Aufsicht** des Sachverständigen oder einer vertrauenswürdigen Fachperson (beispielsweise wissenschaftliche Hilfskräfte) zum Einsatz kommen. Häufig ergeben sich bei solchen Verfahren auch Verständnisfragen, die mit Sachverstand, jedoch unter sorgfältiger Vermeidung von Antwortvorgaben geklärt werden müssen.

377 Im Erwachsenenbereich ist im Rahmen der Begutachtung die **Freiwilligkeit** zu beachten. Die Bearbeitung von Fragebogen wird mitunter abgelehnt, was grundsätzlich keine Bewertung durch die Sachverständigen zur Folge haben darf.

378 Vor der Durchführung von schriftlichen Diagnostika sollte – nicht nur bei Probanden mit Migrationshintergrund bzw. Fremdsprachlichkeit – nach Einschränkungen im **Leseverständnis** gefragt werden. Gegebenenfalls, zB beim Vorliegen einer Legasthenie, Analphabetismus oder einer sehr geringen Schulbildung, müssen die Fragebogen durch die Sachverständigen vorgelesen werden, ohne Antworten zu suggerieren.

379 Für Kinder und Jugendliche ist die Bearbeitung schriftlicher Verfahren oft eine Erleichterung, was die Selbstdarstellung und den Ausdruck von Gefühlen betrifft. In der nicht direkten dialogischen Auseinandersetzung gelingt es ihnen häufig leichter, sich zu subjektiv schwierigen Themen, wie zum Beispiel familiären Konflikten oder Schwierigkeiten in Schule oder im sozialen Umfeld zu äußern. Für Kinder ist die Bearbeitung der beziehungsdiagnostischen Verfahren oft wenig durchschaubar, so dass es seltener zu einem bewussten Antwortverhalten kommt. Bei starker Involviertheit in einen Elternstreit ist jedoch zum Teil eine polarisierende Haltung erkennbar, bei der ein Elternteil als gut und der andere als schlecht bewertet wird. Eine solche **Antworttendenz** gibt ebenfalls Aufschluss über die innere Haltung eines Kindes und dessen Einbezogenheit in die Elternkonflikte.

3. Verhaltensbeobachtung

380 Die Verhaltensbeobachtung bezieht sich zum einen auf die Beobachtung des einzelnen Probanden während der gesamten Begutachtung, zum anderen werden die **Interaktionen** in der Familie beobachtet. Besonderes Augenmerk liegt dabei auf der Wahrnehmung der elterlichen Aufgaben, entwicklungsförderlichem oder -schädigendem Erziehungsverhalten, auf Interaktionsmustern und Bindungsverhalten.[312] Aus den beobachteten Verhaltensweisen werden Schlüsse auf Beziehungsmerkmale und Bindungsmuster sowie soziale und Beziehungskompetenzen der Beteiligten gezogen.

312 Papastefanou & Hofer, 2002.

Objektiv im Sinne der Kontrolle von Verzerrungen durch die Probanden sind Beobachtungsverfahren, die das konkrete Verhalten einer Person erfassen. Als Varianten der Interaktionsbeobachtung steht die teilnehmende bzw. nicht-teilnehmende, die strukturierte oder nicht-strukturierte sowie die videogestützte Beobachtung zur Verfügung. 381

Das **Filmen** der Interaktionsbeobachtung ist im Bereich der Begutachtung umstritten. Einerseits wird dadurch die Objektivität, Nachweisbarkeit und Transparenz der später vorgetragenen Ergebnisse verbessert und eine Mehrfachanalyse möglich. Andererseits wird durch die Aufnahme sowie den damit verbundenen technischen und personellen Aufwand (beispielsweise Anwesenheit einer weiteren fremden Person zur Kameraführung oder Einrichten eines speziellen Zimmers mit ferngesteuerter Kamera), die Spontaneität und dadurch auch die Qualität der Interaktion empfindlich gestört. So ist häufig zu beobachten, dass sich insbesondere die erwachsenen Familienmitglieder nach Abschalten der Kamera entspannen und qualitativ anders interagieren, als sie es vor der laufenden Kamera getan haben. In jedem Fall ist darauf zu achten, dass sämtliche anwesenden Beteiligten über die Filmaufnahme informiert und mit dieser einverstanden sind. 382

Problematisch ist das Auftreten von Fehlern durch eine **Wahrnehmungsverzerrung** aufgrund des subjektiven Urteils des Beobachters. Eine Kontrolle ist hier kaum möglich und bedarf einer Objektivierung der Beobachtungsergebnisse. Dies kann beispielsweise durch den Einsatz von Ratingskalen, die verschiedene Verhaltensausprägungen genau beschreiben, oder durch den Einbezug mehrere Beobachter erfolgen. 383

Auch wenn es eine Vielzahl von Ansätzen gibt, Teilbereiche der Eltern-Kind-Interaktion objektivierbar zu operationalisieren, gibt es dennoch – schon allein aufgrund der Vielzahl unterschiedlicher familiärer Konstellationen – bisher kein **Verfahren,** das alle Teilbereiche in befriedigender Weise abdeckt. Die meisten der zur Verfügung stehenden, standardisierten Verfahren sind auf das Säuglings- oder Kleinkindalter limitiert. Die Auswertung erfolgt meist auf Ordinalskalen-Niveau, einer inhaltlichen Zuordnung zu einem merkmalsbezogenen Ausprägungs- oder Schweregrad (zB nicht/leicht/mittel/stark gestörte Passung zwischen Elternteil und Kind). Zur strukturierten Beschreibung können Bewertungskategorien aus unterschiedlichen Verfahren und Therapieansätzen herangezogen werden, die im Zusammenhang mit der gerichtlichen Fragestellung stehen (zB Facetten des Konstrukts Eltern-Kind-Interaktion), wobei darauf hinzuweisen ist, dass diese nicht standardisiert sind. Je genauer die einzelnen Beobachtungspunkte operationalisiert sind, umso weniger subjektiv wird die vom Sachverständigen vorgenommene Bewertung sein.[313] Bei der Operationalisierung können 384

313 Jacob, 2015.

beispielsweise Kriterien hinsichtlich der Perspektive des Kindes (zB Vitalität, Augenkontakt, Reaktivität), des Elternteils (zB Affektausdruck, Wärme, verbale Restriktion), der Eltern-Kind-Beziehung (zB Harmonie, Balance, Synchronizität) und der elterlichen Beziehung (zB gegenseitige Unterstützung und Kooperation, kommunikative Fehler) herangezogen werden.[314]

385 Zur Beantwortung familiengerichtlicher Fragestellungen sind unstrukturierte, alltagsnahe Interaktionsbeobachtungen im häuslichen Umfeld ein wesentlicher Bestandteil.[315] Gegebenenfalls können auch (teil-)**strukturierte Situationen** beobachtet werden, bei denen beispielsweise Aufgaben vorgegeben werden, die von Eltern mit ihren Kindern zusammen durchzuführen sind,[316] oder bei denen die Trennung des Kindes von der Bezugsperson und die Wiedervereinigung der beiden beobachtet wird. Hierbei werden die Fähigkeiten der Erwachsenen, mit dem Kind umzugehen, und dessen Reaktionen auf das elterliche Kontaktverhalten sowie die Passung zwischen den Interaktionspartnern beobachtet, um risikobehaftete Interaktionskonstellationen zu identifizieren. Bei Kindern, die in Pflegefamilien betreut werden, sollten die Interaktionen und Bindungsmuster der Kinder in verschiedenen Situationen (also beispielsweise mit den Eltern und mit der Pflegefamilie) beobachtet und mit anderen Daten verglichen werden, insbesondere wenn es um die Beurteilung einer Bindungsstörung geht.[317]

386 Für die Beurteilung der Interaktionen existieren **Ratingskalen** zur Erfassung und Klassifizierung unterschiedlicher Kriterien des Eltern-Kind-Verhaltens.[318] Im deutschsprachigen Raum ist allerdings ein Mangel an aktuellen normierten Verfahren zu beklagen. Der gesamte Themenbereich ist äußerst komplex, da nicht nur die verschiedenen Altersgruppen mit ihren unterschiedlichen Verhaltensweisen, sondern auch unterschiedliche Anzahlen und Konstellationen von Interaktionspartnern abgebildet werden müssten.

387 In Interaktionsbeobachtungen kann lediglich der äußere Ablauf beobachtet werden. Wesentlich für die Auswirkungen eines Verhaltens ist allerdings die Wahrnehmung und **Interpretation** der Geschehnisse durch die Interagierenden. So kann ein Beobachter beispielsweise einen Klaps als grob wahrnehmen, die Interaktionspartner werten diesen aber als Zeichen von liebevoller Nähe. Diese mentalen Bestandteile der Interaktion müssen explizit erfragt werden.[319]

314 Für eine Übersicht über gängige Verfahren und Bewertungskriterien s. Jacob, 2014.
315 Lübbehusen & Kolbe, 2013.
316 Hommers, 2019.
317 Kliewer-Neumann, 2018; Giltaij, Sterkenburg & Schuengel, 2017.
318 Für einen Überblick s. Jacob, 2014.
319 Rohmann, 2009.

4. Projektive Verfahren

Eine weitere Gruppe psychologischer Diagnostika sind die sogenannten projektiven Verfahren. Hierbei handelt es sich um **Anregungsmaterial**, das ergebnisoffen eingesetzt wird. Auf der Basis der Reaktionen eines Probanden auf bestimmte Anreize wird auf dessen innere Konflikte und Einstellungen sowie emotionale Befindlichkeit geschlossen. In der wissenschaftlich fundierten Begutachtung werden diese Verfahren behutsam und explorationsunterstützend eingesetzt, da es keine Kontrolle über Verfälschungstendenzen der Probanden und die Interpretation des Untersuchungsleiters gibt. Einzige Möglichkeit, die Durchführungsqualität sicherzustellen, ist eine sorgfältige Ausbildung der Anwender. Projektive Verfahren sind nicht als objektive Diagnostikinstrumente anzusehen. 388

Auf den Einsatz projektiver Verfahren sollte dennoch nicht grundsätzlich verzichtet werden. Insbesondere bei **Kindern** vor Eintritt ins Schulalter gibt es aufgrund der Einschränkungen, die durch den kognitiven und sprachlichen Entwicklungsstand vorgegeben sind, kaum Alternativen zur Erfassung des subjektiven Beziehungserlebens. Hier werden häufig bindungsrelevante Situationen vorgegeben, die ein Kind beispielsweise verbal, in Form von Bildkarten oder auf zeichnerische Weise vervollständigen soll. Ab dem Grundschulalter können Verfahren ausgewählt werden, in denen das Kind in schriftlicher Form vorgegebene Satzanfänge ergänzt. Für ältere Kinder werden die Bindungsrepräsentationen auf symbolischer Ebene, zB über Bildmaterial, im Puppenspiel oder über die Vervollständigung von Geschichten erfasst.[320] 389

Es ist nachdrücklich darauf hinzuweisen, dass die Ergebnisse projektiver Verfahren keine diagnostische Aussage erlauben und deren **Interpretation** psychologischen Fachwissens bedarf. Entsprechend vorsichtig sollte daher die Bewertung der Ergebnisse von projektiven Verfahren erfolgen, da diese den ansonsten zu verlangenden Qualitätskriterien (vor allem hinsichtlich Replizierbarkeit und Objektivität der Auswertung) nicht entsprechen. Projektive Tests und offene Interviewleitfäden sollten daher durch normierte und standardisierte Verfahren ergänzt werden. 390

5. Risikoabwägung oder Gesamteinschätzung

Um zu einer Gesamteinschätzung zu kommen, wurden insbesondere im Bereich der Risikoabwägung Verfahren entwickelt, die sämtliche vorliegende Daten zusammenfassen und auf der Basis empirischer Daten gewichten. Für die **Einschätzung** akuter Kindeswohlgefährdung durch Misshandlung, Vernachlässigung oder sexuellen Missbrauch sind vor allem im englischen Sprachraum in den vergangenen Jahren einige Instrumente entwickelt worden, die eine Abwägung zwischen 391

320 Gloger-Tippelt, 2000.

vorhandenen Risiko- und Schutzfaktoren erlauben.[321] Die Risikoabschätzung basiert auf der strukturierten Gewichtung von Informationen aus verschiedenen Datenquellen (zB Exploration der Eltern, Angaben von Hilfsinstitutionen, klinische Urteilsbildung).[322] Die besondere Schwierigkeit in der Abschätzung einer Gefährdungslage liegt darin begründet, dass in den seltensten Fällen beispielsweise Misshandlungsgeschehen direkt beobachtet werden kann.[323]

392 Die Qualität eines psychologischen Sachverständigengutachtens kann nicht aus der **Anzahl** der eingesetzten Untersuchungsverfahren abgeleitet werden. Für den Anspruch, eine wissenschaftliche Leistung zu erbringen, sollte aber sichergestellt sein, dass die in einem Gutachten erhobenen Daten auch auf objektivierbaren Datenquellen, wie anerkannten Diagnostika, basieren. Der Einsatz psychometrischer Verfahren erhöht die Objektivität und Validität der verbal erhobenen Daten.

393 Zwar gilt als wesentliches Problem in Begutachtungssituationen, dass – aus der Sicht der betroffenen Eltern nachvollziehbar – bewusste **Antworttendenzen** auftreten können. In der familienpsychologischen Begutachtung ist häufig ein Abwehrverhalten und Dissimulation festzustellen. Dennoch sind beziehungsdiagnostische Verfahren nicht zur Gänze durchschaubar, so dass sie nicht direkten Verfälschungstendenzen unterliegen, oder sie verfügen über sogenannte Validitätsskalen, die Rückschluss auf das Antwortverhalten geben. Ein bestimmtes Verhalten kann zwar in der Interaktionsbeobachtungen einige Zeit lang vorgetäuscht werden, aber bei einer längeren Beobachtungsdauer treten Ermüdungseffekte ein, und die Probanden kehren zu ihren gewohnten Verhaltensmustern zurück.

394 Bei der **Ergebnisdarstellung** ist darauf zu achten, dass die Ergebnisse der eingesetzten Verfahren ausreichend transparent dargestellt und – getrennt von den Ergebnissen – interpretiert werden.[324] Auch widersprüchliche Daten sollten im Gutachten diskutiert werden. Ist bei einer lösungsorientierten Begutachtung eine Intervention geplant, sollte sich daran auch eine Evaluation in Form einer Nachuntersuchung anschließen. Die psychologische Diagnostik beginnt mit Auftragseingang und ist erst dann abgeschlossen, wenn der Auftrag beendet ist.[325]

E. Medizinische und psychiatrische Zusatzbegutachtungen

395 Herr und Frau Am führen ein Gerichtsverfahren zur Regelung der Umgangskontakte und der elterlichen Sorge bezüglich der gemeinsamen, dreijährigen Tochter. Die Mutter trägt dabei vor, dass ihr Exmann schwer drogenabhängig sei. Herr Am ist empört: Ja, er habe früher Drogen konsumiert, aber das habe seine Exfrau nicht davon abgehalten,

321 Rettenberger, 2020.
322 Kindler, 1999; 2004.
323 Steinmetz & Lewand, 2004.
324 Proyer & Ortner, 2015.
325 Westhoff, Hornke & Westmeyer, 2003.

ein Kind mit ihm zu zeugen. Außerdem sei er seit mindestens zwei Jahren „clean". Es bestehe überhaupt kein Zusammenhang zu seiner derzeitigen Erziehungsfähigkeit.

Für Außenstehende ist der Unterschied zwischen Psychologen und Psychiatern 396
häufig nicht klar: **Psychiater** haben eine medizinische Grundausbildung, an die sich eine fachärztliche Ausbildung in Psychiatrie anschließt. Ihr Spezialgebiet sind krankhafte Veränderungen der menschlichen Psyche, die einer medizinischen und pharmakologischen Behandlung bedürfen. Hierzu gehören insbesondere psychotische Störungen, körperlich begründbare psychische Störungen, Suchterkrankungen und Persönlichkeitsstörungen. Psychologen haben demgegenüber ein Studium der Psychologie absolviert; sie dürfen nach einer sich daran anschließenden, zur Facharztausbildung analogen, mehrjährigen klinischen Ausbildung und Approbation psychische Erkrankungen diagnostizieren und behandeln, aber keine körperlichen Eingriffe durchführen, wie Medikamente verschreiben oder Blut entnehmen. Letzteres ist insbesondere im Zusammenhang mit der Feststellung von Suchterkrankungen von Bedeutung.[326]

Zwar gehen alle psychischen Veränderungen auch mit körperlichen (biochemi- 397
schen) Prozessen einher, umgangssprachlich werden aber Störungen, die ohne medizinische und pharmakologische Behandlung nur geringe **Heilungschancen** haben, als „psychiatrische Erkrankungen" bezeichnet, während die Störungsbilder, die auf psychotherapeutische Behandlungsmethoden gut ansprechen, eher als „psychische Störungen" bezeichnet werden. Der Übergang ist fließend, und die Unterscheidung beruht nicht auf den Richtlinien der Weltgesundheitsorganisation, die alle krankhaften Veränderungen der Psyche als „psychische Störungen" bezeichnet (Kapitel F der Diagnoseverschlüsselung des ICD-10-GM).[327]

In Deutschland sind die Fachpersonen, die einen Heilberuf ausüben (hier: Ärzte 398
und approbierte Psychotherapeuten) dazu berechtigt, klinische **Diagnosen** zu stellen. Beide Berufsgruppen sind auch dazu berechtigt, psychische Störungen zu behandeln, die angewandten Methoden unterscheiden sich allerdings. Personen ohne klinische Ausbildung sind dagegen nicht berechtigt, eine psychische Erkrankung festzustellen, sie können lediglich einen diesbezüglichen Verdacht äußern.

Besteht der Verdacht auf eine gravierende psychische Störung oder chronische 399
körperliche Erkrankung eines Elternteils, ist eine psychiatrische **Zusatzbegutachtung** sinnvoll, sofern die psychologischen Sachverständigen nicht über die notwendige Fachkunde verfügen. Das Hinzuziehen weiterer Sachverständiger anderer Fachrichtungen bedarf der richterlichen Erlaubnis.

Ebenso wie in der psychologischen Begutachtung ist es in der psychiatrischen 400
Untersuchungssituation wichtig, die Probanden darüber zu informieren, dass

326 Schreiber, 2000.
327 Falkai et al., 2018.

sie an der Untersuchung freiwillig teilnehmen und dass die Ergebnisse an das beauftragende Gericht weitergegeben werden, das heißt nicht einer strengen Schweigepflicht unterliegen. Insofern liegt einer psychiatrischen Begutachtung eine andere Form der Arbeitsbeziehung zugrunde als die meist vertrauensvolle Beziehung zu einem aus eigenem Wunsch aufgesuchten Arzt.

401 Über den Standard rechtlicher, formaler und medizinischer Rahmenbedingungen einer psychiatrischen Begutachtung referieren Lehrbücher,[328] wobei diese eher selten das Vorgehen im Rahmen eines familiengerichtlichen Verfahrens beschreiben. Hier ergeben sich besondere Probleme: Während beispielsweise bei einer medizinischen Begutachtung bei Fragen der Berentung bei circa der Hälfte der Probanden davon auszugehen ist, dass sie Beschwerden vortäuschen,[329] dürfte aufgrund der erwarteten Konsequenzen in familienrechtlichen Verfahren eher die Tendenz vorherrschen, bestehende Probleme zu **dissimulieren.**

402 Bei der im Auftrag eines Familiengerichts durchgeführten psychiatrischen Begutachtung eines Elternteils wird zunächst die **Hypothese** überprüft, ob erhebliche Einschränkungen der kognitiven Funktionen oder eine krankheitswertige psychische Störung vorliegen.[330] In einem zweiten Schritt wird geprüft, ob und inwieweit sich diese Störung auf die Lebensführung und im Weiteren auf Fragen wie die grundlegende Erziehungsfähigkeit auswirkt.[331]

403 In der psychiatrischen Untersuchung werden etwaige genetische Belastungen, psychiatrische oder Suchterkrankungen über eine psychiatrische **Anamnese** erfasst. Dies erfolgt über das Erfragen beispielsweise von Stimmungsschwankungen, Antriebsstörungen, Schlaf- und Essstörungen, psychotischer Symptomatik, Suizidalität und Selbstverletzungen im Lebensverlauf. Bisherige ambulante oder stationäre psychiatrische oder psychotherapeutische Behandlungen werden ebenso erfragt und eine somatische Anamnese (insbesondere gravierende oder chronische körperliche Erkrankungen, Suchtmittelkonsum) erhoben. Weiter untersucht der psychiatrische Sachverständige das aktuelle Befinden eines Probanden, wobei psychische Funktionen überprüft werden. Darunter fallen der Affekt, Antrieb und die Realitätswahrnehmung, die psychische Belastbarkeit und Stresstoleranz, Gedächtnisleistungen, inhaltliche (zB Wahn) oder formale Denkstörungen (zB Gedankenabreißen). Hierbei wird auch eruiert, ob sich der Proband seiner psychischen Defizite bewusst ist.

404 Eine besondere Herausforderung ist die Diagnostik von **Persönlichkeitsstörungen**, da diese selten mit einem Leidensdruck der Probanden, meist aber mit erheblichen Belastungen der nahestehenden Personen einhergehen.

328 ZB Foerster & Dreßing, 2009; Schneider, Frister & Olzen, 2010; Konrad, Huchzelmeier & Rasch, 2019.
329 Schneider, 2016.
330 Seagull, 2002; Salzgeber, Vogel, Schrader & Partale, 1995.
331 Castellanos, Hertkorn, Plattner & Salzgeber, 2004.

Psychiatrische Sachverständige sind darüber hinaus befähigt, **labortechnische** Untersuchungen durchzuführen (Analyse von Urin-, Blut-, Haarproben). Dies betrifft bei familiengerichtlichen Fragestellungen vor allem die Testung auf Drogen- und Medikamentenmissbrauch. Hierfür stehen einfach anwendbare Schnelltests unterschiedlicher Anbieter zur Verfügung, die eine sofortige Aussage über den Konsum gängiger Drogen und Medikamente erlauben. Dadurch wird die qualitative Bestimmung von psychotropen Substanzen möglich. Zur quantitativen Bestimmung sowie zum Nachweis länger zurückliegenden Konsums sind Kombinationen unterschiedlicher Verfahren, insbesondere unter Einbeziehung von Haaranalysen, erforderlich. 405

Die Untersuchung von **Urin** zum Nachweis von Drogen ist eine zuverlässige Methode, bei der Drogen- und Medikamentenkonsum länger nachgewiesen werden kann als im Bluttest. 406

Zum Ausschluss von zeitnahem **Alkoholkonsum** kann die Atemalkoholkonzentration in der Atemluft gemessen werden. Ansonsten werden über labortechnische Nachweise Leberparameter überprüft, die Hinweise auf einen langfristig erhöhten Alkoholkonsum und dadurch hervorgerufene organische Schädigungen geben. Der Nachweis von entsprechenden Parametern im Blut kann Alkoholkonsum bis zu drei Wochen vor Blutentnahme zuverlässig nachweisen. Dies ist von besonderer Bedeutung für Suchtpatienten, die angeben, abstinent zu leben. Mittlerweile ist es auch möglich, mittels Haarprobe einen Alkoholkonsum in den vorangegangenen drei bis sechs Monaten nachzuweisen. 407

Für eine psychiatrische Begutachtung ist der Einbezug von **Vorbefunden** wie Arztbriefen und Behandlungsberichten von Kliniken wichtig, die häufig nicht Bestandteil der Gerichtsakte sind und für die eine schriftliche Schweigepflichtsentbindung der Untersuchten vorliegen muss. Vorbefunde sind insbesondere zur Einschätzung des Krankheitsverlaufs und der sich daraus ergebenden Prognose relevant. Obwohl die eigentliche psychiatrische Untersuchung in der Regel nur einige Stunden dauert und meist an einem einzigen Untersuchungstag erfolgt, kann sich die Erstattung des abschließenden Gutachtens durch das Abwarten der Fremdbefunde erheblich verzögern. Behandelnde Kliniken benötigen zum Teil mehrere Monate für die Zusendung eines Arztbriefes. Dies liegt auch an verwaltungstechnischen Vorgaben, da in manchen Kliniken Arztbriefe erst nach Rückfrage beim Rentenversicherungsträger herausgegeben werden dürfen. 408

Aus der psychiatrischen Begutachtung ergeben sich auch Hinweise auf eine für das jeweilige Störungsbild geeignete **Therapie**. Problematisch dabei ist jedoch, dass medizinische, psychologische oder pädagogische Interventionen nur Erfolg versprechend sind, wenn sie von einer intrinsischen Motivation der Betroffenen getragen sind und eine hohe Bereitschaft zur Kooperation besteht. In diesem Fall ist in der Regel von einer guten Prognose auszugehen. Andernfalls besteht ledig- 409 lich eine geringfügige Aussicht auf Spontanremission, das heißt auf eine Heilung ohne therapeutische Maßnahmen. In einer Begutachtung bereits Aussagen darüber zu treffen, ob beispielsweise die Erziehungsfähigkeit nach Durchführung einer geplanten Behandlung wiederhergestellt sein wird, ist nicht möglich. Der tatsächliche Behandlungsverlauf muss abgewartet werden.

410 Bei der Begutachtung von Probanden mit **Migrationshintergrund** bestehen auch in der psychiatrischen Untersuchung zusätzliche Aspekte, die beachtet werden müssen: Stehen keine psychiatrischen Sachverständigen zur Verfügung, die die Muttersprache des Probanden beherrschen, muss mit Dolmetschern gearbeitet werden. Außerdem muss das Verhalten eines Menschen auf dem Hintergrund seiner kulturellen Provenienz beurteilt werden[332] (→ Rn. 314 ff.). Kulturen unterscheiden sich nicht nur in den grundlegenden Verhaltensnormen, sondern auch in der Bewertung von Denkinhalten, im Affektausdruck, in Krankheitstheorien und Therapiekonzepten[333] (→ Rn. 340 ff.).

411 Weiterführende **medizinische** Untersuchungen sind auch bei der Einschätzung von Krankheitsbildern aus anderen medizinischen Spezialgebieten erforderlich, wie die Folgen von Unfällen oder Autoimmunerkrankungen. Zusätzlich können ärztliche Untersuchungen notwendig werden, wenn Verletzungen eines Kindes auf eine physische Misshandlung hindeuten, wenn chronische körperliche Erkrankungen bei Kindern vorliegen und es um die Frage einer angemessenen Behandlung geht bzw. überprüft werden muss, ob Entwicklungsretardierungen eines Kindes organisch oder psychogen bedingt sind. Für solche Spezialfragen ist allerdings nicht immer ein Gutachtenauftrag notwendig, da die Probanden häufig bereits in ärztlicher Behandlung sind und die Befunde der behandelnden Therapeuten beigezogen werden können. Dadurch werden nicht nur Kosten, sondern auch die Wiederholung langwieriger – und für die Probanden unter Umständen unangenehmer – Untersuchungen gespart.

412 Die **Bewertung** der Auswirkungen einer festgestellten Erkrankung oder psychischen Störung eines Elternteils auf das tatsächliche Erziehungsverhalten obliegt wieder den psychologischen Sachverständigen. Dies liegt daran, dass psychiatrische Sachverständige in der Regel nur Kontakt mit dem einzelnen Probanden haben und das restliche Familiensystem nicht kennenlernen bzw. untersuchen. In der Praxis hat sich eine gemeinsame Berichterstattung oder zumindest die gemeinsame Formulierung der Beantwortung der gerichtlichen Fragestellungen bewährt,[334] um die Ergebnisse für die Probanden nachvollziehbarer zu machen.

332 Konrad, Huchzelmeier & Rasch, 2019.
333 Littlewood, 2001.
334 Hoffmann-Richter & Pielmaier, 2016.

Teil II: Begutachtung der elterlichen Sorge gemäß § 1629 BGB

A. Allgemeine Grundlagen

Als das spätere Ehepaar Ba das erste gemeinsame Kind erwartet, geben sie beim Jugendamt eine gemeinsame Sorgerechtserklärung ab. Nach der Scheidung wünscht jeder der beiden Elternteile die alleinige elterliche Sorge. In der Begutachtung stellt sich heraus, dass eigentlich beide Elternteile einfach nur wollen, dass das Kind jeweils bei ihm lebt. Sie stimmen überein, dass sie sich hinsichtlich aller anderen Aspekte schon irgendwie einig werden können. 413

Etwa jeder dritte Mann in Deutschland ist **kinderlos**. Als Hauptgründe dafür werden finanzielle Belastungen genannt, die Angst vor Einschränkungen ihrer persönlichen Interessen oder ihrer Freizeit. Frauen geben als Gründe für Kinderlosigkeit an, nicht auf ihr Einkommen verzichten zu wollen, sich in ihren Interessen einschränken zu müssen oder das Kind nicht durch Fremde betreuen lassen zu wollen. Nur etwa die Hälfte der erwachsenen Männer ist der Ansicht, dass man eine Familie mit Kindern benötige, um glücklich zu sein; dem gegenüber stehen zwei Drittel der Frauen mit dem Wunsch nach Kindern und Familie.[1] 414

Von 41 Millionen Haushalten in Deutschland leben 18 Millionen Menschen allein, 12 Millionen sind Paare ohne Kinder. In 11,4 Millionen Haushalten leben **Kinder**, fast die Hälfte sind Einzelkinder. Bei 2,6 Millionen von diesen Haushalten handelt es sich um einen alleinerziehenden Elternteil (85 % Mütter) mit meist einem Kind.[2] 415

In den letzten zwei Jahrzehnten wird in der Gesellschaft das **Engagement von Vätern** stark gefördert. Das spiegelt sich auch in der Werbung wider: Neuerdings sind es Väter, die auf Plakaten mit Kindern backen, ihnen die Windeln wechseln oder sie zu Bett bringen. Tatsächlich zeigen Untersuchungen, dass Männer sich heute im Durchschnitt fast eine Stunde pro Tag mit ihren Kindern beschäftigen, was Tätigkeiten wie kochen, füttern, baden, nächtliche Versorgung, Unterstützung bei den Hausaufgaben und gemeinsames Spielen beinhaltet.[3] 416

Aufgrund der **tradierten Rollenverteilung** werden in Deutschland weiterhin die meisten Kinder – vor allem in den ersten, betreuungsintensiven Lebensjahren – hauptsächlich von ihren Müttern betreut, wodurch diese häufiger die emotionale Hauptbezugsperson sind. Auch die Zahlen zur Inanspruchnahme von Elterngeld zeigen, dass in Deutschland zumindest statistisch gesehen noch eine traditionelle Rollenverteilung vorherrscht: Im Jahr 2017 beantragten beispielsweise 1,35 Millionen Mütter Elterngeld (mittlere Bezugsdauer: 13,4 Monate) und 410.000 Vä- 417

1 Döge, 2007.
2 www.destatis.de.
3 Dotti Sani & Treas, 2016.

ter (mittlere Bezugsdauer: 3,4 Monate).[4] Sind jüngere Kinder gemeinsam zu betreuen, wünschen sich die Väter zwar mehrheitlich eine Reduktion der Arbeitszeit, nehmen diese jedoch nur selten in Anspruch, wenn sie tatsächlich angeboten wird (etwa 3 %). Diese Tatsache impliziert allerdings nicht, dass Frauen grundsätzlich besser in der Lage wären, sich um Kinder zu kümmern, als Männer.

418 Ein bisher noch kaum erforschtes Phänomen ist die Ablehnung der eingetretenen Mutterschaft durch Frauen (englisch: **„regretting motherhood"**), die zwar gesellschaftlich sanktioniert wird, aber dennoch nicht mit pathologischen Strukturen gleichzusetzen ist. Müttern steht es aufgrund der derzeitigen Rechtslage in Deutschland nicht zu, die elterliche Sorge für ihr Kind aktiv zurückzuweisen.

419 Auf der Basis der bisherigen Familienforschung ist die Frage nach der verallgemeinerbaren größeren **Bedeutung von Vater oder Mutter**, dem gleichgeschlechtlichen oder gegengeschlechtlichen Elternteil, nicht zu beantworten. Von innerer Wichtigkeit für das Kind ist vielmehr derjenige Elternteil, der ihm eine sichere Ausgangsbasis für seine Entwicklung bietet, unabhängig von dessen Geschlecht. Dabei ist die Feinfühligkeit in der Versorgung der Kinder ein ausschlaggebender Faktor für die Qualität der Bindung eines Kindes an seine Eltern (→ Rn. 150 ff.).

420 Kulturübergreifend kommt **Vätern** eher die Bedeutung zu, Kinder zu aktivieren und zu Unternehmungen außerhalb des engeren familiären Rahmens zu ermutigen. Hierfür ist ein hohes Maß an Sensitivität für das Kind notwendig. Die Vater-Kind-Beziehung wird dabei von der zeitlichen Verfügbarkeit des Vaters, dessen emotionaler Einstellung zur Vaterschaft, der gezeigten Wärme und emotionalen Nähe modifiziert. Je sensitiver sich ein Vater in den ersten Lebensjahren im Spiel mit seinem Kind verhält, umso sicherer sind die Bindungsrepräsentationen des Kindes in der späteren Kindheit und Jugend[5] (→ Rn. 157 ff.). Feinfühligkeit in Kombination mit Herausforderung bei der Exploration in der Interaktion mit dem Vater sind valide Faktoren zur Vorhersage der Bindungsrepräsentation bis ins junge Erwachsenenalter.[6]

421 Inwiefern sich ein Vater tatsächlich in der Pflege und Erziehung seines Kindes **aktiv engagiert**, hängt von seinen Persönlichkeitsmerkmalen und Einstellungen (zB hinsichtlich der geschlechtsspezifischen Rollenkompetenzen) ab, weiter von Kontextfaktoren (wie Umfang der Berufstätigkeit), der Zufriedenheit mit der Partnerschaft, der Einstellung der Partnerin und davon, ob diese ihn dazu auffordert und dabei anleitet, sich mit dem Kind zu beschäftigen (sogenanntes „Gatekeeping"). Ist das Engagement in den ersten Monaten nach der Geburt noch relativ groß, sinkt es anschließend kontinuierlich ab. Die Selbsteinschätzung der

4 Statistisches Bundesamt, 2019.
5 Grossmann et al., 2002.
6 Zimmermann, 2017.

Väter über ihr Engagement übersteigt dabei häufig die Angaben ihrer Partnerinnen.[7]

422 Insbesondere bei der **Gesundheitsfürsorge** zeigt sich das väterliche Engagement noch eher zögerlich. So begleitet nur etwa jeder zehnte Vater sein Kind zum Kinderarzt, jeder dritte bis fünfte beteiligt sich an der Versorgung eines kurzzeitig erkrankten Kindes. In Deutschland haben im Jahr 2018 etwa 5 % aller Väter Elternzeit genommen, die mehr als einen verlängerten Urlaub darstellte, und über längere Zeit die Kinderbetreuung gewährleistet. Kinderkrankengeld erhalten, also ein krankes Kind über einen mehrwöchigen Zeitraum betreut, haben in den alten Bundesländern 7 %, in den neuen Bundesländern 18 % aller Väter.[8] Im Umkehrschluss bedeutet das, dass 95 % der Säuglinge und Kleinkinder und 93 % bzw. 82 % der gravierend erkrankten Kinder von ihren Müttern betreut wurden.[9]

423 Von Soziologen wurde eine **Typisierung** der unterschiedlichen Strategien von Vätern vorgenommen, sich in die Erziehung und Betreuung ihrer Kinder einzubringen. Der Typ „fassadenhafter Vater“ (trifft auf etwa ein Viertel der „neuen Väter“ zu) distanziert sich vordergründig von einem traditionellen Rollenverständnis, verfolgt aber dennoch ein eher klischeehaftes Familienbild, verfügt nur über diffuse Vorstellungen von seiner Rolle als Vater und ist mit Anforderungen des Familienalltags häufig überfordert. Der „randständige Vater“ (etwa jeder zehnte nach aktuellen Untersuchungen) fühlt sich in die Triade Vater-Mutter-Kind nicht wirklich eingebunden und ist überzeugt davon, dass seine Partnerin seinen Kompetenzen als Vater misstraut, was häufig auf der Basis einer angespannten Partnerschaft der Fall ist. Der „egalitäre Vater“ (nach neueren Untersuchungen etwa 28 % der Väter) ist bestrebt, zusammen mit seiner Partnerin die Erziehung und Versorgung des gemeinsamen Kindes sicherzustellen. Auch wenn sich dies aufgrund beispielsweise der Berufstätigkeit nicht immer tatsächlich gleichberechtigt umsetzen lässt, sind ihm die Vaterschaft und eine bewusste Auseinandersetzung mit Erziehungszielen wichtig. Als weitere Vatertypen werden beschrieben: Der „traditionelle, distanzierte Vater“ (knapp 18 %), der „traditionelle, partnerschaftliche Vater“ (6 %) und der „unsichere, gereizte Vater“ (ca. 13 %).

424 Zu beachten ist, dass die tatsächlich **gelebte Vaterrolle** aufgrund von Tradition oder Sachzwängen von der gewünschten Rolle abweichen kann.[10] Interessanterweise zeigte sich in verschiedenen Studien, dass getrennt lebende Väter erheblich mehr Zeit (bis zum doppelten Aufwand) mit ihren Kindern verbringen, als Väter, die mit den Kindern in einer traditionellen Kernfamilie leben. Für dieses

7 Bambey & Gumpinger, 2007.
8 Angaben der Krankenkassen, Forsa-Institut, Ärzteblatt 2010.
9 www.genesis-destatis.de.
10 Bambey & Gumpinger, 2017.

Phänomen wurde mittlerweile ein eigener Fachbegriff kreiert: „divorce-activated fathers" (durch die Scheidung aktivierte Väter).

425 Die Scheidungsforschung belegt, dass Kinder, die **ohne ihren Vater aufwachsen**, keine erheblichen Einschränkungen in ihrer kognitiven, sozialen, emotionalen Entwicklung oder der Ausbildung ihrer Identität erfahren,[11] wenn sie vor der elterlichen Trennung keine Beziehung zum Vater aufgebaut haben. Voraussetzung ist allerdings, dass ihnen zumindest eine Hauptbezugsperson in stabiler Weise durchgängig zur Verfügung steht.[12] Wesentlich für die Entwicklung von Kindern ist vielmehr eine konfliktfreie Atmosphäre, die Stabilität und Qualität der Beziehung zum betreuenden Elternteil, dessen erzieherische Kompetenzen und das sozio-ökonomische Wohlergehen.[13] Sind diese Ressourcen nicht ausreichend vorhanden, wird die Entwicklung von Kindern belastet, unabhängig davon, wieviele Elternteile vorhanden sind.

426 Von Eltern wird erwartet, dass sie in allen Lebenslagen bestmöglich für ihre Kinder sorgen. In Zeiten persönlicher Krisen unterliegen jedoch die Ressourcen von Eltern Schwankungen, die sie zum Teil erheblich in ihrer erzieherischen Kompetenz einschränken. Eine besondere Herausforderung an psychologische Sachverständige, die in diesen Krisen Empfehlungen über beispielsweise die weitere Ausgestaltung der elterlichen Sorge oder den Lebensmittelpunkt von Kindern abgeben sollen, gilt daher der Unterscheidung zwischen akuten **Krisenreaktionen** und den „normalen" Verhaltensstrategien der Familienmitglieder.

427 Veränderungen von Familienkonstellationen sind Teil der Normalität: So können **Personenverluste** partiell, temporär oder permanent sein, durch Trennung, Flucht oder Tod eintreten. Jüngere Kinder sind dabei noch nicht in der Lage, den Grund und die Dauer einer faktischen Abwesenheit zu verstehen. Die Schwere eines Verlusts ist nicht für alle Konstellationen gleich zu gewichten. So wiegt der Verlust schwerer, wenn er kürzer zurückliegt, je länger ein Zusammenleben stattgefunden hat, je kleiner die Familie ist, je mehr das Geschlechtergleichgewicht dadurch verschoben wird oder in Abhängigkeit davon, wie viele Verluste es zuvor schon gegeben hat. Es wird angenommen, dass das Erleben von Verlusten zu einer erhöhten psychopathologischen Vulnerabilität beiträgt.[14]

428 Sogenannte **kritische Lebensereignisse**, wie eine radikale Veränderung des Lebensumfeldes und der Interaktionspartner oder anhaltende soziale oder familiäre Widrigkeiten, wirken sich aufgrund der damit verbundenen Veränderungen und der notwendigen Anpassungsleistungen als Stress aus. Insbesondere wenn sich diese Stressoren innerhalb einer kurzen Zeitspanne anhäufen, so dass nor-

11 Siehe zB Wallerstein & Lewis, 2001 b; MacCallum & Golombok, 2004.
12 Clarke-Stewart & Brentano, 2007.
13 Kostka, 2005.
14 Toman, 2011.

male Bewältigungsmöglichkeiten nicht mehr ausreichen, treten emotionale Spannungszustände und neurohormonale Reaktionen auf, die den Ausbruch somatischer und psychischer Störungen begünstigen.[15]

Grundsätzlich ist von einer **Selbstregulationsfähigkeit** von Familien auszugehen. 429
Im Fall einer Trennung oder Scheidung wird das System jedoch mit erheblichem Stress und zumindest vorübergehenden Beziehungsstörungen konfrontiert. Oft ist ein Familiensetting dann mit dem Management seiner Konflikte überfordert, so dass die Beurteilung bzw. Bearbeitung der Konfliktthemen auf Dritte – Jugendamt, Beratungsstellen oder Familiengericht – übertragen wird.

Neben der dyadischen Auseinandersetzung zwischen den Eltern werden Kinder 430
in Trennungszeiten mit **weiteren Konfliktherden** konfrontiert, wie denen zwischen einem Elternteil und den Großeltern, oder ein Kind verwickelt sich seinerseits in Konflikte mit neuen Partnern der Eltern. Es kann auch zu Ziel- und Interessenskonflikten innerhalb einer Person kommen, zum Beispiel einem kindlichen Loyalitätskonflikt. Im Regelfall will und kann sich ein Kind bei familiären Auseinandersetzungen nicht „zwischen den Eltern" entscheiden. Aus psychologischer Sicht sollte es dies auch nicht tun, da beide Elternteile und der Kontakt zu diesen der Persönlichkeits- und Identitätsbildung eines Kindes förderlich sind.

Bei der psychologischen Begutachtung von Fragestellungen, die sich aus der kon- 431
flikthaften Trennung von Eltern ergeben, sollte genau überprüft werden, wie weit das Engagement der beiden Elternteile in der alltäglichen Versorgung des Kindes vor der Trennung tatsächlich gegangen und wie groß die dadurch entstandene Vertrautheit mit dem Kind ist. Neben den Basiskriterien (entwicklungsbezogene Ausgangslage und Individualität der Kinder → Rn. 194 ff., Resilienz → Rn. 214 ff., Willensäußerungen der Kinde. → Rn. 229 ff.) werden noch folgende **Aspekte** herangezogen:

- situationsspezifisches Verhalten der Kinder,
- familiäre Bindungen und Beziehungen,
- Erziehungseignung und erzieherische Kompetenzen der Eltern, vor allem in Hinblick darauf, den Kindern die aktuelle familiäre Krise zu erleichtern und sie von den elterlichen Konflikten zu entlasten,
- Kooperationsfähigkeit und -bereitschaft der Eltern untereinander,
- sozio-ökonomische Rahmenbedingungen,
- Kontinuität.

Familienrechtliche Auseinandersetzungen stellen einen Risikofaktor für die kind- 432
liche Entwicklung dar. Die Analyse kindlicher Reaktionen in Trennungskonflik-

15 Hautzinger, 1990.

ten und die Möglichkeiten zur **Entlastung** der betroffenen Kinder müssen deshalb ebenfalls im Fokus der psychologischen Begutachtung stehen.

B. Erzieherische Kompetenzen von Eltern in Trennung

433 Frau Be und Herr Be trennen sich, als der gemeinsame Sohn sieben Jahre alt ist. Bis dahin wurde eine traditionelle Rollenaufteilung gelebt. Beide Elternteile stellen nach der Trennung den Antrag, dass der Sohn zukünftig im jeweiligen Haushalt aufwachsen soll. Herr Be behauptet, dass er seine Arbeitszeiten unschwer auf Homeoffice und Teilzeit umstellen könne. Das Gericht ordnet bis zum Abschluss einer familienpsychologischen Begutachtung ein Wechselmodell an. Das Kind verschlechtert sich jetzt schlagartig in seinen schulischen Leistungen und im Sozialverhalten. Die Mutter verwöhnt es, da es Trost und Zuwendung benötige und sich von seinem martialisch auftretenden Vater erholen müsse. Der Vater tritt dagegen autoritär und auf Regeln bestehend auf, mit der Begründung, dass er angebliche Erziehungsversäumnisse seiner Frau ausgleichen müsse. Beide Elternteile versichern dem Kind, dass alles besser würde, sobald das Gericht entschieden habe, das Kind müsse nur deutlich seinen Wunsch zum Ausdruck bringen, beim jeweils mit ihm gerade sprechenden Elternteil zu leben.

434 Bis in die etwa 1970er Jahre hielt sich auch in der Entwicklungsforschung die Vorstellung, dass Kinder von Eltern, die sich getrennt haben, in ihren Entwicklungsverläufen erheblich benachteiligt wären. Mittlerweile ist durch internationale Studien die Erkenntnis gesichert, dass die Trennung von Eltern per se keinen nachhaltigen **Risikofaktor** für die kindliche Entwicklung darstellt. Inwiefern sich langfristig negative Effekte ausbilden, hängt von der Anzahl und Dauer der mit der familiären Veränderung verbundenen Stressoren in Relation zu den vorhandenen Protektivfaktoren ab. Der meiste Stress entsteht durch anhaltende Konflikte zwischen den Eltern, in dessen Folge die Eltern häufig selbst instabil oder bedürftig reagieren. Dadurch stehen sie dem Kind in emotionaler Hinsicht weniger zur Verfügung und bieten ihm nicht mehr den erforderlichen Halt.

435 Um krisenhafte Veränderungen der Familienstruktur erfolgreich zu **bewältigen**, ist es wesentlich, über emotionale und aktive Problemlösestrategien, positive Bewertung der Situation, den Rückgriff auf soziale Unterstützung und Selbstwirksamkeitserwartungen zu verfügen. Eine Überforderung durch familiäre Veränderungen ist bei den Personen wahrscheinlich, die Problemlösungen vermeiden (zB durch Medikamenten- oder Alkoholkonsum), sich passiv verhalten, die Situation negativ bewerten, die sozial isoliert sind oder an traditionellen Rollenvorstellungen haften.[16] In der Folge ist leicht nachvollziehbar, dass Eltern, die diese dysfunktionalen Strategien verfolgen, im Umgang mit ihren in der Trennungssituation ebenfalls verunsicherten Kindern geringere elterliche Kompetenzen aufweisen. Dies schlägt sich wiederum in einem erhöhten Risiko für Kindesvernachlässigung oder Misshandlung nieder. Tatsächlich wurde in Studien ein weniger kompeten-

16 Für eine Übersicht s. Schwarz & Noack, 2002.

tes Erziehungsverhalten geschiedener Elternpaare nachgewiesen, im Vergleich zu alleinerziehenden Müttern oder zusammenlebenden Paaren.[17]

Nach einer Trennung müssen Eltern eine Vielzahl von **Aufgaben** erfüllen, um die familiäre Veränderung zu meistern: Sie müssen die mit dem Scheitern des Familienlebens verbundenen Gefühle von Trauer, Wut oder Enttäuschung bewältigen, das eigene Leben neu strukturieren (beispielsweise die Wohn- und Arbeitssituation), inner- und außerfamiliäre Beziehungen neu definieren (zu den eigenen Kindern, zur Schwiegerfamilie, zum gemeinsamen Freundeskreis) und dabei ihren erzieherischen Aufgaben gegenüber den Kindern weiter nachkommen. Beide Elternteile müssen auch Aufgaben übernehmen, die in der früheren gemeinsamen Kinderbetreuung zwischen ihnen aufgeteilt waren. Eine typische Herausforderung für den nicht hauptbetreuenden Elternteil ist beispielsweise die Gestaltung von mehreren Tagen Umgangskontakt mit den Kindern, die aktives Bemühen und oft erheblichen organisatorischen Aufwand beinhalten. Ein Elternteil, der die Kinder üblicherweise nach Ende des Arbeitstages für eine kurze Freizeit erlebt hat, mit bereits erledigten alltäglichen Pflichten und nur noch angenehmen Aspekten des Familienlebens wie gemeinsames Abendessen, Spielen und Zubettbringen, wird nun mit der Erledigung von Hausaufgaben, mit dem Einbezug der Kinder in die anfallenden Haushaltsaufgaben, durch Arztbesuche und dergleichen zunächst stark gefordert sein. Der Elternteil, der bisher eher die häuslichen Pflichten erfüllt hat, muss sich nunmehr auch um die finanzielle Absicherung kümmern und weitreichende Entscheidungen allein treffen. Das bislang vorherrschende Rollenmodell greift nach einer familiären Umstrukturierung nicht mehr und das zu bewältigende Aufgabenspektrum wird deutlich erhöht, was nicht nur die Eltern fordert, sondern auch die Kinder irritieren kann. Am stärksten ausgeprägt ist die Aufgabenzunahme bei einem praktizierten Wechselmodell der Betreuung. 436

Des Weiteren müssen beide Eltern ausreichend die Rolle und Bedeutung des jeweils anderen Elternteils im Erleben des Kindes bzw. für dessen Entwicklung respektieren und pflegen. Die positive Ausprägung davon entspricht der Bindungsfürsorge, in der sich der Elternteil proaktiv darum bemüht, anderweitige Beziehungen des Kindes zu pflegen. Eine neutrale Haltung drückt sich in **Bindungstoleranz** aus, bei der Kontakt zum anderen Elternteil zugelassen, aber nicht aktiv hergestellt wird. In der Bindungsblockade zeigt sich eine negative Ausprägung, bei der Kontakte des Kindes zum anderen Elternteil abgelehnt oder behindert werden. Letzteres kann das Ausmaß einer Kindeswohlgefährdung annehmen, bis hin zur Kindstötung.[18] 437

Auch die mit der Trennung verbundenen **ökonomischen Einschränkungen** wirken sich negativ auf die kindliche Entwicklung aus. Häufig kommt es zu einer 438

17 Walper, 2005 b.
18 Temizyürek, 2018.

sozialen Verschlechterung, der gewohnte Lebensstandard kann nicht mehr gehalten werden. Dies kann sich auch auf die schulischen Leistungen auswirken.[19] Ein geringer ökonomischer Status hat in allen Familienformen eine negative Auswirkung, insbesondere was Schulabschluss, Freizeitverhalten und spätere Berufstätigkeit betrifft.[20]

439 Etwa 5–10 % der Eltern verstricken sich während und nach der Trennung in eine Dynamik, die als „**hochkonflikthaft**" bezeichnet wird. Dabei konnte bislang kein Zusammenhang zwischen dem Konfliktniveau des Paares vor der Trennung und dem Niveau des Nachtrennungskonflikts nachgewiesen werden. Obwohl diese Gruppe relativ klein ist, beansprucht sie einen Großteil der zeitlichen und ökonomischen Ressourcen von Helfersystemen und belastet Jugendämter und Familiengerichte. Solche Elternpaare zeichnen sich durch unflexibles Beharren auf ihren Vorstellungen, eine geringe Kompromissbereitschaft und zeitliches Überdauern der Konflikte aus, bei denen es auch wegen Alltäglichkeiten zur Anrufung des Gerichts kommt. Weiter findet sich häufig eine ausgeprägte Kritik am anderen Elternteil bis hin zu Infragestellung von dessen Erziehungsfähigkeit, Kontaktverweigerung, negativer Beeinflussung der Kinder, geringer Bereitschaft, Gerichtsentscheidungen oder Vereinbarungen umzusetzen, einer einseitigen Schuldzuschreibung an den anderen Elternteil sowie Drohungen und einer undifferenzierten „Schwarz-Weiß-Sichtweise" auf die familiäre Entwicklung. Hochkonflikthafte Eltern zeichnen sich durch geringe Offenheit für neue Erfahrungen aus, ein rigides Kommunikationsmuster, eingeschränkte Selbstreflexionsfähigkeit, verbunden mit erhöhtem Misstrauen und wenig Vertrauen in ihre Möglichkeiten, etwas an der Situation zu ändern. Sie sind überwiegend auf Argumentation und weniger auf eine Veränderung der Situation konzentriert. Hochkonflikthafte Eltern sind nur eingeschränkt fähig, ihre Kinder realistisch wahrzunehmen, beziehen die Kinder mit höherer Wahrscheinlichkeit in die Elternkonflikte ein, drängen sie zur Positionierung im Familienkonflikt und lösen dadurch häufig eine Rollenumkehr aus.[21] Dagegen fehlen Schutzfaktoren wie gute Kommunikationsfertigkeiten, Sozialkompetenzen, Wertschätzung des anderen Elternteils und von Fachpersonen oder ein positives Selbstkonzept.[22] Das Vorliegen einer Persönlichkeitsstörung oder anderer psychopathologischer Auffälligkeiten kann hier eine Rolle spielen. Aus einer hochstrittigen Verstrickung kann aber nicht automatisch auf eine psychische Störung der Eltern geschlossen werden.

440 Hochkonflikthaftigkeit lässt sich über beobachtbares Verhalten **operationalisieren**. Sie kann als ein Komplex von schwer korrigierbaren Verhaltensweisen der Konfliktbeteiligten definiert werden, der die Erarbeitung einer sinnvollen Lösung

19 Walper, 2005 c.
20 MacCallum & Golombok, 2004.
21 Fichtner, Dietrich, Halatcheva, Hermann & Sandner, 2010.
22 Spindler, 2008.

von Umgangs- oder Sorgerechtskonflikten sowie von materiellen oder finanziellen Konflikten dauerhaft verhindern kann.[23]

Funktionale und **dysfunktionale Strukturen** finden sich prinzipiell in jeder Fami- 441
lienform. Bei hochkonflikthaften binuklearen Familien finden sich jedoch häufiger dysfunktionale Strukturen wie generationenüberschreitende Konflikte, Hierarchieumkehrungen und Dysbalancen. In der Folge treten gehäuft inkonsistentes Erziehungsverhalten der Eltern, mangelnde Unterstützung der Kinder, übermäßige Strenge und feindselige Kontrolle sowie das Eingehen auf Erpressungsversuche der Kinder und gegenseitige Beschuldigungen auf.[24] Dadurch kommt es häufig zu einer Überinterpretation kindlicher Aussagen über den anderen Elternteil, dessen neuen Partner oder die weiteren Familienmitglieder und zu Rückschlüssen auf angebliche erzieherische Missstände. Immer wieder wird deshalb bei hochstrittigen Trennungsverläufen der gegenseitige Vorwurf der erzieherischen Gewalt, Vernachlässigung, der fehlenden Förderung, übermäßigen Verwöhnung oder sogar des sexuellen Missbrauchs des Kindes erhoben.

In der Folge zeigen sich deutliche Einschränkungen der Erziehungskompetenz 442
und der Fähigkeit von Eltern, empathisch auf die Bedürfnisse ihrer Kinder einzugehen. Betroffene Kinder sind in einem solchen Kontext enormen **Belastungen** ausgesetzt, die im Einzelfall bis zu einer Kindeswohlgefährdung führen können. Eine tatsächliche negative Langzeitwirkung der Hochstrittigkeit der Eltern oder eines einseitig veranlassten Umgangsabbruchs auf die Persönlichkeitsentwicklung oder Beziehungsfähigkeit der betroffenen Kinder ließ sich bislang aber nicht nachweisen.[25]

Es ist hervorzuheben, dass die hier genannten Einschränkungen der Erziehungs- 443
kompetenzen nicht in gleicher Weise bei Frauen beobachtet wurden, die von vornherein ihre Kinder **allein** betreuten. Der Unterschied besteht im Wesentlichen darin, dass diese Personen während der Zeit der Kinderbetreuung keiner Trennung und damit verbundenen Veränderungen unterworfen waren. Als Besonderheit konnten mehr mütterliche Wärme gegenüber den Kindern und ernsthaftere, aber keine häufigeren Streitigkeiten zwischen Mutter und Kind beobachtet werden. Kinder, die in dieser Konstellation aufwuchsen, zeigten keine Beeinträchtigung ihrer Entwicklung, sofern die erzieherischen Kompetenzen der Bezugsperson hoch genug waren.[26] Über Kinder, die von vorne herein von ihren Vätern allein versorgt wurden, liegen aufgrund der geringen Fallzahlen bisher noch keine verallgemeinerbaren empirischen Erkenntnisse vor.

23 Dettenborn, 2013.
24 Zur Diagnostik s. beispielsweise Schneewind & Schmidt, 1999.
25 Kindler, 2015.
26 MacCallum & Golombok, 2004.

444 Die **negativen Effekte** einer elterlichen Trennung auf die Kinder lassen sich zum einen erklären aus der eingeschränkten Befindlichkeit und einem inkonsistenten Erziehungsverhalten vor allem desjenigen Elternteils, bei dem die Kinder leben, zum anderen aus anhaltenden Konflikten zwischen den Eltern und negativen Veränderungen der sozio-ökonomischen Rahmenbedingungen. Konflikte der Eltern wirken sich vor allem indirekt negativ auf das Wohlbefinden der davon betroffenen Kinder aus: So gehen sie mit vermehrten Bemühungen einher, eine Allianz gegen den anderen Elternteil einzugehen, was wiederum Loyalitätskonflikte fördert, und das Erziehungsverhalten der Eltern durch zu wenig unterstützendes und stärker restriktives Verhalten unterminiert.

445 Im Zusammenhang mit einer elterlichen Trennung muss in der Begutachtung auch der **kulturelle** Hintergrund von Familien bedacht und respektiert werden (→ Rn. 332 ff.).

C. Auswirkungen der elterlichen Trennung auf Kinder

446 Die zweijährige Bi war vor der Trennung der Eltern ein gut entwickeltes, fröhliches Kleinkind. Nunmehr klammert sie, will nicht mehr in die Kinderkrippe, will nicht mehr in ihrem Zimmer schlafen und will nicht mehr wie gewohnt essen und spielen. Ihr siebenjähriger Bruder verhält sich völlig unauffällig, so dass die Schule erst nach einem halben Jahr überhaupt merkt, dass sich die Eltern getrennt haben.

447 Im Vergleich westlich orientierter Länder reicht die Spannbreite von Kindern, die mit beiden Elternteilen zusammenleben, von 60 % (Rumänien und USA) bis hin zu 93 % (Mazedonien). Länder, in denen die römisch-katholische Kirche vorherrschend ist, haben höhere Raten an zusammenlebenden **Kernfamilien**. Jedes dritte der befragten Kinder gab dabei an, Kommunikationsprobleme mit dem Vater zu haben, jedes sechste hatte entsprechende Probleme mit der Mutter. Bis zu 3 % der Kinder und Jugendlichen leben nach einer elterlichen Trennung beim Vater und berichten von vergleichbaren Kommunikationsproblemen mit dem Vater wie die Kinder aus den „intakten" Kernfamilien, jedes dritte Kind hatte Kommunikationsprobleme mit der leiblichen Mutter. Lebten die Kinder nach der Trennung bei der Mutter, gaben 42 % an, Kommunikationsprobleme mit dem leiblichen Vater zu haben, 20 % berichteten von solchen mit der Mutter. Auch hier zeigt sich eine Belastung der Eltern-Kind-Beziehung.

448 Etwa 1 % der Kinder leben – im internationalen Vergleich[27] – in einem **paritätischen Wechselmodell** mit gleichen Anteilen an Betreuungszeiten bei beiden Elternteilen, in einigen Ländern sind die Fallzahlen etwas größer. Auch von diesen Kindern berichtete etwa jedes dritte, nicht mit dem Vater über wichtige persönli-

27 Bei der Bewertung internationaler Studien muss eine sorgfältige Überprüfung der Definition von „Wechselmodell" vorangestellt werden, da diese extrem voneinander abweichen. In Deutschland wird eine strenge Definition zugrunde gelegt, in anderen Ländern werden bereits zwei Umgangswochenenden pro Monat als solches bezeichnet.

che Dinge sprechen zu können und jedes sechste, nicht mit der Mutter darüber reden zu können. Das entspricht in etwa der Kommunikations- und Vertrauenslandschaft in zusammenlebenden Kernfamilien.[28]

Die zum Teil alarmierenden Ergebnisse von Studien über die **Belastung** von Kindern getrennter Eltern sind nicht zuletzt darauf zurückzuführen, dass die Stichproben beispielsweise aus Beratungskontexten gewonnen wurden, dh dass bereits eine Vorselektion mit besonders belasteten Familien stattgefunden hat. Bei Stichprobenuntersuchungen aus der Allgemeinbevölkerung konnte mittlerweile sicher festgestellt werden, dass eine Trennung der Eltern langfristig allenfalls mit moderaten Nachteilen für die Kinder einhergeht. So bleibt beispielsweise das Risiko, später selbst Partnerschaften früher zu beenden oder sich scheiden zu lassen, etwas erhöht. Auch das Leben in der Fortsetzungsfamilie zeigt per se keine negativen Effekte auf die kindliche Entwicklung.[29] 449

Lediglich die Tatsache, dass sich Eltern trennen, kann daher nicht als schädlich für Kinder angesehen werden, sondern es müssen weitere Belastungsfaktoren hinzukommen. Aus der Vielzahl der international durchgeführten Studien lässt sich ein Befund mit Sicherheit schließen: Es gibt kein „**Trennungskindersyndrom**". Der Verarbeitungsprozess einer elterlichen Trennung durch das Kind verändert sich über die Zeit.[30] Betrachtet man die Auswirkungen der elterlichen Trennung auf Kinder, sollte man daher zwischen kurz-, mittel- und langfristigen Folgen unterscheiden. 450

Die Wahrscheinlichkeit einer Trennung steigt, wenn ein Paar nicht in der Lage ist, gemeinsam Stress zu bewältigen oder wenn die partnerschaftliche Kommunikation durch Feindseligkeit und die Tendenz, dem Partner negative Absichten zu unterstellen, gekennzeichnet ist. Weiter sind emotionale Labilität und eigene entsprechende Sozialisationserfahrungen Faktoren, die das Risiko einer Scheidung erhöhen. Es liegt auf der Hand, dass das dadurch generierte **Familienklima** der psychischen Gesundheit und der Entwicklung sozialer Kompetenzen von Kindern abträglich ist. Wenn Kinder nach der Trennung der Eltern auffälliges Verhalten zeigen, bestanden in den meisten Fällen bereits Jahre zuvor Verhaltensauffälligkeiten und Entwicklungsverzögerungen. 451

Grundsätzlich muss davon ausgegangen werden, dass **andauernde Elternkonflikte** zu einer erlebten Hilflosigkeit und emotionalen Dauerspannung bei Kindern führen.[31] Kinder interpretieren das Scheitern der Ehe ihrer Eltern und das Auseinanderbrechen des Familienverbandes oft als ein Scheitern ihrer Beziehung zu den Eltern und weisen sich selbst die Verantwortung hierfür zu. Dies ist dann 452

28 Bjarnason & Arnarsson, 2011.
29 Walper & Gerhardt, 2003.
30 Strobach, 2008.
31 Hermann, 2011.

besonders ausgeprägt, wenn Kinder noch dem egozentrischen Weltbild verhaftet sind, in dem sie sich selbst als Mittelpunkt des Geschehens erleben und sich noch nicht vorstellen können, dass etwas ohne ihr Zutun passiert. Es entwickelt sich die Angst, einen (oder beide) Elternteile zu verlieren und auf sich selbst gestellt zu sein, die eigene Liebenswürdigkeit wird in Frage gestellt und das Selbstwertgefühl destabilisiert.[32]

453 Je häufiger Kinder mit Streitigkeiten der Eltern konfrontiert sind und miterleben, dass diese ungelöst bleiben, desto erheblicher sind die psychischen Folgen. Ein Großteil der Kinder von hochkonflikthaft streitenden Eltern entwickelt problematische **Anpassungsstrategien**, die zu einer erheblichen Gefährdung ihrer Entwicklung führen. Andere Kinder verhalten sich trotz chronischer elterlicher Streitigkeiten übermäßig angepasst, dissimulieren oder verleugnen ihre Probleme und erhalten entsprechend wenig Unterstützung durch Eltern oder Fachkräfte.[33]

454 Kinder, die chronischen Streitigkeiten zusammenlebender Eltern ausgesetzt sind, weisen somit die gleichen **Belastungsmuster** auf wie Kinder, die chronischen Streitigkeiten ihrer Eltern nach einer Trennung ausgesetzt sind.[34] Es gilt mittlerweile als gesichert, dass sich nur destruktive Konflikte zwischen den Eltern negativ auf Kinder auswirken. Als destruktive Konfliktmuster werden beispielsweise verbale oder physische Aggressivität, Blockadeverhalten, Rückzug, Feindseligkeit oder fehlende Lösungen bezeichnet. Diese schwächen das Sicherheitsgefühl von Kindern, während konstruktiv ausgetragene Elternkonflikte Kinder in ihrer Entwicklung stärken.[35]

455 Ob ein Kind „Gewinner, Verlierer oder Überlebender“ einer Trennung seiner Eltern ist, hängt von einem **multifaktoriellen** Bedingungsgefüge ab.[36] So beeinflussen Stressoren und Ressourcen vor, bei und nach der Trennung das Belastungserleben von Kindern.[37] Ist beispielsweise die elterliche Trennung Resultat einer destruktiven Partnerschaft, bei der das Kind Traumata wie häusliche Gewalt miterlebt hat, sind die Eltern nach der Trennung nicht ausreichend fürsorglich und wurde das Kind durch die Trennung in seinem Bindungserleben verunsichert, hat es als Erwachsener ein etwa doppelt so hohes Risiko, an einer psychischen Störung zu erkranken.[38]

456 Die Reaktion von Kindern auf die Trennung ihrer Eltern ist im zeitlichen Verlauf **Änderungen** unterworfen. Ist zunächst in der akuten Phase eine Desorganisation der Bindungsrepräsentation und ein Überwiegen der Stressfaktoren zu erwarten,

32 Figdor, 2005.
33 Fichtner, 2011.
34 Reis & Meyer-Probst, 1999.
35 Cummings & Bergman, 2019.
36 Schwarz & Noack, 2002.
37 Fichtner, 2019.
38 Schaan, Schulz & Vögele, 2019.

tritt nach einer Übergangsphase in der Regel eine Normalisierung und Stabilisierung ein. Die Reaktion eines Kindes ist außerdem von individuellen Faktoren wie Temperament, vorheriger Bindung an die beiden Elternteile, Qualität der Eltern-Kind-Beziehung, Resilienz, Alter und Geschlecht abhängig.[39] Ob und wie stark ein Kind auf die elterliche Trennung reagiert, hängt auch von familiären Bedingungen wie der elterlichen Wärme und Unterstützung durch Geschwister, dem während und nach der Trennung zur Verfügung stehenden sozialen Netzwerk und der Gesamtzahl der eintretenden Veränderungen ab.[40]

Kurzfristig führt die Trennung der Eltern bei Kindern häufig zu einer Trauerreaktion, die Trennungs- und Verlassenheitsängste, Wut, Kummer, Sehnsucht, Trotz usw beinhalten kann. Die Kinder können mit depressiven Symptomen, Auffälligkeiten im Sozialverhalten, Nachlassen schulischer Leistungen, Entwicklungsrückschritten wie erneutem Einnässen nach bereits abgeschlossener Sauberkeitserziehung, Schlafstörungen uÄ reagieren, bis hin zu ausgeprägten Anpassungsstörungen.[41] In Abhängigkeit von der Sicherheit der bislang erlebten Bindung an die Eltern variiert die Stärke und Dauer dieser Reaktionen. Die ersten ein bis zwei Jahre nach der Trennung können für die Kinder als akute Krisensituation angesehen werden.[42] Bei der Trennung der Eltern im Kleinkindalter wird von den Bezugspersonen die kindliche Trauer und Wut über den Verlust oft als verstärkte Trotzreaktion interpretiert, da die Erwachsenen dem Kind eine Verlustreaktion geistig noch nicht zutrauen. 457

Bindungstheoretische Ansätze heben die emotionale **Funktionalität** kindlicher Symptome im Trennungsgeschehen hervor. Verhaltensauffälligkeiten dienen demnach der Aktivierung des elterlichen Fürsorgeverhaltens. Das kindliche Problemverhalten kann dazu führen, die Aufmerksamkeit der Eltern von deren Paarkonflikt weg auf das Kind zu lenken. Ziel der kindlichen Symptomatik wäre dann die Wiederherstellung der emotionalen Verfügbarkeit der Eltern. Langfristig hat dies jedoch negative Rückwirkungen auf die kindliche Entwicklung und das Beziehungsgefüge im System. Betroffene Kinder zeigen mitunter[43] – zumindest einem Elternteil gegenüber – deutliche Anzeichen von Desorganisation in der Bindungsbeziehung, die immer wieder durch die vom Elternstreit ausgehende Bedrohung der emotionalen Sicherheit des Kindes aktiviert wird. 458

Die Ausprägung der Symptome hängt auch vom **Alter der Kinder** ab. So scheinen Kinder unter drei Jahren besonders empfänglich für psychosoziale Traumata zu sein, sie reagieren vor allem mit Schlaf- und Gedeihstörungen. Kindergarten- und Vorschulkinder reagieren vorwiegend mit Verlustängsten. Bei Kindern im 459

39 S. hierzu auch Balloff, 2015.
40 Spangler, 2003.
41 v. Gontard, 2010.
42 Schmidt-Denter, 2000.
43 s. zB Solomon & George, 1999.

Schulalter werden eher Leistungsverluste oder Konzentrationsstörungen zu beobachten sein. Jungen in der späteren Kindheit schätzen sich selbst als weniger selbstbewusst und im Umgang mit neuen Situationen weniger flexibel ein, außerdem benötigen sie mehr Bestätigung von Anderen als nichtbetroffene Gleichaltrige.[44] Selbst Erwachsene reagieren mit Trauer und Besorgnis auf die Trennung ihrer Eltern.

460 Weiterhin können negative Effekte aus **zusätzlichen Belastungen** wie Schulwechsel, neue Partner der Eltern, Zusammenleben mit Stief- oder Halbgeschwistern usw resultieren. Der negativste psychische Verlauf wurde in Längsschnittuntersuchungen bei den Kindern registriert, die in sogenannten „Transitionsfamilien" aufwuchsen, das heißt, die solchen familiären Umbrüchen mehrfach ausgesetzt waren.[45]

461 In Studien konnte ein eindeutiger Zusammenhang zwischen einer **Kumulation** kritischer Lebensereignisse und klinisch relevanten Verhaltensauffälligkeiten von Kindern nachgewiesen werden. Je mehr die psychische Stabilität eines Kindes bereits vor der Trennung geschwächt war, desto wahrscheinlicher werden weitere kritische Lebensereignisse pathologische Reaktionen hervorrufen. Diese wirken sich ihrerseits wieder belastend auf die Eltern aus und erschweren die Versorgung des Kindes. Es kann ein Teufelskreis der gegenseitigen Verstärkung entstehen.

462 **Langfristige** negative Auswirkungen der Trennung von Eltern finden sich bei etwa 10–15 % der betroffenen Kinder.[46] Diese sind beispielsweise ein erhöhtes Risiko für psychische und psychosomatische Erkrankungen, Schwierigkeiten bei der Gestaltung eigener Partnerschaften und bei Männern eine erhöhte Neigung zu Aggression und Delinquenz.[47] Teilweise wird noch im frühen Erwachsenenalter von Unsicherheiten bezüglich eigener Eheschließung und Elternschaft berichtet.[48]

463 Die Art, in der die Kinder über die Trennung der Eltern informiert wurden, hat keinen Zusammenhang zur anschließenden **psychischen Verarbeitung.**[49] Allerdings sind im Regelfall elterliche Trennungen besser zu verarbeiten, wenn diesen Spannungen zwischen den Eltern vorausgingen, die von den Kindern bemerkt wurden. Ein für die Kinder überraschender Auszug eines Elternteils aus der gemeinsamen Wohnung verstärkt die kindliche Irritation und Belastung.

44 Böhm, Emslander & Grossmann, 2001.
45 Walper, 2005 b.
46 Garten & Salzgeber, 2008.
47 Walper & Langmeyer, 2008.
48 Wallerstein & Lewis, 2001.
49 Weber, Karle & Klosinski, 2004.

In einer seit den 1980er Jahren laufenden Langzeitstudie zeigte sich, dass zwölf Jahre nach der elterlichen Trennung nur noch 20 % der Kinder, die in neuen Familienstrukturen mit Stiefeltern aufwuchsen, bzw. 40 % der in Ein-Eltern-Familien aufwachsenden Kinder noch Kontakt mit dem nicht betreuenden Elternteil hatten. In neueren Studien zeichnet sich ein steigender Trend zur **Aufrechterhaltung** familiärer Beziehungen auch nach elterlicher Trennung ab. Etwa jedes fünfte Kind, das den Umgang mit dem nicht betreuenden Elternteil ablehnte, nimmt als junger Erwachsener – meist in Zusammenhang mit dem eigenen Auszug aus dem Elternhaus oder bei eigener Familiengründung – Kontakt mit diesem auf.[50] 464

Noch nicht systematisch erforscht ist die Psychodynamik von Kindern, die sich trotz eines feindseligen Klimas gegenüber dem umgangsbegehrenden Elternteil von den elterlichen Streitigkeiten **resilient** distanzieren und ihre familiären Beziehungen unbeirrt weiter pflegen. 465

Inwiefern Kinder durch die Trennung ihrer Eltern längerfristig in ihrer Entwicklung belastet werden, hängt von den **Protektivfaktoren** ab, die ihnen vor, während und nach dem familiären Umbruch zur Verfügung stehen. Hierzu zählen beispielsweise soziale Unterstützung, Einbindung in positive Freundschaftsbeziehungen, finanzielle Absicherung und die Fähigkeit beider Elternteile, sich im neuen Lebensabschnitt zu stabilisieren und einen altersangemessenen und konsistenten Erziehungsstil aufrechtzuerhalten.[51] Die Ergebnisse der Scheidungsforschung zeigen, dass eine tragfähige Beziehung zum hauptbetreuenden Elternteil zum einen die Folgen der Trennung abmildern kann und zum anderen die Umgangsgestaltung zum getrennt lebenden Elternteil erleichtert. Dagegen verändert die Trennung eine zuvor schlechte Beziehung zu einem Elternteil nicht.[52] Gleichbleibend autoritatives Erziehungsverhalten beider Elternteile nach der Trennung ist – unabhängig vom Betreuungsarrangement – ausschlaggebend für das Wohlbefinden der Kinder.[53] 466

Die elterliche Trennung muss für Kinder keinen völligen Zusammenbruch darstellen. Gelingt es, Trennung als Entwicklungsprozess und **Reorganisation** des Familienlebens zu verstehen, stellen sich allen Beteiligten zwar weiterhin spezifische Entwicklungsaufgaben, die jedoch auch bei anderen Übergängen in der Familienentwicklung anstehen würden. Inwiefern sich die Trennung der Eltern tatsächlich negativ auf die Kinder auswirkt, hängt auch von der Balance zwischen den damit verbundenen Stressoren (zB Kontaktabbrüche, finanzielle Engpässe, Veränderungen oder Beeinträchtigungen des elterlichen Erziehungsverhaltens) 467

50 Napp-Peters, 2005.
51 Petermann, Niebank & Scheithauer, 2004.
52 Kostka, 2014 a.
53 Mortelmans, 2019.

und vorhandener Ressourcen (persönliche Bewältigungsstrategien, soziale Unterstützung, professionelle Hilfen) ab.[54]

468 Hervorzuheben ist, dass sich bei bestimmten familiären Konstellationen eine Trennung der Eltern **positiv** auf die Entwicklung der Kinder auswirken kann. Beispielsweise führt die frühe Übernahme von Eigenverantwortung vor allem bei Mädchen alleinerziehender Mütter zu guten sozialen Kompetenzen, wenn gleichzeitig eine enge emotionale Beziehung zwischen ihnen besteht. Wenn vor der Trennung familiäre Gewalt miterlebt wurde, verbessert sich die Befindlichkeit der Kinder ebenfalls nach der elterlichen Trennung,[55] vorausgesetzt die Gewalterfahrungen sind damit beendet. Je mehr Zeit Kinder (insbesondere Söhne) mit einem dissozial und aggressiv agierenden Elternteil zusammenleben, desto häufiger entwickeln sie externalisierende Verhaltensauffälligkeiten; die Prognose fällt dagegen nach einer frühen Trennung positiver aus.[56] Ist das Konfliktniveau zwischen den Eltern bereits vor der Trennung sehr hoch, profitieren die Kinder von der Trennung, da das tägliche Stressniveau dadurch sinkt.[57] Tatsächlich sind Kinder aus konfliktbelasteten Kernfamilien einem erhöhten Risiko für Fehlentwicklungen, beispielsweise hinsichtlich des Selbstwertgefühls, ausgesetzt.[58] Aus einer konstruktiven Auseinandersetzung mit der Situation können für die Kinder Entwicklungsgewinne entstehen, oder es fallen vor der Trennung bestehende Belastungsfaktoren weg.

D. Varianten des Lebensmittelpunkts

469 Herr und Frau Bo trennen sich. In dem Zusammenhang wird die zukünftige Betreuung der beiden gemeinsamen Kinder diskutiert: Sollen beide Kinder bei der Mutter bleiben und den Vater an den Wochenenden und in den Ferien besuchen oder umgekehrt? Soll eines der Kinder bei der Mutter leben und das andere beim Vater? Sollen die Kinder abwechselnd eine Woche bei der Mutter leben und eine beim Vater? Sollen die Kinder gemeinsam in einer Wohnung leben und dort abwechselnd vom Vater und von der Mutter betreut werden? Sollen sie unter der Woche in ein Internat gehen und die Wochenenden abwechselnd bei einem der Elternteile verbringen? Die Eltern können sich nicht einvernehmlich einigen, und die Kinder sind ratlos, wie es weitergehen soll.

470 In den vergangenen drei Jahrzehnten wurde eine Vielzahl von Regelungen entwickelt, wie die Betreuung von Kindern nach einer Trennung zwischen Eltern ausgestaltet werden kann. Die **Variationsbreite** reicht von ausschließlicher Versorgung durch einen Elternteil, mit oder ohne Umgangskontakte zum anderen Elternteil (Residenzmodell), über ein Wechselmodell mit etwa gleicher Beteiligung beider Elternteile an der Kinderbetreuung, bis hin zu einem Nestmodell,

54 Walter & Gerhardt, 2003.
55 Schwarz & Noack, 2002.
56 Dunn, 2004.
57 Booth & Amato, 2001.
58 Walter & Gerhardt, 2003.

bei dem die Eltern trotz Trennung die Kinder abwechselnd im selben Haushalt versorgen. Im besten Fall entstehen daraus Modelle, die auf praktischen Überlegungen und den jeweiligen Ressourcen der Eltern basieren, die Bedürfnisse der Kinder berücksichtigen und alltagspraktisch leicht umsetzbar sind. Im ungünstigsten Fall basiert die Regelung des Aufenthalts auf der Abwägung der Rechte der Eltern und einem subjektiven Verständnis von „Gerechtigkeit" bzw. der mathematischen Berechnung der Unterhaltsansprüche. Dabei gilt es mittlerweile als gesicherte Erkenntnis, dass nicht die Menge der mit dem Kind verbrachten Zeit der ausschlaggebende Faktor für die kindliche Entwicklung und die Eltern-Kind-Beziehung nach der Trennung ist, sondern die Qualität des gezeigten Erziehungsverhaltens.[59]

Die psychologische Forschung generiert keine allgemeingültigen Lösungen für 471
die Frage, wo ein Kind nach der elterlichen Trennung leben soll. Tatsächlich reagiert die Wissenschaft hier lediglich auf die gesellschaftlichen Veränderungen und untersucht im Nachhinein, wie sich bestimmte Betreuungsmodelle auf die Entwicklung von Kindern ausgewirkt haben.[60] **Forschungsdesigns** in diesem Themenbereich sind hochkomplex, weil eine Vielzahl von Faktoren berücksichtigt werden muss, die sich auf die Entwicklung von Kindern auswirken können. Hierzu gehören das Alter des Kindes, die Anzahl der Geschwister und die jeweilige Position in der Geschwisterreihe, finanzielle Voraussetzungen vor und nach der Trennung, Reaktionen des außerfamiliären Umfelds auf die Trennung der Eltern, Intensität der elterlichen Streitigkeiten, elterliches Erziehungsverhalten vor, während und nach der Trennung, um nur einige zu nennen.

Wie Kinder auf Veränderungen reagieren und inwiefern sie **unruhige Umgangs-** 472
oder Aufenthaltsregelungen (wie beispielsweise ein Wechselmodell) vertragen, hängt auch vom kindlichen Temperament ab, insbesondere der Flexibilität, sich auf neue Situationen einlassen zu können. Des Weiteren hängt es von der Qualität der in den verschiedenen Familienkonstellationen gebotenen Beziehungen ab, ob das Kind diese als Zuhause empfindet, in dem es Geborgenheit findet, die meiste Zeit zufrieden ist, sich gut entwickelt und ein positives Selbstwertgefühl hat. Zudem müssen beide Elternteile in der Lage sein, dem Kind ein ausreichend positives Bild vom jeweils anderen zu vermitteln, um die Entstehung von Loyalitätskonflikten zu vermeiden oder zumindest abzumildern.[61] Die Fähigkeit der Eltern, die Kinder in ihrer jeweiligen Anpassungsleistung an die neue Lebenssituation zu unterstützen, ist ausschlaggebend für die weitere kindliche Entwicklung.[62]

59 ZB Trinder, Keller & Swift, 2008.
60 Übersicht bei Kostka, 2014 a.
61 Largo & Czernin, 2003.
62 Salzgeber, 2015 a.

473 Grundsätzlich sollte das von psychologischen Sachverständigen empfohlene Betreuungsmodell dem Kind Stabilität, Routine und Kontinuität bieten und an seine **individuellen Bedürfnisse** angepasst sein. Eine Standardlösung der Betreuung nach elterlicher Trennung, die für alle davon betroffenen Kinder in gleicher Weise zu befürworten ist, existiert nicht.

474 In der Abwägung der Entscheidung bezüglich eines zukünftigen Betreuungsmodells verweist die Scheidungsforschung auf wesentliche Aspekte sowohl auf der Kindebene wie auf der Elternebene. Kinder sollten so weit wie möglich in die **Entscheidungsfindung** einbezogen werden, wobei die Lösung ihrem Alter und ihren Bedürfnissen anzupassen ist und sich an der erlebten Qualität der Beziehung zu den Eltern vor und nach der Trennung sowie dem kindlichen Willen orientieren sollte. Hier spielt beispielsweise auch die Akzeptanz der neuen Partnerschaft eines Elternteils eine Rolle. In einer Studie sprachen sich 60 % der betroffenen Kinder und Jugendlichen dafür aus, dass die Sorgerechtsregelung auf ihren Aufenthaltswünschen basieren sollte, auch wenn es von den Kindern als schwierig empfunden wurde, diesbezügliche Wünsche offen zu äußern.[63]

475 Als sinnvoll hat es sich erwiesen, Kindern eine **flexible** Regelung ihres Kontakts mit beiden Elternteilen sowie das Erleben von jeweils einem Zuhause bei beiden zu ermöglichen. Dabei sollte an einer einmal gefundenen Regelung nicht rigide festgehalten werden, da sich die Bedürfnisse der Kinder und die Lebenssituation der Erwachsenen über die Zeit verändern.

476 Als häufigstes Modell wird in Deutschland nach einer elterlichen Trennung die **„binukleare“ Familie** angestrebt. Bei den ca. 80–85 % aller Eltern, die keine gerichtliche Hilfe bei der Lösung ihrer Probleme benötigen, ist dies das am häufigsten vereinbarte Modell. Dabei verfügen die Kinder im Haushalt beider Elternteile über ein Zuhause und verbringen mit beiden regelmäßig gemeinsame Zeiten, wobei ein Lebensmittelpunkt definiert wird.

477 In strittigen Fällen ist das **Residenzmodell** bei bestimmten Konstellationen vorzuziehen: Kleinkinder, die keinen festen Lebensmittelpunkt haben, entwickeln bedeutsam häufiger hoch-unsichere Bindungsmuster, insbesondere, wenn die Kommunikation zwischen den Eltern konflikthaft war. Bei Kindern unter zwei Jahren zeigen sich durch häufige Veränderungen der Übernachtungssituation erhebliche Nebenwirkungen, beispielsweise in Form von Irritierbarkeit und Trennungssensitivität. Bei Kindern zwischen dem zweiten und dritten Lebensjahr werden bei abwechselnden Übernachtungen erhebliche Defizite in ihrer Ausdauer und Lernfähigkeit sowie deutliche Problembelastung beispielsweise hinsichtlich emotionaler Labilität, Aggressivität und im Essverhalten beobachtet. Erst ab dem vierten Lebensjahr ergeben Übernachtungen in wechselnden Umgebungen keine signifikan-

63 Kaltenborn, 2004.

ten Unterschiede mehr zu den Kindern, die stets in der gleichen Umgebung schlafen.[64] Als ausschlaggebend werden dabei nicht die in der Umgangsübernachtung vorgefundenen Rahmenbedingungen, sondern die nächtlichen Trennungen von der Hauptbezugsperson angesehen, die zu einer Verdoppelung der unsicheren Bindungsmuster unter den betroffenen Kindern führen.[65]

Ein Wechsel des Aufenthalts eines Kindes vom bisher hauptbetreuenden Eltern- 478
teil zum bislang umgangsberechtigten Elternteil, der ausschließlich mit einer **Umgangsverweigerung** begründet wird, ist hinsichtlich der kindlichen Entwicklungsbedürfnisse nicht nachvollziehbar. Ist die Umgangsverweigerung dagegen Folge einer ernsthaften psychischen Störung des hauptbetreuenden Elternteils oder weist das Kind in mehreren Lebensbereichen Defizite auf, die auf elterliches Versagen zurückzuführen sind, sollte die Erziehungsfähigkeit gemäß § 1666 BGB untersucht werden (→ Rn. 514 ff.).

Auch beim sogenannten „**Nestmodell**" entsteht für die Kinder keine tatsächli- 479
che Kontinuität. Sie sind zwar räumlich in einem gleichbleibenden Rahmen, müssen sich dennoch abwechselnd auf den gerade zuständigen Elternteil und dessen erzieherische Schwerpunkte einstellen.[66] Da dieses Betreuungsmodell mit dem größten finanziellen Aufwand und den stärksten Anpassungsleistungen der beiden Elternteile verbunden ist, wird es am seltensten und kaum über einen längeren Zeitraum praktiziert.

Eine weitere, derzeit viel diskutierte Betreuungsform ist das sogenannte „**Wech- 480
selmodell**", bei dem das betroffene Kind abwechselnd für mehr oder weniger längere Zeiträume bei einem und dem anderen Elternteil lebt.[67] Im Gegensatz zu der Darstellung in populärwissenschaftlichen Ausführungen ist die tatsächliche Zahl der Familien, die es langfristig umsetzen, rückläufig. Praktiziert wird dieses Betreuungsmodell mit Aufenthalten von einem Tag bis hin zu einem Jahr im Wechsel bei jedem Elternteil. Voraussetzung ist, dass die Eltern in räumlicher Nähe voneinander wohnen, so dass das Kind von beiden Haushalten aus den Kindergarten bzw. die Schule besuchen und sein gewohntes soziales Umfeld aufrechterhalten kann. Ein Wechselmodell kann vor allem bei Berufstätigkeit beider Elternteile von Vorteil sein. Keine zusätzlichen negativen Effekte sind vom Wechselmodell zu erwarten, wenn beide Elternteile eine enge Verbindung zu den Kindern unterhalten, untereinander gut kooperieren und kommunizieren. Von Vorteil ist das Wechselmodell ebenfalls, wenn zu beiden Elternteilen eine gute Qualität der Eltern-Kind-Beziehung besteht und beide Elternteile bereits vor der Trennung eng in die Kinderbetreuung eingebunden waren.[68] Scheinbar

64 Ziegenhain, 2014.
65 Tornello et al., 2013.
66 Largo & Czernin, 2003.
67 Sünderhauf, 2013.
68 Poortman, 2018.

profitieren aber nur die Kinder von einem Wechselmodell, bei denen seitens der Eltern kein Koalitionsdruck ausgeübt wird.[69] Bei Jugendlichen werden durch das Wechselmodell die Nachteile aus der elterlichen Trennung etwas abgemildert, beispielsweise hinsichtlich ihrer Autonomie, der Sozialkontakte oder bei Verhaltensauffälligkeiten. Allerdings konsumierten diese Jugendlichen häufiger illegale Drogen.[70]

481 Sorgfältige Datenanalysen zeigen, dass das Wechselmodell im **Vergleich** zu einem Residenzmodell mit häufigem Kontakt zum getrennt lebenden Elternteil keine ersichtlichen Vorteile für die Kinder hat.[71]

482 Das Wechselmodell ist somit nicht dazu geeignet, die Auswirkungen einer elterlichen Trennung auf Kinder abzumildern. Insbesondere können Verlustängste der Kinder dadurch nicht reduziert werden. So ergab die Scheidungsforschung, dass sich ein häufiger Kontakt zum nicht betreuenden Elternteil bzw. ein paritätisches Wechselmodell dann **schädigend** auf das kindliche Befinden auswirkt, wenn die Nachtrennungskonflikte der Eltern hochstrittig ausgetragen werden. Ebenso ist hiervon bei Partnerschaftsgewalt oder Stalking abzuraten.[72] Es besteht ein erhöhtes Risiko für eine Vernachlässigung der Kinder durch beide Elternteile, wenn keiner sich umfassend zuständig und verantwortlich fühlt.[73] Auch das Gegenteil, die Überversorgung eines Kindes durch beide Elternteile, kann zu Beeinträchtigungen führen, insbesondere dann, wenn keine Absprachen über eingeleitete Maßnahmen oÄ erfolgen. Das Wechselmodell zeitigte in einer australischen Studie nur dann gute Auswirkungen, wenn die Anzahl der zu betreuenden Kinder gering war, diese jünger waren und eine enge Beziehung zu ihrem Vater aufwiesen, der über eine hohe bzw. höhere Erziehungskompetenz verfügte. Ebenso war die gegenseitige Wertschätzung der Eltern für das kindliche Wohlbefinden ausschlaggebend. In den anderen Fällen wurde eine höhere Konfliktanfälligkeit beim Wechselmodells im Vergleich zum Residenzmodell angegeben. Die betroffenen Kinder erleben mehr Loyalitätskonflikte und kritisieren die starre Regelung des Modells.[74] Das Wechselmodell wird dann zur Belastung der Kinder, wenn sich ein Elternteil Sorgen um die Sicherheit des Kindes macht, intensive Konflikte zwischen den Eltern bestehen und die Kinder sehr jung sind.[75]

483 Für Säuglinge und Kleinkinder in der bindungssensitiven Phase, dh etwa bis Abschluss des dritten Lebensjahres, ist das Wechselmodell idR **kontraindiziert**, da sie besonders trennungsempfindlich und auf gleichbleibende Tagesabläufe angewiesen sind. Wiederholte Trennungen bzw. Übergänge bedeuten in diesem Alter

69 Walper, 2019.
70 Für einen Überblick Walper, 2019.
71 Walper, 2016.
72 Kostka, 2014 b.
73 Kostka, 2006.
74 Walper, 2015.
75 Für einen Überblick s. Walper, 2016.

für das Kind Stress und gefährden einen sicheren und organisierten Bindungsaufbau (→ Rn. 251). In internationalen Studien hat sich gezeigt, dass der Anteil an Säuglingen und Kleinkindern, der in der Folge eines Wechselmodells unsichere oder desorganisierte Bindungsmuster entwickelte, im Gegensatz zur Allgemeinbevölkerung signifikant erhöht war. Aber auch für ältere Kinder erscheint ein zu häufiger Wechsel zwischen den Eltern nicht empfehlenswert, sie zeigen in der Folge häufiger Verhaltensstörungen als Kinder mit einem festen Wohnsitz.[76] Untersuchungen der Scheidungsforschung stellten hier bei Kindern unter vier Jahren erhebliche Belastungen in den Bereichen des Verhaltens und der emotionalen Entwicklung fest.[77] Weitere Ergebnisse legen nahe, dass Kinder im Alter von unter fünf Jahren Schwierigkeiten in ihrem Bindungsverhalten aufweisen, wenn sie im Rahmen eines Wechselmodells betreut werden.[78]

Ob ein Kind die Betreuung in Form des Wechselmodells verkraftet, ist auch eine Frage des kindlichen Temperaments. Geschwisterbeziehungen können die Belastungen abmildern. Die mit den häufigen Veränderungen verbundene **Mehrbelastung** der Kinder sollte sorgfältig in Betracht gezogen und durch die Qualität der Eltern-Kind-Beziehung in beiden Haushalten ausreichend aufgefangen werden. 484

Die Doppelresidenz wird teilweise gerichtlicherseits als **Übergangsmodell** angeordnet, bis eine Lösung der Betreuungssituation erarbeitet wurde. Die Installation eines Wechselmodells gegen den Willen der Eltern – beispielsweise als Befriedungsversuch – trägt eher dem Fairnessgedanken in Bezug auf die Eltern Rechnung als dem Wohl der betroffenen Kinder. Dabei muss jedoch bei der kindlichen Willensäußerung bezüglich des zukünftigen Lebensschwerpunktes beachtet werden, dass sich Kinder nach der elterlichen Trennung an ihrem Gerechtigkeitserleben orientieren,[79] keinen Elternteil enttäuschen möchten oder einer tatsächlichen Entscheidung ausweichen. Tatsächlich wünschen sich vor allem Grundschulkinder unmittelbar nach einer Trennung der Eltern häufig zunächst, dass „alles so bleibt wie es immer war" oder dass eine hälftige Betreuung erfolgen soll. 485

Allerdings sind Regelungen, die dem Bindungserleben eines Kindes widersprechen, für die Frage des Betreuungsmodells ungeeignet. Der **Einbezug** der Aussagen und verinnerlichten Beziehungen eines Kindes in die Entscheidungsfindung sind eine wichtige Ressource, um die familialen Übergänge zu verarbeiten.[80] 486

Ein wesentliches Kriterium, um den Kindern eine Anpassung an die veränderten Lebensbedingungen zu bieten, sollte die Aufrechterhaltung der familiären 487

76 Unzner, 2006.
77 Kostka, 2014 a.
78 Salzgeber, 2014.
79 Salzgeber, 2014.
80 Kaltenborn, 2001.

Kontinuität sein. An zweiter Stelle steht die Aufrechterhaltung der außerfamiliären sozialen Einbindung. Die Wahrung von gleichbleibenden Wohnbedingungen bzw. des außerfamiliären Umfelds ist demgegenüber insbesondere bei jüngeren Kindern in der Regel zweitrangig.

488 Die Art der Betreuung ist auf die **individuellen Bedürfnisse** des betroffenen Kindes abzustimmen.[81] Um eine angeblich gerechte Lösung für die Eltern zu erarbeiten, sollten den Kindern keine Lebensmodelle und Anpassungsleistungen abverlangt werden, die ihre Ressourcen übersteigen.[82]

489 Aufgabe der psychologischen **Sachverständigen** ist hier, die tatsächliche Bedürfnislage des betroffenen Kindes zu ermitteln. Der Schwerpunkt muss dabei auf dem Erhalt der tatsächlich bestehenden und der kindlichen Entwicklung dienlichen familiären Beziehungen liegen. Psychologische Sachverständige müssen zudem die für das Kind resultierenden Vor- und Nachteile der unterschiedlichen, realistisch zur Verfügung stehenden Betreuungsmodelle gegeneinander abwägen.

E. Varianten der elterlichen Sorge aus psychologischer Sicht

490 Frau Bu und Herr Bu bekommen ihr Wunschkind. Beide sind sich einig, dass die Mutter das Sorgerecht allein hat. Sie erhoffen sich davon finanzielle Vorteile und leben ohnehin in Liebe vereint zusammen. Ebenso wird beim zweiten Kind verfahren. Nach einigen Jahren fängt Frau Bu an, Drogen zu konsumieren. Es kommt zur Trennung. Wenig später werden die Kinder aufgrund einer akuten Gefährdung in Obhut genommen und im Kinderheim untergebracht. Herr Bu versucht jetzt, schnellstmöglich das Sorgerecht zu erhalten und die Kinder zu sich zu holen. Frau Bu lehnt dies ab und taucht dann unter.

491 **Eheschließungen** geraten wieder in Mode, die Ehedauer verlängert sich in den letzten 15 Jahren wieder (derzeit im Mittel 15 Jahre). Je mehr Kinder ein Paar gemeinsam hat, umso länger ist die Ehedauer. In Deutschland waren im Jahr 2018 etwa 121.000 Minderjährige von der Scheidung ihrer Eltern betroffen.[83] Darüber hinaus wurden im selben Jahr 198.000 gemeinsame Sorgerechtserklärungen abgegeben und 1.100 durch Gerichte entschieden.[84]

492 In den vergangenen Jahren ist in Deutschland die Zahl der getrennt lebenden Eltern, die das Sorgerecht für ein Kind **gemeinsam** ausüben, auf über 80 % gestiegen. Unter diesen Eltern ist das Konfliktniveau in der Regel niedriger als bei den getrennt lebenden Paaren, die sich das Sorgerecht nicht teilen. Dabei bleibt unklar, ob und in welcher Richtung eine Kausalbeziehung besteht: Wirkt sich der Zwang zur gemeinsamen Sorgerechtsausübung positiv auf die Kooperationsbereitschaft untereinander im Sinne einer Reduktion der kognitiven Dissonanz

81 Largo & Czernin, 2003.
82 Marquardt, 2005.
83 www.destatis.de.
84 Statistisches Bundesamt, 2019.

aus,[85] oder legt das zum Zeitpunkt der Sorgerechtsentscheidung bestehende niedrige Konfliktniveau entsprechende familienrichterliche Beschlüsse nahe?[86]

Im Alltag wirkt sich ein gemeinsames Sorgerecht getrennt lebender Eltern in der Regel weniger gravierend aus, als die in Gerichtsstreitigkeiten verwickelten Betroffenen befürchten und in gängigen, populärwissenschaftlichen Ratgebern beschrieben wird. Dies hängt unter anderem damit zusammen, dass häufig eine **Vermischung** der Frage einer Sorgerechtsregelung mit der Frage erfolgt, in welcher Form das Kind betreut werden soll. Eine solche, die individuellen Befürchtungen vertiefende Unschärfe sollte von Fachpersonen vermieden werden. Das Sorgerecht kann beispielsweise gemeinsam ausgeübt werden und dennoch hat das Kind einen eindeutigen Lebensschwerpunkt, oder ein Kind wird gemeinsam versorgt, obwohl nur ein Elternteil sorgeberechtigt ist. Beide Themenbereiche sollten daher getrennt voneinander betrachtet werden. 493

In der Diskussion über die neue Gesetzesregelung wurde kritisch vermerkt, dass der **Realbeziehung** im Eltern-Kind-Verhältnis wenig Beachtung geschenkt worden sei (zB gewachsene Beziehung des Kindes zum nichtsorgeberechtigten Vater).[87] Generell weisen Untersuchungsergebnisse darauf hin, dass sich eine Sorgerechtsregelung, die gegen die von den Kindern wahrgenommenen familiären Gegebenheiten implementiert wird, in verschlechterten familiären Beziehungen niederschlägt.[88] 494

Aus psychologischer Sicht macht es keinen Unterschied, ob Eltern verheiratet waren oder nicht, um zu beurteilen, wie sich eine Sorgerechtsregelung auf die Entwicklung und das Wohlbefinden eines Kindes auswirkt.[89] Insbesondere muss eindringlich darauf hingewiesen werden, dass nicht die juristische Form der Sorgerechtsgestaltung für Kinder wichtig ist, sondern die **Qualität** der Betreuung, der Erziehung und der Eltern-Kind-Beziehung.[90] Voraussetzung für eine dem Kindeswohl dienende Ausübung der elterlichen Sorge ist allerdings eine gegebene Erziehungsfähigkeit. 495

Generell ist aus Sicht psychologischer Sachverständiger von den Elternteilen, die das Sorgerecht ausüben möchten, zu **fordern**, dass sie bereits eine persönliche Beziehung zum Kind haben, sich für dieses aktiv interessieren sowie dass sie über die kindlichen Bedürfnisse in den verschiedenen Entwicklungsstufen im Allgemeinen und die Bedürfnisse und Wünsche ihres Kindes im Besonderen informiert sind. 496

85 Füchsle-Voigt, 2004.
86 Bauserman, 2002.
87 Schumann, 2013.
88 Kostka, 2005.
89 Für eine ausführliche Diskussion s. Heiß & Castellanos, 2013.
90 Kaltenborn, 2001.

497 Eine gemeinsame Sorgerechtsausübung erscheint bei den Eltern **kontraindiziert,** bei denen durch dieses Arrangement das Kindeswohl gefährdet wäre. Dies betrifft hochkonflikthaft verstrickte Eltern (→ Rn. 439 ff.) sowie Paare, bei denen es wiederholt oder in schwerer Ausprägung zu Partnerschaftsgewalt gekommen ist (→ Rn. 714 ff.). Auch bei Jugendlichen, die einen Elternteil wegen dessen Erziehungsstils ablehnen, ist eine Sorgerechtsausübung durch beide Elternteile eher in Frage zu stellen.[91] Von einer gemeinsamen Sorgerechtsausübung ist bei bestimmten psychischen Störungen (beispielsweise aus dem paranoiden Formenkreis oder bei Suchterkrankungen) eines Elternteils abzuraten, sowie bei Vernachlässigung, Misshandlung oder Missbrauch des Kindes durch einen Elternteil, geistiger Behinderung eines Elternteils, Entführungsgefahr, dysfunktionalen Erziehungseinstellungen oder tiefgreifender Uneinigkeit der Eltern hinsichtlich kindlicher Belange.[92]

F. Interventionen

1. Schutzfaktoren auf der Kindebene fördern

498 Für Kinder ab dem Schulalter ist bei einer Trennung der Eltern vor allem die Ungewissheit über die familiäre Zukunft und die Konfrontation mit der Unsicherheit und eingeschränkten Verfügbarkeit der Eltern beängstigend. **Scheidungsgruppen** bieten Kindern Informationen über das familiäre Geschehen im Allgemeinen an und vermitteln ihnen die Erfahrung, mit ihren Problemen nicht allein dazustehen. Außerdem helfen sie bei der Entwicklung von Strategien, um sich von den Konflikten der Eltern abzugrenzen. Kinder werden dabei in ihrer Selbstwahrnehmung und in ihrem Selbstbewusstsein gestärkt. Solche Gruppen werden beispielsweise von den deutschen Kinderschutzzentren, von Trennungs- oder Erziehungsberatungsstellen oder Sozialpädiatrischen Zentren (in der Regel kostenfrei) angeboten.

499 Weitere Möglichkeiten, Kindern eine Anpassung an die veränderten familiären Gegebenheiten zu **erleichtern,** sind der Einsatz themenbezogener Kinderbücher, offene Gespräche der Eltern mit dem Kind über die familiäre Situation und das Vorhersehbarmachen der Zukunft des Kindes (beispielsweise durch Festlegung des Betreuungs- und Umgangsmodells).[93] Hier stehen den Familien Erziehungsberatungsstellen wie auch das Jugendamt hilfreich zur Seite.

500 Der Einsatz eines **Verfahrensbeistands** während des laufenden Gerichtsverfahrens kann zu einer Reduktion der kindlichen Belastung beitragen. Zum einen wird das Kind von ihm auf eine richterliche Anhörung vorbereitet und in Bezug auf

91 Kindler & Fichtner, 2008.
92 Fidgor, 2011.
93 Garten & Salzgeber, 2008.

seine Willensäußerungen unterstützt, zum anderen sind vermittelnde Gespräche mit den Eltern möglich.[94]

Nehmen die Belastungssymptome ein Ausmaß an, das die psychische Gesundheit 501
und altersgemäße Entwicklung der betroffenen Kinder und Jugendlichen ernsthaft gefährdet, sollte ein **approbierter Kinder- und Jugendlichen-Psychotherapeut** aufgesucht werden. Dort können die individuellen Probleme gezielt thematisiert und beispielsweise Beziehungsstörungen fachkundig behandelt werden. Stehen Letztere im Vordergrund, ist auch ein familientherapeutischer Ansatz denkbar. Diese Therapieform wird in Deutschland allerdings nicht von den Krankenkassen finanziert.

Bei gravierend negativen Auswirkungen des elterlichen Streits auf die Eltern- 502
Kind-Beziehung kann eine ambulante **Hilfe zur Erziehung** – beispielsweise in Form eines Erziehungsbeistands – dienen, dem Kind eine stabile Vertrauensperson und damit emotionale Entlastung zu bieten. Bei tiefergreifenden Kommunikationsstörungen können systemtherapeutisch ausgebildete Teams die Familie aufsuchen und verhaltensnah alternative Strategien erarbeiten.

Bei extrem destruktivem Streit zwischen den Eltern und entsprechend ausgepräg- 503
ter psychopathologischer Symptomatik beim Kind kann es besser sein, dem Kind in einer **stationären Therapie** einen eigenen Schutzraum zu geben. Parallel dazu sollte eine intensive Elternarbeit erfolgen.[95]

2. Elterliche Erziehungskompetenzen nach der Trennung fördern

Die **Absicherung** der psychischen und sozio-ökonomischen Situation von Eltern 504
nach einer Trennung wirkt sich unmittelbar positiv auf ihre Kinder aus. Für eine schnellstmögliche Entlastung der Kinder bedeutet dies, möglichst rasch (aber nicht vorschnell) Betreuungsmodelle zu entwickeln, die für die Familie verbindlich sind, sowie eine zügige Regelung der Unterhaltszahlungen und der Wohnungszuweisung zu erreichen, damit den Kindern eine gesicherte Lebenssituation geboten wird.

Hervorzuheben ist die **Vorbildfunktion** der Eltern bei der Lösung von Konflik- 505
ten: Wenn Kinder miterleben, dass die Eltern ihr Streitverhalten konstruktiv(er) gestalten, wirkt sich dies auf ihre Fähigkeiten aus, ihrerseits Konfliktsituationen zu lösen. Noch viel zu wenig verbreitet sind, zumindest im deutschsprachigen Raum, Präventionsprogramme mit Schulungen für konstruktive Konfliktlösungen für alle Familienformen. Solche Programme stärken beispielsweise die fami-

94 Vgl. zu den Anforderungen an den Verfahrensbeistand den Gesetzentwurf für ein Gesetz zur Bekämpfung sexualisierter Gewalt gegen Kinder vom 22.10.2020, BR-Drs. 634/20.
95 Brisch, 2019.

liären Beziehungen, lehren bessere Kommunikationsfertigkeiten und fördern die emotionale Sicherheit der Kinder.[96]

506 Eine mittlerweile weit verbreitete Intervention ist die **„gerichtsnahe Trennungs- und Scheidungsberatung“**, die vom Familienrichter vermittelt wird und das Ziel hat, eine freiwillige außergerichtliche Vereinbarung zu treffen[97] oder zumindest die Eltern in ihrer Autonomie zu stärken und die Hindernisse aus dem Weg zu räumen, die einer einvernehmlichen Einigung im Wege stehen.[98] Diese Leistung wird beispielsweise durch psychologische Beratungsstellen der Wohlfahrtsverbände angeboten.

507 Hinsichtlich der Entlastung der Kinder von elterlichen Auseinandersetzungen bieten sich Interventionen an, die die **elterliche Kommunikation** verbessern und die besonderen Bedürfnisse der Kinder im Trennungsgeschehen verdeutlichen. Dies kann in Gruppenprogrammen wie „Kinder im Blick“[99] erfolgen oder in individuellen Paar- und Einzelberatungen, bei denen beispielsweise die Bindungstoleranz gegenüber dem anderen Elternteil im Zentrum steht. Dabei soll verdeutlicht werden, dass es für das gemeinsame Kind wichtig ist, wenn die Eltern einander positiv oder mindestens neutral wahrnehmen und dem Kind ein entsprechendes Bild vermitteln. Gerade in der Trennungssituation benötigt ein Kind die Gewissheit, sowohl in den an die Mutter als auch in den an den Vater erinnernden Anteilen seiner Person geliebt zu werden. Die entsprechenden Kursangebote wurden mittlerweile auch evaluiert und ihre positive Auswirkung auf Elternkonflikte bestätigt.[100]

508 In einzelnen Familien wird es auch notwendig sein, gezielt unangemessenes Erziehungsverhalten der Eltern zu behandeln, das durch die Trennungssituation ausgelöst oder verstärkt wurde. Häufig zu beobachten ist beispielsweise die Benutzung eines Kindes als Partnerersatz, mit dem in altersunangemessener Weise familiäre Probleme besprochen werden. So zeigen sich einzelne Kinder über alle Schritte des gerichtsanhängigen Familienverfahrens und die Inhalte der anwaltlichen Schriftsätze informiert. Hierdurch werden sie nicht nur emotional überfordert, sondern es werden auch erzieherische Hierarchien korrumpiert, die in einer individuellen **Erziehungsberatung** wieder den altersentsprechenden Bedürfnissen der Kinder angepasst werden sollten. In einer gemeinsamen Erziehungsberatung mit beiden Elternteilen kann mithilfe einer neutralen Person auch eine Einigung über notwendige Entscheidungen erzielt werden, ohne dass es erneut zu gerichtlichen Auseinandersetzungen kommen muss. Erziehungsberatungsstellen bedienen sich je nach Ausbildung ihrer Mitarbeiter dabei unterschiedlicher therapeuti-

96 Cummings & Bergman, 2019.
97 Müller, 2006 oder Buchholz-Graf, 2001.
98 Jacob, 2019.
99 Bröning, 2009.
100 Retz & Walper, 2015.

scher Methoden in verschiedenen Settings.[101] Diese Interventionsarten werden beispielsweise von den Kinderschutzzentren oder den örtlichen Erziehungsberatungsstellen sowie von auf Trennungsfamilien spezialisierten Beratungsstellen angeboten.

In der **Mediation** sollte der Grundsatz, auf der Basis der Vorstellungen beider 509
Parteien eine einvernehmliche Lösung zu erarbeiten, bei Fragen von Sorge- oder Umgangsregelungen unbedingt durch die tatsächlichen Bedürfnisse der konkret betroffenen Kinder ergänzt werden. Im Gegensatz zu einer klassischen Mediation erfordert daher die Mediation in den die Kinder betreffenden Angelegenheiten mitunter eine inhaltliche Positionierung des Mediators. Kinder können in die Mediation einbezogen werden, sobald es darum geht, Alternativlösungen zu entwickeln.[102]

Eine Mediation ist **kontraindiziert** oder sollte abgebrochen werden, wenn es 510
zu häuslicher Gewalt, Kindesmissbrauch oder anderweitiger Gefährdung des Kindeswohls kommt, parallel Gerichtsverfahren betrieben werden, es sich um hochstrittige Paare oder solche mit einem großen Machtgefälle handelt, bzw. sich ein unfaires oder ungesetzliches Ergebnis abzeichnet.[103]

Es sollte beachtet werden, dass in einer frühen Phase der psychischen Verarbei- 511
tung von Trennungsschmerz in der Regel keine Befriedung zwischen den Eltern möglich ist und die **Konfrontation** der Streitparteien eventuell zu einer weiteren Eskalation beiträgt. Dagegen kann zu einem späteren Zeitpunkt in derselben Familie die Erarbeitung einer einvernehmlichen Lösung möglich werden.[104] Im gegebenen Fall kann es hilfreich sein, den Eltern die Intervention zuerst getrennt voneinander anzubieten.[105]

Hochkonfliktfamilien sind einer Intervention nur schwer zugänglich. Diese El- 512
tern nutzen angebotene Interventionen oft dazu, ihre familiären Probleme ins außerfamiliäre Umfeld auszuweiten. So werden nicht selten Nachbarn, Lehrer, die Eltern von Mitschülern der Kinder und der weitere Bekanntenkreis mit den Details der Trennung vertraut gemacht und zur Positionierung – unter anderem auch als Zeugen vor Gericht – aufgefordert. Dabei mangelt es den Eltern an der Einsicht, dass damit für ihre Kinder wichtige außerfamiliäre Kontakte belastet oder verhindert werden. Kinder aus solchermaßen streitbelasteten Beziehungen werden häufig sozial isoliert und verlieren Freundschaften, da andere Familien vermeiden möchten, in die eskalierenden Streitigkeiten hineingezogen zu werden. Inwiefern eine psychosoziale Trennungsberatung erfolgreich verläuft, ist ua von

101 Menne, 2020.
102 Ivanits, 2018.
103 Thomsen, 2011.
104 Krause, 2003.
105 Fichtner, Dietrich, Halatcheva, Hermann & Sandner, 2010.

der Motivation der Klienten, dem elterlichen Konfliktniveau und der Möglichkeit, den Vater in die Beratung einzubinden, abhängig. Stagniert eine Beratung, muss gelegentlich zunächst eine gerichtliche Entscheidung abgewartet werden, damit anschließend eine konstruktivere Zusammenarbeit möglich ist.[106]

513 Wurden durch die Trennung des Paares gravierende psychische Reaktionen bei einem Elternteil ausgelöst (wie eine behandlungsbedürftige depressive Reaktion oder Reaktivierung eigener Traumata), kann eine **Psychotherapie** für die Aufarbeitung der eigenen Familiengeschichte und eine gesunde Persönlichkeitsentwicklung unabdingbar werden.

106 Fichtner, 2018.

Teil III: Begutachtung der Erziehungsfähigkeit gemäß § 1666 BGB

A. Allgemeine Grundlagen

In Deutschland wurden im Jahr 2018 mehr als 157.000 **Gerichtsverfahren** zur Abklärung einer Kindeswohlgefährdung durchgeführt. Bei einem Drittel von ihnen bestand keine Gefährdung, bei einem weiteren Drittel bestand zwar keine Gefährdung, aber Hilfebedarf. In ca. 25.000 Fällen wurde eine akute Gefährdung festgestellt, in weiteren 25.000 Fällen eine latente Gefährdung. Bei ca. 7.500 Verfahren kam es zum vollständigen Sorgerechtsentzug, bei ca. 8.500 zum teilweisen Entzug der elterlichen Sorge. 514

Im gleichen Jahr wurden etwa eine Millionen Maßnahmen als **Hilfe zur Erziehung** durchgeführt, mit Gesamtkosten von etwa 51 Milliarden Euro. Diese Hilfen bestanden überwiegend aus flexiblen Hilfen (wie sozialpädagogische Familienhilfe, Clearing, Schulbegleitung, begleitete Umgangskontakte), Erziehungsberatung, sozialer Gruppenarbeit, einem Erziehungsbeistand und stationärer Unterbringung.[1] 515

Ende 2018 lebten in Deutschland 91.000 Kinder in offiziellen **Pflegeverhältnissen**, mit steigender Tendenz, vor allem der jüngeren Kinder bis zum Kindergartenalter. 143.000 Kinder und Jugendliche lebten in Heimen und Wohngruppen. In den meisten Fällen waren zuvor niederschwellige Hilfen zur Erziehung (in Form ambulanter Maßnahmen) als gescheitert beendet worden. Nach einer durchschnittlichen Verweildauer von fünf Jahren kehrten etwa 2,5–5 % der Kinder in ihre Herkunftsfamilien zurück.[2] 516

Unter den **in Obhut** genommenen Kindern findet sich ein zwei- bis dreifach erhöhter Anteil an psychisch auffälligen Kindern und eine vierfach erhöhte Beschulung in Förderzentren als in der Allgemeinbevölkerung. Je nach Studie weisen circa 70–92 % der Kinder traumatische biographische Erfahrungen mit entsprechenden Beeinträchtigungen der sozialen und emotionalen Entwicklung auf. Hieraus leiten sich eine erhöhte Vulnerabilität und ein besonderes Schutzbedürfnis ab. Psychotherapeutische oder psychiatrische Behandlung wird den betroffenen Kindern jedoch nur eingeschränkt angeboten. 517

Psychologische Sachverständigengutachten nach § 1666 BGB werden in Auftrag gegeben, wenn zu befürchten ist, dass ein Kind direkt oder indirekt, willentlich oder unverschuldet durch seine Eltern gefährdet ist.[3] Eine **Gefährdung** des Kindeswohls kann durch körperliche oder psychische Erkrankungen eines Elternteils 518

1 Statistisches Bundesamt, 2019.
2 Kindler et al., 2011.
3 Uphoff, 2001.

bedingt sein oder durch Vernachlässigung, Verwahrlosung, Misshandlung, beziehungsweise wenn Eltern keine angemessene Beziehung und Bindung zu ihrem Kind aufbauen können. Eine Kindeswohlgefährdung kann auch aus gefährdenden religiösen Überzeugungen oder Gewalttätigkeit in der Partnerschaft resultieren. Häufig liegen mehrere Problembereiche gleichzeitig vor, wodurch sich die für das Kind schädigenden Auswirkungen potenzieren können.[4] So sind Familien mit fehlender ökonomischer Absicherung beispielsweise häufiger von Wohnungsnot, Arbeitslosigkeit, Suchterkrankungen und Gewaltstrukturen belastet als Familien, die sozial, finanziell und durch (familiäre) Unterstützungssysteme gesichert sind.

519 Für die positive Entwicklung eines Kindes wird die Erfüllung von **Grundbedürfnissen** als wesentliche Voraussetzung angesehen, denen je nach Alter und Entwicklungsstand eine unterschiedliche Bedeutung zukommt[5] (→ Rn. 122 ff.). Bei Abweichungen in der körperlichen, geistigen, sozialen und emotionalen Entwicklung eines Kindes stellt sich die Frage, ob die Ursache in Fehlverhalten der Eltern oder unverschuldet in defizitären erzieherischen Kompetenzen liegt.

520 Im Rahmen der Beurteilung einer Kindeswohlgefährdung ist sorgfältig abzuwägen, ob sich eine **Trennung** des Kindes von seinen Eltern möglicherweise nachteiliger auf dessen Entwicklung auswirken wird, als dies bei den gegebenen Risikofaktoren beim Verbleib in der Familie der Fall wäre.[6] Dafür muss durch die psychologischen Sachverständigen die Frage beantwortet werden, worin konkret eine Gefahr für das Kindeswohl besteht, welche Folgen diese auf das Kind bereits gezeigt haben oder mit ziemlicher Sicherheit erwarten lassen, und ob die Eltern bereit und fähig sind, die Gefahren abzuwenden.

521 Im Sinne einer sorgfältigen **Tatsachenbelegung** muss vor Maßnahmen zum Sorgerechtsentzug die Abklärung einer Kindeswohlgefährdung und der Erziehungsfähigkeit der Eltern erfolgen. Des Weiteren soll sichergestellt sein, dass alle zur Verfügung stehenden ambulanten Maßnahmen bereits geprüft und gegebenenfalls angewandt wurden. Wenn dies durch ein familienpsychologisches oder psychiatrisches Sachverständigengutachten erfolgt, muss die konkrete Art und das Gewicht der Gefährdung benannt werden. Es ist eindeutig nachzuweisen, dass mithilfe von ambulanten Jugendhilfeleistungen eine Trennung von Eltern und Kind nicht zu verhindern ist. Dies wäre beispielsweise bei Hinweisen auf körperliche Misshandlung, Missbrauch oder gravierende, die Gesundheit gefährdende Formen der Vernachlässigung der Fall.[7]

4 Maywald, 2003.
5 Werner, 2006.
6 Balloff & Walter, 2015.
7 Britz, 2015.

Der **thematische Schwerpunkt** der Begutachtung wird durch den Zeitpunkt bestimmt, zu dem die Frage nach der Kindeswohlgefährdung gestellt wird: Die Variationsbreite reicht von der Frage, ob ein Kind aus der Geburtsklinik zusammen mit den Eltern in entsprechende Lebensverhältnisse entlassen werden kann, über die Frage, ob ein Kind unter bestimmten Bedingungen weiter im familiären Umfeld verbleiben kann, beziehungsweise fremdbetreut werden muss, bis hin zu der Frage, ob ein Kind, das bereits in einer Pflegefamilie oder einer Einrichtung lebt, wieder zu den Eltern zurückkehren kann. 522

In der Begutachtung der Erziehungsfähigkeit gemäß § 1666 BGB stehen neben allgemeinen **Kriterien** wie der entwicklungsbezogenen Ausgangslage und Individualität des Kindes (→ Rn. 194 ff.) bzw. Resilienz (→ Rn. 214 ff.) folgende Gesichtspunkte im Vordergrund: 523

- In der Familie vorhandene Schutz- und Risikofaktoren für die weitere kindliche Entwicklung,
- Erhalt wesentlicher emotionaler Bindungen,
- grundlegende Erziehungsfähigkeit und tatsächlich gezeigte erzieherische Kompetenzen der Eltern,
- Verfügbarkeit anderweitiger familiärer Ressourcen (wie stabile, dem Kind und der Erziehungsperson Halt gebende Partner, Großeltern oÄ), welche die bestehenden Probleme abmildern oder kompensieren können.

Wunschäußerungen der betroffenen Kinder müssen durch familienpsychologische Sachverständige selbstverständlich ebenfalls gewürdigt werden. Allerdings bedarf es einer sorgfältigen Abwägung, ob diese auch mit dem Wohl des Kindes vereinbar sind. Aufgrund der Naturgesetze des Bindungsaufbaus wünschen sich Kinder in der Regel die Aufrechterhaltung ihrer primären Bindungen, auch wenn diese massive Gefährdungen für sie beinhalten. 524

Im englischen Sprachraum sind in den vergangenen Jahren einige **Instrumente** entwickelt worden, die eine Abwägung zwischen vorhandenen Risikofaktoren und bestehenden Ressourcen des Familiensystems erlauben (→ Rn. 391 ff.).[8] Ergänzend sollten von familienpsychologischen Sachverständigen diagnostische Methoden eingesetzt werden, die Faktoren von Seiten der Kinder erfassen, welche in Zusammenhang mit einer elterlichen Überforderung stehen könnten. Um eine psychische Störung eines Elternteils auszuschließen, die für die Einschränkung der Erziehungsfähigkeit ursächlich sein könnte, stehen klinische Verfahren zur Verfügung. Ergänzend kann eine psychiatrische Untersuchung sinnvoll sein (→ Rn. 399 ff.). 525

8 Kindler, 2000.

526 Die Aufgabe der **Begutachtung** im Falle einer drohenden Kindeswohlgefährdung besteht in der Analyse des grundsätzlichen Gefährdungspotenzials, einer Einschätzung der derzeitig gegebenen Gefährdungslage eines Kindes und der Prognose einer möglichen Gefährdungsreduktion durch gezielte Interventionen. Als wichtiger Prädiktor für eine Kindeswohlgefährdung dient das elterliche Verhalten in der Vergangenheit hinsichtlich einer drohenden oder tatsächlichen Schädigung des Kindes.[9]

527 Für die sachverständige Empfehlung ist außerdem wesentlich, inwiefern die Eltern **problemeinsichtig**, veränderungsbereit und lernfähig sind, und ob sie gegebenenfalls dazu bereit sind, in Kooperation mit fachkundigen Drittpersonen die Betreuungssituation der betroffenen Kinder zu verbessern. Hier ist vor allem die Einsicht der Eltern in ihr mögliches Fehlverhalten von Belang sowie die Bereitschaft, für bisherige Erziehungsdefizite die Verantwortung zu übernehmen. Ebenso muss die Bereitschaft geprüft werden, Hilfe und Unterstützung zur Erweiterung der eigenen Erziehungskompetenzen und zum Schutz der betroffenen Kinder anzunehmen.

B. Definition

528 In der Psychologie wird zwischen einer **Fähigkeit** als überdauernde Grundeigenschaft und **Fertigkeiten** bzw. Kompetenzen als erlernbaren Skills unterschieden. So ist beispielsweise Intelligenz eine angeborene Fähigkeit, Lesen und Schreiben sowie andere in der Schule erlernte Kompetenzen sind Fertigkeiten. Übertragen auf die Betreuung von Kindern ist Erziehungsfähigkeit eine Grundeigenschaft, erzieherische Kompetenzen können dagegen erlernt werden. Bei der familienpsychologischen Begutachtung müssen beide Aspekte betrachtet werden: So könnte beispielsweise eine Teenie-Mutter zwar über psychische Stabilität und Empathie, nicht aber über das notwendige Wissen zur Kinderpflege oder über entwicklungsförderliche Erziehungsstrategien verfügen. Sie wäre dann zwar prinzipiell erziehungsfähig, müsste aber die erzieherischen Kompetenzen noch lernen.

529 Unter **Erziehungsfähigkeit** wird die grundlegende Fähigkeit eines Elternteils verstanden, die emotionalen und körperlichen Bedürfnisse eines Kindes zu erkennen, das Kind zu versorgen und zu betreuen, bzw. erzieherisch angemessen auf die vom Kind signalisierten oder altersentsprechend anstehenden Bedürfnisse einzugehen.[10] Die Erziehungsziele müssen unter Einsatz ausreichender persönlicher Kompetenzen in der Interaktion mit dem Kind kindeswohldienlich umge-

9 Offe, 2007.
10 Nienstedt & Westermann, 1999.

setzt werden können.[11] Dabei ist von einem Kontinuum zwischen „optimaler" Erziehungsfähigkeit und Erziehungsunfähigkeit auszugehen.[12]

Diese Fähigkeit wird als grundsätzlich gegeben angesehen und resultiert aus 530 **Kindheitserfahrungen** und dem Erziehungs- und Beziehungsverhalten der eigenen Eltern. Die hierfür notwendige Beziehungs- und Einfühlungsfähigkeit hängt von den eigenen familiären Erfahrungen ab.[13] Die Erziehungsfähigkeit kann jedoch durch psychische oder physische Krankheiten, Persönlichkeitsstörungen, Substanzmissbrauch oÄ eingeschränkt oder ganz aufgehoben sein. Andererseits kann die Erziehungsfähigkeit beispielsweise nach einer erfolgreichen Therapie wiedererlangt werden.

Im Einzelfall muss in der familienpsychologischen Begutachtung geklärt werden, 531 welche **Konsequenzen** eventuell vorliegende Einschränkungen der Erziehungsfähigkeit auf die Kinder haben. Allein die Feststellung, dass ein Elternteil psychisch krank ist, reicht nicht aus, um von einer fehlenden Erziehungsfähigkeit auszugehen. Psychische Erkrankungen stellen lediglich einen Aspekt innerhalb eines multifaktoriellen Geschehens dar, das zu einer Kindeswohlgefährdung führen kann.[14] So muss überprüft werden, inwieweit die Eltern-Kind-Interaktion durch die individuelle Symptomatik oder durch spezifische Defizite beeinflusst wird.[15] Als ein wichtiges Kriterium der Erziehungsfähigkeit gilt außerdem die Bereitschaft, elterliche Verantwortung zu übernehmen und zum Wohl des Kindes eigene Interessen und Bedürfnisse zurückzustellen.

Zunächst ist zu prüfen, ob der betreuende Elternteil die grundlegende physische 532 Fürsorge gewährleisten kann (→ Rn. 128 ff.). Ein weiterer Gesichtspunkt betrifft die Frage, ob die Erziehungsperson bereit bzw. in der Lage ist, eine differenzierte, an den entwicklungsabhängigen kindlichen Bedürfnissen orientierte Beziehung zu ihrem Kind aufzubauen und aufrechtzuerhalten, um die Voraussetzung für einen zufriedenstellenden **Bindungsaufbau** zu gewährleisten (→ Rn. 52 ff. und → Rn. 248 ff.). Hier wird von Sachverständigen insbesondere überprüft, ob der Elternteil fähig ist, sich feinfühlig an den Bedürfnissen des jeweiligen Kindes auszurichten. Weiterhin ist der Grad von Bedeutung, in dem der Elternteil das Kind mit Ärger, Beschuldigungen, Herabsetzungen oder Zurückweisungen konfrontiert. In diesem Kontext spielt auch eine Rolle, welche Bedeutung das Kind für den Elternteil hat, ob diesem beispielsweise eine den Elternteil stützende und dessen Selbstwert stabilisierende Funktion zukommt. Berichtete und beobachtete erzieherische Strategien müssen auf ihre Funktionalität bzw. Schädlichkeit für das Kind betrachtet werden. Ebenso sind für psychologische Sachverständige die

11 Dettenborn & Walter, 2015.
12 Walter, 2008.
13 Nienstedt & Westermann, 2013.
14 Lenz & Wiegand-Grefe, 2017.
15 Deneke & Lüders, 2003.

Förderkompetenzen der Eltern und die Einbettung der Familie in unterstützende Netzwerke von Bedeutung.

533 Schließlich muss die **Lernfähigkeit** des betroffenen Elternteils im Hinblick auf die eigenen familiären Sozialisationserfahrungen betrachtet werden. Hier stellt sich bei Eltern mit einer belasteten Biografie die Frage, ob sie einen Zusammenhang zum eigenen erzieherischen Verhalten erkennen und im Hinblick auf ihre Elternschaft reflektieren können. Die Frage ist, ob bzw. inwieweit sich der betreffende Elternteil mit eigenen Erfahrungen von Misshandlung und Vernachlässigung auseinandergesetzt hat. Dies kann Eltern davor bewahren, bei ihrem Kind negative Erziehungserfahrungen zu wiederholen und befähigt sie, eine ausreichende kritische Distanz zu erlangen, um ihr Verhalten zu ändern. In diesem Zusammenhang steht auch die Frage der Übernahme von Verantwortung für erzieherische Defizite, wie möglicherweise stattgefundene Vernachlässigung und/oder Misshandlung der eigenen Kinder. Die Verantwortungsübernahme von Eltern für ihr Verhalten gilt als eine wesentliche Voraussetzung für eine positive Veränderung.

C. Risiko- und Schutzfaktoren familiärer Sozialisation

534 Das **Risiko** für kindeswohlschädigende Betreuungsbedingungen steigt unter sozio-ökonomischem Aspekt mit einer schlechten Schulbildung der Eltern, Arbeitslosigkeit, finanziellen Krisen, beengtem oder unangemessenem Wohnraum und wenig Unterstützung im sozialen Umfeld. In risikobehafteten Familienkonstellationen finden sich vermehrt mehrgenerationale Familienkonflikte, Scheidung oder Trennung der Eltern sowie familiäre und soziale Isolation. Risikobelastete Eltern weisen häufiger pathologische Persönlichkeitsfaktoren wie Kriminalität und Dissozialität auf, sowie psychische Störungen oder schwere körperliche Erkrankungen. Ein rigider oder antiautoritärer Erziehungsstil, unrealistische Erziehungseinstellungen oder Erwartungen der Eltern an das Kind gelten ebenso als Risikofaktoren wie geringes elterliches Engagement in der Erziehung und Förderung des Kindes. Auch eine andauernde Arbeitsüberlastung der Eltern mit entsprechender Überforderung gilt als Risikofaktor. Chronischer Stress erhöht das Risiko, an einer depressiven Symptomatik oder Schlafstörungen zu erkranken, was wiederum Einschränkungen der Erziehungsfähigkeit mit sich bringen kann.[16] Kinder, die in belasteten Familien aufwachsen, werden meist weniger fürsorglich versorgt und sind einem erhöhten Risiko ausgesetzt, misshandelt oder vernachlässigt zu werden.[17]

16 Hapke et al., 2013.
17 Brown, 2003.

Auf **Seiten des Kindes** bestehen ebenso Faktoren, die das Risiko für eine Gefährdung steigern. Dies sind beispielsweise unsicheres Bindungsverhalten, länger andauernde Trennung von den Eltern in den ersten Lebensjahren, Verhaltensauffälligkeiten, psychische Störungen, körperliche und geistige Behinderungen oder chronisch kranke Geschwister, ein geringer Altersabstand zwischen den Geschwistern und chronische Eltern-Kind-Konflikte. In ihrem Temperament ausgeglichene und sozial responsive Kinder gehen Familienstreitigkeiten eher aus dem Weg und reagieren robuster auf Belastungen. Der individuelle Charakter eines Kindes trägt ebenfalls zur Auswirkung der vorhandenen Stressoren im Familienalltag bei. 535

Entscheidend sind **Wechselwirkungen** und die kumulative Wirkung verschiedener Stressoren. Ein Risikofaktor alleine erhöht noch nicht die Wahrscheinlichkeit des Auftretens von Entwicklungsstörungen, während bereits zwei Risikofaktoren die Wahrscheinlichkeit um das Vierfache erhöhen.[18] Die bestehenden Risikofaktoren zeitigen Auswirkungen auf Kinder aller Altersstufen, die sich je nach entwicklungsbedingt anstehenden Bedürfnissen unterschiedlich äußern (beispielsweise Bindungsaufbau oder schulische Entwicklung).[19] 536

Die **Resilienzforschung**[20] beschreibt Faktoren, die bestehende Risiken abmildern bzw. kompensieren können. Dazu gehören beispielsweise personale und psychosoziale Ressourcen der Familienmitglieder, Copingstrategien im Umgang mit Belastungen und Erkrankungen, Nutzung informeller Hilfsmöglichkeiten und Kooperationsbereitschaft mit Fachstellen (→ Rn. 216 ff.). Positive Beziehungen zu außerfamiliären Einrichtungen (Schule, Vereine, soziale Institutionen) können einen entwicklungsfördernden Einfluss haben und dadurch ein ungünstiges Familienklima ausgleichen. Frühkindliche Belastungen oder Störungen können durch spätere positive Erfahrungen zumindest teilweise korrigiert werden. 537

D. Einschränkungen der Erziehungsfähigkeit durch psychische Störungen der Eltern

1. Grundlagen

Als Hauptgruppen psychischer Störungen werden von der Weltgesundheitsorganisation WHO[21] folgende **Krankheitsbilder** definiert: 538

- Organische Erkrankungen, die sich auf die Psyche auswirken. Hierzu zählen Demenz oder unfallbedingte Schädigungen des Gehirns.

18 Ulich, 1988.
19 Dettenborn, 2003.
20 Mattejat, Wüthrich & Remschmidt, 2000.
21 Deutsches Institut für Medizinische Dokumentation und Information, 2018 für die aktuell gültig Form des ICD-10-GM. Die Version ICD-11 ist ab dem Jahr 2022 gültig.

- Substanzmissbrauch, der zu pathologischem psychischem Erleben, zu auffälligen Verhaltensweisen oder sozialen Folgen führt. Hierzu zählen Alkoholabhängigkeit oder Drogenmissbrauch.
- Schizophrenie-Spektrums-Störungen. Diese Erkrankungen zeichnen sich unter anderem durch einen erheblichen Realitätsverlust aus.
- Affektive Störungen, bei denen sich die emotionale Verfassung der Betroffenen wesentlich verändert (zB Depression und Manie).
- „Neurotische", Belastungs- und somatoforme Störungen. Darunter werden als krankhaft erlebte Reaktionen auf äußere Umstände oder inneres Erleben zusammengefasst, wie Phobien, Zwangsstörungen oder Reaktionen auf schwere Belastungen.
- Verhaltensauffälligkeiten mit körperlichen Störungen und Faktoren. Hierzu zählen insbesondere Ess- und Schlafstörungen, nicht organisch bedingte sexuelle Funktionsstörungen und psychische Störungen im Wochenbett.
- Persönlichkeits- und Verhaltensstörungen. Persönlichkeitsstörungen zeichnen sich durch situativ und zeitlich überdauernde, in der Regel für die Umwelt belastende Reaktionsmuster aus. Unter die Verhaltensstörungen zählen pathologisches Glückspiel, Kleptomanie und Störungen der Sexualpräferenz wie Pädophilie.
- Intelligenzstörungen verschiedener Schweregrade.
- Entwicklungsstörungen, wobei die Kategorie sowohl Störungen einzelner Funktionen wie Sprache, Lesen oder Rechnen, als auch tiefgreifende Entwicklungsstörungen wie Autismus und Bindungsstörungen umfasst.
- Verhaltens- und emotionale Störungen mit Beginn in der Kindheit und Jugend. Dazu zählen die hyperkinetische Störung, Störungen des Sozialverhaltens oder nicht organisch bedingtes Einnässen.

539 Psychische Störungen können beispielsweise durch eigene Erfahrungen von Kindesmisshandlung, Vernachlässigung oder sexuellem Missbrauch in der Kindheit **bedingt** sein, ebenso wie durch mehrfache Bindungsabbrüche in der familiären Sozialisation oder akut belastende Lebensereignisse. Die Erfahrung, von den eigenen Eltern nicht zuverlässig versorgt zu werden, dem Zorn und der Wut der Eltern hilf- und schutzlos ausgeliefert zu sein, können von Kindern nicht unbeschadet verarbeitet werden. In der Konsequenz fehlt die Voraussetzung, sich vertrauensvoll auf Beziehungen zu anderen Menschen einzulassen, der eigene Selbstwert wird angezweifelt. Das Entbehren von diesem Urvertrauen in der eigenen Kindheit, die Erfahrung, von der oder den primären Bezugspersonen nicht verlässlich versorgt und beschützt zu werden, zerstört oft die Fähigkeit, später sein eigenes Kind angemessen zu versorgen. Das Selbstwertgefühl hinsichtlich

der eigenen Elternschaft ist nachhaltig beeinträchtigt, was die Übernahme einer verantwortlichen Elternrolle belastet.[22] Die transgenerationale Wiederholung kann bewirken, dass sich die betroffenen Personen später im Umgang mit ihren eigenen Kindern ebenso unbefriedigend verhalten, wie sie es bei ihren Eltern erlebt haben.

Aus belastenden biographischen Erfahrungen können in der weiteren Entwicklung eines Menschen Persönlichkeitsstörungen oder psychische Erkrankungen resultieren. Eine **Kindeswohlgefährdung** entsteht dann daraus, wenn sie mit rascher Auslösbarkeit negativer Emotionen, erhöhter Impulsivität, mangelnden Problembewältigungsstrategien und wenig Fähigkeit zur Strukturierung und Planung des eigenen Lebens einhergehen. Das Fürsorgeverhalten und die Fähigkeit zur Empathie können reduziert sein. Dies zeigt sich in unrealistischen Erwartungen hinsichtlich des kindlichen Entwicklungsstands, unangemessener Einschätzung der kindlichen Bedürfnisse, unzutreffenden Erklärungsansätzen für kindliches Verhalten und die mangelnde Fähigkeit, eigene Bedürfnisse zugunsten der kindlichen Interessen zurückzustellen. Weiterhin kann ein erhöhtes Belastungserleben im Erziehungsalltag Folge der eigenen gestörten Persönlichkeitsentwicklung sein.[23] Familien mit einem psychisch erkrankten Elternteil haben zudem ein erhöhtes Risiko für Disharmonie der Eltern, elterliche Trennung, Instabilität der Lebensbedingungen und eine geringere sozioökonomische Absicherung.[24] 540

Krankhafte Veränderungen im Erleben, Denken, Fühlen und Handeln einer Person manifestieren sich in Störungsbildern, die zum Teil erhebliche **Auswirkungen** auf die Erziehungsfähigkeit eines Elternteils haben. Psychische Störungen der Eltern erhöhen das Risiko für Kinder um das Zwei- bis Dreifache, im Verlauf ihres Lebens selbst eine psychische Störung zu entwickeln.[25] Dies hängt zum einen mit der genetischen Belastung zusammen, die zu einer erhöhten Vulnerabilität eines Kindes beiträgt. Das Vererbungsrisiko ist krankheitsspezifisch, inwiefern die Erkrankung aber tatsächlich aktiviert wird, hängt ua von Einflüssen der Umwelt ab.[26] Zum anderen entstehen durch die psychische Erkrankung eines Elternteils Besonderheiten der Betreuung, wie eine eingeschränkte elterliche Verfügbarkeit während einer akuten Krankheitsphase, soziale, berufliche und finanzielle Folgeprobleme oder Konflikte in der Partnerschaft. Diese belasten das Familienklima und wirken sich unter Umständen schädigend auf das Kind aus. Die psychopathologische Symptomatik eines erkrankten Elternteils bestimmt mit, wie die Eltern-Kind-Interaktion ausgestaltet wird, beispielsweise wie feinfühlig derjenige sich dem Kind gegenüber verhalten kann. Psychisch kranke Eltern sind aufgrund 541

22 Nienstedt & Westermann, 2013.
23 Reinhold & Kindler, 2006.
24 Lenz & Wiegand-Grefe, 2017.
25 Kölch et al., 2008.
26 Für einen Überblick s. Mattejat, 2019.

der eigenen Belastung stressanfälliger, was zu Überforderungssituationen führen kann. Sie sind weniger in der Lage, sich empathisch in ihre Kinder hineinzuversetzen beziehungsweise flexibel und adäquat mit den Bedürfnissen der Kinder umzugehen.[27]

542 Entscheidend für die jeweiligen Auswirkungen einer Störung auf die Erziehungsfähigkeit sind der Schweregrad, der **Krankheitsverlauf**, die Chronizität, die Rückfallhäufigkeit, symptomfreie Intervalle, notwendige Medikation, Krankheitseinsicht bzw. Therapiemotivation und die Inanspruchnahme effizienter Therapien. In der familienpsychologischen Begutachtung müssen diesen Belastungsfaktoren im Familiensystem bestehende Ressourcen gegenübergestellt werden.

543 Schätzungen zufolge haben weltweit 12–40 % der Kinder einen Elternteil, der eine psychische Störung hat.[28] Hochrechnungen gehen davon aus, dass in Deutschland mindestens **drei Millionen Kinder** mit der psychischen Störung eines Elternteils konfrontiert sind.[29] Erkrankt ein Elternteil, reagieren viele Kinder mit Verwirrung, weil sie die Verhaltensweisen des erkrankten Elternteils nicht mehr verstehen können. Sie haben Schuldgefühle, weil sie glauben, die psychischen Probleme der Eltern verursacht zu haben. Häufig kommen Zusatzbelastungen durch entstehende Betreuungsdefizite und vermehrte Aufgabenübernahme hinzu.[30] Auch Wut, Sorge um den erkrankten Elternteil sowie dessen Schonung und Verlust- bzw. Trennungsängste sind bei den betroffenen Kindern festzustellen.[31] Häufig übernehmen sie die Verantwortung für den erkrankten Elternteil (Parentifizierung), werden durch die Tabuisierung des Themas sozial isoliert und mit Loyalitätskonflikten konfrontiert, weil sie sich für den erkrankten Elternteil schämen.

544 Unter **Parentifizierung** versteht man die Rollenumkehr in einer Eltern-Kind-Dyade, durch die das Kind, in einer seinen Entwicklungsstand übersteigenden Weise, quasi elterliche Verantwortung für einen Erwachsenen bzw. Geschwisterkinder übernimmt. Es werden zwei Subtypen unterschieden: Emotionale Parentifizierung führt dazu, dass das Kind soziale und emotionale Bedürfnisse anderer Familienmitglieder zu befriedigen versucht. Es bemüht sich, eine gute Atmosphäre in der Familie aufrecht zu erhalten, sorgt für das Wohlbefinden der Anderen und achtet verstärkt auf deren Stimmung. Bei der instrumentellen Parentifizierung sorgt das Kind für die Lebensbedingungen der Familie. Es übernimmt selbstverantwortlich Haushaltsaufgaben wie Putzen, Kochen, Einkaufen, verdient Geld zur Aufbesserung des Familienbudgets und sorgt für den Schulbesuch der Geschwister. Diese zweite Form scheint sich weniger gravierend auf die Entwick-

27 Thiergärtner, 2015.
28 Mattejat, 2019.
29 Göttgens & Jungbauer, 2011.
30 Thiergärtner, 2015.
31 Lenz & Wiegand-Grefe, 2017.

lung des betroffenen Kindes auszuwirken.[32] Für das Bindungsverhalten mit Rollenumkehr gilt als typisch,[33] dass ein Kind in seinem Verhalten überfürsorglich zu seiner Bindungsperson ist und Verantwortung für diese übernimmt. Es schränkt die Erfüllung eigener Bedürfnisse ein, wenn ihm die Bindungsperson signalisiert, dass sie Hilfe und Unterstützung benötigt. Nach entsprechenden Beobachtungen zeigen sich Kinder in einer Umkehrung der Eltern-Kind-Beziehung der Bindungsperson gegenüber freundlich zugewandt, überbesorgt und feinfühlig an deren Wohlergehen orientiert.

Folgen einer Parentifizierung können das frühreife, verzögerte oder unvollständige Erfüllen von Entwicklungsaufgaben sowie eine gestörte Identitätsentwicklung sein. Meist geht mit der Rollenübernahme eine emotionale Überforderung einher. Die Kinder verlernen, eigene Gefühle und Bedürfnisse wahrzunehmen und für das eigene Wohlbefinden zu sorgen. Altersangemessene Sozialkontakte und Freizeitaktivitäten werden erheblich eingeschränkt. Gelegentlich entwickeln sich dysfunktionale Problemlösestrategien, unter denen die eigene Lebensqualität erheblich leidet, sich beispielweise in Belastungssituationen in Arbeit zu flüchten. Die Auswirkungen einer Parentifizierung sind abhängig von Faktoren wie dem Alter des Kindes, der Dauer der Verantwortungsübernahme oder dem Verhalten der erwachsenen Person. Sie kann die eigene Persönlichkeitsentwicklung des Kindes erheblich behindern. Inwiefern sich eine erlebte Parentifizierung tatsächlich disruptiv auf ein Kind auswirkt, hängt allerdings auch von der persönlichen Bewertung ab.[34] Es können ebenfalls positive Lernerfahrungen und soziale Kompetenzen daraus entstehen, wie Fürsorge gegenüber anderen, die Fähigkeit zur Selbstregulation und Verantwortungsübernahme, allerdings meist bis hin zur Selbstaufgabe.[35] 545

Kinder psychisch erkrankter Eltern gelten als **Risikogruppe** für die Ausprägung eigener psychischer Störungen oder ungünstiger psychosozialer Entwicklungsverläufe, vor allem dann, wenn beide Elternteile von Störungen betroffen sind. Aufgrund aktueller Daten wird von einem etwa vierfach erhöhten Erkrankungsrisiko im Vergleich zu Kindern psychisch gesunder Eltern ausgegangen.[36] Anpassungsstörungen der Kinder können nach elterlichen Erkrankungsperioden über Monate oder gar Jahre hinweg bis ins Erwachsenenalter anhalten.[37] Als charakteristische Folgen gelten auf Seiten der Kinder ein schwach ausgeprägtes Identitäts- und Selbstwertgefühl, dürftige zwischenmenschliche Beziehungen mit Mangel an Vertrauen, unangemessenes Bindungsverhalten, Depression, psycho- 546

32 Borchert, Lewandowska-Walter & Rostowska, 2018.
33 Brisch, 2013 b.
34 McGauran, Brooks & Khan, 2019.
35 Vulliez-Coady, Solheim, Nahum & Lyons-Ruth, 2016.
36 Lenz & Wiegand-Grefe, 2017.
37 Mattejat, Wüthrich & Remschmidt, 2000.

somatische Störungen und mangelnde Ärgerkontrolle.[38] Veränderungen im neuroendokrinologischen System, verursacht durch Stress in der Kindheit, können die gesunde Entwicklung beeinträchtigen und mit ihren Folgen erst einige Jahre später in Form einer offensichtlichen Störung zu Tage treten.

547 Wie und in welchem Ausmaß ein betroffenes Kind auf die Erkrankung eines Elternteils reagiert, hängt von dessen **Vulnerabilität** ab,[39] das heißt der Balance der individuellen Schutz- und Risikofaktoren, sowie von der Fähigkeit des erkrankten Elternteils, eine positive Beziehung zum Kind aufrechtzuerhalten. Auch spielt die Verfügbarkeit weiterer verlässlicher und positiv besetzter Bezugspersonen eine wesentliche Rolle für ein unbelastetes Aufwachsen des Kindes, um etwaige Defizite des erkrankten Elternteils aufzufangen.

548 Im Rahmen der familiengerichtlich angeordneten Begutachtung sind die **häufigsten** – durch psychische Störungen eines Elternteils verursachten – Probleme, auf Erkrankungen aus dem psychotischen Formenkreis, affektive Störungen und Persönlichkeits- und Verhaltensstörungen zurückzuführen. In den folgenden Abschnitten werden ihre häufigsten Auswirkungen auf die Erziehungsfähigkeit skizziert. Dem ebenfalls als psychische Störung kategorisierten Problemfeld Sucht wird aufgrund der breiten Datenbasis und dem häufigen Auftreten ein eigenes Kapitel (→ Rn. 656 ff.) gewidmet.

2. Spezifische Störungen

a) Schizophrenie-Spektrums-Störungen

549 Das Baby von Frau C wird immer dünner und schwächer. Die Familienhebamme versucht, die Mutter mit Ratschlägen zu unterstützen, wird aber von dieser abgewiesen. Der Kinderarzt steht vor einem Rätsel, es sind keine physischen Gründe für das fehlende Gedeihen des Kindes zu finden. Die verschriebene hochkalorische Nahrung gibt die Mutter dem Baby nicht und begründet dies damit, dass sie vergiftet sei. Es wird immer schwieriger, Frau C überhaupt zu erreichen und ein vernünftiges Gespräch mit ihr zu führen. Sie wirkt misstrauisch, abweisend und zieht sich von allen Sozialkontakten zurück. Letztlich muss das Kind vom Notarzt in der Klinik eingeliefert werde, wo es sich rasch erholt und gut trinkt.

550 In der Psychopathologie werden verschiedene Erkrankungen aus dem schizophrenen Formenkreis unterschieden, wobei die **Schizophrenie** (und hier die paranoide Schizophrenie) mit einer Prävalenzrate von 1 % weltweit im Vordergrund steht. Das Risiko, an dieser oder einer ähnlichen psychischen Störung zu erkranken, ist bei leiblichen Verwandten erhöht, bei Geschwistern geht man von einer Prävalenz von 9 % aus. Die Erkrankung an Schizophrenie ist multifaktoriell bedingt, wobei sie auch genetisch determiniert ist und etwa 30 % des Risikos durch Umweltfaktoren (wie Influenzainfektion in der Schwangerschaft, Geburts-

38 Steele, 2002.
39 Lenz, 2005.

komplikationen, hohes väterliches Alter, Drogenmissbrauch) erklärt werden können.

Erkrankungen aus dem psychotischen Formenkreis gehen einher mit **Wahrnehmungs- und Denkstörungen**, die durch einen Überschuss an Dopamin im Gehirn ausgelöst werden. Dies führt zu einer eingeschränkten Urteilsfähigkeit und einem impulsiven, nicht von formal-logisch nachvollziehbaren Kriterien geleiteten Verhalten.[40] Die Zuschreibung negativer Ereignisse oder Zustände erfolgt ausschließlich auf äußere Faktoren.[41] Die verzerrte Realitätswahrnehmung oder gedankliche Einengung auf paranoide Wahninhalte führt zu bizarren Verhaltensweisen, wobei die Einsicht für die Krankhaftigkeit fehlt. 551

Der **Krankheitsverlauf** wird in folgende Stadien unterteilt, die diagnostisch wichtig sind, um beispielsweise Vorwarnzeichen rechtzeitig zu erkennen und zu behandeln: 552

- Die Prodromalphase ist von Interessensverlust an der Arbeit, sozialen Aktivitäten und am persönlichen Erscheinungsbild gekennzeichnet. Gleichzeitig tritt eine generalisierte Angst, leichte Depression, Selbstversunkenheit, Misstrauen gegenüber Anderen und soziale Isolierung auf. Diese Symptomatik kann dem Auftreten psychotischer Symptome bis zu einem Jahr vorausgehen.
- In der akuten Phase einer Exazerbation treten – abhängig von der Krankheitsform – Halluzinationen und inadäquate (beispielsweise unvorhersehbare Wutanfälle) oder flache Affekte (Gleichgültigkeit) auf.
- Im chronifizierten Verlauf ist eine sogenannte Negativsymptomatik zu beobachten, wie psychomotorische Verlangsamung, verminderte Aktivität, Affektverflachung, Passivität und Initiativemangel, geringe verbale und nonverbale Kommunikation und wenig konzentrative Leistungsfähigkeit.

Langzeitstudien zeigen, dass mindestens ein Drittel der Betroffenen geheilt aus einer psychotischen Phase hervorgeht. Zwei Drittel müssen nach einer ersten Erkrankungsphase mit einem **Rezidiv** rechnen. Eine erneute Exazerbation kann nach Monaten oder Jahren auftreten.[42] Als prognostisch günstige Faktoren gelten eine gute soziale Anpassung vor Erkrankungsbeginn, ein plötzlicher Erkrankungsbeginn, weibliches Geschlecht, auslösende Ereignisse (zB eine Entbindung), begleitende affektive Störungen und ein stabiles soziales Umfeld. Prognostisch positiv wird auch das rasche Abklingen einer psychotischen Symptomatik unter medikamentöser Behandlung, die gute Compliance des Erkrankten in der Therapie, vorhandene Krankheitseinsicht und eine intrinsische Therapiemotivation bewertet. 553

40 Bottlender, Buchberger, Hoff & Moller, 1999.
41 Taylor & Kinderman, 2002.
42 Marneros, Andreasen & Tsuang, 1995.

554 Bei einer Schizophrenie muss mit einer besonders **rückfallgefährdeten** vulnerablen Phase von mindestens einem weiteren halben Jahr nach Abklingen der akuten Symptomatik gerechnet werden. Bei einer zu frühen Belastung des Erkrankten im Erziehungsalltag (zum Beispiel nach einer Rückführung der Kinder in den Haushalt) oder anhaltender psychischer Belastung besteht die Gefahr eines Rezidivs, also eines erneuten Krankheitsschubs. Bei der Mehrheit der an einer Psychose Erkrankten ist im Verlauf eine chronische Verschlechterung mit Abnahme des psychosozialen Funktionsniveaus zu beobachten. Ist die Erkrankung mit Halluzinationen verbunden, führen diese häufig zu – für die Umwelt unvorhersehbaren – Affekten, die mit einem erhöhten Risiko für Gewalt[43] einhergehen. Kinder, die von einem Elternteil betreut werden, der unter Halluzinationen leidet, sind daher hochgradig gefährdet.

555 Das Risiko für **gewalttätiges Verhalten** ist bei Personen, die an Schizophrenie erkrankt sind, während der Phasen mit Positivsymptomatik (Halluzinationen, Wahn, formale Denkstörungen, bizarres Verhalten) höher als in der Allgemeinbevölkerung. Besonders belastet sind Patienten mit Symptomen des paranoiden Subtyps. Bei ihnen ist das Risiko für Tötungsdelikte um das Siebenfache erhöht, bei Komorbidität mit Alkoholabusus um das Zehnfache. Umgekehrt finden sich bei Personen, die ein erhöhtes Gewaltpotenzial haben, ähnliche Besonderheiten des Hirnstoffwechsels und der Aktivierung bestimmter Hirnareale wie bei Patienten mit Schizophrenie.[44]

556 Die Erkrankung an einer organisch oder nicht organisch bedingten Psychose hat durch die damit verbundenen Behinderungen im sozialen Kontakt massive **Einschränkungen** der beruflichen, partnerschaftlichen und familiären Integration zur Folge. Kognitive Funktionen wie Aufmerksamkeit, Konzentration, Gedächtnis, Konzeptbildung, Problemlösen, kognitive Flexibilität sind häufig eingeschränkt. Die Komorbidität für Suchterkrankungen und körperliche Syndrome ist deutlich erhöht.[45] Entsprechend sind auch die Einschränkungen auf die Fähigkeit zur Verantwortungsübernahme für ein Kind zu werten.

557 Bei einer **isolierten Wahnsymptomatik** liegt – ebenso wie bei der paranoiden Schizophrenie – eine eingeschränkte Urteilsfähigkeit in Bezug auf Ereignisse oder Zustände der eigenen Person vor.[46] Wahnhafte Erkrankungen verlaufen variabel, so dass nur wenig Aussagen bezüglich einer Prognose gemacht werden können. Häufig wird ein lang andauernder Wahn als einziges oder auffälligstes klinisches Charakteristikum benannt. Ein in anderen Kontexten kognitiv auf die soziale Umgebung abgestimmtes Verhalten legt nahe, dass es sich um einen thematisch

43 Konrad, Huchzermeier & Rasch, 2019.
44 Schanda & Stompe, 2011.
45 Freyberger, Merten, Dudeck & Schneider, 2016.
46 Taylor & Kinderman, 2002.

geschlossenen Wahn handelt. Dies bedeutet, dass Alltags- und Berufsleben weitgehend problemlos bewältigt werden können und im sozialen Umfeld keine Verhaltensauffälligkeiten auftreten, solange der Wahninhalt nicht angesprochen wird. Oft weiten sich die Inhalte des Wahnsystems im Verlauf der Erkrankung jedoch aus. Insbesondere bei Beeinträchtigungsideen kommt es zu negativen Affekten wie Wut und Racheimpulsen, die in gewalttätigen Verhaltensdurchbrüchen ausagiert werden können.[47] Durch diese kann eine Kindeswohlgefährdung entstehen.

Bei einer **schizo-affektiven Störung** kommt es zu starken Schwankungen der Stimmung und des Affekts sowie zu eingeschränkter Kompetenz und Toleranz im zwischenmenschlichen Kontakt- und Kommunikationsverhalten. Der betroffene Elternteil kann sich nur bedingt auf das Kind einlassen, da ein emotionales in sich selbst Gefangensein den aktiven Beziehungsaufbau verhindert. Die beschränkte Kommunikation bringt mit sich, dass der Betroffene sich zurückzieht, seine Gedanken, Eindrücke und Gefühle nicht mehr mitteilt und sich dadurch zunehmend in seine eigene Gedankenwelt verstrickt. Diese wird schließlich zur unumstößlichen, für alle Kritik und Korrektur unerreichbaren Realität. 558

Das Bestehen einer Schizophrenie gilt in einer **Schwangerschaft** als Risiko. Diese wird oft lange Zeit nicht wahrgenommen, was die Gefahr der inneren Ablehnung des Kindes erhöht. 559

Im Falle einer **postpartal** auftretenden Psychose ist das Kind besonders gefährdet, da neben der Unfähigkeit, Kontakt zum Kind aufzunehmen, das mütterliche Verhalten unberechenbar sein kann. Beim Vorliegen einer akuten psychotischen Episode darf ein Kleinkind nicht allein in der Obhut eines erkrankten Elternteils bleiben, da von einer hochgradigen Gefährdung auszugehen ist. 560

Im **Umgang mit dem Kind** ist vor allem bei Neugeborenen und Kleinkindern die elterliche Fähigkeit zur emotionalen Resonanz wesentlich, die normalerweise über Blickkontakt, passende Kommunikation und Interaktion sowie ungeteilte Aufmerksamkeit vermittelt wird. Eine erkrankungsbedingte Verflachung des Affekts sowie eingeschränkte verbale und nonverbale Kommunikation in der Prodromalphase und im Residuum schränken die Feinfühligkeit und Responsivität eines Elternteils dem Kind gegenüber erheblich ein und stehen damit einem sicheren Bindungsaufbau entgegen. Die affektive Verarmung mit eingeschränkter emotionaler Modulations- und Resonanzfähigkeit verhindert die emotionale Spiegelung des kindlichen Ausdruckverhaltens. Auf die emotionale Unerreichbarkeit der erkrankten Eltern reagieren Kinder je nach Temperament entweder mit Unruhe und Protest oder mit passivem Rückzug. Die Kinder erleben eine Deprivation bis hin zu massiver Vernachlässigung, die mit Gedeihstörungen und/ 561

47 Konrad, Huchzermeier & Rasch, 2019.

oder Verzögerungen in der Entwicklung einhergeht, da zu geringe Entwicklungsanreize erfolgen.[48] Die elterlichen emotionalen Reaktionen sind häufig unangemessen, bizarr und damit für ein Kind nicht vorhersehbar bzw. nicht nachvollziehbar. Kinder schizophren erkrankter Eltern zeigen häufig ein desorganisiertes Bindungsmuster.[49]

562 In der Phase einer akuten Psychose ist die **Erziehungsfähigkeit** aufgehoben. In der Regel ist der erkrankte Elternteil nicht oder nur eingeschränkt in der Lage, die kindlichen Bedürfnisse adäquat wahrzunehmen und in angemessener Weise darauf zu reagieren. Die Forschungsergebnisse zur paranoiden Schizophrenie sprechen dafür, dass eher jüngere Kinder gefährdet sind, vor allem, wenn sie in einen Wahn einbezogen werden.[50] Wahninhalte können eine gesunde körperliche Entwicklung des Kindes beeinträchtigen, beispielsweise wenn aufgrund von Vergiftungsängsten des Erkrankten die ausreichende Ernährung des Kindes nicht gewährleistet ist oder die Vorstellung besteht, das Kind sei besessen. Häufig kommt es zu sozialer Isolation des Kindes und zur symbiotischen Anbindung an den erkrankten Elternteil. Werden wahnhafte Überzeugungen der Eltern übernommen, besteht die Gefahr der Ausbildung einer induzierten wahnhaften Störung (Folie à deux). Das induzierte Kind gibt seine Wahnvorstellungen auf, wenn es von der erkrankten Person getrennt wird.

563 Die **Kontaktaufnahme** mit dem Kind wird zudem durch formale Denkstörungen beeinträchtigt, wenn der betroffene Elternteil beispielsweise logisch nicht nachvollziehbare Dinge äußert oder Handlungen vollzieht, die vom Kind nicht verstanden werden können und daher als bedrohlich empfunden werden.

564 Des Weiteren kann das elterliche **Interaktionsverhalten** durch Überstimulation charakterisiert sein, wobei die Angebote des erkrankten Elternteils oft aggressiv gefärbt sind. Kinder reagieren hierauf in der Regel mit passiver Abwendung und erhöhter Anpassung, um die Stimmung des Erkrankten zu regulieren. Häufig ist ein Prozess der Parentifizierung zu beobachten, das heißt einer Rollenumkehr in der Eltern-Kind-Beziehung, in der das Kind fürsorglich gegenüber seiner Bindungsperson reagiert und Verantwortung für diese übernimmt. Kinder mit einer an Schizophrenie erkrankten Mutter zeigen vermehrt emotionale Belastungssymptome (ängstliche, zurückgezogene, depressive Verhaltensweisen), neurologische Auffälligkeiten wie Aufmerksamkeitsprobleme, EEG-Abnormalitäten und soziale Hemmungen. Bei diesen Kindern sind vermehrt Beeinträchtigungen der schulischen und beruflichen Leistungen, Stress-Übererregbarkeit, Reizbarkeit und geringe Frustrationstoleranz festzustellen.[51]

48 Deneke & Lüders, 2003.
49 Lenz & Wiegand-Grefe, 2017.
50 Überblick bei Cassell & Coleman, 1998.
51 Für einen Überblick: Lenz & Wiegand-Grefe, 2017.

Das Risiko für eine **Gefährdung** der körperlichen Unversehrtheit eines Kindes hängt ua davon ab, ob es in den bisherigen akut psychotischen Episoden des erkrankten Elternteils Gewalttätigkeit gegen das Kind oder andere Personen gegeben hat. Ein besonderes Augenmerk muss daraufgelegt werden, dass psychotische Phasen von bedrohlichen Ängsten geprägt sein können, ebenso wie von Eingebungen und wahrgenommenen Fremdvorgaben (bei akustischen Halluzinationen), die zu einem unvermittelten Suizidversuch – auch unter Einbezug des Kindes – führen können. 565

Eine fortlaufende medikamentöse und fachärztlich-psychiatrische **Therapie** und die zuverlässige Compliance mit dieser sind unabdingbare Voraussetzung für die Betreuung eines Kindes durch einen an einer Psychose erkrankten Elternteil. Als weitere Kriterien werden Verlauf und Ausprägung der Symptomatik sowie Alter und Auffälligkeiten des Kindes in die Beurteilung der Erziehungsfähigkeit einbezogen.[52] 566

In der familienpsychologischen **Begutachtung** muss geprüft werden, ob der betroffene Elternteil in der Lage ist, sein Verhalten auf die soziale Umwelt abzustimmen, so dass eine gute soziale Integration besteht und Rückmeldungen angenommen werden können. Diese Fähigkeit steht im Zusammenhang mit einem positiven Krankheitsverlauf. Dem Vorhandensein eines tragfähigen Unterstützungssystems (familiär, therapeutisch, sozial) kommt eine besondere Bedeutung zu. 567

b) Affektive Störungen

Die kleine D wird in der Schule immer stiller. Sie kommt zwar regelmäßig, beteiligt sich aber weder am Unterricht noch an den Spielen in der Pause, wirkt müde und abwesend. Auf Nachfrage berichtet sie, ihre Mutter sei immer so traurig und weine viel. Sie mache sich Sorgen, weil die Mutter schon mal gesagt habe, sie wolle nicht mehr leben. Jetzt müsse sie immer daran denken, wenn sie in der Schule sei, und würde am liebsten zuhause bleiben und auf die Mutter aufpassen. 568

Das **Hauptsymptom** affektiver Störungen besteht in einer Veränderung der Stimmung oder der Emotionen in die depressive oder die manische Richtung. Es handelt sich dabei um erhebliche Abweichungen von „normalen“ Stimmungsschwankungen, die mit erheblichem subjektivem Leid einhergehen. 569

In Deutschland liegt das **Risiko,** im Verlauf der gesamten Lebensspanne an einer Depression zu erkranken, für Frauen bei ca. 15 %, für Männer bei ca. 8 %. Faktoren wie der sozio-ökonomische Status, Wohnort (Großstadt versus ländliche Gebiete) und die aktuelle Lebensphase haben Einfluss darauf.[53] 570

52 Wiedemann, 2013.
53 Busch, Maske, Ryl, Schlack & Hacke, 2013.

571 Bezeichnungen wie „**Burn-out**" oder „Bore-out" sind derzeit populär, um Zustände von Antriebslosigkeit und Verstimmung zu bezeichnen. Sie entsprechen keiner anerkannten Diagnose, können aber den Schweregrad einer Depression erreichen.[54]

572 Bei **depressiven Erkrankungen** ist ein rezidivierender (durch wiederkehrende Episoden gekennzeichneter) oder chronischer Verlauf weit verbreitet: Bis zu 50 % der Betroffenen erleiden innerhalb von zwei Jahren einen Rückfall, nach 15 Jahren haben 85 % der Patienten einen Rückfall erlitten. Je häufiger es zu depressiven Episoden kommt, desto höher ist das Rückfallrisiko. Unter medikamentöser und psychotherapeutischer Behandlung kann dieses Risiko vermindert werden. Rückfälle werden durch Verbindung erlernter, depressiver Informationsverarbeitungsprozessen mit negativen Stimmungen erklärt, die bei jeder weiteren depressiven Episode bestärkt werden. Von entsprechender Bedeutung ist daher die therapeutische Förderung von Faktoren, die zur Aufrechterhaltung der psychischen Gesundheit beitragen.[55]

573 Bei Störungen aus dem depressiven Formenkreis imponiert eine eingeschränkte Modulation und **Resonanz** auf äußere Reize sowie eine negative Stimmungslage, Erschöpfung, Interessenverlust und Resignation. Die Betroffenen leiden subjektiv unter diesem Zustand.

574 Die Einteilung der Störungen wird in leicht, mittelgradig und schwer vorgenommen. Je nach **Ausprägungsgrad** besteht eine reduzierte Konzentration und Aufmerksamkeit, vermindertes Selbstwertgefühl und Selbstvertrauen, Schuldgefühle, negative und pessimistische Zukunftsperspektiven, Selbstverletzungen oder Suizidhandlungen, sowie Schlaf- und Appetitstörungen. Im Bereich des Antriebs zeigt sich eine deutlich ausgeprägte Passivität. Weitere Symptome umfassen den Verlust der Freude an normalerweise angenehmen Aktivitäten und die mangelnde Fähigkeit, auf eine freundliche Umgebung oder positive Ereignisse emotional zu reagieren.

575 In einer **schweren depressiven Episode** kann erhebliche Verzweiflung oder Agitiertheit erlebt werden. Es ist unwahrscheinlich, dass ein schwer depressiv Erkrankter selbstständig in der Lage ist, soziale, häusliche und berufliche Aktivitäten durchzuführen. Eine zunehmende Antriebssteigerung wird von der Umwelt nicht selten als beginnende Besserung der depressiven Symptome gedeutet, in dieser Phase besteht jedoch ein erhöhtes Suizidrisiko.

576 Bei etwa 10 % aller Schwangeren liegt eine behandlungsbedürftige Depression vor. Bei einer Depression während der **Schwangerschaft** verändert sich durch Belastungserleben und Schlafstörungen das biochemische Gleichgewicht, was zur

54 Dohrenbusch & Köllner, 2016.
55 Stangier, Risch, Heidenreich & Hautzinger, 2014.

vermehrten Ausschüttung von Stresshormonen führt.[56] Die medikamentöse Behandlung der Depression während der Schwangerschaft und anschließend während der Stillphase gestaltet sich schwierig, da das Kind ebenfalls mit den psychopharmakologischen Wirkstoffen und deren unerwünschten Nebenwirkungen konfrontiert wird.

Die Neugeborenen weisen eine biochemische, physiologische und Verhaltensdys- 577
regulation auf. Dadurch wird die ohnehin schon durch die Depression belastete **Mutter-Kind-Beziehung** noch weiter beeinträchtigt. Die Mutter reagiert dann auf das Kind mit erhöhten Spannungszuständen, Reizbarkeit, negativ verzerrter Wahrnehmung, emotionaler Distanzierung bis hin zur offenen Feindseligkeit.[57] Die mütterliche Responsivität gegenüber dem Säugling ist deutlich reduziert, oft ist keine Kontaktaufnahme zum Kind möglich. Das Erziehungsverhalten ist eher von Hilflosigkeit, Inkonsequenz und Überforderung gekennzeichnet. Die bedürftige Mutter klammert sich einerseits Hilfe suchend an Andere, anderseits bricht sie Beziehungen ab, wenn sie diese als bedrohliche Einmischung erlebt. Die erhaltene Unterstützung wird oft als Auflösung der eigenen Autonomie erlebt.

Im **Wochenbett** steigt das Risiko für psychische Erkrankungen der Mutter (post- 578
partale Depression bei 8–15 %, Psychose bei 1–2 %, Angststörung bei 8–18 %, Posttraumatische Belastungsstörung bei 4 % der Gebärenden).[58] Als Störungen der frühen Mutter-Kind-Beziehung werden drei Formen unterschieden: Verzögerung oder Verlust der Muttergefühle, pathologische Wut gegenüber dem Kind oder Ablehnung des Kindes.[59]

Vor allem bei einer depressiven Symptomatik wirkt sich dies unmittelbar auf die 579
Fähigkeit der Mutter aus, dem Kind gegenüber Liebe und Nähe zu empfinden. Die **Gefühlslage** in den ersten Tagen nach der Entbindung wird offensichtlich im weiteren Verlauf als besonders eindrücklich abgespeichert und lässt sich noch nach Monaten nachweisen.[60] Während einer postpartalen Depression ist das Risiko eines Suizids beziehungsweise eines Infantizids deutlich erhöht.[61] Im Vergleich zu gesunden Müttern zeigen Frauen, die eine postpartale Depression entwickeln, eine geringere Responsivität, längere Reaktionszeiten auf die Signale des Kindes und geringere Angemessenheit der Reaktion darauf. Kommt eine weitere Erkrankung wie zB eine Angststörung hinzu, verstärkt sich die Tendenz, gegenüber dem Kind mehr negative und weniger positive Emotionen zum Ausdruck zu bringen.[62]

56 Petermann, Niebank & Scheithauer, 2004.
57 Deneke, 2005.
58 Lier-Schehl, 2011.
59 Brockington et al., 2001.
60 Tylor et al., 2005.
61 Hornstein, Hohm & Trautmann-Villalba, 2009.
62 Heinisch et al., 2019.

580 Depressive Mütter berichten über mehr Stress in der Kinderbetreuung, verhalten sich ihren Kindern gegenüber missbilligender und ablehnender. Je **länger** die Symptomatik anhält, umso wahrscheinlicher wird die Entwicklung einer langanhaltenden depressiven Störung der Mutter und von Verhaltensauffälligkeiten des Kindes.[63] Frühe Einschränkungen der elterlichen Fürsorge durch eine Depression wirken sich negativ auf die Bindungsqualität aus.[64]

581 Auch auf **physiologischer** Ebene wirkt sich eine Depression der Mutter auf das Kind aus. Einjährige Kinder, deren Mutter unter einer Depression leiden, zeigen beispielsweise eine erhöhte Herzfrequenz und eine geringere Aktivität des linken Hirnlappens. Die Effekte zeigen sich in stärkerem Ausmaß bei den Kindern von Frauen, die eine subklinische Depression haben, als bei den Frauen, die unter einer (zeitlich begrenzten) Episode einer Major Depression erkrankt waren.[65]

582 Leidet der **Vater** vor oder während der Schwangerschaft seiner Partnerin unter einer Depression, ist ein erhöhtes Stresserleben nach der Geburt des Kindes wahrscheinlich und nimmt langfristig kaum ab, auch wenn das Kind leicht zu betreuen ist.[66] Das Ausmaß an psychopathologischen Symptomen des Vaters bewirkt einen Risikoanstieg für Verhaltensauffälligkeiten der Kinder. Betroffene Väter verhalten sich dem Kind gegenüber inkonsistent und nachgiebig und beteiligen sich weniger an dessen Pflege und Betreuung, wodurch gleichzeitig ein Anstieg des mütterlichen Stressniveaus erfolgt.[67] Zur Kompensation der depressiven Symptomatik kommt es vor allem bei Männern als Sekundärerkrankung häufig zu Suchtmittelmissbrauch (→ Rn. 660).

583 Grundsätzlich ist davon auszugehen, dass die negativ geprägte Grundstimmung eines depressiven Elternteils zu einem eingeschränkten Gefühlsausdruck gegenüber dem Kind führt und gleichzeitig die **Sensitivität** gegenüber diesem und dessen Bedürfnissen reduziert. Die Paarbeziehung und das Familienklima sind meist beeinträchtigt,[68] die Familie lebt zunehmend sozial isoliert. Wenn Erziehungsprobleme bestehen, fühlen sich depressiv erkrankte Eltern rasch überfordert und damit steigt das Misshandlungsrisiko.

584 In der **Interaktion** depressiver Eltern beobachtbare Verhaltensweisen, wie Ablehnen, Ignorieren oder Zurückweisen des Kindes, wirken sich negativ auf dessen soziale, kognitive und emotionale Entwicklung aus. Es resultiert meist ein unsicherer Bindungsaufbau. Bereits ein wenige Monate alter Säugling ist in der Lage, depressive Verstimmungen seiner Mutter wahrzunehmen. Er zeigt in der Folge ein gestörtes Interaktionsverhalten, nimmt seinerseits weniger Blickkontakt mit

63 Josefsson & Sydsjö, 2007.
64 Botdorf, Riggins & Dougherty, 2019.
65 Dawson et al., 2001.
66 Perren et al., 2005.
67 Dietz, Jennings, Kelley & Marshal, 2009.
68 Petermann, Niebank & Scheithauer, 2004.

der Mutter auf und reagiert passiver und weinerlicher. Es können Entwicklungsstörungen auftreten, später auch Verhaltensauffälligkeiten oder eine psychische Störung des Kindes.[69] Bei einer schwer ausgeprägten Depression eines Elternteils wird dies vom Kind als emotionale Abwesenheit wahrgenommen. Bei über der Hälfte der Kinder von depressiven Eltern finden sich internalisierende und externalisierende Verhaltensauffälligkeiten, soziale und Lernprobleme in behandlungsbedürftiger Ausprägung. Kinder depressiver Mütter haben im Vergleich zur Gesamtbevölkerung ein sechsfach erhöhtes Risiko, ihrerseits eine Depression zu bekommen. Sind beide Elternteile betroffen, erhöht sich das Risiko auf 70 %.[70] Eine Auffälligkeit in der Entwicklung von Kindern mit einem depressiven Elternteil ist die Parentifizierung. Dabei übernimmt das Kind Verantwortung für das Wohlbefinden und die Versorgung des erkrankten Erwachsenen (→ Rn. 543 ff.). Dies führt zu Folgeproblemen in der kognitiven, sozialen und emotionalen Entwicklung des Kindes.[71]

Bei **manischen Störungen** tendiert der Betroffene zu einer gehobenen Stimmung 585
bis hin zu Größenideen und Selbstüberschätzung, aber auch zu Gereiztheit und einem deutlich gesteigerten Antrieb. Denken und Handeln ist unstrukturiert, unkonzentriert, begonnene Tätigkeiten können nicht zu Ende geführt werden. Die Geschäftsfähigkeit ist reduziert, häufig werden Anschaffungen getätigt, die den vorhandenen finanziellen Rahmen deutlich übersteigen. Die sexuelle Aktivität ist meist erhöht, ebenso wie das Kontaktverhalten, beispielsweise über Telefon, E-mail, SMS und Messengerdienste. In manischen oder hypomanen Phasen zeigen die Betroffenen leichtsinniges, unverantwortliches und rücksichtsloses Verhalten. Einschießende Ideen müssen sofort umgesetzt werden. Während dieser Phase ist häufig von einer Aufhebung der Geschäftsfähigkeit auszugehen, es kommt vermehrt zu impulsgesteuerten Delikten wie Zechprellerei, Geschwindigkeitsüberschreitungen im Straßenverkehr, sexueller Nötigung oder Beleidigung.[72] Betroffene leiden während der akuten Manie kaum unter diesem Zustand, sondern fühlen sich, als ob sie „die Welt aus den Angeln heben könnten“. Leidensdruck entsteht, wenn sie nach Abklingen der Hochstimmung mit den Konsequenzen ihrer Handlungen konfrontiert werden (beispielsweise Verschuldung, Zerbrechen der Familie, Arbeitsplatzverlust) oder in eine depressive Phase geraten.

Bei Vorliegen einer Manie kommt es vermehrt zur Überstimulation eines Kindes 586
in der **Interaktion**. Wenn diese mit aggressiven Affekten einhergeht, sind Kinder nicht mehr in der Lage, darauf zu reagieren. Sie neigen entweder zu Protest und Auflehnung oder erstarren in ihrem Verhalten. Eine akute Gefährdung von Kindern durch einen manisch erkrankten Elternteil kann beispielsweise bei ris-

69 Weinberg & Tronick, 1998.
70 Für einen Überblick: Lenz & Wiegand-Grefe, 2017.
71 Plattner, 2019.
72 Konrad, Huchzermeier & Rasch, 2019.

kanten Unternehmungen entstehen, in die das Kind einbezogen wird, oder wenn der Elternteil das Kind bei einem sprunghaften Aktivitätenwechsel unterwegs vergisst. Die emotionale Kontaktaufnahme ist während einer manischen Phase kaum möglich, was die Qualität der Eltern-Kind-Interaktion empfindlich stört.

587 Eine **Bipolare Störung** liegt dann vor, wenn sich depressive und manische Episoden abwechseln. Zwischen den einzelnen Phasen kommt es meist zur vollständigen Besserung der Symptomatik. Der Wechsel zwischen diesen beiden Extremen in der Stimmung kann hochfrequent erfolgen oder sich über mehrere Wochen hinziehen. Sowohl während einer depressiven als auch während einer manischen Phase kann es zusätzlich zu psychotischem Erleben kommen (→ Rn. 558). Die Bereitschaft, eine Behandlung aufzunehmen, ist bei dieser Form der Erkrankung relativ gering.

588 Die Bipolare Störung eines Elternteils wirkt sich auf die **Kontinuität** in allen Bereichen der Kinderbetreuung aus. Dies betrifft insbesondere die emotionale Versorgung und damit den Bindungsaufbau, die Sicherstellung der physischen Grundversorgung sowie erzieherische Strategien und die Verantwortungsübernahme. Betroffene Kinder sind einem Wechselbad extremer Bedingungen ausgesetzt, die sowohl in depressiven als auch in manischen Phasen ein kindeswohlgefährdendes Ausmaß annehmen können. In Zusammenhang mit der Bipolaren Störung eines Elternteils steht ein deutlich erhöhtes Risiko für ihre Kinder, ihrerseits eine affektive Störung herauszubilden, insbesondere im Jugendalter.[73]

589 Leidet ein Elternteil unter einer affektiven Störung, kann die **Erziehungsfähigkeit** in Abhängigkeit von der jeweils vorliegenden Symptomatik unterschiedlich stark eingeschränkt sein. Es darf jedoch nicht lediglich aufgrund einer vorliegenden Diagnose pauschal von einer Aufhebung der Erziehungsfähigkeit ausgegangen werden. In der familienpsychologischen Begutachtung muss überprüft werden, wie sich die Symptomatik in der tatsächlichen Interaktion und Versorgung des Kindes auswirkt. Besonderes Augenmerk muss hier auf der Prävention von erweitertem Suizid oder Infantizid, sowie auf einer raschen Behandlung der elterlichen Grunderkrankung liegen. Aufgrund des erhöhten Risikos von Kindern depressiv erkrankter Eltern, im weiteren Leben selbst eine Depression zu entwickeln, sollte zudem überprüft werden, ob die Vulnerabilität durch eine Kinderpsychotherapie vermindert werden kann.

590 Im Rahmen der **Begutachtung** ist es wichtig, die in der Familie liegenden Ressourcen zu beachten, durch die Auswirkungen der Erkrankung eines Elternteils ausgeglichen werden können. So ist beispielsweise bekannt, dass Kinder von Müttern mit einer postpartalen Depression zwar diesen gegenüber auffällige Interaktionsmuster zeigen, nicht jedoch gegenüber dem gesunden Vater, sofern

73 Für einen Überblick: Lenz & Wiegand-Grefe, 2017.

dieser über ausreichende Feinfühligkeit und erzieherische Kompetenzen verfügt. Ebenso wirkt sich eine unterstützende Paarbeziehung positiv auf Verlauf und Dauer der psychischen Erkrankung aus.[74]

c) Neurotische, Belastungs- und somatoforme Störungen

Frau E hat Angst, dass sie an einer tödlichen Krankheit leidet. Sie ist sicher, entweder herzkrank zu sein oder an einem Hirntumor sterben zu müssen. Die Angst ist so intensiv, dass sie ständig ihre Körperfunktionen überprüft. Ärztliche Untersuchungen erbringen keinen pathologischen Befund, was sie aber nur kurzfristig beruhigt. Sie ist angespannt und weint oft. Gleichzeitig macht sie sich Sorgen, dass sie ihre Kinder mit ihrem Verhalten anstecken könnte. Ihre Tochter weigert sich seit ein paar Wochen, in die Schule zu gehen und gibt an, Bauchweh zu haben. 591

Der **Begriff** „Neurose" wird in der Klassifikation psychischer Störungen aus historischen Gründen weiterverwendet. Damit wurden ursprünglich psychische Störungen bezeichnet, die man als ‚überhöhte Nervenbelastung' auf innerseelische Konflikte zu erklären versuchte. Entsprechend heterogen ist diese Untergruppe, wobei überwiegend Angst als Leitsymptom zu finden ist. Diese Angst ist dysfunktional, dh sie bezieht sich auf Situationen oder Dinge, die nicht wirklich gefährlich sind, was den Betroffenen oft bewusst ist. Sie sind ständig überfordert und erschöpft. Typische Begleit- oder Folgeerkrankung ist eine Depression, die vor allem auf die eingeschränkte Lebensqualität zurückgeführt werden kann. 592

Neurotische Störungen stellen das klassische Arbeitsgebiet für **Psychotherapeuten** dar. Die Behandlungen sind in der Regel effizient, wobei die Heilung dadurch erschwert wird, dass die Betroffenen aus Scham und Unsicherheit häufig erst sehr spät Hilfe suchen. Ohne Behandlung ist die Wahrscheinlichkeit, dass sich eine Neurose chronifiziert und in der Ausprägung verstärkt, sehr hoch,[75] 593

Am meisten bekannt sind **Phobien**, also die Angst vor einer spezifischen Situation (zB Brücken, Prüfungen) oder einem Objekt (zB Spinne). Das Verhalten von Erkrankten ist von dem Versuch bestimmt, eine Konfrontation mit dem angstbesetzten Reiz zu vermeiden. Gleichzeitig bestehen meist anhaltende negative Selbsteinschätzungen. Die Symptomatik kann so ausgeprägt sein, dass eine normale Lebensführung nicht mehr möglich ist. 594

Eine Variante der neurotischen Störungen stellt die **Zwangsstörung** dar. Hier kommt es zu wiederkehrenden Zwangsgedanken und Zwangshandlungen, die nicht der willentlichen Kontrolle unterliegen. Je nach Ausmaß nehmen sie von dem Betroffenen mehr und mehr Besitz, bestimmen den Tagesablauf und werden als quälend empfunden. Der Versuch, dem Zwang Widerstand entgegenzusetzen, bleibt erfolglos. Es sind vegetative Angstsymptome vorhanden, und es 595

74 Reck, 2008.
75 Konrad, Huchzermeier & Rasch, 2019.

herrscht eine innere Anspannung vor.[76] Einige Studien weisen darauf hin, dass bei Zwangspatienten kognitive Minderleistungen hinsichtlich Gedächtnis, Handlungsplanung und Verarbeitungsgeschwindigkeit bestehen. In der Pathogenese zeigt sich eine ausgeprägte genetische Komponente. Möglicherweise spielen auch religiöse Einstellungen eine Rolle, zumindest bei der Phänomenologie, also beispielsweise dem Inhalt der Zwangsgedanken.[77]

596 Menschen mit einer ausgeprägten, unbehandelten Zwangsstörung sind im Allgemeinen nicht in der Lage, angemessen auf **kindliche Bedürfnisse** einzugehen und den Anforderungen eines Alltags mit Kindern zu genügen. Wenn sich Zwangsimpulse auf das Kind beziehen, ist ein unbefangener, natürlicher Umgang mit dem Kind oft nicht mehr möglich. Bei einer begleitenden depressiven Symptomatik ist der Betroffene mit der Erziehung, Betreuung und Versorgung insbesondere jüngerer Kinder überfordert. Darüber hinaus werden Kinder beispielsweise durch Zwangshandlungen wie stundenlanges Händewaschen oder zeitaufwändige Schutz- und Neutralisierungsrituale massiv belastet und teilweise zur Beruhigung der Eltern instrumentalisiert; zudem lernen die Kinder am Modell der Eltern. Hinzu kommen die erhöhte Suizidgefahr und die Gefahr des erweiterten Suizids.

597 Eine weitere Erkrankung aus der Kategorie der neurotischen Störungen ist die **Posttraumatische Belastungsstörung.** Sie entsteht als eine verzögerte Reaktion auf ein belastendes Ereignis oder eine Situation von außerordentlicher Bedrohung, die wahrscheinlich bei jedem Menschen eine traumatische Reaktion hervorrufen würde. Aufgrund einer erhöhten Vulnerabilität gelingt es den Betroffenen nicht, das Ereignis adäquat zu verarbeiten, es kommt zu Problemen der körperlichen, seelischen, sozialen und auch kognitiven Funktionsfähigkeit. Vergewaltigungen führen bei ungefähr der Hälfte der Opfer, Gewaltverbrechen und Kriegsereignisse bei etwa einem Viertel der Betroffenen, schwere körperliche Erkrankungen oder Unfallereignisse bei etwa jedem sechsten Betroffenen zur Ausbildung einer Posttraumatischen Belastungsstörung. Dabei muss zwischen einem einmaligen Ereignis oder einer wiederholten bzw. andauernden Traumatisierung unterschieden werden. Der Beginn der Störung folgt dem Trauma mit einer Latenz, die wenige Wochen bis Monate dauern kann. In der Mehrzahl der Fälle kann eine Heilung erwartet werden. Sehr komplexe und langanhaltende Traumatisierungen können auch eine andauernde Persönlichkeitsänderung nach sich ziehen.[78]

598 Typische **Merkmale** der Posttraumatischen Belastungsstörung sind das wiederholte Erleben des Traumas in sich aufdrängenden Erinnerungen (Nachhallerinne-

76 Deutsches Institut für Medizinische Dokumentation und Information, 2018.
77 Goletz, Döpfner & Roessner, 2018.
78 Schneider, Freyberger & Widder, 2016.

rungen, Flashbacks), in Träumen oder Alpträumen. Es besteht ein andauerndes Gefühl der Betäubung und emotionaler Stumpfheit. Ferner finden sich Gleichgültigkeit gegenüber anderen Menschen, Teilnahmslosigkeit der Umgebung gegenüber, Freudlosigkeit sowie Vermeidung von Aktivitäten und Situationen, die Erinnerungen an das Trauma wachrufen könnten. Meist treten vegetative Übererregtheit mit Vigilanzsteigerung, eine übermäßige Schreckhaftigkeit und Schlafstörungen auf. Angst und Depression sind häufig mit den genannten Symptomen und Merkmalen assoziiert und Suizidgedanken sind nicht selten.

Hinsichtlich der **erzieherischen Kompetenzen** kann sich die Posttraumatische Belastungsstörung eines Elternteils in Rückzug und mangelnder Verfügbarkeit für das Kind, überbehütendem und einschränkendem Verhalten oder der Rekonstruktion angsteinflößender Situationen auswirken.[79] 599

Studien zufolge reagieren **Mütter** mit einer Posttraumatischen Belastungsstörung verstärkt auf Affekte des Kindes, wenn es Stress, Anspannung oder Dysregulation zeigt. Die erkrankten Mütter können aufgrund des eigenen Stresserlebens dem Kind kaum noch die volle Aufmerksamkeit zukommen lassen.[80] Die emotionalen Signale des Kindes stellen sogenannte Trigger für posttraumatische Reaktionen der Eltern dar, insbesondere dann, wenn deren Traumatisierung mit belastenden Kindheitserfahrungen zusammenhängt. In der Interaktion mit dem Kind ist oft ein passiver Rückzug zu beobachten, die Eltern neigen zu einer Rollenumkehr in Bezug auf ihre Kinder, indem sie diesen die Verantwortung für ihr eigenes Wohlbefinden übertragen. Das Verhalten gegenüber den Kindern ist unsicher und kann sowohl ängstlich als auch ängstigend und feindselig sein. In der Regel ist die elterliche Feinfühligkeit vermindert, da die Wahrnehmung zu stark auf das Selbst ausgerichtet ist. Aufgrund eines unverarbeiteten Traumas kann es zu widersprüchlichem und unvorhersehbarem Elternverhalten kommen. 600

Das Verhalten eines traumatisierten Elternteils führt zu unsicheren oder desorganisierten **Bindungsmustern** der Kinder. Der in der Eltern-Kind-Interaktion erlebte Stress kann negative Effekte auf die kognitive Entwicklung und Emotionsregulation der Kinder zeitigen. Es wird eine erhöhte Rate an internalisierendem und externalisierendem Problemverhalten der betroffenen Kinder beobachtet. Sie haben ein um das Dreifache erhöhte Risiko, selbst eine Angststörung zu entwickeln.[81] Selbst wenn sich die Mutter in Behandlung begibt und subjektiv wieder stabil fühlt, bleiben die belasteten Interaktionsmuster gegenüber ihren Kindern noch lange erhalten.[82] Kinder, die emotionale Vernachlässigung erfahren haben, 601

79 Scheeringa & Zeanah, 2001.
80 Cierpka, 2012.
81 Schechter & Willheim, 2009.
82 Weinberg & Tronick, 1998.

haben eine erhöhte Vulnerabilität für die Ausbildung einer Posttraumatischen Belastungsstörung.[83]

602 Auch **Hypochondrie** oder anhaltende **Schmerzstörungen** ohne ausreichende körperliche Ursache für das geschilderte subjektive Leid gehören zu den Neurosen. Dabei besteht eine erhöhte Selbstaufmerksamkeit, eigene Bedürfnisse stehen im Vordergrund. Die Beschäftigung mit der eigenen Befindlichkeit sowie Arztbesuche nehmen erhebliche Zeit und Energie in Anspruch. Häufig besteht die Tendenz zu unbegründeter Medikamenteneinnahme, bis hin zum Abusus. Werden Erkrankte daran gehindert, sich mit ihren Beschwerden zu beschäftigen, reagieren sie häufig gereizt. Entsprechend ist die Fähigkeit reduziert, sich empathisch in der Interaktion mit dem Kind zu verhalten.

603 Angst ist ein negativer Affekt, der sich in einem sogenannten **spill-over-Effekt** rasch von der Bezugsperson auf Kinder überträgt. Auch diese leben dann in ständiger Alarmbereitschaft und chronischem Stress. An einer neurotischen Störung erkrankte Eltern sind oft nicht imstande, dem verunsicherten, ebenfalls Belastungsreaktionen aufweisenden Kind die erforderlichen Hilfestellungen zu geben. Kinder von Eltern mit einer Angststörung haben im Vergleich zu Kindern gesunder Eltern ein etwa zehnfach erhöhtes Risiko, selbst eine Angststörung zu entwickeln. Aber auch das Risiko, andere psychische Störungen zu bekommen, ist für diese Kinder deutlich erhöht.[84] Mütter mit Angststörungen haben häufiger einen unsicheren Bindungsstil, der in Form unsicherer oder desorganisierter Bindung an die eigenen Kinder weitergegeben wird.[85]

604 Je nach Ausprägung und Schweregrad einer neurotischen Störung kann die **Erziehungsfähigkeit** eines Elternteils mehr oder minder eingeschränkt sein. Zur Beurteilung einer Kindeswohlgefährdung müssen in der Begutachtung die tatsächlichen Auswirkungen der elterlichen Symptomatik im Familienalltag beobachtet werden.

d) Verhaltensauffälligkeiten mit körperlichen Störungen

605 Frau F schläft schlecht ein, wacht nachts öfter auf, ist im Morgengrauen so unruhig, dass sie aufstehen muss. Tagsüber ist sie so müde, dass sie immer mal wieder eine Stunde schläft. Der gesamte Tag-Nacht-Rhythmus ist verschoben. Spiel- und Aktivierungsphasen für ihr Kind finden vor allem nachts statt. Die normale Einschulung des Kindes ist daher nicht möglich, Frau F fragt nach, ob eine Nachmittagsbeschulung möglich sei.

606 Die Verhaltensauffälligkeiten mit körperlichen Störungen beinhalten Essstörungen, nicht-organische Schlafstörungen, sexuelle Funktionsstörungen usw. In der familiengerichtlichen Begutachtungspraxis sind vor allem die **Essstörungen** von

83 Schneider, Freyberger & Widder, 2016.
84 Lenz & Wiegand-Grefe, 2017.
85 Zietlow & Reck, 2017.

Relevanz, da sich diese am stärksten auf die Erziehungsfähigkeit auswirken. Unter den Essstörungen nehmen die Anorexia nervosa (Magersucht) und die Bulimia nervosa (Ess-Brech-Sucht) den größten Raum ein.

Die **Anorexia nervosa** ist durch einen absichtlich selbst herbeigeführten oder aufrechterhaltenen Gewichtsverlust charakterisiert. Am häufigsten ist die Störung bei heranwachsenden Mädchen und jungen Frauen zu beobachten. Die Krankheit ist mit einer tief verwurzelten, überwertigen Angst vor dem Dicksein verbunden und die Betroffenen legen eine sehr niedrige Gewichtsschwelle für sich fest. Es liegt meist eine Unterernährung unterschiedlichen Schweregrades vor, die sekundär zu endokrinen und metabolischen Veränderungen und zu körperlichen Funktionsstörungen führt. Zu den Symptomen gehören eingeschränkte Nahrungsauswahl, übertriebene körperliche Aktivitäten, selbstinduziertes Erbrechen und der Missbrauch von Appetitzüglern und Diuretika.[86] 607

Bei der **Bulimia nervosa** liegt ein Syndrom vor, das durch wiederholte Anfälle von Heißhunger und eine übertriebene Beschäftigung mit der Kontrolle des Körpergewichts charakterisiert ist. Dies führt zu einem Verhaltensmuster von Essanfällen, induziertem Erbrechen oder dem Missbrauch von Abführmitteln. Viele psychische Merkmale dieser Störung ähneln denen der Anorexia nervosa, so die übertriebene Sorge um Körperform und Gewicht. Wiederholtes Erbrechen kann zu Elektrolytstörungen und anderen körperlichen Komplikationen führen. Häufig lässt sich in der Anamnese eine frühere Anorexia nervosa nachweisen. 608

Beim **Binge Eating** finden Essattacken bis über die Schmerzgrenze statt, ohne dass gleichzeitig gewichtsregulierende Maßnahmen erfolgen. Häufig erfolgt das Essen als Reaktion auf negative Affekte wie Trauer oder Wut. 609

Einer Essstörung liegt eine **tiefgreifende emotionale Störung** zugrunde. Die emotionale Bedürftigkeit wird hierbei auf ein äußeres Symptom, das Essverhalten, verlagert, um die eigene Befindlichkeit zu regulieren. In Phasen des Nichtessens oder des Überessens erlebt der Betroffene anfangs eine Selbstregulation seiner Bedürfnisse, ohne sich auf andere Menschen angewiesen und damit von sozialen und emotionalen Beziehungen abhängig zu fühlen. Gefühle und emotionale Bedürfnisse werden durch Akte der Selbstbestrafung korrigiert, denn weder das Hungern noch das Überessen und anschließende Erbrechen werden als positiv und lustvoll erlebt. Die Regulation der eigenen Bedürfnisse misslingt daher und hat meist eine Depression zur Folge, da der Betroffene begreift, dass er sich in einem Teufelskreis befindet, aus dem er allein nicht ausbrechen kann. Das Verhalten ist nicht mehr steuerbar und nimmt extreme Formen an, der Zugang zur eigenen Befindlichkeit geht zunehmend verloren. 610

86 Deutsches Institut für Medizinische Dokumentation und Information, 2018.

611 Ein chronisch übermäßiges Essverhalten mit **Adipositas** (krankhaftes Übergewicht) zählt nicht zu den Essstörungen im klinischen Sinn. Dennoch kann es zu Einschränkungen im Erziehungsalltag führen, was aber selten ein kindeswohlgefährdendes Ausmaß annimmt. Neben dem defizitären Vorbild für das Gesundheitsverhalten (beispielsweise vermehrte Nahrungsaufnahme bei Stress) entwickeln Kinder selbst ein gestörtes Essverhalten, sind bei mangelnder körperlicher Aktivität übergewichtig und damit der Gefahr einer gesundheitlichen Fehlentwicklung ausgesetzt. Unter Jugendlichen ist Übergewicht sozial stark stigmatisierend.

612 In Deutschland leiden etwa 0,3 % der Männer und 1 % der Frauen an einer Essstörung.[87] Bei allen Formen von Essstörungen ist die Empfängnis erschwert und geschieht häufig ungeplant. Durch Unregelmäßigkeiten im Hormonhaushalt wird die **Schwangerschaft** häufig erst spät festgestellt, was die Akzeptanz und Vorbereitung auf das Kind erschwert. Während der Schwangerschaft erhöhen die äußeren Veränderungen des Körpers das Stressniveau der werdenden Mutter und belasten die Beziehungsentwicklung zum Embryo. Kinder von Müttern mit Essstörungen haben häufiger ein geringes Geburtsgewicht und eine schlechte postpartale Adaption, da eine Mangelversorgung durch die Kontrolle der Nahrungsaufnahme nicht auszuschließen ist (→ Rn. 135 ff.). Bei Müttern mit Störungen des Körperbildes findet sich auch eine geringere Bereitschaft zu stillen. Nach der Entbindung verstärkt sich häufig das restriktive Essverhalten, anhaltende körperliche Veränderungen beeinträchtigen die Stimmung, die Wahrnehmung reduziert sich auf das eigene Körperbild, wodurch die Aufmerksamkeit für das Kind eingeschränkt ist.

613 Im weiteren Verlauf stellt die **Ernährung des Kindes** ein zentrales Problem für Eltern mit Essstörungen dar, da sie täglich mehrmals intensiv mit subjektiv kritischen Reizen konfrontiert werden. Häufig finden sich bei den Kindern Störungen der Nahrungsaufnahme, was auf die Befindlichkeit und Aversion der Versorgungsperson gegenüber dem Essen zurückzuführen ist. Bei einem relativ hohen Anteil der betroffenen Kinder wird am Ende des ersten Lebensjahres Untergewicht festgestellt, was zu einer allgemeinen Gedeihstörung führen kann. Gleichzeitig nehmen die erkrankten Eltern die Nahrungsmenge, die ihre Kinder verlangen, als überhöht wahr. Sie bemühen sich, diese zu reduzieren und die Kinder diätetisch zu ernähren. Ab der Pubertät findet sich bei den Kindern von Eltern mit Essstörungen ein erhöhtes Risiko für die Ausbildung einer eigenen Essstörung.[88] Die Prädisposition hierzu ist wohl zu einem großen Teil genetisch bedingt.

87 Jacobi et al., 2013.
88 Park, Senior & Stein, 2003.

Aus dem Vorliegen einer Essstörung resultieren emotionale und soziale Beeinträchtigungen eines Elternteils, die in direktem Zusammenhang mit der Beziehungs- und **Erziehungsfähigkeit** gesehen werden müssen. Insbesondere leidet die Einfühlsamkeit in die Befindlichkeit und Bedürfnislage der Kinder. Im Erziehungsverhalten fehlt die Vorbildfunktion für den Umgang mit Emotionen, es kommt rasch zu Überforderungsreaktionen. Hierauf erfolgt oft ein depressiver Rückzug, der vom Kind als Nichtverfügbarkeit seiner Bezugsperson erlebt wird, und damit als Bedrohung und Verlust. Es besteht kein Modell für Gesundheit und Umgang mit dem eigenen Körper. 614

e) Persönlichkeitsstörungen

Frau G tritt in der Begutachtung selbstbewusst und fordernd auf. Bei bestimmten Themen flammt rasch Ärger auf, mehrfach setzt sie dazu an, die Untersuchungssituation zu verlassen, kommt aber wieder. In der Interaktion mit ihrem Sohn fällt auf, dass sie ihn in spielerischer Weise als „Depp", „Dummkopf" oder „Zecke" bezeichnet. Das Kind ist einerseits interessiert an dem Spielangebot der Mutter, andererseits beobachtet es mit zu einem Grinsen verzerrten Gesicht die Reaktion der Mutter auf sein Verhalten. Es wirkt angespannt und wie auf der Hut. 615

Der **Begriff** der Persönlichkeitsstörung umfasst tief verwurzelte Verhaltensmuster, die sich in starren und stabilen Reaktionen auf unterschiedliche persönliche und soziale Lebenslagen zeigen. Sie stellen gegenüber der Mehrheit der Bevölkerung deutliche Abweichungen im Wahrnehmen, Denken, Fühlen und in den Beziehungen zu anderen dar.[89] Diese Verhaltensmuster gehen mit einem unterschiedlichen Ausmaß persönlichen Leidens und gestörter sozialer Funktionsfähigkeit sowie mit persönlichen und sozialen Beeinträchtigungen einher. Die Symptome sind nicht direkt auf eine Hirnschädigung oder -krankheit oder auf eine andere psychische Störung zurückzuführen. Je nach Studie wird eine Prävalenzrate zwischen 0,5–5 % in der Allgemeinbevölkerung angenommen.[90] Die Komorbidität mit Substanzabhängigkeiten ist hoch.[91] 616

Persönlichkeitsstörungen beginnen häufig in der Adoleszenz in Form von Verhaltensstörungen. Die **Ursachen** liegen meist in der frühen Kindheit, beispielsweise durch belastende familiäre Sozialisationsbedingungen oder die Erfahrung von Misshandlung, Vernachlässigung oder Missbrauch. Auch spätere traumatische Erfahrungen oder Erlebnisse können sich auf die Ausreifung einer gesunden Persönlichkeit negativ auswirken. 617

Die **Diagnose** einer Persönlichkeitsstörung kann erst bei einer vorangeschrittenen Persönlichkeitsentwicklung gestellt werden. Bei Erwachsenen werden folgende spezifische Störungsmuster unterschieden: Paranoide, schizoide, dissoziale, emo- 618

89 Deutsches Institut für Medizinische Dokumentation und Information, 2018.
90 Fiedler, 2007.
91 Konrad, Huchzermeier & Rasch, 2019.

tional instabile, histrionische, zwanghafte, ängstliche und abhängige Persönlichkeitsstörungen. Bei familiengerichtlichen Fragestellungen finden sich am häufigsten Probanden mit emotional instabiler oder dissozialer Störung.

619 Die **emotional instabile Persönlichkeitsstörung** ist gekennzeichnet von extremen Schwankungen in der Stimmung, Ambivalenz und einer Bindungsstörung. Sie ist geprägt von der Tendenz, Impulse ohne Berücksichtigung von Konsequenzen auszuagieren, verbunden mit unvorhersehbarer und launenhafter Stimmung. Es besteht eine Neigung zu emotionalen Ausbrüchen, und es kommt häufig zu Konflikten mit anderen.

620 Zwei **Erscheinungsformen** können unterschieden werden: Ein impulsiver Typus, vorwiegend gekennzeichnet durch emotionale Instabilität und mangelnde Impulskontrolle und der Borderline-Typus, zusätzlich gekennzeichnet durch Störungen des Selbstbildes, ein chronisches Gefühl von Leere, unbeständige Beziehungen und die Neigung zu selbstdestruktivem Verhalten mit parasuizidalen Handlungen und Suizidversuchen. Bei beiden Varianten wird aufgrund einer eingeschränkten Fähigkeit zur Emotionsregulation und psychischen Ausnahmezuständen bei Verlust intensiver sozialer Bindungen davon ausgegangen, dass sie sich auf der Basis einer Bindungsstörung entwickeln.[92]

621 Bei Patienten mit einer **Borderline-Persönlichkeitsstörung** zeigt sich im Lebenslauf eine Besserung der Symptomatik (meist ab etwa dem 40. Lebensjahr), wobei die mangelnde Beziehungsfähigkeit fortbesteht.[93] Gleichzeitig besteht eine im Vergleich zur Allgemeinbevölkerung um das 50-fache erhöhte Mortalität durch Suizid.[94] Eine Borderline-Persönlichkeitsstörung hat erhebliche Auswirkungen auf die Gestaltung von Partnerschaften und Elternschaft. Allerdings darf nicht pauschal lediglich aufgrund des Vorliegens einer solchen Diagnose auf eine aufgehobene oder eingeschränkte Erziehungsfähigkeit geschlossen werden. Die differenzierte Betrachtung der tatsächlichen Ausgestaltung der Eltern-Kind-Beziehung, Bereitschaft zur Wahrnehmung elterlicher Verantwortung und des Engagements ist für die familienpsychologische Beurteilung unabdingbar.[95]

622 Die eingeschränkte Beziehungsfähigkeit von Personen mit einer Borderline-Persönlichkeitsstörung gilt in der Begutachtung als negativer prognostischer Faktor für die **Erziehungsfähigkeit**. Probanden mit emotional instabiler Persönlichkeitsstörung sind häufig weitgehend bindungsunfähig. Sie klammern sich einerseits an Bezugspersonen, andererseits sind sie unfähig, emotional intime Beziehungen aufrechtzuerhalten. Es kommt zu einer aggressiven Abwendung von der eigentlich geliebten Person. Die Sichtweise auf Beziehungen und soziale Ereignisse ist

92 Fonagy & Bateman, 2006.
93 Überblick bei Bronisch, 1997.
94 Skodol et al., 2005.
95 Rohmann, 2020.

polarisierend und wenig differenziert. Auch die Kompetenz zur Empathie und sozialen Perspektivenübernahme ist eingeschränkt, so dass die Bedürfnisse und Befindlichkeiten von Kindern häufig nicht mehr angemessen wahrgenommen werden können. Beispielsweise werden neutrale Gesichtsausdrücke des Kindes von Müttern mit einer Borderline-Persönlichkeitsstörung als negativ missinterpretiert. Vor allem bei Konflikten werden Beziehungen, die einmal wichtig waren, abgebrochen und ausschließlich negativ bewertet. Insbesondere in Zusammenhang mit emotionaler Instabilität findet sich ein inkonsistentes Strafverhalten, Schwankungen in der Kommunikationsbereitschaft sowie das Fehlen von Lob und Ermutigung gegenüber den Kindern. Betroffene Mütter zeigen verstärkt strafendes, feindseliges und abwertendes Erziehungsverhalten. In Konfliktsituationen besteht ein erhöhtes Risiko für körperliche oder psychische Misshandlung des Kindes. Das Kind wird abwechselnd abgewertet und idealisiert, wobei mit zunehmender Selbstständigkeit des Kindes meist die Abwertung überwiegt. Je autonomer sich ein Kind entwickelt, desto schwieriger gestaltet sich die Eltern-Kind-Beziehung, da vom gestörten Elternteil die Ablösung mit großer Angst erlebt wird. Dies führt spätestens in der Pubertät zu Konflikten und kann einen Kontaktabbruch mit sich bringen. Die erkrankten Mütter nehmen sich selbst als in der Erziehung inkompetenter und gestresster wahr, als gesunde Frauen.[96] Kommt eine weitere psychische Störung, wie beispielsweise eine Depression hinzu, verstärken sich die negativen Effekte der Erkrankung auf die Eltern-Kind-Interaktion.[97]

Eine häufig verkannte Form ist die **ängstlich-vermeidende Persönlichkeitsstörung**. Personen, die darunter leiden, leben mit einem andauernden Gefühl von Anspannung und Besorgtheit, sind der Überzeugung, sozial unattraktiv oder minderwertig zu sein, haben eine übertriebene Sorge, von Anderen kritisiert oder abgelehnt zu werden, die Abneigung, sich auf persönliche Kontakte einzulassen und einen entsprechend eingeschränkten Lebensstil. Es besteht eine hohe Komorbidität mit Angststörungen, Depression, Suizidalität und Substanzabusus. Sie weisen meist einen ängstlich-vermeidenden Bindungsstil auf. Charakteristisch sind außerdem Einschränkungen in der Fähigkeit zur Mentalisierung, dh der Wahrnehmung und Interpretation der mentalen Zustände anderer sowie in der Affektwahrnehmung. Werden sie mit Ansprüchen Anderer konfrontiert, fühlen sie sich dadurch überfordert und bedroht. Sie haben Schwierigkeiten mit der Regulation von Nähe und Distanz.[98] Entsprechend eingeschränkt sind sie in ihrer Fähigkeit, Bedürfnisse von Kindern wahrzunehmen und adäquat darauf zu reagieren. Insbesondere besteht die Tendenz, sich emotional vor dem Kind zurückzuziehen. 623

96 Rosenbach, Zitzmann & Renneberg, 2019.
97 Conroy et al., 2010.
98 Brückner, Logé & Salzer, 2019.

624 **Kinder** von Eltern mit einer Persönlichkeitsstörung zeigen wesentlich häufiger als in der Allgemeinbevölkerung unsichere oder desorganisierte Bindungsmuster. Bei Kindern von Müttern mit einer Borderline-Persönlichkeitsstörung wurden beispielsweise in einer Untersuchung 80 % der Kinder als desorganisiert gebunden klassifiziert. Sie reagieren verstärkt auf Angstreize oder erscheinen gänzlich angstfrei. Weiterhin wurden bei ihnen eine größere Angst vor dem Verlassenwerden, inkongruente Selbstbilder, eine reduzierte Fähigkeit zur Emotionsregulation, stärkere negative Affekte und Parentifizierung festgestellt. Sie haben ihrerseits ein deutlich erhöhtes Risiko, Verhaltensstörungen, affektive Störungen und eine Persönlichkeitsstörung zu entwickeln.[99] Zudem besteht für die Kinder von einem Elternteil mit einer Persönlichkeitsstörung ein massiv erhöhtes Risiko, Traumata zu erleben (Misshandlung, Vernachlässigung, sexueller Missbrauch, Bindungsabbrüche beispielsweise durch Fremdunterbringung).

625 In der **familienpsychologischen Begutachtung** sollte besonders beachtet werden, dass Kinder eines Elternteils mit einer Persönlichkeitsstörung die höchste Vulnerabilität für psychische Störungen und den ungünstigsten Entwicklungsverlauf aufweisen.[100] Selbst bei einem familiären Zusammenleben kann der andere Elternteil dieses Risiko nur geringfügig ausgleichen. In der Praxis zeigt sich, dass diese Familienverbände häufig instabil sind und die Partner oft ebenfalls unter einer psychischen Störung leiden. Umso wichtiger ist für die Kinder, in stabilisierende und Halt gebende außerfamiliäre Strukturen eingebunden zu sein.

626 Als Besonderheit in der Begutachtung von Eltern mit einer Persönlichkeitsstörung ist festzustellen, dass Sachverständige möglicherweise auf eine erhöhte **Aggressionsbereitschaft** treffen, was gegebenenfalls Maßnahmen zum Selbstschutz notwendig macht.

f) Psychische Störungen mit Beginn in der Kindheit oder Jugend

627 Frau H bittet das Jugendamt um Hilfe, da sie „mit dem ganzen Behördenkram" bezüglich ihrer Tochter nicht fertig wird. Sie ist im Auftreten laut, sympathisch, spontan und vergisst umgehend, was man ihr gesagt hat. Das Familienleben beschreibt sie als chaotisch und hektisch.

628 Die **Aufmerksamkeitsdefizit-/Hyperaktivitätsstörung** bei Erwachsenen ist mit ca. 3–4 % Prävalenz eine relativ weit verbreitete Störung. Sie geht häufig (bei etwa einem Drittel der Betroffenen) mit anderen psychischen Störungen einher. Der Beginn liegt meist in den ersten sieben Lebensjahren. Davon Betroffene zeigen einen Mangel an Ausdauer bei Beschäftigungen, die kognitiven Einsatz verlangen, und eine Tendenz, von einer Tätigkeit zu einer anderen zu wechseln, ohne etwas zu Ende zu bringen. Sie sind in ihren Aktivitäten desorganisiert und über-

99 Für einen Überblick s. Rosenbach, Zitzmann & Renneberg, 2019.
100 Lenz & Wiegand-Grefe, 2017.

schießend. Bei anderen Personen sind die Betroffenen unbeliebt und können isoliert sein, da sie als anstrengend und unzuverlässig gelten. Sekundäre Komplikationen sind dissoziales Verhalten und niedriges Selbstwertgefühl.[101] Häufig erreichen sie keinen Schul- oder Berufsabschluss.

Bei ca. einem Drittel der von Hyperaktivität betroffenen Kinder zieht sich die 629
Störung bis in das Erwachsenenalter hinein. Während bei Kindern die Jungen etwa achtfach häufiger betroffen sind als Mädchen, ist bei erwachsenen Männern nur noch von einem doppelt erhöhten **Erkrankungsrisiko** auszugehen. Bei an Hyperaktivität leidenden Männern kommt häufig Substanzmissbrauch und Delinquenz vor und sie leben häufig noch im mittleren Erwachsenenalter bei ihren Eltern. Bei Frauen besteht ein leicht erhöhtes Risiko für Ängste und die Entwicklung einer Depression sowie dafür, alleinerziehend zu sein. Allerdings zeigen Betroffene häufig auch eine ausgeprägte Neugier, Aufgeschlossenheit, Vitalität, Leistungsfähigkeit und Innovationsfähigkeit.[102]

An Hyperaktivität erkrankte Erwachsene zeichnen sich durch Vergesslichkeit, 630
Defizite in Aufmerksamkeit und Konzentration, geringe Ausdauer sowie fehlerhaftes und flüchtiges Arbeiten aus, sie können keine Prioritäten setzen. Es kommt häufig zu impulsivem, risikoreichem Verhalten, unbedachten Entscheidungen, starken Stimmungsschwankungen, einer geringen Frustrationstoleranz und einem geringen Selbstwertgefühl. Sie leiden unter innerer Unruhe und angespannter Nervosität. In der Folge zeigen sich meist Probleme am Arbeitsplatz, in der Partnerschaft, hinsichtlich der finanziellen Absicherung und sozialen Anpassung. Die meisten Betroffenen begeben sich nicht in Behandlung oder setzen Medikamente selbstständig ab.[103]

Nicht anders als bei Kindern geht man von einem **multifaktoriellen Bedingungs-** 631
modell aus. Dabei wird als zentrales Kriterium eine mangelnde Selbststeuerung angenommen. Diese wird verstärkt durch biologische Vulnerabilität, Mängel in der zentralnervösen Reizübertragung und Inhibitionskontrolle, genetische Besonderheiten sowie ungünstige Umweltfaktoren mit mangelnder Anleitung, geringe soziale Anreize, unzureichende positive Verstärkung und langjährige Attribuierungsprozesse.

Nur etwa jeder zehnte Betroffene erhält eine fachgerechte **Behandlung.** Diese 632
sollte zum einen kognitiv-verhaltenstherapeutische psychotherapeutische Einzelgespräche beinhalten, zum anderen ein Training, in welchem Alltagsfähigkeiten zum Selbstmanagement und zur Selbstregulation vermittelt werden. Am effizien-

101 Deutsches Institut für Medizinische Dokumentation und Information, 2018.
102 Pütz, 2006.
103 Stieglitz, Nyberg & Hofecker-Fallahpour, 2012.

testen hat sich auch bei Erwachsenen eine Kombinationstherapie mit pharmakologischer Behandlung (zB Methylphenidat) erwiesen.[104]

633 Die Diagnose Aufmerksamkeitsdefizit-/Hyperaktivitätsstörung kann bei Erwachsenen nur dann gestellt werden, wenn die Störung bereits im Kindesalter gesichert begonnen hat, und umfasst neben der Erhebung der störungsspezifischen Anamnese auch Verfahren zur subjektiven Einschätzung und eine testpsychologische Untersuchung sowie gegebenenfalls eine internistische oder neurologische Untersuchung. In der familienpsychologischen **Begutachtung** kann häufig auf Vorbefunde zurückgegriffen werden. Psychologische Sachverständige sollten die tatsächlichen Auswirkungen der Störung auf den Familienalltag, die Versorgung und die Förderung der Kinder detailliert untersuchen. Häufig besteht ein durchaus positives Familienklima, während andere Aspekte der Versorgung vernachlässigt werden.

3. Interventionen bei psychischen Erkrankungen eines Elternteils

634 Die Frage nach der geeigneten **Behandlung** für einen erkrankten Elternteil ist auch für psychologische Sachverständige von Bedeutung. Insbesondere bei einem lösungsorientierten Vorgehen kann durch eine entsprechende Empfehlung der Sachverständigen zur Verbesserung der Erziehungsfähigkeit und damit der Versorgung der Kinder beigetragen werden. Erzielt ein Elternteil tatsächlich Therapieerfolge, kann dies den Teufelskreis der transgenerationalen Weitergabe psychischer und physischer Traumata durchbrechen, so dass auch die nachfolgenden Generationen davon profitieren.

635 Als **therapeutische Maßnahmen** stehen – je nach Krankheitsbild und Schweregrad – Psychotherapie, stationäre oder ambulante psychiatrische Behandlung und medikamentöse Therapie zur Verfügung. Neben dem Schutz des Kindes vor akuten Auswirkungen der Symptomatik kommt der Behandlung der psychischen Erkrankung des Elternteils oberste Priorität zu. Zudem sollte eine möglicherweise beim Kind in Gang gesetzte psychische Störung behandelt werden.[105] Meist besteht bei allen Familienmitgliedern Bedarf an und Wunsch nach mehr Wissen über die Erkrankung und mögliche Behandlungen.[106]

636 Bereits bei werdenden Müttern ist eine **frühe fachliche Unterstützung** angezeigt. So wurde nachgewiesen, dass das Ausmaß an psychischer Instabilität einer Schwangeren ein sicherer Indikator für spätere emotionale Vernachlässigung und sexuellen Missbrauch von Kindern ist.[107] Für die Zeit nach der Geburt gibt es in psychiatrischen Kliniken Mutter-Kind-Stationen, in denen auch praktische

104 Lauth & Raven, 2009.
105 Scheeringa & Zeanah, 2001.
106 Wahl, Otto & Lenz, 2017.
107 Lang, Rodgers & Lebeck, 2006.

Unterstützung in der Betreuung und Versorgung des Kindes geboten wird. Solche „Frühen Hilfen“ können bereits von gynäkologischen oder pädiatrischen Grundversorgern empfohlen und in die Wege geleitet werden. Dies erfordert jeweils eine umfassende Kenntnis bestehender Hilfsangebote und eine enge Zusammenarbeit zwischen den verschiedenen Fachgruppen. Unabdingbar erscheint dabei allerdings die Sicherstellung einer geeigneten Behandlung des psychisch kranken Elternteils.[108]

Vor allem für Patienten mit Störungen aus dem psychotischen Formenkreis ist 637
eine Tagesstrukturierung und Alltagsberatung sowie Rückfallprävention notwendig, die das Erkennen von **Frühwarnsymptomen** und die Erarbeitung eines Notfallplans beinhalten. Dies kann in einer Tagesklinik oder durch die Anbindung an einen sozialpsychiatrischen Dienst gewährleistet werden.

Weiter sind bei psychisch erkrankten Elternteilen Maßnahmen zu empfehlen, 638
die die **elterliche Kompetenz** stärken. Hierzu zählen Feinfühligkeitstrainings, um Empathie zu fördern und Eltern für die kindlichen Bedürfnisse zu sensibilisieren, die Vermittlung von Informationen über die Regulation kindlicher Bedürfnisse und Emotionen und die Schulung der Eltern-Kind-Interaktion über Videoanalysen. Das Programm „STEEP“ (Steps Toward Effective, Enjoyable Parenting) ist ein Programm für Erstgebärende, die mit belastenden Lebensumständen zu kämpfen haben. Das Trainingsprogramm stützt sich auf einen beziehungsorientierten Ansatz und bietet Informationen über die kindliche Entwicklung und über angemessene Erwartungen an Säuglinge und Kleinkinder.[109] Die „Entwicklungspsychologische Beratung“ (EPB) ist ein niederschwelliges Beratungskonzept, das vor dem Hintergrund des Bindungsansatzes mit Eltern von Babys und Kleinkindern arbeitet.[110] Das „SAFE“-Programm („Sichere Ausbildung für Eltern“) dient ebenfalls zur Förderung einer sicheren Bindung zwischen Eltern und Kind,[111] das „Leuchtturm-Elternprogramm“ zielt auf Bindungskompetenzen psychisch kranker Eltern ab.[112] Weitere manualisierte Programme für spezifische Gruppen, beispielsweise um die Erziehungskompetenz von Müttern mit einer Borderline-Persönlichkeitsstörung zu verbessern,[113] werden laufend entwickelt. Solche Gruppenprogramme versuchen gezielt, die Auswirkungen der elterlichen Erkrankung auf die Kinder abzumildern und die familiären Ressourcen zu stärken.[114]

108 Renner, Hoffmann & Paul, 2020.
109 Erickson & Egeland, 2006.
110 Ziegenhain et al., 2004 oder Wirmann, 2011.
111 Brisch, 2010.
112 Volkert et al., 2019.
113 Rosenbach, Zitzmann & Renneberg, 2019.
114 Sommer, Lippert, von Boode & Schneider, 2020.

639 Leben Kinder mit einem psychisch erkrankten Elternteil zusammen, sollten **aufsuchende Interventionen** wie eine sozialpädagogische Familienhilfe installiert werden.

640 Die **sozialpädagogische Familienhilfe** soll die Erziehungsfunktion der Familie sichern oder (wieder)herstellen. Hierzu erfolgt Unterstützung beispielsweise bei der Bewältigung von Alltagsproblemen, der Lösung von Konflikten oder bei Behördengängen. Häufig ist von Multiproblemlagen auszugehen, beispielsweise der psychischen Erkrankung eines Elternteils, gravierender wirtschaftlicher Unterversorgung der Familie, innerfamiliären Konflikten usw. Die Familienhilfe wird häufig als letztes Mittel vor dem Einleiten einer stationären Hilfe herangezogen. Eine entsprechende Qualifikation, Kommunikationskompetenzen, fundiertes Wissen auch um die angetroffenen Krankheitsbilder, sowie die Möglichkeit zur Supervision sind unabdingbare Voraussetzungen für das einzusetzende Fachpersonal.[115] Bei Säuglingen und Kleinkindern können diese von einer Kinderkrankenschwester oder Familienhebamme unterstützt werden.

641 In sämtliche therapeutische Maßnahmen für einen psychisch erkrankten Elternteil sollte auch dessen aktueller **Partner** einbezogen werden, da diesem bei krankheitsbedingten Ausfällen eine wesentliche ausgleichende Bedeutung zukommt. Dabei ist festzustellen, dass psychische Erkrankungen mit einem erhöhten Trennungsrisiko einhergehen. Der Einbezug der Partner sollte nicht zuletzt deshalb erfolgen, da die Qualität der Kommunikation im Paar und die gemeinsame Konfliktbewältigung einen wesentlichen Einfluss auf den Verlauf psychischer Erkrankungen haben kann. Partner eines psychisch kranken Elternteils können stressentlastend sein, aber auch die Mutter-Kind-Beziehung zusätzlich gefährden und müssen daher in die Diagnostik und Behandlung einbezogen werden.[116]

642 Bei getrennt lebenden Eltern muss in der **Begutachtung** außerdem überprüft werden, ob der andere Elternteil ausreichend in der Lage ist, die krankheitsbedingt bestehenden Erziehungsdefizite zu kompensieren, da bei Personen mit psychischen Störungen eine verstärkte Tendenz zur Partnerschaft mit ebenfalls psychisch Erkrankten besteht. Sind beide Elternteile erkrankt, können sich die Risikofaktoren für das Kindeswohl potenzieren.[117]

643 Bei **Alleinerziehenden**, die unter einer psychischen Störung leiden, fällt die Entlastung durch den zweiten Elternteil weg. Hier müssen institutionalisierte Hilfen einsetzen, die sowohl den Einschränkungen der Erziehungsfähigkeit als auch den Belastungen der Kinder gerecht werden. Eine gemeinsame stationäre Betreuung

115 Rotheburg & Trinkner, 2015.
116 Ramsauer, 2016.
117 Hahlweg & Baucom, 2008.

von Alleinerziehenden und deren Kindern sollte nur dann befürwortet werden, wenn in der Klinik eine eigene Betreuung für die Kinder vorhanden ist.[118]

Der Einbezug der Kinder, insbesondere bei wiederholten **stationären Behandlungen** eines Elternteils, kann zu einer Entlastung sämtlicher Familienmitglieder beitragen.[119] Ihnen sollte beispielsweise gezielte Beratung und eine dem Entwicklungsstand angemessene Aufklärung über die Erkrankung des Elternteils angeboten werden. Bei stationären Aufenthalten psychisch kranker Eltern, zu denen die Kinder nicht mitkommen, muss immer auch die Betreuungssituation ihrer Kinder für die Dauer der Behandlung abgeklärt werden. In Deutschland wird dem therapeutischen Potenzial von Elternschaft noch zu wenig Beachtung geschenkt.[120] 644

Stationäre Behandlungen der Eltern können für die Kinder aber auch erhebliche **Belastungen** nach sich ziehen, da sich dadurch beispielsweise die Betreuungssituation mehrfach verändert. Besuche der Kinder in der Klinik sind oft nicht unproblematisch, da die Kinder mit dem durch die Therapie oder Medikation veränderten Verhalten ihrer Eltern konfrontiert werden, ohne nachvollziehen zu können, wie es dazu kam. Sind die Eltern zu krank, um in eine positive Interaktion mit den Kindern zu treten, müssen unter Umständen Umgangskontakte für einige Zeit ausgesetzt werden.[121] 645

Um die Auswirkungen der psychischen Erkrankung eines Elternteils auf die Kinder zu mindern, wurden spezielle Angebote für diese Zielgruppe erarbeitet. Heranwachsenden stehen **Selbsthilfegruppen** für Kinder psychisch kranker Eltern und spezielle Beratungsangebote zur Verfügung. Neben dem Verständnis für die Erkrankung der Eltern dienen Gruppenangebote für Kinder und Jugendliche der psychischen Entlastung, auch hinsichtlich der Gefühle von Schuld und Scham. Bewährt hat sich hier unter anderen das Programm „KIPKEL“ (Kinder psychisch kranker Eltern).[122] Allerdings stimmt die Einschätzung von psychisch kranken Eltern und Fachkräften hinsichtlich psychischer Auffälligkeiten von Kindern nur selten überein, der Hilfsbedarf wird von den Eltern weniger wahrgenommen.[123] 646

In der psychologischen Begutachtung stehen die **tatsächlichen Auswirkungen** der bestehenden psychopathologischen Symptomatik auf die Fähigkeit eines Elternteils, sein Kind zu betreuen und zu erziehen, im Vordergrund. Auch die Einschätzung einer möglichen Gefährdung des Kindeswohls durch die psychische Erkrankung eines Elternteils ist eine Prognosefrage, die aus in der Vorgeschichte bestehenden und aktuell vorhandenen Risikofaktoren abgeleitet werden muss. 647

118 Wagenblass, 2003.
119 Kölch et al., 2008.
120 Krumm, Söderblom & Solantaus, 2020.
121 Schmid et al., 2008.
122 Hipp & Staets, 2003.
123 Hoffer & Bengel, 2020.

Eine sichere Prognose kann in der Einzelfallentscheidung jedoch nie absolut zutreffend sein und erfordert eine klinische Abwägung und Gewichtung der individuell vorhandenen Risiko- und Schutzfaktoren.

648 Aus psychologischer Sicht ist bei krankheitsbedingten Einschränkungen der Erziehungsfähigkeit den **Maßnahmen** der Vorzug zu geben, die eine Trennung des Kindes von den Eltern vermeiden lassen.[124] Dazu gehört das gesamte Spektrum der Hilfen zur Erziehung, von ambulanter sozialpädagogischer Familienhilfe über teilstationäre Maßnahmen wie die Tagesbetreuung der Kinder, bis hin zur vollstationären Betreuung in gemeinsamen Wohnformen.[125] Mutter-Kind-Heime haben zwar teilweise lange Wartezeiten, stehen aber doch in Deutschland in ausreichender Anzahl zur Verfügung. Allerdings sind nur wenige von ihnen auf psychisch kranke Mütter ausgerichtet. Gegebenenfalls muss bei einer psychisch kranken Mutter die stationäre Aufnahme in einer Mutter-Kind-Einrichtung durch eine ambulante Psychotherapie oder psychiatrische Behandlung ergänzt werden. Vater-Kind-Einrichtungen existieren in Deutschland bisher kaum.

649 Bei schwerwiegenden psychischen Erkrankungen oder anhaltender Weigerung der Eltern, eine geeignete Therapie aufzusuchen, kann die **Fremdunterbringung** des Kindes nicht immer vermieden werden. Insbesondere bei langanhaltenden und einer therapeutischen Behandlung nur schwer zugänglichen Störungsbildern, wie der emotional instabilen Persönlichkeitsstörung, sind Maßnahmen zum Schutz der Kinder unumgänglich. Etwa jedes fünfte bis zehnte Kind eines psychisch kranken Elternteils muss als durch physische oder emotionale Misshandlung bzw. Vernachlässigung gefährdet angesehen werden.[126]

650 In der Regel wird bei Sorgerechtsentzug das zuständige Jugendamt als Ergänzungspfleger eingesetzt. Zunehmend bemühen sich Verwandte, vor allem Großeltern, um die Übernahme der **Vormundschaft** bzw. den weiteren Verbleib des Kindes in ihrem Haushalt. Bei der Auswahl eines Vormunds muss gewährleistet sein, dass dieser die Interessen des Kindes unvoreingenommen wahrnimmt. Im Falle einer Vormundschaft durch Verwandte könnten sich Interessenkonflikte bzw. negative Beziehungsgeflechte zwischen den Eltern und den Verwandten nachteilig auf das Wohl des Kindes auswirken. Andererseits sind die familiären Beziehungen zu schützen sowie die persönliche Bindung des Kindes an die zur Wahl stehenden Verwandten und die eigenen Willensäußerungen zu berücksichtigen.[127]

651 Im Rahmen der **Verwandtenpflege** wachsen Kinder und Jugendliche bei Pflegepersonen im nahen sozialen Umfeld der Herkunftsfamilie auf. Hier liegt eine

124 Lazarus, 2003.
125 Uphoff, 2001.
126 Albermann, Wiegand-Grefe & Winter, 2019.
127 Scherpe, 2014.

besondere Bindung der Pflegepersonen an die Kinder und Jugendlichen sowie zu deren Familie vor, wie dies in einem Fremdpflegeverhältnis nicht der Fall ist. Der Vorteil bei Unterbringung in Verwandtenpflege oder Netzwerkpflege liegt im Vermeiden von Beziehungsabbrüchen, der Wahrung der Kontinuität des räumlichen und sozialen Umfelds und einer häufig unkomplizierten Aufrechterhaltung von Umgangskontakten mit der Herkunftsfamilie.

In der Arbeit mit den Verwandtenpflegefamilien ist jedoch die Bearbeitung des 652 **Beziehungsgeflechts** zwischen den Pflegeeltern und den leiblichen Eltern und deren Lebensgeschichte zentral. Die Verwobenheit der Familiengeschichte kann sich nachteilig auf das Pflegeverhältnis auswirken, übertriebene Rücksichtnahme in Bezug auf die Herkunftsfamilie, möglicherweise aufgrund von Schuldgefühlen den leiblichen Eltern gegenüber, sowie die Gefahr der Wiederholung von destruktiven Familienmustern bedürfen hier besonderer Beachtung. So können sich Großeltern beispielsweise verantwortlich für das Scheitern der leiblichen Eltern fühlen und ihr mögliches früheres Versagen in der Erziehung an den Enkelkindern wiedergutmachen wollen, wodurch die Gefahr einer Überkompensation besteht. Die Fähigkeit, sich von den Bedürfnissen der leiblichen Eltern in Bezug auf ihre Kinder entsprechend abzugrenzen, stellt eine weitere Herausforderung dar. Hier ist es notwendig, Nähe und Distanz zur Herkunftsfamilie gut zu dosieren. Das Thema der Konkurrenz zwischen den leiblichen Eltern und den Pflegeeltern nimmt einen wichtigen Stellenwert ein und kann sich emotional belastender darstellen, als dies im Rahmen einer Fremdpflege der Fall wäre. Es ist dringend darauf zu achten, die betroffenen Pflegekinder von möglichen Auseinandersetzungen fernzuhalten, um keine Loyalitätskonflikte und Beziehungsunsicherheiten hervorzurufen. Psychologische Sachverständige werden bei einer drohenden Herausnahme eines Kindes aus dem elterlichen Haushalt gelegentlich gefragt, inwiefern die Verwandtenpflege dem Kindeswohl entspricht. Sie sollten sich entsprechend auch mit der Familiendynamik zwischen den (meist) drei davon betroffenen Generationen beschäftigen.

Bei der Erwägung geeigneter Maßnahmen sollte besonders beachtet werden, dass 653 Kinder psychisch kranker Eltern ein erhöhtes **Risiko** in sich tragen, ihrerseits psychische Störungen zu entwickeln, und daher in erhöhtem Maß auf Halt gebende, stabilisierende und ausgleichende Strukturen und Betreuung angewiesen sind. Daher muss zwischen dem bei Weiterbetreuung des Kindes durch einen erkrankten Elternteil und bei Herausnahme des Kindes aus dem vertrauten Familienrahmen prognostisch abzusehenden Schaden abgewogen werden. Eine Trennung des Kindes von den Eltern ist nur dann gerechtfertigt, wenn bei dem Kind bereits durch die Einschränkungen der elterlichen Erziehungsfähigkeit ein Schaden eingetreten ist oder dieser mit ziemlicher Sicherheit eintreten wird, und die Eltern nicht willens oder nicht fähig sind, die Gefahr – gegebenenfalls mit Inanspruchnahme von Fachdiensten – abzuwenden.[128]

654 Psychologische **Sachverständige** sollten über mögliche Hilfsangebote, vor allem in räumlicher Nähe der Probanden, umfassend informiert sein. Die empfohlenen Maßnahmen müssen realistischerweise umsetzbar sein und auf eine Stärkung der familiären Ressourcen abzielen. Darüber hinaus sollte im Rahmen der Begutachtung abgeklärt werden, inwiefern eine Bereitschaft der Betroffenen besteht, mit unterschiedlichen Hilfsangeboten zu kooperieren. Die Empfehlung von Interventionen ist als lösungsorientiertes Vorgehen zu verstehen.

E. Einschränkungen der Erziehungsfähigkeit durch Sucht

655 Frau I nimmt Heroin. Sie hat auch während der Schwangerschaft gespritzt, bis ihr eine Substitutionsmedikation angeboten wurde. Wenige Stunden nach der Entbindung verlässt sie die Klinik kurzfristig, um sich erneut Stoff zu besorgen. Das Kind kommt direkt aus der Entbindungsklinik in eine Pflegefamilie. Frau I wünscht sich Umgangskontakte, nimmt die Termine der Umgangsbegleitung aber nur sehr unzuverlässig wahr, so dass diese eingestellt werden, um das Kind nicht weiter zu belasten. Sie versichert, keine Drogen mehr zu konsumieren, legt aber keinen labortechnischen Nachweis vor. Sie ist telefonisch oder postalisch nicht zu erreichen, offensichtlich hat sie keinen festen Wohnsitz mehr. Sie beantragt jetzt, zusammen mit dem mittlerweile zweijährigen Kind in eine stationäre Suchttherapie zu gehen.

1. Grundlagen

656 In Deutschland leben geschätzt knapp **13 Millionen Erwachsene**, die von verschiedenen Substanzen oder vom Glücksspiel abhängig sind (etwa 25 % der Allgemeinbevölkerung).[129] Davon unmittelbar betroffen sind ca. 5 Millionen Kinder und Jugendliche, von denen mindestens ein Elternteil alkoholabhängig ist, etwa 60.000 Kinder mit einem drogenabhängigen Elternteil und eine unbekannte Anzahl von Kindern, die einen Elternteil mit Verhaltenssucht haben.[130]

657 Das heißt, dass **jedes sechste Kind** in der deutschen Gesellschaft mit einem von Sucht belasteten Elternteil aufwächst. Von diesen erfährt mindestens ein Drittel innerfamiliäre Gewalt. Diese Kinder stellen die größte bekannte Risikogruppe zur Entwicklung einer eigenen Suchtstörung dar, das Risiko liegt etwa um das Siebenfache höher als bei unbelasteten Kindern. Bei zwei Dritteln der Kinder mit einem suchtkranken Elternteil sind im weiteren Verlauf mittel- bis schwerwiegende Störungen der Entwicklung zu erwarten. Präventive Arbeit mit der Familie gilt daher als zentraler Ansatzpunkt, um einer Transmission der Suchtstruktur entgegenzuwirken.[131]

128 Balloff & Walter, 2015.
129 Buchner, 2014.
130 Klein & Moesgen, 2019.
131 Buchner, 2014.

Suchtverhalten kann substanzgebunden oder substanzungebunden sein. Substanzgebundenes Suchtverhalten bezieht sich vor allem auf Alkohol, Drogen und Medikamentenkonsum. Welche Substanzen genau als Drogen angesehen werden, ist teilweise kulturspezifisch, im Allgemeinen sind damit jedoch Stoffe gemeint, die das Bewusstsein und die Informationsverarbeitung nachhaltig verändern. Von der Weltgesundheitsorganisation wurde Nikotin mittlerweile ebenfalls als Suchtmittel anerkannt, über Koffein wird noch diskutiert. Zur Gruppe der verhaltensgebundenen Süchte zählen unter anderem pathologisches Glückspiel, pathologischer Internetgebrauch und Kaufsucht, die sich durch eine gestörte Impulskontrolle auszeichnen. 658

In der zeitlichen Perspektive stellt eine **Abhängigkeitserkrankung** das Ende eines Kontinuums von andauerndem Suchtmittelmissbrauch dar. Der missbräuchliche Konsum von psychogen wirksamen Substanzen führt in erster Linie zu Veränderungen im Denken, Fühlen, Erleben und Verhalten. Positiv erlebte, kurzfristige Konsequenzen des Suchtmittels können Erleichterung in schwierigen Situationen, Abbau sozialer Ängste, scheinbare Problemlösung im innerpsychischen oder zwischenmenschlichen Bereich sein. 659

Suchtmittelmissbrauch und Verhaltenssüchte **beginnen** meist in der Pubertät und behindern die eigene Persönlichkeitsentwicklung und Ausreifung. Es bestehen häufig beeinträchtigte Beziehungen im sozialen und familiären Umfeld, die Sozialisation ist von psychischen Belastungen geprägt. Häufig besteht eine Komorbidität von Suchterkrankungen mit anderen psychischen Erkrankungen.[132] Studien verweisen auf den hohen Anteil von Persönlichkeitsstörungen bei alkoholabhängigen Personen.[133] In der Suchttherapie gilt der Konsum von Drogen und/oder Alkohol unter anderem als eine Art Selbsttherapie. 660

Bei **Verhaltenssüchten** wie Internet- und Glücksspiel besteht außer dem Suchtdruck, einer erhöhten Unruhe und Reizbarkeit bei Unterbinden des Suchtverhaltens und sozialen Konflikten häufig eine erhebliche finanzielle Belastung der Familie. Massive Verschuldung führt wiederum zu Folgeproblemen wie Arbeitslosigkeit, Armut und Marginalisierung. Die Betroffenen beschäftigen sich gedanklich zwanghaft mit ihrem Suchtthema und verlieren die Kontrolle über ihr Suchtverhalten, wenn sie damit beginnen. Das psychische und physische Wohlbefinden wird erheblich beeinträchtigt. Trotz erheblichen subjektiven Leids ist es den Betroffenen nicht möglich, das problematische Verhalten längerfristig einzustellen. Der Verlauf ist meist chronisch und progredient und wird durch belastende Lebenssituationen gesteigert.[134] Bei andauernder Sucht kommt es zur Depravation, Angehörige werden belogen und bestohlen, vorher bestehende 661

132 Hase, 2013.
133 Preuss et al., 2009.
134 Müller, Wölfling & Müller, 2018.

soziale Rollen werden nicht mehr wahrgenommen, es kommt zunehmend zu Konflikten und zu einer erhöhten Suizidalität.[135]

662 Das **Internet** gilt mittlerweile als Medium mit hohem Suchtpotenzial. Dabei werden nicht nur Spiele konsumiert, sondern auch über Chats eine virtuelle soziale Nähe hergestellt. Oftmals stellt das Internet einen Weg dar, um vor Enttäuschungen und Problemen in eine Scheinwelt zu flüchten und sich von negativen Gefühlen abzulenken. Besonders psychisch labile Männer mit defizitären sozialen Kompetenzen sind für eine exzessive Computer- und Internetnutzung empfänglich.[136] Die exzessive Beschäftigung mit dem Internet führt zu einer gravierenden sozialen Isolierung in der realen Welt. Psychische Folgen sind depressive Verstimmungen oder soziale Ängste. Es besteht eine hohe Komorbidität mit anderen psychischen Störungen, insbesondere Depressionen, Angststörungen, Persönlichkeitsstörungen und Aufmerksamkeits-Hyperaktivitätsstörung. Weiter kann es zu Beeinträchtigungen des körperlichen Befindens kommen, beispielsweise in Störungen des Tag-Nacht-Rhythmus', Vernachlässigung der persönlichen Hygiene und des äußerlichen Erscheinungsbildes oder gesundheitsschädigendem Essverhalten.[137]

663 Auswirkungen auf die **Erziehungsfähigkeit** zeigen sich bei Verhaltenssüchten beispielsweise in der Vernachlässigung der kindlichen Bedürfnisse, unter anderem durch die Reduzierung der zur Verfügung stehenden Zeit. Alltagsstrukturen werden zum Teil erheblich vernachlässigt, was die Betreuung und Förderung des Kindes verschlechtert. Sucht begünstigende Persönlichkeitsmerkmale der Eltern, wie erhöhte negative Affektivität und Einsatz dysfunktionaler Stressverarbeitung, wirken sich ungünstig auf die Eltern-Kind-Interaktion aus. Des Weiteren wurde ein Zusammenhang zwischen pathologischem Internetgebrauch und deutlichen Symptombelastungen durch andere psychische Störungen (zum Beispiel Posttraumatische Belastungsstörung) nachgewiesen.[138] Von Medienkonsum abhängige Eltern stellen für ihre Kinder ein negatives Vorbild für den Umgang mit Medien dar.

664 In Bezug auf **Alkohol** werden verschiedene Typen des Suchtverhaltens unterschieden.[139] Beim Konflikttrinken (Alpha-Typ) wird Alkohol gezielt als Problemlösestrategie in besonders belasteten Situationen eingesetzt. Manchen Betroffenen gelingt es vor allem in gesellschaftlichem Rahmen trotz Vorsatz nicht, die Trinkmenge zu begrenzen (Beta-Typ). Bei einem Spiegeltrinkverhalten (Gamma-Typ) muss ständig eine bestimmte Blutalkoholkonzentration aufrechterhalten werden, um unangenehmen Entzugserscheinungen entgegenzuwirken. Im Gegen-

135 Konrad, Huchzermeier & Rasch, 2019.
136 Demmel, 2002.
137 Petry, 2010.
138 Langenbach & Schütte, 2012.
139 Jellinek, 1983.

satz dazu ist Ziel des Rauschtrinkens (Delta-Typ) die Bewusstseinstrübung. Des Weiteren wird ein periodisches Trinkverhalten unterschieden, bei dem sich abstinente Phasen mit Rückfällen in süchtiges Trinkverhalten abwechseln (Epsilon-Typ, sogenannte „Quartalstrinker"). Lang andauernder Alkoholabusus kann zu körperlichen und psychischen Folgestörungen führen, beispielsweise zu psychotischen Syndromen, Persönlichkeitsveränderungen oder hirnorganischen Veränderungen bis hin zur Demenz.

Alkoholkonsum führt zunächst zu einer affektiven **Veränderung** (meist gehobene Stimmung) und vermehrter, ungerichteter Aktivität. Anschließend kommt es zu Müdigkeit, schwerwiegenden Koordinations- und Sprachstörungen. Die Stimmung kann jetzt euphorisch oder gereizt sein. In diesem Zustand können sich Aggressionen plötzlich entladen, beispielsweise wird etwa jedes dritte Gewaltdelikt unter Alkoholeinfluss begangen. Ohne ärztliche Hilfe kann eine Alkoholintoxikation durch Atemstillstand und Kreislaufversagen zum Tod führen.[140] 665

Frauen mit unauffälligem Alkoholkonsum unterscheiden sich von Frauen mit Alkohol- und Medikamentenabhängigkeit in der Verfügbarkeit von **Ressourcen** in relevanten Lebensbereichen (Familie, Haushalt, Beruf), dem Ausmaß an sozialen Belastungen und erhaltener sozialer Unterstützung, der Verfügbarkeit internaler Ressourcen (Kohärenzgefühl, Umgang mit Emotionen, Genussfähigkeit), der Wirkerwartungen an die konsumierten Substanzen und dem Ausmaß der Somatisierung.[141] Es wurde festgestellt, dass Frauen mit missbräuchlichem und abhängigem Substanzkonsum häufiger alleinlebend oder geschieden sind und dass alleinerziehende Mütter einer höheren Gefährdung unterliegen. Die Zufriedenheit mit der finanziellen Situation erwies sich als protektiver Faktor. Weiter ist bekannt, dass sich ein problematischer Alkoholkonsum und Partnerschaftsgewalt wechselseitig bedingen und verstärken.[142] 666

Während in alkoholbelasteten Familien oft nur ein Elternteil betroffen ist, sind im Fall der **Drogensucht** in der Regel beide Elternteile Konsumenten. Kompensierende Komponenten innerhalb der Familie entfallen damit. Die soziale Abgrenzung der Familie und deren Isolation sind deutlich höher ausgeprägt, auch in Folge der Illegalität und sozialen Ächtung des Drogenkonsums und der damit verbundenen Beschaffungskriminalität. In der Regel bestehen ausschließlich Kontakte innerhalb des Drogenmilieus. Kindern stehen oft keine zuverlässigen Bindungspersonen zur Verfügung, die soziale Verwahrlosung ist ausgeprägter und der Alltag wird noch stärker vom Drogenkonsum dominiert als bei der Alkoholabhängigkeit eines Elternteils.[143] 667

140 Konrad, Huchzermeier & Rasch, 2019.
141 Franke et al., 2001.
142 Keller, El-Sheikh, Keiley & Liao, 2009.
143 Klein, 2008.

668 Die **am häufigsten konsumierten Drogen** sind Cannabis, Opiumderivate und Amphetamine.

669 **Opiate** lösen Schmerzen, führen zu Euphorie und Berauschtheit. Opium und seine Derivate sind Substanzen, die rasch eine Abhängigkeit erzeugen. Es werden steigende Dosen benötigt, um den Rauschzustand zu erzeugen, andernfalls kommt es zu quälenden Entzugssymptomen. Chronischer Gebrauch führt zu einer psychischen Wesensveränderung und körperlichen Verfallserscheinungen. In Zusammenhang mit intravenösem Drogenkonsum kommen häufig Infektionskrankheiten wie Hepatitis C oder HIV hinzu, was in der Schwangerschaft, während des Geburtsvorgangs und auch im späteren Heranwachsen des Kindes eine potenzielle Gefährdung seiner Gesundheit dargestellt.

670 Der Konsum von **Cannabis** induziert kurzfristig subjektive Gefühle der Gelassenheit und Entspannung, langfristig kann er zu hirnorganischen Symptomen wie Konzentrations- und Gedächtnisdefiziten und Antriebsstörungen führen. Bei chronischem Cannabiskonsum entwickeln sich häufig dauerhafte psychische Veränderungen wie das amotivationale Syndrom, mit Interessenverlust, Antriebsminderung und Passivität. Dieses Phänomen hat weitreichende Auswirkungen auf den Konsumenten und sein Umfeld, da alle Bedürfnisse außer dem Drogenkonsum vernachlässigt werden. Dabei besteht keine körperliche Abhängigkeit in Form von Entzugserscheinungen bei fehlendem Konsum, sondern psychische Symptome wie vermehrte Reizbarkeit, Nervosität, Unruhe, depressive Verstimmungen und Schlafstörungen. Wird die Droge über lange Zeit eingenommen, erfolgt ein soziales Versagen. Dies fördert wiederum den Einstieg in den Konsum „harter" Drogen. Cannabis kann ebenfalls zu gravierenden psychischen Folgeproblemen führen, beispielsweise zum Ausbruch einer schizophrenen Psychose.[144]

671 **Kokain und Amphetamine** wirken euphorisierend, leistungssteigernd, aktivierend und kontaktfördernd. Teilweise kommt es zu psychoseartigen Zuständen. Bei abklingender Wirkung tritt Depressivität bis zu Suizidneigung, Müdigkeit und Antriebsschwäche auf, es besteht der Drang, durch erneuten Konsum wieder in eine positive Stimmung zu kommen.

672 Psychische Störungen oder Verhaltensänderungen durch psychotrope Substanzen schränken die **Erziehungsfähigkeit** eines Elternteils ein oder heben sie auf. Bei der Beurteilung der verbleibenden Erziehungsfähigkeit muss zwischen Störungen durch akute Rauschzustände und Abhängigkeitssyndromen mit und ohne Konsum unterschieden werden.

673 Eine körperliche Entgiftung stellt lediglich den Beginn der **Abstinenz** dar, die sich ausschließlich auf die körperliche Seite der Sucht bezieht. Der eigentliche Aufbau

144 Konrad, Huchzermeier & Rasch, 2019.

einer abstinenten Lebensführung fängt erst nach der körperlichen Entgiftung an und ist gekennzeichnet durch Prozesse des Umlernens und der Verhaltensänderung. Vor dem Hintergrund der Lerndefizite ist es naheliegend, dass nach der körperlichen Entgiftung, vor allem bei Opiatabhängigkeit, Einsamkeit, Langeweile oder depressives Grübeln auftreten, die zu Frustration und innerer Leere führen, wobei ein Belohnungssystem außerhalb des Drogenkonsums fehlt. Dies führt häufig zu Rückfällen in den Drogenkonsum.

Aus der neurobiologischen Forschung ist bekannt, dass die psychischen, biologischen und chemischen Veränderungen, die durch Drogenkonsum im Gehirnstoffwechsel auftreten, frühestens nach einem Jahr Abstinenz ausgeglichen sind. Bis zu diesem Zeitpunkt kommt es zu einem Craving (Suchtdruck). Die Empfindlichkeit der Rezeptoren im Gehirn für Opiate oder andere berauschende Substanzen wie Cannabis oder Alkohol besteht lebenslang. Der erneute Konsum von psychogen wirksamen Substanzen führt deshalb zum **Rückfall** in das Suchtverhalten. Bei Alkoholabhängigkeit wird im ersten Jahr nach der Therapie von einer Rückfallquote von etwa 70 % ausgegangen, bei Drogenabhängigkeit bis zu 90 %.[145] Von einer Festigung der Abstinenz kann, nach abgeschlossener Entgiftung und Therapie, bei entsprechenden Nachweisen (Blut- und Urinwerte sowie Ergebnisse einer Haaranalyse) demnach frühestens nach einem Jahr ausgegangen werden. In Abhängigkeit der persönlichen Suchtbiographie und des Konsummusters muss in der familienpsychologischen Begutachtung auch ein längerer Zeitraum für den Abstinenznachweis verlangt werden. 674

Bei Neugeborenen und Kleinkindern fehlen seitens der suchtkranken Eltern in der Regel die notwendigen Voraussetzungen für einen sicheren **Bindungsaufbau** (→ Rn. 150 ff. und → Rn. 248 ff.). Studien zeigen, dass bei suchtkranken Eltern in der Regel unsichere Bindungsmuster vorliegen, was ihre Fähigkeit, ihren Kindern eine sichere Basis zum Bindungsaufbau zu bieten, einschränkt[146] und das unsichere Bindungsmuster von einer Generation zur nächsten transmittiert.[147] Einem förderlichen Beziehungsaufbau zwischen Mutter und Kind bzw. Vater und Kind stehen häufig emotionale Instabilität, verbunden mit einer schwankenden Bereitschaft, sich dem Kind zuzuwenden und diesem Aufmerksamkeit zu geben, entgegen. Im berauschten Zustand mangelt es den Eltern deutlich an Feinfühligkeit. 675

Die **Aufsicht** und der Schutz vor physischen Gefahrenquellen, die in den ersten Lebensjahren eines Kindes besonders im Vordergrund steht, ist im berauschten Zustand nicht gewährleistet, so dass es gehäuft zu Unfällen mit oder von dem 676

145 Klein & Moesgen, 2019.
146 Schindler, 2013.
147 Trost, 2013.

Kind kommen kann. Schlaf unter Alkoholeinfluss verhindert auch rasches Erwachen, wenn ein Kind schreit oder sonstige Hilfe benötigt.

677 Im Allgemeinen sinkt nach dem Konsum psychotroper Substanzen die Schwelle zur verbalen und physischen Aggressions- und **Gewaltbereitschaft**. Unter solchen Umständen kann eine Beziehung zu Kindern in der Regel nicht dem Kindeswohl entsprechend gestaltet werden. Bei suchtmittelabhängigen Eltern besteht ein um ein Vielfaches erhöhtes Risiko, die im Haushalt lebenden Kinder zu misshandeln, zu vernachlässigen oder sexuell zu missbrauchen.[148] Sucht in der Familie stellt für Kinder eine vergleichbare Belastung dar wie häusliche Gewalt.[149] Drogenkonsum verursacht Störungen der Impulskontrolle und Emotionsregulation, die zu inner- und außerfamiliären Konflikten und erheblichem familiärem Stress führen. Das Erziehungsverhalten ist teilweise abrupten Veränderungen unterworfen, unzuverlässig; suchtkranke Eltern sind weniger in der Lage, eine positive Atmosphäre aufrecht zu erhalten.[150]

678 Zu den spezifischen Aufwachsbedingungen in **Suchtfamilien** gehört, dass sich der Lebensalltag meist am Rhythmus des Suchtmittelkonsums und nicht an den Bedürfnissen und Belangen des Kindes orientiert. Dabei steht stets das Gegensatzpaar von Entzug des Suchtmittels und Sättigung des Suchtdrucks im Zentrum der Wahrnehmung süchtiger Eltern. Diese sind häufig auf die Beschaffung von Alkohol oder Drogen konzentriert und vernachlässigen deshalb ihre Kinder körperlich und seelisch.[151] Vor allem im Fall der Opiatabhängigkeit kommt es durch das schnelle Eintreten starker körperlicher Entzugssymptome zur Einengung des Interesses auf den Erwerb und Konsum von Drogen. Dies senkt die Sensitivität der Eltern für das Kind gravierend und fördert Ungeduld und Überforderungserleben, wenn das Kind eigene Bedürfnisse äußert. Aufgrund der meist unzureichenden sozio-ökonomischen Verhältnisse kommt es häufig zu Beschaffungskriminalität. Damit können höchst bedrohliche Situationen für ein Kind einhergehen (Prostitution, Gewalt, Polizeieinsätze).[152] Erst wenn die chemische Balance wiederhergestellt ist, steht Aufmerksamkeit für Anderes zur Verfügung, wobei die Wahrnehmung, das kritische Denken und die Interaktionsfähigkeit substanzbedingt verändert sind. Das Verhalten ist häufig risikofreudiger und enthemmt, auch in sexueller Hinsicht.

679 Mit der **Prostitution** einer Mutter, die vom Alltagsleben der Kinder strikt getrennt ist, ist keine grundsätzliche Einschränkung der Erziehungsfähigkeit assoziiert. Allerdings wird ein Zusammenhang zwischen der Prostitution einer Frau und dem Bestehen einer Depression bzw. einem gering ausgeprägten Selbstwert-

148 Zobel, 2006.
149 Kindler, 2009 a.
150 Überblick bei Klein & Moesgen, 2019.
151 UNICEF, 2003.
152 Klein, 2003.

gefühl gesehen. Häufig sind emotionale Entbehrungen in der frühen Kindheit nachzuweisen und nicht selten liegt ein Missbrauch psychotroper Substanzen vor.[153] Diese zusätzlichen Faktoren können sich einschränkend auf die Fähigkeit zur Verantwortungsübernahme für das eigene Kind auswirken.

Grundsätzlich ist in der Begutachtung davon auszugehen, dass die **Erziehungsfähigkeit** bei Alkohol- und Drogenmissbrauch bzw. -abhängigkeit erheblich eingeschränkt und im akut berauschten Zustand aufgehoben ist. Die tatsächliche Erziehungsfähigkeit von Eltern kann nur in einer Phase der Abstinenz begutachtet werden. Die Erziehungsfähigkeit ist bei Probanden, bei denen eine Suchterkrankung vorliegt, erst nach Abschluss einer Suchttherapie, bei nachgewiesen abstinenter Lebensführung und sozialer Stabilisierung als wiedererlangt anzusehen. 680

Ist ein süchtiger Elternteil sicher **abstinent**, müssen aus familienpsychologischer Sicht weitere Voraussetzungen erfüllt werden, um die Kinderbetreuung übernehmen zu können. Für das Kind muss geeigneter Wohnraum mit ausreichend hygienischen Verhältnissen und einer angemessenen Ausstattung vorhanden sein. Die Anwesenheit von stabilen, kontinuierlich verfügbaren Bezugspersonen und die Wahrung der Aufsicht müssen ebenso gewährleistet sein. Die finanzielle Absicherung sollte durch eine geregelte Erwerbstätigkeit der Eltern oder öffentliche Unterstützung gesichert sein. 681

Psychologische Sachverständige sollten sich bei der **Beurteilung** einer Suchtproblematik nicht nur auf die verbalen Angaben der Probanden verlassen, da hier von einer massiven Tendenz zu sozial erwünschten und dissimulierenden Angaben auszugehen ist. Labortechnischen Nachweisen, Angaben beteiligter Fachpersonen und Angaben der weiteren Familienmitglieder kommt bei dieser Fragestellung ein besonderes Gewicht zu. 682

2. Auswirkungen elterlichen Suchtmittelkonsums auf die Kinder

Bei suchtkranken Frauen kommt es häufig zu frühen und/oder ungeplanten **Schwangerschaften**, die überwiegend erst spät festgestellt wird, da der Hormonzyklus drogenbedingt unregelmäßiger ist. Der Embryo wird durch den anhaltenden Konsum von mehreren Suchtmitteln und einem unruhigen und unsteten Lebensrhythmus belastet. Es erfolgt meist keine emotionale Vorbereitung auf die Geburt des Kindes. Wegen des Drogenkonsums kann es zu ausgeprägten Schuldgefühlen der Mutter und Ängsten vor Missbildungen des Kindes kommen. Der emotionale und suchtspezifische Stress der Mutter während der Schwangerschaft hat einen Anstieg der Stresshormone zur Folge, was wiederum zu einer vermehrten motorischen Aktivität des Ungeborenen führt. 683

153 Welldon, 2003.

684 Der Konsum von Suchtmitteln bei Müttern bewirkt Veränderungen des genetischen Materials und der Strukturen im Gehirn eines Embryos. Dadurch wird teilweise das bei Kindern suchtkranker Eltern erhöhte **Risiko** erklärt, später selbst süchtig zu werden.[154] Männer, deren Alkoholkonsum in Zusammenhang mit aggressivem Verhalten steht, geben genetisch die Veranlagung zu beiden Problemverhaltensweisen an ihre Söhne weiter.[155] Eine sehr hohe Bedeutung hat das Trinkverhalten der Eltern als Rollenvorbild für den späteren Konsum von den Kindern.[156]

685 Alkoholkonsum während der Schwangerschaft kann irreversible Organschäden verursachen.[157] Nach Schätzungen der Deutschen Hauptstelle gegen Suchtgefahren kommen pro Jahr 2.200 Kinder mit dem Vollbild der **Alkoholembryopathie** zur Welt,[158] das durch eine typische physische Konstellation gekennzeichnet ist: Vermindertes Wachstum vor und nach der Geburt, zu kleiner Kopf und dadurch bedingt zu kleines Gehirn, charakteristische Fehlbildungen im Gesicht. In der Folge zeigen die Kinder Intelligenzminderungen bis zur geistigen Behinderung, Verhaltensauffälligkeiten (Hyperaktivität), Störungen des Sozialverhaltens und ein erhöhtes Risiko für eine eigene Suchterkrankung. Je länger der Alkoholmissbrauch bestand, desto schwerer ausgeprägt ist das Syndrom.[159]

686 Bei Drogen- oder Medikamentenmissbrauch während der Schwangerschaft liegt für die **Auswirkungen auf die Kinder** kein einheitliches Syndrom vor.[160] Als Folge von Kokainkonsum während der Schwangerschaft werden ein geringes Geburtsgewicht, geringe Körpergröße, kleiner Kopfumfang, Frühgeburtlichkeit, Regulationsstörungen und Entzugssymptome aufgeführt. Später weisen diese Kinder häufiger als andere Aufmerksamkeitsstörungen und Störungen der Informationsverarbeitung auf, reagieren impulsiver und mehr als die Hälfte der betroffenen Kinder leidet bis zum Erreichen der Volljährigkeit unter mindestens einer psychischen Störung.[161] Amphetamine vor und während der Schwangerschaft führen zu Aborten und Frühgeburten, einem neonatalen Abstinenzsyndrom, erhöhtem physiologischem Stress und langfristig zu Verhaltens- und Entwicklungsdefiziten.[162] Kinder von suchtkranken Müttern haben ein erhöhtes Risiko für den plötzlichen Kindstod.

687 Eine stationäre Behandlung des Neugeborenen wird notwendig, wenn ein **neonatales Entzugssyndrom** vorliegt. Dieses verläuft in Abhängigkeit von den während

154 Sørensen et al., 2011.
155 Scheithauer & Petermann, 2004.
156 Zobel, 2006.
157 O'Keeffe et al., 2015.
158 www.dhs.de.
159 Bienioschek, Weckler, Fegert & Kölch, 2019.
160 Stachowske, 2011.
161 Petermann, Niebank & Scheithauer, 2004.
162 Mühlig et al, 2016.

der Schwangerschaft eingenommenen Stoffen. Es beginnt meist 12–48 Stunden nach Durchtrennung der Nabelschnur und kann bis zu drei Monate andauern. Der Entzug wird in der Regel medikamentös durchgeführt.

Die Kinder leiden unter gesteigerten Reflexen, Hyperaktivität, leichter Erregbarkeit, einer erhöhten **Anfälligkeit** für Störungen des Atmungsapparats und Verdauungstrakts mit Ernährungsstörungen und einer geringeren Stress- und Frustrationstoleranz. Frühe Regulationsstörungen des Neugeborenen führen zu vermehrtem Schreien, einem gestörten Wach-Schlafrhythmus sowie einer erschwerten Nahrungsaufnahme. In der Folge kommt es im Alltag leicht zur Überforderung der Eltern, wodurch das eigene Suchtverhalten verstärkt wird. Neben dem erhöhten Risiko einer Kindesmisshandlung besteht die Gefahr, dass Eltern ihren Kindern zur Ruhigstellung Drogen oder Medikamente geben. 688

Das neonatale Entzugssyndrom kann durch **Stillen** gemildert werden, und zwar hauptsächlich über den innigen Körperkontakt, der eine beruhigende Wirkung mit sich bringt, und weniger aus pharmakologischen Gründen.[163] Grundsätzlich überwiegen bei drogenabhängigen Müttern die positiven Aspekte des Stillens, aber ausschließlich unter der Bedingung, dass keine HIV-Infektion und kein aktueller Drogenkonsum vorliegen. Besteht eine Hepatitis-C-Infektion mit niedriger Viruslast, ist keine Übertragung der Infektion durch Stillen zu erwarten. Das Substitut Methadon ist nicht in toxischen Mengen in der Muttermilch nachzuweisen, wenn es nach ärztlicher Verordnung eingenommen wird. 689

Grundsätzlich ist zu bemerken, dass parallel zu Alkohol- und Drogenkonsum in den meisten Fällen eine **Nikotinabhängigkeit** vorliegt. Diese wirkt sich schädigend auf die Gene der Eltern, den Embryo, das Stillen und die gesundheitliche Entwicklung eines Kindes aus. Nach durch Nikotin belasteten Schwangerschaften weisen Kinder häufig ebenfalls ein geringeres Geburtsgewicht und ein geringeres Längenwachstum auf. Folgeschädigungen zeigen sich häufig erst im späteren Verlauf. So leiden Kinder von Frauen, die während der Schwangerschaft geraucht haben, deutlich öfter unter Asthma oder Hautkrankheiten, es werden vermehrt Schwächen im Immunsystem oder weitere Atemwegserkrankungen beobachtet (→ Rn. 138). 690

Neben der **Unregelmäßigkeit** von Tag/Nacht- bzw. Schlaf/Wachrhythmen und der Mahlzeiten erfährt das Kind suchtmittelabhängiger Eltern im Alltag häufig keine festen Strukturen und Rahmenbedingungen. Außenkontakte sind reduziert, es fehlt eine unterstützende soziale Einbindung im Umfeld. Dadurch werden kindliche Entwicklungsprobleme oft erst spät, beispielsweise bei der Einschulung bemerkt. Eine der Entwicklung des Kindes angemessene Förderung ist in der Regel nicht gewährleistet. Vernachlässigung der frühkindlichen Förderung 691

163 Müller, Lange, Paul & Seeliger, 2011.

verursacht tiefgreifende Defizite im Bereich der Gehirnentwicklung, familiäre Stressfaktoren behindern die Intelligenzentwicklung zusätzlich (→ Rn. 222 ff.). Die Kinder sind oft sich selbst überlassen, es mangelt an elterlichem Engagement, erzieherische Kontrolle unterbleibt. Das Familienleben ist oft durch finanzielle Probleme, Arbeitslosigkeit, Paarkonflikte, häufige Umzüge und Beziehungsabbrüche gekennzeichnet. Kinder finden meist wenig Unterstützung im erweiterten familiären Umfeld, da mitunter auch dort ein übermäßiges Trinkverhalten oder Drogenkonsum üblich und akzeptiert ist.[164] Wenn Zurückweisung und Gewalt eingesetzt wird, kommt es zur Verunsicherung des kindlichen Bindungssystems, da die Eltern weder Schutz noch Sicherheit vermitteln, sondern Bedrohung und Angst (→ Rn. 266).[165]

692 Außerdem kommt es zu **Schwankungen** im elterlichen Verhalten gegenüber den Kindern. Selbst wenn Eltern in nüchternem Zustand bzw. ohne Suchtdruck funktionales und zugewandtes Erziehungsverhalten zeigen können, treten sie häufig bei Entzugserscheinungen oder in berauschtem Zustand den Kindern gegenüber aggressiv und zurückweisend auf. Die Kinder suchen häufig bei sich selbst nach der Ursache für die schwankenden Stimmungen und erleben dadurch Schuldgefühle.

693 Das **Erziehungsverhalten** eines suchtkranken Elternteils verursacht bei den betroffenen Kindern „emotionales Chaos“. Es besteht keine Kontinuität hinsichtlich der Verfügbarkeit und Erreichbarkeit der Bezugsperson. Kleinkinder können noch nicht den Suchtstoff als Auslöser für das inkonsistente Verhalten der Eltern erkennen. Die Bezugsperson erlebt ihrerseits phasenweise Schuldgefühle gegenüber dem vernachlässigten Kind und reagiert dann wieder mit Verwöhnung und fehlender Grenzsetzung. Die Kinder versuchen, sich den wechselnden Erwartungen des erkrankten Elternteils anzupassen. Da die Suchterkrankung oft innerhalb und außerhalb der Familie ein Tabuthema ist, fällt es ihnen schwer, sich bei Außenstehenden Hilfe zu suchen.[166]

694 Durch die Mitbetroffenheit der Kinder entsteht eine sogenannte **Co-Abhängigkeit**, die letztlich dazu dient, das Familiensystem aufrechtzuerhalten. Ein co-abhängiges Verhalten tritt dann besonders gravierend in den Vordergrund, wenn Kinder beispielsweise versuchen, einen Elternteil vor der Gewalt des unter Suchtmitteleinfluss stehenden anderen Elternteils zu schützen. Vor allem bei Kindern ab dem Schulalter kann die Abhängigkeitserkrankung eines Elternteils eine Parentifizierung bewirken, indem sie Verantwortung für den Süchtigen übernehmen. Häufig nehmen besonders fürsorgliche Kinder die Rolle eines Ersatzpartners für den nicht suchtkranken Elternteil ein oder bekommen die Verantwortung für

164 Für einen Überblick s. Klein & Moesgen, 2019.
165 Brisch, 2013 b.
166 Zobel, 2008.

Geschwister übertragen. Vor allem Mädchen, die in einer von Alkohol belasteten Familie aufgewachsen sind, führen dieses Verhalten in ihrem Erwachsenenleben fort, indem sie mit höherer Wahrscheinlichkeit einen Partner wählen, der ebenfalls Suchtprobleme hat.[167]

Den betroffenen Kindern fehlt eine Bezugsperson, von der sie lernen können, Ge- 695
fühle wahrzunehmen und mit ihnen in sinnvoller Weise umzugehen. Suchtkranke Eltern begegnen **Emotionen** in der Regel mit erhöhtem Konsum von Alkohol oder Drogen, um unangenehme Gefühle zu betäuben. Am Vorbild der Eltern lernen die Kinder in der Folge, dysfunktional mit unangenehmen Gefühlen wie zB Trauer, Wut oder Einsamkeit umzugehen. Die Lernerfahrung, eigene seelische Zustände zu verstehen und zu steuern, fehlt. Die Kinder eines suchtkranken Elternteils zeigen in allen Altersstufen bis ins Erwachsenenalter eine Tendenz zu externalisierenden Verhaltensauffälligkeiten wie Hyperaggressivität, Impulsivität und Hyperaktivität.[168] Kinder, die in suchtbelasteten Familien aufwachsen, weisen häufig emotionale und verhaltensbezogene Probleme sowie ein erhöhtes Risiko für Unfälle, Verletzungen, Vergiftungen und Misshandlungen auf. Sie haben ein bis zu sechsfach höherem Risiko für die Ausprägung einer eigenen Suchtstörung gegenüber Kindern aus einem nicht suchtauffälligen familiären Umfeld.[169]

Im Zusammenspiel von unsicherem Bindungsaufbau und fehlender kognitiver 696
und sozialer Anregung zeigen sich bei Kindern drogenabhängiger Eltern häufig eine eingeschränkte sprachliche **Entwicklung**, Aufmerksamkeitsstörungen und schulische Leistungsprobleme. Studien zeigen, dass vor allem Jungen aus Suchtfamilien vermehrte Probleme mit Bullying und Viktimisierung aufweisen, das heißt, dass sie innerhalb ihrer Peergruppe ein vermehrt aggressives Auftreten haben oder Opfer von aggressiven Übergriffen werden.[170]

Spätestens in der **Pubertät** werden soziale Vergleiche mit Gleichaltrigen ange- 697
stellt und es entsteht Scham über die eigene Familiensituation. Die Tendenz zur Geheimhaltung der familiären Missstände wird dadurch begünstigt. Dies führt wiederum zur Isolation der Kinder im außerfamiliären Umfeld. Werden sie später selbst Eltern, leiden sie unter dem Gefühl der Inkompetenz und erhöhtem Stress.[171]

In Deutschland starben im Jahr 2019 fast 1.400 Menschen drogenbedingt, 698
mit steigender Tendenz.[172] Der Anteil von Frauen unter den **Drogentoten** in Deutschland nimmt derzeit zu.[173] Nimmt man zur Kenntnis, dass etwa die Hälf-

167 Wolfe, 2016.
168 Park & Schepp, 2015.
169 Klein et al., 2003.
170 Eiden, 2013.
171 Tedgård, Råstam & Wirtberg, 2019.
172 Bundeskriminalamt, 2019.
173 www.drogenbeauftragte.de.

te der weiblichen Drogenkonsumenten Kinder hat, ergibt sich ein erhebliches Gefährdungspotenzial dahin gehend, dass Kinder mit dem plötzlichen Tod eines Elternteils konfrontiert werden. Durch eine ernsthafte Erkrankung oder den Tod einer drogenabhängigen Mutter kann die ohnehin meist mangelhafte Grundversorgung der Kinder zusammenbrechen und bis hin zur akuten Lebensgefährdung führen.

699 Obwohl Kinder aus suchtbelasteten Familien insgesamt ein erhöhtes Risiko haben, selbst suchtmittelabhängig, psychisch krank oder beziehungsgestört zu sein, sind davon nicht alle Kinder betroffen. Inwiefern sich aus der erhöhten Vulnerabilität tatsächlich gravierende Folgeerkrankungen entwickeln, hängt ua davon ab, ob weitere Belastungsfaktoren wie psychische Erkrankungen eines Elternteils, Vernachlässigung oder sexueller Missbrauch, ein geringer sozio-ökonomischer Status oder eine mangelnde emotionale Bindung an den nicht süchtigen Elternteil hinzukommen.[174] **Schutzfaktoren** sind neben den allgemeinen Resilienzfaktoren (→ Rn. 215 ff.) beispielsweise die Fürsorge eines gesunden Elternteils oder soziale Unterstützung durch Bezugspersonen außerhalb der Familie, die Fähigkeit zur emotionalen Distanzierung von der elterlichen Suchtproblematik und kein eigener Substanzmissbrauch.[175]

700 In der familienpsychologischen **Begutachtung** müssen diese Resilienzfaktoren der erhöhten Vulnerabilität der betroffenen Kinder und der Prognose für die elterliche Suchterkrankung gegenübergestellt werden.

3. Interventionen bei Substanzmissbrauch

701 Das erste Ziel für die Arbeit mit suchtbelasteten Familien liegt in der Sicherung der **Grundversorgung** des betroffenen Kindes. Die Inanspruchnahme von Hilfen zur Sicherung der gesundheitlichen Versorgung des Kindes – möglichst bereits während der Schwangerschaft – und gegebenenfalls von entwicklungsförderlichen Maßnahmen ist eine unabdingbare Forderung.[176] Dies setzt zum einen ein ausreichendes Problembewusstsein der Eltern voraus sowie deren Bereitschaft zur Behandlung der Suchterkrankung. Hierfür stehen neben Entgiftungsbehandlungen stationäre und ambulante Rehabilitationsmaßnahmen zur Verfügung, ebenso Nachsorge- und Selbsthilfegruppen im Nachgang zur Therapie.

702 Bei drogenabhängigen Frauen zeigt sich häufig, dass durch die Geburt eines Kindes eine neue Lebensperspektive aufgebaut und ein Ausstieg aus der Sucht erhofft wird. Es ist ein deutlicher **Motivationsschub** zur Abstinenz zu verzeichnen, der jedoch medizinische und psychosoziale Unterstützung benötigt, um zu einer dauerhaften Abstinenz zu führen.

174 Zobel, 2006.
175 Klein & Moesgen, 2019.
176 Lubinski, 2004.

Während **stationärer Therapien** der Eltern können die Kinder in spezialisierten Einrichtungen mit aufgenommen werden, wo sie in der Kinderbetreuung pädagogisch und therapeutisch unterstützt werden. Die Mitnahme von Kindern in Suchtkliniken wird kontrovers diskutiert. Einerseits sprechen sich Suchttherapeuten in der Regel für eine Mitnahme der Kinder aus, weil deren Anwesenheit die Motivation der Eltern, an der Therapie mitzuwirken, aufrechterhält und die Erfolgsquote erhöht. Andererseits ist in Kliniken, die sich auf die Behandlung von Drogenkonsumenten spezialisiert haben, die Konfrontation der Kinder mit dissozialen Persönlichkeitszügen von Mitpatienten und milieubedingten Verhaltensauffälligkeiten von deren Kindern zu bedenken. Auch wirkt sich das veränderte Verhalten der eigenen Eltern unter steigendem Suchtdruck belastend und ängstigend auf Kinder aus. 703

Inwiefern daher sachverständigenseits zu empfehlen ist, dass Kinder die Eltern in eine stationäre Therapie begleiten, muss vom **Einzelfall** abhängig gemacht werden. Für eine Begleitung sprechen eine mäßig ausgeprägte Suchterkrankung und eine kurze Suchtbiographie der Eltern ohne zusätzliche psychische Erkrankungen sowie eine positiv ausgeprägte Eltern-Kind-Beziehung und ein geringes Alter des betroffenen Kindes. 704

Gründe, die gegen eine **Mitnahme des Kindes** in eine vollstationäre Suchttherapie sprechen, sind Gewalt oder Vernachlässigung durch den Elternteil. Ältere Kinder, die aus unterstützenden sozialen Systemen wie der Schule herausgerissen werden und bei denen das Lernen am negativen Modell die therapeutischen Unterstützungsmöglichkeiten überwiegen würde, sollten ebenfalls eher in kontinuierlichen Betreuungsbedingungen verbleiben. Weiterhin spricht eine geringe Krankheitseinsicht und Änderungsmotivation der Eltern gegen die Mitnahme der Kinder, da diese mit einer erhöhten Rückfallgefahr einhergehen. In jedem Fall ist darauf zu achten, dass ein Kind nicht als Stütze der emotionalen und therapeutischen Bedürfnisse seiner Eltern missbraucht werden darf. 705

Nach einer Entgiftung von Drogen ohne weiterführende Therapie in Form von therapeutischer Nachsorge und/oder regelmäßigem Kontakt zu Selbsthilfegruppen kommt es innerhalb des ersten Jahres bei 75 % der stoffgebundenen Abhängigkeitserkrankten zu einem Rückfall in das Suchtverhalten (→ Rn. 674). Unverzichtbarer Bestandteil der Therapie nach Entlassung aus dem stationären Setting ist daher eine **ambulante Nachsorge** in Form einer suchtspezifischen Therapie (beispielsweise in einer Suchtfachambulanz) sowie die Teilnahme an einer Selbsthilfegruppe. 706

Eine Ausnahme stellt die ärztlich kontrollierte und therapeutisch begleitete **Substitutionsbehandlung** bei Drogenabhängigkeit dar. Einer verantwortungsvoll durchgeführten Substitutionsbehandlung mit der dazu gehörenden psychosozialen Betreuung kommt eine positive Funktion für die Abwendung von Gefähr- 707 dungen von Kindern im Zusammenleben mit ihren Eltern zu, da sich dadurch die Lebenssituation vieler Drogenabhängiger erfahrungsgemäß stabilisieren oder gar verbessern lässt. Das langfristige Ziel der Suchtmittelfreiheit sollte dennoch im Hinblick auf die Bedürfnisse der Kinder angestrebt werden.

708 Eine langfristige **Psychotherapie** stellt bei Verhaltenssüchten eine Möglichkeit dar, das Selbstbewusstsein der Betroffenen zu stärken und Strategien zu erlernen, wie eigene Bedürfnisse im wirklichen Leben umgesetzt und Impulse kontrolliert werden können.

709 Eine **ambulante Familienhilfe** und **Erziehungsberatung** können helfen, die emotionale Zuwendung und altersgemäße Entwicklungsförderung des Kindes durch die Eltern oder andere Bezugspersonen zu erreichen. Gleichzeitig sollte es Ziel sein, die Eltern-Kind-Beziehung zu festigen. Dies umfasst auch einen angemessenen Umgang mit einer eventuellen Beeinträchtigung oder Behinderung des Kindes. Die Bereitschaft der Eltern für die Zusammenarbeit mit diesen Fachstellen muss vorhanden sein, um eine erneute Gefährdung des betroffenen Kindes auszuschließen.

710 Um Kindern und Jugendlichen die Möglichkeit zu bieten, über das tabuisierte Thema Sucht zu sprechen und suchtbezogene Informationen zu erhalten, stehen verschiedene Gruppenangebote in Suchtkliniken, Beratungsstellen oder Selbsthilfegruppen zur Verfügung (beispielsweise **Kindergruppe** der „Anonymen Alkoholiker“). Das Ansprechen eigener Erfahrungen, Gefühle und Sorgen im Kreis von anderen betroffenen Kindern aus suchtbelasteten Familien trägt zur inneren Klärung und zur Verarbeitung eigener Belastungen bei.[177]

711 Ein besonderes Problem stellt die **transgenerationale Transmission** der Suchtmittelabhängigkeit, insbesondere der Alkoholabhängigkeit dar. Erwachsene Kinder alkoholabhängiger Eltern entwickeln häufiger, rascher und in schwererer Form Alkoholabhängigkeit als andere Personen. Sie sind jedoch in gleicher Weise in der Lage, von einer Therapie zu profitieren und eine abstinente Lebensführung aufrechtzuerhalten.[178] Umso wichtiger erscheint es, mit gezielten und effizienten Präventionsprogrammen und therapeutischen Methoden die Weitergabe der Suchterkrankung an Folgegenerationen zu durchbrechen, indem bereits die Kinder suchtkranker Eltern als Hochrisikopopulation entsprechende Angebote erhalten, wie beispielsweise durch das modulare Präventionskonzept „Trampolin“.[179]

712 Psychologische **Sachverständige** sollten über zur Verfügung stehende Therapieangebote der Suchtarbeit umfassend informiert sein. Sie sollten in der Lage

177 Zobel, 2008.
178 Zobel, 2006.
179 Klein et al., 2013.

sein, die für das untersuchte Kind notwendigen Interventionen zu benennen und möglichst spezifische Empfehlungen auszusprechen. Dabei sollten sie auch organisatorische Rahmenbedingungen im Blick behalten, wie die Betreuung des Kindes während einer stationären Therapie des erkrankten Elternteils oder die Durchführbarkeit von Umgangskontakten.

F. Einschränkungen der Erziehungsfähigkeit durch Partnerschaftsgewalt

Während Frau J das Baby auf dem Arm hält, schlägt ihr Mann auf sie ein, bis sie stürzt 713
und sich eine Rippe bricht. Das Kind bleibt dabei unverletzt. Sie geht zunächst in ein Frauenhaus, versöhnt sich nach wenigen Tagen wieder mit ihrem Mann und kehrt zu ihm zurück. Das Jugendamt sieht durch die Partnerschaftsgewalt eine Kindeswohlgefährdung, das Amtsgericht ebenfalls. Das zuständige Oberlandesgericht ist nicht dieser Meinung, da sich die Gewalt ja nicht gegen das Kind gerichtet habe.

1. Grundlagen

Häusliche Gewalt steigt in Deutschland weiterhin an. Im Jahr 2019 wurden 229 714
versuchte oder vollendete Morde sowie 457 Totschläge innerhalb der Familie polizeikundlich. Frauen waren dabei doppelt so häufig Opfer wie Männer. Im gleichen Jahr kamen 113.000 Fälle häuslicher Gewalt gegen eine Frau (ca. 81 %) und 26.000 Fälle häuslicher Gewalt gegen einen Mann (ca. 19 %) zur Anzeige, wobei es sich in der Mehrzahl der Fälle um deutsche Familien handelte.[180] Die Dunkelziffern dürften erheblich größer sein. Schätzungen aus der ärztlichen Versorgung zufolge erlebt etwa jede vierte Frau in Deutschland derzeit Gewalt durch ihren Ehemann, Partner oder Expartner.[181] Die Hälfte der Männer waren Mehrfachtäter, etwa ein Viertel der Täter war zur Tatzeit alkoholisiert. Bei den Frauen waren etwa ein Drittel Mehrfachtäterinnen, etwa ein Fünftel von ihnen stand unter Alkoholeinfluss.[182] Zukünftige Untersuchungen werden zeigen, inwiefern sich beispielsweise die 2020 erlebte „Corona-Krise" und die damit verbundene soziale Isolation der Familien verstärkend auf das Ausmaß an häuslicher Gewalt ausgewirkt hat.

Gewalterfahrungen von Kindern im Familienkontext können vielgestaltiger Na- 715
tur sein. Neben der Gewalt, die Kinder gegen sich erfahren (→ Rn. 745 ff.), werden Heranwachsende auch häufig Zeugen von Gewalt zwischen ihren Eltern. Etwa 16.000 Frauen mit etwa ebenso vielen Kindern flüchteten im Jahr 2018 in die 353 zur Verfügung stehenden Frauenhäuser und 41 Schutzwohnungen für

180 Bundesministerium des Inneren, für Bau und Heimat, 2020.
181 Spielberg, 2019.
182 Bundeskriminalamt, 2019.

Frauen.[183] Für betroffene Männer stehen aktuell bundesweit 2 Männerhäuser zur Verfügung, in die ebenfalls Kinder mitgebracht werden können.[184]

716 Untersuchungen zur **Partnergewalt** zeigen, dass aggressive Handlungen nahezu gleich häufig von Männern wie von Frauen ausgeführt werden. Dabei gibt es auch Paarbeziehungen, in denen ausschließlich ein Partner gewalttätig ist.[185] Meist verursacht die seitens der Männer eingesetzte Gewalt jedoch größere physische Schädigungen und wird eher zur Anzeige gebracht. Diese wird auch gesellschaftlich negativer bewertet. Im Gegensatz dazu ist für Männer die Thematisierung von erlittener Partnerschaftsgewalt schambesetzt[186] und wird verharmlost, da sie nicht den tradierten Rollenbildern entspricht.

717 Es liegen vielseitige Untersuchungen zu **Entstehungsbedingungen** partnerschaftlicher Gewalt vor, die sich mit der Analyse potenzieller Risikofaktoren beschäftigen. Exemplarisch sei das „Familienrisikomodell" genannt, das Risikofaktoren auf der Personen- und der Umweltebene und gleichzeitig die Auswirkungen auf die betroffenen Kinder herausarbeitet.[187] In erster Linie wirken sich eigene familiäre Sozialisationserfahrungen mit erlittener oder beobachteter Gewalt verstärkend auf das spätere Ausüben von partnerschaftlicher Gewalt aus. Suchtprobleme, psychische Erkrankungen, Persönlichkeitsstörungen oder geistige Behinderung steigern ebenfalls das Risiko. Depressive Affektlabilität, aggressive Impulsverluste, frühere Delinquenz oder Gewalttätigkeit sowie allgemeine Gewaltbereitschaft gelten als personimmanente prognostisch ungünstige Faktoren. Meist geht die erhöhte Gewaltbereitschaft mit einer geringen Empathiefähigkeit, einem geringen Selbstwertgefühl und dem Erleben emotionaler Abhängigkeit einher. Gleichzeitig wurden in der Neuropsychologie Hinweise darauf gefunden, dass bei Menschen, die zu Gewaltbereitschaft neigen, eine genetisch oder durch hirnorganische Schäden erworbene biologische Prädisposition besteht, übersensibel auf insbesondere als kritisch oder negativ wahrgenommene soziale Signale zu reagieren.[188] Das Zusammenspiel biologischer, entwicklungsbedingter (Missbrauchserfahrungen, dysfunktionale Herkunftsfamilie) und sozialer (Armut, Diskriminierung) Faktoren mit einer psychischen Erkrankung und Substanzmissbrauch führt zu einem erhöhten Gewaltpotenzial im Nahbereich.[189]

718 Als häusliche Gewalt **begünstigende Umweltfaktoren** gelten ökonomische Krisen wie Arbeitslosigkeit und Verschuldung, Armut, beruflicher Stress, unangemessene Wohnverhältnisse mit räumlicher Beengtheit, Lärm oder andere Umgebungsstressoren, sowie soziale Isolation der Familie und damit verbundene geringe

183 Wissenschaftliche Dienste des Deutschen Bundestags, 2019.
184 Sonnenmoser, 2017.
185 Glitsch & Bornewasser, 2009.
186 Van Anken, 2009 oder Lenz, 2011.
187 Ratzke & Cierpka, 1999.
188 Eisenberger, Way, Taylor, Welche & Lieberman, 2007.
189 Konrad, Huchzermeier & Rasch, 2019.

soziale Unterstützung. Ein niedriger Sozialstatus steigert das Risiko für Gewalterfahrungen.[190]

Bei Gewalt in der Partnerschaft dominieren **Verlustängste** und/oder Eifersucht, 719
verbunden mit dem Bedürfnis, den Partner zu kontrollieren und vom sozialen Umfeld zu isolieren. Meist bestehen unrealistische Erwartungen an den Partner. In der Konfliktbewältigung mangelt es an ausreichender Frustrationstoleranz sowie an Möglichkeiten, Kompromisse auszuhandeln und die Perspektive des Gegenübers zu erfassen. Ebenso können – zum Teil kulturbedingt – ausgeprägte patriarchale oder frauenfeindliche Einstellungen vorliegen, bei denen der Einsatz körperlicher Gewalt als gerechtfertigt gilt → Rn. 315, 324).

Frauen erleben in Zusammenhang mit einer **Schwangerschaft** bzw. der Geburt 720
eines Kindes, mit dem Einzug in eine gemeinsame Wohnung und nach der Eheschließung gehäuft Gewalt durch den Partner.[191] Frauen, die sich bezüglich eines Schwangerschaftsabbruchs beraten lassen, sind ebenfalls eine Hochrisikogruppe für Gewalt durch einen derzeitigen oder früheren Partner, vor allem, wenn bereits Kinder im Haushalt leben.[192]

Häusliche Gewalt zwischen Partnern tritt **nur selten einmalig** auf, in 90 % der 721
Fälle kommt es zu wiederholten Gewalttätigkeiten. Schätzungen zufolge sind bei mindestens der Hälfte der Vorkommnisse, bzw. bei anschließenden Polizeieinsätzen, Kinder anwesend. Die Opfer entwickeln häufig ein „Battered Woman Syndrome", bei dem sie die Vorkommnisse und deren Auswirkungen auf sich und die Kinder bagatellisieren, auf ihre Einmaligkeit bzw. Letztmaligkeit hoffen und sich im Durchschnitt erst nach etwa sieben Jahren immer gewalttätigeren Verhaltens zu einer Trennung entschließen.[193] Im Rahmen von Umgangskontakten kommt es noch bei ca. 40 % der gewaltbelasteten Partnerschaften zu erneuten gewalttätigen Übergriffen, was für die Kinder bedeutet, dass die Konfrontation mit Gewalt auch nach der elterlichen Trennung nicht beendet ist.[194]

Bisher beschäftigen sich Untersuchungen meistens mit physischer Partnerschafts- 722
gewalt. Es liegen kaum Untersuchungen zu **psychischen** Formen der Gewalt vor, wie Demütigungen, Beleidigungen, Verhinderung selbstbestimmten Handelns etc, die sich ebenso belastend auf die psychische Verfassung eines Menschen auswirken können, wenn sie chronisch erfolgen.

Stalking stellt eine Unterform der psychischen Gewalt dar. Dabei handelt es sich 723
um wiederholtes, intrusives Verhalten, durch das eine andere Person bedrängt wird. Es löst beim Opfer Beklemmung oder Angst aus, auch wenn das nicht

190 Schlack, Rüdel, Karger & Hölling, 2013.
191 Müller, Schröttle & Glammeier, 2004.
192 Peek-Asa, Saftlas, Wallis, Harland & Dickey, 2017.
193 Kischkel, 2020.
194 Kavemann, 2010.

immer Absicht des Stalkers ist. Der Täter fordert durch sein Verhalten eine „Beziehung" zum Opfer ein. Häufig tritt Stalking nach der räumlichen Trennung eines Paares als Fortsetzung häuslicher Gewalt auf. In den meisten Fällen bestand vorher zumindest ein freundschaftliches, nachbarschaftliches oder kollegiales Verhältnis. Ausgeübt wird Stalking von beiden Geschlechtern etwa gleich häufig, Frauen sind häufiger Opfer.[195]

724 Stalking ist keine psychische Störung, kann aber auch als Ausdruck einer psychischen Erkrankung (Zwangserkrankungen, wahnhafte Störungen, Störungen der Impulskontrolle, dissoziale Persönlichkeitsstörung) auftreten. Die initiale **Motivation** kann eine Zurückweisung, Beziehungssuche, Einsamkeit oder sexuelle Begierde, Rachsucht, Erpressung und das Ausüben von Macht und Kontrolle sein. Stalking und das Ausüben von physischer Gewalt schließen einander nicht aus. Ungünstige Prognosefaktoren sind konkrete Drohungen, soziale Isolation, starker Ärger, das ausgeprägte Gefühl, im Recht zu sein und der Zugang zu Waffen.[196]

725 Bei familienpsychologischen **Gutachten** im Zusammenhang mit Partnerschaftsgewalt gilt es zu beachten, dass einer der Betroffenen das zentrale Motiv verfolgt, Geschehnisse zu bagatellisieren und sich als unschuldig darzustellen. Der andere Elternteil hat möglicherweise ein Interesse daran, die Geschehnisse zu aggravieren, beispielsweise wenn die Gewaltvorwürfe im Rahmen einer gerichtlichen Auseinandersetzung um die Betreuung der Kinder vorgebracht werden. Eine aktuarische Einschätzung, dh auf statistischen Daten basierende Risikoeinschätzung als Ergänzung zur klinischen Einschätzung, erscheint hilfreich, um zu einer validen Prognose zu gelangen (→ Rn 391).[197] Daher kommen zusätzlichen Datenquellen wie ärztlichen Behandlungsberichten, dem polizeilichen Führungszeugnis oder der Analyse von Strafakten eine besondere Bedeutung zu.

2. Auswirkungen elterlicher Partnerschaftsgewalt auf die Kinder

726 Nach vorliegenden Untersuchungen erhöht das Vorkommen von elterlicher Partnerschaftsgewalt das Risiko einer **Kindesmisshandlung** um das bis zu Zehnfache. Bei jedem zweiten Paar mit Alkoholproblemen kommen auch Gewalttätigkeiten vor. Jedes dritte Kind in suchtbelasteten Familien erlebt innerfamiliäre Gewalt und wird selbst Opfer von Vernachlässigung und Misshandlung. Je nach Stichprobe werden 20–50 % der gegen ihre Partnerinnen gewalttätigen (biologischen oder sozialen) Väter auch gegen deren Kinder gewalttätig.[198] Bei in gewalttätigen

195 Friedland, Ortiz-Müller & Lau, 2018.
196 Konrad, Huchzermeier § Rasch, 2019.
197 Liel, 2017.
198 UNICEF 2002, 2003.

Partnerschaftskonflikten einbezogenen Müttern kommt es zu zweifach erhöhten Misshandlungsraten gegenüber ihren Kindern.[199]

Das Aufwachsen unter anhaltenden Elternkonflikten bzw. das **Miterleben** inner- 727
familiärer Gewalt steht nachweislich in Zusammenhang mit einer negativen kindlichen Entwicklung. Die Auswirkungen finden sich auf der geistigen, sozialen und emotionalen Ebene. Die Anwendung von Gewalt in der Partnerschaft wird daher als die elterliche Erziehungseignung und die Fähigkeit zu einer positiven Beziehungsgestaltung mit den Kindern einschränkend angesehen.[200]

Die von Kindern **beobachtete Gewalt** zwischen ihren Eltern, die in der heutigen 728
Forschung zur Kategorie der Kindesmisshandlungen mitgezählt wird, wirkt sich belastend auf das kindliche Erleben aus und ist genauso stark zu gewichten, wie erlebte Gewalt gegen die eigene Person. Die seitens des schutzlosen Kindes empfundene Angst um die eigene Unversehrtheit und die seiner Bezugsperson löst eine starke Stressreaktion und Panik aus.

Das Miterleben von Gewalt ist hinsichtlich der damit verbundenen Folgeerfah- 729
rungen dem direkten Erleiden von Gewalt vergleichbar. Die betroffenen Kinder haben ein erhöhtes **Risiko** für psychische Probleme,[201] körperliche Beschwerden und Bindungsstörungen.[202] Schon geringe Ausprägungen an erlebter elterlicher Gewalt wirken sich signifikant negativ auf die Entwicklung von Kindern und Jugendlichen aus, insbesondere hinsichtlich der emotionalen und sozialen Kompetenzen.[203]

Durch den Verlust der emotionalen Sicherheit im familiären Kontext kommt es 730
zu einem desorganisierten **Bindungsaufbau** (→ Rn. 265 ff.) und innerfamiliären Beziehungsstörungen.[204]

Mangelnde emotionale Zuwendung kann zu einer tiefgreifenden Störung der 731
psychosozialen Entwicklung führen. Derart traumatisierte Kinder können häufig kein stabiles Identitätsgefühl entwickeln. Bei Kindern, die in einem von Gewalt geprägten Familienklima aufwachsen, findet sich ein erhöhtes Risiko für Störungen des Sozialverhaltens und der Emotionalität. Bei den meisten der betroffenen Kinder bestehen Defizite im Aufbau sozialer Kompetenzen. Das Risiko, bei zwischenmenschlichen Konflikten und später in einer eigenen Partnerschaft selbst Gewalt anzuwenden bzw. Opfer von Gewalt zu werden, ist deutlich erhöht.[205] Insbesondere wenn außerhalb der Familie keine alternativen Verhaltensmodelle

199 Wetzels & Pfeiffer, 1997.
200 Kindler & Werner, 2005.
201 Rassenhofer et al., 2020.
202 Opendak, Gould & Sullivan, 2017.
203 Für einen Überblick: Zurbriggen & Ben Hagai, 2017.
204 Petermann, Niebank & Scheithauer, 2004.
205 Kindler, 2002.

zur Verfügung stehen und die Kinder keine ausgleichenden Erfahrungen in der sozialen Umwelt machen können, sind die sozialen Kompetenzen eingeschränkt.

732 Das Erleben, von den Eltern nicht ausreichend geschützt, sondern vielmehr bedroht zu werden, sowie die elterlichen Verhaltens- und Reaktionsweisen nicht einschätzen zu können, verhindert die Erfahrung, sich vertrauensvoll auf **Beziehungen** zu anderen Menschen einzulassen und einen stabilen Selbstwert aufzubauen.[206] Betroffene Kinder können nicht von ihren Bezugspersonen lernen, wie zwischenmenschliche Beziehungen kontinuierlich aufrechterhalten und wie Konflikte im Alltag angemessen gelöst werden. Vielmehr wird am Vorbild der Eltern vermittelt, dass Gewalt ein legitimes Mittel zum Durchsetzen der eigenen Interessen und Bedürfnisse ist.

733 Als Folge des Miterlebens von Gewalt kann auch ein Prozess der **Parentifizierung** ausgelöst werden (→ Rn. 544 ff.). Diese Entwicklung geht meistens mit der Verantwortungsübernahme gegenüber dem Opfer der Gewalt einher, bzw. der Solidarisierung mit dem als schwächer erlebten Elternteil.

734 Teilweise ist jedoch auch zu beobachten, dass sich das Kind mit dem vermeintlich stärkeren Elternteil **solidarisiert**, um dadurch das Gefühl der Bedrohung von der eigenen Person abzuwenden. Der gewaltausübende Elternteil kann eine emotional bedeutsame Rolle für das Kind innehaben, auch wenn diese ambivalent besetzt ist. Nicht selten kommt es zu Auffälligkeiten in der sozialen und emotionalen Entwicklung, wie zB Überanpassung, Überfreundlichkeit oder angebliche Bedürfnislosigkeit. Dies ist eine Strategie, um den gewalttätigen Elternteil zu beruhigen und zukünftige Gewalt zu vermeiden.

735 Die **emotionale Belastung** des Kindes wirkt sich auch hemmend auf die Intelligenzentwicklung sowie das Erreichen von Entwicklungsmeilensteinen aus;[207] das Nachlassen von Lernbereitschaft und Konzentrationsfähigkeit ist festzustellen, die Kinder schneiden bei Intelligenztests deutlich schlechter ab als unbelastete Gleichaltrige.[208] Je nach Schwere und Bedrohlichkeit der miterlebten häuslichen Gewalt können Kinder behandlungsbedürftige Posttraumatische Belastungsstörungen entwickeln.

3. Interventionen bei Partnerschaftsgewalt

736 Das Aufwachsen unter anhaltender Partnerschaftsgewalt der Eltern stellt eine **Kindeswohlgefährdung** dar, die mit der Häufigkeit, Ausmaß der Gewalttätigkeit und Kontextunabhängigkeit der tätlichen Auseinandersetzungen steigt. Um eine unversehrte Entwicklung zu sichern, kann es notwendig werden, das Kind aus der gewaltbelasteten Familie herauszunehmen. Dies ist insbesondere dann der

206 Nienstedt & Westermann, 2013.
207 Kliem, Kirchmann-Kallas, Stiller & Jungmann, 2019.
208 Kindler, 2006 a.

Fall, wenn auf Seiten der Eltern keine Bereitschaft erkennbar wird, die familiären Aufwachsbedingungen wesentlich zu verändern. Eine institutionelle Erziehung oder außerfamiliäre Unterbringung wird von den betroffenen Kindern häufig positiv bewertet, da sie sich vor Gewalt geschützt und versorgt fühlen, sofern sie stabile Bezugspersonen vorfinden. Langzeitstudien zeigen, dass sich ein Großteil der so betreuten Kinder stabilisieren kann.[209]

Dass Kinder bei der Herausnahme aus dem bisher vertrauten, wenn auch dys- 737
funktionalen Familienverband zunächst belastet reagieren, darf nicht als Hinweis darauf verstanden werden, dass ein Verbleib in schädigenden Bedingungen vorzuziehen ist. Dies ist als **emotionale Reaktion** des Kindes auf den Verlust seines gewohnten und daher gewissermaßen kalkulierbaren Bindungsrahmens nachvollziehbar. Sollte eine Fremdbetreuung des betroffenen Kindes nicht zu vermeiden sein, ist die Forderung an das Helfersystem, die notwendigen Übergänge möglichst wenig belastend zu gestalten. Dies kann beispielsweise durch die Vermeidung mehrfacher Wechsel von Betreuungspersonen, vor allem für jüngere Kinder, raschere Perspektivenklärung und Vorbereitung der Fremdbetreuung durch eine Kennenlernphase geschehen.[210]

Nach einer Trennung des Elternpaars sollte es bei Durchführung von Umgangs- 738
kontakten mit dem gewaltausübenden Elternteil zu keiner **Retraumatisierung** des Kindes kommen. Auch muss berücksichtigt werden, dass Partnerschaftsgewalt zwischen den Eltern nicht automatisch durch deren Trennung beendet wird.[211]

Von einige Fachleuten wird gefordert, dass früher und effizienter daran gear- 739
beitet werden muss, Kinder vor wiederholter innerfamiliärer Traumatisierung zu schützen. Nach einer Fremdunterbringung steht der **Schutz** vor einer sekundären Traumatisierung, beispielsweise bei wiederholter Konfrontation mit dem Täter in Rahmen familiengerichtlicher oder strafrechtlicher Verfahren, im Vordergrund.

Bei der psychologischen **Begutachtung** ist nicht nur zu beachten, dass eine zu 740
Unrecht stattfindende Herausnahme eines Kindes aus seinem familiären Umfeld eine Traumatisierung darstellen kann. Auch bei der Rückführung eines Kindes in die Familie kann es zu einer Gefährdung aufgrund des Verlusts der gewachsenen Bindungen und einer möglichen Fehleinschätzung des weiterhin bestehenden Deprivations- oder Misshandlungsrisikos kommen.[212]

Für gewalttätige Elternteile stehen **Beratungs- und Therapieangebote** zur Verfü- 741
gung wie Täter-Opfer-Ausgleich, Antiaggressionstraining und Gruppenangebote zum Konfliktmanagement. Außerdem ist – falls keine Trennung der Eltern er-

209 Hofer, 2002.
210 Ziegenhain, 2014.
211 Kindler, Salzgeber, Fichtner & Werner, 2004.
212 Diouoani-Streek, 2015.

folgt – eine Paartherapie angezeigt. Eines der wichtigsten Ziele sollte hierbei die Verantwortungsübernahme für die Erziehungsdefizite in der Vergangenheit und die Bereitschaft zur Veränderung im Kontakt mit den Kindern sein. Bei Eltern-Kind-Therapien steht die Förderung einer positiven Beziehung und effizienter erzieherischer Strategien im Fokus.

742 Leidet das Opfer unter gravierenden **Folgeerscheinungen** der Gewalt, wie beispielsweise einer Posttraumatischen Belastungsstörung, sollte diesbezüglich ebenfalls eine Therapie erfolgen. Ziel einer solchen Intervention sollte sein, das betroffene Kind von der Belastung des angegriffenen Elternteils oder dem Impuls, diesen zu schützen, zu entlasten.

743 Interventionsangebote für die betroffenen Kinder beziehen sich sowohl auf die emotionale Verarbeitung der familiären Sozialisationserfahrungen als auch auf die Verhaltensauffälligkeiten, die hieraus resultieren können. In **Kindergruppen** können prosoziale Konfliktlösemechanismen erarbeitet und ausprobiert werden. Entsprechende Gruppenangebote stehen den Kindern beispielsweise in Frauenhäusern oder Erziehungsberatungsstellen zur Verfügung.[213] In einer Kinderpsychotherapie kann an der Selbstwertentwicklung des Kindes gearbeitet und die Beziehung gegenüber den Eltern geklärt werden. Außerdem werden hier Posttraumatische Belastungsstörungen mit traumatherapeutischen Methoden behandelt.

G. Einschränkungen der Erziehungsfähigkeit durch Misshandlung, Vernachlässigung und sexuellen Missbrauch

744 Frau K ist der festen Überzeugung, dass ihre mittlerweile sechs Jahre alte Tochter vom Kindsvater sexuell missbraucht wurde. Das Kind habe ihr einen vollständig vollzogenen Geschlechtsakt unter Gebrauch eines Kondoms geschildert. Die gerichtsmedizinisch-gynäkologische und eine aussagepsychologische Untersuchung des Kindes können diesen Verdacht nicht bestätigen. Dennoch rückt Frau K nicht von ihrer Ansicht ab und lässt keinen Kontakt mit dem Vater zu.

1. Grundlagen

745 Nach repräsentativen Studien kann zusammenfassend davon ausgegangen werden, dass in Deutschland bis zu 35 % aller Eltern ihre Kinder ohne **körperliche Bestrafungen** erziehen. Dies steht in Einklang mit der seit 2000 geltenden Neufassung des § 1631 Abs. 2 BGB, der das Recht der Kinder auf eine gewaltfreie Erziehung beinhaltet. Hiernach könnten auch milde Strafen („Klaps“) – als eine Form der gelegentlichen Bekräftigung anderer Erziehungsstrategien – als Straftat gelten.[214]

213 Kindler & Werner, 2005.
214 Rohmann, 2004 a.

Trotz besseren Wissens und anderslautender Wertvorstellungen scheinen noch bis zu 50 % aller Eltern in Deutschland in **erzieherischen Überforderungssituationen** zumindest gelegentlich auf körperliche Strafen zurückzugreifen. Diese Strategie im Umgang mit zwischenmenschlichen Stressoren wird tradiert. Eltern, die als Kinder selbst geschlagen wurden, wenden dieses Erziehungsmittel häufiger an als solche ohne Erfahrung körperlicher Gewalt. Dies geht zum einen auf die Lernerfahrung zurück, dass körperliche Überlegenheit zur Machtausübung effizient eingesetzt werden kann, zum anderen fehlen diesen Eltern Vorbilder für alternatives Erziehungsverhalten.[215] 746

In der Psychologie werden vier **Formen von Misshandlung** unterschieden: Körperliche Misshandlung durch Zufügen physischer Schmerzen, seelische Misshandlung, sexueller Missbrauch sowie Vernachlässigung. Grundsätzlich muss davon ausgegangen werden, dass die einzelnen Formen der Misshandlung im Familienkontext nicht isoliert, sondern kombiniert auftreten.[216] 747

Kindesmisshandlung ist nicht allein die isolierte, gewaltsame Beeinträchtigung eines Kindes. Sie umfasst vielmehr die **Gesamtheit** der familiären Sozialisationsbedingungen, der elterlichen Handlungen (wie bei körperlicher Misshandlung oder sexuellem Missbrauch) oder Unterlassungen (wie bei emotionaler oder psychischer Vernachlässigung) im Erziehungsalltag, die das Recht des Kindes auf Leben, Erziehung und Förderung beschneiden. Die Differenz zwischen den kindlichen Rechten bzw. Bedürfnissen und der tatsächlichen Lebenssituation macht Kindesmisshandlung aus.[217] 748

Das Phänomen der Kindesmisshandlung existiert in allen Kulturen und sozialen Schichten. Im **interkulturellen Kontext** ist die Definition von Misshandlung erschwert, da sich Erziehungspraktiken verschiedener kultureller, ethnischer und religiöser Gruppen unterscheiden (→ Rn. 322 ff., → Rn. 898 f.) und mit der Zeit verändern. Auch in Deutschland bestand noch bis Mitte der 1970er Jahre (in Bayern bis 1983) ein Züchtigungsrecht für Lehrkräfte an Schulen. 749

In Studien zu eigenen Erfahrungen im zurückliegenden Familienkontext wurden **körperliche Misshandlungen** wie heftiges Schlagen, Würgen, Verbrennen uÄ in leichter und seltener Ausprägung von 5–10 % der Befragten berichtet, in schwerer und häufiger Ausprägung von 5 %. Untersuchungen gehen in Deutschland von bis zu 12 % gewaltbelasteter Elternhäuser aus.[218] Schätzungsweise werden 8–12 % aller Knochenbrüche im Kindesalter durch Misshandlungen verursacht. Die Statistik erfasst in der Gesamtzahl der kindlichen Misshandlungsopfer vor allem Kinder unter drei Jahren, 70 % von ihnen sind Säuglinge. Die Zahlen sind 750

215 Weymann, 2008.
216 Für einen Überblick: Zurbriggen & Ben Hagai, 2017.
217 Engfer, 1997.
218 Deegener, 2010.

seit einigen Jahren etwa gleichbleibend, mit ca. 4.100 nachgewiesenen Opfern von schwerer Misshandlung, vor allem durch Täter innerhalb der Familie. In der Kindheit werden eher Jungen misshandelt, ab der Pubertät sind eher Mädchen gefährdet.[219]

751 Körperliche Misshandlung liegt dann vor, wenn Kindern durch Gewaltanwendung ernsthafte, vorübergehende oder bleibende Verletzungen zugefügt werden. Von Kindesmisshandlung spricht man, wenn gewalttätiges Verhalten ein **Grundelement** der Kindererziehung ist. Dabei umfasst das Spektrum der Kindesmisshandlungen auch Taten wie das Stoßen von einer Treppe, Schleudern gegen die Wand, Verbrennen mit Zigaretten, eigenen Kot oder Erbrochenes essen lassen, absichtliche Vergiftungen, Einklemmen ua.

752 Kinder werden oft Opfer einer **stumpfen Gewalteinwirkung** durch Schläge mit der flachen Hand, der Faust oder mit Gegenständen bzw. durch Tritte. Meist erfolgen Schläge auf den Kopf, den Rücken oder das Gesäß. Häufig zu beobachten sind Hämatome in Form von Haltegriffen im Gesicht oder an den Armen. Es sind auch Verletzungen im Gesicht und Mundbereich zu beobachten, die durch forciertes Füttern entstehen. Häufig werden im Rahmen der Untersuchungen unterschiedlich alte Frakturen festgestellt. Dabei stehen Verletzungen im Thoraxbereich (Brustbein, Schulterblatt, Dornfortsätze der Wirbel) im Vordergrund. Es werden Folgen thermischer Gewalteinwirkung diagnostiziert wie Kontaktverbrennungen, Verbrühungen, Erfrierungen oder Verätzungen. Eher selten treten Verletzungen mittels scharfer oder spitzer Gewalteinwirkung, Strangulation oder Ersticken auf.[220] Vergiftungen erfolgen häufig zur Ruhigstellung eines Kindes, wenn dieses beispielsweise Schlafprobleme aufweist oder vermehrt schreit; hier werden Schlaf- oder Beruhigungsmittel eingesetzt. Ein erhöhtes Risiko hierzu besteht in suchtbelasteten Familien, wo zur Sedierung Alkohol oder Drogen verabreicht werden.

753 Das **Schütteltrauma** ist eine Sonderform der Kindesmisshandlung, die entsteht, wenn ein Säugling an den Oberarmen oder am Brustkorb gehalten und kräftig nach vorne und hinten geschüttelt wird. Dadurch kommt es zur Verletzung von Blutgefäßen und zu Einblutungen im Gehirn. Es kann zu Atemunterbrechung und Minderversorgung des Gehirns mit Sauerstoff kommen. Meist sind von diesen Verletzungen Säuglinge im Alter von zwei bis fünf Monaten betroffen, die vermehrt schreien. Ein Viertel aller betroffenen Kinder überlebt das „shaken baby Syndrom" nicht. Von den überlebenden Kindern tragen zwei Drittel zum Teil schwere neurologische Folgeschäden davon.[221] Das Kind reagiert bei einem Schütteltrauma somatisch bzw. mit neurologischen Auffälligkeiten, ohne

219 Bundeskriminalamt, 2020.
220 Mützel, 2011.
221 Mützel, 2011.

erkennbare äußere Verletzungszeichen aufzuweisen. Radiologische Untersuchungen sind zur gesicherten Diagnosestellung notwendig.[222]

Auch das **Münchhausen-by-Proxy-Syndrom** wird als Misshandlung gewertet. 754
Es wird überwiegend durch Mütter herbeigeführt. Hier werden künstliche körperliche oder psychische Krankheitssymptome bei dem Kind verursacht, um eine Interaktion zwischen Mutter, Kind und Arzt herzustellen. Beispielsweise werden dem Kind bewusst Arzneien gegeben, die Atemstillstand oder dauerhaften Durchfall herbeiführen, oder Wunden werden künstlich offengehalten und verunreinigt.[223] Das durch die Bezugsperson herbeigeführte Beschwerdebild des Kindes macht multiple Untersuchungen und medizinische Eingriffe notwendig, wobei die Verursacherin ihr Wissen um die Ätiologie der Symptomatik konstant verleugnet. Das Beschwerdebild geht sofort zurück, wenn das betroffene Kind von der verursachenden Bezugsperson getrennt wird.[224] Ebenso wie das Münchhausen-Syndrom, bei dem eine Person artifizielle Krankheitssymptome bei sich selbst auslöst, ist das Münchhausen-by-Proxy-Syndrom auf eine schwere Persönlichkeitsstörung zurückzuführen, die mit einer Überidentifizierung mit dem medizinischen Personal einhergeht.[225] Die Feststellung des Münchhausen-by-Proxy-Syndroms ist schwierig, nicht zuletzt, weil die Mütter sich engagiert, fürsorglich und liebevoll um das Kind bemühen, bis hin zu nahezu symbiotischen Verbindungen.[226]

Der **Tod** eines Kindes kann die unbeabsichtigte Folge einer Misshandlung sein, 755
aus einer psychischen Erkrankung der Eltern resultieren, in Zusammenhang mit einem erweiterten Suizid stehen oder auf die Beziehungsdynamik zwischen den Eltern und dem Kind zurückzuführen sein.

Nach der **Kriminalstatistik** wurden im Jahr 2019 in Deutschland 112 Kinder 756
und Jugendliche als Opfer von Mord, Totschlag, fahrlässiger Tötung oder Körperverletzung mit Todesfolge registriert.[227] Hier sind mit Sicherheit nicht alle Tötungen von Neugeborenen (Neonatizid) erfasst, beispielsweise fehlen fälschlicherweise als „plötzlicher Kindstod" diagnostizierte Tötungsfälle. Nach Schätzungen werden zwei Drittel der getöteten Kinder von ihren eigenen (biologischen und sozialen) Eltern umgebracht. Je jünger das Kind ist, desto höher ist die Gefahr des Infantizids. Vor allem im ersten Lebensjahr und in der Pubertät besteht ein erhöhtes Risiko. Mütter und Väter töten ihre Kinder gleich häufig, wobei die Frauen eher die frühe Kindstötung vollziehen und die Väter eher mit

222 Herrmann, 2005.
223 Noeker & Tourneur, 2005.
224 Nowara, 2005.
225 Saimeh, 2010.
226 Heubrock, 2018.
227 Bundeskriminalamt, 2020.

zunehmendem Alter des Kindes. Eltern, die ihr Kind töten, sind überwiegend zwischen 20 und 30 Jahre alt.[228]

757 Wenn ein **Tötungsdelikt** unmittelbar nach der Geburt des Kindes erfolgt, kann dies die Folge einer Schwangerschaftsverleugnung sein. Häufig sind die Täterinnen sehr junge, intellektuell einfach strukturierte Erstgebärende, die aber selten unter einer psychischen Störung leiden. Ebenso besteht ein erhöhtes Risiko für Kindstötung in einer akuten psychotischen Phase. Bei schweren depressiven Episoden, in denen ein Elternteil Suizid begeht, kann es zu einem erweiterten Suizid kommen. Dieser ist teilweise vermeintlich altruistisch motiviert.[229]

758 Eine weitere Form von Gewalt gegen Kinder ist die **psychische Misshandlung**. Empirische Studien zur psychischen Misshandlung sind bisher noch selten, unter anderem da diese Form der Gewaltanwendung weniger leicht festzustellen ist. Schätzungen zufolge findet sie in Deutschland in etwa 15 % der Elternhäuser statt.[230] Mittlerweile wird davon ausgegangen, dass die Folgeschäden psychischer Misshandlung gravierender sind als die physischer Übergriffe.

759 Psychische Gewalt ist die Folge einer feindlichen oder **abweisenden Haltung** der Bezugspersonen gegenüber einem Kind. Diese umfasst Erziehungsmaßnahmen wie Ignorieren, Niederbrüllen oder Demütigung und tritt häufig zusätzlich zu einer körperlichen Misshandlung auf.[231] Feindseliges Ablehnen, Terrorisieren (beispielsweise durch Androhung von Gewalt), soziale Isolation, Ausbeuten und Korrumpieren, das Verweigern emotionaler Responsivität oder einer angemessenen Versorgung hinsichtlich psychischer, medizinischer oder ausbildungsbezogener Bedürfnisse gilt ebenfalls als psychische Misshandlung. Meist handelt es sich dabei um eine chronische Erziehungshaltung.[232] Um sie von emotionaler Vernachlässigung abzugrenzen, wird zudem erschreckendes Erziehungsverhalten, sowohl durch massive Zurückweisung als auch durch extreme Zudringlichkeit, unter diesen Begriff subsumiert.

2. Risikofaktoren und Auswirkungen von Misshandlung

760 Eltern, die ihrerseits als Kind misshandelt wurden, leiden aufgrund der nie befriedigten kindlichen Beziehungswünsche unter einer erhöhten eigenen, emotionalen Bedürftigkeit. Diese Bedürfnisse werden dann in Form einer **Rollenumkehr** wieder auf das eigene Kind übertragen, was zu erneuten Frustrationen führt, da das Kind noch nicht in der Lage ist, ihnen zu entsprechen, sondern seinerseits Bedürfnisse anmeldet. Aus der eigenen Strategie, durch Anpassung seltener Zielobjekt für Misshandlung zu werden, folgt eine überhöhte Erwartungshal-

228 Glaz-Ocik & Hoffmann, 2010.
229 Konrad, Huchzermeier & Rasch, 2019.
230 Stadler, 2012; Koenig et al., 2016.
231 Olbing, Bachmann & Gross, 1989.
232 Zumbach, 2019.

tung, dass sich das eigene Kind ebenfalls unterwirft und anpasst. Erfolgt das nicht, wird dies von Eltern mit eigenen Misshandlungserfahrungen als Strafe, Kränkung und Abweisung erlebt. Sie sind im Umgang damit hilflos, reagieren mit Wut oder negieren die Bedürfnislage ihres eigenen Kindes. Gelingt es den Eltern dagegen – beispielsweise in einer Therapie – die eigene kindliche Not zu erkennen, zu kontrollieren oder zu neutralisieren, kann das „Elend der Wiederholung" unterbrochen werden.[233]

Die Entwicklung elterlicher physischer Gewalt gegen Kinder **beginnt** in der Regel 761
nicht unmittelbar mit der Ausübung körperlicher Misshandlungen. Lerntheoretischen Konzepten zufolge verstärkt Bestrafung in einer Art Zwangsprozess[234] das Fortsetzen negativer Verhaltensweisen, da das Kind auf diese Weise Zuwendung erfährt, aber seine emotionalen Bedürfnisse nicht befriedigt sind. Dadurch kommt es zu immer drastischeren Mitteln der Verhaltenskontrolle durch die Eltern, bis hin zu ohnmächtigen Gewaltausbrüchen als Versuch, Kontrolle zu erreichen. Misshandlung stellt damit den Endpunkt eines Eskalationsprozesses der Eltern-Kind-Interaktion dar.

Für die **Entstehung** von Kindesmisshandlung werden in der Forschungsliteratur 762
folgende Risikofaktoren benannt:[235] Das Misshandlungsrisiko für Kinder steigt je jünger die Mütter bei der Entbindung des ersten Kindes sind und je geringer das Wissen hinsichtlich der kindlichen Entwicklung ist. Dieser Faktor wird potenziert, wenn Mütter durch ein niedriges Selbstwertgefühl, ein negatives Selbstbild, geringe soziale Zuwendung und Unterstützung, sowie über das Gefühl der Unzulänglichkeit und Wertlosigkeit als Familienmitglied geprägt sind. Elterlicher Stress wird durch eine hohe Anzahl kritischer, belastender Lebensereignisse wie Partnerschaftsgewalt, Zusammenleben mit einem alkoholabhängigen Partner oder finanzielle Probleme verstärkt. Bestehende Konflikte in der elterlichen Partnerbeziehung entfalten ihre Wirkung auch in dem Subsystem Eltern-Kind-Beziehung, da die Kinder darauf mit Auffälligkeiten reagieren, die wieder das Misshandlungsrisiko erhöhen. Erzieherische Gewalt wird auch durch sozio-ökonomische Rahmenbedingungen mit entsprechenden Stressfaktoren gefördert wie Armut, eingeschränkte Wohnverhältnisse und Arbeitslosigkeit.[236] Ebenso können umweltbedingte Faktoren die Fürsorgequalität von Eltern beeinträchtigen, wie fehlende soziale Netzwerke und soziale Isolation. Eigene Gewalterfahrungen und Vernachlässigung in der Kindheit oder das Miterleben häuslicher Gewalt sind Prädiktoren für physische Aggression gegenüber den eigenen Kindern.

233 Für einen umfassenden Überblick s. Behnisch & Dilthey, 2016.
234 Patterson, 1982.
235 Deegener, 2010.
236 Korbin, 2002.

763 Des Weiteren sind die grundlegenden Erziehungseinstellungen von Eltern auch **kulturell** und religiös mitbedingt und können das Misshandlungsrisiko steigern (→ Rn. 322 ff.). In westlichen Kulturen besteht ein erhöhtes Misshandlungsrisiko für Jungen, in stark patriarchalisch strukturierten Kulturen dagegen für Mädchen.

764 Menschen, die zum Einsatz von Gewalt neigen, unterscheiden sich von der Allgemeinbevölkerung durch eine hohe Ausprägung an **Neurotizismen** (wie das ständige Gefühl, ungerecht behandelt zu werden, Gefühlsschwankungen, Verlassenheitsangst oder leichte Erregbarkeit), sozialer Unverträglichkeit (Gewissenlosigkeit, Gleichgültigkeit gegenüber dem Befinden anderer, Verantwortung wird als lästig empfunden) und Extraversion (hier im Sinne von Streben nach Aufmerksamkeit und Risikobereitschaft). Solche Persönlichkeitsstrukturen wirken sich negativ auf die Empathiefähigkeit und Verantwortungsübernahme für Kinder aus (→ Rn. 616 ff.). Allerdings müssen diese Persönlichkeitsstrukturen auf weitere Faktoren wie ungünstige soziale Bedingungen oder Suchtmittelkonsum treffen, um tatsächlich zu Gewalthandlungen zu führen. In solchen Fällen ist mit hoher Wahrscheinlichkeit von einem anhaltenden gewalttätigen Verhaltensmuster auszugehen.[237]

765 In Bezug auf Kindesmisshandlung muss von einem deutlich erhöhten **Wiederholungsrisiko** ausgegangen werden. Nach neuen Studien werden bis zu zwei Drittel der einmal misshandelten Kinder erneut Opfer körperlicher Gewalt.[238]

766 Gewisse **Eigenschaften des Kindes** können das Risiko für Gewalt in der Familie ebenfalls erhöhen: In der Forschung wird ein Häufigkeitsgipfel der Misshandlungen im ersten Lebensjahr beschrieben. Für eine besondere Vulnerabilität im Säuglings- und Kleinkindalter spricht, dass das Kind noch wenig selbst regulierend ist, und die Eltern besondere Belastungen und adaptive Anforderungen erleben.[239] Zu den physischen Merkmalen, die als Korrelate von Kindesmisshandlung beschrieben werden, zählt die körperliche Unreife oder Mangelgeburt. Kinder mit einem zu geringen Geburtsgewicht weisen ein zweifach höheres Risiko auf, misshandelt zu werden, als Kinder mit Normalgewicht. Solche Zusammenhänge werden teilweise damit erklärt, dass diese Kinder physisch weniger attraktiv sind, mehr schreien, schlechter zu beruhigen sind und daher größere Anforderungen an die elterlichen Kompetenzen stellen.[240] Gesundheitliche Probleme des Kleinkindes, Entwicklungsverzögerungen oder Behinderungen erhöhen ebenfalls das Misshandlungsrisiko durch die höheren Anforderungen in der Betreuung. Ungeduld und Hilflosigkeit im Umgang mit negativen Äußerungen des Kindes,

237 Becker, 2002.
238 Kindler, 2009 a.
239 Steele, 2002.
240 Belski, 1993.

und die Interpretation des kindlichen Verhaltens als böswillig verstärken das Misshandlungsrisiko, da sich der Elternteil vom Kind abgelehnt fühlt. Menschen mit kognitiven Beeinträchtigungen haben ein lebenslang erhöhtes Risiko, Opfer sexueller Übergriffe oder von Gewalt zu werden.[241]

Gewalterfahrung in der Kindheit gilt als ein erheblicher Risikofaktor für die 767
Beeinträchtigung der weiteren **Entwicklung** eines Menschen in körperlicher, geistiger, psychischer und sozialer Hinsicht. Neben den unmittelbaren Schmerzen und möglichen langfristigen körperlichen Folgen wird die gesamte Entwicklung dieser Kinder beeinträchtigt. Davon betroffen ist ihre Fähigkeit zu lernen und zu kommunizieren, Vertrauen zu entwickeln, Beziehungen einzugehen und positive soziale Kontakte zu knüpfen. Ob es sich bei der erlebten Gewalt um Misshandlung, chronische Vernachlässigung oder sexuellen Missbrauch handelt, macht dabei kaum einen Unterschied, da es sich in jedem Fall um eine traumatische Erfahrung handelt.

Der Begriff „**Trauma**" verweist auf eine extreme Intensität eines bedrohlichen 768
Erlebnisses. Eine Trivialisierung des Begriffs, wie sie zunehmend zu beobachten ist, sollte vermieden werden. So sind beispielsweise persönliche Misserfolge oder als belastend wahrgenommene Veränderungen kein Trauma.[242] Schwere Misshandlungen gelten jedoch als Trauma und führen oft zu gravierenden psychischen Schäden und Verhaltensproblemen wie Abhängigkeitserkrankungen oder Risikoverhalten bis hin zum Suizid. Misshandlungen bedingen psychische Reaktionen wie Angst, Depression, Aggression und ein vermindertes Selbstwertgefühl. Vermutlich versuchen die betroffenen Kinder aus Selbstschutz, die erlebte Gewalt als „normal", „gerechtfertigt" oder „notwendig" anzusehen und suchen die Schuld zuerst bei sich selbst.[243] Misshandelte Kinder halten sich oft für böse, schlecht, dumm und nicht liebenswert. Im Schulalter zeigen sich in der Folge von Gewalterfahrungen Störungen des Sozialverhaltens und der Emotionen, häufig kombiniert mit selbstschädigendem Verhalten. Jugendliche, die Gewalterfahrungen im Elternhaus ausgesetzt waren, durchlaufen signifikant negative Entwicklungen hinsichtlich Gewaltakzeptanz, Sozialverhalten und Freundschaften. Insbesondere bei schwerer und kontinuierlicher Gewalterfahrung steigt das Risiko für eigene Gewaltdelinquenz.[244]

Die **Beziehungsfähigkeit** von Kindern mit Misshandlungserfahrungen ist einge- 769
schränkt, da das Grundvertrauen in die Bezugspersonen erschüttert ist oder nicht aufgebaut werden kann.[245] Das Misstrauen in die Verlässlichkeit sozialer Beziehungen bei ständiger Suche nach Anerkennung und Liebe kommt dabei

241 Sauer & Teubert, 2019.
242 Wendt, 2011.
243 UNICEF, 2003.
244 Weiss, Link & Stemmler, 2015.
245 Egle, Hoffmann & Joraschky, 2000.

in Distanzlosigkeit und Beziehungslosigkeit der Kinder zum Ausdruck. Kinder bleiben dadurch auch in Angst eng an ihre Eltern gebunden, was oft als Liebe und Bindung missverstanden wird.

770 Das **Bindungsverhalten** von misshandelten Kindern wird in der Fachliteratur als „desorganisiert“ beschrieben (→ Rn. 265 ff.). Daraus kann eine andauernde Unfähigkeit zum Eingehen inniger zwischenmenschlicher Beziehungen entstehen. Nicht selten leiden diese Kinder zeitlebens unter einem unersättlichen Hunger nach Liebe und Zuwendung, bildlich gesprochen unter einer chronischen seelischen Unterernährung. Spätere Beziehungsmodalitäten sind nicht selten von aggressiven Triebansprüchen beherrscht, Beziehungspartner werden funktionalisiert und manipuliert, ohne dass deren Bedürfnissen Rechnung getragen wird. Ebenso besteht in der weiteren Entwicklung dieser Kinder die Gefahr der Beziehungsersatzsuche in Form von Essstörungen, sexuellen Störungen, Dissozialität, Substanzmissbrauch und delinquentem Verhalten. In einer amerikanischen Studie wurde noch Jahre nach dem Erleben der Misshandlung ein bis zu 40-fach erhöhtes Risiko für einen chronischen Medikamentenabusus nachgewiesen.[246] Die betroffenen Kinder entwickeln umso wahrscheinlicher desorganisierte Bindungsmuster, je früher nach der Geburt das schädigende Elternverhalten einsetzt und je gravierender es ist. Die davon betroffenen Kinder sind in einem Zustand chronischer ängstlicher Aktivierung, lernen nicht, Emotionen wirksam zu regulieren, erlernen keine angemessene Empathie und haben ein gestörtes Selbst- und Fremdverständnis. Sie sehen sich selbst als verachtenswert und nehmen andere Menschen als grausam wahr. In der Folge entwickeln sie häufig bis ins Erwachsenenalter psychische Störungen oder dysfunktionale soziale Beziehungen.[247]

771 Nicht selten kommt es zu auffälligen **Anpassungsbemühungen** in der sozialen und emotionalen Entwicklung der Kinder, zB zwanghafte Sauberkeit und Ordnungsliebe, Überfreundlichkeit und Bedürfnislosigkeit. Das Kind übernimmt dabei die überhöhten Erwartungsanforderungen der Eltern, denen es allerdings nie gerecht werden kann, was seine Erfahrung des Versagens und sein negatives Selbstbild verstärkt.[248] In den Verhaltensbeobachtungen ist auffallend, dass in der frühen Kindheit traumatisierte Kinder fügsam und wachsam sind. Sie achten angestrengt darauf, welches Verhalten die Erwachsenen wünschen.

772 Obwohl es kein typisches psychopathologisches Syndrom gibt, findet sich bei Kindern mit Gewalterfahrungen ein erhöhtes **Risiko** für eine Beeinträchtigung der intellektuellen Entwicklung sowie für Entwicklungsverzögerungen. So ist häufig eine verzögerte Sprachentwicklung festzustellen,[249] was zu einem Defizit

246 Anda et al., 2008.
247 Riggs, 2017.
248 Nienstedt & Westermann, 2013.
249 Lynch,1989.

in der verbalen Kommunikationsfähigkeit des Kindes und dadurch wiederum in der Kontaktfähigkeit führt. Dies kann später in eine geistige Entwicklungsverzögerung münden, die ihrerseits Lernschwierigkeiten mit sich bringt. Als Selbstschutz erfolgt situativ das Vergessen oder Ausblenden der traumatischen Ereignisse, was auch andere, für die weitere Entwicklung wichtige Prozesse im Gehirn ausschaltet, und je nach Schweregrad zu einer Deprivation führen kann. Je früher die Traumatisierung erfolgt ist, desto schwerwiegender sind die negativen Auswirkungen.[250] Bereits bei noch nicht der Sprache mächtigen Kindern ist gesichert davon auszugehen, dass sie das Vollbild einer Posttraumatischen Belastungsstörung entwickeln können.[251] Bei sämtlichen Formen der Gewalterfahrung von Kindern durch ihre Bezugspersonen gilt, dass die Betroffenen als Erwachsene, im Vergleich zur Allgemeinbevölkerung, ein zwei- bis dreifach erhöhtes Risiko haben, Suizid zu begehen.[252]

Bei schwerer und **chronischer** häuslicher Gewalterfahrung zeigt sich bei den 773
betroffenen Kindern zudem ein sprunghafter Anstieg des Risikos zur eigenen Gewaltdelinquenz, nicht jedoch zur Bereitschaft, andere Delikte zu begehen. Die Gewaltakzeptanz ist bei den Jugendlichen, die häusliche Gewalt erfahren haben, signifikant höher und geht mit einer geringeren Hemmung einher, Gewalt anzuwenden, um eigene Interessen durchzusetzen.[253]

Neuere Forschungsergebnisse weisen darauf hin, dass der **Stress**, den Kinder 774
durch Misshandlungen erleben, ihre Gene verändern kann.[254] Dadurch erfolgt eine dauerhafte Fehlregulation des Stresshormonsystems. Grundsätzlich konnte nachgewiesen werden, dass Misshandlungen in der Kindheit die Entwicklung des Gehirns verändern, was insbesondere zu einer Fehlfunktion des Limbischen Systems und dadurch zu psychischen Störungen führt.[255] Je nach Dauer und Intensität der Misshandlungserfahrungen steigt das Risiko für die spätere Ausbildung psychischer Störungen wie Angsterkrankungen, Depressionen und Persönlichkeitsstörungen.[256] Diese Vulnerabilität wird unter Umständen auch an folgende Generationen weitergegeben.

Als Erwachsene haben Kinder mit der Erfahrung von Gewalt durch Bezugsperso- 775
nen ein erhöhtes **Risiko** für die Entwicklung einer Posttraumatischen Belastungsstörung, von Angststörungen, Depressionen und sie können ihre Alltagsprobleme nur schwer oder ungeschickt lösen. Sie leiden häufiger unter Schlafstörungen, Essstörungen, Drogenmissbrauch und Suchtverhalten. Sie haben Schwierigkeiten in der positiven Ausgestaltung von zwischenmenschlichen Beziehungen, sowohl

250 Du Bois, 2013.
251 Scheeringa & Zeanah, 2001.
252 Angelakis, Gillespie & Panagoiti, 2019.
253 Weis, Link & Stemmler, 2015.
254 Klengel et al., 2012.
255 Petermann, 2002.
256 Pfeiffer, Lehmkuhl & Frank, 2001.

in Partnerschaften als auch in der Elternschaft und im Beruf. Zudem haben sie ein erhöhtes Risiko, sexuell und physisch aggressiv zu handeln oder Opfer von Gewalt zu werden. Das Erleben von psychischer Misshandlung gilt als einer der Faktoren, die zur Entwicklung einer Borderline-Persönlichkeitsstörung beitragen.[257]

776 Für das Ausmaß **der langfristigen Schädigung** ist neben der persönlichen Resilienz eines Kindes auch bedeutsam, über einen wie langen Zeitraum ein Kind Gewalt erlitten hat. Ist der Zeitraum kurz, besteht eine positive Prognose für ein resilientes oder über die Zeit sich verbesserndes Funktionsniveau der Kinder, sofern sie vor einer Retraumatisierung geschützt werden.[258]

777 Die langfristigen **Auswirkungen** der frühen Gewalterfahrung von Kindern stehen in Zusammenhang mit dem Entwicklungsstand, den bisherigen Sozialisationsbedingungen, der individuellen Konstitution und den Ressourcen, die einem Kind zur Verfügung stehen – beispielsweise durch eine stabile Vertrauensperson im sozialen Umfeld.[259]

778 Als **Schutzfaktoren** gegen Kindesmisshandlung werden genannt: Das Vorhandensein sozialer Netzwerke und stützender Systeme für Eltern und Kinder. Darunter werden eine positiv erlebte Paarbeziehung, Mithilfe bei Betreuung und Versorgung der Kinder oder Optionen für eine vorübergehende Betreuung der Kinder außerhalb der Familie verstanden. Ebenso die generalisierte Wertschätzung des Kindes. Diese entsteht, wenn das Kind als Freude für seine Eltern, Subjekt wirtschaftlichen Nutzens, Garant des Fortbestehens der Familie und des kulturellen Erbes gilt. Ein Erziehungsstil, der durch klare Verhaltensregeln und Konsequenz gekennzeichnet ist, reduziert das Risiko für den Einsatz von Gewalt ebenfalls. Die Bereitschaft der Eltern, sich gegebenenfalls Hilfe von außen zu holen, beispielsweise in Form einer Psychotherapie oder Erziehungsberatung, kann der Prävention oder Rückfallprophylaxe dienen.[260]

3. Risikofaktoren und Auswirkungen von Vernachlässigung

779 Vernachlässigung ist die am weitest verbreitete Form der Misshandlung, wurde aber bis vor einigen Jahren in der Forschung und Rechtsprechung wenig beachtet. Da sich **chronische** Vernachlässigung eher schleichend negativ auf die Kinder auswirkt und schwerer nachzuweisen ist, wird sie häufig übersehen oder nicht als tatsächliche Schädigung des Kindes anerkannt. Bis auf wenige, dramatische Fälle werden die Folgen von Vernachlässigung im Allgemeinen eher bagatellisiert und strafrechtlich kaum verfolgt.

---

257 Für einen Überblick s. Zumbach, 2019.
258 Fegert & Witt, 2019.
259 Streeck-Fischer, 2010.
260 Korbin, 2002.

Nach statistischen Erhebungen betrifft chronische Vernachlässigung gehäuft Kinder im Alter von ein bis drei Jahren. Schätzungen beziffern die Anzahl der in Deutschland verwahrlosten und misshandelten Kinder auf 200.000 jährlich, wobei die **Prävalenzzahlen** erheblich schwanken.[261] Von schwer ausgeprägter emotionaler Vernachlässigung wird in ca. 7 % der Familien ausgegangen, schwere körperliche Vernachlässigung findet sich bei etwa 9 %.[262] Die Dunkelziffern dürften weit darüber liegen. 780

In der empirischen **Forschung** wird Vernachlässigung bisher weitgehend mit Misshandlung gleichgesetzt. Es gibt wenige Studien, die sich ausdrücklich mit den Auswirkungen des Unterlassens von Elternverhalten auseinandersetzen. Dies ist auch darauf zurückzuführen, dass Formen von Gewalt gegen Kinder meist kombiniert auftreten. Vernachlässigte Kinder sind häufig auch anderweitigen Gewalterfahrungen ausgesetzt.[263] 781

Zur Vernachlässigung zählt eine **mangelhafte Versorgung** des Kindes hinsichtlich seiner physischen und psychischen Bedürfnisse (→ Rn. 129 ff.). Im weiteren Entwicklungsverlauf des Kindes bezieht sich Vernachlässigung auf den schulischen Bereich, mangelnde Beaufsichtigung und das Unterlassen notwendiger Behandlungen und Therapien. Des Weiteren gilt es als emotionale Vernachlässigung, wenn sich Eltern nach einer Inobhutnahme ihres Kindes nicht um einen regelmäßigen und befriedigenden Kontakt mit ihrem Kind bemühen. Vernachlässigung kann in seiner Extremausprägung zum Aussetzen oder Verlassen des Kindes mit Todesfolge führen. 782

Risikofaktoren für das Vorkommen von chronischer Vernachlässigung bestehen beispielsweise in Armut, der depressiven Erkrankung eines Elternteils oder deren eigener biographischer Belastung durch Gewalt und Vernachlässigung im Elternhaus. Untersuchungen weisen darauf hin, dass bei körperlicher Verwahrlosung auch nahezu immer von einer emotionalen Deprivation des betroffenen Kindes auszugehen ist.[264] Entsprechend wirkt sich die Vernachlässigung auf die Bindungsentwicklung eines Kindes aus. Das Ausbleiben sozialer Anerkennung und Zugehörigkeit führt zu neurologischen Defiziten, aktiviert das Schmerzsystem und beeinträchtigt das subjektive Wohlbefinden massiv.[265] Die Tatsache, dass soziale und emotionale Zurückweisung als physischer Schmerz wahrgenommen wird, erklärt die weitgehende Überschneidung mit den Auswirkungen physischer Gewalt gegen Kinder. 783

261 Fendrich & Pothmann, 2010.
262 Witt, Brown, Plener, Brähler & Fegert, 2017.
263 Jonson-Reid et al., 2003.
264 Mensching, 2001.
265 Bauer, 2017.

784 Bei betroffenen Kindern besteht ein erhöhtes Risiko für eine desorganisierte **Bindung** sowie Hospitalisierungssyndrome bis hin zu autistischen Verhaltensweisen. Ein ernstes Anzeichen sind beispielsweise Gedeihstörungen. Frühe sensorische, motorische und emotionale Deprivation führt zu verlangsamtem Wachstum, Einschränkungen der Lernfähigkeit und zu irreversiblen Störungen der intellektuellen und emotionalen Funktionen.[266] Bei Säuglingen können fehlende Aufsicht und unterlassener Schutz zu gehäuften Unfällen und unzureichende Ernährung zu akuter Gefährdung führen.[267] Bei fehlender Kommunikation zeigen bereits Säuglinge depressionsähnliche Affektlagen. In der Folge entwickeln sie ein gestörtes Selbstkonzept und Selbstwertprobleme. Die Kinder versuchen häufig, durch externalisierendes, insbesondere dissoziales Verhalten das erlebte Zuwendungsdefizit auszugleichen.[268] Die Kinder zeigen bis zum Kindergartenalter Dysphorie und Probleme in der Ausbildung von Tagesabläufen, haben gravierende Rückstände in der kognitiven Entwicklung, nässen und koten deutlich länger ein und zeigen schlecht steuerbares Verhalten. Im Schulalter sind als Folge von Vernachlässigung internalisierende Störungen und sozialer Rückzug in erhöhtem Ausmaß zu beobachten. Bei Jugendlichen sind gehäuft Delinquenz, Suchtprobleme, Depressionen und antisoziales Verhalten festzustellen.[269] Vernachlässigung der Förderung wirkt sich in Erfahrungsverarmung, Einbußen oder Einschränkungen kognitiver Fertigkeiten, geringeren Chancen hinsichtlich Schulabschlusses und Ausbildung aus.[270]

785 Die **Auswirkungen** chronischer Vernachlässigung zeitigen Folgen für das gesamte weitere Leben der betroffenen Kinder. So wurde beispielsweise nachgewiesen, dass physisch vernachlässigte Jungen als Erwachsene ein deutlich erhöhtes Risiko für Untergewicht haben. Emotional vernachlässigte Mädchen haben dagegen als Erwachsene ein deutlich erhöhtes Risiko für krankhaftes Übergewicht und Essstörungen.[271] Betroffene Kinder haben ein deutlich gesteigertes Risiko, unter chronischem Distress zu leiden und später an psychischen Störungen zu erkranken. Sie entwickeln häufiger als die Allgemeinbevölkerung Persönlichkeitsstörungen mit dissozialen, vermeidenden, emotional instabilen, narzisstischen oder passiv-aggressiven Zügen.[272] Die fehlenden positiven Interaktionen steigern das Risiko für sexuellen Missbrauch. Je jünger ein Kind bei Beginn der Vernachlässigung ist und je länger diese anhält, desto negativer wirkt sich diese auf die psychische Entwicklung eines Menschen aus.[273]

266 Birbaumer & Schmidt, 2010.
267 Ziegenhain, Fegert, Ostler & Buchheim, 2007.
268 Schleiffer, 2010.
269 Für einen Überblick Engfer, 2005 a.
270 Rohmann, 2008.
271 Ernst et al., 2019.
272 Petermann, Niebank & Scheithauer, 2004.
273 Escobar-Torres, 2019.

Kognitive und schulische Beeinträchtigungen können später durch eine fördernde Umgebung und emotionale positive Beziehungen zumindest teilweise **ausgeglichen** werden, wie beispielsweise Nachfolgeuntersuchungen an massiv deprivierten Kindern aus rumänischen Waisenhäusern zeigen. Dies setzt jedoch voraus, dass die erlebte Verwahrlosung von kurzer Dauer ist.[274] 786

4. Risikofaktoren und Auswirkungen von sexuellem Missbrauch

Eine weitere Form von Gewalt gegen Kinder ist der sexuelle Missbrauch, der größtenteils Kinder **vor dem 14. Lebensjahr** und in Deutschland nach aktuellen Befragungen etwa 1 % aller Kinder betrifft.[275] Mädchen werden in der Kindheit etwa viermal häufiger Opfer von sexuellem Missbrauch als Jungen, in der Jugend etwa dreimal häufiger. Die Täter sind meist männlich und aus dem nahen sozialen Umfeld. Im Jahr 2019 wurden in Deutschland etwa 16.000 Kinder Opfer sexueller Gewalt. Insbesondere die Verbreitung kinderpornographischer Schriften ist mit 12.300 Fällen im selben Jahr deutlich gestiegen.[276] Diese steigende Zahl dürfte auch darauf zurückzuführen sein, dass die Verfolgung von Internetkriminalität mittlerweile intensiver betrieben wird. 787

Es besteht ein enger **Zusammenhang** zwischen sexuellem Missbrauch und Alkoholmissbrauch oder -abhängigkeit des Täters.[277] In vielen Fällen liegt dem sexuellen Missbrauch eines Kindes keine echte Pädophilie zugrunde. Beispielsweise kann sexueller Missbrauch durch konflikthafte Krisen in der Elternbeziehung, emotionale Labilität und Persönlichkeitsdeformationen ausgelöst werden.[278] Außerdem kommt sexueller Missbrauch häufiger in Zusammenhang mit psychischen Erkrankungen des Täters vor, die mit einer gestörten Impulskontrolle einhergehen, wie manische, schizophrene und organisch bedingte psychische Störungen. Antisoziale Persönlichkeitsstörungen, Substanzmissbrauch, soziale und kognitive Defizite steigern das Risiko für das Ausüben sexueller Gewalt ebenso wie innerfamiliäre Probleme, soziale Isolation und das Fehlen anderer Sexualpartner.[279] 788

Sexueller Missbrauch eines Kindes ist – ebenso wie die anderen Formen von innerfamiliärer Gewalt – **multifaktoriell** bedingt. Die Motivation zum Missbrauch muss auf externe Faktoren wie mangelnde Aufsicht durch eine aufmerksame Bezugsperson und eine erhöhte Vulnerabilität des Kindes treffen, um zur Tat zu führen. 789

274 Berk, 2020.
275 Bieneck, Stadler & Pfeiffer, 2011.
276 Bundeskriminalamt, 2020.
277 Zobel, 2005.
278 Konrad, Huchzermeier & Rasch, 2019.
279 Überblick bei Goldbeck, Allroggen, Münzer, Rassenhofer & Fegert, 2017.

790 Sexuelle Handlungen mit, an oder vor Kindern sind Straftaten gegen deren **sexuelle Selbstbestimmung**, unabhängig davon, ob eine Einwilligung, aktive Beteiligung oder Gegenwehr der Betroffenen bestand. Kinder sind nach dem Stand ihrer Persönlichkeitsentwicklung und ihrer kognitiven Fähigkeiten noch nicht in der Lage, die Tragweite einer sexuellen Handlung abzusehen. Oft erleben sie sich durch bestehende Beziehungskonstellationen in emotionaler Abhängigkeit vom Täter. Es besteht ein Machtgefälle zu Ungunsten des betroffenen Kindes und der Täter nutzt seine Autoritätsposition aus, um seine eigenen Bedürfnisse auf Kosten des Kindes zu befriedigen.[280]

791 Eine **Beeinträchtigung** der ungestörten sexuellen Entwicklung eines Kindes bzw. Jugendlichen ist auch bei Handlungen ohne Körperkontakt gegeben, wie zB Exhibitionismus, die Aufforderung sexuelle Handlungen an sich selbst vorzunehmen oder pornographische Darstellungen anzusehen.[281] Auch wiederholte, bewusste Verletzungen der Schamgrenzen eines Kindes sind hier zu subsumieren. Die frühe Konfrontation mit sexualisierten Medieninhalten führt beispielsweise zu Scham, Angst und Ekel, der auch auf andere zwischenmenschliche Begegnungen übertragen wird. Insbesondere Mädchen entwickeln Essstörungen, eine geringe Selbstachtung und depressive Symptome. Betroffene Kinder und Jugendliche entwickeln kein gesundes sexuelles Selbstbild, sondern benutzen sexualisiertes Verhalten, um andere Bedürfnisse zu befriedigen. Anhaltender Pornographiekonsum verändert die Einstellungen zu Sexualität, Promiskuität, dem Frauenbild, beeinträchtigt die Fähigkeit zu partnerschaftlicher Intimität, steigert die Bereitschaft zu sexueller Gewalt und kann einen suchthaften Charakter annehmen.[282]

792 Die **Folgen** sexuellen Missbrauchs von Kindern und Jugendlichen können vielfältig sein. Es gibt keine Symptomatik auf der Verhaltensebene, die als eindeutig zuzuordnende Folge eines sexuellen Missbrauchs feststellbar wäre. Die gegebenen Familienbedingungen können eine Symptombelastung verstärken oder kompensieren,[283] da sowohl bei sexuellem Missbrauch im Familienkontext wie außerhalb desselben davon ausgegangen werden muss, dass in der familiären Sozialisation weitere negative Einflussfaktoren auf die kindliche Entwicklung einwirken. Es ist schwierig, die isolierte Auswirkung des Missbrauchs auf das betroffene Kind auszumachen.

793 Kurz nach dem Trauma **verhalten** sich Kinder beispielsweise ängstlich, ziehen sich zurück, wirken gereizt und unruhig, sie können auch somatische Beschwerden, Ess- und Schlafstörungen zeigen. Mittelfristig können die posttraumatischen

280 Bange & Deegener, 1996.
281 Unterstaller, 2006.
282 Überblick bei Freitag, 2017.
283 Engfer, 2005 b.

Stresssymptome anhalten, es können sexuell übertragbare Krankheiten festgestellt werden. Langfristig leiden Erwachsene, die als Kind sexuelle Gewalt erlebt haben, gehäuft unter Posttraumatischen Belastungsstörungen, Angst- und Zwangsstörungen, emotional instabilen Persönlichkeitsstörungen, Depressionen, Suizidalität, Substanzmissbrauch, Essstörungen, dissozialen und delinquenten Verhaltensweisen. Es besteht ein Zusammenhang mit der Entwicklung eigener sexueller Störungen und sexuellen Risikoverhaltens. Körperlich kann es durch das Stresserleben zu Beeinträchtigungen des Immunsystems und Veränderungen in den neurologischen Strukturen sowie gynäkologischen Beschwerden kommen.[284]

Sexualisiertes Verhalten von Kindern kann nicht eindeutig altersunangemesse- 794
nen sexuellen Erfahrungen zugeordnet werden. Vielmehr wird es als ein paradoxes Bindungsverhalten interpretiert. Diese Verhaltensweisen, wie beispielsweise gesteigerte sexuelle Selbstbefriedigung, Zurschaustellen der Genitalien oder distanzloses Kontaktverhalten mit entsprechendem Körperkontakt, dienen demnach nicht primär der Genitalität, sondern resultieren aus dem Wunsch nach Befriedigung früherer Bindungsbedürfnisse, die in inadäquater Weise erfolgt.[285] Kommt es zu sexueller Gewalt zwischen Geschwistern, kann dies ein Zeichen gemeinsamer Not oder eines allgemein sexualisierten Familienklimas sein, auf der Basis pathologischer Machtstrukturen innerhalb der gesamten Familie.[286]

Auffällig sexualisiertes Verhalten eines Kindes führt beim Helfersystem in der 795
Regel zum **Verdacht** eines erlebten sexuellen Missbrauchs. Bei Kindern ist allerdings auf allen Entwicklungsstufen ein mehr oder minder ausgeprägtes Interesse an Sexualität bzw. Körperlichkeit zu beobachten. Zeigen sie aber über längere Zeit altersunangemessenes Interesse an sexuellen Aktivitäten, so dass andere Interessen und Entwicklungsaufgaben in den Hintergrund treten, muss der Ursache nachgegangen werden. Zur Abgrenzung zwischen „normaler" sexueller Aktivität von Kindern und sexuellen Grenzüberschreitungen wird auf Kriterien wie Einvernehmlichkeit, Altersunterschied, der Einsatz von Gewalt, Zwang oder Bedrohung, der Versuch einer Penetration und dokumentierte Verletzungen des Opfers zurückgegriffen.[287] Wichtig ist auch das Wissen darüber, dass sexuelles Verhalten kulturell überformt ist und sich entsprechend unterscheidet.[288]

Neben einem tatsächlich erlebten sexuellen Missbrauch kommen als **Ursachen** 796
für sexualisiertes oder sexuell grenzüberschreitendes Verhalten eines Kindes hochgradig defizitäre Bindungserfahrungen, Konfrontation mit familiärer Ge-

284 Überblick bei Volbert & Kuhle, 2019.
285 Klitzing, 1998.
286 Bormann, 2020.
287 Mosser, 2012.
288 S. zB Larsson, Svedin & Friedrich, 2000.

walt, inadäquater Umgang mit Sexualität in der Familie, geringe elterliche Beaufsichtigung sowie eine Häufung kritischer Lebensereignisse in Frage.[289]

797 Nicht alle Kinder entwickeln nach einer sexuellen Traumatisierung anhaltende Folgeprobleme. Faktoren, die die **Resilienz** eines Kindes nach dem Erleben von sexueller Gewalt stärken, sind beispielsweise eine optimistische Grundeinstellung, Sozialkompetenzen, eine sichere Bindung, schulisches Engagement und die externale Schuldattribution.[290] Geschwistern kann in einer solchen Notlage eine besondere Bedeutung als fürsorgliche und wertschätzende Vertrauenspersonen zukommen.[291]

798 **Störungen der Sexualpräferenz** oder Paraphilien bieten verschiedene klinische Bilder oder Verhaltensvariationen wie Fetischismus, Exhibitionismus, Pädophilie und Sadomasochismus.[292] Die Prävalenzrate unterliegt einer hohen Dunkelziffer, im Allgemeinen sind Männer häufiger betroffen. Als Ursachen können hormonelle Faktoren, Störungen im Temporallappen des Gehirns, Störungen der frühen Bindung oder eigene Erfahrungen von sexueller Gewalt und Missbrauch im Kindes- oder Jugendalter vorliegen. Es besteht gehäuft eine Komorbidität mit Suchterkrankungen, Zwangsstörungen und Impulskontrollstörungen.[293]

799 Der Konsum von Materialien, die Missbrauch von Kindern abbilden, kann nicht mit einer Pädophilie gleichgesetzt werden.[294] Die Betroffenen verweisen auch gelegentlich als Gründe für das Speichern **pornographischer** Materialien auf einen Suchtcharakter in Bezug auf die Internetnutzung oder auf „Sammlerleidenschaft" als Form der Ablenkung und Freizeitbeschäftigung. Es ist aber davon auszugehen, dass die Hemmschwelle für sexuellen Kindesmissbrauch über einen regelmäßigen Konsum der Missbrauchsdarstellungen sukzessive gesenkt wird. Meist liegt eine Abspaltung eigener sexueller Triebimpulse und damit die fehlende Verantwortungsübernahme für die eigenen Handlungen nahe. In jedem Fall ist von einer Auffälligkeit in der Persönlichkeitsentwicklung mit emotionalen und sozialen Beeinträchtigungen auszugehen, die potenziell ein erhöhtes Risiko für im Haushalt lebende Kinder darstellen. Diese äußert sich in einer tiefen Bindungs- und Beziehungsstörung, wobei möglicherweise eine sexuell ich-dystone Partnerschaft unterhalten wird, die auf die Dauer nicht befriedigend ist.

800 Eine **pädosexuelle Neigung** bedeutet nicht zwingend, dass diese verhaltenswirksam umgesetzt werden. Inwiefern der Konsum von Missbrauchsabbildungen mit Kindern den Wunsch nach Realisierung eines tatsächlichen, direkten sexuellen Kontakts mit einem Kind verstärkt, kann nach gegenwärtigem Stand der

289 Volbert, 2005.
290 Für einen Überblick s. Goldbeck, Allroggen, Münzer, Rassenhofer & Fegert, 2017.
291 Witte, 2020.
292 Deutsches Institut für Medizinische Dokumentation und Information, 2018.
293 Berner, Hill, Briken & Kraus, 2004.
294 Beier, Schäfer, Goecker, Neutze & Ahlers, 2006.

Forschung nicht endgültig beurteilt werden. Ein etwaiger Rückschluss vom Konsum solcher Missbrauchsabbildungen auf tatsächliche pädophile bzw. inzestuöse Handlungen einer Person ist daher nicht möglich; die Nutzung stellt jedoch einen Hinweis auf das Vorliegen einer pädophilen Neigung dar und ist zumindest mit einem erhöhten Risiko für eigenes übergriffiges Verhalten verbunden.[295]

Sado-masochistische Beziehungen beschränken sich nicht ausschließlich auf prä- 801
ferierte sexuelle Handlungen, sie bestimmen vielmehr das gesamte Beziehungsleben. Sie sind dadurch gekennzeichnet, dass sie Spiele und Inszenierungen praktizieren, bei denen ein Partner dem anderen ohne Grund Schmerz zufügt, wobei trotz klarer Absprachen eine Bedrohung vorhanden ist. Im Vordergrund stehen das Macht-Ohnmacht-Erleben und die Lust an Dominanz.[296] Bei der Neigung, in emotional bedeutsamen Beziehungen Macht und Unterwerfung bzw. Schmerz und Maßregelung als Bestimmungsmerkmale festzuschreiben, wird in der Fachliteratur vom Vorliegen einer Bindungsunsicherheit durch eigene familiäre Sozialisationserfahrungen ausgegangen. Eine emotionale Bindung wird unter Umständen vermieden und Nähe und Identifizierung mit dem Partner abgewehrt. Aggressive Impulse werden in sexuellen Handlungen ausgelebt. Die möglicherweise bestehenden Bindungs- und Beziehungsstörungen der Eltern können sich auch außerhalb eines sexuellen Kontextes negativ auf die Beziehung zu ihren Kindern auswirken. Der Bedarf für entsprechende psychotherapeutische Behandlung der Eltern sollte daher in der Begutachtung überprüft werden.

Die Möglichkeit, dass Kinder die sexuellen Handlungen ihrer Eltern oder ent- 802
sprechende Utensilien entdecken, nimmt mit zunehmendem Alter zu. Hier ist sensibel zu klären, inwieweit Kinder überhaupt in die sexuellen Vorlieben der Eltern eingeweiht bzw. darüber informiert werden sollten. Ein **verantwortlicher Umgang** mit der Sexualität sollte von allen mit Kindern zusammenlebenden Paaren erwartet werden.

Im Rahmen von Sorgerechtsentscheidungen bei **Trennung** wird gelegentlich von 803
einem Elternteil der Vorwurf des sexuellen Übergriffs durch den ehemaligen Partner oder durch neue Lebensgefährten auf ein Kind erhoben. Dies entspringt mitunter der Sorge eines Elternteils wegen veränderter Verhaltensweisen des Kindes, die in sexueller Hinsicht interpretiert werden. So werden unklare Äußerungen eines Kindes vom besorgten Elternteil einseitig hinsichtlich sexueller Übergriffe hinterfragt und können zur Konfabulierung führen. Neben dem bewussten Wunsch nach Schädigung des anderen Elternteils kann eine ernsthafte Besorgnis bestehen, insbesondere wenn es in der Biografie eines Elternteils entsprechend negative Vorerfahrungen gegeben hat, die auf das Kind übertragen werden.

295 Wallner, 2015.
296 Sigusch, 2005.

804 Auch wenn bisher kaum repräsentative Daten vorliegen, ist davon auszugehen, dass in Trennungssituationen der Verdacht des sexuellen Missbrauchs häufiger ausgesprochen wird als in anderen Lebensumständen (Schätzungen zufolge etwa in 2–4 % der gerichtsanhängigen Trennungen). Dabei handelt es sich häufig nur um vage **Verdachtsäußerungen**. Diese richten sich überwiegend gegen den Vater, gefolgt von anderen männlichen Bezugspersonen des Kindes, und nur selten gegen die Mutter. Ein großer Anteil dieser Missbrauchsvorwürfe bestätigt sich nachfolgend nicht, ohne dass es sich dabei um eine bewusste Falschanschuldigung handelt. Die von Kindern als Reaktion auf elterliche Streitigkeiten und Trennung häufig gezeigten Entwicklungsrückschritte und Verhaltensauffälligkeiten (wie Bettnässen, Alpträume, Gereiztheit) werden häufig fehlinterpretiert. Etwa zwei Drittel der Anschuldigungen werden von den beteiligten Fachpersonen (Richter, Jugendamtsmitarbeiter, Sachverständige) als ungerechtfertigt oder zweifelhaft eingeschätzt. Die möglichen Folgen einer Falschbezichtigung beziehen sich vor allem auf die Beeinträchtigung der Eltern-Kind-Beziehung, auf der Ebene des beschuldigten Elternteils auch auf Stigmatisierung und soziale Folgen. Die Empfehlung der Wissenschaftler geht dahin, möglichst frühzeitig durch kompetente Fachpersonen und zuverlässige Methodik eine Abklärung durchzuführen.[297]

805 Ein im Raum stehender Vorwurf des innerfamiliären Missbrauchs hat nicht nur weitreichende Folgen für den beschuldigten Elternteil, sondern stellt auch einen Risikofaktor für die psychosexuelle Entwicklung des Kindes dar. Neben der veränderten Familiensituation nach der elterlichen Trennung wird das betroffene Kind mit weiteren Belastungen konfrontiert, wenn es den Verlust des beschuldigten Elternteiles erlebt und nun das Bild einer möglicherweise zuvor unbelastet geliebten Bezugsperson negativ besetzt wird.[298] Man spricht von einer **sekundären Viktimisierung**, die das Kind durch die Folgen des erhobenen Vorwurfs erleiden kann. Langfristig wird nicht nur die Beziehung zu dem beschuldigten Elternteil belastet; auch die psychosexuelle Entwicklung eines Kindes kann beeinträchtigt werden. Der Verdacht, hinsichtlich der eigenen sexuellen Integrität und Selbstbestimmung verletzt worden zu sein, kann unbewusst spätestens ab der Pubertät zu Selbstbild- und Beziehungsproblemen führen und sich langfristig negativ auf die sexuelle Identität auswirken.

5. Familienpsychologische Begutachtung bei Misshandlung, Vernachlässigung und Missbrauch

806 In den meisten Fällen liegen bereits vor Beauftragung familienpsychologischer Sachverständiger **Hinweise** auf die Gefährdung eines Kindes in der Familie vor.

297 Busse, Steller & Volbert, 2000.
298 Schade, 1996.

Aufgabe der Sachverständigen ist es dann, einerseits Ausmaß und Folgen der bereits stattgefundenen Schädigung einzuschätzen. Andererseits sollten sie eine Aussage über die Prognose treffen, dh die Wahrscheinlichkeit, mit der die betroffenen Kinder weiterhin in der Familie noxischen Bedingungen ausgesetzt sein werden. Richter erwarten zudem Empfehlungen, durch welche Maßnahmen die in der Familie bestehenden Risikofaktoren gemildert oder eingestellt werden können und die Erziehungsfähigkeit der Eltern sich verbessern lässt.

Das **Vorgehen** von familienpsychologischen Sachverständigen sollte zunächst 807
eine möglichst objektive Datensammlung sein, die sich auf unterschiedliche Ebenen bezieht (Risikofaktoren beim Kind, bei den Eltern, in der Interaktion, bezüglich Umweltfaktoren) und multidisziplinäre Quellen beinhaltet. Erst im nächsten Schritt sollte eine Bewertung der erhobenen Daten erfolgen, an die sich die Erstellung der Prognose anschließt.[299]

Für den deutschsprachigen Bereich liegen bisher keine ausreichend empirisch 808
abgesicherten und standardisierten Screening- und **Diagnoseverfahren** oder Leitlinien für Vorgehensweisen bei der Begutachtung von Kindeswohlgefährdungen vor, obwohl eine Reihe qualitativ geprüfter Teilverfahren im Einsatz ist. Erste Instrumente orientieren sich an der aktuarischen (dh mit empirisch ermittelten statistischen Bewertungen) Vorgehensweise aus der kriminalprognostischen Untersuchung und versuchen, Risiko- und Schutzfaktoren zu gewichten.[300] Eine solche Prognoseeinschätzung bezieht sich aber mit ausreichender Zuverlässigkeit nur auf Probanden, die bereits beispielsweise durch Gewalt oder Sexualdelikte auffällig geworden sind.[301] Eine rein intuitive Vorgehensweise von Sachverständigen ist wissenschaftlich nicht haltbar.

Bei der Begutachtung sollte zunächst geprüft werden, inwieweit die **grundlegen-** 809
den Bedürfnisse der betroffenen Kinder bezüglich Pflege und Versorgung, Bindung, Erziehung und Förderung in der Familie befriedigt werden. Weiter sollten bindungsrelevante Aspekte der Kinderbetreuung erfragt werden (beispielsweise Betreuung durch ungeeignete Personen). Das Verhalten des Kindes in bindungsrelevanten Situationen und das Fürsorgeverhalten der Eltern sollte beobachtet werden. Weiter sollten Ansichten der Eltern über das Kind und die Elternrolle erfragt werden. Die Lebensgeschichte der Eltern, insbesondere im Hinblick auf eigene Bindungserfahrungen und weitere Risikofaktoren sollte erfasst werden. Die Reaktionen der Eltern auf angebotene oder bereits durchgeführte Interventionen müssen erhoben werden.[302] Entscheidend ist aus Sicht psychologischer Sachverständiger die Frage, ob der Elternteil sein Verhalten kontrollieren kann,

299 Rohmann, 2008.
300 Schütt & Zumbach, 2019.
301 Rettenberger, 2020.
302 Kindler, 2008.

ob er Beratung oder Therapie in Anspruch nimmt sowie ob eine Komorbidität mit psychischen Störungen oder eine ausgeprägte Persönlichkeitsakzentuierung vorliegt.

810 In der **Untersuchung der Kinder** stehen eine Reihe von Verfahren zur Verfügung, die vor allem die Folgen der erlebten Gewalt erfassen und für die Therapieempfehlung von Sachverständigen hilfreich sein können.[303] Insbesondere die Erfassung einer desorganisierten Bindung sollte multimethodal erfolgen.[304]

811 Für Sachverständige kann gerade in **Sorgerechtsverfahren** von Belang sein, inwieweit Eltern von sich aus einräumen, ihre Kinder mäßig zu bestrafen oder in einzelnen Situationen die notwendige Geduld verloren zu haben.[305] Im Erziehungsalltag ist es wichtig zu betrachten, inwiefern Bestrafungen auf Seiten der Eltern in ein Erziehungskonzept eingebaut sind und als fester Bestandteil im Umgang mit dem Kind gelten, um dessen Verhalten zu beeinflussen. Es muss erfragt werden, ob körperliche Bestrafung – auch milde und leichte – eine regelmäßige Disziplinierungsmaßnahme darstellt und inwieweit dieses Elternverhalten mit einer Demütigung des Kindes verbunden ist. Des Weiteren muss das allgemeine Familienklima betrachtet werden. Der Sachverständige muss einschätzen, ob trotz leichter körperlicher Bestrafungen eine allgemeine erzieherische Kompetenz mit Fürsorge und emotionaler Zuwendung vorherrscht. Hier ist die grundsätzliche Erziehungshaltung und -einstellung der Eltern von Belang (Rn. 161 ff.). Der Einsatz von systematischer Gewalt gegenüber Kindern gilt für psychologische Sachverständige als klarer Indikator für Einschränkungen der Erziehungsfähigkeit, bis hin zu deren Aufhebung.

812 Aufgabe der **Rechtsmedizin**, die im Verdachtsfall Verletzungen bei Kindern auf fragliche Misshandlungsfolgen untersucht, ist die Abgrenzung zwischen Misshandlungsformen und Folgen eines akzidentellen Traumas, wofür Art, Ausprägung und Lokalisation der Verletzungen analysiert werden.

813 Eltern, die ihre Kinder sexuell missbrauchen oder einen Missbrauch durch Dritte zulassen, sind ungeachtet der zugrunde liegenden Störung ebenfalls in ihrer grundlegenden **Erziehungsfähigkeit** so schwer gestört, dass eine Betreuung der Kinder durch sie nicht mehr möglich ist. So erleben sie sich als Einzelgänger, haben ein negatives Selbstbild, interpretieren zwischenmenschliche Signale als feindselig, leiden an innerer Unruhe und mangelnden empathischen Fähigkeiten. Diese psychopathologischen Besonderheiten heben auch ohne stattgefundenen sexuellen Missbrauch ihre Fähigkeit zur Beziehungsgestaltung und Versorgung des Kindes auf.[306]

303 Für einen Überblick s. Rassenhofer et al., 2020.
304 Kliewer-Neumann et al., 2018.
305 Rohmann, 2004 b.
306 Deegener, 1995.

Liegen keine eindeutigen medizinischen Befunde vor, wie es häufig der Fall ist, kann der einzig verlässliche Hinweis auf sexuell übergriffige Handlungen in den spontanen Äußerungen eines Kindes liegen, die im Rahmen einer **aussagepsychologischen** Begutachtung oder geschulten Befragung wiederholt werden. Bei der Abklärung eines Missbrauchsverdachts sollte sowohl die Möglichkeit einer falsch positiven als auch einer falsch negativen Beurteilung in Betracht gezogen werden.[307] 814

Nicht in jedem Fall, in dem es zu einer Gefährdung des Kindes durch die Eltern kommt, ist von einer negativen **Prognose** auszugehen. Insbesondere wenn die Eltern hoch motiviert sind, ihr Verhalten zu ändern, die Verantwortung für vergangene Probleme übernehmen, aktiv Hilfe suchen, konstruktiv auf Interventionen reagieren, Veränderungen zuverlässig internalisieren und in der Lage sind, unterstützende Beziehungen zu etablieren und zu halten, kann eine positive Prognose angenommen werden.[308] In der familienpsychologischen Begutachtung müssen entsprechend bestehende Risikofaktoren und Ressourcen der Familie einander gegenüber gestellt werden. Dabei ist zu berücksichtigen, dass das primäre Augenmerk auf dem umfassenden Schutz der betroffenen Kinder vor weiteren Traumata liegen muss. 815

Gewalt gegen Kinder ist in sämtlichen Erscheinungsformen ein **multifaktoriell** bedingtes Phänomen, das sich im Einzelfall aus einem Zusammenwirken von risikoerhöhenden Faktoren einerseits und risikosenkenden, kompensatorischen Schutzfaktoren anderseits ergibt. Psychologische Sachverständige müssen aus dieser Abwägung eine Prognose hinsichtlich einer zu erwartenden Schädigung der betroffenen Kinder bei Fortbestehen der noxischen Betreuungsbedingungen ableiten. 816

6. Interventionen bei Misshandlung, Vernachlässigung und Missbrauch

Interventionen im Zusammenhang mit Gewalt gegen Kinder können sowohl einem Trauma vorbeugen als auch darauf abzielen, die Folgen davon abzumildern. 817

Der erste Interventionsansatz muss auf der **Prävention** liegen. Das beinhaltet die frühzeitige Erkennung gewaltbelasteter Familien durch das Jugendamt oder andere beteiligte Fachpersonen. Bei bereits als belastet bekannten Familien oder Meldungen durch Drittpersonen sollten idealerweise schon während der Schwangerschaft sogenannte „Frühe Hilfen" greifen, die den Eltern Unterstützung im Bereich der Gesundheitsfürsorge und Elternbildung vermitteln. Auf breiter Basis bewährt hat sich beispielsweise das Erlernen gewaltfreier Konfliktlösungen in Kindergarten und Schule. 818

307 Volbert & Kuhle, 2019.
308 Ziegenhain, 2006.

819 Für die Unterstützung von Familien mit hoher Risikobelastung wurden Programme entwickelt, durch die Eltern angeleitet werden, entwicklungsförderliche und bestärkende anstatt bestrafende **Erziehungsstrategien** einzusetzen.[309] Bei schwerer Vernachlässigung ist von einer längeren Dauer der Maßnahmen auszugehen, um die Wirksamkeit sicherzustellen.[310]

820 Auch bezüglich **sexuellen Missbrauchs** gibt es Präventionsprogramme, die sich an potenzielle Täter oder an potenzielle Opfer wenden.[311] Hierzu gehört auf der einfachsten Ebene eine angemessene Sexualaufklärung und die Verbreitung von Informationen an Kinder, wohin sie sich mit Ängsten wenden können, ohne Konsequenzen befürchten zu müssen (beispielsweise Nottelefon oder Kinderschutzbund).

821 Durch ambulante, teilstationäre oder stationäre **Hilfen zur Erziehung** lassen sich die Auffälligkeiten der betroffenen Kinder um die Hälfte reduzieren und das psychosoziale Funktionsniveau erhöhen. Der Kompetenzerwerb auf der Kinderseite gilt auch nach Beendigung der Maßnahmen als relativ stabil. Die psychosozialen Belastungen in der Familie sind allerdings nicht genauso beeinflussbar: Bei nur ca. 14 % der Familien konnte das Belastungsniveau durch ambulante Hilfen dauerhaft gesenkt werden. Belastete Familiensysteme können durch ambulante Unterstützung zwar etwas stabilisiert werden. Sie tendieren aber dazu, sich bei Wegfall der Intervention zum großen Teil erneut zu destabilisieren. Das soziale System scheint demnach nur schwer nachhaltig beeinflussbar zu sein. Als Ziel der Hilfen sollte daher im Vordergrund stehen, das Kind so weit zu stärken, dass es auch im weiterhin belastenden Umfeld gut zurechtkommt und sich entwickeln kann.[312]

822 Bei **Kleinkindern** kann aufgrund ihres höheren Betreuungsbedarfs und einer gleichzeitig erhöhten Vulnerabilität ein abrupter Umbruch von einer latenten Gefährdung bis zur akuten Lebensgefahr eintreten. Als therapeutische Interventionsmethoden bestehen Trainingsangebote zur Feinfühligkeit, zum sicheren Bindungsaufbau und zur Eltern-Kind-Interaktion (→ Rn. 638 ff.), die von Erziehungsberatungsstellen und freien Trägern angeboten werden. Hier kann neben der Vermittlung von Basiswissen zur kindlichen Entwicklung eine videounterstützte Interaktionsanalyse zur Förderung der Perspektivenübernahme durchgeführt werden. Auch psychotherapeutische Interventionen wie die Eltern-Säuglings-Kleinkind-Psychotherapie sollen dabei helfen, eine tragfähige Eltern-Kind-Beziehung aufzubauen und die vorhandenen kindlichen und elterlichen Kompetenzen zu stärken.[313]

309 Überblick bei Cierpka, 2005.
310 Engfer, 2005 a.
311 Überblick zB bei Lohaus & Trautner, 2005.
312 Hohm & Petermann, 2000; Schmidt et al., 2000.
313 Ludwig-Körner, 2016.

Ist es in geringerem Ausmaß zum Einsatz von Gewalt in der Erziehung gekommen, wird zumindest eine **ambulante Unterstützung** der Familie durch aufsuchende Maßnahmen wie eine Familienhebamme, Kinderkrankenschwester und/oder eine Sozialpädagogische Familienhilfe notwendig. Die Entlastung der Eltern durch den Einsatz einer Tagesmutter oder die Inanspruchnahme einer Kinderkrippe ist ebenfalls zu bedenken. Dabei sollten stets die entwicklungsbedingten Bedürfnisse des Kindes und dessen Förderungs- und Therapiebedarf im Auge behalten und sichergestellt werden. Das erzieherische Repertoire der Eltern sollte im Rahmen von Elterntrainings wie beispielsweise „Starke Eltern – starke Kinder“ (Kinderschutzbund) um konstruktive Möglichkeiten zur Grenzsetzung und Lenkung der Kinder erweitert werden. 823

Kann ein Kind nach Gewalterfahrungen aufgrund einer geringen Wiederholungsgefahr in der Familie verbleiben, ist der Aufbau eines schützenden und unterstützenden **sozialen Netzwerks** notwendig. Einerseits sollte dieses beratend-therapeutisch im Familienkontext präsent sein, andererseits sollten wirtschaftlich-materielle Ressourcen sichergestellt werden. Eine sozialpädagogische Familienhilfe oder eine gesetzliche Vormundschaft kann beispielsweise bei der Suche nach neuem Wohnraum, rechtlicher Beratung, Schuldenabbau oder Behördenangelegenheiten unterstützen. Im Vordergrund sollte stehen, dass familiäre Belastungen, Konflikte und Krisen bewältigt werden und eine positiv erlebte Familienzeit entsteht. Der Kontakt zu anderen Familien und der Austausch mit diesen werden als wesentliche Faktoren gegen die soziale Isolation angesehen.[314] 824

Der ständige Austausch und eine gute **Vernetzung** der involvierten Fachpersonen (auch mit Kinderarzt, Kindertagesstätten oder Schulen) ist zum Schutz der betroffenen Kinder notwendig.[315] Fachstellen müssen auch den spezifischen Bedürfnissen von Kindern mit Migrationshintergrund gerecht werden, beispielsweise durch Sprachkenntnisse und das Hinzuziehen von Kulturvermittlern.[316] Der Zugang der einzelnen Familien zu individuell auf sie zugeschnittenen Hilfsangeboten erfordert sowohl eine multiprofessionelle Hilfeplanung als auch fallbezogen eine engmaschige Kooperation.[317] Im Rahmen einer lösungsorientierten Begutachtung kann ein Sachverständiger auch als Fallmanager tätig werden. 825

Leben Eltern getrennt und der gewaltausübende Elternteil ist nicht die Hauptbetreuungsperson, kann ein **Näherungsverbot**, die Aufnahme beispielsweise in eine Mutter-Kind-Einrichtung oder die Fremdunterbringung des Kindes erfolgen. Dem kann im Bedarfsfall eine Aufnahme in eine Kinderklinik oder ein Sozial- 826

314 Wölk, 2013.
315 Schader, 2012.
316 Weingraber & Stein, 2020.
317 Sekler, 2020.

pädiatrisches Zentrum vorausgehen, um die Ausgangslage des betroffenen Kindes umfassend zu diagnostizieren.

827 Für Eltern mit erhöhter Gewaltbereitschaft stehen gezielte psychotherapeutische Einzel- und **Gruppenangebote** wie das Anti-Aggressionstraining zur Verfügung, um funktionale Strategien für den Umgang mit Stress und Konflikten zu erlernen. Auch für Personen, die befürchten pädophil zu sein, gibt es anonymisierte Therapieangebote. In einer Psychotherapie sollten sie sich mit der eigenen Sozialisation, Erziehungshaltung und Beziehungsgestaltung auseinandersetzen. Die Notwendigkeit einer fachärztlichen psychiatrischen Behandlung ist dann gegeben, wenn weitere psychopathologische Symptome vorliegen.

828 Die Fortsetzung ambulanter Hilfen bis zu ihrem endgültigen **Scheitern**, dh ohne nach einer angemessenen Zeitspanne eine tatsächliche Verbesserung der Versorgung der Kinder zu bewirken, ist weder im Interesse der Kinder noch in dem der Eltern.[318] Für Kinder geht durch eine forcierte Aufrechterhaltung schädlicher Betreuungsbedingungen möglicherweise kostbare Zeit verloren. Die Wahrscheinlichkeit, dass irreversible Schäden daraus resultieren, steigt mit der Dauer der Exposition (→ Rn. 768 ff.).

829 Ambulante Maßnahmen geraten an ihre **Grenzen**, wenn es trotz der Angebote weiterhin zu Gewalt gegen ein Kind kommt und dadurch der Schutz des Kindes durch die eingesetzten Fachkräfte nicht mehr gewährleistet werden kann, oder die Bezugspersonen dauerhaft nicht bereit sind, die Hilfen anzunehmen und umzusetzen. Können Eltern nachweislich nicht von den angebotenen ambulanten Maßnahmen profitieren und ein unbeschadetes Heranwachsen ihrer Kinder garantieren, oder ist die erhebliche Gefährdung eines Kindes durch die Gewalt eines Elternteils eingetreten, muss das Kind zu seinem Schutz aus dem gewaltbelasteten Familiensystem herausgenommen werden. Das Kind muss in diesem Fall durch ein Angebot zum Aufbau von tragfähigen und sicheren Beziehungen stabilisiert, in der Bewältigung der traumatisierenden Erlebnisse unterstützt und durch eine sichere soziale Umgebung entlastet werden.[319] Inwiefern es hilfreich oder kontraindiziert ist, Geschwisterkinder gemeinsam in einer Einrichtung oder Pflegefamilie unterzubringen, muss von der individuellen Familiendynamik abhängig gemacht werden. Sie können füreinander eine Halt gebende Ressource sein, aber auch verstärkt rivalisieren, und stehen einander häufig hoch ambivalent gegenüber.[320]

830 Bei der Stärkung der kindlichen **Resilienzfaktoren** stehen die Reduzierung von negativen Folgen der belastenden Sozialisation, der Aufbau und die Aufrechterhaltung von Selbstachtung sowie die Schaffung von günstigen Rahmenbedin-

318 Köckeritz, 2017.
319 Niestroj, 2005.
320 Reimer, 2020.

gungen in Erziehung und außerfamiliären Betreuungseinrichtungen (Tagesstätte, Schule) im Vordergrund. Wichtiges Ziel einer Kinderpsychotherapie stellt die Verbesserung der Wahrnehmungsfähigkeit für das eigene Befinden und damit verbunden der Empathiefähigkeit gegenüber anderen dar.[321]

In Bezug auf **Umgangskontakte** eines traumatisierten Kindes mit seinem Gewalt 831
ausübenden Elternteil ist darauf zu achten, das keine angstauslösenden oder überwältigenden Gefühle beim Kind reaktiviert werden, die zu einer Retraumatisierung führen können[322] (→ Rn. 774 ff). Bei innerfamiliärem sexuellem Missbrauch sollte Umgang des Kindes mit dem Täter ausgeschlossen werden, bis das Kind von sich aus den Wunsch danach äußert und sich dadurch nach Rücksprache mit dem behandelnden Kinderpsychotherapeuten keine gravierende Gefährdung des psychischen Gleichgewichts ergibt.

Je kürzer die Fremdbetreuung war, desto höher ist nach der **Rückführung** eines 832
vormals in der Familie misshandelten Kindes zu den Eltern das erneute Misshandlungsrisiko.[323]

Langzeituntersuchungen kamen zu dem Ergebnis, dass ein hoher Prozentsatz 833
der Kinder, die in **Pflegefamilien** untergebracht wurden, im Verlauf ihrer Unterbringung den Kontakt zu ihrer Herkunftsfamilie mehr oder weniger verliert; dies ist insbesondere in Bezug auf den Vater der Fall.[324] Ein großer Anteil der Kinder, die in Pflegefamilien aufwuchsen, konnte sich emotional und schulisch stabilisieren, sobald sie sich auf die Fremdunterbringung eingelassen hatten.[325] Gleichzeitig ist es eine wesentliche Aufgabe von Pflegefamilien, die Kinder vor Loyalitätskonflikten zwischen dem „alten" und dem „neuen" Familiensystem zu bewahren. Unter Umständen benötigen diese hierbei ebenfalls Beratung.[326] Die Unterbringung von Kindern in Heimen führt meist zu einer Verbesserung ihrer Lebensqualität und sozialen Kompetenzen, unabhängig vom Grund der Fremdbetreuung.[327] Gelingt es, das Einverständnis der Eltern mit einer Fremdbetreuung zu erzielen, besteht für die Kinder dabei eine konstruktivere und transparentere Ausgangslage.[328]

Im Falle einer Fremdbetreuung stellt sich für psychologische Sachverständige die 834
Frage nach der **Rückführung** der Kinder und dem hierfür passenden Zeitpunkt. Gegen eine Rückführung sprechen massive Misshandlung und Vernachlässigung des Kindes durch die Eltern in der Vergangenheit sowie drohende Misshandlung in der Zukunft. Anhaltend defizitäre Erziehungsfähigkeit der Eltern, eine des-

321 Du Bois, 2013.
322 Nienstedt & Westermann, 2013.
323 Jonson-Reid, 2003.
324 Kindler, 2005.
325 Berridge, 2017.
326 Conen, 2019.
327 Rau et al., 2020.
328 Faltermeier, 2020.

organisierte Bindung des Kindes gegenüber den Eltern, ausgeprägte Angst des Kindes im Zusammenhang mit dem Rückführungsantrag der Eltern, eine emotionale Verankerung des Kindes im Umfeld der Pflegefamilie, häufige Wechsel der Bezugspersonen in der familiären Vorgeschichte und entsprechende Willensäußerungen des Kindes sind weitere Gründe gegen eine Rückführung. Die Dauer des Pflegeverhältnisses allein sollte allerdings kein Argument für seine Aufrechterhaltung sein, die Qualität der dort bestehenden Bindungen und der Versorgung eines Kindes sollte ebenfalls in die Überlegungen einbezogen werden.[329]

835 Als Argumente für eine Rückführung gelten eine während der Fremdplatzierung aufrechterhaltene emotional positive Beziehung des Kindes zu den Eltern, persönliche **Ressourcen** und Stressresistenz des Kindes sowie[330] die wiedererlangte Erziehungsfähigkeit der leiblichen Eltern.

H. Sonstige Faktoren, die zu Einschränkungen der Erziehungsfähigkeit führen können

1. Intelligenzminderung

836 Frau L und Herr M haben sich in einem Langzeit-Betreuten Wohnen für Menschen mit geistiger Behinderung kennengelernt. Es kommt mehrfach zu unerwünschten Schwangerschaften, da es Beiden nicht gelingt, ausreichend zuverlässig mit Verhütungsmitteln umzugehen. Die Kinder werden jeweils unmittelbar nach der Entbindung in Fremdbetreuung gegeben. Frau L ist verzweifelt, als sie von der erneuten Schwangerschaft erfährt. Sie möchte keine weiteren Kinder mehr bekommen. Es findet sich aber kein Arzt, der zur Durchführung eines Schwangerschaftsabbruchs oder einer Sterilisierung bereit ist, da sie als nicht geschäftsfähig gilt, noch jung und unverheiratet ist.

837 Die **Anzahl der Familien,** in denen mindestens ein Elternteil eine intellektuelle Beeinträchtigung aufweist, dürfte etwa bei 1–2 % der Bevölkerung liegen. Hierbei handelt es sich mehrheitlich um Erwachsene mit leichter intellektueller Beeinträchtigung.[331]

838 Bei einer **Intelligenzminderung** handelt es sich um eine retardierte Entwicklung der geistigen Fähigkeiten wie der Kognitionen, der Sprache, der motorischen oder sozialen Fertigkeiten. Damit einher gehen Einschränkungen der Aufmerksamkeit und des Gedächtnisses. Drei- bis viermal häufiger als die übrige Bevölkerung erkranken Menschen mit einer Intelligenzminderung an psychischen Erkrankungen. Zudem liegt ein deutlich erhöhtes Risiko vor, Opfer von körperlicher oder sexueller Gewalt zu werden.[332]

329 Conen, 2019.
330 Kindler, Lillig & Küfner, 2006.
331 Kindler, 2006 b.
332 Sarimski & Steinhausen, 2008.

Neben der psychometrisch messbaren Intelligenz (IQ-Wert) entscheiden das Anpassungsverhalten und mögliche klinische Symptome über die **diagnostische** Zuordnung zu einer leichten, mittelgradigen oder schweren Intelligenzminderung.[333] 839

Menschen mit einer **leichten Intelligenzminderung** sind in der Selbstversorgung 840 meist unabhängig, wenn auch verlangsamt. Es bestehen hauptsächlich schulische und berufliche Probleme. Liegen zusätzliche emotionale und soziale Reifeprobleme vor, können davon betroffene Eltern in der Erziehung von Kindern beeinträchtigt sein.

Bei Menschen mit **mittelgradiger Intelligenzminderung** ist insbesondere der 841 Spracherwerb betroffen, auch liegen im Bereich der Selbstversorgung und der motorischen Fertigkeiten Defizite vor. Spezifische Lernprogramme können den Erwerb von Kulturfertigkeiten in begrenztem Maß unterstützen. Die Bewältigung des Tagesablaufs erfordert eine klare Strukturierung und unter Umständen eine Beaufsichtigung. Ein vollständig unabhängiges Leben wird selten erreicht. Parallel dazu besteht häufig eine tiefgreifende Entwicklungsstörung oder Autismus.

Bei der **schweren Intelligenzminderung** liegen ausgeprägte motorische Schwächen 842 vor, meist in Zusammenhang mit einer Schädigung oder Fehlentwicklung des Zentralnervensystems, bis hin zur Immobilisierung. Eine sprachliche Verständigung ist nahezu nicht mehr möglich, ständige Hilfe und Überwachung ist notwendig. Betroffene haben äußerst selten Kinder und sind in ihrer Erziehungsfähigkeit grundlegend eingeschränkt.

Die **Erziehungsfähigkeit** ist je nach Schweregrad der Behinderung eingeschränkt 843 bis aufgehoben. Generell ist die Erziehungsfähigkeit von Eltern mit Intelligenzminderung in gleicher Weise eingeschränkt wie ihre Selbstfürsorge und Geschäftsfähigkeit. Häufig bestehen ein erhöhter Hilfe- und Unterstützungsbedarf und die Teilnahme am sozialen Leben ist erschwert. Das Ausmaß der Beeinträchtigungen auf den verschiedenen Ebenen sollte von familienpsychologischen Sachverständigen differenziert erhoben werden.[334]

Eltern mit Intelligenzminderung dürfen **nicht pauschal** als erziehungsunfähig 844 angesehen werden. In der familienpsychologischen Begutachtung muss genau untersucht werden, welche tatsächlichen Auswirkungen die Einschränkungen auf die Versorgung der Kinder haben und gegebenenfalls durch welche unterstützenden Maßnahmen diese ausgeglichen werden können. Der Erfassung von im familiären Umfeld bestehenden Ressourcen kommt hier eine besondere Bedeutung zu.

333 Deutsches Institut für Medizinische Dokumentation und Information, 2018.
334 Zur Klassifikation s. Deutsches Institut für Medizinische Dokumentation und Information, 2020.

845 Eine Intelligenzminderung kann des Weiteren mit Einschränkungen der Erziehungsfähigkeit einhergehen, wenn die Eltern nicht in der Lage sind, die Beziehung den Bedürfnissen des Kindes gemäß zu gestalten. Ein wesentlicher Aspekt ist hier die **Einfühlungsfähigkeit** des betreffenden Elternteils in die kindlichen Wünsche und Bedürfnisse als unerlässliche Voraussetzung, diese realitätsgerecht einzuschätzen und zu erfüllen. Dazu muss der Elternteil die kindlichen Fähigkeiten und Potenziale kennen und über die kindliche Entwicklung zumindest rudimentär informiert sein. Bei geistig behinderten Müttern wurde ein klarer Zusammenhang zwischen ihrer Intelligenz und Feinfühligkeit in didaktischen, nicht jedoch in emotionalen Situationen festgestellt.[335]

846 Liegt im Rahmen der elterlichen Behinderung eine erhöhte **Affektlabilität** oder Impulsivität vor, steht dies in der Regel einer kompetenten Elternschaft entgegen. Ebenso kann sich das gleichzeitige Vorliegen einer psychischen Störung entsprechend einschränkend auf die Erziehungsfähigkeit auswirken. Eine psychotherapeutische Behandlung von Menschen mit geistiger Behinderung erfordert zwar von den behandelnden Therapeuten zusätzliche Kompetenzen, ist jedoch bei Vorliegen einer psychischen Erkrankung notwendig und zielführend.[336]

847 **Kinder** von Eltern mit Intelligenzminderung weisen häufig Entwicklungsverzögerungen und intellektuelle Beeinträchtigungen auf, wobei diese auch genetisch bedingt sein können. Die Interaktion zwischen Eltern und Kind kann – auch aufgrund von Einschränkungen in der sprachlichen Kommunikation – belastet sein. Es werden vermehrt Verhaltensauffälligkeiten dieser Kinder beobachtet, was zum Teil auf die wahrgenommene soziale Stigmatisierung zurückzuführen sein dürfte. Als Gefährdung im Erziehungsalltag sind insbesondere Vernachlässigung und ein unzureichender Schutz vor Gefahren zu nennen.

848 Es ist wichtig zu beachten, dass mit zunehmendem Alter der Kinder von Eltern mit intellektuellen Einschränkungen ein **Anstieg** der familiären Problembelastung zu erwarten ist, vor allem, wenn sich die intellektuellen Fähigkeiten zwischen dem betroffenen Elternteil und dem Kind nivellieren oder das Kind seinen Eltern intellektuell überlegen ist. Dies kann zu Konflikten und/oder zunehmender Verantwortungsübernahme des Kindes, also zu einer Rollenumkehr in der Eltern-Kind-Beziehung.

849 **Ambulante Hilfen** für Eltern mit intellektuellen Einschränkungen beziehen sich auf die Vermittlung von Erziehungsfertigkeiten im Bereich der Versorgung des Kindes, Verhütung von Unfällen, Gesundheitsfürsorge, kognitiver Förderung und Gefahrenabwehr. Es muss Sorge dafür getragen werden, dass Eltern in die Lage versetzt werden, kindliche Signale und Bedürfnisse adäquat wahrzunehmen

335 Rauh, 2008.
336 Janßen, 2018.

und zu befriedigen, den jeweiligen Entwicklungsstand und damit verbundene Fähigkeiten eines Kindes richtig einzuschätzen. Ebenso wichtig ist eine alltagsorientierte Unterstützung der Eltern, was beispielsweise die Partnerschafts-, Wohn- und Arbeitssituation sowie außerfamiliäre soziale Kontakte und finanzielle Bedürfnisse der Eltern mit einbezieht.[337] Für die Kinder werden außerfamiliäre Förderangebote notwendig, um deren geistige und soziale Entwicklung zu unterstützen. Angebote gibt es zum Beispiel durch die „Offene Behindertenarbeit" (OBA). Insbesondere bei normal intelligenten Kindern ist Wert auf eine intensive schulische Förderung zu legen, um die weiteren beruflichen Perspektiven möglichst positiv zu gestalten.

Eine umfassendere Form der Unterstützung bieten Angebote des **betreuten Wohnens** für Eltern mit intellektuellen Beeinträchtigungen. Diese sind aufgrund sozialrechtlicher Vorgaben zeitlich begrenzt. Daher gilt, dass betroffene Eltern über eine ausreichende Lernfähigkeit verfügen müssen, um so weit von den Interventionen zu profitieren, dass die Trainingsinhalte verstanden, verinnerlicht und im Alltag umgesetzt werden können. Prognostisch muss zu einem späteren Zeitpunkt eine Verselbständigung möglich sein. 850

Die **Kooperation** der Familie mit Drittpersonen stellt aus Sachverständigensicht beim Vorliegen von Intelligenzminderung eines oder beider Elternteile generell eine unabdingbare Voraussetzung für die Sicherung des Kindeswohls dar. Fachliche Empfehlungen werden dann auch langfristig umgesetzt, wenn Eltern über die notwendige Einsichtsfähigkeit in die Bedürfnisse und Belange und über eine realistische Einschätzung des Entwicklungstands ihrer Kinder und ihrer selbst verfügen. 851

Personen mit Intelligenzminderung sind mit den im Rahmen **gerichtlicher Auseinandersetzungen** an sie gestellten Anforderungen häufig überfordert. Die weiteren Verfahrensbeteiligten verfügen nur selten über die entsprechenden Kompetenzen, den Betroffenen innerhalb des gerichtlichen Umfeldes zielgerichtet Hilfestellung zu leisten. Bei der psychologischen Untersuchung oder gerichtlichen Befragung muss diesen individuellen kognitiven Einschränkungen Rechnung getragen werden.[338] So muss die Sprache vereinfacht, das Sprechtempo angepasst und die Dauer der Termine beschränkt werden. 852

2. Somatische Erkrankungen

Frau N bekommt in der ersten Schwangerschaft Brustkrebs. Auch bei der zweiten Schwangerschaft ist der Befund positiv. Sie entwickelt massive Ängste vor der Chemotherapie, kann die Kinder nur phasenweise versorgen und leidet darunter, dass ihr Mann die Kinder aus Überforderung schlecht behandelt. 853

337 Kindler, 2006 b.
338 Niehaus, Krüger & Schmitz, 2013.

854 Die **schwere körperliche Erkrankung** eines Elternteils greift auf vielfache Weise in die Eltern-Kind-Beziehung ein und kann die psychische und soziale Entwicklung eines Kindes erschweren oder nachhaltig schädigen. Kinder von körperlich kranken Eltern werden als Risikogruppe für die Entwicklung einer kinder- und jugendpsychiatrischen Erkrankung eingestuft.

855 Die **Auswirkungen** elterlicher körperlicher Erkrankungen auf Kinder hängen entscheidend von der Art der Erkrankung (akuter oder schleichender Beginn, kontinuierlicher oder rezidivierender Verlauf, gute oder schlechte Prognose) und deren Einfluss auf die elterliche Beziehungsfähigkeit zum Kind ab. Von zentraler Bedeutung ist hier auch der kognitive, emotionale und soziale Entwicklungsstand des Kindes und das Vorhandensein oder Fehlen protektiver Faktoren.

856 Eltern, die selbst schwer erkrankt sind, leiden oft unter einer Erschöpfung ihrer empathischen **Kompetenz** gegenüber ihren Kindern, können daher Signale der Not, die von Kindern ausgesendet werden, nicht immer wahrnehmen und neigen zur Unterschätzung der kindlichen Belastung. Häufig leiden sie aber auch unter Schuldgefühlen, weil sie ihren elterlichen Funktionen nicht mehr hinreichend nachkommen können.[339] Leiden sie unter chronischen Schmerzen, kommen weitere Folgen wie Schlaflosigkeit, Appetitlosigkeit, Erschöpfung, eine insgesamt stark reduzierte Belastungsfähigkeit und häufig auch Nebenwirkungen von Schmerzmitteln hinzu, die einen geregelten Alltag kaum noch erlauben. Aus der Neuropsychologie ist bekannt, dass die an einem höheren Schmerzempfinden beteiligten neurokognitiven Strukturen ebenfalls für eine erhöhte Empfindlichkeit gegenüber sozialem Distress und Zurückweisung verantwortlich sind, so dass beide Faktoren einander verstärken.[340] Dies wirkt sich auch auf die Qualität der familiären Interaktionen aus.

857 **Chronische** körperliche Erkrankungen, insbesondere wenn sie in Zusammenhang mit gravierenden Einschränkungen der Lebensqualität oder belastenden Symptomen stehen, können sich negativ auf die Erziehungsfähigkeit eines Elternteils auswirken, insbesondere auf dessen reale und emotionale Verfügbarkeit und Belastbarkeit.

858 Die **AIDS-Erkrankung** eines Elternteils prägt die entstehende familiäre Situation durch die mögliche infektiöse Übertragung, die Abwesenheit sichtbarer Symptome zu Beginn der Erkrankung sowie das Wissen um den bedrohlichen Verlauf. Häufig ist diese Krankheit mit schwierigen sozialen Verhältnissen oder anderen Belastungen wie Drogenabhängigkeit verbunden. Die Konfrontation mit lebensbedrohlichen Diagnosen, wie die einer HIV-Infektion, löst bei den Betroffenen Angst und Stress aus. Wie das Wissen um die eigene Erkrankung dann verar-

339 Romer et al., 2004.
340 Eisenberger et al, 2006.

beitet wird, hängt ua von der Ursachenzuschreibung sowie den allgemein zur Verfügung stehenden funktionalen und dysfunktionalen Bewältigungsstrategien eines Individuums ab. Des Weiteren sind die sozialen Folgen einer Erkrankung (Stigmatisierung oder soziale Isolation) von Bedeutung. Stehen ausreichend emotionale und soziale Ressourcen zur Verfügung, kann sich dies positiv auf das Immunsystem des Erkrankten und seine Ansprechbarkeit auf medikamentöse Behandlungen auswirken.[341]

Neben karzinogenen Stoffen oder einer genetischen Veranlagung wird für die Entstehung einer **Krebserkrankung** ein Zusammenhang mit psychischen Einflussfaktoren wie Stress, Depression, fehlende soziale Unterstützung oder bestimmte Persönlichkeitszüge angenommen.[342] Sie können durch risikobehaftete Lebensgewohnheiten wie Rauchen, Alkoholkonsum, eine ungesunde Ernährung, übermäßige Sonnenbestrahlung usw verstärkt werden.[343] Diese Lebensgewohnheiten können sich auch belastend auf die Betreuung von Kindern auswirken. Onkologische Erkrankungen unterscheiden sich in der Regel von anderen Krankheitsgruppen durch ihre ungewisse Verursachung, den langsamen und unsichtbaren Beginn sowie die lebensbedrohliche Dimension bei unklarer Prognose. Zudem kann sich das physische Erscheinungsbild des erkrankten Elternteils durch Strahlen- oder Chemotherapie bzw. durch vorgenommene chirurgische Eingriffe stark verändern. 859

Kinder krebskranker Eltern weisen häufiger psychische Belastungssymptome auf als Kinder einer Vergleichsgruppe. Dabei zeigen jugendliche Töchter krebskranker Mütter die meisten psychischen Auffälligkeiten, was möglicherweise darauf zurückzuführen ist, dass sie typischerweise wesentliche Anteile der mütterlichen Rolle in der Familie übernehmen. Dazu müssen sie sich positiv mit ihren Müttern identifizieren. Gleichzeitig ist es notwendig, dass sie sich von dem durch die Krebserkrankung geprägten Mutterbild lösen, so dass eine hohe innerpsychische Konfliktspannung entstehen kann.[344] 860

Erkrankungen des endokrinen Systems wie Schilddrüsenüberfunktion oder Diabetes können den Erziehungsalltag ebenfalls belasten. Zusätzlich zu den somatischen Symptomen treten Stimmungsschwankungen in Form von Affektlabilität, Reizbarkeit und Depression auf. Bedingt durch die Unruhe und Nervosität zeigt sich häufig eine agitierte Symptomatik. Dabei können sich emotionale Abgestumpftheit und um einen immer gleichbleibenden Themenkreis zirkulierende Gedanken zeigen, wobei starker körperlicher und emotionaler Stress erlebt wird, der nicht adäquat abgebaut werden kann. Daraus können sich ernsthafte Proble- 861

341 Kennedy, 2000.
342 Spiegel & Kato, 2000.
343 Larbig, Grulke & Revenstorf, 2000.
344 Deutsche Krebshilfe, 2013.

me entwickeln, die als psychische Störungen aufgrund einer Schädigung oder Funktionsstörung des Gehirns oder einer körperlichen Erkrankung beschrieben werden.[345] Bei Kindern von Eltern mit Diabetes wurden Tendenzen der Rationalisierung und Verleugnung gefunden, bei gleichzeitiger Angst, sie könnten auch eines Tages an Diabetes erkranken.

862 Wird ein Elternteil im Rahmen einer **Niereninsuffizienz** dialysepflichtig, ist die medizinische Behandlung langwierig und zeitaufwändig und die Lebensgestaltung kann deutlich eingeschränkt sein. Andererseits bestehen in der Regel sehr gute Chancen, dass die gesundheitliche Situation stabil bleibt, bis unter Umständen eine Nierentransplantation ermöglicht werden kann.

863 Kinder erleben die **Dialysepflicht** eines Elternteils in der Regel intensiv mit. In den vorhandenen Studien wurden bislang depressive und hypochondrische Symptome, Aufmerksamkeitsstörungen und Schulprobleme von Kindern dialysepflichtiger Eltern beschrieben. Betroffene Familien berichten über reduzierte soziale Kontakte und geringe Unterstützung von außen. Jüngere Kinder zeigen deutlich größere Schwierigkeiten bei der Bewältigung der Situation. Kommen die Eltern selbst gut mit ihrer Lebenssituation zurecht, korreliert dies auch mit einer guten psychosozialen Anpassung ihrer Kinder. Die aktive Beteiligung beim Dialysevorgang (zB Heimdialyse) wurde von Jugendlichen positiv erlebt.[346]

864 **Herzerkrankungen** eines Elternteils können bei chronischer Verlaufsform durch eine dauerhaft reduzierte Belastbarkeit oder durch dramatische Zuspitzungen wie bei Herzinfarkten gekennzeichnet sein. Nach Multiinfarktgeschehen und damit einhergehenden ischämischen Episoden im Gehirn entwickelt sich oft eine Form der vaskulären Demenz. Diese äußert sich zB durch Affektlabilität mit vorübergehend depressiver Stimmung, Beeinträchtigung der Denk- und Gedächtnisleistung, mögliche Persönlichkeitsveränderungen oder Zuspitzung früherer Persönlichkeitszüge wie Ich-Bezogenheit, paranoider Haltungen oder Reizbarkeit. Je nach betroffenen Hirnarealen wirkt sich eine Verletzung unterschiedlich aus. Im Frontalhirnbereich kann ein hirnorganisches Psychosyndrom auftreten, welches mit einer Störung der Handlungs- und Impulssteuerung, einem beeinträchtigten Realitätsbezug und einer veränderten moralisch/ethischen Orientierung einhergehen kann. Die Bewältigung der Alltagsaktivitäten kann eingeschränkt und mit Schwierigkeiten bei wenig strukturierten Aufgabenstellungen bzw. komplexen Anforderungen an die kognitive Leistungsfähigkeit verbunden sein. Dies kann sich im konkreten Erziehungsalltag nachhaltig auswirken, wenn flexible, dh der jeweiligen Situation angemessene Reaktionen notwendig sind oder Konflikte eine Diskussion mit den Kindern notwendig machen. Die Erziehungsfähigkeit eines

345 Deutsches Institut für Medizinische Information und Dokumentation, 2018.
346 Romer et al., 2006.

kardiovaskulär erkrankten Elternteils kann durch diese psychopathologische Begleitsymptomatik erheblich gemindert sein.

Bei **Kindern** von Eltern mit Herzerkrankungen findet sich eine übermäßige Besorgtheit bezüglich der eigenen körperlichen Unversehrtheit bis hin zu hypochondrischen Ängsten. Nach dem Herzinfarkt eines Elternteils reagieren besonders jüngere Kinder mit Irritationen. Nach Stabilisierung des Gesundheitszustands des Elternteils normalisiert sich das Familienleben meist rasch wieder.[347] 865

Eine chronische und in der Regel progredient verlaufende Erkrankung, die sich auf das gesamte Familienleben nachhaltig auswirken kann, liegt bei der **Multiplen Sklerose** vor. Neben sensomotorischen Störungen (Spasmen, Paresen, Bewegungsstörungen) können Hirnnerven Läsionen aufweisen, welche beispielsweise zu Beeinträchtigungen der Augenbewegungen, der Sprache, des Kauens oder Schluckens führen. Bei Störungen des autonomen Nervensystems kann es unter anderem zu einer erhöhten Ermüdbarkeit kommen. Die Multiple Sklerose kann zu einer Persönlichkeitsveränderung führen, die sich emotional instabil, rigide, unflexibel und primär an eigenen Bedürfnissen orientiert darstellt. Es werden kognitive Störungen bis hin zur Demenz, sowie affektive Störungen mit Depression, Minderung der Kritikfähigkeit und Euphorie beschrieben. 866

Der **Behinderungsgrad** gibt Hinweise auf die Auswirkungen der elterlichen Erkrankung an Multipler Sklerose auf die Betreuung der Kinder, wenn diese allein mit dem Erkrankten im Haushalt leben. Kinder von Eltern, die an Multipler Sklerose erkrankt sind, zeigen signifikant mehr Ängste und eine Tendenz zu Körperbildstörungen.[348] Die psychische Anpassung der Kinder hängt davon ab, inwieweit der erkrankte Elternteil fähig ist, durch einen bewussten Prozess der Trauer über seine Erkrankung zu gehen. Nachweislich trägt die Annahme der Erkrankung wesentlich zum Coping des Betroffenen bei und erleichtert auch die seelische Verarbeitung der chronischen Erkrankung für die Angehörigen. 867

Bei **Epilepsie** handelt es sich um eine neurologische Erkrankung des Gehirns, genauer um eine Funktionsstörung, bei der Nervenzellen unkontrolliert Impulse geben. Dabei können Stressoren wie Schlafentzug, psychische Belastungen und elektronische Überreizung einen Anfall auslösen. Während eines Anfalls ist mit einem erhöhten Unfall- und Verletzungsrisiko zu rechnen. Ein Anfall geht meist mit einer depressiven Phase bzw. ausgeprägten Stimmungslabilität einher. Die Häufigkeit der epileptischen Anfälle korrespondiert meist mit der psychischen Befindlichkeit. Als Nachwirkungen von Krampfanfällen ist körperliche Erschöpfung bekannt, die ein erhöhtes Schlafbedürfnis bedingt.[349] Ruhe und Rückzug sind notwendig, was sich mit der Betreuung zB eines Kleinkindes nicht verein- 868

347 Romer & Haagen, 2007.
348 Steck, 2002.
349 Mayer, 2010.

baren lässt. Eine medikamentös nicht ausreichend therapierte Epilepsie stellt besonders im Umgang mit und in der Betreuung von Kleinkindern eine Gefährdungssituation dar.

869 Obwohl in der Bundesrepublik Deutschland fast 8 % der Bevölkerung als schwerbehindert anerkannt sind, findet die Situation **körperbehinderter Eltern** kaum Niederschlag in der Literatur. Einzelne Arbeiten hierzu zeigen, dass sich körperlich behinderte Menschen gut in der Lage fühlen, Eltern zu werden und Kinder zu erziehen. Die Hypothese einer schlechteren psychosozialen Entwicklung von Kindern bspw. querschnittgelähmter Väter ließ sich empirisch nicht bestätigen. In Familien mit einem körperlich behinderten Elternteil können bestehende Defizite durch den gesunden Elternteil oder andere Bezugspersonen ausgeglichen werden.

870 In der Regel können **Hilfsmittel** Schwierigkeiten in der Bewältigung alltäglicher Aufgaben ausgleichen, es ist jedoch darauf zu achten, dass die Kinder nicht die Rolle des Pflegers oder Helfers übernehmen. Bei Kleinkindern kann die Gehbehinderung eines Elternteils eine Gefahrenabwendung verhindern oder erschweren.

871 Eine besondere **Verantwortungsübernahme** von heranwachsenden Kindern ist zu erwarten, wenn ein Elternteil blind, taubstumm oder in seiner Motorik eingeschränkt ist. Hilfe und Unterstützung zu geben, fördert einerseits die prosoziale Entwicklung von Kindern und macht sie sensibel für die Bedürfnisse ihrer Mitmenschen. Andererseits kann in der Adoleszenz in Zusammenhang mit zunehmenden sozialen Vergleichen die Behinderung eines Elternteils zu einer erlebten Benachteiligung führen und mit Scham besetzt sein. Dies kann zu einer aggressiven Abwendung von dem betroffenen Elternteil führen, die gleichzeitig mit hohen Schuldgefühlen besetzt ist. Familien benötigen hier die beratende Hilfe von Fachstellen, um den innerfamiliären Umgang mit der Behinderung zu verbessern. Die Kinder benötigen psychosoziale Unterstützung, um ihre eigene Entwicklung uneingeschränkt durchlaufen zu können.

872 Körperliche Erkrankungen von Eltern müssen jedoch nicht immer gravierend sein, um sich auf die **elterlichen Kompetenzen** auszuwirken. Auch wenn damit „nur" Symptome wie Hautveränderungen oder Jucken (beispielsweise bei atopischer Dermatitis oder Psoriasis) oder Veränderungen der äußeren Erscheinung (wie bei Alopecia oder Akne) einhergehen, zeigen sich bei den Erkrankten Symptome wie Angst und Depression. Es ist beispielsweise bekannt, dass unstillbares Jucken der Haut (wie bei einer ausgeprägten Neurodermitis) die Anspannung und Reizbarkeit erhöht, die Konzentration vermindert und Schlafstörungen verursachen kann. Scham über die eigene Erscheinung kann sich außerdem in sozialer Isolation und einem negativen Selbstbild auswirken. Die Behandlung

ist oft langwierig und bringt unerwünschte Nebenwirkungen mit sich, was die innerfamiliären Beziehungen erheblich belasten kann.[350]

Wenn die Auswirkungen einer Erkrankung auf die persönliche Befindlichkeit 873 ein kritisches Ausmaß erreichen, können sich diese auch einschränkend auf die **Erziehungsfähigkeit** und Beziehungsgestaltung gegenüber Kindern auswirken.

Erkrankt ein Elternteil schwer, kann die seelische Entwicklung von Kindern 874 nachhaltig belastet werden. Häufige medizinische Eingriffe, Krankenhausaufenthalte, Veränderungen des körperlichen Erscheinungsbilds, drohende Einbrüche persönlicher und familiärer Zukunftsentwürfe und – in Fällen einer negativen Prognose – die vitale Bedrohung stellen auch für die Familienangehörigen eines Kranken bedeutsame Stressoren dar. Kindern stehen je nach Altersstufe unterschiedliche Möglichkeiten der psychischen **Bewältigung** zur Verfügung. Vor allem Kleinkinder leiden unter dem Verlust des erkrankten Elternteils im Alltag, wenn sich dieser in der Klinik aufhält oder durch die Krankheit bedingt nicht zur Verfügung steht. Dies behindert einen ungestörten Bindungsaufbau. Im Vorschulalter wird die Erkrankung eines Elternteils als existenzielle Bedrohung erlebt, es resultieren Verlustängste. Im günstigsten Fall kann bei älteren Kindern die elterliche Erkrankung zu einer beschleunigten seelischen Reifung führen, insbesondere im Hinblick auf soziale Kompetenzen. Bleiben Kinder jedoch allein, ohne erwachsene Ansprechpartner für ihre Sorgen und Nöte, da sie sich ihren Eltern in dieser belastenden Situation nicht anvertrauen wollen, kann eine emotionale Überforderung entstehen. Die Kinder äußern häufig Angst vor Krankheitskomplikationen oder vor dem Tod des kranken Elternteils, insbesondere wenn sie mit erschreckenden visuellen Eindrücken konfrontiert werden.[351]

Erkrankt ein Elternteil, erhöht dies den innerfamiliären **Kohäsionsdruck**, die An- 875 gehörigen halten zusammen und isolieren sich häufig gegenüber der sozialen Umwelt. Um keine zusätzlichen Belastungen zu provozieren, werden Konflikte vermieden. Kinder werden teilweise dazu angehalten, die erhöhten emotionalen Bedürfnisse der Eltern zu befriedigen. Gemeinsam können diese Reaktionen dazu beitragen, dass Kinder und Jugendliche verstärkt in das Familiensystem eingebunden und so in ihren entwicklungsgemäßen Versuchen der Loslösung von der Familie und der eigenen Identitätssuche gehemmt werden. Kinder neigen zu einer erhöhten Verantwortungsübernahme in der Familie, um den Erkrankten und den mitleidenden anderen Elternteil zu entlasten (→ Rn. 544 f.). Dadurch wird die Selbständigkeitsentwicklung von Kindern beschleunigt, die beispielsweise die Rolle von Ersatzeltern für die Geschwister einnehmen.[352] Wut und Enttäuschung

350 Stangier & Ehlers, 2000.
351 Romer et al., 2006.
352 Riedesser & Schulte-Markwort, 1999.

über die Eltern kann nicht zum Ausdruck gebracht werden, da Schuldgefühle in Bezug auf den erkrankten Elternteil überwiegen.

876 Es ist davon auszugehen, dass in Zeiten krisenhafter Zuspitzung einer Erkrankung die Aufmerksamkeit und Fürsorge von Eltern gegenüber ihren Kindern reduziert sind. Sind zwei Elternteile verfügbar, stellt sich die Erwartung an den **gesunden Elternteil**, die entstehenden Lücken in der Kinderversorgung auszugleichen. Eine schwere Erkrankung oder der Tod eines Nahestehenden ist ein kritisches Lebensereignis für einen Erwachsenen. In der Folge entwickeln viele Menschen depressive Reaktionen oder steigern möglicherweise den Suchtmittelkonsum, was ihre Erziehungsfähigkeit einschränkt.

877 Ausschlaggebend für eine erfolgreiche Bewältigung der Belastungen ist daher ein tragfähiges soziales Netzwerk, durch das die betroffenen Kinder auf außerfamiliäre **Ressourcen** zurückgreifen können, um einer emotionalen Überforderung vorzubeugen, die zu Entwicklungskrisen und im weiteren Verlauf zu behandlungsbedürftigen psychischen Störungen führen kann.

3. Homo- und Transsexualität

878 Frau O wird in ihrer Ehe immer unzufriedener. Sie trennt sich von ihrem Mann, die Kinder leben mit seinem Einverständnis bei ihr. Dies ändert sich, als Frau O entdeckt, dass sie sich zu Frauen hingezogen fühlt. Jetzt wünscht der Kindsvater, die Betreuung seiner Kinder selbst zu übernehmen, da er der Ansicht ist, dass diese durch die Homosexualität der Mutter Schaden erleiden könnten.

879 Der **Anteil** an homosexuell veranlagten Menschen in der Allgemeinbevölkerung kann bisher lediglich geschätzt werden, da aufgrund der auch heute noch zu beobachtenden sozialen Stigmatisierung keine gesicherten Angaben zu erheben sind. Es wird jedoch davon ausgegangen, dass bis zu 4 % der Erwachsenen homosexuell sind. Etwa jeder zehnte von ihnen hat eigene Kinder, meist aus einer vorhergehenden, heterosexuellen Beziehung.[353] Die Begründung homosexueller Lebenspartnerschaften ist nach anfänglicher Begeisterung wieder rückläufig. Die Dauer der homosexuellen Lebenspartnerschaften erscheint fragiler als bei heterosexuellen Paaren.

880 Insgesamt wurden im Jahr 2019 in Deutschland 130.000 **gleichgeschlechtliche Paare** gezählt, 75.000 als Ehepaar oder eingetragene Lebenspartnerschaft. Bei etwa 0,1 % von ihnen lebten minderjährige Kinder im Haushalt. Dies sind derzeit etwa 12.000 Kinder.[354]

881 Unter dem Stichwort „**Regenbogenfamilien**“ werden Eltern zusammengefasst (Alleinerziehende, Paare, bei Queer auch mehrere Personen), die in gleichge-

353 Patterson & Sutfin, 2004.
354 www.destatis.de.

schlechtlichen Beziehungen und mit Kindern leben.[355] Seitdem die Reproduktionsmedizin fortentwickelt und in Deutschland im Jahr 2017 die „Ehe für alle" ermöglicht wurde, ist auch in rein homosexuellen Beziehungen Elternschaft möglich. Allerdings beinhaltet dies häufig langwierige Prozesse, da das Paar auf Dritte (Ei/Samenspende, Leihmutter, abgebende Eltern) angewiesen ist.[356] Erste Befunde weisen darauf hin, dass es hinsichtlich des elterlichen Stressniveaus oder der Zufriedenheit mit der Partnerschaft keine Unterschiede zwischen homosexuellen Paaren beiderlei Geschlechts und heterosexuellen Paaren nach In-vitro-Fertilisation gibt.[357]

Homosexuelle Partnerschaften mit Kindern werden überwiegend von Frauen- 882
paaren gelebt, häufig mit eingetragener Lebenspartnerschaft. Hier ist eine geplante **Familiengründung** des Paares von der Stieffamilie zu unterscheiden, in der die leibliche Mutter mit ihrer Partnerin zusammenlebt. Es finden sich alle Variationen von gemeinsamem Sorgerecht leiblicher Eltern, alleiniges Sorgerecht des betreuenden leiblichen Elternteils sowie das geteilte Sorgerecht mit dem Co-Elternteil.[358] Ferner sind Adoptiv- und Pflegefamilien zu benennen, in denen Kinder von homosexuellen Paaren, hier überwiegend von Männern, betreut werden.[359]

Obwohl Regenbogenfamilien meist darum bemüht sind, sich an **normative** Fa- 883
milienvorstellungen anzupassen, müssen sie eigene Strategien für besondere Problembereiche finden, wie den Umgang mit Heteronormativität, Diskriminierung, Stigmatisierung oder das Auseinanderfallen der biologischen, sozialen und rechtlichen Elternschaft.[360]

Die sexuelle Veranlagung eines Elternteils hat keine direkten **Auswirkungen** auf 884
Kinder, wenn das Sexualleben klar vom Lebensraum und Alltag des Kindes getrennt ist. Die sexuelle Präferenz eines Elternteils überträgt sich nicht auf Kinder. Prinzipiell lassen sich keine Einschränkungen der Erziehungsfähigkeit durch sexuelle Orientierungen, wie beispielsweise bei Homosexualität eines Elternteils, nachweisen. Eine homosexuelle Beziehung und das Zusammenleben eines Kindes mit einem gleichgeschlechtlichen Elternpaar korrelieren nicht zwingend mit kindlichen Fehlentwicklungen.[361]

Das Zusammenleben mit einem homosexuellen Elternpaar stellt per se keinen 885
Nachteil für Kinder dar. Untersuchungen haben sogar teilweise bei diesen Kindern eine im Vergleich höhere soziale Kompetenz und einen Entwicklungsvor-

355 Buschner & Bergold, 2017.
356 Bergold, Buschner, Mayer-Lewis & Mühling, 2017.
357 Rijn-van Gelderen et al., 2018.
358 Buschner, 2015.
359 Haag, 2010.
360 Nay, 2017.
361 MacCalum & Golombok, 2004.

sprung durch ihre „Avantgardefunktion“ festgestellt.[362] Je nach Sozialisationsumfeld kann es jedoch zur Stigmatisierung und Ausgrenzung kommen, in Abhängigkeit davon, in welcher Umgebung – beispielsweise Großstadt versus Dorf – die Familie lebt und welche soziale Akzeptanz einer sogenannten Regenbogenfamilie entgegengebracht wird.

886 Besondere **Herausforderung** in dieser Familienform ist das Recht des Kindes auf Kenntnis seiner Herkunft, Integration der Herkunfts- und Entstehungsgeschichte oder die Diskriminierung der Kinder aufgrund der sexuellen Orientierung der Eltern (etwa die Hälfte der Kinder erlebt Beschimpfungen und Ausschluss aus der Gruppe Gleichaltriger). Als Ressource werden das Fehlen von festgeschriebenen Rollenverständnissen, mehr Toleranz und Offenheit gegenüber anderen Lebensentwürfen und ein stärkerer Familienzusammenhalt geschildert. Bei homosexuellen Vaterpaaren erleben die Kinder mehr väterliche Fürsorge als in heterosexuellen Familien.[363]

887 In Forschungsarbeiten zur Situation von Kindern, die in gleichgeschlechtlichen Partnerschaften aufwachsen, wurde auch keine Beziehung zwischen der sexuellen Orientierung der Eltern und der kindlichen **Entwicklung** festgestellt. Die Ausbildung der geschlechtlichen Identität und das jeweilige geschlechtsspezifische Verhalten verlaufen den Ergebnissen nach bei diesen Kindern nicht anders als in heterosexuellen Familien. Es fanden sich auch keine Abweichungen in Bezug auf die psychische und kognitive Entwicklung, das seelische Wohlbefinden oder hinsichtlich sozialer Verhaltensauffälligkeiten.[364] Im Gegenteil, Kinder in Regenbogenfamilien zeigten häufig ein stärkeres Selbstwertgefühl.[365] Das Bekenntnis zur Transsexualität eines Elternteils oder die Veränderung der sexuellen Präferenz während der Elternschaft führen allerdings bei in der Familie lebenden Kindern vor allem in der Adoleszenz, das heißt in der Phase der sexuellen Selbstdefinition des Heranwachsenden, zumindest vorübergehend zu Problemen.

888 Studien zur Lebenssituation von Kindern nach der **Trennung** homosexueller Eltern konstatieren ähnliche Anpassungsleistungen wie die der Kinder, die sich mit der Orientierung im neuen Familienkontext in der „Mutterfamilie“ und/oder „Vaterfamilie“ auseinandersetzen müssen. Auch fanden sich kaum Unterschiede zwischen der hetero- und homosexuellen Partnerschaft bezüglich des Engagements des sozialen Elternteils in der Betreuung der Kinder und hinsichtlich der Übernahme von Erziehungsverantwortung.[366]

---

362 Schmauch, 2008.
363 Für einen Überblick s. Buschner & Bergold, 2017.
364 Rupp & Haag, 2016.
365 Becker-Stoll & Beckh, 2009.
366 Ruppe, 2009.

889 In Zusammenhang mit homosexuellen Elternpaaren stellen sich auch Fragen nach der Entwicklung von Kindern, die durch **Samen- oder Eispende** bzw. Leihmutterschaft geboren wurden. Da diese Form der Familiengründung noch relativ jung ist, gibt es noch keine belastbaren empirischen Studien. Es ist allerdings anzunehmen, dass bereits der Beginn der Elternschaft durch multiple Stressoren belastet ist. So gehen die Feststellung von Unfruchtbarkeit, die Suche nach möglichen medizinischen Eingriffen und die Durchführung von künstlichen Befruchtungen mit einem erhöhten Stressniveau sämtlicher Beteiligter einher. Die Elternschaft tritt meist später ein und es kann angenommen werden, dass das Erziehungsverhalten durch eine gesteigerte ängstliche Besorgtheit geprägt ist (→ Rn. 166 ff.). Die ungewollte Kinderlosigkeit muss soweit verarbeitet sein, dass die Eltern einer Auseinandersetzung mit diesem Thema standhalten.[367]

890 Auch wenn der Trend dahin geht, dass Kinder umfassend über ihre **biologische Herkunft** aufgeklärt werden, zeigen erste Untersuchungen, dass dies je nach Bindungssicherheit an den hauptbetreuenden Elternteil unterschiedliche Reaktionen auslösen kann. Hat das Kind eine sichere Bindung, ist es in der Lage, die Information über einen genetischen Spender positiv zu verarbeiten. Bei unsicheren Bindungen wird diese Information eher negativ aufgenommen.[368] Bei der Aufklärung des Kindes über seine Herkunftsgeschichte haben diese Familien einen erhöhten Beratungs- und Unterstützungsbedarf.[369]

891 Bei **Adoption** eines ausländischen Kindes wird zusätzlich die Auseinandersetzung mit den kulturellen Gegebenheiten des Heimatlandes und die Bereitschaft gefordert, sich als bi-kulturelle Familie zu definieren und soziale Kontakte, die dies unterstützen, zu pflegen. Die Adoptiveltern müssen sich mit der Herkunft des Kindes auseinandersetzen und akzeptieren, dass es fremde Wurzeln hat. Sie müssen eine wertschätzende Haltung gegenüber den biologischen Eltern vertreten, um dem Kind eine unbelastete Identitätsentwicklung zu ermöglichen.[370]

892 Adoptierte Kinder haben eine größere **Risikobelastung** für Entwicklungsverzögerungen und emotionale Schwierigkeiten als andere Kinder. Dies kann sicherlich auch auf eine genetische Belastung oder auf psychosoziale Belastungsfaktoren während der Schwangerschaft zurückgeführt werden. Je jünger die Kinder zum Zeitpunkt der Adoption sind, desto geringere Probleme haben sie in der Regel.[371]

893 In der familienpsychologischen **Begutachtung** kommt dem Geschlecht eines betreuenden Elternteils keine besondere Bedeutung zu. Wesentlich ist die Qualität

367 Bundesarbeitsgemeinschaft Landesjugendämter, 2015.
368 Zadeh, Jones, Basi & Golombok, 2017.
369 Bergold, Buschner, Mayer-Lewis & Mühling, 2017.
370 Mühling & Franz, 2017.
371 Berk, 2020.

des Bindungsangebotes und die Bereitstellung einer entwicklungsförderlichen Betreuung. Die Gefahr der sozialen Stigmatisierung von Kindern aus Familien, die nicht der heterosexuellen Norm entsprechen, sollte jedoch in der Begutachtung für die Beurteilung der Lebensbedingungen mit in Betracht gezogen werden.

4. Religiosität

894 Frau P weckt ihre Kinder noch vor Sonnenaufgang zum ersten der fünf Gebete, die ein gläubiger Moslem jeden Tag absolvieren muss. Die Tochter verursacht einen Notarzteinsatz, als sie bei hochsommerlichen Temperaturen im Sportunterricht ohnmächtig wird, da sie sich weigert, während des Ramadans tagsüber zu trinken. Die Lehrer reagieren aber erst alarmiert, als der ältere Bruder des Mädchens androht, jeden abzustechen, der seine Schwester durch Berührung entehrt.

895 Die Geburt der eigenen Kinder ist der häufigste Grund für die Intensivierung eigener **aktiver Religionsausübung** oder die Rückkehr zu einer Religionsgemeinschaft.[372]

896 Ein praktizierter religiöser Glaube kann – unabhängig von der Religionszugehörigkeit – eine **protektive Wirkung** auf die psychische Stabilität haben. Die Integration in eine Glaubensgemeinschaft mit der entsprechenden sozialen Unterstützung fördert die Bereitschaft zu prosozialem Verhalten, Dankbarkeit und Zufriedenheit. Im Zusammenhang mit der Bewältigung von kritischen Lebensereignissen wurde der Begriff des „religiösen Coping" geprägt, bei dem nach dem spirituellen Sinn der Krise gefragt und eine höhere Instanz um Unterstützung gebeten wird. Damit einher geht auf der Ebene der individuellen Stressbewältigungsmechanismen Kampfgeist, Selbstermutigung und Neubewertung, im Gegensatz zu einem negativen Coping, das mit Zweifeln und inneren Kämpfen verbunden ist.[373]

897 Allerdings muss unterschieden werden zwischen Spiritualität als Ressource und als **krank machendem Faktor**. Letzteres ist beispielsweise der Fall, wenn Religiosität auf einem angstinduzierenden moralischen Perfektionismus und negativen Gottesvorstellungen beruht. Auf Unterdrückung abzielende religiöse Erziehung kann psychisch krank machen.[374] Religiöser oder politischer Fanatismus kommt zustande, wenn eine rigide Persönlichkeitsstruktur dazu führt, dass eine starke Überzeugung mit großer Intensität verfolgt wird und „Außenfeinde" rigoros bekämpft werden.[375] Fanatische Glaubensüberzeugungen dienen der Angstbewältigung und Selbstbestätigung und sind nur schwer behandelbar.[376] Religiöser Fanatismus entsteht auf der Basis pathologischer Persönlichkeitsstrukturen sowie unbewältigter Ängste und geht mit eingeengten Werten, abhängigen Beziehungs-

372 Lofton, 2016.
373 Grom, 2012.
374 Utsch, 2016.
375 Hole, 2004.
376 Aten, Mangis & Campell, 2010.

mustern, repressiven sozialen Strukturen und einem erhöhten Aggressionspotenzial einher,[377] Faktoren, die sich auch auf die Erziehung von Kindern einschränkend auswirken.

Im Allgemeinen sind Religionsgemeinschaften, die als **Sekten** angesehen werden, 898
ihren Mitgliedern gegenüber mit totalitären Systemen vergleichbar. Gewalt als Erziehungsmethode wird häufig nicht abgelehnt. In der Begutachtung gilt es zu prüfen, inwieweit ein Kind entwürdigenden Erziehungsmethoden ausgesetzt ist, ob es sozial von der Gesellschaft isoliert und aufgrund von Verboten in eine Außenseiterrolle gedrängt wird.[378] Merkmale, die bei sogenannten Sekten und Psychogruppen als kindeswohlgefährdend eingestuft werden, sind beispielsweise Unterdrückung individueller und altersangemessener Bedürfnisse, das Einflößen von Angst oder Schuldgefühlen, exorzistische Handlungen, totalitäre Führungsstrukturen, irreales Wirklichkeitsverständnis, bis zu rituellen Opferungen.[379]

Eine religiös geprägte Erziehungshaltung der Eltern kann sich einschränkend 899
auf die **Erziehungsfähigkeit** auswirken, beispielsweise bei religiösem Extremismus, bestimmten religiös bedingten Traditionen (beispielsweise Beschneidung), Sektenzugehörigkeit oder Mitgliedschaft in einer sogenannten „Psychogruppe". Die in der Begutachtung interessierenden Aspekte betreffen beispielsweise die Gewährung der Gesundheitsfürsorge, Förderung der schulischen Entwicklung, die Teilnahme am sozialen Leben und die Autonomieentwicklung des Heranwachsenden.

Für Sachverständige bedeutet die **Begutachtung** von Familien, bei denen durch 900
die Religionszugehörigkeit eine Kindeswohlgefährdung angenommen wird, die Auseinandersetzung nicht nur mit der Familie, sondern auch mit deren religiöser Philosophie und den Auswirkungen auf das familiäre Zusammenleben. Dabei müssen unter Umständen auch Personen außerhalb des engen Familienverbands, wie spirituelle Leiter, in die Untersuchung einbezogen werden, um deren Einfluss auf den Familienalltag abzuschätzen. In der Begutachtung muss kultursensitiv vorgegangen werden. Sachverständige dürfen die eigene Haltung gegenüber einer religiösen Lebensführung nicht als Maßstab zugrunde legen.

5. Politischer Extremismus

Herr Q vertritt lautstark die Ansicht, dass alle Ausländer Deutschland verlassen sollen 901
und prügelt sich nach Fußballspielen in der Hooliganszene. Holt er seine Tochter für einen Umgangskontakt ab, hört er bei geöffnetem Autofenster Musik, die auf dem Index steht. Er verbietet dem Mädchen, im Kindergarten mit Kindern zu spielen, die einen Migrationshintergrund haben. Mitarbeitern des Jugendamtes und der Erzie-

377 Utsch, 2016.
378 Salzgeber, 2015 b.
379 Zentrum Bayern Familie und Soziales, Bayerisches Landesjugendamt, 1997.

hungsberatungsstelle, die ihn auf sein Verhalten ansprechen, erklärt er, das sei seine Privatsache und sie gehörten ohnehin alle vergast.

902 Politischer Extremismus **entsteht** auf der Basis psychischen Unwohlseins, beispielsweise dem Gefühl der Ausgrenzung aus einer sozial attraktiven Gruppe. Er ist gekennzeichnet durch vereinfachende Schwarz-Weiß-Denkmuster. Aufgrund dieser kognitiven Vereinfachung sind zu Extremismus neigende Personen übermäßig davon überzeugt, dass ihre Ansichten richtig sind. Sie sind außerdem weniger tolerant gegenüber anderen Meinungen oder Gruppennormen als die Allgemeinbevölkerung.[380] Die Grundlage für politisches Denken und damit für die Ansprechbarkeit für politischen Autoritarismus wird auch in der Familie gelegt.[381]

903 Politische **Radikalisierung** erfolgt leichter bei Personen, die eine erhöhte Ungerechtigkeitssensibilität haben. Dabei handelt es sich um ein Persönlichkeitsmerkmal, das mit der erhöhten Wahrnehmung von Ungerechtigkeit, intensiven negativen emotionalen (Ärger), kognitiven (Wunsch nach Vergeltung) und verhaltensbezogenen Reaktionen darauf (Ruminieren) einhergeht.[382] Es besteht ein enger Zusammenhang mit anderen Persönlichkeitsmerkmalen wie Eifersucht und Paranoia, unkooperativem oder aggressivem Verhalten.[383] Ein Zusammenhang zum eigenen Erleben von Diskriminierung und verstärkten Vorurteilen ist empirisch belegt. Ebenso besteht ein Zusammenhang zu konservativen Werthaltungen wie Autoritarismus, einer geringeren Bereitschaft zu solidarischem Handeln, größeren Ängsten, eigene Vorteile zu verlieren und eigenem dissozialen Verhalten, wobei eigenes Fehlverhalten rechtfertigt wird.[384]

904 Radikalisierung beinhaltet die Legitimation von **Gewalt** bei gleichzeitiger Abwertung von Personen fremder sozialer Gruppen.[385] Insbesondere Jugendliche und junge Erwachsene sind sensibel dafür, da sie fehlende soziale und emotionale Unterstützung in Elternhaus oder Schule durch Zugehörigkeit zu einer ideologisierenden Gruppe zu kompensieren versuchen. Das Risiko für politische Radikalisierung steigt bei eher niedrigem Bildungsniveau, niedrigem sozioökonomischen Status und einer problematischen familiären Sozialisation (Gewalt und Alkohol in der Familie, familiäre Abbrüche, Konflikte, psychopathologische Probleme der Eltern). Häufig besteht zuvor Straffälligkeit, oft ein auffälliger Alkoholkonsum oder der Konsum sonstiger psychoaktiver Substanzen.[386] Radikalisierte Personen zeigen eine geringe Fähigkeit zu Empathie und Perspektivenübernahme,[387]

380 Van Prooijen & Krouwel, 2019.
381 Renz-Polster, 2020.
382 Schmitt, Neumann & Montada, 1995.
383 Für einen Überblick s. Bondü, 2018.
384 Gollwitzer et al. 2009.
385 Beelmann, Jahnke & Neudecker, 2018.
386 Eilers, Gruber & Kemmesies,2015.
387 Feddes, Mann & Doosje, 2015.

sowie die Tendenz zu gewalttätigem Verhalten, Impulsivität oder Sensation Seeking (der gesteigerten Suche nach starken Reizen).[388]

Politisch radikalisierte Personen sind in ihrer **Erziehungsfähigkeit** erheblich eingeschränkt. Sie richten ihre Erziehungsziele nicht auf eine gedeihliche Entwicklung ihrer Kinder, sondern ordnen diese ihren politischen Zielen unter. Damit weichen sie unter Umständen erheblich von den geltenden erzieherischen Leitbildern ab (→ Rn. 98 f.). Das erlebte psychische Ungleichgewicht, radikalisierungstypisch eingeschränkte Wahrnehmung und kognitive Bewertung gehen häufig mit psychischen Erkrankungen (religiöser Wahn) oder pathologischen Persönlichkeitszügen (fanatische Persönlichkeitsstörung, Dissozialität) sowie einer allgemein erhöhten Neigung zu Gewaltkriminalität einher.[389] Die Tendenz, Problemen mit dysfunktionalen Strategien zu begegnen, schränkt die erzieherischen Kompetenzen ebenfalls ein, da eine autoritäre Erziehung bevorzugt wird (→ Rn. 164). Radikalisierung erfolgt heutzutage häufig über das Internet und kann mit einer Computersucht einhergehen[390] (→ Rn. 668). 905

Die Grenze zur **Kindeswohlgefährdung** ist bei extremen politischen Ansichten von Eltern dann überschritten, wenn Kinder an einer ihrem Alter entsprechenden Teilnahme an sozialen Aktivitäten gehindert, durch Indoktrination auffälliger Aussagen einer Stigmatisierung ausgesetzt oder durch Mitnahme in potenziell gefährliche Situationen (Demonstrationen, gewaltbelastete Freizeitaktivitäten) gefährdet werden. Die Vorbildfunktion der Eltern kann sich negativ auf die sozialen Kompetenzen der Kinder auswirken, beispielsweise durch Beschimpfung der Behörden, Diffamierung des Staatsapparats oder Respektlosigkeit gegenüber Autoritätspersonen, bis zur Anleitung zu Straftaten. Die bei politisch extrem gesinnten Personen vorzufindende Verherrlichung gewalttätiger Problemlösungen kann mit einer allgemein erhöhten Gewaltbereitschaft einhergehen, die sich auch in der Erziehung der Kinder niederschlägt (→ Rn. 746 ff.). Eine entsprechend geprägte Sozialisation der Kinder kann später zu erheblichen Einschränkungen insbesondere hinsichtlich einer zufriedenstellenden Gestaltung von Sozialkontakten und des Berufslebens führen. Dies bereitet wiederum den Boden für eine frühzeitige Radikalisierung und die Orientierung an sozialen Randgruppen. 906

Ebenso wie bei der Beurteilung einer religiösen Lebensführung dürfen familienpsychologische **Sachverständige** eigene politische Einstellungen nicht als Maßstab zugrunde legen. Die Begutachtung von politisch radikal agierenden Elternteilen erfordert zunächst die wertungsfreie Auseinandersetzung mit dessen politischer Gesinnung und deren Auswirkungen auf das familiäre Zusammenleben. 907

388 Pauwels & Heylen, 2017.
389 Konrad, Huchzermeier & Rasch, 2019.
390 Batzdorfer, Steinmetz & Bosnjak, 2020.

6. Teenager als Eltern

908 Im Jahr 2018 entbanden in Deutschland ca. 2.450 **minderjährige Mütter**.[391] Sie gelten aus juristischer Sicht nicht als fähig, die elterliche Sorge auszuüben.

909 Junge, unreife Paare sind häufig mit der Pflege und Erziehung ihres gemeinsamen Kindes **überfordert**, da sie selbst noch kaum in ausreichender Weise für sich sorgen können oder sie aufgrund ihrer eigenen biographischen Erfahrungen kein ausreichend funktionales Vorbild für Elternschaft erlebt haben. Diese Elternpaare, die oft aufgrund eigener deprivierender Sozialisationserfahrungen erhebliche Defizite hinsichtlich ihrer erzieherischen Kompetenzen mitbringen, benötigen eine besondere Form der Unterstützung. Als hilfreich werden hier Wohnformen für junge oder unsichere Eltern und ihre Kinder angesehen, in deren Rahmen eine Nachreifung und alltagsnahe Anleitung erfolgen kann, um eine Trennung des Kindes von lern- und veränderungswilligen Eltern zu vermeiden.

910 Die **rechtlichen Vorgaben** gemäß SGB VIII stehen einer solchen, zielgerichteten Unterstützung bislang noch entgegen, da nur Alleinerziehende in den Genuss der staatlichen Unterstützung für stationäre Hilfe kommen. Ist ein Paar gemeinsam nicht in der Lage, für das Kind zu sorgen, muss es sich nach dem Gesetz daher entweder dazu entschließen, die Beziehung zu beenden oder das Kind wird fremdbetreut, auch wenn die Eltern die Verantwortung tragen möchten.

911 In der familienpsychologischen **Begutachtung** sollte zunächst die tatsächliche psychosoziale Reife einer minderjährigen Mutter erfasst werden. Diese kann aufgrund der eigenen Biografie oder des kulturellen Hintergrunds deutlich vom biologischen Alter abweichen. Gegebenenfalls sollten Empfehlungen erfolgen, durch welche Maßnahmen eine Nachreifung erzielt werden kann. Zudem sollte überprüft werden, welche Ressourcen im familiären Umfeld vorhanden sind, um die Betreuung des Kindes auch dann sicherzustellen, wenn die junge Mutter alterstypischen Beschäftigungen (Schulabschluss, Ausbildung) oder Freizeitaktivitäten nachgeht. Der andere Elternteil sollte ebenfalls in die Begutachtung einbezogen werden, um seine Fähigkeiten und Fertigkeiten zum Ausgleich bestehender Defizite zu überprüfen.

I. Sind immer die Eltern schuld, wenn Kinder auffällig sind? – Verantwortungszuschreibung bei kindlichen Auffälligkeiten

912 Wenn Fachstellen wie Kindergärten, Schulen oder therapeutische Einrichtungen auf kindliche Verhaltungsauffälligkeiten oder Entwicklungsstörungen aufmerksam werden und das Jugendamt hierüber informieren, steht häufig die **Hypothese** im Raum, dass die Probleme der Kinder durch die Eltern (mit)verursacht

391 www.destatis.de.

wurden. Hier wird gelegentlich zur Abklärung eines elterlichen Versagens ein familiengerichtliches Gutachten in Auftrag gegeben.

Exemplarisch werden im folgenden Abschnitt einige **Problemfelder** skizziert, die sich auf auffällige Säuglinge, chronische körperliche Erkrankungen, körperliche und geistige Behinderungen, Autismus, psychische Störungen und Verhaltensauffälligkeiten von Kindern, Sucht und Delinquenz eines Kindes oder Jugendlichen beziehen. Dabei ist zu bedenken, dass sich vor allem bei jüngeren Kindern die Symptomatik innerhalb kurzer Zeiträume erheblich verändern kann,[392] auch weil beispielsweise Übergänge zwischen einzelnen Entwicklungsphasen eine besondere Herausforderung für Kinder darstellen können, denen diese nicht gleichermaßen gewachsen sind. 913

Das Verhalten von sogenannten **Schreibabys** ausschließlich auf eine unbefriedigende emotionale Versorgung durch die Eltern zurückzuführen, ist wissenschaftlich nicht haltbar. Dennoch ist davon auszugehen, dass die kindlichen Verhaltensauffälligkeiten beispielsweise durch ein reduziertes Einfühlungsvermögen der Eltern aufgrund von Frustration, Unwissenheit oder psychischer Belastungen aufrechterhalten und verstärkt werden.[393] Neben dem anfallsartigen, unstillbaren Schreien sind die Säuglinge schreckhaft, irritierbar und haben Defizite zur eigenständigen Regulation innerer Erregungszustände (→ Rn. 155 f., 174). 914

Sogenannte „**schwierige Kinder**“ erschweren ihren Bezugspersonen eine angemessene Betreuung und Erziehung. Hierzu gehört ein temperamentbedingt schwer zufrieden zu stellender Säugling, bei dem biorhythmische Prozesse unregelmäßig ablaufen, der häufig in einer negativen Stimmungslage ist, sich an wechselnde Situationen schlecht anpassen kann, auf Annäherung kaum oder abwehrend reagiert und sich nur erschwert beruhigen lässt, also sogenannte „difficult pattern“ zeigt.[394] Diese Kinder stellen erhöhte Anforderungen an die Flexibilität, Gelassenheit und Belastbarkeit ihrer Bezugspersonen. Die Bewertung von deren Temperamentunterschieden, das heißt, was als schwierig oder belastend bezeichnet wird, hängt auch vom sozialen Kontext ab (→ Rn. 199, 211). 915

Exzessives Schreien, Schlaf- und Fütterstörungen im Säuglings- und Kleinkindalter werden unter dem Begriff **Regulationsstörung** zusammengefasst. Davon betroffen sind Schätzungen zufolge etwa 2–16 % der Kinder. Frühkindliche Schlafstörungen sind ein Risikofaktor für weitere psychische Auffälligkeiten. Fütter- und Essstörungen von Säuglingen und Kleinkindern zeigen eine hohe Persistenz und erhöhen das Risiko für die Entwicklung einer Essstörung im Jugendalter.[395] 916

392 Scheeringa & Zeanah, 2001.
393 Schuch, 1998.
394 Pauli-Pott, Ries-Hahn, Kupfer & Beckmann, 1999.
395 Für einen Überblick s. Bolten, Möhler & v. Gontard, 2013.

Kinder mit einer Regulationsstörung sind einem erhöhten Misshandlungsrisiko ausgesetzt.

917 **Risikofaktoren** für das Entstehen von Regulationsstörungen sind pränataler Stress, Ängste, Depressionen und Partnerschaftsprobleme während der Schwangerschaft.[396] Durch die Betreuung eines schwierigen Säuglings und Kleinkinds verstärken sich diese häufig. Eigene Verlustängste oder Schlafstörungen der Eltern übertragen sich auf die Kinder.[397] Bei Fütterstörungen bestehen zu einem großen Teil körperliche Einflussfaktoren, die durch elternbezogene Faktoren verstärkt werden. Dies sind beispielsweise Ängste, Depressionen, Essstörungen oder sonstige psychische Störungen des hauptsächlich betreuenden Elternteils, Partnerschaftskonflikte und mangelnde soziale Unterstützung.[398]

918 Regulationsstörungen entstehen aus dem **Zusammenspiel** von angeborenen Kompetenzen zur Erregungsregulation, Temperament und neurologischen Merkmalen des Kindes, Belastung der Eltern und elterlichen Verhaltensweisen, die zu einer Fehlkommunikation zwischen den Eltern und dem Kind führen. Die Eltern reagieren mit Erschöpfung und Überforderung, die entstehenden negativen Interaktionen verstärken die Probleme und halten sie weiter aufrecht.[399] Treffen ein sogenanntes schwieriges Kind und Eltern mit Machtansprüchen oder rigiden Vorstellungen über kindliches Verhalten aufeinander, erleben die Erziehungspersonen erzieherische Ohnmacht. Umso wichtiger ist es daher, frühzeitig an der Interaktion zwischen dem Kind und seinen Bezugspersonen zu arbeiten. Unterstützung findet sich beispielsweise bei den Frühförderstellen oder in der Schreikinderambulanz.

919 In späteren Jahren finden sich **Störungen der Affektregulation** beispielsweise in abrupten Stimmungswechseln, plötzlichen Wutanfällen, erhöhter Erregbarkeit, hitzigem Temperament und niedriger Frustrationstoleranz. Noch besteht kein Konsens, ob es sich dabei um ein eigenes Störungsbild, eine kindliche bzw. jugendspezifische Form der Bipolaren Störung handelt oder eine störungsübergreifende Symptomatik allgemeiner psychischer Labilität. Als Ursache werden genetische und umweltbedingte Faktoren vermutet, insbesondere familiäre und psychosoziale Belastungsfaktoren wie eine ungünstige Eltern-Kind-Interaktion und die psychische Störung eines Elternteils. Kinder eines an einer Bipolaren Störung erkrankten Elternteils haben ein achtfach erhöhtes Risiko zur Ausbildung dieser Symptomatik.[400]

---

396 Wurmser et al, 2006.
397 Mindell, Kuhn, Lewin, Meltzer & Sadeh, 2006.
398 v. Hofacker, 2009.
399 Papoušek, Schieche & Wurmser, 2004.
400 Holtmann, Legenbauer & Grasmann, 2017.

Zu den durch Eltern nicht beeinflussbaren kritischen Lebensereignissen gehört eine gravierende oder **chronisch körperliche Erkrankung** des Kindes, wie Asthma, Tumorerkrankungen, Diabetes oder entzündliche rheumatische Erkrankungen. Diese stehen häufig in Zusammenhang mit einem erhöhten Ausmaß an Psychopathologie eines Kindes, die auf die Krankheitsdauer, die Schwere der Symptomatik und die eingeschränkte Lebensqualität zurückzuführen ist, und sich je nach Phase der Erkrankung verändert. Typischerweise finden sich ebenfalls Angst und Depression, ein unreifes Körperkonzept und es bestehen oberflächlichere emotionale Beziehungen zu Gleichaltrigen. Die betroffenen Kinder instrumentalisieren in der Adoleszenz romantische Partner zu ihrer Unterstützung und lösen sich altersmäßig später vom Elternhaus ab als gesunde Gleichaltrige. 920

Die chronische Erkrankung eines Kindes verändert die **familiären Beziehungen**, sie führt häufig zu einem stärkeren Zusammenhalt. Eltern chronisch kranker Kinder erleben die Erkrankung als wesentliche Einbuße an eigener Lebensqualität, der Alltag muss sich flexibel an weitgehend symptombelastete und behandlungsintensive beziehungsweise an symptomfreie Phasen anpassen. Insbesondere in Zeiten, in denen die Kinder mit medizinisch notwendigen Maßnahmen wenig compliant sind, stehen die Eltern vor besonderen Herausforderungen, was ihre erzieherische Autorität bei gleichzeitiger Feinfühligkeit betrifft. Die Eltern müssen ihre Kinder zum Beispiel zu unangenehmen und schmerzhaften Maßnahmen (wie Blutabnahmen oder operativen Eingriffen) sowie zu Einschränkungen des Lebensstils motivieren, was insbesondere bei Jugendlichen mit der altersentsprechenden Oppositionshaltung kollidiert. Hier sollte auf die psychische Belastung der Eltern geachtet werden, die durch krankheitsspezifische Elternschulung oder eine Familienberatung erfolgen kann. Mütter suchen in dieser Situation häufiger aktiv nach sozialer und religiöser Unterstützung.[401] Betroffene Familien finden beispielsweise Unterstützung in Selbsthilfegruppen für Familien chronisch kranker Kinder. Die Geschwister von chronisch kranken Kindern müssen versuchen, die Anforderungen sowohl der durch die Erkrankung gekennzeichneten Welt als auch die einer „normalen" Umgebung durch Harmonisierungsstrategien zu vereinen.[402] Diese Geschwister gravierend oder chronisch erkrankter Kinder sollten in der familienpsychologischen Begutachtung besondere Beachtung finden. In Folge der Belastung und der dadurch häufig geringeren Energie der Eltern bei ihrer Versorgung reagieren sie zB mit emotionalen Problemen, geringem Selbstwertgefühl, geringer Selbstwirksamkeitserwartung und Verhaltensauffälligkeiten. Auch für sie werden therapeutische Hilfen angeboten.[403] 921

401 Petermann, 2002.
402 Knecht, 2020.
403 Engelhardt-Lohrke et al., 2020.

922 Die **körperliche Behinderung** eines Kindes ist nur selten unmittelbar auf das Versagen der Eltern zurückzuführen (beispielsweise in Folge von teratogenen Schädigungen oder eines Schütteltraumas (→ Rn. 753 ff.). Kinder mit schweren Seh- oder Hörbehinderungen, cerebral bedingten Bewegungsstörungen und geistiger Behinderung haben ein bis zu achtfach erhöhtes Risiko für die Entwicklung von Verhaltensauffälligkeiten, vor allem Angst, Depression und Unsicherheit im Sozialkontakt mit Gleichaltrigen. Die geringsten Auffälligkeiten zeigen die Kinder mit Körperbehinderung, die in ihrem Elternhaus aufwachsen, die Regelschule besuchen und keine zusätzlichen intellektuellen Einschränkungen haben.

923 Bei Jugendlichen findet sich, dass sichtbare Behinderungen (beispielsweise orthopädische Beeinträchtigungen) meist weniger sekundäre psychopathologische Symptome nach sich ziehen als nicht sichtbare. Insgesamt sind eine bessere **psychische Anpassung** und geringere Belastung der betroffenen Kinder an ihre Situation festzustellen, als dies bei ihren Eltern der Fall ist.[404]

924 **Geistige Behinderungen** von Kindern sind überwiegend auf organische und genetische Faktoren zurückzuführen, die aber von Umweltbedingungen moduliert werden. Sie gehen je nach Schweregrad der intellektuellen Einschränkungen mit einer Vielzahl von Symptomen einher, die sozial stigmatisierend und isolierend wirken: Bewegungs- und Sprachstereotypien, selbstverletzendes und destruktives Verhalten, Unsicherheiten im Sozialkontakt, ängstliches Verhalten und sozialer Rückzug. Diese Symptome nehmen bei etwa der Hälfte der Kinder und Jugendlichen mit intellektueller Behinderung den Schweregrad einer psychischen Störung an. Davon betroffen sind vor allem Jungen aus ungünstigen Familienumständen wie Armut, alleinerziehenden Eltern oder psychischen Störungen eines Elternteils. Bei allen Behinderungsformen besteht ein erhöhtes Risiko dafür, dass die Eltern-Kind-Interaktion einseitig vom Erwachsenen gelenkt wird, die geringere Handlungsinitiative und Kommunikationsfähigkeit des Kindes wird übergangen und dessen Autonomieentwicklung beschränkt.[405] Die Bewertung der Betreuung eines behinderten Kindes ist von individuellen Bewältigungsstrategien der Eltern bestimmt. In einer aktuellen Studie geben Eltern von Kindern mit Down-Syndrom entgegen der allgemeinen Vorannahme beispielsweise an, dass die Behinderung des Kindes mehr positive als negative Auswirkungen auf die Familie hat, zB Wertorientierungen, Stärkung der Partnerschaft und persönliche Weiterentwicklung.[406]

925 Da es sich bei einer geistigen Behinderung um eine lebenslang bestehende Beeinträchtigung handelt, liegt ein besonderes Augenmerk in der Begutachtung auf **Resilienzfaktoren** der betroffenen Kinder. Dies sind neben allgemeinen persönli-

404 Seiffge-Krenke & Skaletz, 2006.
405 Sarimski, 2007.
406 Sarimski, 2020.

chen Faktoren (→ Rn. 217 ff.) beispielsweise Familienkohäsion, eine angemessene Beschulung ohne Stigmatisierung des Kindes und gesellschaftliche Unterstützung. Das Negieren der Behinderung, Vermeiden sozialer Begegnungen, psychische Erkrankungen, fehlende Stressbewältigungsmechanismen und fehlende Prioritätensetzung sind Faktoren auf Elternebene, die die Entwicklung eines geistig behinderten Kindes belasten oder gefährden können.[407]

In der Begutachtungspraxis kommt bei der Betreuung eines geistig behinderten Kindes einem **entwicklungsförderlichen Elternverhalten** eine zentrale Bedeutung zu. Ebenso ist die Förderkompetenz des betreuenden Elternteils von Belang, durch die bestehende Einschränkungen ausgeglichen oder alternative Kompetenzen erworben werden können. Zudem sollte auf die soziale Einbindung sowohl des betroffenen Kindes als auch der gesamten Familie geachtet werden. Für die Einschätzung des Ausmaßes der bestehenden Einschränkungen hinsichtlich Körperfunktionen, Aktivitäten und Teilhabe sowie Umweltfaktoren kann auf internationale Klassifikationssysteme zurückgegriffen werden.[408] 926

Bei der tiefgreifenden Entwicklungsstörung des **Autismus** handelt es sich um eine Störung, die von frühester Kindheit an diagnostizierbar ist. Die verschiedenen Subgruppen werden mittlerweile im Überbegriff Autismus-Spektrum-Störung zusammengefasst, die eine hohe Variabilität hinsichtlich des Grades der Beeinträchtigung der kognitiven, verbalen, motorischen, sozialen und adaptiven Fähigkeiten kennzeichnen. In neueren Studien wird von einer Prävalenz von ca. 0,6–1 % ausgegangen, wobei die höheren Raten nicht zuletzt auf eine erhöhte mediale Präsenz des Themas zurückgeführt werden. Männer sind vier- bis fünfmal häufiger von Autismus betroffen als Frauen. 927

Die Erkrankung tritt häufig in Zusammenhang mit Komplikationen bei der Geburt auf, die sich vermutlich nicht ursächlich, aber auf die Begleitsymptome verstärkend auswirken. Als **Ursache** für einen frühkindlichen Autismus dominiert eine genetische Prädisposition (70–90 %).[409] Weitere Risikofaktoren sind ein hohes Alter der Eltern, Infektionserkrankungen (Röteln), Medikamentenexposition (Antiepileptika) während der Schwangerschaft und Umweltgifte. Es besteht eine hohe Komorbidität mit anderen psychischen Störungen: Etwa 70 % der betroffenen Kinder haben gleichzeitig Angststörungen, eine oppositionelle Störung des Sozialverhaltens oder Aktivitäts- und Aufmerksamkeitsstörungen. Bei einer großen Anzahl der Kinder treten außerdem Enuresis oder Enkopresis auf. Maladaptive oder störende Verhaltensweisen zeigen im Lauf der Zeit eine Tendenz zur Verbesserung, während die Einschränkungen im Sprachbereich und in der kogni- 928

407 Raghavan & Griffin, 2017.
408 WHO, 2019.
409 Lugnegård, Hallerbäck, & Gillberg, 2012.

tiven Entwicklung relativ stabil erhalten bleiben.[410] Im weiteren Verlauf entwickeln vor allem die männlichen Betroffenen komorbide Persönlichkeitsstörungen.

929 Charakteristisch sind bei Autismus qualitative **Auffälligkeiten** der sozialen Interaktion, Kommunikation und beim Spracherwerb sowie repetitives, restriktives und stereotypes Verhalten. Im späteren Verlauf kommen häufig weitere Symptome wie motorische Unruhe, Selbstverletzungen oder außergewöhnliches Essverhalten hinzu. Viele der betroffenen Kinder sind zusätzlich geistig behindert oder leiden an neurologischen Erkrankungen wie Epilepsie. Ebenso findet sich ein deutlich erhöhtes Risiko für das Auftreten weiterer psychischer Störungen, wie Verhaltensauffälligkeiten, Angststörungen und Tics.[411]

930 Zur **Diagnosestellung** ist eine eingehende, multidisziplinäre Diagnostik notwendig, die eine ausführliche autismusspezfische Anamnese, Verhaltensbeobachtung, Intelligenzdiagnostik, körperlich-neurologische Untersuchung und eine neuropsychologische Untersuchung beinhaltet. Dabei sollte die Differenzialdiagnose einer reaktiven Bindungsstörung mit überprüft werden (→ Rn. 265 ff.). Indiziert sind verhaltenstherapeutische, strukturierte Behandlungsmethoden, die das weitere soziale Umfeld einbeziehen, wobei die Therapie lediglich unterstützend und symptomatisch ist, dh die Grunderkrankung nicht heilen, jedoch die Lebensqualität der Betroffenen und ihrer Familienangehörigen verbessern kann.[412] Derzeitige Therapieansätze richten sich auf die Vermittlung von Kommunikationskompetenzen wie Sprache, soziale Fähigkeiten und den Abbau störender und defizitärer Verhaltensweisen. Letztere sprechen teilweise auf eine psychopharmakologische Behandlung an. Der Integration der Familie in das therapeutische Vorgehen kommt bei diesen Kindern eine besondere Bedeutung zu, da bei den Bezugspersonen häufig eine depressive oder ängstliche Grundhaltung vorliegt. Eltern sollte Basiswissen über die Erkrankung sowie das Verständnis für die Bedeutung ritualisierter Alltagsabläufe vermittelt werden.[413] Die elterliche Erziehung ist kein ausschlaggebender Faktor für die Entstehung der Störung, kann aber die Entstehung und den Verlauf zusätzlicher Symptome beeinflussen.[414]

931 Nicht auf familiäre Bedingungen zurückzuführen ist das Auftreten genetisch oder **organisch bedingter psychischer Störungen**, wie beispielsweise einer Demenz oder Psychose in der Kindheit.[415] Diese sind extrem selten. Ausschlaggebend für eine den kindlichen Bedürfnissen entsprechende Versorgung durch die

410 Überblick bei Freitag, Kitzerow, Medda, Soll & Cholemkery, 2017.
411 Mattila et al., 2010.
412 Kamp-Becker & Quaschner, 2015.
413 Poustka, 2000.
414 Freitag, Kitzerow, Medda, Soll & Cholemkery, 2017.
415 Eichhorn, 2003.

Eltern ist ein ausreichendes Wissen über die Erkrankung und die Bereitschaft, bei geeigneten Therapien mitzuwirken.

Das Auftreten von **psychischen Störungen oder Verhaltensauffälligkeiten** ist bei Kindern und Jugendlichen – nicht anders als bei Erwachsenen – multifaktoriell bedingt. Als ein wesentlicher Faktor ist der familiäre Hintergrund anzusehen. So zeigt sich kulturübergreifend ein bedeutsamer Zusammenhang zwischen gestörter Familiendynamik und kindlicher Symptombelastung. Insbesondere psychische Störungen eines Elternteils, chronische Arbeitslosigkeit, innerfamiliäre Gewalt oder Vernachlässigung und die Anhäufung kritischer Lebensereignisse sind Faktoren, die die Entstehung psychopathologischer Symptome bei Kindern fördern. 932

Kinder können ebenso wie Erwachsene **Störungen des Affekts** (insbesondere Depressionen) oder des Verhaltens und kognitiver Funktionen (Aufmerksamkeit, Sprache usw) entwickeln. Derzeit wird davon ausgegangen, dass etwa jedes vierte bis fünfte Kind vor Schuleintritt eine diagnostizierbare psychische Erkrankung hat. Bei etwa 10 % aller Kinder ist von schweren Beeinträchtigungen auszugehen.[416] 933

Allerdings sollte vorsichtig mit der **Etikettierung** von störendem oder auffälligem Verhalten als krankhaft umgegangen werden, da nicht in jedem Fall tatsächlich eine psychische Störung vorliegt. Auffälliges Verhalten kann innerhalb gestörter Familiensysteme eine wichtige Funktion erfüllen, beispielsweise die eigentlich verstrittenen Eltern dazu zwingen, miteinander zu kommunizieren, unaufmerksame oder psychisch kranke Eltern dazu bringen, sich um das Kind zu kümmern, oder kann die Reaktion auf kritische Lebensereignisse sein (→ Rn. 456 ff.).[417] 934

Eine **protektive Wirkung** gegen eine psychische Erkrankung des Kindes haben eine sichere Bindung an den hauptversorgenden Elternteil, funktionale Familienstrukturen, eine verstärkte elterliche Kontrolle schädlicher Umgebungsbedingungen, soziale Netzwerke und gute soziale Kompetenzen eines Kindes. Psychische Ressourcen und erzieherische Kompetenzen der Eltern können psychische Probleme der Kinder verhindern oder mindern.[418] Entsprechend gilt eine psychotherapeutische Behandlung von Kindern und Jugendlichen ohne Einbezug der Eltern als ineffizient. Die deutschen Krankenkassen haben daher etwa ein Viertel der Behandlungszeiten einer Kinder- und Jugendlichen-Psychotherapie für die Elternarbeit vorgesehen. 935

Bei der **Begutachtung** einer Familie, in der ein Kind eine psychische Störung oder Verhaltensauffälligkeiten entwickelt hat, sollte besonderes Augenmerk auf die 936

416 v. Gontard, 2010.
417 Römer, 2012.
418 Schepker, Toker & Eberding, 2003.

innerfamiliären Faktoren gelegt werden, die zur Entstehung, Aufrechterhaltung oder Verstärkung der Symptomatik beitragen.

937 Nicht-suizidale **Selbstverletzungen** sind im Jugendalter ein häufiger Mechanismus zur Stressbewältigung. Schätzungen zufolge wird dieses Verhalten weltweit von ca. 18 % aller Jugendlichen gezeigt, 25 % aller Jugendlichen probieren es zumindest einmal aus. Das Verhalten ist zwar ein Prädiktor für Suizidalität, führt aber nicht zwingend dazu. Die davon betroffenen Jugendlichen suchen selten von sich aus Hilfe.[419] Das Auftreten von Selbstverletzungen darf aber nicht automatisch mit einer Borderline-Persönlichkeitsstörung gleichgesetzt werden (→ Rn. 617 f.).

938 Selbstverletzendes Verhalten tritt zyklisch auf. Es besteht eine hohe **Komorbidität** mit Depression, Angststörungen, antisozialem Verhalten, Suchtmittelkonsum und Essstörungen. Es scheint eine genetische Disposition zu geben, die sich in einer leichteren Induzierbarkeit von sozialem Stress und negativen Emotionen niederschlägt. Fehlende soziale Unterstützung ist der wichtigste soziale Risikofaktor. Als weitere Risikofaktoren gelten die psychische Erkrankung eines Elternteils, die Trennung der Eltern, Arbeitslosigkeit, Traumatisierung durch Missbrauch oder Misshandlung in der Kindheit, Depression, Aggressivität, Ängste, Alexithymie (dh die Unfähigkeit zum Empfinden von Gefühlen), ein geringer Selbstwert, Selbstabwertung, Hoffnungslosigkeit, gravierende somatische Beschwerden, Transsexualität sowie Freunde, die sich ebenfalls selbst verletzen.[420] Wichtigste protektive Faktoren vor selbstverletzendem Verhalten sind soziale Unterstützung und Bindung an die Eltern mit einer guten Qualität der Eltern-Kind-Interaktion. Auslöser sind intra- und interpersonelle Stressereignisse. Der Beginn steht häufig in zeitlichem Zusammenhang mit sexuellen oder physischen Gewalterfahrungen.[421] Durch frühe Traumata entwickeln sich maladaptive Strategien zur Emotionsregulation. Diese führen dann bei pubertätsbedingtem emotionalem Stress zu dysfunktionalen Mustern wie selbstverletzendem Verhalten.[422]

939 Zu **suizidalen Handlungen** kommt es meist in der Folge längerfristig bestehender psychischer Störungen wie Depression, generalisierter Angststörung und Sucht. Am häufigsten fanden sich suizidales Verhalten bei Jugendlichen mit einer Psychose. Weitere Risikofaktoren sind Schlafstörungen, Adipositas, scham- oder trauerbesetzte Erlebnisse, exzessiver Alkoholkonsum, hoher Medienkonsum und Schulschwänzen. Die Entstehung der Suizidalität wird multifaktoriell erklärt, durch neurobiologische, familiäre, innerpsychische und soziale Faktoren. Hin-

---

419 Edinger et al., 2020.
420 Übersicht bei In-Albon, Plener, Brunner & Kaess, 2015.
421 Schmahl & Stiglmayr, 2020.
422 Haid-Stecher & Sevecke, 2019.

sichtlich der familiären Risikofaktoren zählen Erleben von Misshandlung oder Missbrauch zu den Prädiktoren mit dem höchsten Vorhersagewert. Die Abwesenheit eines oder beider Elternteile, psychische Störungen eines Elternteils, Disharmonie in der familiären Kommunikation und Mangel an Wärme in der Eltern-Kind-Interaktion sind weitere Entstehungsfaktoren.[423]

Essstörungen treten nahezu ausschließlich in Gesellschaften oder Familien auf, 940
die über ein reichhaltiges Nahrungsangebot verfügen. Sie können in sämtlichen Lebensphasen konstatiert werden. Am bekanntesten sind die Anorexia nervosa und die Bulimia nervosa, die typischerweise in der Jugend beginnen, überwiegend bei Mädchen auftreten und ca. 0,5 bzw. 3 % der Jugendlichen betreffen.

Wichtigstes Symptom der Anorexie ist neben dem gestörten Essverhalten eine 941
massive Angst vor dem Dicksein, eine verzerrte Körperwahrnehmung und ein herabgesetztes Selbstwertgefühl. **Prädisponierende Faktoren** für Anorexie sind eine genetische Veranlagung, eine perfektionistische Persönlichkeitsstruktur und überangepasstes Verhalten. Prädisponierende Faktoren für Bulimie sind eher sprunghafte und impulsive Persönlichkeitsstrukturen und häufigeres Risikoverhalten. Als Auslöser gelten beispielsweise Stressereignisse in der Pubertät. Die Reaktion der Eltern auf das gestörte Essverhalten gilt als wesentlicher Faktor zur Aufrechterhaltung der Störung.[424] Die Magersucht eines Kindes in der Familie kann sichtbares Symptom weitergehender Probleme oder einer dysfunktionalen Eltern-Kind-Dynamik sein, was sich beispielsweise zeigt, wenn Patienten, die sich im stationären Rahmen stabilisieren konnten, nach Entlassung in die Familie erneut abnehmen.[425]

Übergewicht und **Adipositas** sind in den letzten Jahrzehnten weltweit auch bei 942
Kindern und Jugendlichen gestiegen, mit mittlerweile 10–12 % Prävalenz. Die lebenslange Persistenzrate ist sehr hoch. Wichtigster Risikofaktor für die Entwicklung des Gewichts ist der Gewichtsstatus der Eltern (→ Rn. 611). Genetische, pränatale (Rauchen in der Schwangerschaft) und endokrine Faktoren führen, zusammen mit einem problematischen Ernährungs- und Bewegungsverhalten sowie vermehrtem Medienkonsum, über einen längeren Zeitraum zur Ausbildung des Übergewichts. Lernprozesse, wie der Einsatz von Essen zum Trost, rigides Essverhalten oder geringe kognitive Stimulation von Kindern sowie gestörtes Essverhalten der Eltern als Vorbild verstärken das Problem. Dennoch kommt auch außerfamiliären Faktoren, wie der Verfügbarkeit von Nahrungsmitteln und der Werbung für fett- und zuckerreiche Lebensmittel, erhebliche Bedeutung zu. Adipositas geht mit einer erhöhten Disposition zu Folgeerkrankungen und einer geringeren Lebenserwartung einher. Bei Kindern und Jugendlichen findet sich zu-

423 Wewetzer & Quaschner, 2019.
424 Bryant-Waugh & Lask, 2008.
425 Steinberg, Maas, Müller, Michel & Romer, 2019.

dem eine erhöhte Komorbidität mit Angst und Depression sowie mit Problemen im sozialen Kontext.[426]

943 Die **Aufmerksamkeitsdefizit-/Hyperaktivitätsstörung** beginnt meist in der frühen Kindheit und korreliert mit frühen Regulationsstörungen und einem unsicheren Bindungsaufbau (→ Rn. 628 ff.). Verschiedene andere Auffälligkeiten können zusätzlich vorliegen. Hyperkinetische Kinder sind oft achtlos und impulsiv, neigen zu Unfällen und werden oft bestraft, weil sie eher aus Unachtsamkeit als vorsätzlich Regeln verletzen. Ihre Beziehung zu fremden Erwachsenen ist oft von einer Distanzstörung und einem Mangel an normaler Vorsicht und Zurückhaltung geprägt.[427]

944 Weltweit wird davon ausgegangen, dass etwa 1,5–6 % der Kinder ein Aufmerksamkeitsdefizit mit oder ohne Hyperaktivität haben. Bei Jugendlichen besteht etwa 2 % **Prävalenz**, Jungen leiden etwa doppelt so häufig darunter wie Mädchen. Die meisten der betroffenen Kinder haben zusätzlich weitere psychische Störungen, insbesondere Störungen des Sozialverhaltens, Depressionen, Angststörungen und umschriebenen Lernstörungen. Etwa jeder fünfte Betroffene entwickelt Substanzabhängigkeiten (Nikotin, Drogen).[428] Das Risiko für einen chronischen Substanzabusus steigt, wenn keine medikamentöse Therapie durchgeführt wird.

945 Für die **Entstehung** einer hyperkinetischen Störung beziehungsweise eines Aufmerksamkeitsdefizits wird eine Interaktion psychosozialer und biologischer Faktoren auf der Basis einer genetischen Disposition verantwortlich gemacht. Die Symptomatik verstärkt sich, wenn eine unzureichende erzieherische Steuerung erfolgt. Dieses Störungsbild kommt gehäuft in Familiensystemen vor, die bezüglich der Klarheit und Strukturiertheit destabilisierend auf ein Kind einwirken. Die Interaktion mit den Kindern ist durch negative, bestrafende und kontrollierende Interaktionen und fehlende Responsivität der Eltern gekennzeichnet.[429] Entsprechend ist eine Therapie ohne Einbezug und Schulung der Eltern nicht möglich.

946 **Schulverweigerung**, also das Fernbleiben vom Unterricht über einen längeren Zeitraum, ist als Ausdruck einer komplex belasteten psychischen Situation eines Kindes oder Jugendlichen anzusehen. Meist entwickelt es sich aus einem zunächst gelegentlichen „Schwänzen“, das trotz entsprechender Sanktionen (polizeiliche Zuführung zum Unterricht, Ordnungswidrigkeitsverfahren, Schulverweis, Freiheitsstrafen oder Geldstrafen) ausgeweitet wird, bis zum gänzlichen Wegbleiben. Ein Großteil der Betroffenen ist unter den etwa 9 % eines Jahrgangs, die derzeit in Deutschland jährlich die Schule ohne Abschluss verlassen.

426 Warschburger & Petermann, 2008.
427 Deutsches Institut für Medizinische Dokumentation und Information, 2018.
428 Überblick bei Döpfner, Frölich & Lemkuhl, 2013.
429 Von Gontard, 2010.

Mittlerweile ist gesichert, dass die repressiven Maßnahmen kaum Kooperationsbereitschaft bei den Eltern oder Einsicht bei den betroffenen Schülern erzielen. Dennoch muss schnell und effizient eingegriffen werden, wobei die Fachpersonen vernetzt kooperieren sollten, da das anhaltende Fernbleiben vom Unterricht ein Hinweis auf eine das Kindeswohl schädigende familiäre Situation sein kann.[430]

Es ist davon auszugehen, dass Merkmale des Kindes (wie schulbezogene Ängste und Mangel an sozialen Fertigkeiten), Merkmale der Familie (wie ungünstige Erziehungsbedingungen oder ungünstige Verstärkungsprozesse), Merkmale der Schule (zB große Klassen, viele auffällige Mitschüler, ungünstige Lehrbedingungen) und Merkmale der Gesellschaft (hoher Leistungsdruck) einander gegenseitig verstärken.[431] Als weitere **Risikofaktoren** werden bisher angenommen: Allgemeine Problembelastung der Familie, isolierte Stellung in der Klassengemeinschaft, Probleme mit Lehrern oder Mitschülern, schlechte Leistungen, Schulphobie. Auf Seiten der Schule werden als Faktoren, die das Schulschwänzen fördern, eine mangelnde Normvermittlung, pädagogische Inkonsequenz, Kränkung und Bloßstellung der Schüler, Über- oder Unterforderung mit dem Schulstoff und unzureichende, langweilige Stoffdarbietung diskutiert. Auf Seiten der Erziehungsberechtigten sind Faktoren, welche das Schulschwänzen fördern, eine permissive Erziehungshaltung mit zu wenig Normvermittlung, inkonsequente, kaltherzige oder unterdrückende Erziehungsstrategien sowie Erziehungsabstinenz und Suchtmittelabhängigkeit eines Elternteils. Weitere familiäre Risikofaktoren sind Beziehungskrisen und Konflikte der Eltern, Überbehütung, Einengung, Parentifizierung der Kinder, berufliche Überlastung der Eltern oder deren Arbeitslosigkeit. Eine frühzeitige und umfassende Intervention, beispielsweise durch praxisorientiertes Lernen, außerschulischen Unterricht, psychotherapeutische und sozialpädagogische Betreuung unter Einbezug des familiären Umfeldes ist derzeit die Empfehlung.[432] 947

Störungen des Sozialverhaltens zeichnen sich durch ein sich wiederholendes und anhaltendes Muster dissozialen, aggressiven und aufsässigen Verhaltens aus. Dieses Verhalten ist schwerwiegender als gewöhnlicher kindischer Unfug oder jugendliche Aufmüpfigkeit. Die Diagnose ist beispielsweise begründet bei einem lang andauernden, extremen Maß an Streiten oder Tyrannisieren, Grausamkeit gegenüber anderen Personen oder Tieren, erheblicher Destruktivität gegenüber Gegenständen, Feuerlegen, Stehlen, häufigem Lügen, Schulschwänzen oder Weglaufen von zu Hause, ungewöhnlich häufigen und schweren Wutausbrüchen und Ungehorsam.[433] Jungen sind doppelt so häufig von der Diagnose betroffen als 948

430 Lorenz, 2007.
431 Walter & Döpfner, 2020.
432 Richter, 2007.
433 Deutsches Institut für Medizinische Dokumentation und Information, 2018.

Mädchen. Etwa jedes dritte Kind mit einer Störung des Sozialverhaltens leidet unter weiteren psychischen Erkrankungen. Die höchste Prävalenzrate wird im Vorschulalter beobachtet (4–16 % der Kinder).[434]

949 Aggressive Störungen des Sozialverhaltens sind zwar auch genetisch bedingt, jedoch vorwiegend auf ungünstige **soziale Bedingungen** wie geringer sozio-ökonomischer Status der Familie, psychische Auffälligkeiten eines Elternteils und familiäre Konflikte zurückzuführen. Bei der Entwicklung der prosozialen Fertigkeiten werden diese Kinder von den Eltern nicht ausreichend begleitet. Ihnen wird kein sicheres Gefühl für moralische Normen bzw. Regeln und Grenzsetzungen vermittelt.[435] Gewalt und Misshandlung in der Familie, strafender und inkonsistenter Erziehungsstil, fehlende elterliche Überwachung, fehlende positive Interaktionen in der Familie und psychische Störungen eines Elternteils gelten als wesentliche Risikofaktoren.[436] In der Regel sind typische Interaktionsstörungen zu beobachten, mit mangelnder Wärme in der Eltern-Kind-Beziehung und verminderter Aufmerksamkeit der Eltern für angemessene, kooperative und sozial kompetente Verhaltensansätze der Kinder. Aggressives Verhalten sichert den Kindern die notwendige elterliche Aufmerksamkeit. Entsprechend der Genese muss ein multimodaler Therapieansatz zum Tragen kommen, mit einer Kombination von Elterntraining, pädagogischer Intervention in der Familie, Beratung der Lehrer oder sonstiger Betreuungspersonen sowie einer Einzeltherapie des Kindes und möglicherweise einer medikamentösen Behandlung.[437]

950 **Delinquenz** findet sich bei etwa 15–33 % der männlichen und 2–14 % der weiblichen Jugendlichen, vor allem in der mittleren bis späten Adoleszenz. Dissoziale Kinder stammen überproportional häufig aus niedrigen sozioökonomischen Verhältnissen.[438]

951 Bei **persistierendem** delinquentem Verhalten von Kindern und Jugendlichen ist mit hoher Wahrscheinlichkeit von ungünstigen familiären Sozialisationsbedingungen auszugehen. Dazu zählen unerwünschte Schwangerschaft, forcierte Sauberkeitserziehung, beengte Wohnverhältnisse, Kriminalität oder Gewalttätigkeit eines Elternteils, psychische Störungen eines Elternteils, häufige Umzüge und Schulwechsel, Trennung von wichtigen Bezugspersonen, Entwicklungs- und Leistungsstörungen. Die Zugehörigkeit zu Gruppen von kriminellen Gleichaltrigen ist kein ausschlaggebender Faktor, sondern kann lediglich bereits vorhandene delinquente Neigungen verstärken. Einzelne Bagatelldelikte gehören dagegen – ähnlich wie das Ausprobieren von Suchtmitteln – zu einer jugendtypischen Entwicklung. Was letztlich zu einer anhaltenden Delinquenz oder dem Ausstieg

434 v. Gontard, 2010.
435 Egle, Hoffmann & Joraschky, 2000.
436 v. Gontard, 2010.
437 Döpfner, Schürmann & Wolff-Metternich, 2003.
438 Schiffer, 2011.

aus strafrechtlicher Auffälligkeit führt, ist noch nicht ausreichend erforscht. Es wird jedoch angenommen, dass eine Kombination aus umschriebenen Entwicklungsstörungen im Grundschulalter und bis zur Pubertät anhaltenden widrigen familiären Umständen das Risiko für persistierendes delinquentes Verhalten um ein Vielfaches erhöht.

Kinder und Jugendliche, die elterliche Gewalt erlebt haben, haben ein deutlich 952
erhöhtes **Risiko** für eigene gewalttätige und delinquente Verhaltensstörungen. Etwa jedes dritte betroffene Kind wird selbst ernsthaft gewalttätig oder delinquent. Das Risiko steigt je früher, intensiver und längerdauernder die Exposition von familiärer Gewalt ist. Dies wird darauf zurückgeführt, dass diese Kinder häufiger negative Affekte erleben, weniger Vorbilder für positives Sozialverhalten zur Verfügung haben und Gewalt als effiziente Lösung von Konflikten erlernen.[439] Risikofaktoren sind außerdem männliches Geschlecht, autoritäres Familienklima und bekannte externalisierende Verhaltensstörungen.[440]

Bei jüngeren Kindern besteht ein enger **Zusammenhang** zwischen problema- 953
tischem Erziehungsverhalten und delinquenten und dissozialen Verhaltensweisen, die über den Konsum gewalthaltiger Medieninhalte verstärkt werden.[441] Anhaltende Beschäftigung mit gewalthaltigen Computerspielen intensiviert die Tendenz zu körperlich aggressivem Verhalten von Jugendlichen, vor allem zu Beginn des Jugendalters. Allerdings müssen andere Variablen wie Geschlecht, Sozialschicht, in der Familie bestehender Medienkonsum, körperliche Gewalt in der Familie und mangelnde Beaufsichtigung durch die Eltern als Entstehungsfaktoren berücksichtigt werden.[442] Bei Jugendlichen kommt neben problematischem Erziehungsverhalten der Eltern und einer unsicheren oder gestörten Bindung zu diesen, dem Konsum gewalthaltiger Computerspiele und Gewaltakzeptanz der Peer-Gruppe bei der Entstehung von Gewalt eine große Bedeutung zu. Gewalthaltiger Medienkonsum wirkt dabei als Verstärkung bei einer familiär und/oder genetisch bereits vorhandenen Prädisposition zu Aggressivität und Gewalt.[443] Studien belegen einen Zusammenhang zwischen der Nutzung gewalthaltiger Computerspiele und tatsächlich ausagierter Gewalt. Gleichzeitig wurde jedoch festgestellt, dass die Effekte nur relativ kurzfristig bestehen, es sei denn, sie werden von einem aggressiven Freundeskreis, psychopathologischen Symptomen und weiteren biologischen und sozialen Faktoren verstärkt.[444]

Etwa 73 % der jugendlichen Straftäter wurden innerhalb von vier Jahren erneut 954
delinquent. Aussagekräftige **Prädiktoren** sind antisoziale und psychopathische

439 Weiss, Link & Stemmler, 2015.
440 Ihle, Esser & Schmidt, 2005.
441 Sauter, Wallner & Stemmler, 2018.
442 v. Salisch, 2020.
443 Sauter, Wallner, Stemmler & Reinecke, 2016.
444 Witthöft, Koglin & Petermann, 2012.

Persönlichkeitszüge und eine Störung des Sozialverhaltens.[445] Präventive Ansätze zur Delinquenz richten sich auf die frühzeitige Erkennung und Behandlung von schulischen Leistungsproblemen, die Entwicklung angemessener elterlicher Erziehungspraktiken und die Kontrolle der Impulsivität.[446]

955 Als extreme Ausprägung von Gewalt gewinnen **Amokläufe** erhebliche Medienwirksamkeit. Diese für Außenstehende plötzlich wirkenden Mehrfachtötungen entstehen tatsächlich über einen längeren Zeitraum. Als Risikofaktoren finden sich jahrelange soziale Ausgrenzung, der Verlust bisher stabilisierender sozialer Faktoren, Depression und Suizidalität. Auslösende Ereignisse sind beispielsweise ein persönlicher Misserfolg in der Schule oder ein psychotischer Schub.[447]

956 In der familienpsychologischen **Begutachtung** ist bei erheblicher Ausprägung von Jugenddelinquenz mit sehr großer Wahrscheinlichkeit von noxischen Betreuungsbedingungen in der Familie auszugehen. Aufgabe des Sachverständigen sollte hier auch sein, inner- und außerfamiliäre Ressourcen zu benennen, durch die die Legal- und Sozialprognose der delinquent gewordenen Kinder und Jugendlichen nachhaltig verbessert werden kann.

957 Politische oder religiöse **Radikalisierung** und extremistische Gewalt sind ebenfalls Ergebnis einer langdauernden Entstehungsgeschichte (→ Rn. 902 ff.). Meist bestehen zunächst negative Erfahrungen in sozialen Bezügen wie fehlender familiärer Halt, Ausgrenzung oder traumatische Erlebnisse. Diese führen zur Suche nach Beziehungen, die der Verunsicherung entgegenwirken können, was am leichtesten bei Ideologien der Fall ist, die durch Schwarz-Weiß-Denken geprägt sind. Die Kontakte können sowohl im Lebensumfeld als auch über das Internet geknüpft werden. Die Aufnahme in eine Gruppe, durch die die Jugendlichen Geborgenheit und Anerkennung erfahren, vermittelt ihnen Selbstsicherheit und führt zum Rückzug aus bisherigen Sozialkontakten. Letztlich führt der Gruppendruck zur Einbindung in Tatvorbereitungen und Ausübung von Gewaltdelikten.[448]

958 Im Zusammenhang mit der Entwicklung einer politisch extremistischen Einstellung am Beispiel rechtsextremer Gewaltstraftäter/innen führt eine Untersuchung zu dem Ergebnis, dass bei der **politischen Sozialisation** dieselben Instanzen in der gleichen Weise relevant sind, die auch für nicht extreme Gleichaltrige gelten. Wichtigste Einflussfaktoren für die Ausbildung pathologischer Verhaltensmuster sind die Qualität familiärer Beziehungen, das politische Klima an Bildungseinrichtungen und die grundsätzlichen Werthaltungen im Freundeskreis. Auch wenn ungünstige Sozialisationsbedingungen festzustellen sind, kann eine spezifische

445 Köhler, Neubert, Hinrichs & Huchzermeier, 2016.
446 Lay, Ihle, Esser & Schmidt, 2001.
447 Konrad, Huchzermeier & Rasch, 2019.
448 Rau, Kliemann, Ohlert, Allroggen & Fegert, 2019.

Sozialisation in Richtung Extremismus nicht eruiert werden. Politische Sozialisation ist keine isolierte Entwicklungsaufgabe[449] und nicht eindeutig im Verantwortungsbereich von Eltern zu sehen.

Vorurteile und **Toleranz** sind eng mit dem Selbstbild und sozialer Identitätsfindung verbunden. Sie beginnen im Vorschulalter, auf der Basis einfacher visueller und verbaler Unterscheidungen,[450] und lassen normalerweise mit wachsendem eigenen Erfahrungsschatz nach. Ebenso wie die Moralentwicklung und Aneignung sozialer Normen sind sie stark von Elternhaus und schulischem Umfeld geprägt. Hier kommt dem Training kognitiver und sozial-kognitiver Kompetenzen wie Perspektivenübernahme eine wichtige Bedeutung zu.[451] 959

Die Entwicklung einer **Suchterkrankung** eines Kindes oder Jugendlichen kann durch verschiedene Faktoren begünstigt werden (→ Rn. 659 ff.). Von den über zwölfjährigen Jugendlichen haben etwa 10–20 % zumindest zeitweise Nikotin probiert, etwa 10 % geben einen regelmäßigen Alkoholkonsum an, etwa 2,5 % konsumieren regelmäßig illegale Drogen und ca. 10 % zeigen einen pathologischen Medien- und Internetgebrauch. Die stoffgebundenen Süchte nehmen derzeit etwas ab, während die Verhaltenssüchte zunehmen. Jugendliche sind aufgrund der besonderen neurobiologischen Vorgänge im Rahmen der Pubertät besonders vulnerabel für die Entwicklung von Abhängigkeitserkrankungen.[452] 960

Drogenkonsum kann für einen Jugendlichen bewusste Verletzung elterlicher Kontrolle, Ausdrucksmittel für sozialen Protest, Demonstration des eigenen Erwachsenwerdens, Zugehörigkeit zu einer kulturellen Subgruppe, Zugang zu einem Freundeskreis bedeuten oder aus Neugier erfolgen. Solange sich dies auf ein Ausprobieren oder einen gelegentlichen Konsum beschränkt, tritt zwar ein Substanzkonsum bei vielen Jugendlichen auf,[453] ist aber zunächst nicht zwingend auf elterliches Versagen zurückzuführen. Entwickelt sich daraus ein gewohnheitsmäßiger Konsum oder eine Abhängigkeit, sind in der Regel subjektiv nicht lösbare Krisen, soziale Probleme oder ein problematischer familiärer Hintergrund ausschlaggebend.[454] 961

Multipler Substanzmissbrauch kann auch als **Bewältigungsstrategie** während einer besonders vulnerablen Lebensphase verstanden werden. 73 % der Jugendlichen, die multiple Substanzen missbrauchen oder von ihnen abhängig sind, zeigen gleichzeitig selbstverletzendes Verhalten ohne suizidale Absicht.[455] Bei jugendlichen Drogenkonsumenten besteht unabhängig von Konsummuster oder 962

449 Kleeberg-Niepage, 2012.
450 Beelmann, 2018.
451 Killen & Rutland, 2011.
452 Bilke-Hentsch & Leménager, 2019.
453 Keupp, 2009.
454 Hurrelmann, 1999.
455 Ortner, Bock, Fuchs, Haid-Stecher & Sevecke, 2020.

-dauer ein deutlicher Zusammenhang zur Entwicklung von psychischen Störungen, insbesondere einer Borderline-Persönlichkeitsstörung oder einer Depression. Jugendliche, die regelmäßig Drogen konsumieren, sind impulsiver, häufiger von Wutausbrüchen betroffen und weniger in der Lage, ihre Emotionen zu regulieren.[456]

963 Auch bei **Medikamentenmissbrauch und -abhängigkeit** eines Kindes, die häufig durch das Gefühl der Überforderung ua gegenüber schulischem Leistungsdruck ausgelöst werden, spielt das Verhalten der Eltern eine bedeutsame Rolle. Beispielsweise triggert die Vorbildfunktion der Eltern im Umgang mit Medikamenten und deren häusliche Verfügbarkeit einen missbräuchlichen Konsum.[457]

964 Es ist davon auszugehen, dass Eltern einen wichtigen **Einfluss** auf den Substanzkonsum ihrer Kinder haben, durch das gelebte Vorbild und die elterliche Einstellung zum Substanzkonsum ebenso wie durch die Qualität der Eltern-Kind-Beziehung. Bei Letzterer wird davon ausgegangen, dass ein autoritativer Erziehungsstil (→ Rn. 164) vor Substanzmissbrauch schützt, nicht zuletzt, da die Eltern durch das bestehende Vertrauensverhältnis die Möglichkeit haben, geplantes Konsumverhalten des Kindes zu beeinflussen.[458]

965 Ein zunehmend in den Fokus der Aufmerksamkeit rückendes Problemfeld ist die **Computerspielsucht** und der pathologische Internetgebrauch, wovon vor allem männliche Jugendliche betroffen sind. Das Auftreten dieser Störungsbilder wird begünstigt durch einen bereits in früher Kindheit bestehenden übermäßigen Medienkonsum in der Familie. Diese neuen Problemfelder erfüllen das Vollbild einer Verhaltenssucht, mit Craving (unwiderstehlichem Verlangen), verminderter Kontrollfähigkeit über Beginn und Dauer des Konsums, Entzugserscheinungen wie Nervosität, Unruhe und Schlafstörung bei verhindertem Konsum, fortschreitender Vernachlässigung anderer Interessen und Folgen wie Fehlernährung und Leistungsabfall in der Schule. Bei Computerspielsüchtigen finden sich vergleichbare psychophysische Korrelate wie bei Drogenkonsumenten. Gleichzeitig bestehen häufig andere psychische Störungen, insbesondere eine soziale Angststörung, ängstlich-vermeidende Persönlichkeitsstörung, Essstörung und Suchtmittelabhängigkeit.[459] Die Spielsucht führt zu sozialen und emotionalen Folgeproblemen.[460] Jugendliche, die süchtig nach Computerspielen sind, berichten häufiger von Einsamkeit.[461]

966 Ebenso wie bei stoffgebundenen Süchten ist die Computer- und Internetsucht **multifaktoriell bedingt.** Bei Kindern und Jugendlichen weisen aber erste For-

456 Ghinea, Parzer, Resch, Kaess und Edinger, 2020.
457 Wodarz, 2009.
458 Buchner, 2014.
459 Wölfling, 2009; Wölfling, Giralt, Müller, Beutel, 2011.
460 Kurt, Dogan, Erdogmus & Emiroglu, 2018.
461 Eren & Örsal, 2018.

schungsergebnisse darauf hin, dass sie sich auf der Basis einer unsicheren Bindungsrepräsentation mit Folgeerscheinungen wie Einschränkungen des Selbstwerts und der Beziehungsfähigkeit ausbildet. Verstärkt wird das Suchtrisiko durch sozial frustrierende Lebensbedingungen und das gleichzeitige Fehlen personaler und sozialer Ressourcen.[462]

Entwickeln Kinder oder Jugendliche eine Suchtstörung, sollte die **Erziehungsfähigkeit** der Eltern näher untersucht werden, insbesondere was die von ihnen gebotenen Ressourcen zur Bewältigung kritischer Entwicklungsaufgaben angeht. Die Eltern sollten in eine psychotherapeutische Behandlung eingebunden werden, vor allem bezüglich einer Rückfallprävention, dem Erwerb kommunikativer Kompetenzen und der Verankerung in der realen Welt. Beachtet werden sollte in diesem Zusammenhang in jedem Fall auch der Medienkonsum des familiären Umfelds. 967

Bei allen Entwicklungsstörungen oder Erkrankungen von Kindern und Jugendlichen ist für die Beurteilung der Erziehungsfähigkeit der Eltern ausschlaggebend, inwiefern diese in der Lage sind, die kindlichen Probleme realistisch wahrzunehmen, ohne sie zu bagatellisieren oder zu aggravieren. Des Weiteren sollten Eltern der Problemlage mit angemessenen Präventions-, Förder- oder Therapieansätzen begegnen können. Psychologische **Sachverständige** sollten dabei nicht nur die Defizite des Kindes und des familiären Systems im Auge behalten, sondern auch deren Ressourcen. Inwiefern aus einem kritischen Lebensereignis oder Entwicklungshindernis tatsächlich eine langanhaltende Störung resultiert, hängt letztlich von der Balance zwischen bestehenden Risiken und Ressourcen ab. In der familienpsychologischen Begutachtung erscheint es neben der Feststellung von Problemen der Kinder zwingend erforderlich zu überprüfen, ob dysfunktionale Erziehungsstrategien oder pathologische Interaktionsmuster vorliegen und welche Maßnahmen dagegen empfohlen werden können. 968

462 Petry, 2010.

Teil IV: Begutachtung von Umgangskontakten nach § 1684 BGB

A. Allgemeines

969 Die Frage nach einer dem Kindeswohl entsprechenden **Umgangsregelung** wird auf dem Hintergrund unterschiedlicher familiärer Konstellationen gestellt: Am häufigsten findet sie sich in der Begutachtungspraxis in zeitlichem Zusammenhang mit der Trennung von Eltern. Auch bei Kindern, die aufgrund eingeschränkter Erziehungsfähigkeit ihrer Eltern in Pflegefamilien oder Kinderheimen fremdbetreut werden und Kontakte zu ihrer Herkunftsfamilie pflegen, muss die Regelung der Umgangskontakte sorgfältig erwogen werden. Über die Beziehung zwischen leiblichen Eltern und ihren Kindern hinaus stellt sich die Frage auch bei mehrgenerational konfliktbelasteten Familien, beispielsweise was den Umgang mit Großeltern angeht, oder mit sozialen Elternteilen wie Stiefeltern, mit denen ein Kind längere Zeit zusammengelebt hat.

970 Die Einstellung, welche Form der Kontaktgestaltung dem Wohl der Kinder am besten entspricht, verändert sich **gesellschaftsbedingt**. So wurde bis in die 1970 Jahre allgemein die Ansicht vertreten, dass nach der elterlichen Trennung „ein klarer Schnitt" der beste Weg sei, Kindern eine möglichst unbeschwerte Entwicklung zu bieten. Mit zunehmendem Engagement von Männern für die im Familienalltag anfallenden Aufgaben veränderte sich die Rolle, die sie nach einer Trennung des Paares gegenüber den Kindern einnehmen. Derzeit besteht Konsens darüber, dass der Kontakt zu seinen leiblichen Eltern für die Entwicklung der Persönlichkeit und Identität wichtig ist.

971 Als Umgangskontakte sind nicht nur persönliche Begegnungen, sondern auch postalische (briefliche oder elektronische) oder telefonische **Kontakte** anzusehen.[1] Kontakte zwischen getrennt lebenden Eltern und ihren Kindern sollten nicht nur auf Freizeitaktivitäten beschränkt werden, sondern den Einbezug in alltägliche Aktivitäten und Versorgungsleistungen beinhalten. Grundsätzlich ist zu bedenken, dass nicht die Dauer der miteinander verbrachten Zeit, sondern die Qualität des Miteinanders ausschlaggebend dafür ist, wie Kinder den Umgang mit ihren Eltern erleben.

972 Die Ausgestaltung eines Umgangskontaktes muss aus psychologischer Sicht in erster Linie den **individuellen** Bedürfnissen des Kindes und den familiären Gegebenheiten angepasst sein.

1 Höflinger, 2003.

Bei der Begutachtung der Frage nach einer den Bedürfnissen eines Kindes bestmöglich entsprechenden Umgangsregelung müssen folgende **Aspekte** untersucht werden: 973

- Die entwicklungsbezogene Ausgangslage und das situationsspezifische Verhalten des Kindes;
- der geäußerte Wille des Kindes;
- die familiären Bindungen und Beziehungen, sowohl vor der Trennung oder der Herausnahme aus der Familie als auch zum Zeitpunkt der Begutachtung;
- die erzieherischen Kompetenzen der Eltern (ausreichende Feinfühligkeit des umgangsbegehrenden Elternteils oder Fähigkeit der Betreuungsperson, das Kind in seinen Reaktionen auf die familiäre Situation aufzufangen) im konkret beobachteten Umgang mit dem Kind,
- die Kooperationsfähigkeit und -bereitschaft der Eltern untereinander bzw. mit Dritten.

Des Weiteren sollte eine von Sachverständigen empfohlene Umgangsregelung die tatsächlich zur Verfügung stehenden **sozio-ökonomischen** Rahmenbedingungen berücksichtigen. Sachverständige sollten auch der Tatsache Rechnung tragen, dass eine aktuell zu treffende Umgangsregelung im weiteren Verlauf an die Entwicklung der Kinder angepasst werden muss und in den meisten Fällen keinen Dauerzustand darstellt. 974

B. Umgang nach Trennung und Scheidung

Die Eltern der zehnjährigen Ra haben sich getrennt, das Kind verbleibt im Haushalt der Mutter. Ra möchte aktuell keine Umgangskontakte mit dem Vater wahrnehmen, da sie sich mit seiner neuen Lebensgefährtin nicht versteht. Im Gegenzug behält der Vater den von Ra heiß geliebten Familienhund ein und argumentiert, dass Ra ja während der Besuchskontakte den Hund sehen könne. 975

1. Grundlagen

Im Jahr 2019 lebten in Deutschland etwa 22 % der Minderjährigen mit nur einem Elternteil zusammen, insgesamt etwa **2,6 Millionen Kinder.**[2] Laut Erhebung einer Erziehungsberatungsstelle pflegen von diesen Kindern etwa 38 % regelmäßigen Umgang mit dem getrennt lebenden Elternteil, 33 % unterhalten einen unregelmäßigen Kontakt und bei 24 % ist der Kontakt abgebrochen.[3] 976

Seit etwa den 1990er Jahren besteht in Deutschland ein gesellschaftlicher Konsens darüber, dass im Allgemeinen die regelmäßige Durchführung von Umgangskontakten nach der Trennung von Eltern für die Entwicklung von Kindern 977

2 www.destatis.de.
3 Dusolt, 2011.

förderlich ist. Dadurch sollen familiäre Bindungen und Beziehungen aufrechterhalten und einer Entfremdung entgegengewirkt werden.[4] Kinder können dabei weiterhin eigene Erfahrungen und Bewertungen ihres sozialen Netzes und der familiären Umbruchsituation sammeln und die beidseitige elterliche Zuneigung erleben, was das kindliche Selbstvertrauen und Selbstwertgefühl fördern soll.[5] Spannungsfreie Kontakte zu beiden Elternteilen sollen eine ungestörte Identitätsentwicklung mit weiblichen und männlichen Rollenmodellen erleichtern. Kinder sollen die in ihrer Persönlichkeit vereinten mütterlichen und väterlichen Anteile ausleben dürfen, ohne die Ablehnung eines Elternteils befürchten zu müssen. Ein unbeschwerter Kontakt zu allen Familienmitgliedern soll den Kindern helfen, eine innere Repräsentanz der Familienstruktur vorzunehmen und dabei die Besonderheiten der eigenen Familienbeziehungen zu akzeptieren.

978 Die Annahme, dass Umgangskontakte mit den leiblichen Eltern prinzipiell dem Wohle eines Kindes dienen, konnte in dieser generellen Form allerdings empirisch nicht nachgewiesen werden. Tatsächlich ist nur in den Fällen von einer **positiven Auswirkung** von Umgangskontakten auf die kindliche Entwicklung auszugehen, in denen eine positive Qualität des Eltern-Kind-Kontakts, eine verantwortliche (auch Grenzen setzende) Erziehungshaltung des umgangsberechtigten Elternteils vorliegt und das Konfliktniveau zwischen den Eltern gering ist.[6] Außerdem ist die Fähigkeit des umgangsbegehrenden Elternteils ausschlaggebend, emotionale Nähe aufrechtzuerhalten und auch finanziell die Verantwortung für seine Kinder zu tragen.[7] Wo sich umgangsbegehrende Elternteile in dieser Weise positiv um die Kinder bemühen, tragen Umgangskontakte zu einer Verminderung des Risikos für delinquentes Verhalten sowie zu einer Steigerung von schulischen Leistungen bei.[8] Das durch die elterliche Trennung ausgelöste Stresserleben des Kindes und Verlustängste können durch Umgangskontakte abgemildert werden.[9] Positive Effekte von Umgangskontakten des Kindes zu getrennt lebenden Elternteilen sind weiter da zu erwarten, wo ein geringer Koalitionsdruck von den Eltern ausgeübt wird und die Eltern gut miteinander kooperieren, und zwar unabhängig von der Frequenz oder Dauer der Umgangskontakte.

979 Grundsätzlich gilt, dass nicht die Häufigkeit oder Dauer eines Umgangskontaktes für die Entwicklung eines Kindes nach der elterlichen Trennung entscheidend ist. Mehrere Studien weisen darauf hin, dass die **Qualität** der Beziehung zwischen den Eltern einen moderierenden Einfluss auf den Kontakt des Kindes zum getrennt lebenden Elternteil und damit auf das Kindeswohl hat.[10] Maßgeblich ist

4 Richardt, Remschmidt & Schulte-Körne, 2006.
5 Klüber & Terlinden-Arzt, 2002.
6 Friedrich, Reinhold & Kindler, 2004.
7 Gödde, 2004.
8 Dunn, 2004.
9 Walter, 2009.
10 Bretherton & Page, 2004; Walper, 2005 a.

insbesondere, ob ein autoritatives Erziehungsverhalten gelebt wird (→ Rn. 161, 164). Das finanzielle Engagement und die Allianz der Eltern in ihrer Rolle als Erzieher (Coparenting) sind wesentliche Einflussfaktoren für die Eltern-Kind-Beziehungsqualität. Sind diese Faktoren positiv ausgeprägt, zeigen die Kinder allgemein weniger Problemverhalten und bessere schulische Leistungen.[11]

In den Konflikten vor, während und nach einer Trennung werden Kinder häufig 980 von ihren Eltern – bewusst oder unbewusst – zur Positionierung im Elternkonflikt gedrängt und dabei mitunter zur Durchsetzung der elterlichen Interessen instrumentalisiert. Hierzu werden Kinder beispielsweise als Botschafter, Spione oder Zeugen psychisch missbraucht, um die elterliche Position zu stärken. In Extremfällen kann es sogar zur bewussten Schädigung bis hin zur Tötung des gemeinsamen Kindes kommen, um den anderen Elternteil leiden zu lassen. Jede Form der **Instrumentalisierung** stellt für Kinder aller Altersstufen eine emotionale Belastung und Überforderung dar.

Zwischen den Eltern bestehende Spannungen und chronische **Konflikte**, die auch 981 für Außenstehende durch das defizitäre Sozialverhalten der Beteiligten offensichtlich werden, belasten Kinder bei der Durchführung von Umgangskontakten und stellen einen Dauerstressor dar. Vor allem jüngere Kinder reagieren darauf mit psychosomatischen Beschwerden. Man spricht hier von einem Triangulationskonflikt, bei dem das Kind zwischen seine Eltern gerät und die Balance in der Triade Vater-Mutter-Kind verloren geht. Dieser Prozess begünstigt die Entwicklung kindlicher Loyalitätskonflikte.

Ist der **Koalitionsdruck** hoch, leidet das Selbstwertgefühl des zwischen den Eltern 982 stehenden Kindes bei häufigen Kontakten statistisch signifikant. Ein verminderter Kontakt zum getrennt lebenden Elternteil kann also bei den Familien von Vorteil sein, bei denen die Eltern noch in feindselige Hochkonflikthaftigkeit verstrickt sind und die Kinder in diese einbinden. Gleichzeitig sollte in diesen Familien eine Beratung stattfinden, um den Beteiligten die mit der Hochkonflikthaftigkeit verbundenen Risiken für die Entwicklung der Kinder zu verdeutlichen und ihnen Unterstützung im Aufbau funktionaler Kommunikationsmuster anzubieten, welche die Kinder langfristig entlasten.[12]

Auch **Persönlichkeitsfaktoren** des umgangsbegehrenden Elternteils, wie eine 983 feindselige Ausgestaltung der Eltern-Kind-Beziehung oder überkritisches und strafendes Erziehungsverhalten, gehen mit negativen Effekten von Umgangskontakten auf die Kinder einher.[13]

11 Überblick bei Walper, 2016.
12 Walper & Gerhard, 2003.
13 Dunn, 2004.

984 **Merkmale des Kindes** können ebenfalls Einfluss auf das Kontaktverhalten getrennt lebender Elternteile haben: Mit steigendem Alter des Kindes ist das Engagement von getrennt lebenden Vätern rückläufig, ebenso bei erhöhtem internalisierendem oder externalisierendem Problemverhalten der Kinder.[14]

985 Empirisch gut gesichert ist die Erkenntnis, dass das **Fehlen von Umgangskontakten** zu einem getrennt lebenden Elternteil per se keine nachhaltigen negativen Auswirkungen auf die Entwicklung von Kindern hat.[15] Ohnehin nimmt meist der Kontakt der Kinder zu dem Elternteil, bei dem sie nicht leben, mit der Zeit ab, insbesondere wenn die Kinder in die Pubertät kommen und sich intensiver für außerfamiliäre Sozialkontakte interessieren, oder wenn der getrennt lebende Elternteil eine neue Partnerschaft eingeht.

986 In der Praxis werden in vielen Familien die Wochenenden dergestalt zwischen den Eltern aufgeteilt, dass die Kinder abwechselnd ein Wochenende bei jedem Elternteil verbringen. Diese Regelung, die häufig von Juristen forciert wird, ist insofern empirisch abgesichert, als sie sich im Alltag bewährt hat. Eine wissenschaftliche Absicherung, ob diese Form der Umgangsgestaltung für die Entwicklung von Kindern förderlicher ist als eine andere, existiert bisher nicht.[16] Sie wird aber aus pragmatischen Gründen tradiert. Auf pädagogischen und entwicklungspsychologischen Grundlagen entwickelte **Zeitpläne** zur Umgangsgestaltung wurden erstellt, um Eltern und beteiligten Fachkräften als Leitlinien zu dienen,[17] müssen aber jeweils an die individuellen Bedürfnisse des betroffenen Kindes angepasst werden.

987 Bei **jüngeren Kindern** werden von Psychologen kürzere Zeiträume und eine höhere Frequenz der Umgangskontakte empfohlen (beispielsweise jede Woche einen halben Tag oder Tag), da diese ein anderes Zeitempfinden haben als Erwachsene und entwicklungsbedingt noch nicht in der Lage sind, zwischenmenschliche Beziehungen über längere Kontaktpausen aufrechtzuerhalten. Bei Kindern unter vier Jahren werden Umgangszeiträume von bis zu vier Stunden als ausreichend bemessen angesehen, um die Beziehung aufrechtzuerhalten.[18]

988 Der Zeitpunkt, ab dem **Übernachtungen** des Kindes beim umgangsberechtigten Elternteil stattfinden sollen, ist häufiger Streitpunkt bei familiengerichtlichen Auseinandersetzungen. Bei Kleinkindern ist auf deren Bindungsaufbau gegenüber dem umgangsbegehrenden Elternteil sowie das kindliche Sicherheitsgefühl bzw. dessen Ängstlichkeit Rücksicht zu nehmen. Bei Kleinkindern wurde festgestellt, dass Übernachtungen außerhalb der vertrauten Umgebung die Entwick-

---

14 Walper, 2016.
15 Überblick bei Walter, 2009.
16 Kindler, 2009 b.
17 Kelly, 2005.
18 Küfner, 2003.

lung unsicherer Bindungsmuster fördern. Übernachtungen beim getrennt lebenden Elternteil sollten daher erst nach dem Kleinkindalter (also ab dem abgeschlossenen dritten Lebensjahr) durchgeführt werden.[19] Ab dem Vorschulalter können Übernachtungen meistens weitgehend problemlos verkraftet werden.[20] Aufgrund der vorliegenden empirischen Ergebnisse empfiehlt sich, Übernachtungsbesuche beim getrennt lebenden Elternteil in den ersten vier Lebensjahren auf dem Hintergrund der vor der Trennung gelebten Versorgung des Kindes abzuwägen. Frühzeitige Übernachtungsbesuche gefährden den Bindungsaufbau auch zur Hauptbezugsperson, was die Resilienz der Kinder langfristig erheblich beeinträchtigen kann. Ein langsames, an der Befindlichkeit des Kindes orientiertes Vorgehen verbessert die Langzeitprognose der Umgangskontakte.[21] Die Häufigkeit von langen Umgangskontakten sollte auch von der Qualität der elterlichen Fürsorge abhängig gemacht werden. So sind häufige Übernachtungen bei einem wenig fürsorglichen Elternteil eine Belastung für Kinder[22] (→ Rn. 472).

Sobald die Phase der mentalen Bindungsrepräsentation abgeschlossen ist (also 989
etwa ab dem vierten Lebensjahr), ist davon auszugehen, dass Kinder auch durch eine **niedrigere Frequenz** der Kontakte eine positive Beziehung halten können. Bei zusammenlebenden Eltern zeigt sich das beispielsweise in der Reaktion von Kindern auf die Wiederkehr von Elternteilen, die aufgrund von Arbeitsverpflichtungen oder Auslandsaufenthalten längere Zeit abwesend waren. Bei älteren Kindern werden je nach Familienkonstellation auch Empfehlungen von einem monatlichen Besuch oder Besuchen in längeren Abständen ausgesprochen.[23]

Besonderer Wert sollte bis zur Pubertät auf **Regelmäßigkeit** und Vorhersehbar- 990
keit der Umgangskontakte gelegt werden. Im Jugendalter tendieren die Heranwachsenden häufig stärker zum gleichgeschlechtlichen Elternteil, was einerseits auf die psychosexuelle Entwicklung zurückzuführen ist, andererseits auf das Teilen von geschlechtsspezifischen Interessen und Freizeitbeschäftigungen. Aus der eigenen familiären Sozialisation resultiert, dass sich Eltern am ehesten mit dem Kind identifizieren, das ihnen nach Geschlecht und Altersrang unter den Geschwistern am ähnlichsten ist. Dies wiederum führt auf Seiten des Kindes zu einer größeren Identifikation mit diesem Elternteil.[24] Diesem Faktor ist bei der Ausgestaltung von Umgangskontakten ebenfalls Rechnung zu tragen.

Wie eine kindgemäße Umgangsregelung aussehen sollte, kann nicht pauschal be- 991
antwortet werden, sondern ist von den **individuellen Gegebenheiten** der Familie bzw. der Kinder abhängig. Dazu zählen beispielsweise Alter und Entwicklungs-

19 Solomon & George, 1999.
20 Fthenakis, 1995.
21 George, 2019.
22 Walper, 2019.
23 Karle & Klosinski, 1999.
24 Toman, 2011.

stand des Kindes, der Grad der Vertrautheit des Kindes mit dem getrennt lebenden Elternteil, die Qualität der Interaktion während der Zeit des Zusammenlebens, der Grad an Individuation des Kindes vom hauptbetreuenden Elternteil, verfügbare Zeit und zur Verfügung stehende Räumlichkeiten des umgangsbegehrenden Elternteils, räumliche Distanz und damit verbundene Anfahrtszeiten zwischen den Eltern, Belastungsfähigkeit des Kindes, Fähigkeit des umgangsberechtigten Elternteils, die mit dem Kind verbrachte Zeit positiv zu gestalten. Die konkrete Ausgestaltung der Umgangskontakte sollte sich auch nach der Bindungsqualität zum hauptversorgenden Elternteil richten.

992 Nach Möglichkeit sollten Umgangsvereinbarungen **flexibel** an die Bedürfnisse des Kindes angepasst werden. So sind Kinder, die kränklich sind oder anderweitige Stressoren erleben (wie Kindergartenbeginn oder Schuleintritt) gegenüber ihren Hauptbezugspersonen meist anhänglicher und möchten sich weniger lange von diesen trennen. Anderweitige Programmpunkte, wie die Geburtstagsfeier des besten Freundes können für die Kinder situativ interessanter sein, als ein Umgangskontakt mit dem getrennt lebenden Elternteil. Dies ist nicht mit einer Ablehnung des umgangsberechtigten Elternteils gleichzusetzen, da es aktuellen Bedürfnissen des Kindes entspricht und keine generelle Haltung widerspiegeln muss. Durch starre Umgangsregelungen können anderweitige Interessen des Kindes eingeschränkt werden und die dadurch entstandene Frustration kann sich entsprechend negativ auf die Eltern-Kind-Beziehung auswirken.[25]

993 Die bestehende **Erkrankung** eines Kindes kann sich auf die Durchführung des Umgangsrechts auswirken, wenn davon ausgegangen werden muss, dass Umgangskontakte diese verstärken. Das kann der Fall sein, wenn der umgangsberechtigte Elternteil die medizinischen Verordnungen nicht gewährleistet, in Anwesenheit des Kindes übermäßig raucht oder in sonstiger Weise nicht auf dessen gesundheitliche Unversehrtheit achtet.[26]

994 Der langsame **Aufbau** von Umgangskontakten ist vor allem zu empfehlen, wenn länger andauernde Trennungen des Kindes vom umgangsbegehrenden Elternteil stattgefunden haben oder bisher keine Beziehung zwischen beiden aufgebaut wurde, beispielsweise kein Zusammenleben stattfand.

995 Ein besonderes Augenmerk ist im Rahmen jeglichen Umgangskontaktes darauf zu legen, dass die **Übergabe** des Kindes von einem zum anderen Elternteil konfliktfrei abläuft. Den Eltern sollte es – eventuell durch die Vermittlung einer dritten Person – gelingen, vor dem gemeinsamen Kind miteinander zu sprechen und dabei angemessene Umgangsformen an den Tag zu legen. Konfliktthemen sollten in jedem Fall in Anwesenheit des Kindes vermieden werden, um das Kind nicht

25 Klüber & Terlinden-Arzt, 2002.
26 Finke, 2015.

in Loyalitätskonflikte zu bringen (→ Rn. 439 ff.). Eine Auseinandersetzung der Eltern im Rahmen der Übergabesituation erleben die Kinder als beängstigend und beschämend.

Die Ausbildung eines eigenständigen Willens, der in der Begutachtung bei der Frage nach der Umgangsgestaltung zum getrennt lebenden Elternteil erfragt wird, setzt psychische Kompetenzen voraus, die bei Kindern im Alter ab drei bis vier Jahren in der Regel vorhanden sind. Die eigene psychische Realität in Form von **Willensbekundungen** zu vertreten und durchzusetzen, fördert die Selbstwirksamkeitserwartungen eines Kindes. Die Nichtbeachtung des Kindeswillens kann in der langfristigen Perspektive Resignation, Hilflosigkeit und Schwächung des Selbstwertes auslösen (→ Rn. 229 ff.). 996

Der ausdrückliche Wille des Kindes muss allerdings hinsichtlich Entwicklungsstand und Motivlage abgewogen werden. Er sollte nach Möglichkeit in die zu treffende Umgangsregelung einbezogen werden, es sei denn, er ist mit einer Selbstgefährdung des Kindes verbunden oder auf eine eindeutige Manipulation durch einen Elternteil zurückzuführen.[27] Insgesamt scheint die **Mitgestaltung** der Umgangskontakte durch die Kinder ein Schlüsselelement für den Langzeitverlauf der Eltern-Kind-Beziehung zu sein.[28] 997

Bei den elterlichen Auseinandersetzungen um das richtige Ausmaß und die Gestaltung des Umgangs zum getrennt lebenden Elternteil sollte auch in hochkonflikthaften und manipulativen Elternstreitigkeiten nicht aus den Augen verloren werden, dass es das Kind ist, das am meisten leidet, wenn an ihm Elternrechte durchgesetzt werden sollen. Hier gilt es für psychologische Sachverständige insbesondere, die **Bedürfnisse des Kindes** von denen der Eltern zu unterscheiden. 998

2. Umgangsverweigerung

Umgangsverweigerung ist vor dem Hintergrund hochkonflikthafter Familiensysteme typischerweise bei älteren Grundschulkindern zu beobachten und **multifaktoriell** bedingt. Durch ihre Weigerung, den Kontakt zu einem Elternteil zu halten, versuchen Kinder beispielsweise, weiteren Streit zwischen den beiden familiären Fraktionen zu vermeiden.[29] Sie zeigen damit – aus ihrer kindlichen Perspektive, nicht selten aber auch aus Perspektive der Eltern – Loyalität gegenüber ihrer Hauptbezugsperson. Ebenso ist zu bedenken, dass Kinder bei einem Kontaktabbruch oder der Beziehungsverweigerung nach dem Vorbild ihrer Eltern handeln, die ihnen vermitteln, dass Konflikte nicht gelöst, sondern vermieden werden sollen. 999

27 Balloff, 2002.
28 Kaltenborn, 2002.
29 Behrend, 2010.

1000 Als ein weiterer Aspekt ist zu berücksichtigen, dass die elterliche Trennung das Beziehungserleben und -gefüge eines Kindes nachhaltig erschüttert und Trennungs- und **Verlustängste** mit sich bringen kann. Dies führt häufig dazu, dass es einem Kind vorübergehend nicht mehr gelingt, sich für die Wahrnehmung von Umgangskontakten von seiner Hauptbetreuungsperson zu trennen. Dies sagt primär nichts über die Beziehung des Kindes zum getrennt lebenden Elternteil aus, verweist aber auf ein unsicheres Bindungserleben zum hauptbetreuenden Elternteil.

1001 Kinder lehnen den umgangsberechtigten Elternteil auch aufgrund von dessen Eigenheiten ab, zB weil dieser Gewalt ausgeübt hat, als emotional kalt erlebt wird, über die Hauptbezugsperson des Kindes schlecht spricht oder unangemessen auf die Verunsicherungen des Kindes reagiert. **Ablehnung** wird bei Kindern auch hervorgerufen, wenn sich der Elternteil hinsichtlich der Umgangskontakte als unzuverlässig erwiesen hat. Gelegentlich wird von einem Kind der Kontakt mit dem umgangsbegehrenden Elternteil nicht pauschal abgelehnt, sondern beispielsweise bestimmte Räumlichkeiten, an die das Kind negative Erinnerungen hat, oder die Anwesenheit dritter Personen wie ein neuer Lebensgefährte, mit dem das Kind keinen Kontakt wünscht.

1002 Hinsichtlich der **Häufigkeit**, mit der Kinder einen Elternteil ablehnen, liegen bisher nur wenige Studien vor. Schätzungen zufolge sind etwa 20 % der Kinder, deren Eltern hochkonflikthafte Streitigkeiten austragen, davon betroffen. Das entspricht etwa 2 % der Familien mit gerichtsanhängigen Sorgerechts- oder Umgangsverfahren. Bei diesen Kindern besteht die Gefahr, dass auffällige (insbesondere aggressive) Verhaltensweisen generalisiert[30] und außerhalb der Familie gezeigt werden und sich letztlich auch gegen den Elternteil richten, der bisher die Hauptbezugsperson des Kindes war.

1003 Bekannte **Gründe** für Kontaktablehnung durch Kinder sind die Vermeidung von heftigen Auseinandersetzungen der Eltern bei der Begegnung, Enttäuschung des Kindes über das Verhalten des Umgangsberechtigten oder bei ihm vorgefundener Lebensumstände (neue Kinder), Parentifizierung und Sorge um den zurückbleibenden Elternteil, starke emotionale Abhängigkeit vom hauptbetreuenden Elternteil, Vermeidung von Trauer und Schmerz bei der ständig sich wiederholenden Verabschiedung, Versuch des Kindes, die beiden Elternteile zu gemeinsamem Handeln zu zwingen, einseitige Lösung des Loyalitätskonflikts.[31]

1004 Natürlich kann auch eine **aktive Beeinflussung** des betreuenden Elternteils die Ursache für die Umgangsverweigerung eines Kindes sein. Die Annahme, Kinder würden Umgangskontakte nur deswegen ablehnen, weil sie einer negativen Ein-

30 Rohmann, 2005.
31 Vergho, 2009.

flussnahme ausgesetzt wären, ist allerdings durch Forschungsergebnisse in keiner Weise zu verifizieren.[32]

In den 1990er Jahren wurden die Auffälligkeiten von Kindern, die einen Eltern- 1005
teil massiv abwehren, unter dem Stichwort **„Parental Alienation Syndrom“** (PAS) zusammengefasst. Grundannahme war, dass das kindliche Verhalten Folge einer erfolgten „Gehirnwäsche“ ist, das Kind nicht mehr aufgrund eigener Erfahrungen mit dem abgelehnten Elternteil reagiert und den betreuenden Elternteil quasi reflexartig unterstützt[33] (→ Rn. 452 ff.). Das Konzept des PAS wurde vielfach aufgegriffen, da es in einer emotional belasteten Situation einen eindeutigen „Schuldigen“ (den angeblich indoktrinierenden Elternteil) in den Mittelpunkt rückte und dadurch eine einfache Lösungsmöglichkeit nahelegte. Tatsächlich führte das Konzept (vor allem in den USA) teilweise zu erheblichem Leid von Kindern, die daraufhin gewaltsam von ihrem hauptbetreuenden Elternteil getrennt und zum abgelehnten Elternteil oder fremdplatziert wurden.[34]

Von Psychologen und Psychotherapeuten wird das PAS-Konzept kritisch bewer- 1006
tet. Durch den Begriff wird angedeutet, dass es sich um ein eindeutig beschriebenes klinisches Syndrom handelt. Tatsächlich liegen keine empirischen Befunde über Entstehung, Aufrechterhaltung, klinische Relevanz und Behandlungsmöglichkeiten vor. Dies bedeutet, dass es sich um einen **alltagspsychologisch** eingängigen Begriff handelt, er entspricht jedoch nicht einer sachlich fundierten Diagnose. Zudem ist die Ablehnung eines Elternteils durch ein Kind ein multifaktoriell bedingtes und langwieriges Geschehen. Die Reduktion auf lediglich eine Ursache widerspricht sämtlichen Befunden über die Reaktionen von Kindern auf familiäre Konflikte.[35] Von der American Psychiatric Association wurde es daher abgelehnt, das sogenannte „Parental Alienation Syndrom“ als psychopathologisches Störungsbild in die klinischen Klassifikationssysteme aufzunehmen.

Allerdings ist die „Parental Alienation“, sofern nachweisbar, als **psychische** 1007
Misshandlung eines Kindes zu werten. Dies beinhaltet das Verhalten eines Erwachsenen, der anhaltend dem Kind gegenüber einen Elternteil ablehnt oder verunglimpft, wobei die Vorwürfe nicht durch tatsächliche Erlebnisse begründet sind. Wenn das Kind Kontaktwünsche äußert, führt dies zu negativen Reaktionen des hauptbetreuenden Elternteils, wie Liebesentzug, der Androhung von Bestrafung wie Einsperren oder Schlägen.[36] Der aktive Einbezug des Kindes in elterliche Feindseligkeiten und die Konfrontation mit einer Verunglimpfungskampagne geht teilweise auch mit der Beschuldigung des sexuellen Missbrauchs,

32 Salzgeber, 2003.
33 Gardner, 2002.
34 Johnston, 2007.
35 Klenner, 2002.
36 V. Boch-Galhau, 2018.

der Misshandlung oder Vernachlässigung einher, was für die Kinder erhebliche Konsequenzen nach sich ziehen kann.[37]

1008 Die anhaltende Ablehnung von Umgangskontakten durch ein Kind ist als sein Versuch zu respektieren, einen Ausweg aus der belastenden Situation zu finden. **Erzwungene Umgangskontakte** gegen den ausdrücklichen Willen der Kinder verfehlen ihren Nutzen.[38] Wird ein Kind dazu gezwungen, Umgangskontakte wahrzunehmen solange sich an den Konflikten zwischen den Eltern nichts verändert hat, werden die Vorteile von Umgangskontakten durch die Nachteile überwogen (insbesondere emotionale Belastung und Verstärkung der symbiotischen Beziehung zur Hauptbezugsperson). Bei einem Erzwingen von Umgangskontakten ist davon auszugehen, dass sich die psychischen Reaktionen des Kindes weiter verschärfen werden. Eine 25-jährige Längsschnittstudie kam zu dem Ergebnis, dass Kinder, die sich beispielsweise durch Gerichtsauflagen dazu gezwungen sahen, den Umgangsberechtigten zu sehen, spätestens ab der Pubertät den Kontakt abbrachen und im Erwachsenenalter diesem gegenüber häufig intensive Wut empfanden. In der Folge zeigte sich die Beziehung zu beiden Elternteilen belastet.[39]

1009 Mittlerweile liegen Befunde vor, nach denen nahezu alle Kinder, die ein ablehnendes Verhalten gegenüber einem Elternteil zeigten, dieses im weiteren Verlauf (in der Regel nach etwa ein oder zwei Jahren, spätestens mit Eintritt ins Erwachsenenalter) aufgeben. Daher wird eher empfohlen, diese „natürliche **Reifung**" abzuwarten und das ablehnende Verhalten nicht durch Zwangsmaßnahmen oder Sanktionen weiter zu verschärfen.[40]

1010 Hilfreicher im Zusammenhang mit einer Kontaktablehnung durch Kinder ist es, zwischen pathologischen und entwicklungsförderlichen **Familienmustern** zu unterscheiden. Sachverständige sollten der Aufgabe nachgehen, den Beitrag sämtlicher Familienmitglieder zum Verhalten des Kindes aufzuklären und entsprechende, gezielte Interventionen vorschlagen, die das Grundproblem behandeln und die Bedürfnisse des Kindes in den Mittelpunkt rücken.

C. Umgang bei Fremdbetreuung des Kindes

1011 Die mittlerweile neunjährige Re lebt seit sieben Jahren in einer Pflegefamilie. Da ihre Eltern getrennt sind, hat sie abwechselnd mit der Mutter und mit dem Vater an jedem Samstag Umgangskontakt. Re möchte gerne auf den Kindergeburtstag ihrer Freundin gehen, der diesen Samstag gefeiert wird. Außerdem wünscht sie sich schon lange, in einem Fußballverein zu trainieren, aber Training und Spiele finden samstags statt. Die Eltern bestehen auf ihrem „verbrieften" Recht.

37 Kadkhodaey & Heubrock, 2015.
38 Fahrendholz & Zumbach, 2020.
39 Wallerstein & Lewis, 2002.
40 Bruch, 2002.

Die Frage nach einer Regelung der Kontakte eines fremdbetreuten Kindes zu seiner **Herkunftsfamilie** wird häufig analog zur Umgangsregelung nach der elterlichen Trennung beantwortet. Dies wird allerdings der Tatsache nicht gerecht, dass die Herausnahme eines Kindes aus der Familie erfolgte, weil den kindlichen Bedürfnissen im Elternhaus nicht entsprochen wurde. Häufig herrschten traumatisierende Betreuungsbedingungen vor wie familiäre Gewalt, Missbrauch oder schwere Vernachlässigung. Eine Umgangsregelung muss daher den Erfahrungen des Kindes in der Herkunftsfamilie Rechnung tragen. 1012

Durch Umgangskontakte können angstauslösende oder überwältigende Gefühle reaktiviert und eine **Retraumatisierung** herbeigeführt werden[41] (→ Rn. 738). Es gibt Fachmeinungen, die generell einen Kontakt mit Eltern, die ihren Kindern Gewalt angetan haben, ausschließen wollen, es sei denn, das Kind ist kognitiv reif genug für eine Konfrontation, und die Eltern zeigen die notwendige Einsicht und Reue.[42] Die Verarbeitung der traumatischen Erlebnisse und damit auch der Begegnungen bei den Umgangskontakten steht in engem Zusammenhang mit den kindlichen Schutz- und Resilienzfaktoren (→ Rn. 217 ff., 831)). 1013

Häufig findet sich bei Eltern, die ihren Kindern keine kindeswohldienlichen Entwicklungsbedingungen bieten konnten, auch langfristig keine Einsicht in eigene Defizite und **Fehlverhalten**. Der öfter vorgebrachte Vorwurf, das Jugendamt habe das Kind „gestohlen" oder Kinder würden nur aus finanziellen Gründen in Obhut genommen, spiegelt eine solche Grundhaltung wider. Von den leiblichen Eltern ist daher eindeutig zu fordern, dass sie die Kinder nicht gegen die Pflegeeltern einnehmen und damit Loyalitätskonflikte auslösen. 1014

Ein schwieriges Thema stellt in diesem Zusammenhang das Bedürfnis des Kindes nach dem Schutz der **Beziehungen zu den Pflegeeltern** dar. Etwa 60 % der in Pflegefamilien lebenden Kinder verbleiben dauerhaft dort. Lebt ein Kind bereits seit dem Säuglingsalter bei Pflegeeltern, sind dessen primäre Bindungen an diese zu schützen und sollten nicht durch Verlustängste verunsichert werden. Umgangskontakte sollten hier nicht zur Konkurrenz zwischen den leiblichen Eltern und den Pflegeeltern führen. Gleichzeitig ist von den neuen Bezugspersonen des Kindes zu fordern, der Herkunftsfamilie mit dem entsprechenden Respekt zu begegnen und die vorhandenen Bindungen des Kindes zu würdigen. 1015

Empfehlungen von Sachverständigen müssen dem besonderen **Schutzbedürfnis** der betroffenen Kinder gerecht werden. Insbesondere ist eine Kontaktverweigerung durch Kinder mit diesem Erfahrungshintergrund ernst zu nehmen. Eine Nichtbeachtung des Kindeswillens würde zur Wiederholung des Erlebens von Macht- und Hilflosigkeit führen und die kindliche Selbstwirksamkeitsüberzeu- 1016

41 Nienstedt& Westermann, 2013.
42 Wiemann, 2013.

gung schwächen. Der Beziehungsabbruch zu den leiblichen Eltern kann als „Befreiung“ für das Kind gesehen werden, negativ erlebte Beziehungen aufzugeben und sich vor traumatisierenden Bedingungen zu schützen. Wenn ein Kind familiäre Gewalt erlebt hat, muss von familienpsychologischen Sachverständigen abgewogen werden, ob das Kind eher durch die Aufrechterhaltung dieser Erfahrungen belastet wird oder durch einen Kontaktabbruch. Das Ausmaß der psychischen Belastung ergibt sich durch Aussagen und Verhaltensweisen des Kindes, Ergebnisse diagnostischer Verfahren und Fremdeinschätzungen wie von Umgangsbegleitern oder behandelnden Kinderpsychotherapeuten.[43]

1017 Weitere **Kriterien für den Ausschluss** von Umgangskontakten zwischen fremdbetreuten Kindern und ihren leiblichen Eltern sind belegbare Misshandlung und Vernachlässigung sowie das Miterleben schwerer Partnerschaftsgewalt zwischen den Eltern, eine geringe Kontaktfähigkeit der leiblichen Eltern, belastete Reaktionen des Kindes auf die Besuchskontakte, geringe globale Verhaltensanpassung des Kindes und ein unsicherer Stand des Beziehungsaufbaus zwischen dem Kind und den Pflegeeltern.[44]

1018 Eine Umgangsregelung für Kinder, die außerhalb der Familie betreut werden, sollte bereits frühzeitig festgelegt werden. Ziel dabei ist, **positive Beziehungsanteile** zu den leiblichen Eltern aufrechtzuerhalten und zu pflegen, deren Elternrolle zu erhalten und gegebenenfalls eine Rückführung in die Herkunftsfamilie vorzubereiten. Innerhalb von drei Jahren nach einer Inobhutnahme sollte für ein Kind geklärt sein, ob es in die Herkunftsfamilie zurückkehren kann. Diese Zeitvorgabe orientiert sich allerdings nicht an entwicklungsbezogenen Aspekten, sondern dient lediglich der Perspektivenentwicklung.[45] Häufigkeit und Dauer der Umgangskontakte sollten auch danach ausgerichtet werden, ob das Kind seine dauerhaften Bindungen und Beziehungen in der Pflegefamilie behalten oder in die Herkunftsfamilie zurückkehren wird (→ Rn. 832 ff.).

1019 Ist die Wahrscheinlichkeit einer **Rückkehr** in die Herkunftsfamilie gering, sind seltenere und kürzere Kontakte zur Aufrechterhaltung der Beziehung zwischen Eltern und Kind ausreichend. Wird eine Rückführung erwogen oder konkret geplant, sollten die Umgangskontakte häufiger stattfinden und alltägliche Anforderungen wie Hausaufgaben und Arztbesuche beinhalten. Dadurch können die Eltern auf die Wiederübernahme der Verantwortung vorbereitet und die Eltern-Kind-Beziehung gestärkt werden. In der Regel werden hier weitere Interventionen wie Erziehungsberatung, Elterntraining oder psychotherapeutische Begleitung notwendig sein, um die familiären Bedingungen zu verändern, bevor eine Rückführung tatsächlich umgesetzt werden kann (→ Rn. 634 ff., 817 ff.).

---

43 Kindler, Salzgeber, Fichtner & Werner, 2004.
44 Friedrich, Reinhold & Kindler, 2004.
45 Salgo, 2003 b.

Auch wenn keine Rückführung angedacht ist, bleibt die Durchführung von Umgangskontakten an ein Mindestmaß **elterlicher Kompetenzen** gebunden. So müssen die physischen Bedürfnisse während der Dauer des Umgangs gewährleistet sowie die körperliche Unversehrtheit garantiert sein. Dies schließt beispielsweise den Umgang mit einem intoxikierten oder gravierend psychisch erkrankten Elternteil aus (→ Rn. 676 ff.). 1020

Umgangskontakte von Kindern, die **dauerhaft** in einer Pflegefamilie untergebracht sind, und ihren leiblichen Eltern erscheinen nicht zwingend notwendig, damit sich das Kind mit seiner Herkunftsfamilie auseinandersetzt. Häufig dienen sie in erster Linie der psychischen Stabilisierung der leiblichen Eltern. Gleichzeitig können sie die Pflegefamilie belasten und sind damit ein Risikofaktor für das Gelingen des Pflegeverhältnisses. Dies würde für das Kind einen erneuten Beziehungsabbruch und eine Belastung seiner psychischen Stabilität und emotionalen Sicherheit bedeuten.[46] 1021

Wenig Beachtung findet bisher die Frage nach Umgangskontakten zwischen **Geschwistern**, die aufgrund einer Fremdbetreuung voneinander getrennt wurden. Hier ist darauf zu achten, dass Geschwister möglicherweise wichtige Bindeglieder zur Herkunftsfamilie darstellen, die gegebenenfalls ein stärkeres Gewicht haben, als die Bindung an die leiblichen Eltern. Je nach Qualität der Geschwisterbeziehung dient diese aktiv der Traumabewältigung, kann jedoch eine Traumatisierung auch wachhalten. Hier ist die Geschwisterbindung im Einzelfall kritisch zu beleuchten. 1022

D. Umgangskontakte unter besonderen Lebensbedingungen

1. Umgang mit sozialen Eltern, Großeltern und weiteren Bezugspersonen

Das Kind von Herrn und Frau Ri wurde während des ehelichen Zusammenlebens tagsüber von der Großmutter betreut, weil beide Elternteile berufstätig waren. Nach der Trennung möchte Herr Ri untersagen, dass die Großmutter weiter in die Betreuung des Kindes eingebunden wird, da seine Ex-Schwiegermutter das Kind gegen ihn aufhetze. 1023

Nach familiären Veränderungen liegt der Fokus primär auf den Mitgliedern der sogenannten Kernfamilie – Eltern und ihren leiblichen Kindern. Bereits die Beziehung unter Geschwistern wird eher randständig behandelt. Tatsächlich betreffen die **familiären Umbrüche** aber auch weitere Personen: Stiefeltern, die mit den Kindern zusammengelebt haben, Großeltern und weitere Verwandte, Paten, um nur einige zu nennen. Unter dem Stichwort „offene Adoption“ werden auch regelmäßige Umgangskontakte von Adoptivkindern mit ihren leiblichen Eltern diskutiert. 1024

46 Kötter & Cierpka, 1997.

1025 Eine Eltern-Kind-Bindung ist nicht biologisch, sondern psychologisch und sozial bedingt[47] und hängt davon ab, ob ein Kind kontinuierlich Kontakt zu der Bezugsperson hatte (→ Rn. 294). Die stärkste emotionale Beziehung entsteht nicht unbedingt zu leiblichen Elternteilen oder der Person, mit der das Kind die meiste Zeit verbringt. Regelmäßige Kontakte vorausgesetzt, sind Qualität und Intensität der Interaktion in der gemeinsam verbrachten Zeit wichtiger als die Zeitdauer des Zusammenseins. Der Aufbau einer Eltern-Kind-Beziehung ist – unabhängig von einer biologischen Verwandtschaft – ein länger dauernder Prozess, der ab einem Zusammenleben von etwa drei Jahren als abgeschlossen angesehen werden kann,[48] sofern das Kind nicht durch konkurrierende Elternfiguren belastet wird. Insbesondere wenn **Stiefelternteile** früh an der Kinderbetreuung mitbeteiligt werden, entsteht eine gemeinsame Familiengeschichte.[49] Dadurch können Stiefelternteile gleichbedeutend oder sogar hierarchisch höherrangig im Vergleich mit einem im Alltag nicht präsenten leiblichen Elternteil werden. Bei einem Zusammenbruch der Patchwork-Familie kann es zu einem die Entwicklung nachhaltig negativ beeinträchtigenden Bindungsabbruch für das Kind kommen, auch wenn keine biologische Verwandtschaft bestand. Nach einer Trennung stellt sich daher auch die Frage, ob Umgangskontakte mit sozialen Elternteilen fortgeführt werden sollten.

1026 In konflikt- und kompromissfähigen Familienverbänden regulieren sich solche Umgangskontakte aufgrund zeitlicher und organisatorischer Gegebenheiten sowie persönlicher Sympathien von selbst. Viele Kinder zusammenlebender Eltern haben nur **unregelmäßig** Kontakt mit entfernt lebenden Großeltern oder sehen nähere Verwandte nur zu seltenen Anlässen. Nach konflikthaften familiären Trennungen wird die Frage nach einer Regelung dieser Kontakte dagegen immer wieder gerichtsanhängig. Hier spielen Animositäten der Familienmitglieder untereinander, die bereits vor der Trennung bestanden – beispielsweise zwischen Schwiegermutter und Schwiegertochter – eine nicht geringe Rolle. Letztlich muss hier von Sachverständigen beurteilt werden, inwiefern die Aufrechterhaltung oder artifizielle Regelung von Umgangskontakten den tatsächlichen emotionalen Bedürfnissen des Kindes entspricht, oder ob die damit verbundenen Konflikte und Spannungen das Kind belasten.

1027 Für die Empfehlungen psychologischer Sachverständiger dürfte in erster Linie ausschlaggebend sein, ob zu den kontaktbegehrenden Personen bereits zuvor ernst zu nehmende Beziehungen bestanden. Ist dies der Fall, wird das betroffene Kind von sich aus den Wunsch nach Aufrechterhaltung der Kontakte äußern. Auch aus anderen Gründen kann die Aufrechterhaltung zumindest niederschwel-

47 Jungbauer, 2009.
48 Schmidt-Denter, 2005.
49 Walper & Wild, 2002.

liger Kontakte für die Identitätsbildung eines Kindes wichtig sein. Beispielsweise wenn damit der Kontakt zu **multikulturellen** oder -ethnischen Hintergründen hergestellt wird und die Entwicklung des Kindes bereichern kann. So steht zB für in Mitteleuropa lebende dunkelhäutige Kinder der Kontakt zu Verwandten, die ebenfalls dunkelhäutig sind, in Zusammenhang mit dem Erleben von Zusammengehörigkeit und „Normalität" (s. Kapitel Migration, → Rn. 310 f.).

Weiteres Kriterium für Umgangskontakte zu Bezugspersonen außerhalb der Kernfamilie ist die **Förderlichkeit** des Umgangskontakts, dh die Frage, ob das Kind in der Person, mit der es Umgang pflegt, eine stabile und verlässliche Bezugsperson findet.[50] 1028

2. Haftunterbringung eines Elternteils

Herr Ro sitzt eine Freiheitsstrafe ab, weil er den neuen Lebensgefährten seiner Expartnerin getötet hat. Jetzt beantragt er regelmäßige Umgangskontakte mit der gemeinsamen, zweijährigen Tochter. 1029

Familiäre und soziale Kontakte leiden umso mehr, je **länger** eine Inhaftierung dauert. Vor allem, wenn es um die Vorbereitung der Entlassung geht, kommt Maßnahmen wie Ausgang, Hafturlaub und Freigang eine wichtige Rolle zu.[51] 1030

Der Haftaufenthalt eines Elternteils muss nicht zwingend mit einer Unterbrechung der Umgangskontakte zum Kind einhergehen. Die **Aufrechterhaltung** der familiären Bindungen soll nach Beendigung der Gefängnisstrafe auch der Resozialisierung des Inhaftierten dienen. Aus psychologischer Sicht macht es für die Wahrnehmung von Kindern in der heutigen Zeit keinen Unterschied, ob die Eltern miteinander verheiratet sind bzw. waren oder ohne Trauschein zusammenlebten. Maßgebend ist die Qualität der familiären Beziehungen vor der Inhaftierung. 1031

Umgangskontakte während eines Haftaufenthalts sollten aber nur dann durchgeführt werden, wenn die Ausgestaltung nicht den Bedürfnissen der Kinder widerspricht. **Belastungen** für die Kinder ergeben sich zB durch die räumlichen und atmosphärischen Gegebenheiten im Gefängnis. Die sogenannten „Besucherräume" der Haftanstalten sind je nach Örtlichkeit unterschiedlich, von abgetrennten, wenige Quadratmeter großen Einzelräumen, die durch Sichtfenster miteinander verbunden sind, bis zu größeren Räumen, in denen sich mehrere Inhaftierte gleichzeitig mit ihren Besuchern treffen und die von Sicherheitspersonal sichtüberwacht werden. In der Begutachtung muss auch überprüft werden, inwiefern durch eine Verlegung in andere Räumlichkeiten (Beratungsstellen während eines Hafturlaubs, Familienzimmer oÄ) eine räumlich verursachte Belastung behoben werden kann. Die Räumlichkeiten können erst nach Passieren von Ausweis- und 1032

50 Höflinger, 2002.
51 Müller, 2011.

Sicherheitskontrollen betreten werden, die von Kindern häufig als unangenehm empfunden werden. Da die betroffenen Kinder in der Regel bereits längere Zeit vom inhaftierten Elternteil getrennt waren, können sie derartig angsteinflößende Erlebnisse nicht durch Rekurs auf ihn als Schutz signalisierenden Elternteil ausgleichen.

1033 Die Durchführung von Umgangskontakten in Haftanstalten mit unter 14-Jährigen ist nur in Gegenwart eines Erziehungsberechtigten gestattet. Wenn zwischen diesem und dem umgangsbegehrenden Inhaftierten Spannungen bestehen, ist bereits bei **jüngeren Kindern**, die sensitiv auf Stresssignale reagieren,[52] eine unbefangene Interaktion mit dem inhaftierten Elternteil kaum möglich.

1034 Ab dem vollendeten 14. Lebensjahr kann mit schriftlichem Einverständnis des Sorgeberechtigten ein unbegleiteter Besuch des **Jugendlichen** beim inhaftierten Elternteil erfolgen. Es ist allerdings fraglich, inwiefern solche Kontakte tatsächlich der Entwicklung des Heranwachsenden dienlich sind. Dies hängt in erster Linie davon ab, ob sich vor der Inhaftierung eine gewachsene Eltern-Kind-Bindung entwickelt hat.

1035 In Untersuchungen wurde festgestellt, dass Kinder besser mit der Inhaftierung eines Elternteils umgehen können, wenn ihnen ihrem Entwicklungsstand entsprechend offen **Auskunft** über den Grund der Haft gegeben wird. Teilweise profitieren sie davon, sich im Rahmen von Umgangskontakten vom Wohlergehen des inhaftierten Elternteils überzeugen zu können, insbesondere wenn der Gefängnisaufenthalt eine positive Verhaltensänderung hervorgerufen hat (zB Alkohol- und Drogenabstinenz).[53]

1036 Besteht nur eine geringe Wahrscheinlichkeit für ein zukünftiges Zusammenleben des inhaftierten Elternteils mit dem Kind, beispielsweise weil die Eltern sich getrennt haben oder eine Abschiebung ins Ausland droht, sind die mit den Umgangskontakten verbundenen Belastungen für das Kind als zu hoch einzuschätzen. Umgangskontakte sind auch dann nicht zu befürworten, wenn sie lediglich den Bedürfnissen des inhaftierten Elternteils, nicht jedoch denen des Kindes entsprechen. **Kontraindiziert** sind Umgangskontakte mit einem inhaftierten Elternteil, wenn dadurch eine Retraumatisierung des Kindes zu befürchten ist, zB wenn das Kind schwere Gewalt zwischen den Eltern optisch oder akustisch mitverfolgt hat.[54]

1037 Die **Anbahnung** von Umgangskontakten für ein Kind, dessen Eltern nach Haftentlassung planen zusammenzuziehen, muss vom Entwicklungsstand des Kindes und der Prognose der Paarbeziehung abhängig gemacht werden. So ist für

52 ZB Dornes, 2001.
53 Manby, 2016.
54 Menne, 2006.

einen Säugling eine Umgangsanbahnung aufgrund der eingeschränkten Wahrnehmungs- und Interaktionsfähigkeit als wenig sinnvoll anzusehen. Für ein Kindergarten- oder Schulkind dagegen kann dies schon von größerer Bedeutung sein, um eine massierte Konfrontation durch ein „plötzliches“ Zusammenziehen zu vermeiden.

Aus **psychologischer** Sicht sind Umgangskontakte mit einem inhaftierten Eltern- 1038
teil nur dann sinnvoll, wenn zuvor ein intensives Zusammenleben stattgefunden hat, das nach einem kürzeren Haftaufenthalt erneut aufgenommen werden soll, und die Legalprognose des inhaftierten Elternteils so ausfällt, dass er mit großer Wahrscheinlichkeit nicht erneut straffällig wird. Können die Umgangskontakte in Begleitung des betreuenden Elternteils durchgeführt werden, ohne dass es zu Spannungen zwischen den Eltern kommt, ist ein Umgang zu empfehlen, wenn sich das Kind unter Kenntnis der gegebenen Umstände ausdrücklich ein Treffen wünscht.

E. Interventionen

1. Begleiteter Umgang

Begleitete Umgangskontakte werden in der Regel dann durchgeführt, wenn bei 1039
unbegleiteten Zusammentreffen von Eltern und Kind eine **Gefährdung** des Kindeswohls befürchtet wird. Dies kann sich auf konkrete physische Gefährdungsmomente beziehen, beispielsweise wenn Eltern durch Alkohol- oder Drogenkonsum in ihrer Reaktionsfähigkeit auf das Verhalten des Kindes eingeschränkt sind oder ein erhöhtes Risiko für Kindesmisshandlung oder Missbrauch durch den umgangsberechtigten Elternteil besteht. Eine Gefährdung des psychischen Kindeswohls kann zB die Folge von übermäßigem Einbezug des Kindes in die elterlichen Konflikte sein.

Als weitere **Indikationen** für begleiteten Umgang werden in der Literatur Belas- 1040
tungen im Verhältnis zwischen dem Kind und dem umgangsberechtigten Elternteil genannt, wie längere Kontaktunterbrechungen oder erhebliche Eltern-Kind-Konflikte. Bei hohem elterlichem Konfliktniveau ist Ziel einer Umgangsbegleitung, die Eltern dazu zu befähigen, den Umgang künftig eigenverantwortlich zu regeln und sich über Belange des Kindes zu verständigen. Die Umgangsbegleitung kann mitunter auch zu einer Verkürzung der Streitdauer und -intensität beitragen.[55] Begleitete Umgangskontakte können außerdem für eine verhaltensnahe Anleitung oder entwicklungspsychologische Beratung genutzt werden, um die erzieherischen Kompetenzen des umgangswahrnehmenden Elternteils gezielt zu fördern.

55 Walter, 1999.

1041 Häufig werden begleitete Umgangskontakte aber auch angeordnet, wenn es um die **Anbahnung** von Kontakten zwischen einem Kind und einem Elternteil oder einem anderen Verwandten geht, der noch keine stabile Beziehung zum Kind aufgebaut hat. Von zentraler Bedeutung sind dabei flankierende Beratungsgespräche mit den Eltern bzw. Betreuungspersonen. Eine weitere Indikation für Umgangsbegleitung ist die diagnostische Abklärung, inwiefern unbegleitete Umgangskontakte der Entwicklung des betroffenen Kindes dienlich sind.[56]

1042 Bei in Obhut genommenen Kindern, insbesondere bei **Säuglingen**, ist die anfängliche Begleitung von Umgangskontakten zwingend, um den Kindern ausreichend Schutz und Sicherheit zu bieten. Auch kann bei Wohnungslosigkeit des getrennt lebenden Elternteils[57] oder bei Inhaftierung ein begleiteter Umgang die einzige Möglichkeit der Kontaktaufrechterhaltung darstellen.

1043 **Ausgestaltung** und Intensität der Begleitung müssen nach den Bedürfnissen des Einzelfalls erfolgen – dieser reicht von der Begleitung der Übergabe, das heißt jeweils wenige Minuten bei Beginn und Ende eines Umgangskontakts, bis zur ununterbrochenen Kontrolle während des gesamten Umgangszeitraums. In der Regel wird die Maßnahme von qualifizierten Fachpersonen durchgeführt und mit begleitender Elternarbeit flankiert.[58] Voraussetzungen für die Durchführung von begleiteten Umgangskontakten bei häuslicher Gewalt sind: Das Gefühl der Sicherheit beim Kind, dass weder ihm noch dem hauptbetreuenden Elternteil etwas passieren kann, eine selbstkritische Haltung des gewalttätigen Elternteils und die Übernahme von Verantwortung für das familiäre Geschehen durch diesen sowie klare und überschaubare Absprachen.[59]

1044 Insbesondere in Zusammenhang mit familiärer **Gewalt** können auch während des Umgangskontakts Interventionen notwendig werden, wie die Korrektur elterlichen Verhaltens oder das vorzeitige Beenden von Umgangskontakten, wenn sich das Kind subjektiv bedroht fühlt.[60] Ein solcher Schritt kann die Stärkung der kindlichen Realitätswahrnehmung oder eine Unterstützung im Aufbau situationsbezogener Problemlösekompetenzen bedeuten.

1045 Das **Scheitern** von Umgangsanbahnungen ist am ehesten bei Familien zu erwarten, bei denen es zu familiärer Gewalt kam, bei älteren Kindern, wenn Eltern keine gemeinsamen Beratungstermine wahrnehmen, und mit steigender Länge der Kontaktunterbrechung. Insbesondere bei schwierigen Fallkonstellationen sollten Gestaltungswünsche der Kinder berücksichtigt werden, zB wenn bestimmte Themen, Räumlichkeiten oder Personen vermieden werden sollen. Wei-

56 Rasch, 2006.
57 Fichtner, 2005.
58 Mitrega, 1999.
59 Vergho, 2009.
60 Salgo, 2003 a.

ter sollten Rahmenbedingungen geboten werden, die eine Streiteskalation zwischen den Eltern vermeiden helfen. Eine Verpflichtung der Eltern zu vorbereitenden Gesprächen ist bei begleiteten Umgangskontakten mittlerweile Standard.[61] Bei einer Umgangsbegleitung in Kombination mit einem Elterntraining, das auf die konkrete Interaktionsgestaltung mit dem Kind abzielt, können insbesondere junge oder psychisch kranke Eltern an Erziehungskompetenz gewinnen.[62]

Ein **positiver Verlauf** der Umgangsbegleitung kann unter anderem dann erwartet 1046
werden, wenn die Trennung zwischen dem Kind und dem Umgangsberechtigten kurz war und die Familie das Angebot freiwillig wahrnimmt. Insgesamt ist mit einer Erfolgsquote (im Sinne einer anschließend einvernehmlichen Regelung zwischen den Eltern) von ca. 50 % zu rechnen.[63] Über die Wahrnehmung der Umgangsbegleitung aus Sicht der Kinder liegen bisher kaum gesicherte Erkenntnisse vor. Erste Untersuchungen über die Perzeption der Umgangsbegleitung durch die Eltern zeichnen in etwa dreiviertel der Fälle ein positives Bild, auch wenn die erzielten Veränderungen nicht den ursprünglichen Hoffnungen entsprechen.[64]

2. Aussetzen des Umgangs

Bei anhaltend starken und beratungsresistenten **Konflikten** zwischen den Eltern 1047
kann der Umgang für einen begrenzten Zeitraum ausgesetzt werden, um das Kind vor der damit verbundenen Belastung zu schützen. Dringend erforderlich ist in einem solchen Fall jedoch, sowohl mit dem Kind als auch mit den Eltern Beratungen durchzuführen. Inwiefern danach begleitete oder unbegleitete Umgangskontakte wieder angebahnt werden können, sollte aus familienpsychologischer Sicht vom Befinden des Kindes und vom Konfliktverhalten beider Elternteile abhängig gemacht werden.

Umgangskontakte zwischen umgangswilligen Kindern und ihren umgangswilli- 1048
gen Eltern sollten nur dann **ausgeschlossen** werden, wenn andere Hilfen nicht greifen. Dabei bedarf es einer sorgfältigen Abwägung, inwiefern negative Folgen von Umgangskontakten die negativen Folgen eines Beziehungsabbruchs aufwiegen. So zeigen Kinder, die mit antisozial gestörten Elternteilen Kontakt halten, in ihrer weiteren Entwicklung eine Vielzahl von Verhaltensauffälligkeiten.[65]

In Fällen, in denen seitens eines Elternteils der Verdacht geäußert wird, dem 1049
Kind könne durch den Umgang mit dem getrennt lebenden Elternteil die **Gefahr** eines sexuellen Missbrauchs drohen, muss dieser Verdachtsmoment sorgfältig geprüft werden, bevor ein Umgangsausschluss empfohlen wird. Bei einer tatsächlichen Gefahr wäre das Kindeswohl und das Recht des Kindes auf Unversehrtheit

61 Schlund, 2015.
62 Fegert, 2002.
63 Richard, Remschmidt & Schulte-Körne, 2006.
64 Buchholz-Graf & Vergho, 2005.
65 Jaffe, Wolfe & Wilson, 2003.

durch die Ausübung des Umgangs bedroht. Bei einer nicht bestehenden Gefährdung würde dagegen das Grundrecht des Kindes auf Umgang mit beiden Elternteilen verletzt werden. Im Rahmen der familienpsychologischen Begutachtung ist es wichtig, andere das Kindeswohl betreffende Aspekte in der Entscheidung mit zu gewichten, wie der geäußerte Kindeswille, das Beziehungserleben des Kindes und das Konfliktniveau der Eltern. Sollte sich der Verdacht darauf beschränken, dass eine fragliche pädophile Neigung des Umgangsbegehrenden vorliegt, muss diese ebenso nachgewiesen werden.[66]

1050 Bei etwa 10–15 % der getrennt lebenden Elternteile ist davon auszugehen, dass zwischen dem Vater und dem Kind bereits vor der elterlichen Trennung eine schlechte Beziehung bestand. Für Mütter wird Schätzungen zufolge davon ausgegangen, dass dies auf 0,1 % der Familien zutrifft. Bei solchen Konstellationen wird mit großer Wahrscheinlichkeit auch nach der elterlichen Trennung wenig Engagement gezeigt, um eine Beziehung zum Kind aufrechtzuerhalten; in diesen Fällen ist Kontakt **kontraindiziert.**[67]

1051 Ein weiterer Fall, bei dem ein Aussetzen des Umgangs empfehlenswert erscheint, ist ein **umgangsunwilliger Elternteil.** Ein unter solchen Umständen erzwungener Umgang würde mit hoher Wahrscheinlichkeit zu schweren Kränkungen des Kindes führen, da es nicht im erforderlichen Ausmaß Zuneigung und Wertschätzung erhält. In der Folge kann ein geringes Selbstwertgefühl, bis hin zu Selbsthass und Selbstverletzungen entstehen. Das Erleben eines gleichgültigen oder abweisenden Elternteils kann die Entwicklung psychischer Störungen bei Kindern nach sich ziehen. Der gleiche Effekt tritt ein, wenn der hauptbetreuende Elternteil dem Kind fälschlicherweise vermittelt, der andere Elternteil habe kein Interesse an ihm und lehne den Umgang ab. Vor Aussetzen des Umgangs sollte hier die Möglichkeit anderer Interventionen überprüft werden.

1052 Ein Teil der Väter bricht den Kontakt zu den Kindern **aktiv** ab, zB aus Scham über die eigene Armut oder Wohnungslosigkeit. Diese Gruppe bedarf der Unterstützung, beispielsweise was die Übernahme der Kosten für die Wahrnehmung von Umgangskontakten oder die Bereitstellung geeigneter Räumlichkeiten hierfür angeht.[68]

1053 In Fällen von durch das Kind erlebter häuslicher Gewalt oder fortwährendem hohem elterlichen Konfliktniveau kann nicht mehr regelhaft davon ausgegangen werden, dass Umgangskontakte kindeswohldienlich sind.[69] Der Umgangsausschluss soll dabei nicht nur die physische Unversehrtheit des Kindes garantieren, denn diese könnte auch durch entsprechende Sicherheitsmaßnahmen bei

66 Kindler & Eschelbach, 2014.
67 Lamb, 1999.
68 Fichtner, 2005.
69 Salgo, 2010.

einem begleiteten Umgang sichergestellt werden. Zentral ist hier vor allem die Gewährleistung der **psychischen Sicherheit** des Kindes, indem es vor Retraumatisierungen bewahrt wird. Einem Kind, das seitens der Eltern Gewalt erfahren hat, kann durch die Durchführung von Umgangskontakten die Überzeugung vermittelt werden, dass die Tat der Eltern nicht weiter von Belang ist. Dies wirkt sich in vielerlei Hinsicht belastend für ein geschädigtes Kind aus, ua weil dadurch dessen Unrechtsbewusstsein verletzt werden kann.[70]

Weitere **Gründe** für einen Umgangsausschluss können dauerhafte Ablehnung des 1054
Umgangs durch das Kind, länger andauernde Belastungsanzeichen des Kindes vor und nach Umgangskontakten, Anzeichen von Entwicklungsrückschritten, anhaltende Drohungen eines gewaltbereiten Elternteils, fehlende Sicherstellung der physischen Unversehrtheit während der Umgangskontakte und fehlende Verantwortungsübernahme des gewalttätigen Elternteils für sein Verhalten sein.[71] Auch Kinder mit psychischen Störungen, wie beispielsweise Bindungsstörungen aufgrund von Vernachlässigung, posttraumatischen Belastungsstörungen oder einem frühkindlichen Autismus können auf die Rahmenbedingungen begleiteter Umgangskontakte mit erhöhter Irritation und psychischen Auffälligkeiten reagieren, die die Entwicklung ernsthaft beeinträchtigen.[72] Sistieren die Belastungsanzeichen nach einem angemessenen Zeitraum, stellen sie keinen Grund dar, die Umgangskontakte einzustellen. Verhaltensveränderungen der Kinder vor und nach Umgangskontakten, vor allem in der Zeit kurz nach der elterlichen Trennung, sind Normalität. Sie sind Symptome des kindlichen Verarbeitungsprozesses und sollten nicht pathologisiert werden.[73]

Vorsicht ist geboten, wenn zur Untermauerung von Umgangseinschränkungen 1055
ärztliche Atteste vorgelegt werden: Etwa 80 % der Kinderärzte werden mit dem Wunsch eines Elternteils konfrontiert, ein solches Attest auszustellen. Diese werden häufig ohne Kontextwissen ausgefertigt,[74] gelegentlich auch ohne vorherige Untersuchung des Kindes.

Wird das Aussetzen des Umgangs empfohlen, müssen sich die Beteiligten dessen 1056
bewusst sein, dass der Kontakt zwischen dem Kind und dem umgangsbegehrenden Elternteil mit hoher Wahrscheinlichkeit **abbrechen** wird.[75] Ob der Kontakt zu einem späteren Zeitpunkt wieder aufgenommen wird, hängt auch davon ab, wie der abgelehnte Elternteil mit der Situation umgeht. Ist er in der Lage, auch langfristig das Signal zu setzen, dass er für eine Kontaktaufnahme offen ist, besteht eine positivere Prognose. Eine Fortführung der Gerichtsstreitigkeiten

70 Nienstedt & Westermann, 2013.
71 Vgl. beispielsweise Kindler, Salzgeber, Fichtner & Werner, 2004.
72 Fegert, 2002.
73 Strobach, 2008.
74 Andritzky, 2002.
75 Karle & Klosinski, 2000.

kann dagegen zu einer weiteren Verschärfung der Situation führen, bis zu einer abrupten Abwendung des Kindes von seiner bisherigen Hauptbezugsperson.[76]

3. Arbeit mit den Kindern

1057 Für Kinder von Eltern, die sich getrennt haben und anschließend in der Lage sind, sich auf die Belange des Kindes zu konzentrieren und darüber **konstruktiv** zu kommunizieren, sind keine professionellen Hilfsangebote notwendig, um sich an die veränderte familiäre Realität anzupassen. Die Erklärung beider Elternteile über die Aufrechterhaltung aller für das Kind wichtigen Kontakte und der Einbezug seiner Wünsche zur Kontaktausgestaltung reichen aus, um dem Kind die erforderliche emotionale Sicherheit zu geben.

1058 Bei etwa 10 % der getrennt lebenden Eltern ist ein solches Einvernehmen jedoch nicht vorstellbar. Kinder von hochkonflikthaft verstrickten Eltern haben einen großen Bedarf an fachkundiger, neutraler Unterstützung. Ziel sollte zum einen sein, dass die Kinder das familiäre Geschehen besser verstehen und dadurch entlastet werden. Zum anderen sollten die Kinder lernen, sich von den destruktiven Konfliktmustern ihrer Eltern abzugrenzen und ihrer eigenen Bedürfnisse bewusst werden. Entsprechende Angebote bestehen in Deutschland flächendeckend, beispielsweise in Erziehungsberatungsstellen, Kinderschutzzentren oder Trennungsberatungsstellen, wo häufig auch speziell für diese Zielgruppe entwickelte Gruppenprogramme zu finden sind (zum Beispiel **Scheidungskindergruppen**).

1059 Übersteigt das Ausmaß an psychischer Belastung die kindlichen Ressourcen, so dass eine ernsthafte Beeinträchtigung der kindlichen Entwicklung zu befürchten ist, kommt eine Einzelbehandlung bei einem **approbierten Kinderpsychotherapeuten** in Betracht. Insbesondere mit Kindern, die den Kontakt zu einem Elternteil verweigern, ist eine therapeutische Arbeit notwendig. Falls die Verweigerung des Kontakts auf belastende Erfahrungen mit dem umgangsbegehrenden Elternteil zurückzuführen ist, sollte das Kind die Möglichkeit erhalten, diese mit therapeutischer Unterstützung aufzuarbeiten. Sollte die Kontaktverweigerung vor allem eine Reaktion des Kindes auf die elterlichen Konflikte sein, stellt die Unterstützung und Entlastung des Kindes das zentrale Anliegen dar. In beiden Fällen ist unbedingt eine begleitende Beratung der Eltern zu empfehlen, sowohl um ihnen die Bedürfnisse des Kindes und die Folgen für dessen weitere Entwicklung zu erklären als auch, um deren eigenen Beitrag zur Kontaktverweigerung des Kindes herauszuarbeiten.[77]

76 Johnston, 2007.
77 Johnston, Walters, Friedlander, 2001.

4. Arbeit mit den Eltern

Kommt es im Rahmen von Umgangskontakten zu gravierenden **Störungen**, sind diese in der Regel auf zwei Faktoren zurückzuführen: Eine dysfunktionale Beziehung zwischen der Hauptbezugsperson des Kindes und dem Umgangsberechtigten oder eine Störung der Beziehung zwischen dem Kind und dem Umgangsberechtigten. 1060

Steht der Konflikt zwischen der Hauptbezugsperson des Kindes und dem Umgangsberechtigten im Vordergrund, sollte eine Möglichkeit gefunden werden, das Kind von diesen **Konflikten** zu entlasten. Angeboten werden Maßnahmen, die auf eine Verbesserung der elterlichen Kommunikationsfähigkeit und -bereitschaft abzielen, wie Mediationen (zB bei einer Familienberatungsstelle) oder Gruppenprogramme, die den beteiligten Erwachsenen die Bedürfnisse von Kindern in familiären Konfliktsituationen vor Augen führen (zB „Kinder im Blick“).[78] 1061

Die Androhung einer **Kindesentführung** entspricht einer akuten Kindeswohlgefährdung. Für die betroffenen Kinder ist eine Entführung häufig mit Wechseln des kulturellen und sprachlichen Umfelds, mit dem Verlust Halt gebender Beziehungen und mit instabilen sozialen Rahmenbedingungen verbunden.[79] Umgangskontakte sollten in diesem Fall ausgesetzt oder engmaschig begleitet werden, um das Kind zu schützen. 1062

Bei dysfunktionalen Elternbeziehungen, die durch **Gewalt** in der Vorgeschichte oder durch aktuelle Gewaltandrohung gekennzeichnet sind, muss dies ernst genommen und in der Arbeit mit der Familie berücksichtigt werden. In etwa 40 % der Fälle kommt es nach der Trennung eines Paares, in dessen Beziehungszeit es zu Gewaltanwendung gekommen ist, auch weiterhin zu Gewalttätigkeit. Es empfiehlt sich daher die Kombination einer gezielten Arbeit mit dem gewaltausübenden Elternteil (zB Anti-Aggressions-Training), der Arbeit mit dem betreuenden Elternteil (zB Stärkung erzieherischer Kompetenzen, um einer Parentifizierung entgegenzuwirken) und der Arbeit mit dem Kind (Traumatherapie), an die sich ein (unter Umständen begleiteter) Umgang anschließen kann.[80] 1063

78 Walper & Krey, 2011.
79 Sitorus, 2002.
80 Kindler, Salzgeber, Fichtner & Werner, 2004.

Teil V: Abschlussbericht der Sachverständigen

A. Allgemeine Grundlagen

1064 Analog zu den Veränderungen im humanistischen Bild in der Medizin und Psychotherapie hat sich in den vergangenen Jahrzehnten auch die **Grundhaltung** der psychologischen Sachverständigen zu ändern begonnen: Die eigentlichen Experten für ihre Probleme sind demnach die Probanden, denen die Sachverständigen ihr Wissen zur Verfügung stellen. Dadurch wurde die Begutachtung alltagsnäher, die Berichterstattung schlanker, veränderungs- und ressourcenorientiert und bezog sich auf kürzere Prognosezeiträume.

1065 Ein abschließendes Sachverständigengutachten dient dazu, dem Auftraggeber die fachpsychologisch fundierten Befunde zu **kommunizieren.** Die einzelnen Untersuchungsschritte und Schlussfolgerungen müssen so formuliert sein, dass sie für den Auftraggeber (bzw. alle Verfahrensbeteiligten) verständlich sind.[1] Wissenschaftliches Hintergrundwissen wird dort zur Verfügung gestellt, wo die Notwendigkeit besteht, eine Schlussfolgerung zu erläutern oder wenn die Gefahr besteht, dass eine Darstellung falsch verstanden werden könnte.[2] Ansonsten gehen Gerichte davon aus, dass ein Fachpsychologe über das notwendige Wissen und Können seines Berufsstandes verfügt und gewissenhaft damit arbeitet, ohne in jedem Einzelfall eine Darstellung dieses Fachwissens zu wünschen.

1066 In welcher **Form und Ausführlichkeit** das abschließende Gutachten erstattet werden soll, entscheidet der Vorsitzende Richter. Sachverständige können allerdings Empfehlungen hierfür geben, die beispielsweise das bestehende Konfliktniveau, die kognitive Flexibilität der Beteiligten oder deren Kompromissbereitschaft berücksichtigen. Häufig entscheiden sich Richter zunächst für eine kürzere Darstellungsform. Bei Bedarf kann diese durch eine ausführlichere Darstellung ergänzt werden (→ Rn. 65 ff.). Hilfestellungen zum Verfassen von schriftlichen Gutachten finden sich in der Fachliteratur;[3] zu den Mustergutachten → Rn. 1103 ff.

1067 Die Form und insbesondere Ausführlichkeit des abschließenden Gutachtens ist abhängig von **weiteren Faktoren** wie der Komplexität der Fragestellung, der Vollständigkeit der Datenlage, der Nachhaltigkeit der Empfehlungen, der Dringlichkeit des Berichts, der Lernfähigkeit des Familiensystems und Kostenüberlegungen.[4]

1 Kubinger, 2009.
2 Westhoff, Hornke & Westmeyer, 2003.
3 ZB Proyer & Orter, 2009; Salzgeber, 2017.
4 Roux & Castellanos, 2016.

Psychologische Sachverständige sollten im Blick behalten, dass sie zwar in erster Linie im Auftrag und zur Unterstützung des Gerichts arbeiten. Das übergeordnete **Ziel** hinter ihrer Beauftragung ist allerdings die Suche des Gerichts nach einer dem Kindeswohl dienlichen Lösung der Probleme, die zum anhängigen Gerichtsverfahren geführt haben. Dies liegt in der Regel auch im Interesse der beteiligten Elternteile. Insofern ist das Ziel der Berichterstattung eines Sachverständigen, dem Gericht und der betroffenen Familie die Ergebnisse der Begutachtung verständlich und logisch nachvollziehbar darzustellen. Hierfür bedarf es nach Ansicht und Erfahrung der Verfasserin nur in seltenen Fällen eines ausführlichen schriftlichen Berichts. 1068

Akademische Brillanz zu demonstrieren oder das Bemühen, den beauftragten Rechtsanwälten möglichst keine Angriffsfläche zu bieten, sollten für psychologische Sachverständige dagegen nicht handlungsleitend sein. Zudem sind für das Gericht tätige Sachverständige gehalten, sorgfältig mit ökonomischen **Ressourcen** umzugehen, beispielsweise, indem sie nur die tatsächlich relevanten Maßnahmen zur Begutachtung und Gutachtenerstattung durchführen. Entsprechend sollte auch mit ausgiebigen Literaturdarstellungen und -zitaten sparsam umgegangen werden. 1069

Noch in den 1980er und 1990er Jahren waren ausführliche schriftliche Gutachten von teilweise mehreren hundert Seiten üblich. Mittlerweile sind schriftliche **Kurzversionen** aus finanziellen und zeitökonomischen Gründen ein verbreiteter Standard, wobei hier eine komprimierte Form der Datendarstellung durchgeführt und ein gesonderter Befundbericht verfasst wird. Auch eine mündliche Gutachtenerstattung hat sich in bestimmten Fallkonstellationen als hilfreich erwiesen, um eine einvernehmliche Lösung herbeizuführen. 1070

Familienpsychologische Begutachtungen beschäftigen sich mit einer **Einzelfalluntersuchung** nach wissenschaftlichen Gütekriterien und bewerten die erhobenen Befunde auf der Grundlage der bisher bekannten empirischen Forschung. Entsprechend sollte sich der Bericht über die Ergebnisse der Begutachtung überwiegend mit den in der Familie tatsächlich vorgefundenen Begebenheiten beschäftigen. Es handelt sich dabei um „eine bewertende Informationsübermittlung über einen Einzelfall“,[5] nicht um eine wissenschaftlich-theoretische Publikation oder den Nachweis der Qualifikation und des Fachwissens eines Sachverständigen. 1071

Hervorzuheben ist, dass **Voraussetzung** für jedes Gutachten, unabhängig von der Form der Berichterstattung, eine wissenschaftlich fundierte, neutrale, objektive und transparente Begutachtung ist. 1072

5 Hommers 2004, S. 278.

B. Formen der Berichterstattung

1073 In der Praxis hat sich die Unterscheidung von vier verschiedenen **Formen** der abschließenden Berichterstattung bewährt. Diese unterschiedlichen Formen sind hinsichtlich Aufwands und Vorgehens im diagnostischen und interventionellen Teil der Begutachtung identisch. Sie unterscheiden sich lediglich in der Detailliertheit und im Abstraktionsgrad der Darstellung:

- Ausführliches schriftliches Gutachten,
- schriftliches Kurzgutachten,
- schriftliche Zusammenfassung der Begutachtungsergebnisse,
- mündliches Gutachten.

1074 Nachfolgend werden für jede dieser Formen **Besonderheiten** in der Darstellung, formale Anforderungen, aus der Praxis entwickelte Indikationen und Kontraindikationen ausgeführt.

1075 Für jede Darstellungsform wird anschließend ein **Mustergutachten** dargestellt. Es handelt sich dabei lediglich um Anwendungsbeispiele, die nicht als Vorgabe oder Maßeinheit verstanden werden wollen. Letztlich sollte sich jeder Sachverständige in Zusammenarbeit mit den Auftrag gebenden Gerichten für eine für die untersuchte Familie individuell geeignete Form der Darstellung entscheiden.

1. Ausführliches schriftliches Gutachten

1076 **Grundgedanke** eines ausführlichen schriftlichen Gutachtens ist die vollständige Darstellung der erhobenen Daten und ihre Einbettung in den aktuellen Forschungsstand, so dass die Richtigkeit des Vorgehens und seiner Schlussfolgerungen ohne Anwesenheit des Sachverständigen geprüft werden kann. Diese „Überprüfung" erfolgt allerdings meist durch Fachfremde wie Rechtsanwälte, die letztlich keine Aussage über die fachliche Güte einer Begutachtung und eines Gutachtens treffen können.

1077 Bei der Erstellung eines ausführlichen schriftlichen Gutachtens ist eine Vielzahl **formaler Anforderungen**[6] zu beachten:

1. Seitennummerierung
2. Nennung des Aktenzeichens
3. Nennung des Sachverständigen inklusive seiner beruflichen Qualifikation
4. Nennung weiterer Personen, die an der Erstellung des Gutachtens beteiligt waren
5. Nennung des Auftraggebers

6 Arbeitsgruppe Familienrechtliche Gutachten, 2019; Westhoff & Kluck, 2008.

6. Aktenanalyse („Anknüpfungstatsachen“) auf Aufforderung des Gerichts
7. Kurze Beschreibung der Ausgangslage und Fragestellung des Gerichts
8. Umwandlung der juristischen Fragestellung in psychologische Hypothesen, für die psychologische Kriterien zu benennen sind
9. Ausführliche Darstellung vom Verlauf der Begutachtung, dh jedes einzelnen Untersuchungsschritts mit Datum, Ort und Dauer und eingesetzten Methoden, ebenso wie weitere Quellen, die für die Befunderhebung wesentlich waren
10. Wörtliche Wiedergabe der Explorationsgespräche und sämtlicher Ergebnisse der eingesetzten diagnostischen Instrumente mit deren theoretischem Hintergrund (Datendarstellung)
11. Befundbericht mit fachlicher Würdigung und Diskussion (getrennt vom Datenteil)
12. Ausführungen zum Stand der Forschung zu einzelnen Teilfragestellungen, mit Zitieren einschlägiger Publikationen
13. Beantwortung der gerichtlichen Fragestellungen (getrennt vom Befund)
14. Zusammenfassung der Begutachtung und Ergebnisse
15. Literaturverzeichnis über für die Erstellung des Befundes relevante Fachliteratur
16. Curriculum Vitae des Sachverständigen
17. Persönliche Unterschrift des Sachverständigen, mit Gewissenhaftigkeitsversicherung und Datum
18. Copyright-Hinweis.

Der **Umfang** ausführlicher schriftlicher Gutachten liegt meist zwischen 100–200 Textseiten. 1078

Die **Vorteile** eines ausführlichen schriftlichen Gutachtens liegen vor allem in der ausführlichen Dokumentation der Begutachtung, dadurch einer maximalen Nachvollziehbarkeit und somit Transparenz jedes einzelnen Schrittes der Sachverständigen. 1079

Die **Nachteile** eines ausführlichen schriftlichen Gutachtens liegen in dem erheblichen Umfang, der mit entsprechenden Kosten allein für die Berichterstattung verbunden ist. Die Verschriftlichung benötigt erhebliche Arbeitszeit, wodurch Sachverständige für die Bearbeitung anderer Aufträge blockiert sind. Die ausführliche Darstellung insbesondere der Explorationsgespräche bietet Sprengstoff für Konflikteskalationen und eine Vertiefung der persönlichen Kränkung Beteiligter. Teilweise werden dadurch neue Konflikte ausgelöst, die damit den Lö- 1080 sungsprozess behindern. Begutachtete Eltern bleiben zudem in ihrer Rolle als passive Rezipienten verhaftet.

1081 Aus der Berufspraxis haben sich ausführliche schriftliche Gutachten bei folgenden **Konstellationen** als empfehlenswert herausgestellt:

- Komplexe oder weitreichende Problemstellungen (zB die Rückführung eines Kindes in den elterlichen Haushalt nach langjähriger Fremdplatzierung),
- wenn die Lernfähigkeit des betroffenen Familiensystems gering ist,
- sofern die Daten für weitere Interventionen (Psychotherapie) benötigt werden,
- wenn kein hohes Konfliktniveau besteht,
- wenn die Daten vollständig erhoben werden konnten,
- wenn die zu treffenden Empfehlungen nachhaltig (also mit einer langen Dauer der Gültigkeit versehen) sind,
- wo höherinstanzliche Gerichte Grundsatzentscheidungen auf Basis des Wissenschaftsstandes treffen wollen.

2. Schriftliches Kurzgutachten

1082 **Grundgedanke** eines schriftlichen Kurzgutachtens ist die Darstellung der bezüglich der gerichtlichen Fragestellung relevanten Daten und der sachverständigen Empfehlungen in einer logisch nachvollziehbaren Form. Der aktuelle wissenschaftliche Forschungsstand fließt ein, wird aber nicht explizit dargestellt.

1083 Obwohl es keine verbindlichen Richtlinien gibt, sind auch bei der Erstellung zusammenfassender schriftlicher Kurzgutachten formaler **Anforderungen** zu beachten:

1. Seitennummerierung
2. Nennung des Aktenzeichens
3. Nennung des Sachverständigen inklusive seiner beruflichen Qualifikation
4. Nennung weiterer Personen, die an der Erstellung des Gutachtens beteiligt waren
5. Nennung des Auftraggebers
6. Angabe der Fragestellung des Gerichts
7. Verlauf der Begutachtung, dh kurze Darstellung jedes einzelnen Untersuchungsschritts und der eingesetzten Methoden, ebenso wie weiterer Quellen, die für die Befunderhebung wesentlich waren

8. Zusammenfassende Wiedergabe der hinsichtlich der gerichtlichen Fragestellung relevanten Angaben der Probanden und entsprechender Ergebnisse der eingesetzten diagnostischen Instrumente
9. Befund und sich daraus ergebende Beantwortung der gerichtlichen Fragestellungen
10. Persönliche Unterschrift des Sachverständigen, mit Gewissenhaftigkeitsversicherung und Datum
11. Copyright-Hinweis.

Der **Umfang** schriftlicher Kurzgutachten liegt bei 20–40 Textseiten. 1084

Die **Vorteile** eines schriftlichen Kurzgutachtens liegen insbesondere in der Fo- 1085
kussierung auf das Wesentliche, die zentralen Informationen sind für die Leser rascher verfügbar. Die schriftliche Darstellung kann schneller erfolgen und ist ökonomisch. Zudem bietet die schriftliche Kurzform den Vorteil, Veränderungen familiärer Systeme leichter berücksichtigen zu können und dadurch lösungsorientiert einsetzbar zu sein.

Nachteile des schriftlichen Kurzgutachtens liegen in einer etwas geringeren 1086
Nachvollziehbarkeit und Transparenz, da die Sachverständigen letztlich entscheiden, welche Daten sie für die Beantwortung der gerichtlichen Fragestellung aus psychologischer Sicht für wesentlich erachten.

Aus der Berufspraxis haben sich schriftliche Kurzgutachten bei folgenden **Kon-** 1087
stellationen als empfehlenswert herausgestellt:

- Wenn sich die getroffenen Empfehlungen auf einen kürzeren Zeitraum beziehen (beispielsweise Umgangsregelung für ein Kleinkind),
- bei mittelhohem Konfliktniveau in der Familie,
- wenn eine schnelle gerichtliche Entscheidung angestrebt wird,
- wenn die Kosten gering gehalten werden sollen (beispielsweise bei Selbstzahlern oder gerichtlicher Kostendeckelung),
- wenn nicht alle geplanten Daten erhoben werden konnten, beispielsweise weil ein Elternteil sich nicht an der Begutachtung beteiligt hat.

Auch wenn diese kürzere Darstellungsform gewählt wird, muss der zugrundelie- 1088
gende Begutachtungsprozess sämtlichen geforderten Qualitätskriterien entsprechen.

3. Schriftliche Zusammenfassung der Begutachtungsergebnisse

Für die schriftliche Zusammenfassung der Begutachtungsergebnisse kursieren 1089
unterschiedliche **Bezeichnungen** wie „Stellungnahme“, „Sachstandsmitteilung“, „Sachverständigenbericht“ uÄ. Ihnen gemeinsam ist, dass die Beantwortung der

gerichtlichen Fragestellung und die sich daraus ergebenden Empfehlungen im Zentrum stehen, ohne dass Vorgehen, Verlauf und einzelne Untersuchungsergebnisse detailliert dargestellt werden.

1090 Obwohl es auch hier keine verbindlichen Richtlinien gibt, sollten bei der Erstellung der schriftlichen Zusammenfassung der Begutachtungsergebnisse einige **formale Anforderungen** beachtet werden:

1. Seitennummerierung
2. Nennung des Aktenzeichens
3. Nennung des Sachverständigen inklusive seiner beruflichen Qualifikation
4. Nennung weiterer Personen, die an der Erstellung des Gutachtens beteiligt waren
5. Nennung des Auftraggebers
6. Angabe der Fragestellung des Gerichts
7. Nennung der eingesetzten Methoden und weiterer Quellen, die für die Befunderhebung wesentlich waren
8. Befund und sich daraus ergebende Beantwortung der gerichtlichen Fragestellungen
9. Persönliche Unterschrift des Sachverständigen, mit Gewissenhaftigkeitsversicherung und Datum
10. Copyright-Hinweis.

1091 Der **Umfang** einer schriftlichen Zusammenfassung der Begutachtungsergebnisse liegt bei 2–5 Textseiten.

1092 Die **Vorteile** einer schriftlichen Zusammenfassung der Begutachtungsergebnisse liegt darin, dass sie schnell, kostengünstig und auf Veränderungen fokussiert ist. Dadurch eignet sie sich für ein ressourcen- und lösungsorientiertes Vorgehen, wobei die Eltern stärker in den Lösungsprozess eingebunden werden als bei der Langform.

1093 Der wesentliche **Nachteil** der schriftlichen Zusammenfassung der Begutachtungsergebnisse liegt darin, dass nur die Ergebnisse der Begutachtung dargestellt werden. Die zugrundeliegenden Daten werden nicht detailliert dargestellt, was das Ergebnis für Außenstehende weniger nachvollziehbar macht. Die schriftliche Zusammenfassung erfordert daher Vertrautheit der Leser mit den Akteninhalten und dem bisherigen Verlauf des Gerichtsverfahrens.

1094 Aus der Berufspraxis haben sich schriftliche Zusammenfassungen der Begutachtungsergebnisse bei folgenden **Konstellationen** als empfehlenswert erwiesen:

- Wenn sich die getroffenen Empfehlungen auf einen kürzeren Zeitraum beziehen oder vorläufig sind (beispielsweise für die Übergangszeit, bis eine Therapie oder Beratung abgeschlossen ist),
- bei Bestehen eines sehr hohen oder sehr niedrigen Konfliktniveaus in der Familie,
- wenn eine schnelle gerichtliche Entscheidung notwendig ist (wie Gefährdungslagen, bevorstehende Einschulung, Entführung),
- bei unvollständiger Datenlage (im Extremfall Begutachtung nach Aktenlage),
- wenn die Kosten gering gehalten werden sollen.

Auch für diese sehr kurze schriftliche Darstellungsform gilt zwingend, dass der zugrundeliegende Begutachtungsprozess sämtlichen geforderten **Qualitätskriterien** entsprechen muss. 1095

4. Mündliches Gutachten

Eine weitere Möglichkeit stellt die **mündliche Erstattung** der Gutachtensergebnisse im Rahmen eines Anhörungstermins dar. Die mündliche Gutachtenerstattung erfordert eine ausführliche Protokollierung im Rahmen des Anhörungstermins oder eine schriftliche Zusammenfassung der vorgetragenen Begutachtungsergebnisse als Ergänzung zum Protokoll. 1096

Neben den **formalen Anforderungen**, die für die Anhörung eines psychologischen Sachverständigen bestehen, sollte ein mündliches Gutachten folgende Punkte beinhalten: 1097

1. Nennung des Aktenzeichens
2. Angabe der Fragestellung des Gerichts
3. Kurze Nennung der eingesetzten Methoden und weiterer Quellen, die für die Befunderhebung wesentlich waren
4. Synoptische Darstellung des Befunds mit Hervorhebung der bestehenden Ressourcen
5. Beantwortung der gerichtlichen Fragestellungen.

Zu beachten ist, dass Sachverständige bei einer mündlichen Gutachtenerstattung sämtliche in der Begutachtung erhobenen Daten und **Unterlagen** vollständig mit sich führen und bei Bedarf vorlegen müssen. 1098

Der **Zeitumfang** für ein mündliches Gutachten bezieht sich zunächst auf die Vorbereitung, die erhebliche Sorgfalt erfordert, da die Sachverständigen alle Daten sichten und daraus den Befund ableiten müssen. Die tatsächliche Gutachtenerstattung ist meist innerhalb von einer halben Stunde abschließbar und sollte 1099 nicht wesentlich länger dauern, unter Berücksichtigung der Konzentrationsfähigkeit der Zuhörer.

1100 Als **Vorteile** einer mündlichen Gutachtenerstattung sind zu nennen, dass den Eltern sehr viel Mitarbeit abverlangt wird und diese durch persönliche Ansprache zur Verantwortungsübernahme motiviert werden können. Die Begutachtungsergebnisse sind für das Gericht rasch abrufbar. Das Vorgehen ist ressourcen- und lösungsorientiert und kann flexibler auf Veränderungen bei den Beteiligten eingehen, als dies bei einer schriftlichen Darstellungsform möglich ist. Diese Vorgehensweise ist von Vorteil, wenn nur zwischenzeitliche Ergebnisse zu berichten sind, weil größere Veränderungen des familiären Systems (wie Umzüge oder stationäre Therapien) bevorstehen, deren Auswirkungen auf die gerichtliche Fragestellung aus psychologischer Sicht noch nicht kalkulierbar sind.

1101 **Nachteile** der mündlichen Gutachtenerstattung liegen in einer geringeren Transparenz, der möglichen Überforderung der Zuhörer (Konzentration, psychische Verfassung, Auffassungsgabe). Weiter haben sich mündliche Gutachten nicht als ausreichend für den Beschwerdeweg erwiesen.

1102 Aus der Berufspraxis hat sich die mündliche Gutachtenerstattung bei folgenden **Konstellationen** als empfehlenswert erwiesen:

- Wenn Sachverständige der Ansicht sind, dass eine Einigung zwischen den Eltern möglich ist, jedoch durch den gerichtlichen Rahmen verbindlicher gestaltet werden sollte, als dies durch eine außergerichtliche Vereinbarung möglich ist,
- bei der Notwendigkeit eines raschen gerichtlichen Eingreifens.

C. Mustergutachten

In den folgenden Abschnitten werden zur Veranschaulichung für jede Form der Berichterstattung Beispiele dargestellt. Diese sollen insbesondere die unterschiedlichen zugrundeliegenden Abstraktionsgrade und Möglichkeiten verdeutlichen, wie die in einer familienpsychologischen Begutachtung erhobenen Daten in einem Abschlussbericht strukturiert werden können. 1103

1. Beispiel ausführliches schriftliches Gutachten

Amtsgericht 1104

– Familiengericht –

Postfach 9876

12345 Richterstadt

Tag.Monat.Jahr

PSYCHOLOGISCHES SACHVERSTÄNDIGENGUTACHTEN

erstellt von Dipl.-Psych. Epsilon Zeta

Betreff: Auftrag des Familiengerichts zu einer fraglichen Kindeswohlgefährdung und Regelung der Umgangskontakte hinsichtlich der Kinder

Alpha Adam, geboren am 01.01.2011 und

Beta Adam, geboren am 01.02.2014

In der Sache:	Beta Adam ua.
Geschäfts-Nr.:	**1 F 001/19**

Inhalt Seite

(Dieses Gutachten enthält insgesamt 173 Seiten; es wurde in fünffacher Kopie erstellt)[7]

I. FORMALER RAHMEN DER BEGUTACHTUNG

Herr Gerecht, Richter am Amtsgericht Richterstadt/Familiengericht, erteilte mit Beschluss vom 01.10.2019 den Auftrag zur Erstellung eines Sachverständigengutachtens.

Die Fragestellung des Gerichts lautet:

„Zu folgenden Fragen soll ein Sachverständigengutachten eingeholt werden:

a) Welche Gründe lassen einen Umgang zwischen Vater und Tochter – zumindest derzeit – unmöglich erscheinen?

b) Entspricht es dem Wohl von Beta am ehesten, wenn er mit seinem Vater unbegleiteten Umgang pflegt? [...]

   Soweit begleiteter Umgang zwischen Vater und Sohn dem Wohl von Beta am ehesten entsprechen sollte: Wie und in welcher Form soll diese Umgangsbegleitung stattfinden? Ist eine Umgangspflegschaft hilfreich?

c) Entspricht ein weiterer Verbleib beider Kinder im Haushalt der Kindesmutter dem Wohl von Alpha und Beta am ehesten?

d) Sollte die vorstehende Frage zu Buchstabe c) nicht oder nicht vollständig bejaht werden können: Welche Lösungsmöglichkeiten könnten dann dem Wohl beider Kinder am ehesten entsprechen?“

Die gerichtliche Fragestellung wurde ergänzt:

„Weiter wird [der Sachverständigen] aufgegeben, bei der Begutachtung die jeweilige Persönlichkeitsstruktur der beiden Elternteile, nebst Stärken und Defiziten, mit einzubeziehen.“

7 Die Inhalte dieses Gutachtens wurden für die Darstellung im vorliegenden Buch auf die jeweiligen Kapitelanfänge reduziert, um einen Eindruck der Detaildichte bzw. des Abstraktionsgrads wiederzugeben.

Die gerichtliche Fragestellung wird anhand folgender psychologischer Hypothesen überprüft:

(H1): Die Eltern sind ausreichend erziehungsfähig, erziehungskompetent und lernfähig, um Umgangskontakte mit dem Kind bzw. den Kindern und die Betreuung des Kindes/der Kinder am Kindeswohl orientiert zu gestalten, das heißt fähig und willens, die Bedürfnisse des Kindes/der Kinder zu erkennen, ihr Verhalten und ihre Entscheidungen in entwicklungsförderlicher Weise an den kindlichen Bedürfnissen zu orientieren und fähig und willens, bestehende Defizite in Kooperation mit Fachpersonen wahrzunehmen und auszugleichen, um ihren Kindern eine gedeihliche und entwicklungsförderliche Betreuung anzubieten.

Die Nullhypothese (H0) besagt, dass die in H1 formulierten Hypothesen nicht zutreffen.

Die Fragestellung des Gerichts wird unter Berücksichtigung folgender psychologischer Kriterien behandelt: Entwicklungsbezogene Ausgangslage und situationsspezifisches Verhalten der Kinder, Wunsch der Kinder; familiäre Bindungen und Beziehungen; Erziehungseignung und erzieherische Kompetenzen der Eltern unter Berücksichtigung ihrer jeweiligen Persönlichkeitsstruktur, Kooperationsfähigkeit und -bereitschaft der Eltern untereinander sowie mit fachkundigen Drittpersonen, sozio-ökonomische Rahmenbedingungen, Kontinuität.

Das Gutachten stützt sich auf die Aspekte, die mit den unter „Methoden" aufgelisteten Untersuchungsverfahren zu den angegebenen Zeitpunkten erfasst wurden. Das diagnostische Vorgehen richtete sich nach der gerichtlichen Fragestellung.

Das zu erstattende Gutachten versteht sich vorbehaltlich der Ergebnisse weiterer Termine der Verfahrensbeteiligten vor dem Amtsgericht und zum Zeitpunkt der Begutachtung nicht vorhersehbarer Ereignisse.

II. METHODEN UND VERLAUF DER BEGUTACHTUNG

Zur sachgerechten Bearbeitung der gerichtlichen Fragestellung kamen folgende Methoden zur Anwendung:

- Am 06.11.2019 wurden Frau Eva und Herr Adam unter Nennung der gerichtlichen Fragestellung mit der Bitte um Kontaktaufnahme angeschrieben.
- Am 10.11.2019 wurde die eingesehene Gerichtsakte 1 F 001/19 des Amtsgerichts Richterstadt nach erfolgter Einsichtnahme und Erstellen eines Aktenauszugs zurückgeschickt.
- Herr Adam meldete sich erstmals am 11.11.2019 telefonisch bei der Sachverständigen, um einen Termin für das Erstgespräch zu vereinbaren.
- Frau Eva meldete sich erstmals am 13.11.2019 telefonisch bei der Sachverständigen, um einen Termin für das Erstgespräch zu vereinbaren.
- Am 13.11.2019 (9:00–9:45 Uhr) erfolgte in den Praxisräumen der Sachverständigen ein Erstgespräch mit Herrn Adam. Darin wurde er über das geplante Vorgehen, die Freiwilligkeit der Teilnahme an der Begutachtung sowie die Informationsweitergabepflicht der Sachverständigen und die Datenverarbeitung informiert. Herr Adam erklärte sich zur Teilnahme an der Begutachtung bereit. Es wurden Folgetermine vereinbart.

  Auf Nachfrage der Sachverständigen, ob Herr Adam zur Teilnahme an einem gemeinsamen Gespräch der Eltern bereit sei, um die Möglichkeiten einer außergerichtlichen Einigung auszuloten, antwortete er, er sei dazu bereit, „aber Sie wären die Erste, die es schafft".

  Herrn Adam wurden ein Formular zur Entbindung beteiligter Fachpersonen von der Schweigepflicht gegenüber der Sachverständigen, das „Junior Temperament und Charakter-Inventar" (JTCI 3–6 R; Goth & Schmeck, 2009) und der „Elternfragebogen über das Verhalten von

Kindern und Jugendlichen" (CBCL/6–18R; Achenbach & Rescorla, 2014) in Bezug auf Beta zur häuslichen Bearbeitung mitgegeben. Herr Adam gab an, entsprechende Verfahren in Bezug auf Alpha wegen der langen Kontaktunterbrechung nicht bearbeiten zu können.

- Am **29.11.2019** (14:00–16.30 Uhr) erfolgte ein Hausbesuch bei Herrn Adam. Die familiären Interaktionen wurden beobachtet. Es erfolgte ohne Anwesenheit Dritter ein Explorationsgespräch mit Beta. Beta bearbeitete das beziehungsdiagnostische Verfahren „Strukturiertes Interview zur Erfassung der Eltern-Kind-Beziehung" (SKEI; Skatsche, Buchegger, Schulter, Papoufiek, 2013) und „Verzauberte Familie" (Kos & Biermann, 2002). Weiter erfolgte ein ergänzendes Gespräch mit der Lebensgefährtin von Herrn Adam, Frau Delta. Die häuslichen Gegebenheiten wurden in Augenschein genommen.
- Am **03.12.2019** (9:00–11:00 Uhr) erfolgte in den Praxisräumen der Sachverständigen ein ausführliches Explorationsgespräch mit Herrn Adam. Themen des Gesprächs waren Angaben zur eigenen Biografie, zur familiären Vorgeschichte und seine Einstellung bezüglich der gerichtlichen Fragestellung.
- Am **10.12.2019** teilte Herr Adam telefonisch mit, dass er den für den Folgetag vereinbarten Termin mit etwas Verspätung wahrnehmen werde, da er durch eine Autoreparatur aufgehalten sei.
- Am **11.12.2019** (9:00–11:30 Uhr) bearbeitete Herr Adam in den Praxisräumen der Sachverständigen folgende psychodiagnostische Fragebogen: „Temperament und Charakter-Inventar" (TCI; Cloninger, 1992, Deutsch von Richter & Eisemann, 1999), „Fragebogen zum erinnerten elterlichen Erziehungsverhalten" (FEE; Schumacher, Eisemann & Brähler, 2000), „Eltern-Belastungs-Inventar" (EBI; Tröster, 2011), „Elternstressfragebogen" (ESF; Domsch & Dorfaus, 2010), „Familien-Identifikations-Test" (FIT; Remschmidt & Mattejat, 1999).

  Herrn Adam wurde ein „Fragebogen für Erzieherinnen von Klein- und Vorschulkindern" (C-TRF; Achenbach & Rescorla, 2000) zur Weitergabe an den derzeitigen Kindergarten von Beta mitgegeben.
- Am **20.12.2019** (11:00–11:45 Uhr) erfolgte in den Räumen der Caritas Teststadt ein Erstgespräch mit Frau Eva. Sie wurde über das geplante Vorgehen, die Freiwilligkeit der Teilnahme an der Begutachtung sowie die Informationsweitergabepflicht der Sachverständigen informiert. Frau Eva erklärte sich zur Teilnahme an der Begutachtung bereit. Ihr wurde hinsichtlich beider Kinder jeweils ein „Junior Temperament und Charakter-Inventar" (JTCI R; Goth & Schmeck, 2009) und der „Elternfragebogen über das Verhalten von Kindern und Jugendlichen" (CBCL/4–18; Achenbach, 1999) zur häuslichen Bearbeitung mitgegeben. Weiter wurde Frau Eva ein „Lehrerfragebogen über das Verhalten von Kindern und Jugendlichen" (TRF; Achenbach et al., 1991) zur Weitergabe an die derzeitige Schule von Alpha mitgegeben.

  Auf Nachfrage der Sachverständigen, ob Frau Eva zur Teilnahme an einem gemeinsamen Gespräch der Eltern bereit sei, um die Möglichkeiten einer außergerichtlichen Einigung auszuloten, antwortete sie: „Grundsätzlich ja, aber er ist mir ständig ins Wort gefallen und bisher ist es nach jedem persönlichen Kontakt hinterher schlimmer geworden".

  Die Kinder Alpha und Beta hielten sich während dieses Gesprächs unter Aufsicht von Frau Y, Fachdienstleiterin der Caritas Erziehungsberatung, im Nebenzimmer auf. Es wurde der Abschied Betas von der Mutter und der Schwester sowie die Beendigung des Umgangskontaktes von Frau Eva beobachtet.
- Am **23.12.2019** teilte Herr Adam per SMS mit, wann er für Folgetermine Zeit habe.
- Am 03.01.2020 (13:00–17:00 Uhr) wurden im Rahmen eines Umgangskontakts in den Räumen der Caritas Teststadt die Interaktionen zwischen Frau Eva und den beiden Kindern beobachtet. Da die Umgangsbegleiterin an diesem Tag krankheitsbedingt ausfiel, wurde die Übergabe von Beta zwischen den Eltern zu Beginn und Ende der Interaktionsbeobachtung durch die Sachverständige begleitet.

  Anschließend erfolgte ohne Anwesenheit Dritter eine ausführliche Exploration von Alpha. Alpha bearbeitete folgende Fragebogen und psychodiagnostischen Verfahren: „Elternbildfragebogen für Kinder und Jugendliche" (EBF-KJ; Titze & Lehmkuhl, 2010), „Inventar zur

Erfassung der Lebensqualität bei Kindern und Jugendlichen“ (ILK; Mattejat & Remschmidt, 2006), „Familien-Identifikations-Test“ (FIT; Remschmidt & Mattejat, 1999), „Children's Perception of Interparental Conflicts Scale“ (CIPS; Gödde & Walper, 2005).

Frau Eva bearbeitete währenddessen im Nebenzimmer folgende psychodiagnostischen Verfahren: „Temperament und Charakter-Inventar“ (TCI; Cloninger, 1992, Deutsch von Richter & Eisemann, 1999), „Fragebogen zum erinnerten elterlichen Erziehungsverhalten“ (FEE; Schumacher, Eisemann & Brähler, 2000), „Eltern-Belastungs-Inventar“ (EBI; Tröster, 2011), „Elternstressfragebogen“ (ESF; Domsch & Dorfaus, 2010), „Familien-Identifikations-Test“ (FIT; Remschmidt & Mattejat, 1999).

Frau Eva wurde ein Formular zur Entbindung der beteiligten Fachpersonen von der Schweigepflicht gegenüber der Sachverständigen ausgehändigt, mit der Bitte, dieses nach Vervollständigung wieder an die Sachverständige zurückzuschicken.

- Am **07.01.2020** bestätigte Herr Adam den ihm auf den Anrufbeantworter gesprochenen Termin telefonisch.
- Am **10.01.2020** bearbeitete Frau Eva die ihr ausgehändigten Fragebogen „Junior Temperament und Charakter-Inventar“ (JTCI R; Goth & Schmeck, 2009) und „Elternfragebogen über das Verhalten von Kindern und Jugendlichen“ (CBCL/4–18; Achenbach, 1999) bezüglich der beiden Kinder
- Am **11.01.2020** bearbeiteten die zuständigen Mitarbeiterinnen des Kindergartens Erich Kästner in Teststadt den „Fragebogen für Erzieherinnen von Klein- und Vorschulkindern“ (C-TRF; Achenbach & Rescorla, 2000) bezüglich Beta.
- Am **12.01.2020** (9:00–10:30 Uhr) erfolgte in den Praxisräumen der Sachverständigen ein weiteres Explorationsgespräch mit Herrn Adam, in welchem die erhobenen Daten vervollständigt wurden.
- Am **16.01.2020** teilte Frau Eva telefonisch sowie per SMS mit, dass der für den Folgetag vereinbarte Umgangstermin abgesagt worden sei, und bat um Verschiebung des für den gleichen Tag vereinbarten Untersuchungstermins. Weiter schilderte sie den Verlauf des jüngst zurückliegenden Anhörungstermins vor dem Amtsgericht.
- Ebenfalls am **16.01.2020** berichtete Herr Adam telefonisch über den Verlauf des am Vortag stattgefundenen Anhörungstermins vor dem Amtsgericht Richterstadt. Weiter teilte er mit, dass für den 13.2.2020 ein gemeinsames Elterngespräch bei der Caritas Plandorf geplant sei und regte die Teilnahme der Sachverständigen an.
- Am **23.01.2020** trafen postalisch die von Frau Eva bearbeiteten Fragebogen bezüglich der Kinder sowie Kopien von Zeugnissen und Schuleingangsuntersuchungen der Kinder bei der Sachverständigen ein.
- Am **26.01.2020** teilte Frau Eva telefonisch mit, dass am 29.1.2020 ein Umgangskontakt stattfinden solle und fragte an, ob in diesem Zusammenhang ein Untersuchungstermin bei der Sachverständigen möglich sei. Es wurde ein Folgetermin vereinbart.
- Am **26.01.2020** bearbeitete die Klassenlehrerin von Alpha an der Grundschule in Dorf, Frau X, den „Lehrerfragebogen über das Verhalten von Kindern und Jugendlichen“ (TRF-R; Achenbach et al., 2014).
- Am **27.01.2020** wurden folgende Fachpersonen, nach Vorlage der schriftlichen Schweigepflichtentbindungen beider Elternteile, durch die Sachverständige angeschrieben: Frau Dipl.-Psych. Y, Caritas Erziehungsberatungsstelle in Teststadt; Kinderärztin Dipl.-med. Z, Richterstadt; Frau P, Kinderpsychotherapeutin von Alpha, Richterstadt; Kindergarten Erich Kästner, Teststadt; Astrid Lindgren-Kindergarten, Richterstadt.
- Am **29.01.2020** (14:00–14:20 Uhr) informierte Herr Adam die Sachverständige telefonisch über die am selben Tag im Anschluss an einen Umgangskontakt der Kindsmutter mit Beta stattgefundene Eskalation.
- Am **01.02.2020** wurde Frau Eva kurzfristig für den Folgetag ein Hausbesuch der Sachverständigen per SMS vorgeschlagen.

- Am **02.02.2020** teilte Frau Eva ebenfalls per SMS mit, dass sie zusammen mit Alpha für einige Tage weggefahren sei und daher nicht für einen Hausbesuch zur Verfügung stehe.
- Am **03.02.2020** gab Frau Eva telefonisch an, sie wisse nicht, wie der genaue Verlauf des kommenden Umgangskontakts sei. Sie sorge in jedem Fall dafür, dass Alpha beaufsichtigt werde, damit das geplante Explorationsgespräch mit der Sachverständigen ungestört stattfinden könne.
- Am **04.02.2020** teilte Frau Eva telefonisch mit, dass sie nicht wisse, in welchem Umfang der bevorstehende Umgangskontakt zwischen ihr und Beta stattfinden solle und sie daher die genaue Uhrzeit des vereinbarten Termins mit der Sachverständigen noch nicht bekannt geben könne.
- Ebenfalls am **04.02.2020** trafen die ärztlichen Vorbefunde von Frau Dipl.-med. P postalisch bei der Sachverständigen ein.
- Am **04.02.2020** wurde die Psychotherapeutin von Herrn Adam, Frau Dipl.-Psych. Q in Dorf, mit der Bitte um Informationen von der Sachverständigen angeschrieben.
- Am **06.02.2020** wurde Frau Eva per SMS Ort und Datum des Folgetermins mitgeteilt, nachdem sie telefonisch nicht erreicht werden konnte.
- Am **07.02.2020** bestätigte Frau Eva den vorgeschlagenen Untersuchungstermin.
- urz vor dem geplanten Termin am **07.02.2020** teilte Frau Eva telefonisch mit, dass sich Alpha weigere, wie ursprünglich geplant, für die Dauer des Untersuchungstermins der Mutter bei einer Bekannten zu bleiben. Die Bekannte von Frau Eva lehnte es ab, den Termin in ihrer Wohnung stattfinden zu lassen. Das geplante Explorationsgespräch konnte daher nicht stattfinden. Es wurde ein Folgetermin vereinbart.

  Frau Eva teilte auf Nachfrage mit, sie sei damit einverstanden, dass die Sachverständige an dem geplanten Mediationsgespräch in der Erziehungsberatungsstelle in Plandorf teilnehmen könne.
- Mit Schreiben vom **09.02.2020** (Posteingang bei der Sachverständigen **11.02.2020**) sandte die Psychotherapeutin von Herrn Adam, Frau Dipl.-Psych. Q, einen aktuellen Befundbericht über ihren Patienten an die Sachverständige.
- Am **09.02.2020** wurde per E-Mail durch die Sachverständige an der Erziehungsberatungsstelle in Plandorf nachgefragt, ob die Teilnahme der Sachverständigen am geplanten gemeinsamen Gespräch der Eltern in derselben Woche stattfinden könne.
- Am **11.02.2020** teilte Frau O von der Erziehungsberatungsstelle in Plandorf mit, den bevorstehenden Termin nicht in Anwesenheit der Sachverständigen durchführen zu wollen, da es sich um ein Erstgespräch handele. Sie stehe im Anschluss daran für einen kollegialen Austausch zur Verfügung.
- Am **11.02.2020** wurde Frau Eva durch die Sachverständige der bereits vorläufig vereinbarte Termin für den 13.3.2020 per SMS bestätigt.
- Am **13.02.2020** teilte Herr Adam telefonisch mit, das geplante Mediationsgespräch in Plandorf sei wegen einer Erkrankung der Beraterin abgesagt worden. Es gebe einen neuen Termin für den 6.3.2020.
- Ebenfalls am **13.02.2020** (10:00–12:00 Uhr) fand, wie geplant ohne Anwesenheit Dritter, in den Praxisräumen der Sachverständigen ein Explorationsgespräch mit Frau Eva statt. Inhalte des Gesprächs waren Angaben zur eigenen Biografie, zur familiären Vorgeschichte sowie ihre Einstellung zur gerichtlichen Fragestellung.

  Frau Eva legte zudem die Kinder-Vorsorge-Untersuchungshefte der beiden Kinder zur Einsicht vor. Weiter überreichte Frau Eva den „Lehrerfragebogen über das Verhalten von Kindern und Jugendlichen" (Achenbach et al., 2014) bezüglich Alpha.
- Am **19.02.2020** (14:00–14:30 Uhr) erfolgte ein themenzentrierte Gespräch mit Frau Dipl.-Psych. Y von der Caritas Erziehungsberatungsstelle in Teststadt. Diese übergab Protokolle der bisher stattgefunden Umgangskontakte zwischen Frau Eva und Beta.

- Ebenfalls am **19.02.2020** teilte Frau Eva per SMS mit, sie habe den nächsten Umgangstermin mitgeteilt bekommen und fragte an, ob in diesem Zusammenhang ein Untersuchungstermin bei der Sachverständigen möglich sei.
- Am **20.02.2020** erfolgte im Rahmen eines Telefonats eine Terminabsprache der Sachverständigen mit Frau Eva, und es wurde ein Hausbesuch bei dieser vereinbart.
- Ebenfalls am **20.02.2020** erfolgte eine schriftliche Sachstandsmitteilung an das Auftrag gebende Familiengericht.
- Am **23.02.2020** (10:45–11:00 Uhr) erfolgte ein themenzentriertes Telefonat der Sachverständigen mit Frau P, der behandelnden Kinderpsychotherapeutin von Alpha.
- Am **24.02.2020** (8:30–8:50 Uhr) erfolgte ein themenzentriertes Gespräch mit der Kindergärtnerin von Beta im Erich Kästner-Kindergarten in Teststadt, Frau T.
- Am **25.02.2020** (8:00–8:15) erfolgte ein themenzentriertes Telefonat mit der vormaligen Kindergärtnerin von Beta im Astrid-Lindgren-Kindergarten in Richterstadt, Frau S.
- Mit Schreiben vom **25.02.2020** (Posteingang bei der Sachverständigen 4.3.2020) wurde durch das Familiengericht um Erstattung eines ausführlichen schriftlichen Gutachtens gebeten.
- Am **27.02.2020** (14:00–17:00 Uhr) erfolgte im Rahmen eines Hausbesuchs bei Frau Eva eine Vertiefung des Explorationsgesprächs. Die häuslichen Gegebenheiten im Haus ihres Lebensgefährten wurden in Augenschein genommen. Weiter wurde ein ergänzendes Gespräch mit Herrn Gamma, dem Lebensgefährten von Frau Eva, geführt.
- Am **03.03.2020** (7:45–8:00 Uhr) erfolgte ein themenzentriertes Telefonat mit der Klassenlehrerin von Alpha an der Grundschule in Richterstadt, Frau R.
- Mit Schreiben vom **20.03.2020** (Posteingang bei der Sachverständigen am **27.03.2020**) sandte Frau Eva die vereinbarten Unterlagen zu.

  Der derzeitige Kinderarzt von Beta, Dr. M/Teststadt, und die vormals untersuchende Psychotherapeutin von Frau Eva, Frau N/Richterstadt, konnten trotz mehrfacher Versuche seitens der Sachverständigen nicht erreicht werden.
- Die überlassene Gerichtsakte des Amtsgerichts Richterstadt, Geschäftsnummer 1 F 001/19, wurde nach psychologischen Gesichtspunkten ausgewertet.

III. IN DER BEGUTACHTUNG ERHOBENE DATEN

1. Familiäre Vorgeschichte nach Aktenanalyse

Frau T Eva-Adam wurde 1977 geboren.

Herr Bernd Adam wurde 1966 geboren.

Das Paar habe sich im Jahr 2005 kennengelernt und sei im Folgejahr zusammengezogen (Blatt 3 der Akte). Die gemeinsame Tochter Alpha wurde am 01.01.2011 geboren, der gemeinsame Sohn Beta am 01.02.2014.

Spätestens seit Geburt der Kinder hätten sich die ehelichen Konflikte gehäuft, wobei die Kinder Auseinandersetzungen zwischen den Eltern – welche nach Angaben von Frau Eva auch tätlich erfolgt seien – zumindest teilweise miterlebt hätten. Nach Angaben von Frau Eva habe sich Herr Adam kurz vor der Trennung sexuell grenzüberschreitend gegenüber Alpha benommen (Blatt 17ff).

Die Trennung sei 2014 erfolgt. Zunächst habe die Vereinbarung bestanden, dass der Vater die Kinder einmal pro Woche im häuslichen Umfeld sehen könne. Alpha habe sich nach kurzer Zeit geweigert, den Vater zu sehen. Da es in diesem Zusammenhang zu eskalierenden Streitigkeiten zwischen den Eltern gekommen sei, habe sich Herr Adam erstmals an das Jugendamt gewandt. In diesem Zeitraum habe Frau Eva die Vaterschaft ihres Mannes an Alpha bezweifelt und auf einer genetischen Vaterschaftsfeststellung bestanden. Im Herbst 2014 [...]

Mit Datum vom 1.7.2017 erstattete Frau Dipl.-Psych. Schlau ein psychologisches Sachverständigengutachten (Blatt 173–289). Diese konstatierte, dass [...]

2. Das Kind Alpha, zu Beginn der Begutachtung 8;7 Jahre alt

2.1 Beobachtungsdaten

Alpha präsentierte sich in der Begutachtung als hinsichtlich der Sprachentwicklung und kognitiven Kompetenzen augenscheinlich altersgemäß entwickeltes Kind. Das Sozialverhalten war eingeschränkt, Alpha zeigte ein geringes Interesse an der Kontaktaufnahme, Höflichkeitsformeln waren dem Kind nur teilweise zugänglich. Seine Stimmung zeigte deutliche Schwankungen, die Grundstimmung war gedrückt-weinerlich und unzufrieden. Auffällig waren häufige Phasen der inneren Abwesenheit und geringen Ansprechbarkeit des Kindes. Auch auf die Stimme der Mutter reagierte es dann nur verzögert. Das Mädchen klagte häufig über Ängste, wobei sich diese nur selten in seinem Verhalten niederschlugen. Alpha versuchte beispielsweise zunächst, die Trennung von der Mutter zu vermeiden, als diese jedoch als Tatsache in den Raum gestellt wurde, nahm sie die Situation problemlos hin. Die Tür zum Untersuchungsraum, in dem sich die Mutter befand, war teilweise angelehnt, das Kind tolerierte jedoch auch das Schließen der Türen. Beim Thematisieren der familiären Konfliktsituation wiederholte Alpha ihre Argumente mechanisch anmutend und ohne wesentliche emotionale Betroffenheit. Sie war nicht in der Lage, sich dem eigentlichen Gesprächsinhalt flexibel zuzuwenden.

Auffällig war ein mäßiger Pflegezustand des Kindes, es hatte beispielsweise schmutzige und ungepflegte Fingernägel. Alpha war zu allen Kontaktzeitpunkten leicht krank (Husten, Erkältung).

Alpha bestand darauf, in das Explorationsgespräch mit der Sachverständigen einen Stofftier-Tiger mitzunehmen. Sie behauptete, in diesem sei „ein gutes Geheimnis". Im weiteren Verlauf stellte sich heraus, dass es sich dabei um ein Handy mit Aufnahmefunktion handelte, welches das Kind vor der Sachverständigen versteckte.

2.2 Verbale Angaben

Alpha antwortete auf die Frage der Sachverständigen, warum sie untersucht werde, „weil du mir Fragen stellst über Bernd". Auf die Frage, wer „Bernd" sei, gab sie an, das sei der Mann, „den Mama geheiratet hat".

Als „Familie" definierte Alpha zunächst ihre Mutter, sich selbst und ihren Bruder. Sie lebten in der Nähe von Richterstadt, dort seien „Straßen mit Schildern". Vorher habe sie in Bayern gelebt, auf einem Hof mit ganz vielen Pferden und Ponys. Jetzt habe sie „sowieso kein eigenes mehr. Früher konnte ich reiten, aber ich habe kein eigenes [Pferd] gehabt". Auf die abermalige Frage, wer zur Familie gehöre, führte Alpha sich, ihre Mutter, ihren Bruder und „Bernd" auf. Sie sagte dazu, sie bezeichne ihn nicht als „Papa". Sie habe ihn zuletzt „weiß ich nicht mehr" wann gesehen, „als Kind erinnert man nicht, oder weißt du noch, wann du geboren warst?".

Jetzt sei sie acht Jahre alt. Sie gehe in die dritte Klasse, es gehe ihr gut in der Schule, „bis auf meine erste oder zweite Klasse, da stand Bernd vor der Türe und ich traute mich nicht mehr vorbeizugehen, da hat Mama mich abgeholt. Der Bernd kam einfach auf mich zu, dann hat er mich am Arm gezogen und wollte mit mir irgendwo hingehen und hat mich am Arm mit sich über den ganzen Hof gezogen und dann war es hier [zeigt auf den

Ellenbogen] ganz blutig". Die Mutter sei dann gekommen, „ich habe geschrien, dann ist Mama gekommen, hat mich reingetragen". Alpha führte aus, sie wolle den Vater nicht mehr sehen „weil ich ihn nicht sehen will, wenn man so eine große Wunde hat, bleibt erstmal so ein großer Schock, und der bleibt bei mir eine sehr lange Zeit". Dagegen könne man nichts tun.

Auf die Frage, ob sie wisse, warum ihr Bruder beim Vater lebe, gab Alpha an: „Weil Bernd beim Umgang, wusch, in sein Auto und hat ihn hierher verfrachtet". Seither habe sich verändert „dass ich immer traurig werde und in der Schule manchmal nicht aufpasse". Auf die Frage, ob sich auch die Mutter verändert habe in dieser Zeit, gab Alpha an, diese sei „immer stressig, manchmal, und weint sie fast, wenn sie dauernd denkt, und ich auch".

Auf Frage, ob sie auch bei Beta eine Veränderung festgestellt habe, gab Alpha an „dass er sich die Fingernägel bis ins Blut aufkratzt, dass er meiner Mama nicht mal Hallo sagt, das finde ich traurig, ist wie bei einem Anderen [Fremden]". Auf Frage, wie es ihrer Ansicht nach Beta gehe, gab Alpha mit dem Daumen an, es gehe ihm „mittel bis unten". Auf die Bitte, dies zu präzisieren, sagte sie: „Ich möchte bei ihm sein, wir sind doch eine Familie, dann will er bei mir sein. Vielleicht traut er sich nichts sagen, weil Bernd was gesagt hat. Weil er merkt, dass Bernd dann enttäuscht ist".

Auf die Bitte der Sachverständigen, etwas über sich zu erzählen, gab Alpha an „wenn unsere Familie getrennt wird, wenn ich Bernd sehen muss, dann habe ich höllisch Angst, wenn er wieder beim Kirchenplatz parkt, wie es nicht abgemacht war. Dann sehen wir uns wieder und es gibt wieder Streit. Meine Mama mit Bernd und Bernd mit meiner Mama. Dann wird Bernd ganz wütend und meine Mama auch, da laufe ich weg, möglicherweise, weil ich nicht im Streit sein will. Bernd wird dann so fies, der hat Mama angelangt, die musste ein paar Wochen Gips tragen". Das sei „im Frühling oder Sommer" letzten oder vorletzten Jahres gewesen. Auf Nachfrage erklärte Alpha zuerst, sie habe nicht gesehen, wie dies passiert sei, sie habe nur den Gips der Mutter gesehen. Dann fügte sie hinzu „ich war doch dabei und habe es doch gesehen, das war bei Dorf, bei uns zuhause, weil Mama konnte es nicht aushalten, mit Bernd zu streiten" [Anmerkung: Demnach müsste das Ereignis vor 2015 stattgefunden haben].

Auf die Bitte, ob sie etwas Positives über ihr Leben erzählen könnte, gab Alpha an: „Dass ich mit Floh [Kosename für Beta] wieder zusammen sein kann, mit meiner Familie ein fröhliches Leben zu feiern und ohne Bernd zu leben. Der jagt mir den allerheftigsten Schrecken ein". Auf die erneute Nachfrage, etwas über ihr eigenes Leben zu erzählen, gab Alpha an, sie wolle „mit meinem kleinen Beta spielen, mit Mama mal spielen, in der Schule dass Bernd nicht mehr in der Türe steht und nicht so einen Schrecken einjagt". Auf Feststellung der Sachverständigen, dass diese nicht nach dem Vater gefragt habe, Alpha aber dennoch ständig von ihm spreche und er vielleicht doch wichtig sei für sie, gab Alpha an „Der ist gar nicht mehr wichtig". Auf weitere Nachfrage antwortete Alpha lebhaft, sie wolle eigentlich „gar nicht in die Schule gehen". Sie berichtete dann von ihren Haustieren. Auf Frage der Sachverständigen gab Alpha an, sie habe „18 oder 12 oder 16 Freundinnen, die kann man nicht zählen. Manche sind auch Erwachsene".

Anschließend malte sie unaufgefordert einen Totenkopf, gab dazu an „Rache" und ballte die Fäuste. Auf die Frage der Sachverständigen, was das alles bedeuten solle, gab sie an, damit ziele sie auf den Vater ab. Auf die Frage der Sachverständigen, warum sie so böse auf den Vater sei, sagte Alpha, dies sei auf das Erlebnis mit der Armverletzung zurückzuführen. Alpha gab an, ihr falle kein anderer Grund dafür ein und bat die Sachverständige: „Kannst du mir mal alle Gründe vorlesen, vielleicht fällt mir dann noch einer ein".

Auf die Frage der Sachverständigen nach der Mutter gab Alpha an, sie möge an dieser besonders, „dass sie immer nett zu mir ist, wenn ich sie nicht gerade in den Wahnsinn treibe“. Dies sei beispielsweise der Fall, wenn die Mutter Alpha wecken wolle und diese weiterschlafe. Sie möge nicht an der Mutter „dass sie mich nicht ausschlafen lässt, wenn Schule ist“.

Auf die Frage der Sachverständigen, ob Alpha noch irgend etwas sagen wolle oder der Sachverständigen von Dritten aus etwas sagen solle, gab Alpha an: „Dass ich vor Bernd Angst habe. Rache-Angst, alles zusammen. Dass ich auch noch weggehe und wir ganz getrennt sind. Dass ich immer bei Mama bleiben will“.

2.3 Psychodiagnostische Verfahren

„Elternbildfragebogen für Kinder und Jugendliche“ (EBF-KJ; Titze & Lehmkuhl, 2010)

Verfahrensbeschreibung

Der EBF-KJ ist ein Fragebogen zur Qualität der Eltern-Kind-Beziehung aus der Sicht von Kindern und Jugendlichen. Er wurde unter besonderer Berücksichtigung von Verständlichkeit und Akzeptanz für die Anwendung mit Kindern und Jugendlichen entwickelt. Der EBF-KJ basiert auf der theoretischen Thme, dass sich aus den Beziehungserfahrungen der Kinder mit Mutter und Vater im Laufe der Kindheit eine für jedes Elternteil spezifische internalisierte Beziehungsrepräsentation entwickelt. Die Angaben werden auf den Unterskalen Kohäsion, Identifikation, Autonomie, Konflikte, Bestrafung, Ablehnung, Emotionale Vereinnahmung, Überprotektion sowie Hilfe für die Eltern zusammengefasst und Ressourcen bzw. Risiken zugewiesen. Eine bestehende Diskrepanz zwischen den Eltern und die Beziehungsqualität zu den beiden Elternteilen werden verglichen. Diese Beziehungsrepräsentationen beeinflussen die Bewältigung von psychischen und sozialen Entwicklungsanforderungen und Krisen.

Ergebnisse

Nach Angaben des Kindes sei es nicht in der Lage, bzw. wolle den Vater nicht einschätzen.

	Ergebnisse Mutter (T-Wert)	Verbale Beurteilung
Ressourcenskalen		
Kohäsion	65	überdurchschnittlich
Identifikation	47	Normbereich
Autonomie	45	Normbereich
Risikoskalen		
Konflikte	45	Normbereich
Bestrafung	48	Normbereich
Ablehnung	53	Normbereich
Emotionale Vereinnahmung	68	überdurchschnittlich
Überprotektion	64	überdurchschnittlich
Hilfe für die Eltern	57	Normbereich
Beziehungsqualität	44	Normbereich

[Anmerkung: T-Werte zwischen 40–60 bezeichnen den Normalbereich, unter den 90–95 % der Probanden fallen; Werte über beziehungsweise unter diesem Bereich weisen auf stärker/schwächer ausgeprägte Symptome hin.]

Interpretation

Aus Wahrnehmung des Mädchens ist die Beziehung zur Mutter insbesondere durch eine sehr große emotionale Vereinnahmung und hohen Kohäsionsdruck risikobelastet. Bei dieser Konstellation ist eine altersgemäße Individuation eines Kindes von der Bezugsperson kaum möglich, insbesondere ist davon auszugehen, dass Alpha nicht in der Lage ist, eigene Bedürfnisse von denen der Mutter zu unterscheiden.

Auffällig ist, dass Alpha bei der Bearbeitung des EBF-KJ einräumte, das tatsächliche Verhalten des Vaters nicht zu kennen, während sie im Verfahren FIT, welches übergreifende Charaktereigenschaften in globaler, wenig verhaltensnaher Weise abfragt, kein Zögern erkennen ließ (s. u.).

„Inventar zur Erfassung der Lebensqualität bei Kindern und Jugendlichen" (ILK; Mattejat & Remschmidt, 2006)

Verfahrensbeschreibung

[...]

2.4 Angaben Dritter

Kinder-Vorsorgeuntersuchungsheft

Alpha Adam wurde am 01.01.2011 nach durch eine Allergie der Mutter risikobelasteter Schwangerschaft im Krankenhaus Burg geboren. Die Erstuntersuchung sei in der 22. Schwangerschaftswoche erfolgt. Die Geburt erfolgte nach vollendeter 40. Schwangerschaftswoche spontan, das Kind habe 3110 Gramm gewogen und sei 52 Zentimeter groß gewesen. Die postpartale Adaptation verlief unauffällig. In der U2 wurden beidseits ausgereifte Hüften festgestellt. Die U3 bis U9 wurden von Dr. K in Burg durchgeführt und erbrachten bis zur U7 keinen auffälligen Befund. In der U8 wurden am 01.04.2015 Verhaltensauffälligkeiten (Einnässen) festgestellt. In der U9 wurde darauf hingewiesen, dass der Hör- und Sehtest über den Facharzt überprüft werden müsste. Die U9 wurde am 01.04.2016 von Dipl.-med. Z in Richterstadt durchgeführt. Größen- und Gewichtswachstum des Kindes verliefen entlang der 50. Perzentile. Eine zahnmedizinische Vorsorge erfolgte halbjährlich.

Kindergarten

Mit Datum vom 01.01.2016 attestierte der Kindergarten „Astrid Lindgren" in Richterstadt, dass beide Kinder regelmäßig die Kindertagesstätte besuchten, im sozialen, emotionalen und kognitiven Bereich altersentsprechend entwickelt seien.

Laut Schreiben vom Kindergarten „Astrid Lindgren" vom 01.10.2017 seien beide Kinder von der Mutter von Anfang an regelmäßig in die Kindertagesstätte gebracht worden. Alle drei seien in den ersten Wochen den Erzieherinnen und den anderen Kindern mit großer Zurückhaltung begegnet. Teilweise sei es den Kindern sichtbar schwer gefallen, sich von der Mutter zu trennen. Darauf habe die Mutter geduldig und einfühlsam reagiert. Beide Kinder seien altersentsprechend entwickelt. Alpha sei ein zurückhaltendes Kind gewesen. Sie habe sich aber nach einiger Zeit in die Gruppe integrieren können und Freundschaften geknüpft. Sie kommuniziere gerne mit Erwachsenen, denen sie vertraue. Einen Wechsel der Bezugserzieherin habe Alpha nur schwer verkraftet. Beta habe sich nach der Eingewöhnungszeit gut eingefunden. Er sei ein aufgewecktes, fröhliches Kind, beschäftige sich lange Zeit bevorzugt alleine oder mit Alpha. Er bringe sich aber auch in das Gruppengeschehen ein. Frau Eva sei stets gesprächsbereit und kooperativ gewesen.

Schulzeugnis der ersten Grundschulklasse, Grundschule Richterstadt, Schuljahr 2017/2018

Aus dem Rückmelde-Beobachtungsbogen des ersten Schulhalbjahres von Alpha ist ersichtlich, dass sie sich nur manchmal auf die Aufgaben konzentrieren konnte, sich nur manchmal meldete, mäßig auf ihre Arbeitsmaterialien achtete und diese nicht immer alle in der Schule dabei hatte. Ansonsten habe sie sich sehr leicht ablenken lassen, Arbeitsaufträge nicht schnell genug erfasst, nicht von alleine verstanden, was sie im Rechenbuch tun müsse und viel nachgefragt. Diese Bereiche müssten noch geübt werden.

Aus dem Zeugnis ist ersichtlich, dass Alpha meist lernbereit gewesen sei, aber noch nicht aktiv genug mitgearbeitet habe. Sie sei oft verträumt gewesen und habe erst nach mehrmaliger Aufforderung mit der Arbeit begonnen. Sie habe nicht immer alle Aufgabenstellungen verstanden und oft noch zu langsam gearbeitet. Das Arbeitsverhalten habe den Erwartungen mit Einschränkungen entsprochen. Das Sozialverhalten sei durch Freundlichkeit und Hilfsbereitschaft geprägt gewesen, Alpha habe aber viel Zuspruch und Kontakt zu Erwachsenen benötigt. Sie habe sich meist an vereinbarte Regeln gehalten. Sie habe lieber für sich gearbeitet als mit anderen Schülern zusammen. Das Sozialverhalten habe „schon den Erwartungen" entsprochen. Alpha habe Fördermaßnahmen im Fach Deutsch erhalten.

Das Kind habe drei Unterrichtstage im gesamten Schuljahr entschuldigt versäumt. Alpha wurde in die nächste Klassenstufe versetzt.

[...]

Klassenlehrerin von Alpha an der Grundschule in Richterstadt, Frau X

Die Klassenlehrerin gab an, sie kenne Alpha seit August 2019. Damals habe das Kind zusammen mit einer bestehenden, vertrauten Klassengemeinschaft in das Hauptgebäude der Schule umziehen müssen und sei dabei durch sehr ängstliches, zurückhaltendes, schüchternes Verhalten aufgefallen. Alpha habe Blickkontakt vermieden, sei – ebenso wie die Mutter – nicht offen gewesen für die neue Situation, habe alleine auf dem Schulhof gestanden. Bis Jahresanfang 2019 habe sich die Lehrerin große Sorgen um Alpha gemacht. Erst jetzt lebe sie etwas mehr auf, habe mehr Kontakt mit anderen Kindern, integriere sich in die Gruppe und tobe mal auf dem Pausenhof. Auf Befragen habe Alpha der Lehrerin gesagt, sie fühle sich in der Klasse wohl und wolle dort bleiben. Die schulischen Leistungen hätten sich verbessert, es gelinge Alpha besser, dem Unterricht zu folgen. Sie könne sehr impulsiv sein, sei aber dann pädagogisch erreichbar und entschuldige sich. Alpha habe aber auch schon zusammenhangslos gesagt, der Vater habe ihren Bruder entführt, wörtlich: „den gucke ich nicht mit dem Arsch an". Dabei habe das Kind keine Anzeichen von Angst gezeigt, aber von Wut.

Auf Nachfrage gab die Lehrerin an, die Mutter komme in die Sprechstunde und die Zusammenarbeit mit dieser sei positiv. Es habe lediglich hinsichtlich der dringenden Empfehlung der Schule, Alpha aufgrund des Aufmerksamkeitsdefizits auf keinen Fall alleine mit dem Fahrrad zur Schule fahren zu lassen, eine Auseinandersetzung gegeben. Das Kind sei von zuhause gut gepflegt und versorgt. Der Vater sei bei der Lehrkraft bisher nicht in Erscheinung getreten. Der Lebensgefährte von Frau Eva sei im schulischen Kontext nie erwähnt worden. Die Psychotherapeutin habe bisher keinen Kontakt zur Lehrkraft aufgenommen.

Nach Einschätzung der Lehrkraft reagiere Alpha belastet auf sämtliche Veränderungen, diese „ziehen ihr den Boden unter den Füßen weg“. Es sei daher wichtig, dass sie die Grundschulzeit in der jetzigen Schule beenden könne. Zur 5. Klassenstufe hin müsse Alpha ohnehin die Schule wechseln. Weiter sei aus Sicht der Schule wichtig, dass Alpha die Möglichkeit bekomme, einen Freundeskreis aufzubauen. Daher sei Frau Eva bereits empfohlen worden, Alpha in einer Ganztagesklasse zu beschulen und sie in einem Sportverein anzumelden.

Frau X erkundigte sich bei der Sachverständigen nach deren Einschätzung hinsichtlich einer möglichen Entführungsgefahr des Kindes durch den Vater, die ihr von der Mutter suggeriert worden sei.

„Lehrerfragebogen über das Verhalten von Kindern und Jugendlichen“ (CBCL/4–18; Achenbach et al., 2014)

Verfahrensbeschreibung

In Ergänzung zum „Elternfragebogen“ der Child Behavior Checklist liegt für Kinder ab dem Schuleintritt ein Fragebogen für Lehrer vor, welcher im Bereich der schulischen Erziehung gezeigte Verhaltensauffälligkeiten erfasst. Die Symptome werden in acht Problemsskalen (Sozialer Rückzug, Körperliche Beschwerden, Ängstlich/Depressiv, soziale Probleme, schizoid/zwanghaft, Aufmerksamkeitsprobleme, Dissoziales Verhalten und Aggressives Verhalten) sowie zwei syndromorientierten Skalen (internalisierende Störung, externalisierende Störung) und einer Gesamt-Belastungsskala zusammengefasst. Der Fragebogen wird international eingesetzt, um behandlungsbedürftige Verhaltensauffälligkeiten aus Sicht der Schule zu erfassen.

Ergebnisse

Skala	T-Wert	Verbale Beurteilung
Ängstlich/depressiv	53	unauffällig
Rückzüglich/depressiv	78	auffällig
Internalisierende Probleme gesamt	68	auffällig
Regelverletzendes Verhalten	55	unauffällig
Aggressives Verhalten	42	unauffällig
Externalisierende Probleme	52	unauffällig
Körperliche Beschwerden	59	unauffällig
Soziale Probleme	58	unauffällig
Denk-, Schlaf- und repetitive Probleme	67	auffällig
Aufmerksamkeitsprobleme	69	auffällig
Andere Probleme	50	unauffällig
Gesamtwert	67	auffällig

[Anmerkung: T-Werte zwischen 40–60 bezeichnen den Normalbereich, unter den 90–95 % der Probanden fallen; Werte über beziehungsweise unter diesem Bereich weisen auf stärker/schwächer ausgeprägte Symptome hin].

Die Lehrerin ergänzte ihre Angaben dahin gehend, dass es ihr Sorgen mache, dass Alpha „oft unkonzentriert/unorganisiert“ sei; „Ihre Gedanken beschäftigen sich mit familiären Begebenheiten“. Sie könne positiv berichten, dass Alpha immer offener werde und gelegentlich auch mit anderen Mitschülern spiele. Sie spreche inzwischen mehr und auch lauter. Alpha arbeite oft langsam und benötige mehr Zeit für Aufgaben, sie habe häufig Verständnisschwierigkeiten und benötige daher persönliche, erneute Erklärungen für Fragestellungen, sei unkonzentriert, gedanklich abwesend, zurückgezogen und wenig kontaktfreudig, unorganisiert und wenig selbstständig. Werde sie auf ihre Tagträume angesprochen, gebe sie an, an ihre Familie bzw. ihren Bruder zu denken.

Interpretation

Aufgrund der Angaben aus dem schulischen Kontext ist bei Alpha von einer klinisch relevanten, behandlungsbedürftigen psychischen Störung aus dem internalisierenden Formenkreis auszugehen, mit ausgeprägten Schwächen im Bereich der sozialen Kompetenzen. Verstärkt wird die Symptomatik durch ein bestehendes Aufmerksamkeitsdefizit mit entsprechenden Auswirkungen auf das Lern-, Leistungs- und Arbeitsverhalten des Mädchens.

„Junior Temperament und Charakter-Inventar“ (JTCI 7–11 R; Goth & Schmeck, 2009)

Verfahrensbeschreibung

[...]

Ärztliche und therapeutische Vorbefunde

Mit Attest vom 01.05.2017 wurden von der praktischen Ärztin V bei Alpha Verhaltensstörungen, Albträume, Angstattacken, „Klammern als Folge frühkindlicher, schlimmer Erfahrungen“ und eine posttraumatische Belastungsstörung festgestellt sowie eine weitere, langfristige kinderpsychologische Therapie für erforderlich gehalten. Es bestünden keine somatischen Erkrankungen.

Seit dem 01.10.2018 befindet sich Alpha wegen „Einschränkung der Geschicklichkeit und der Integrationsfähigkeit zur Gleichaltrigen“ in Behandlung in der Praxis für [...]

3. Beta, zu Beginn der Begutachtung 5;10 Jahre alt

3.1 Beobachtungsdaten

[...]

4. Die Mutter, Frau Anna Eva-Adam

4.1 Beobachtungsdaten

Die Probandin präsentierte sich in kooperativer Grundhaltung. In den verbalen Ausführungen tendierte sie zu Weitschweifigkeit, blieb teilweise an randständigen Themen haften, insbesondere im Zusammenhang mit Vorwürfen gegen ihren Exmann, und zeigte einen erhöhten Belastungseifer. Frau Eva war zu allen Modalitäten voll orientiert, die intellektuelle Leistungsfähigkeit liegt augenscheinlich im Normbereich. Die affektive Schwingungsfähigkeit war leicht eingeengt, der Grundaffekt angespannt, misstrauisch und kontrolliert ärgerlich. Der Affektausdruck war situationsadäquat. Die Fähigkeit zur selbstkritischen Reflexion und die distanzierte Realitätswahrnehmung waren reduziert. Auffällig war, dass Frau Eva Argumente flexibel ihrer jeweiligen Interessenlage anpasste, ohne dass ihr Widersprüche bewusst wurden.

Interaktionsbeobachtung Frau Eva und die Kinder

Beta erscheint sehr aufgedreht zum Umgangskontakt, zeigt ein latent aggressives Spielverhalten und drängt aufgeregt, dass dieser beginnen solle. Er läuft der Mutter entgegen, dann bleibt er stehen und hält verlegen Abstand. Er fragt nach zwei „Freundebüchern", die er beim letzten Umgangskontakt der Mutter und der Schwester mitgegeben habe, die Mutter hat jedoch nur eines dabei. Beta weist die Mutter darauf hin, dass sie das andere das nächste Mal mitbringen solle, „wenn du es nicht mitbringst, dann geh ich gleich wieder heim, aber heute gehe ich nicht gleich, weil du hast ja ein Buch mitgebracht".

[...]

4.2. Verbale Angaben

Die verbalen Angaben der Probandin werden im Folgenden zur besseren Lesbarkeit thematisch zusammengefasst und teilweise in indirekter Rede wiedergegeben. Die Art der Darstellung beinhaltet keine Wertung.

Angaben zur eigenen Biografie

Frau Eva gab an, sie sei am 01.05.1982 in München geboren worden [...]

4.3 Psychodiagnostische Verfahren

„Temperament und Charakter-Inventar" (TCI; Cloninger, 1992, Deutsch von Richter & Eisemann, 1999)

Verfahrensbeschreibung

Das Temperament and Character Inventory (TCI) ist ein Fragebogen, der individuelle Muster der Ausprägung von sieben als grundlegend definierten Persönlichkeitseigenschaften erfasst.

[...]

IV. BEFUND

1. Entwicklungsbezogene Ausgangslage und situationsspezifisches Verhalten der Kinder

Die entwicklungsbezogene Ausgangslage eines Kindes ist in der Gutachtenerstellung die Basis für die Bewertung sowohl seiner Versorgungs- und Fördersituation als auch der Angemessenheit der familiären Interaktionen und nicht zuletzt für die Bewertung der kindlichen Willensäußerungen. So sind die Bedürfnisse und Äußerungen eines Kindes im Grundschulalter verschieden von denen eines Jugendlichen, die Bedürfnislage eines entwicklungsverzögerten oder psychisch kranken Kindes kann stark von der eines altersgemäß entwickelten Gleichaltrigen abweichen.[8]

Das im Begutachtungszeitraum achtjährige Mädchen **Alpha** präsentierte sich in der Begutachtung als verhaltensauffälliges Kind mit erheblichen psychopathologischen Problemen (pathologische Bindungsmuster, emotionale Störung, Aufmerksamkeitsdefizit, Enuresis). Es ist davon auszugehen, dass die bei Alpha bestehenden psychischen Störungen bereits vor der elterlichen Trennung entstanden. Nach Angaben der Mutter habe das Kind etwa im dritten Lebensjahr emotionale Unausgeglichenheit und Trennungsängste gezeigt. Dies könnte einerseits eine Reaktion auf die erneute Schwangerschaft der Mutter und die Geburt des Bruders, andererseits Folge der anhaltenden Konkurrenz und der Spannungen zwischen den Eltern gewesen sein, in deren Zentrum das Kind damals stand.

Der im Begutachtungszeitraum sechsjährig gewordene **Beta** wies ebenfalls erhebliche psychopathologische Probleme auf (Regulierung von Nähe und Distanz, emotionale Unausgeglichenheit, Lügen, nicht abgeschlossene Sauberkeitserziehung). Entgegen der Aus-

8 Castellanos & Hertkorn, 2016.

führungen der Mutter ist davon auszugehen, dass die geschilderten Probleme bei Beta ebenfalls bereits seit Längerem bestanden und nicht erst als Folge des Wechsels zum Vater auftraten.

Nachdem beide Geschwisterkinder ähnliche Probleme entwickelten, ist davon auszugehen, dass die Ursache hierfür in den Betreuungsbedingungen zu suchen sind, welche die Kinder bisher vorfanden. Bei beiden trat zudem eine Verschlechterung durch den erlebten Bindungsabbruch ein, Folge der Herausnahme von Beta aus dem Haushalt der Mutter.

Beide Kinder wiesen hinsichtlich ihrer kognitiven, sprachlichen und motorischen Entwicklung zum Zeitpunkt der Begutachtung keine wesentlichen Entwicklungsstörungen auf.

Insgesamt ist bei beiden Kindern von einem erhöhten Betreuungs- und Unterstützungsbedarf auszugehen, der besondere Ansprüche an die Bezugsperson(en) stellt.

Im Vorschulalter herrscht gemäß des Stufenmodells von Piaget[9] die sogenannte „präoperationale Phase“ des anschaulichen Denkens vor, die ungefähr mit dem siebten Lebensjahr endet. In dieser Periode sind Kinder befähigt, auf der Vorstellungsebene über konkrete Ereignisse nachzudenken, unabhängig von der direkten Beobachtung. Der Aufbau des logischen Denkens beginnt. Sprache dient Kindern hierbei zur Übermittlung von Informationen, um sich weiteres Wissen zu erschließen. Weiterhin ist diese Phase von dem sogenannten Egozentrismus im Denken gekennzeichnet. Das Kind ist noch nicht in der Lage, sich Sachverhalte aus unterschiedlichen Perspektiven vorzustellen, es sieht sich noch im Zentrum des Geschehens und nimmt nur die eigene Sichtweise wahr. Dies bedeutet, dass Kinder in diesem Alter Ereignisse ihrer Umwelt stets auf sich beziehen und sich als Ursache hierfür erleben. Der Radius der Wahrnehmung ist noch ganz auf das Selbst und die eigenen Bedürfnisse beschränkt.

Mit dem Eintritt in das Schulalter erreicht ein Kind das kognitive Entwicklungsstadium der „konkreten Operationen“. Das Denken wird reversibel, was bedeutet, dass Handlungsabläufe in unterschiedlichen Richtungen gedacht und vorgestellt werden können. Induktive logische Schlussfolgerungen werden möglich, so dass aus einzelnen Beobachtungen Themen über Regeln oder Gesetzmäßigkeiten abgeleitet werden können. In dieser Phase wird es Kindern möglich, über soziale Kognitionen Verständnis für andere aufzubringen sowie deren Denken und Fühlen wahrzunehmen. Dadurch können Einschätzungen zum Verhalten und Erleben anderer Personen erfolgen. In Verbindung hiermit steht auch die Wahrnehmung des emotionalen Ausdrucks beim Sozialpartner in Verbindung. Kinder lernen in dieser Phase, ihren eigenen Gefühlsausdruck zu kontrollieren und beispielsweise Gefühle – in Erwartung der Reaktionen ihrer Umwelt – vorzuspielen. Es bildet sich die Voraussetzung für die Entstehung von Loyalitätskonflikten. Im Bereich der sozialen Entwicklung orientieren sich Kinder in dieser Phase vermehrt an Kontakten mit Gleichaltrigen, es besteht eine Tendenz zur Geschlechtertrennung. In der Moralentwicklung werden von außen vorgegebene Regeln konventionell in eine Art „Zwangsmoral“ umgesetzt. Gegen Ende dieser Phase bildet sich eine autonome Moral heraus, in der Kinder bereits selbstständig nach inneren Wertmaßstäben darüber urteilen, was sie als richtig oder falsch erleben. Es entsteht ein eigenes Gerechtigkeitsempfinden. Diese Entwicklungsphase ist durch wachsende Selbständigkeit, größere Distanz vom Eigenerlebnis und größerer Komplexität des Denkens, Handelns und Fühlens gekennzeichnet. Die neuen Fähigkeiten richten sich auch auf die Beziehung zu den Eltern, deren Handlungen und Einstellungen

9 Piaget, 1969.

hinterfragt werden. Die Heranwachsenden wollen als Gesprächspartner ernst genommen und respektiert werden.

Risikofaktoren für die kindliche Entwicklung[10] können durch emotionale und soziale Defizite, unsichere Bindungen, das Erleben von Hilflosigkeit und Vertrauensverlust sowie Schuldgefühle oder Verlustängste bedingt sein. Als Schutzfaktoren gelten zum Beispiel ein stabiles Fürsorgeverhalten von Bezugspersonen, positive familiäre Einbindung, soziale Integration und Unterstützung durch Dritte. Umweltbedingte Risikofaktoren sind beispielsweise ein rigides Kommunikationsverhalten, dysfunktionale Familienstrukturen, Dauerspannungen mit feindseliger Konfliktaustragung, Instrumentalisierung des Kindes im Elternkonflikt, Abwertung anderer Bezugspersonen, Rollenumkehr oder Vernachlässigung.

Unter Schutz- und Resilienzfaktoren wird in der psychologischen Forschung neben der gesundheitlichen Situation auch die psychische Widerstandsfähigkeit von Kindern gegenüber biologischen, psychologischen und psychosozialen Entwicklungsrisiken verstanden. Widerstandskraft entwickelt sich in der Auseinandersetzung mit widrigen situations- und lebensbereichsspezifischen Bedingungen auf der Grundlage von Schutzfaktoren, auf die das Kind in seiner Interaktion mit der familiären und sozialen Umwelt zurückgreifen kann. Als Resilienzfaktoren auf der Individualebene sind beispielsweise Problemlösefähigkeit, Talente, Hobbys, ein positives Selbstkonzept und ein flexibles Bewältigungsverhalten nachgewiesen. Als sozialer Schutzfaktor eines Kindes wird mindestens eine stabile Bezugsperson angesehen, die beim Kind Vertrauen und Autonomie fördert. Ebenso gilt Zusammenhalt und konstruktive Kommunikation in der Familie und ein emotional positives und unterstützendes Erziehungsverhalten bei strukturierten Rahmenbedingungen als resilienzförderlich. Die Unterstützung durch ein soziales Netzwerk (Verwandtschaft, Freunde, Nachbarn) wirkt sich ebenfalls fördernd auf die kindliche Entwicklung aus.

Wie stark und verletzlich Kinder auf belastende Sozialisationsbedingungen reagieren, hängt im Wesentlichen von der Balance der Schutz- und Risikofaktoren hinsichtlich ihrer psychosozialen Entwicklung ab.

Bei **Alpha** wurden im Vorfeld der Begutachtung eine „Emotionale Störung mit Trennungsangst" (ICD-10: F93.0) und „Anpassungsstörung" (ICD-10: F43.2), sowie ein Aufmerksamkeitsdefizit (ICD-10 F90.0) diagnostiziert. Bei **Beta** besteht eine primäre Enuresis nocturna et diurna (F98.0). Aufgrund der verzögerten Entwicklung hinsichtlich Längenwachstum und Kopfumfang kann zudem eine psychisch bedingte Gedeihstörung bei ihm nicht ausgeschlossen werden.

Bei einer Anpassungsstörung handelt es sich gemäß Definition der Weltgesundheitsorganisation[11] um Zustände von subjektivem Leiden und emotionaler Beeinträchtigung, die soziale Funktionen und Leistungen behindern und während des Anpassungsprozesses nach einer entscheidenden Lebensveränderung, wie ein Trennungserlebnis, eintreten kann.

Aufgrund der vorliegenden Angaben ist davon auszugehen, dass Alpha auf die Trennung der Eltern reagierte, das heißt auch durch den Bindungsabbruch zum Vater, zu dem in den ersten Lebensjahren eine enge Beziehung bestand. Die bei Beta nach Umgangskontakten vermehrt auftretenden Verhaltensauffälligkeiten könnten ebenfalls auf eine Reaktivierung der Trennungsreaktion von der Mutter zurückzuführen sein, erfüllen aber

10 Dettenborn, 2001.
11 Dilling, Mombour & Schmid, 2012.

nicht das Vollbild einer Anpassungsstörung. Bei beiden Kindern ist davon auszugehen, dass die gezeigten Auffälligkeiten durch dysfunktionale Reaktionen der Eltern verstärkt wurden und werden. Sollte diesen nicht entgegengewirkt werden, besteht die Gefahr einer Chronifizierung. Tatsächlich ist bei Alpha mittlerweile davon auszugehen, dass die entsprechenden Reaktionsmuster bereits integraler Bestandteil ihrer Persönlichkeitsentwicklung geworden sind.

Für die Entstehung einer hyperkinetischen Störung beziehungsweise eines Aufmerksamkeitsdefizits wird eine Interaktion psychosozialer und biologischer Faktoren auf der Basis einer genetischen Disposition verantwortlich gemacht. Die Symptomatik verstärkt sich, wenn eine unzureichende erzieherische Steuerung erfolgt.[12] Dieses Störungsbild kommt gehäuft in Familiensystemen vor, die bezüglich der Klarheit und Strukturiertheit destabilisierend auf ein Kind einwirken. Die Interaktion mit den Kindern ist durch häufige negative Äußerungen und fehlende Responsivität der Eltern gekennzeichnet. Entsprechend ist eine Therapie ohne Einbezug und Schulung der Eltern nicht möglich.

Bei der Enuresis handelt es sich um eine typische Entwicklungsstörung, die häufig in Zusammenhang mit belasteten familiären Verhältnissen zu beobachten ist und vorwiegend in emotional belastenden Situationen auftritt.

Wenn Kinder nach der Trennung der Eltern auffälliges Verhalten zeigen, bestanden in den meisten Fällen bereits Jahre zuvor Verhaltensauffälligkeiten und Entwicklungsverzögerungen. Die Wahrscheinlichkeit einer Trennung steigt, wenn ein Paar nicht in der Lage ist, gemeinsam Stress zu bewältigen oder wenn die partnerschaftliche Kommunikation durch Feindseligkeit und die Tendenz, dem Partner generell negative Absichten zu unterstellen, gekennzeichnet ist. Weiter sind emotionale Labilität und eigene entsprechende Sozialisationserfahrungen Faktoren, die das Risiko einer Scheidung erhöhen. Es liegt auf der Hand, dass das dadurch generierte Familienklima der psychischen Gesundheit und der Entwicklung sozialer Kompetenzen von Kindern abträglich ist. Kinder, die chronischen Streitigkeiten zusammenlebender Eltern ausgesetzt sind, weisen die gleichen Belastungsmuster auf wie Kinder, die chronischen Streitigkeiten ihrer Eltern nach einer Trennung ausgesetzt sind.[13] Ob ein Kind „Gewinner, Verlierer oder Überlebender" einer Trennung seiner Eltern ist, hängt von einem multifaktoriellen Bedingungsgefüge ab.[14] Lediglich die Tatsache, dass sich Eltern trennen, kann daher nicht als schädlich für Kinder angesehen werden, sondern es müssen weitere Belastungsfaktoren hinzukommen. Der Verarbeitungsprozess einer elterlichen Trennung durch das Kind ist zudem zeitabhängig und verändert sich mit der Zeit[15] Weiterhin können negative Effekte aus zusätzlichen Belastungen wie Schulwechsel, neue Partner der Eltern, Zusammenleben mit Stief- oder Halbgeschwistern usw resultieren. Der negativste psychische Verlauf wurde in Längsschnittuntersuchungen bei den Kindern registriert, die in sogenannten „Transitionsfamilien" aufwuchsen, das heißt solchen familiären Umbrüchen mehrfach ausgesetzt waren.[16]

Kurzfristig führt die Trennung der Eltern bei Kindern häufig zu einer Trauerreaktion, die Trennungs- und Verlassenheitsängste, Wut, Kummer, Sehnsucht, Trotz usw beinhalten kann. Die Kinder können mit depressiven Symptomen, Auffälligkeiten im Sozialverhalten, Nachlassen schulischer Leistungen, Entwicklungsrückschritten wie erneutem Einnässen

12 Döpfner, Frölich & Lehmkuhl, 2013.
13 Reis & Meyer-Probst, 1999.
14 Schwarz & Noack, 2002.
15 Strobach, 2008.
16 Walper, 2005 b.

nach bereits abgeschlossener Sauberkeitserziehung, Schlafstörungen uä reagieren, bis hin zu ausgeprägten Anpassungsstörungen.[17] In Abhängigkeit von der Sicherheit der bislang erlebten Bindung an die Eltern variiert die Stärke dieser Reaktionen. Die Ausprägung der Symptome hängt auch vom Alter der Kinder ab. So scheinen Kinder unter drei Jahren besonders empfänglich für psychosoziale Traumata zu sein, sie reagieren vor allem mit Schlaf- und Gedeihstörungen. Kindergarten- und Vorschulkinder reagieren vorwiegend mit Verlustängsten. Bei Kindern im Schulalter werden eher Leistungsverluste oder Konzentrationsstörungen zu beobachten sein. Jungen in der späteren Kindheit schätzen sich selbst als weniger selbstbewusst und im Umgang mit neuen Situationen weniger flexibel ein, außerdem benötigen sie mehr Bestätigung von anderen als nichtbetroffene Gleichaltrige.[18]

In Studien konnte ein eindeutiger Zusammenhang zwischen einer Kumulation kritischer Lebensereignisse und klinisch relevanten Verhaltensauffälligkeiten von Kindern nachgewiesen werden. Je stärker die psychische Stabilität eines Kindes bereits vor der Trennung geschwächt war, umso wahrscheinlicher werden weitere kritische Lebensereignisse pathologische Reaktionen bei den Kindern hervorrufen. Diese wirken sich ihrerseits wieder belastend auf die Eltern aus und erschweren die Versorgung der Kinder, es kann ein Teufelskreis der gegenseitigen Verstärkung entstehen.

Langfristige negative Auswirkungen der Trennung von Eltern finden sich bei etwa 10–15 % der betroffenen Kinder.[19] Diese sind beispielsweise ein erhöhtes Risiko für psychische und psychosomatische Erkrankungen, Schwierigkeiten bei der Gestaltung eigener Partnerschaften und bei Männern eine erhöhte Neigung zu Aggression und Delinquenz.[20] Teilweise werden noch im frühen Erwachsenenalter Unsicherheiten bezüglich eigener Eheschließung und Elternschaft berichtet.[21]

Das Auftreten von psychischen Störungen oder Verhaltensauffälligkeiten ist bei Kindern und Jugendlichen – nicht anders als bei Erwachsenen – multifaktoriell bedingt. Als einer der wesentlichen Faktoren ist der familiäre Hintergrund anzusehen. Insbesondere psychische Störungen eines Elternteils, chronische Arbeitslosigkeit, innerfamiliäre Gewalt oder Vernachlässigung und die Anhäufung kritischer Lebensereignisse sind Faktoren, die die Entstehung psychopathologischer Symptome bei Kindern fördern. Protektive Wirkung haben neben einer sicheren Bindung an den hauptversorgenden Elternteil und die funktionalen Familienstrukturen, eine verstärkte elterliche Kontrolle schädlicher Umgebungsbedingungen, soziale Netzwerke und gute soziale Kompetenzen eines Kindes. Psychische Ressourcen und erzieherische Kompetenzen der Eltern können psychische Probleme der Kinder verhindern oder mindern.[22] Bei Alpha und Beta ist davon auszugehen, dass eine Dysbalance zwischen den Belastungsfaktoren und den Schutzfaktoren bestand, die zur Ausprägung der genannten Probleme beitrug.

Die von **Alpha** besuchte, ambulante Psychotherapie erscheint aus Sachverständigensicht nicht ausreichend für die bestehende Symptomatik. Eine stationäre Behandlung, möglichst unter Einbezug der Mutter, erscheint dringend indiziert, um einer weiteren Chronifizierung und Ausweitung der Probleme vorzubeugen.

17 Gontard, 2010.
18 Böhm, Emslander & Grossmann, 2001.
19 Garten & Salzgeber, 2008.
20 Walper & Langmeyer, 2008.
21 Wallerstein & Lewis, 2001.
22 Schepker, Toker & Eberding, 2003.

Die bei **Beta** bestehende Symptomatik sollte durch eine ambulante Psychotherapie aufgefangen werden, um einer Chronifizierung und negativen Beeinflussung der bevorstehenden Einschulung entgegenzuwirken.

2. Willensäußerungen der Kinder

Der Kindeswille gilt in der psychologischen Betrachtungsweise als altersgemäß stabile und autonome Ausrichtung eines Kindes auf erstrebte, persönlich bedeutsame Zielzustände.[23]

[...]

V. BEANTWORTUNG DER GERICHTLICHEN FRAGESTELLUNG

Herr Gerecht, Richter am Amtsgericht Richterstadt/Familiengericht, erteilte mit Beschluss vom 01.10.2019 den Auftrag zur Erstellung eines Sachverständigengutachtens.

Die gerichtlichen Fragestellungen werden unter Abwägung der verschiedenen Aspekte und vorliegenden Daten wie folgt beantwortet:

Ad 1. Welche Gründe lassen einen Umgang zwischen Vater und Tochter – zumindest derzeit – unmöglich erscheinen?

Persönliche Umgangskontakte zwischen Alpha Adam, geboren am 01.01.2011, und dem Kindsvater erscheinen aus psychologischer Sicht aufgrund der psychischen Labilität des Kindes, der ungelösten, chronischen Streitigkeiten zwischen den Eltern und der seit 2015 bestehenden Kontaktunterbrechung derzeit nicht dem Wohl des Kindes entsprechend.

Das Aussetzen der Umgangskontakte geht jedoch nicht auf Defizite des Vaters oder eine primäre Beziehungsstörung zurück. Daher sollte versucht werden, mit therapeutischen Mitteln eine zukünftige Kontaktanbahnung vorzubereiten. Hierfür wären indirekte Kontakte, beispielsweise in Form von therapeutisch begleiteten und überreichten Briefen, Fotografien oder Geschenken zu empfehlen. Dabei sollte Herr Adam zunächst Beratung annehmen, wie er die indirekte Kontaktaufnahme den Bedürfnissen des Kindes entsprechend gestalten kann. Alpha sollte die Kontaktangebote durch die Person des Therapeuten/Beraters entgegennehmen und zunächst mit diesem bearbeiten. Auf einer Antwort des Kindes an den Vater sollte allerdings derzeit nicht bestanden werden.

Des Weiteren sollten die derzeitigen, begleiteten Umgangskontakte zwischen den Geschwistern einen Teil der Zeit ohne Anwesenheit der Mutter durchgeführt werden. In einem späteren Schritt, der jedoch mit der behandelnden Psychotherapeutin von Alpha abgesprochen werden sollte, könnte dann der Vater zunächst mit räumlicher Distanz (Videoaufnahmen, Einwegfenster) eingeführt werden.

Ad 2. Entspricht es dem Wohl von Beta am ehesten, wenn er mit seinem Vater unbegleiteten Umgang pflegt? [...] Soweit begleiteter Umgang zwischen Vater und Sohn dem Wohl von Beta am ehesten entsprechen sollte: Wie und in welcher Form soll diese Umgangsbegleitung stattfinden? Ist eine Umgangspflegschaft hilfreich?

Die Fragestellung des Gerichts hat sich durch die zwischenzeitliche familiäre Entwicklung erübrigt, da der Lebensmittelpunkt von Beta zum Vater verlegt wurde.

Ad 3. Entspricht ein weiterer Verbleib beider Kinder im Haushalt der Kindesmutter dem Wohl von Alpha und Beta am ehesten? Sollte die vorstehende Frage nicht oder nicht voll-

23 Dettenborn, 2001.

ständig bejaht werden können: Welche Lösungsmöglichkeiten könnten dann dem Wohl beider Kinder am ehesten entsprechen?"

Bei der Frage nach dem Kindeswohl geht es aus psychologischer Sicht um [...]

Die eingangs formulierten psychologischen Hypothesen werden wie folgt beantwortet:

Die Eltern sind ausreichend in der Lage, Umgangskontakte mit dem Kind bzw. den Kindern am Kindeswohl orientiert zu gestalten.

Die Eltern sind ausreichend erziehungsfähig und erziehungskompetent, um [...]

Zusammenfassung

Auftraggeber: Familiengericht Richterstadt, Richter Gerecht

In der Sache:	Beta Adam ua.
Geschäfts-Nr.:	1 F 001/19

Fragestellungen: Gründe für bzw. gegen einen Umgang zwischen Vater und Tochter; Kindeswohlentsprechung eines unbegleiteten Umgangs von Beta mit dem Vater oder der Gestaltung von Umgangsbegleitung; Notwendigkeit einer Umgangspflegschaft; Kindeswohlentsprechung des Verbleibs beider Kinder im Haushalt der Kindesmutter bzw. dem Kindeswohl entsprechende Lösungsmöglichkeiten, Persönlichkeitsstruktur der beiden Elternteile.

Methoden: Aktenanalyse; mit beiden Elternteilen und beiden Kindern jeweils ohne Anwesenheit Dritter Explorationsgespräche und Bearbeitung psychodiagnostischer Verfahren; Beobachtung der familiären Interaktionen; Hausbesuche; Telefonate mit beteiligten Fachpersonen (Kindergärten, Schule, Beratungsstellen, Psychotherapeuten, Kinderärzte); ergänzende Gespräche mit beteiligten Dritten (Partner der Eltern).

Ergebnisse

- Ausschluss persönlicher Umgangskontakte zwischen Vater und Tochter.
- Aufrechterhaltung des Lebensmittelpunktes von Alpha Adam bei der Mutter trotz der dort bestehenden Probleme.
- Aufrechterhaltung des Lebensmittelpunktes von Beta Adam beim Vater.

Weitere Empfehlungen: Anbahnung indirekter Kontakte zwischen Vater und Tochter über die Erziehungsberatungsstelle; stationäre Mutter-Kind-Psychotherapie; Befriedung der elterlichen Konflikte durch Beratung/Mediation/Training.

VI. LITERATUR

Balloff, R. (2004). Begutachtung in der Familiengerichtsbarkeit – quo vadis Sachverständigentätigkeit? *Familie, Partnerschaft, Recht, 9/2004*, 530–535.

Böhm, B.; Emslander, C. & Grossmann, K. (2001). Unterschiede in der Beurteilung 9- bis 14jähriger Söhne geschiedener und nicht geschiedener Eltern. *Praxis der Kinderpsychologie und Kinderpsychiatrie, 50*, 77–91.

Bretherton, I. & Page, T. (2004). Shared or conflicting working models? Relationships in postdivorce families seen through the eyes of mothers and their preschool children. *Development and Psychopathology, 16*, 551–575.

Castellanos, H.A. (2020)[3.]. *Psychologische Sachverständigengutachten im Familienrecht*. Baden-Baden: Nomos.

[...]

VII. CURRICULUM VITAE

19xx geboren

20xx Erwerb des Universitätsdiploms im Fach Psychologie an der XY Universität in YX

20xx Approbation als Kinder-und Jugendlichen-Psychotherapeutin

20xx Akkreditierung als Fachpsychologin für Forensische Psychologie/BDP

Ich versichere, das vorliegende Sachverständigengutachten nach bestem Wissen und Gewissen erstattet zu haben.

Dipl.-Psych. Epsilon Zeta

© Das vorliegende Gutachten ist urheberrechtlich geschützt, das Urheberrecht liegt beim Gutachter. Das Gutachten darf nur im Rahmen des Verfahrens und nach Maßgabe des beauftragenden Gerichtes verwendet werden. Eine Vervielfältigung oder Weitergabe im Ganzen oder auszugsweise bedarf der schriftlichen Zustimmung.

2. Beispiel schriftliches Kurzgutachten

1105 Amtsgericht Richterstadt

– Familiengericht –

Postfach 9876

12345 Richterstadt

Tag. Monat. Jahr

PSYCHOLOGISCHES SACHVERSTÄNDIGENGUTACHTEN

(schriftliche Kurzform)

erstellt von Dipl.-Psych. Dr. Epsilon Zeta

Betreff: Auftrag des Familiengerichts Richterstadt

zur Regelung der elterlichen Sorge sowie der Umgangskontakte zwischen dem Kindsvater und dem Kind Hans Omega, geboren am 01.02.2009

In der Sache: **Omega, Kaina ./. Omega, Abel**

Geschäfts-Nummer: **1 F 1/20 und 1 F 2/20**

Inhalt Seite

(Dieses Gutachten enthält insgesamt 22 Seiten; es wurde in fünffacher Kopie erstellt)

I. FORMALER RAHMEN DER BEGUTACHTUNG

Frau Justiz, Richterin am Amtsgericht Richterstadt/Familiengericht, erteilte mit Beschluss vom 01.03.2020 den Auftrag zur Erstellung eines Sachverständigengutachtens.

Der Auftrag des Gerichts lautet:

„Es soll Beweis erhoben werden durch Einholen eines familienpsychologischen Sachverständigengutachtens darüber, welche Umgangsregelung zur bestmöglichen Wahrung des Wohles des Kindes angezeigt ist."

Und:

„Es soll Beweis erhoben werden durch Einholen eines familienpsychologischen Sachverständigengutachtens darüber, ob die Kindseltern unter Berücksichtigung der gefühlsmäßigen Bindung des Kindes, der eigenen Erziehungsfähigkeit und Bindungstoleranz sowie der jeweils angestrebten Perspektiven für das eigene Leben und das Leben des Kindes in der Lage sind, Entscheidungen von erheblicher Bedeutung für das Kind gemeinsam zu treffen oder ob die elterliche Sorge oder Teilbereiche davon nur von einem Elternteil ausgeübt werden soll."

Die Fragestellung des Gerichts wird unter Berücksichtigung folgender psychologischer Kriterien behandelt: Entwicklungsbezogene Ausgangslage und situationsspezifisches Verhalten des Kindes, Wunsch des Kindes; familiäre Bindungen und Beziehungen; Erziehungseignung und erzieherische Kompetenzen der Eltern, Kooperationsfähigkeit und -bereitschaft der Eltern untereinander sowie mit fachkundigen Drittpersonen, sozio-ökonomische Rahmenbedingungen, Kontinuität.

Das Gutachten stützt sich auf die Aspekte, die mit den unter „Methoden" aufgelisteten Untersuchungsverfahren zu den angegebenen Zeitpunkten erfasst wurden. Das diagnostische Vorgehen richtete sich nach der gerichtlichen Fragestellung. Für die Durchführung und Auswertung der bei den Eltern angewandten psychodiagnostischen Verfahren wurde Frau Dipl.-Psych. Test Batterie beigezogen.

Die Ergebnisse der Begutachtung werden in zusammenfassender Form wiedergegeben, eine ausführliche Darstellung kann bei Bedarf erfolgen.

Das zu erstattende Gutachten versteht sich vorbehaltlich der Ergebnisse weiterer Termine der Verfahrensbeteiligten vor dem Amtsgericht und zum Zeitpunkt der Begutachtung nicht vorhersehbarer Ereignisse.

II. METHODEN

Zur sachgerechten Bearbeitung der gerichtlichen Fragestellung kamen folgende Methoden zur Anwendung:

- Am 01.03.2020 wurden Frau Omega und Herr Omega mit der Bitte um Kontaktaufnahme angeschrieben.

  Frau Omega meldete sich erstmals am **2.3.2020** telefonisch bei der Sachverständigen; Herr Omega meldete sich erstmals am **3.3.2020** telefonisch bei der Sachverständigen. Es wurden Termine für Erstgespräche vereinbart.
- Am 01.04.2020 erfolgte ein Erstgespräch mit Frau Omega. Sie wurde über das geplante Vorgehen, die Freiwilligkeit der Teilnahme an der Begutachtung sowie die Informationsweitergabepflicht der Sachverständigen und die Datenverarbeitung informiert. Frau Omega erklärte sich mit der Teilnahme an der Begutachtung einverstanden, und es wurden Folgetermine mit ihr vereinbart. Die Durchführung eines gemeinsamen Gesprächs zur Erarbeitung

einer einvernehmlichen Lösung lehnte Frau Omega ab, dies habe bereits vor zwei Jahren bei der Caritas stattgefunden und nichts gefruchtet.

Ihr wurden zur häuslichen Bearbeitung die Fragebogen „Elternfragebogen über das Verhalten von Kindern und Jugendlichen" (CBCL/6–18R; Achenbach, 2014) und „Junior Temperament und Charakter-Inventar" (JTCI 7–11R; Goth & Schmeck, 2009) sowie ein Formular zur Entbindung der beteiligten Fachpersonen von der Schweigepflicht gegenüber der Sachverständigen mitgegeben. Weiter wurde ihr der „Fragebogen zu Stärken und Schwächen" (SDQ-Lehrer; Klasen et al., 2003) zur Weitergabe an die Klassenlehrerin von Hans mitgegeben.

- Ebenfalls am 01.04.2020 erfolgte ein Erstgespräch mit Herrn Omega. Er wurde über das geplante Vorgehen, die Freiwilligkeit der Teilnahme an der Begutachtung sowie die Informationsweitergabepflicht der Sachverständigen und die Datenverarbeitung informiert. Herr Omega erklärte sich mit der Teilnahme an der Begutachtung einverstanden, und es wurden Folgetermine mit ihm vereinbart. Für die Durchführung eines gemeinsamen Gesprächs zur Erarbeitung einer einvernehmlichen Lösung sei er offen.

  Ihm wurden zur häuslichen Bearbeitung die Fragebogen „Elternfragebogen über das Verhalten von Kindern und Jugendlichen" (CBCL/6–18; Achenbach, 2014) und „Junior Temperament und Charakter-Inventar" (JTCI 7–11R; Goth & Schmeck, 2009) sowie ein Formular zur Entbindung der beteiligten Fachpersonen von der Schweigepflicht gegenüber der Sachverständigen mitgegeben.
- Am 02.04.2020 bearbeitete die Lehrerin von Hans den „Fragebogen zu Stärken und Schwächen" (SDQ-Lehrer; Klasen et al., 2003).
- Am 03.04.2020 bearbeitete Frau Omega folgende psychodiagnostischen Verfahren: „Child Abuse Potential Inventory" (CAP-VI; Milner et al., deutsche Version von Globisch & Spangler, 2000), „Familien-Identifikations-Test" (FIT; Remschmidt & Mattejat, 1999), „Symptom-Checkliste von Derogatis" (SCL90-R; Franke, 2002), „Elternstressfragebogen" (ESF; Domsch & Lohaus, 2010), „Fragebogen zum erinnerten elterlichen Erziehungsverhalten" (FEE; Schumacher, Eisemann & Brähler, 2000), „Elternbelastungsinventar" (Tröster, 2011) und „Konfliktverhalten in der Familie" (Klemm, 2007).
- Am 04.04.2020 wurden im Rahmen eines Hausbesuchs im mütterlichen Haushalt die familiären Interaktionen beobachtet. Das Kind Hans wurde ohne Anwesenheit Dritter exploriert. Hans bearbeitete die psychodiagnostischen Verfahren „Familien-Identifikations-Test" (FIT; Remschmidt & Mattejat, 1999) und „Children's Perception of Interparental Conflict Scale" (CPIC; Josh, 2005 nach Gödde & Walper).

  Mit dem Lebensgefährten von Frau Omega, Herrn Max Mustermann, wurde ein ergänzendes Gespräch geführt.
- Am 05.04.2020 bearbeitete Herr Omega folgende psychodiagnostischen Verfahren: „Minnesota Multiphasic Personality Inventory" (MMPI; Deutsch von Engel, 2008) „Child Abuse Potential Inventory" (CAP-VI; Milner et al., deutsche Version von Globisch & Spangler, 2000), „Familien-Identifikations-Test" (FIT; Remschmidt & Mattejat, 1999), „Symptom-Checkliste von Derogatis" (SCL90-R; Franke, 2002), „Fragebogen zum erinnerten elterlichen Erziehungsverhalten" (FEE; Schumacher, Eisemann & Brähler, 2000), „Elternbelastungsinventar" (Tröster, 2011) und „Konfliktverhalten in der Familie" (Klemm, 2007).
- Am 06.04.2020 wurden im Rahmen eines Hausbesuchs im väterlichen Haushalt die familiären Interaktionen beobachtet.
- Am 01.05.2020 erfolgte ein ausführliches Explorationsgespräch mit Frau Omega. Inhalt des Gesprächs waren Angaben zur eigenen Biographie, zur Familiengeschichte sowie ihre Haltung gegenüber der gerichtlichen Fragestellung.
- Am 02.05.2020 erfolgte ein ausführliches Explorationsgespräch mit Herrn Omega. Inhalt des Gesprächs waren Angaben zur eigenen Biographie, zur Familiengeschichte sowie seine Haltung gegenüber der gerichtlichen Fragestellung zur Umgangsregelung.
- Am 03.05.2020 erfolgte eine schriftliche Sachstandsmitteilung an das Familiengericht.

- Ebenfalls am 03.05.2020 wurden mit Einverständnis beider Elternteile die beteiligten Fachpersonen mit der Bitte um Kontaktaufnahme angeschrieben.
- Auf Wunsch von Frau Omega wurden wegen des beim ersten Hausbesuch auffälligen Verhaltens von Hans am 04.05.2020 erneut im Rahmen eines Hausbesuchs im mütterlichen Haushalt die familiären Interaktionen beobachtet.

  Das Kind Hans wurde ohne Anwesenheit Dritter exploriert und bearbeitete den „Elternbildfragebogen für Kinder und Jugendliche" (EBF-KJ; Titze & Lehmkuhl, 2010).
- Am 05.05.2020 erfolgte mit Einverständnis beider Elternteile ein themenzentriertes Gespräch mit dem zuständigen Betreuer im Kinderhort der Stadt Richterstadt, Herrn Nett.
- Am 16.05.2020 erfolgte ein ausführliches Explorationsgespräch mit Herrn Omega hinsichtlich der gerichtlichen Fragestellung zur Sorgerechtsregelung.
- Am 20.05.2020 erfolgte mit Einverständnis beider Elternteile ein themenzentriertes Gespräch mit der behandelnden Kinderpsychotherapeutin, Frau Geduld.
- Am 27.05.2020 erfolgte mit Einverständnis von Frau Omega ein themenzentriertes Gespräch mit ihrer behandelnden Psychotherapeutin, Frau Traum.
- Am 27.05.2020 wurde im Rahmen einer Anhörung vor dem Familiengericht Richterstadt das Gutachten zunächst mündlich erstattet.
- Am 01.07.2020, 03.07.2020, 04.07.2020, 15.07.2020 und 22.07.2020 wurde mit Einverständnis beider Elternteile die Klassenlehrerin von Hans an der Grundschule in Richterstadt durch Hinterlassen von Nachrichten im Schulsekretariat um Rückruf gebeten. Dieser erfolgte bis Abschluss der Begutachtung nicht.
- Die überlassenen Gerichtsakten des Amtsgerichts Richterstadt, Geschäftsnummer 1 F 01/19 und 1 F 02/19, wurden nach psychologischen Gesichtspunkten ausgewertet.

III. WESENTLICHE ERGEBNISSE DER BEGUTACHTUNG

1. Familiäre Vorgeschichte

Herr Omega wurde 1976 in Österreich geboren. Nach der elterlichen Trennung wuchs er beim Vater auf, weibliche Hauptbezugsperson war die Großmutter väterlicherseits. Der Vater wird als ruhig, zuverlässig und streng erinnert. Nach Absolvieren der Polytechnischen Hauptschule habe er eine Lehre bei der Post gemacht, dann als KFZ-Schlosser dort gearbeitet. Nach 15 Jahren Montage sei er seit 2012 bei der Firma XYZ als mittlerweile Abteilungsleiter angestellt.

Vor Kennenlernen seiner späteren Frau habe er zwei langfristige Beziehungen geführt.

Die spätere Frau Omega wurde 1978 in Österreich geboren. Nach eigenen Angaben habe ihre uneheliche Geburt zu erheblichen Konflikten in ihrer Herkunftsfamilie geführt. Die Mutter wird als emotional schwankend und empathielos geschildert, der Vater als teilweise aufbrausend und nachtragend. Später habe es erhebliche Konflikte zwischen ihr und ihren Eltern gegeben, als sie vom Gymnasium auf die Hauptschule gewechselt sei. Auch in der Schule habe sie mit den Gleichaltrigen soziale Probleme gehabt. Nach dem Hauptschulabschluss habe sie eine Ausbildung zur Sprechstundenhilfe absolviert, dann sei sie mit 17 Jahren von den Eltern zum Auszug gedrängt worden. Nach einem Autounfall, der ihr bis heute orthopädische Probleme bereite, habe sie eine Umschulung zur Bürokauffrau gemacht, dann sei sie längere Zeit arbeitslos gewesen. Aktuell sei sie in Teilzeit (20 Wochenstunden) angestellt, wobei die Arbeitszeit aktuell wegen einer beruflichen Wiedereingliederungsmaßnahme nach einem schweren rheumatischen Schub im Jahr 2018 auf 12 Wochenstunden reduziert worden sei. Sie habe eine Berufsunfähigkeitsrente beantragt.

Mit Partnerschaften habe sie bis zum Kennenlernen ihres jetzigen Partners „nur schlechte Erfahrungen gemacht".

Das Paar Omega lernte sich etwa im Jahr 2001 oder 2002 kennen. Nach Angaben von Frau Omega sei ihr ihr späterer Mann auf Anhieb unsympathisch gewesen. Dennoch habe sich sehr rasch eine Beziehung entwickelt und er sei in ihre Wohnung eingezogen. In dieser Zeit habe es wenig Konflikte gegeben, wobei er unter der Woche meist auf Montage gefahren sei. Am 01.09.2008 sei die Ehe geschlossen worden. Nach Angaben von Frau Omega sei es ab diesem Zeitpunkt zu ersten Beleidigungen ihres Mannes ihr gegenüber gekommen.

Im Jahr 2009 wurde der gemeinsame Sohn Hans geboren. Ab Geburt des Kindes habe sich Frau Omega von ihrem Mann im Stich gelassen gefühlt; er habe gesagt, dass die Versorgung des Kindes ihre Aufgabe sei, und sei aus dem gemeinsamen Schlafzimmer ausgezogen. Hans habe diese Streitigkeiten von klein auf vollständig mitbekommen. Nach Angaben von Herrn Omega habe es zwischen ihm und der Kindsmutter bezüglich der Kindererziehung erhebliche Differenzen gegeben, er sei „halt ein bissl kälter und ein bissl härter". Es sei zu einer „schleichenden" Entfremdung gekommen. Beide Elternteile gaben an, es sei nie zu körperlicher Gewalt gekommen.

Die eheliche Trennung erfolgte im März 2014; als Trennungsgrund gab Frau Omega an, sie habe ihren Mann „nicht mehr ertragen" und sei dann von den Mitarbeiterinnen des Frauenhauses wegen der von ihrem Mann ausgehenden psychischen Gewalt zur Trennung gedrängt worden. Frau Omega ging zunächst mit Hans in das örtliche Frauenhaus. Bezüglich Hans habe es keine Absprache zwischen den Eltern gegeben. Seit diesem Zeitpunkt sei die Familie wegen der anhaltenden Konflikte der Eltern um die Gestaltung der Umgangskontakte beim Jugendamt bekannt. Beratungsgespräche bei der Caritas seien von beiden Elternteilen eingestellt worden. Frau Omega zeigte ihren Exmann mehrfach bei der Polizei an, weil sie sich von ihm bedroht fühlte. Die Verfahren wurden jeweils eingestellt, da keine tragfähigen Beweise vorlagen.

2016 wurde die Ehe geschieden.

In den Folgejahren habe Hans den Vater regelmäßig, zunächst stunden- bzw. tageweise, dann über Wochenenden gesehen.

Im Februar 2019 beantragte Frau Omega die Übertragung des Aufenthaltsbestimmungsrechts, der Gesundheitsfürsorge, der Regelung schulischer Angelegenheiten sowie zur Stellung von Anträgen nach SGB VIII. Begründet wurde dies damit, dass der Kindsvater bis zum Jahr 2017 seine Zustimmung zu einer psychotherapeutischen Behandlung von Hans verweigert habe. Möglicherweise verweigere er nun ebenfalls die Zustimmung zu anstehenden schulischen Entscheidungen, sie habe ihn allerdings noch nicht gefragt. Außerdem könnte der Vater Hans frühzeitig aus dem Hort mitnehmen, dies sei zwar noch nicht geschehen, könne aber das Kind traumatisieren. Gleichzeitig beantragte sie den Ausschluss von Umgangskontakten für den Mindestzeitraum von einem Jahr. Begründet wurde dies damit, dass Hans aufgrund der vom Vater vor der ehelichen Trennung ausgeübten psychischen Gewalt gegen die Mutter traumatisiert und daher in Psychotherapie sei. Er setze das Kind während der Umgangskontakte unter Druck, beispielsweise durch Anschreien und Demütigungen. Die Psychotherapeutin habe angegeben, dass die Behandlung wirkungslos bleibe, wenn Hans weiter vom Vater traumatisiert werde.

Im März 2019 wurde vor dem Familiengericht Richterstadt vereinbart, dass der Kindsvater mit der Kinderpsychotherapeutin kooperieren und die Mutter eine Sozialpädagogische

Familienhilfe beantragen solle. Umgangskontakte sollten bis zur Erstellung des Gutachtens durch die Sozialpädagogische Familienhilfe begleitet werden. Eine solche Hilfe wurde bis Abschluss der Begutachtung nicht installiert. Das Jugendamt empfahl dringend den Besuch eines Elterntrainings für hochkonflikthafte Eltern. Dies geschah bis Abschluss der Begutachtung nicht.

Hans wünschte sich bei der gerichtlichen Anhörung weiterhin die Durchführung regelmäßiger Umgangswochenenden mit dem Vater, und dass dieser sich bei ihm für die Vorfälle entschuldige.

2. Das Kind Hans Omega

Hans wurde voll ausgetragen als reifes, gut entwickeltes Baby geboren. Bereits in der U7 wurde auf die Notwendigkeit einer kontrollierten Ernährung hingewiesen. In der U8 wurde die endokrinologische Abklärung des Gewichts empfohlen, in der U9 auf die Dringlichkeit der Abklärung des Gewichts hingewiesen, sowie auf die Notwendigkeit einer konsequenten Erziehung, da die Konzentrationsspanne auffällig gewesen sei. In der U10 wurde zur Hormonkontrolle überwiesen. Die U11, die bis Februar 2019 hätte erfolgen sollen, fehlte.

Der im Zeitraum der Begutachtung zehnjährige Hans präsentierte sich gegenüber der Sachverständigen als ausreichend höflicher, einsilbiger, augenscheinlich übergewichtiger, kognitiv weitgehend altersgemäß entwickelter Junge. Auffällig war ein geringer Muskeltonus. In den Untersuchungssituationen kaute er häufig an seinen Nägeln, Fingerkuppen oder Gegenständen, insbesondere bei steigender innerer Anspannung. Denken und Verhalten des Kindes waren um Computerspiele zentriert.

Hans beendete im Begutachtungszeitraum die Grundschulzeit. Die von ihm angestrebte Aufnahme auf die Realschule bestand er nicht. Er hatte noch keine konkreten Vorstellungen hinsichtlich seiner weiteren Ausbildung oder beruflichen Zukunft.

In der Exploration gab Hans an, er habe sich früher „gut" mit seiner Mutter verstanden. In den letzten Monaten vor der Untersuchung sei sie allerdings häufig „grantig" zu ihm, ihre Stimme werde dann lauter, und es dauere eine Weile, bis sie wieder nett zu ihm sei. Dies passiere häufig, außer wenn seine Freunde zu Besuch seien. Er wünsche sich von ihr, dass sie „nicht gleich grantig" werde.

Vom Vater berichtete er, dieser sei „gemein" zu ihm gewesen. Dennoch wisse er, dass der Vater ihn liebhabe, auch er habe den Vater lieb. Der Vater habe sich in einer Psychotherapiestunde bei ihm entschuldigt, und sie hätten miteinander geredet; danach sei er „nicht mehr so oft traurig" gewesen wie in der Zeit, in der er den Vater nicht habe sehen können. Er wünsche sich, den Vater wieder regelmäßig, an jedem zweiten Wochenende von Freitag bis Sonntag mit Übernachtungen zu sehen und mit ihm Dinge zu unternehmen. Er wünsche sich vom Vater, dass dieser nicht mehr gemein zu ihm sei.

Auf Nachfrage gab Hans an, seine Mutter wisse nicht, dass er sich die Kontakte mit dem Vater wünsche, würde dies aber „wahrscheinlich schlecht" finden. Sie habe ihm gesagt, er dürfe den Vater nur noch stundenweise und mit Begleitung sehen. Er wisse, dass die Mutter das Sorgerecht alleine ausübe, wolle aber, dass sein Vater auch mitentscheide und vertraue darauf, dass dieser gute Entscheidungen für ihn treffe. Er erinnere sich daran, dass die beiden Elternteile sehr viel gestritten hätten, als er noch klein gewesen sei, seit der Trennung sei das aber nicht mehr so.

Hans beschreibt sich in den eingesetzten psychodiagnostischen Verfahren als weitgehend mit sich selbst zufrieden. Beide Elternteile stellen für ihn mäßig ausgeprägt positive Identifikationsfiguren dar, wobei er zum Vater hinsichtlich des gezeigten Verhaltens mehr Ähnlichkeiten wahrnimmt und der Mutter als Ideal etwas mehr Bedeutung beimisst (FIT).

Aus seiner Sicht sind die Streitigkeiten zwischen den Eltern extrem langanhaltend, wobei er sich weder als Konfliktanlass, noch in der Lage sieht, die Konflikte positiv zu beeinflussen (CIPS). Die damit einhergehende Hilflosigkeit wirkt auf das Kind als emotionale Belastung.

Das erzieherische Verhalten der Mutter schildert Hans als weitgehend unauffällig; er erfahre von ihr jedoch in weit überdurchschnittlicher Ausprägung Bestrafung und Ablehnung. Das erzieherische Verhalten des Vaters bleibt aus Sicht des Kindes hinsichtlich Ressourcen und Risiken im unauffälligen Bereich. Hans hat ein extrem hoch ausgeprägtes Gefühl, der Mutter helfen zu müssen. Die Beziehungsqualität gegenüber beiden Elternteilen ist aus Sicht des Jungen positiv, wobei der Mutter etwas mehr Bedeutung zukommt (EBF-KJ).

In der Interaktion mit der Mutter zog sich Hans häufig zurück. Er verhielt sich ihr gegenüber negativistisch und wenig kooperativ. Auffällig war das geringe Selbstvertrauen des Jungen, der bei allen Handlungen zunächst davon ausging, diesen nicht gewachsen zu sein. Von der Mutter wurde Hans häufig für Kleinigkeiten gelobt, die auch ein weit jüngeres Kind hätte ausführen können, dann verfiel sie wieder in einen sehr lauten und strengen Tonfall. Einmal verglich sich Hans nach einer Zurechtweisung durch die Mutter im Selbstgespräch mit seinem Vater, worauf diese nicht reagierte. Bei an ihn gestellte Anforderungen weinte Hans mehrfach lautstark, wurde daraufhin von der Mutter geschont und beruhigte sich übergangslos.

In der Interaktion mit dem Vater war Hans zunächst angespannt und einsilbig. Bei Fragen des Vaters nach seinem Alltag begann Hans seinerseits, dem Vater viele Fragen zu stellen, seine Wahrnehmungen offen zu kommentieren und imitierte das Verhalten des Vaters. Beide Interaktionspartner verhielten sich einander zugewandt und mit den individuellen Interessen des Gegenübers vertraut. Herr Omega thematisierte auch die Mutter und wies Hans an, sich von der Mutter die Erlaubnis für eine geplante Aktivität einzuholen, wobei der Tonfall neutral war. Gegen Ende des Beobachtungszeitraums suchte Hans den Körperkontakt zum Vater, wirkte dabei völlig entspannt und fröhlich. Beide schmiedeten Pläne für zukünftige Unternehmungen.

Bei der Rückkehr zur Mutter wirkte diese gegenüber Hans sehr angespannt, nahm keinen Blickkontakt zu ihm auf und reagierte nicht auf dessen Bericht über den Besuch beim Vater. Auf Nachfrage der Sachverständigen stritt Frau Omega die eigene Befindlichkeit ab, es sei alles in Ordnung. Hans gab an, ihm sei an der Mutter nichts Besonderes aufgefallen, sie sei immer so.

Von der Mutter wird Hans aktuell hinsichtlich ängstlich-depressiver, rückzüglicher, zwanghafter und aggressiver Verhaltensweisen sowie psychosomatischer Beschwerden und Aufmerksamkeitsproblemen als auffällig geschildert. Demnach würde eine behandlungsbedürftige internalisierende Störung vorliegen (CBCL). Das Temperament des Kindes schildert sie als besorgt-vorsichtig und bequem-pragmatisch, den Charakter als praktisch-materialistisch (JTCI).

Vom Vater wird Hans aktuell hinsichtlich rückzüglich-depressiven Verhaltens als auffällig geschildert. Demnach liegt er im Grenzbereich zu einer behandlungsbedürftigen internalisierenden Störung (CBCL). Das Temperament des Kindes schildert er als stoisch-gelassen und besorgt-vorsichtig, den Charakter als ineffektiv-unsicher und freundlich-fair (JTCI).

Nach Angaben der Lehrerin zeige Hans in der Schule keine Auffälligkeiten (SDQ).

Aus dem Übertrittszeugnis von der Grundschule in die weiterführende Schule wird ersichtlich, dass Hans im abgeschlossenen Schuljahr 2018/2019 ein gutes Sozialverhalten sowie Lern- und Arbeitsverhalten gezeigt habe. Die Leistungen lagen im Bereich „befriedigend".

Aus dem Hort werden bei Hans von Beginn der Betreuung an auffällige Verhaltensweisen geschildert. Etwa ab den Faschingsferien 2019 hätten sich diese extrem gesteigert: Hans schreie laut, werde handgreiflich, sei nur teilweise für Ansprache zugänglich, weine bei Kleinigkeiten, die schulischen Leistungen seien deutlich eingebrochen. Einmal habe Hans berichtet, seine Mutter habe gesagt, er werde seinen Vater nie wiedersehen. Zu den Eltern bestehe wenig Kontakt. Die Mutter trete freundlich auf; der Vater frage von sich aus nie nach den Belangen von Hans. Auf Nachfrage gab der Betreuer an, Hans habe sich immer sehr auf die Umgangswochenenden mit seinem Vater gefreut, sei aber nach dem Vorfall mit dem Toilettengang „voll fertig" gewesen [Anmerkung: Der Vater hatte Hans dazu gezwungen, in seiner Gegenwart zu urinieren, um zu kontrollieren, ob er tatsächlich die Toilettenschüssel traf].

Die Kinderpsychotherapeutin von Hans gab an, sie habe aufgrund der Angaben der Mutter zu Beginn der Behandlung (Aufenthalt im Frauenhaus, Elternstreit) im Jahr 2017 bei dem Kind eine Posttraumatische Belastungsstörung diagnostiziert. In der Therapie seien Einkoten als Stresssymptom und Loyalitätskonflikte gegenüber den Eltern im Mittelpunkt gestanden. Seit etwa eineinhalb Jahren habe sich Hans sehr stabilisiert, es seien keine akuten posttraumatischen Symptome mehr zu beobachten gewesen, er verfüge über viele Ressourcen. In einer Therapiesitzung im April 2019 habe sich Herr Omega bei Hans entschuldigt, Hans habe darauf „tough" reagiert. Es sei offensichtlich geworden, das Herr Omega noch lernen müsse, wie er mit einem Zehnjährigen umgehen müsse, er tendiere dazu, das Kind zu überfordern und zeige wenig Empathie. Sie könne sich vorstellen, dass er von einem männlichen Vorbild für den Umgang mit Hans profitieren könne, beispielsweise in Form einer Sozialpädagogischen Familienhilfe. Außerdem habe die Mutter angegeben, dass der Vater jede Mediation zwischen den Eltern abblocke.

Aufgrund der Angaben der Kinderpsychotherapeutin sei die Therapie weitgehend abgeschlossen, Therapiesitzungen müssten nur noch nach Bedarf vereinbart werden.

Am 01.03.2019 wurde Hans bei einer Kinderpsychiaterin vorgestellt. Dr. Nervenmann diagnostizierte aufgrund der Angaben der Kindsmutter eine Anpassungsstörung. Der Verdacht auf eine Posttraumatische Belastungsstörung ergab sich lediglich aus den Angaben der Mutter, die Angaben des Kindes erfüllten die erforderlichen Kriterien nur teilweise. Frau Omega habe zudem angegeben, Hans sei seit dem Kontaktabbruch zum Vater im Februar 2019 fröhlicher und entlastet. Daher empfahl die Kinderpsychiaterin, Umgangskontakte mit dem Vater fachlich begleiten zu lassen.

3. Die Eltern

3.1 Die Mutter, Frau Kaina Omega

Im Hinblick auf die aktuelle gerichtliche Auseinandersetzung führte Frau Omega aus, ihr sei daran gelegen, eine Lösung zu finden, bei der Hans seinen Vater sehen könne, wenn er wolle. Allerdings fürchte sich Hans vor diesem. Sie wisse, dass Hans den Vater sehen wolle, aber es sei unbedingt notwendig, ein „Schutzsystem“ für das Kind aufzubauen. Außerdem müsse ihr Exmann ein Antiaggressionstraining und Psychotherapie machen. Auf keinen Fall werde sie zulassen, dass Hans wieder jedes zweite Wochenende beim Vater verbringe. Ab dem Zeitpunkt, wo sie entschieden habe, dass Hans nicht mehr zum Vater gehen musste, sei der Sohn entspannt und fröhlich.

Hinsichtlich des Antrags auf Übertragung des alleinigen Sorgerechts gab Frau Omega an, sie habe diesen auf Anraten des Jugendamts gestellt, „weil der Vater sich eh‘ um nichts kümmert. Er unterschreibt schon, aber es ist ein Hin- und Hergerenne, mich nervt das einfach“. Weiter führte sie aus: „Ich muss mich um alles kümmern, er tut gar nichts, wozu braucht er dann das Sorgerecht“. Sie wolle irgendwann demnächst auch den Nachnamen von Hans ändern lassen, „das wäre auch für meine Posttraumatische Belastungsstörung besser“. Sie habe das auch schon mit Hans besprochen und dieser habe gesagt, sie solle das entscheiden, ihm sei es egal, wie er heiße.

In der Bearbeitung der psychodiagnostischen Verfahren (Kürzel der Verfahrenstitel jeweils in Klammern, nähere Angaben s. Kapitel II. Methoden) zeigt sich Frau Omega mit dem eigenen Verhalten in mittlerer Ausprägung zufrieden. Gegenüber Hans sieht sie kaum Ähnlichkeiten und Gemeinsamkeiten; die Wahrnehmung einer mittleren Ähnlichkeit gilt als Grundlage elterlicher Empathie und einer gelingenden familiären Kommunikation. Von ihrem Exmann grenzt sich Frau Omega negativ ab; dies weist auf eine reduzierte Bindungstoleranz hin (FIT).

Frau Omega gab an, aktuell unter keiner behandlungsbedürftigen psychischen, somatischen oder psychosomatischen Symptomatik zu leiden (SCL-90-R).

Die belastete Kindheit spiegelt sich in den Angaben von Frau Omega wider. Demnach habe sie seitens der Mutter kaum emotionale Wärme, seitens beider Elternteile dagegen in überdurchschnittlicher Ausprägung Kontrolle und Überbehütung erfahren (FEE).

Die Kinderbetreuung stelle keinen übermäßigen Stressor für sie dar, sie verfüge über ausreichend soziale Unterstützung, auch durch ihren Partner (ESF).

Aufgrund der Angaben von Frau Omega ergaben sich keine Risikofaktoren für Kindesmisshandlung (CAP).

Den Sohn Hans nahm Frau Omega als auffällig problematisch (Hyperaktivität, Stimmung, mangelnde Anpassungsfähigkeit) wahr; die Mutter-Kind-Beziehung war außerdem durch Faktoren auf der Elternebene (mangelnde elterliche Bindung an das Kind, soziale Isolation, geringe elterliche Kompetenzen, Depression, gesundheitliche Probleme, Paarbeziehung) stark belastet. Insgesamt ergibt sich ein dringender Interventionsbedarf hinsichtlich der Mutter-Kind-Beziehung (EBI).

In Konfliktsituationen neige sie nach eigenen Angaben zu emotionaler Verstrickung und Aufopferung, bei Paarkonflikten zu Unsicherheit und Rückzug (KV-Fam).

Die Psychotherapeutin von Frau Omega gab an, seit Oktober 2017 mit dieser eine Therapie durchzuführen. Es sei aufgrund der Ehegeschichte eine Posttraumatische Belastungsstörung diagnostiziert worden, wobei sie auch eine deutliche strukturelle Störung festgestellt habe und als Differentialdiagnose zumindest eine emotional instabile Persönlichkeitsakzentuierung annehme. Es sei schwierig, eigene Probleme von Frau Omega zu bearbeiten, solange diese noch mit den Konflikten mit ihrem Exmann beschäftigt sei. Daher empfehle sie die Übertragung des alleinigen Sorgerechts auf die Mutter; obwohl sich Herr Omega wohl bezüglich der Ausübung der elterlichen Sorge friedlich verhalte, sei dies doch „ein offenes Tor".

Der Partner von Frau Omega gab an, die Beziehung bestehe seit Frühling 2015. In dieser Zeit habe er mitbekommen, dass Hans unausgeglichen vom Vater zurückgekommen sei, gelegentlich nach Umgangskontakten eingekotet und kaum etwas von seinen Erlebnissen während der Besuche beim Vater berichtet habe. Frau Omega habe ihm die Beleidigungen gezeigt, die sie per „WhatsApp" von ihrem Exmann bekommen habe; diese hätten aufgehört, nachdem er ihr geraten habe, nicht mehr darauf zu reagieren. Es sei zu befürchten, dass sich der Vater nur eine gewisse Zeitlang bemühe und dann wieder mit seinen belastenden Verhaltensweisen beginne. Er wisse nicht, ob begleitete Umgangskontakte tatsächlich zur Lösung der Problematik beitragen würden. Hans werde jedoch älter und stabiler und könne in Zukunft besser sagen, wenn er nicht mehr zum Vater wolle oder dieser wieder negative Verhaltensweisen zeige. Seiner Ansicht nach stelle sich Frau Omega nicht gegen Umgangskontakte von Hans mit dem Vater.

3.2 Der Vater, Herr Abel Omega

Hinsichtlich der gerichtlichen Fragestellung gab Herr Omega an, er sei bei dem Gespräch mit der Kinderpsychotherapeutin überrascht gewesen zu erfahren, „wie sensibel mein Sohn ist". Er wünsche sich die Wiederaufnahme der regelmäßigen Umgangswochenenden, wobei er betonte, dass diese nur durchgeführt werden sollten, wenn Hans sich diese ebenfalls wünsche. Der Sohn werde mittlerweile ja auch älter, könne den Schlüssel der Wohnung von Herrn Omega haben und auch mal abends spontan „auf ein Eis" vorbeischauen.

Auf Nachfrage gab Herr Omega an, er sei zu einer gemeinsamen Elternberatung nicht mehr bereit, „da ist mir der Aufwand zu groß" und die Vereinbarungen würden nicht eingehalten. Allerdings wäre er sehr gerne dazu bereit, die Beratung durch die Kinderpsychotherapeutin von Hans anzunehmen, da diese das Kind gut kenne. Er biete sich auch dazu an, Hans zu den Therapiesitzungen zu fahren.

Hinsichtlich der weiteren Ausgestaltung des Sorgerechts gab Herr Omega an, er wünsche sich die Aufrechterhaltung der gemeinsamen elterlichen Sorge. Anstehende Entscheidungen seien lediglich auf die Schule bezogen und da solle Hans die Schulform besuchen, die dem entspreche „was er kann oder wo seine Möglichkeiten bestehen". Die Aufrechterhaltung des Lebensmittelpunktes bei der Mutter sei aus seiner Sicht selbstverständlich, „da vertraue ich voll und ganz", dass diese das Kind gut versorge. Herr Omega gab an, seinerseits auch zur Verfügung zu stehen, Hans zu betreuen, wenn dies notwendig sei.

In der Bearbeitung der psychodiagnostischen Verfahren zeigt sich Herr Omega mit dem eigenen Verhalten in überdurchschnittlicher Ausprägung zufrieden, was mit einem geringen Ausmaß an kritischer Selbstreflexion oder Änderungsbereitschaft einhergeht. Gegenüber Hans sieht er viele Ähnlichkeiten und Gemeinsamkeiten; die Wahrnehmung einer mittleren Ähnlichkeit gilt als Grundlage elterlicher Empathie und einer gelingenden familiären Kommunikation. Von seiner Exfrau grenzt sich Herr Omega negativ ab; dies weist auf eine reduzierte Bindungstoleranz hin (FIT).

Die Persönlichkeitsstruktur stellt sich aufgrund der Angaben von Herrn Omega im Normbereich dar; es fanden sich allerdings Hinweise auf Unnachgiebigkeit und Sturheit in sozialen Beziehungen, bei Passivität und Kampfunwillen (MMPI).

Herr Omega gab an, aktuell unter keiner behandlungsbedürftigen psychischen, somatischen oder psychosomatischen Symptomatik zu leiden (SCL-90-R).

Aufgrund der Angaben von Herrn Omega ist davon auszugehen, dass er über ausreichend Vorbilder für eine funktionale Elternschaft verfügt (FEE).

Aufgrund einer ausgeprägten Tendenz zur idealisierten Selbstdarstellung können bei Herrn Omega keine Schlussfolgerungen hinsichtlich des Vorhandenseins von Risikofaktoren für Kindesmisshandlung gezogen werden (CAP).

Die Vater-Kind-Beziehung ist aufgrund der Angaben von Herrn Omega unbelastet (EBI).

In Konfliktsituationen neige er nach eigenen Angaben zu Stoizismus, emotionaler Verstrickung, Aufopferung und Oberflächlichkeit, bei Paarkonflikten zu Rückzug und Abgrenzung (KV-Fam).

Herr Omega gab an, gesundheitlich durch einen medikamentenpflichtigen Diabetes beeinträchtigt zu sein.

Er führe eine Partnerschaft, lebe aber nicht mit seiner Partnerin zusammen. Ein weiterer Kinderwunsch bestehe nicht.

IV. BEANTWORTUNG DER GERICHTLICHEN FRAGESTELLUNG

Die gerichtliche Fragestellung wird unter Abwägung der verschiedenen Aspekte und vorliegenden Daten wie folgt beantwortet:

Hans präsentierte sich in der Begutachtung als augenscheinlich kognitiv weitgehend altersgemäß entwickelter Junge mit deutlichen Schwächen im sozio-emotionalen Bereich. Die anhaltenden elterlichen Streitigkeiten und dadurch verursachten Loyalitätskonflikte sowie die angespannte Beziehung zu beiden Elternteilen, insbesondere der Mutter, belasten den Zehnjährigen erheblich und führten bereits zu deutlichen Einbußen seiner schulischen Entwicklung. Dennoch äußerte Hans anhaltend den Wunsch nach regelmäßigen, unbegleiteten und ausführlichen Umgangskontakten mit dem Vater.

Bei **Frau Omega** ist von einer erheblichen, langjährig bestehenden psychischen Instabilität auszugehen, die sich negativ auf ihre Fähigkeit auswirkt, die Bedürfnisse des Kindes realistisch wahrzunehmen und diesen ohne Überlagerung durch eigene Bedürfnisse oder durch die Elternkonflikte nachzukommen. Das erzieherische Verhalten war zum Zeitpunkt der Begutachtung wenig entwicklungsförderlich, nicht ausreichend konsequent und verstärkte die Loyalitätsprobleme des Jungen, da Frau Omega jede Ähnlichkeit von Hans mit dem Vater als pathologisch erlebt.

Bei **Herrn Omega** fanden sich in der Begutachtung neben einer reduzierten Frustrationstoleranz zu gering ausgeprägte erzieherische Kompetenzen. Es fanden sich jedoch keine Hinweise auf Verluste der Kontrolle über aggressive Impulse.

Beide Elternteile zeichneten sich gegenseitig durch wenig Bindungstoleranz aus.

Für eine gedeihliche Entwicklung von Hans wird aus familienpsychologischer Sicht die Entlastung des Jungen von den Elternkonflikten als zentral angesehen. Weiter bedarf es einer Schulung beider Elternteile zur Entwicklung autoritativer Erziehungskompetenzen im Umgang mit Hans. Um die Beziehung beider Elternteile den kindlichen Bedürfnissen entsprechend und entwicklungsförderlich zu gestalten, wird darüber hinaus für beide Elternteile die Wahrnehmung einer Sozialpädagogischen Familienhilfe empfohlen.

Aus psychologischer Sicht ist die Durchführung regelmäßiger Umgangskontakte von Hans mit seinem Vater zu empfehlen. Diese sollten zunächst stufenweise aufgebaut werden (zunächst halbe Tage, dann ganze Tage, später eine Übernachtung, langfristig zwei bis drei Übernachtungen an jedem zweiten Wochenende). Herr Omega sollte innerhalb der Phase des Umgangsaufbaus Beratung hinsichtlich eines kindgemäßen, autoritativen Umgangs mit Hans wahrnehmen (beispielsweise bei der Kinderpsychotherapeutin).

Um Hans von den anhaltenden elterlichen Konflikten zu entlasten und da sich die Eltern über einen langen Zeitraum nicht in der Lage gesehen haben, die Umgangskontakte entsprechend der tatsächlichen kindlichen Bedürfnisse konfliktfrei zu gestalten, wird die Bestellung eines Ergänzungspflegers für die Bestimmung der Umgangskontakte für dringend indiziert erachtet.

Hinsichtlich der Entscheidungen bezüglich das Kind betreffender Angelegenheitenbestehen aus familienpsychologischer Sicht keine im Kindeswohl liegenden Gründe, diese einem Elternteil allein zu übertragen. Herr Omega erteilte der Kindsmutter Vollmacht, über alltägliche Angelegenheiten allein zu entscheiden.

Beiden Elternteilen wird dringend empfohlen, an einer Verbesserung der elterlichen Kommunikation und an Strategien zur Entlastung des Kindes von den elterlichen Konflikten zu arbeiten (beispielsweise durch ein Elterntraining wie „Kinder im Blick" oder individuelle Erziehungsberatung).

Ich versichere, das vorliegende Sachverständigengutachten nach bestem Wissen und Gewissen erstattet zu haben.

Dipl.-Psych. Epsilon Zeta

© Das vorliegende Gutachten ist urheberrechtlich geschützt, das Urheberrecht liegt beim Gutachter. Das Gutachten darf nur im Rahmen des Verfahrens und nach Maßgabe des beauftragenden Gerichtes verwendet werden. Eine Vervielfältigung oder Weitergabe im Ganzen oder auszugsweise bedarf der schriftlichen Zustimmung.

3. Beispiel schriftliche Zusammenfassung der Begutachtungsergebnisse

Amtsgericht Richterstadt 1106

– Familiengericht –

Postfach 9876

12345 Richterstadt

Tag. Monat. Jahr

In der Sache:	**Maria, Marie ./. Josef, Sepp**
Wegen:	Elterlicher Sorge
Aktenzeichen:	**1 F 001/20**
Hier:	Zusammenfassung der Begutachtungsergebnisse

Sehr geehrter Herr Dr. Jura,

in og Sache erfolgte mit Datum vom 01.01.2020 der Auftrag, ein familienpsychologisches Sachverständigengutachten zu den Fragen zu erstatten, welcher Elternteil besser in der Lage ist, die Kinder zu betreuen und welcher Umgangskontakt mit dem anderen Elternteil dem Wohl der Kinder entspricht.

Mit der Kindsmutter wurden sämtliche auf sie bezogenen, für die familienpsychologische Begutachtung geplanten Termine durchgeführt (Erstgespräch: 15.01.2020, Explorations-gespräch: 20.01.2020, diagnostische Verfahren: 25.01.2020, Interaktionsbeobachtung: 30.01.2020, ergänzendes Gespräch mit dem Lebensgefährten der Kindsmutter sowie mit den Großeltern der Kinder mütterlicherseits: 30.01.2020, Explorationsgespräche mit den Kindern: 05.02.2020). Frau Maria stellte der Sachverständigen ärztliche Unterlagen und aktuelle Schulzeugnisse der Kinder zur Verfügung. Die überlassene Gerichtsakte wurde nach psychologischen Gesichtspunkten analysiert.

Durch den Kindsvater erfolgte keine Kontaktaufnahme mit der Sachverständigen, die erbetene Schweigepflichtsentbindung der mit den Kindern befassten Fachpersonen gegenüber der Sachverständigen wurde nicht erteilt.

Die Ergebnisse der Begutachtung werden im Folgenden zusammenfassend dargestellt. Sollte eine ausführlichere Darstellung gewünscht werden, wird um entsprechende Mitteilung gebeten.

Das zu erstattende Gutachten versteht sich vorbehaltlich der Ergebnisse weiterer Termine der Verfahrensbeteiligten vor dem Amtsgericht und zum Zeitpunkt der Begutachtung nicht vorhersehbarer Ereignisse.

Der zum Begutachtungszeitpunkt 9-jährige **Max** präsentierte sich als an Sozialkontakten interessierter, freundlicher Junge. Kognitiv, sprachlich und motorisch bestehen massive Entwicklungsdefizite, die ursächlich auf eine wenige Monate nach der Geburt konstatierte Behinderung unklarer Genese zurückgeführt werden können. Bei Max ist dauerhaft von einem erhöhten Betreuungsbedarf auszugehen, wobei die derzeit laufenden Therapien (Sonderpädagogische Förderung, Heilpädagogik, Logopädie) als ausreichend anzusehen sind. Auf dieser Ausgangsbasis ist Max ein sehr gut gefördertes und gepflegtes Grundschulkind, das seine Bedürfnisse und Interessen durchaus verständlich machen kann.

Das Zusammenleben mit der Mutter ist für ihn – altersentsprechend – ausschließlich positiv konnotiert. Das Familiensystem besteht aus Maxs Sicht aus seiner Mutter, deren Lebensgefährten, den Großeltern mütterlicherseits sowie seinem Bruder, zu denen er emotional enge, tragfähige Beziehungen aufgebaut hat. Dem Vater kommt im Alltag und emotionalen Erleben des Kindes eine randständige Bedeutung zu.

Der zum Begutachtungszeitpunkt 8-jährige **Moritz** präsentierte sich als höfliches, augenscheinlich in allen Modalitäten altersgemäß entwickeltes, gut gefördertes und gepflegtes Grundschulkind. Auffällig ist lediglich ein schwach ausgebautes Netzwerk von sozialen Beziehungen zu Gleichaltrigen. Der Besuch einer Therapiegruppe zur Förderung sozialer Kompetenzen ist für Moritz zu empfehlen.

Hinsichtlich der familiären Situation äußerte sich Moritz offen. Das Zusammenleben mit der Mutter ist für ihn – altersentsprechend – ausschließlich positiv konnotiert. Wichtigste Bezugspersonen im Alltag stellen für ihn sein Bruder, die Großeltern mütterlicherseits sowie der Lebensgefährte der Mutter dar, zu denen er emotional enge, tragfähige Beziehungen aufgebaut hat, wobei er für seinen Bruder gelegentlich Verantwortung übernimmt. Die Figur des Vaters ist aus Sicht des Kindes ambivalent besetzt; so gab Moritz an, einerseits teilweise Spaß während der Umgangskontakte zu haben, andererseits setze ihn der Vater unter Druck, dass er sein Weihnachtsgeschenk aus dem Jahr 2018 nur bekomme, wenn er den Vater zuhause besuche [Anmerkung der Sachverständigen: Die Entscheidung, wo Umgangskontakte stattfinden, obliegt derzeit nicht Moritz]. Was ihm nicht gefalle, seien die „zu langen" Telefonate mit dem Vater.

Der **Lebensgefährte von Frau Maria**, Herr Geist, sowie die **Großeltern mütterlicherseits** präsentierten sich unterstützend und gegenüber den Kindern positiv eingestellt. Es konnten keine Hinweise darauf gefunden werden, dass von ihrer Seite eine aktive Ausgrenzung des Kindsvaters betrieben wurde.

In der Untersuchung von **Frau Maria** ergaben sich keine Faktoren, die mit einer Einschränkung ihrer grundlegenden Erziehungsfähigkeit einhergehen würden, insbesondere bestanden keine Hinweise auf das Vorliegen einer psychischen Erkrankung. Sie war zu einer ausreichend selbstkritischen Reflexion ihres Verhaltens in der Lage. Frau Maria konnte die Stärken und Defizite ihrer Kinder in realistischer Weise wahrnehmen, befasste sich intensiv mit notwendigen Therapie- und Fördermaßnahmen und kooperierte langfristig mit diesen. Der Doppelbelastung von Berufstätigkeit und Kinderbetreuung war sie gewachsen.

Hinsichtlich der gerichtlichen Fragestellung gab Frau Maria an, sie wünsche sich die Ausübung des alleinigen Sorgerechts für beide Söhne. Insbesondere hinsichtlich medizinischer und therapeutischer Maßnahmen komme es immer wieder zu Konflikten sowohl zwischen den beiden Elternteilen als auch zwischen dem Vater und den behandelnden Therapeuten. Nicht zuletzt sei dies aus ihrer Sicht darauf zurückzuführen, dass weder dieser noch die Großeltern väterlicherseits die bei Max bestehende Behinderung akzeptieren könnten. So bestehe der Vater darauf, dass Max in eine Regelschule gehen solle. Dies führe auch bezüglich des Themenbereichs schulische Angelegenheiten zu Spannungen zwischen den Eltern. Weiter sei die Ausgestaltung der Umgangskontakte ein konfliktbehaftetes Thema. Sie sei der Ansicht, dass der Kindsvater aktuell mit der unbegleiteten Betreuung der beiden Jungen überfordert wäre. Beispielsweise habe er in der Vergangenheit akute Erkrankungen der Kinder nicht erkannt und ausreichend versorgt, es sei auch zu körperlichen Züchtigungen gekommen, als er versucht habe, den Kindern Grenzen zu setzen. Sie unterstütze Umgangskontakte der Kinder mit dem Vater grundsätzlich, wünsche sich jedoch eine Regelung, die den Bedürfnissen und dem Schutz der Kinder entgegenkomme. Die aktuelle Umgangsregelung mit begleiteten Umgangskontakten an jedem zweiten Samstag finde sie für die Kinder gut. Die ein bis zwei Telefonate pro Woche belasteten dagegen die Kinder, und es komme im Anschluss daran häufig zu Vorwürfen des Kindsvaters, dass sie, die Mutter, die Kinder negativ beeinflusse.

Hinsichtlich der grundlegenden Erziehungseignung von **Herrn Josef,** insbesondere bezüglich von Faktoren, die mit einer Einschränkung der grundlegenden Erziehungsfähigkeit einhergehen würden, wie das Vorliegen einer psychischen Erkrankung, kann ohne persönliche Untersuchung des Probanden sachverständigenseits keine Aussagen getroffen werden.

Aus der Aktenanalyse ergaben sich jedoch deutliche Hinweise auf defizitäre erzieherische Kompetenzen des Kindsvaters, bis zu körperlicher Misshandlung der Kinder während Umgangskontakten (Schläge mit dem Gürtel, Zwicken). Nach entsprechendem Hinweis seitens des Familiengerichts meldete sich Herr Josef beim Kinderschutzbund zu einem Elternkurs „Starke Eltern, starke Kinder“ an. In der Gerichtsakte findet sich jedoch kein Nachweis, dass er eine entsprechende Schulung tatsächlich wahrgenommen, und wie sich diese auf sein erzieherisches Verhalten ausgewirkt hat. Herr Josef gab selbst schriftlich an, er verstehe häufig die Äußerungen von Max nicht; dies könnte als Hinweise auf eine fehlende Passung der Interaktionspartner oder aber auf mangelnde Kenntnis des Vaters über seinen Sohn deuten. Weiter sind in der Aktenanalyse massive Schwankungen in der

Zielsetzung des Kindsvaters zu konstatieren, beispielweise hinsichtlich seiner Aussagen bezüglich des von ihm gewünschten Umfangs der Umgangskontakte mit seinen Söhnen.

Nach Angaben der Caritas Erziehungsberatungsstelle Superstadt habe Herr Josef regelmäßig Beratungstermine und sämtliche Umgangstermine zuverlässig wahrgenommen. Er zeige aber gegenüber den Kindern große Unsicherheit im Erziehungsverhalten, könne spielerische Interaktionen und die Wahrnehmung insbesondere von Max' Bedürfnissen sowie einen vorausschauenden Umgang mit Gefahren nur mit Unterstützung leisten. Die Weiterführung der Umgangsbegleitung sowie eine weitere zeitliche Begrenzung der Kontakte wurde von der Einrichtung als notwendig erachtet.

Die gerichtliche Fragestellung wird – aufgrund der nicht vollständig vorliegenden Daten zunächst vorläufig – wie folgt beantwortet:

Aus psychologischer Sicht ist Frau Marie Maria als seit Jahren hauptbetreuender Elternteil unter Berücksichtigung der gefühlsmäßigen Bindungen der Kinder, der eigenen Erziehungsfähigkeit und Bindungstoleranz sowie der angestrebten Perspektiven für das eigene Leben und das Leben der Kinder besser in der Lage, die Kinder Moritz und Max zu betreuen und zu erziehen. Bei der Kindsmutter bestehen aktuell keine Einschränkungen ihrer grundlegenden Erziehungsfähigkeit oder erzieherischen Kompetenzen.

Aus familienpsychologischer Sicht erscheint die Aufrechterhaltung der derzeitigen Umgangsregelung (fachkundige Begleitung, zweiwöchentliche Abstände, Dauer 4–6 Stunden) mit Herrn Sepp Josef zur bestmöglichen Wahrung des Wohles der Kinder angezeigt. Telefonate der Kinder mit dem Vater sollten jeweils auf das Wochenende beschränkt sein, an dem kein Umgangskontakt stattfindet. Die Dauer der Telefonate sollte an den Entwicklungsstand und die Kommunikationsfähigkeit der Kinder angepasst sein.

Ich versichere, das vorliegende Sachverständigengutachten nach bestem Wissen und Gewissen erstattet zu haben.

Dipl.-Psych. Epsilon Zeta

© Das vorliegende Gutachten ist urheberrechtlich geschützt, das Urheberrecht liegt beim Gutachter. Das Gutachten darf nur im Rahmen des Verfahrens und nach Maßgabe des beauftragenden Gerichtes verwendet werden. Eine Vervielfältigung oder Weitergabe im Ganzen oder auszugsweise bedarf der schriftlichen Zustimmung

(Das vorliegende Gutachten umfasst 6 Seiten und wurde fünffach erstellt).

4. Beispiel mündliches Gutachten

1107 **Vorbemerkung:**

Bei einer mündlichen Gutachtenerstattung wird davon ausgegangen, dass alle Anwesenden als Verfahrensbeteiligte durch den bisherigen Verfahrensverlauf und die eingereichten Schriftsätze über denselben Informationsstand verfügen. Um dieses Vorwissen auch dem Leser zur Verfügung zu stellen, werden hier die wesentlichen Informationen zusammengefasst. Dies ist nicht Teil der mündlichen Gutachtenerstattung:

Herr Abraham, geboren 1987, von Beruf Soldat a.D.

Frau Sarah, geboren 1994, keine abgeschlossene Berufsausbildung.

Das Paar kennt sich seit 2012, nicht verheiratet, Trennung 2015. Gemeinsame Kinder Peter (geboren 2013) und Paula (geboren 2014), gemeinsame Sorgerechtserklärung wurde abgegeben.

Die Kinder blieben nach der Trennung ein Jahr bei der Mutter (2016), seither wird eine Sozialpädagogische Familienhilfe durchgeführt. Im Folgejahr war Peter etwa fünf Monate beim Vater, Paula bei der Mutter, weil die keine geeignete Wohnung mit Platz für beide Kinder hatte. 2018 wurde ein Wechselmodell eingeführt (unter der Woche bei der Mutter, am Wochenende beim Vater). Die Mutter heiratete und bekam ein weiteres Kind.

2019 berichteten die Kinder dem Vater von Misshandlungen durch die Mutter. Peter wies kreisrunde Verbrennungen, vermutlich von Zigaretten, auf. Ein Strafverfahren gegen die Mutter wurde eingeleitet, die Kinder verblieben beim Vater.

Zunächst wurden begleitete Umgangskontakte mit der Mutter durchgeführt. Die Eltern einigten sich dann ohne Wissen der Beratungsstelle oder des Jugendamtes auf unbegleitete Besuche bei der Mutter im Umfang von einem Tag pro Woche, allerdings ohne Übernachtungen.

Vorbereitung des mündlichen Gutachtens durch den Sachverständigen in Stichworten:

- Aktenzeichen 1 F 001/20
- Fragestellung des Gerichts: Erziehungsfähigkeit der Eltern und bei welchem Elternteil die Kinder zukünftig ihren Lebensmittelpunkt haben sollen.
- Methodik: mit jedem Elternteil einzeln Erst- und Explorationsgespräche, psychodiagnostische Verfahren, Hausbesuche und Interaktionsbeobachtungen; Explorationsgespräche mit den Kindern; ergänzendes Gespräch mit dem aktuellen Ehemann von Frau Sarah; Telefonate mit dem Kindergarten von Paula (der zuvor auch von Peter besucht wurde), der Sonderpädagogischen Schule von Peter, der Schulvorbereitenden Einrichtung von Paula, dem sozialpädagogischen Familienhelfer, der Kinderärztin, der aktuellen Ergotherapeutin von Peter, der Caritas Erziehungsberatungsstelle, der zuständigen Mitarbeiterin des Jugendamtes; Befunde der Psychiatrischen Klinik, in der Frau Sarah behandelt wird, des Hausarztes (Laborbefund hinsichtlich eines fraglichen Alkoholkonsums) und Dienstarztes von Herrn Abraham (keine Antwort erhalten). Aktenanalyse.
- Ergebnisse der Begutachtung:
  - Beide Kinder unruhig, altersinadäquates Verhalten (teilweise präpubertär, oppositionell, auch untereinander aggressiv, unsozial, impulsiv). Benötigen ganztägige schulische Betreuung bzw. heilpädagogische Nachmittagsbetreuung, Kinderpsychotherapie ua zum Aufbau sozialer Kompetenzen, Tagesstruktur, Förderung, Erziehung.
  - Peter (7 Jahre alt): laut Vater externalisierende Verhaltensauffälligkeiten, laut Mutter extrem ängstlich/depressiv und aggressiv; Testung im Sozialpädiatrischen Zentrum 2017 fein- und grobmotorische Entwicklungsstörungen, kognitive Rückstände und emotionale Auffälligkeiten, empfohlene Ergotherapie wurde aufgrund der mangelnden Zuverlässigkeit der Eltern eingestellt; aktuell in der Schule hoch auffälliges Verhalten (Umgang mit Frustrationen, Konzentration, Kontaktsuche zu Gleichaltrigen nur durch Aggression, häufige Fehlzeiten, weil der Vater verschläft); in der Ergotherapie werden Termine nur teilweise eingehalten. In Begutachtung emotional unausgeglichen, habituelle Falschangaben bei Befragung, kein Verständnis von „Familie", gegenüber beiden Elternteilen ambivalent-distanziert.
  - Paula (6 Jahre alt): laut Vater unauffällig, laut Mutter ängstlich-depressiv, im Kindergarten im vergangenen Jahr Tendenz zum Stehlen (Nahrungsmittel mit der Begründung, sie bekomme zuhause nichts zu essen, Bastelmaterial), körperlich distanzlos, nach Zuwendung suchend, in der Schulvorbereitenden Einrichtung ebenso. Beide Einrichtungen berichten von mangelhaftem Pflegezustand, verschmutzter, unpassender (zu kleiner)

und nicht der Witterung entsprechender Kleidung, ungewaschenen Haaren und häufigen Fehlzeiten. In der Begutachtung emotional bedürftig, gegenüber beiden Elternteilen ambivalent, kein altersentsprechendes Spielverhalten.

- Beide Elternteile kooperativ, in Zusammenarbeit mit Fachdiensten an Rückmeldung über die Kinder interessiert, aber schlecht erreichbar, unzuverlässig in Terminwahrnehmung, können Rückmeldungen über beispielsweise Therapiebedarf oder Hygiene nicht umsetzen.
- Vater: gibt sich Mühe, versorgt die Kinder, aber nur reaktiv (zB erst auf Aufforderung der kranken Paula kocht er ihr einen Tee); inkonsequenter Erziehungsstil, keine Grenzsetzungen, äußert sich in Gegenwart der Kinder negativ über die Mutter. Laborwerte erst mit erheblicher Verzögerung abgegeben, waren auffällig, Nachkontrollen notwendig, übermäßiger Alkoholkonsum nicht auszuschließen. Chaotischer, verschmutzter Haushalt. Benötigt Suchtberatung, Erziehungsberatung, Haushaltstraining, Verhaltenstherapie zum Aufbau einer Tagesstruktur, Sozialpädagogische Familienhilfe, damit die Umsetzung der Maßnahmen unterstützt wird.
- Mutter: psychisch schwer belastet (emotional instabile Persönlichkeitsstörung von der Psychiatrie bestätigt, derzeit in teilstationärer und medikamentöser Behandlung), instabile Paarbeziehung (denkt aktuell über Trennung von ihrem Mann nach), konnte die Versorgung der Kinder nicht ausreichend sicherstellten (Pflege, Ergotherapie, Vorsorgeuntersuchungen, Impfungen), rigider Erziehungsstil, wenig fürsorgliches Verhalten, äußert sich in Gegenwart der Kinder negativ über den Vater. Chaotischer Haushalt, im Kinderzimmer (und nur dort!) wird geraucht. Benötigt Psychotherapie und Medikation, Erziehungsberatung, Haushaltstraining, Sozialpädagogische Familienhilfe, damit die Umsetzung der Maßnahmen unterstützt wird. Ergebnis des Strafverfahrens muss abgewartet werden.

- Fazit: Beide Elternteile geben sich Mühe, haben ihre Kinder gern, sind aber nicht in der Lage, die Bedürfnisse der Kinder ausreichend abzudecken. Peter und Paula sind schwierig zu betreuende Kinder. Sie benötigen dringend Halt und Struktur gebende Betreuung und Erziehung, Versorgung der körperlichen Bedürfnisse (Nahrung, Kleidung, Schutz vor Misshandlung), der emotionalen Bedürfnisse (zuverlässige Zuwendung, Psychotherapie) und der Förderung (Schule, Ergotherapie). Umfangreiche Hilfen werden seit Jahren angeboten, haben aber nicht zu einer ausreichenden Besserung der Versorgung der Kinder geführt. Es wäre zu empfehlen, die Kinder zumindest in der Schulzeit entsprechend zu betreuen (zB 5-Tages-Pflege). Die Eltern könnten die Kinder dabei unterstützen, indem sie diese Maßnahme begleiten. Es wäre gut, wenn dies bald geschehen würde, lange bevor die Kinder in die Pubertät kommen, weil sich dann alles deutlich verschlechtern dürfte.

Was nicht gesagt wurde:

Trotz Benennung der bestehenden elterlichen Defizite lag der Schwerpunkt der Darstellung auf den Bedürfnissen der Kinder. Die Eltern wurden dazu animiert, Verantwortung dafür zu übernehmen, dass es den Kindern besser gehen kann. Das von den Eltern bisher geleistete Engagement wurde gewürdigt, aber gleichzeitig verdeutlicht, dass die Kinder weitreichendere Hilfen benötigen und diese sehr zeitintensiv und anstrengend sein werden.

Nicht explizit ausgesprochen wurde, dass beide Elternteile hinsichtlich ihrer grundlegenden Erziehungsfähigkeit massiv eingeschränkt sind (Empathie, Misshandlung), bezüglich der erzieherischen Kompetenzen defizitär (Inkonsequenz, Rigidität, fehlende Grundversorgung) und bisher nicht lernfähig waren. Die aktuellen Auffälligkeiten bei den Kindern sind mit sehr hoher Wahrscheinlichkeit Folge dieser elterlichen Probleme. Tatsächlich lag eine umfassende, akute, nachhaltige Gefährdung des körperlichen, geistigen und psychischen Wohls der Kinder vor. Hätten die Eltern sich nicht als einsichtig und kooperativ erwiesen, wären zum Schutz der Kinder die Inobhutnahme sowie erhebliche Eingriffe in das elterliche Sorgerecht notwendig geworden. Durch die mündliche Gutachtenerstattung war es ihnen möglich, ohne Gesichtsverlust mit den notwendigen Maßnahmen zu kooperieren.

Die Eltern einigten sich in diesem Fall darauf, dass die Kinder unter der Schulzeit außerfamiliär betreut und dort sämtliche notwendigen Therapie- und Fördermaßnahmen durchgeführt werden, wobei die Eltern zu aktiver Elternarbeit eingeladen werden sollen. Sie erteilten dem Jugendamt notwendige Vollmachten. Damit erübrigten sich Eingriffe in das elterliche Sorgerecht.

Literaturverzeichnis

Ainsworth, M.D.S. (1977). Infant development and mother-infant interaction among Ganda and American families. In: H.P. Leiderman, S.R. Tulkin & A. Rosenfeld (Eds.), *Culture and infancy: Variations in human experience* (p. 119–149). New York: Academic Press.

Ainsworth, M.D.S., Blehar, M.C., Waters, E. & Wall, S. (1978). *Patterns of attachment. A psychological study of the strange situation.* Hillsdale, NJ: Erlbaum.

Al-Ammar, K. (2010). Ursachen und Folgen elterlicher Verwöhnung. In: E. Witruk, D. Riha, A. Teichert, N. Haase & M. Stueck (Hrsg.), *Learning, adjustment and stress disorders* (S. 195–205). Frankfurt am Main: Lang.

Albermann, K.; Wiegand-Grefe, S. & Winter, S. (2019). Kinderschutz in Familien mit einem psychisch erkrankten Elternteil. *Praxis für Kinderpsychologie und Kinderpsychiatrie, 68*, 6–26.

Allen, J.P. et al. (2003). A Secure Base in Adolescence: Markers of Attachment Security in the Mother-Adolescent Relationship. *Child Development, 74* (1), 292–307.

Alvord, M.K. & Grados, J.J. (2005). Enhancing resilience in children: A proactive approach. *Professional Psychology: Research and Practice, 36* (3), 238–245.

Anda, R.F. et al (2008). Adverse childhood experiences and prescription drug use in a cohort study of adult HMO patients. *BioMedCentral Public Health, 8*, 198.

Andrae, M. (2019).[4.] *Internationales Familienrecht.* Baden-Baden: Nomos.

Andritzky, W. (2002). Problematik kinderärztlicher Atteste bei Umgangs- und Sorgerechtsstreitigkeiten. *Kinder- und Jugendarzt, 33* (11), 885–889.

Angelakis, I; Gillespie, E. & Panagoiti, M. (2019). Childhood maltreatment and adult suicidality: a comprehensive systematic review with meta-analysis. *Psychological Medicine, 49*, 1057–1078.

Arbeitsgruppe Familienrechtliche Gutachten (2019).[2.] *Mindestanforderungen an die Qualität von Sachverständigengutachten im Kindschaftsrecht.* Berlin: Deutscher Psychologen Verlag.

Asendorpf, J. & Banse, R. (2000). *Psychologie der Beziehung.* Bern: Hans Huber.

Aten, J.; Mangis, M.W. & Campell,C.D. (2010). Psychotherapy with rural religious fundamentalist clients. *Journal of Clinical Psychiatry, 66*, 513–523.

Aust, S. (2017). Frühe Stresserfahrungen und die Entwicklung emotionaler Fertigkeiten. In: K.H. Brisch (Hrsg.), *Bindung und emotionale Gewalt* (S. 123–143). Stuttgart: Klett-Cotta.

Balloff, R. (2002). Kindeswille, Grundbedürfnisse des Kindes und Kindeswohl in Umgangsrechtsfragen. *Familie, Partnerschaft, Recht, 6*, 241–245.

Balloff, R. (2004). Begutachtung in der Familiengerichtsbarkeit – quo vadis Sachverständigentätigkeit? *Familie, Partnerschaft, Recht, 9*, 530–535.

Balloff, R. (2006). Die Rolle des Sachverständigen in Kindschaftssachen nach neuem Recht. *Familie, Partnerschaft, Recht, 11*, 415–417.

Balloff, R. (2013). Hinwirken auf Einvernehmen nach § 163 II FamFG aus juristischer Sicht. *Praxis der Rechtspsychologie, 23* (2), 307–311.

Balloff, R. (2015). *Kinder vor dem Familiengericht.* Baden-Baden: Nomos.

Balloff, R. (2016). Replik zu den Ausführungen von Klemmert: Wie entsteht und woran erkennt man ein qualitativ gutes Sachverständigengutachten? *Zeitschrift für Kindschaftsrecht und Jugendhilfe, 1*, 15–16.

Balloff, R. (2017). Informationen zum aktuellen Thema: Kinder und Jugendliche mit und ohne Eltern auf der Flucht. *Rechtspsychologie, 4*, 466–473.

Balloff, R. & Vogel, H. (2016). Das Mitwirken des Verfahrensbeistands und das Hinwirken des Sachverständigen im FamFG. *Rechtspsychologie, 1*, 62–72.

Balloff, R. & Walter, E. (2015). Anforderungen an familienrechtspsychologische Gutachten bei Kindeswohlgefährdung nach § 1666 BGB. *Neue Zeitschrift für Familienrecht, 13*, 580–588.

Bambey, A. & Gumbinger, H.-W. (2007). *Väterliches Engagement als Aspekt der Familiengesundheit.* Vortrag auf der Fachtagung „Familien auf dem Weg“. Hannover.

Bambey, A. & Gumbinger, H.-W. (2017). *Neue Väter?* Frankfurt: Campus.

Bange D. & Deegener G. (1996). *Sexueller Mißbrauch an Kindern.* Weinheim: Psychologie Verlags Union.

Barra, S. (2017). Zur Rolle belastender Kindheitserfahrungen bei jugendlicher Sexualdelinquenz. *Rechtspsychologie, 4*, 447–465.

Batzdorfer, V.; Steinmetz, H. & Bosnjak, M. (2020). Big Data in der Radikalisierungsforschung. *Psychologische Rundschau, 71* (2), 96–102.

Bauer, J. (2017). Die Bedeutung von Spiegelung und Resonanz für die Entstehung des kindlichen Selbst. In: K.H. Brisch (Hrsg.), *Bindung und emotionale Gewalt* (S. 212–225). Stuttgart: Klett-Cotta.

Baumrind, D. (1966). Effects of authoritative parental control on child behaviour. *Child Development, 37*, 887–907.

Bauserman, R. (2002). Child adjustment in joint-custody versus sole-custody arrangements: A meta-analytic review. *Journal of Family Psychology, 16* (1), 91–102.

Becker, P. (2002). Gewalttätige. *Report Psychologie, 9*, 550–555.

Becker-Stoll, F. & Beckh, K. (2009). Die Entwicklung der Kinder – Ergebnisse der entwicklungspsychologischen Teilstudie. In: M. Rupp (Hrsg.), *Die Lebenssituation von Kindern in gleichgeschlechtlichen Lebenspartnerschaften* (233–280). Köln: Bundesanzeiger Verlagsgesellschaft.

Beelmann, A. (2018). Vorurteilsprävention und Förderung von Toleranz. In: A. Beelmann (Hrsg.), *Toleranz und Radikalisierung in Zeiten sozialer Diversität* (S. 9–27). Schwalbach im Taunus: Wochenschau-Verlag.

Beelmann, A. Jahnke, S. & Neudecker, C (2018). Radikalisierung und Extremismusprävention. In: A. Beelmann (Hrsg.), *Toleranz und Radikalisierung in Zeiten sozialer Diversität* (S. 90–106). Schwalbach im Taunus: Wochenschau-Verlag.

Behrend, K. (2010). *Kindliche Kontaktverweigerung nach Trennung der Eltern aus psychologischer Sicht.* Südwestdeutscher Verlag für Hochschulschriften.

Beier, K.M., Schäfer, G.A., Goecker, D., Neutze, J., Ahlers, Ch.J. (2006). Präventionsprojekt Dunkelfeld. *Humboldt Spektrum, 3*, 410.

Behnisch, M. & Dilthey, V. (2016). „Das Elend der Wiederholung" – Zur familiären Psychodynamik in Fällen von Kindesmisshandlung. *Zeitschrift für Kindschaftsrecht und Jugendhilfe, 1*, 4–9.

Belsky, J. (1993). Etiology of Child Maltreatment: A Developmental–Ecological Analysis. *Psychological Bulletin, 114* (3), 413–434.

Bergau, B. (2014). *Lösungsorientierte Begutachtung als Intervention bei hochstrittiger Trennung und Scheidung.* Weinheim: Beltz.

Bergau, B. & Walper, S. (2011). Diagnostik und einvernehmenorientiertes Vorgehen im familiengerichtlichen Verfahren nach § 163 Abs. 2 FamFG. *Praxis der Rechtspsychologie, 1* (2), 207–229.

Bergmann, M. (2018). Zur Qualität familiengerichtlicher Gutachten: Die Pflicht des Sachverständigen zur Überprüfung des richterlichen Beschlusses im familiengerichtlichen Verfahren. *Rechtspsychologie, 3*, 320–330.

Bergold, P., Buschner, A., Mayer-Lewis, B. & Mühling, T. (2017). Grundlagen multipler Elternschaft. In: P. Bergold, A. Buschner, B. Mayer-Lewis & T. Mühling (Hrsg.), *Familien mit multipler Elternschaft* (S. 7–27) Opladen: Verlag Barbara Budlich.

Berk, L.E. (2020). *Entwicklungspsychologie.* Hallbergmoos: Pearson.

Berner, W., Hill, A., Briken, P., & Kraus, C. (2004). Störungen der Sexualpräferenz – Paraphilien. In: C.G. Kockot & E.-M. Farner (Hrsg.), *Sexualstörungen* (S. 107–151). Stuttgart: Thieme Verlag.

Berridge, D. (2017). The education of children in care: Agency and resilience. *Children and Youth Services Review, 77*, 86–93.

Berufsverband Deutscher Psychologinnen und Psychologen eV (2005). *Ethische Richtlinien.* Bonn: Deutscher Psychologen Verlag.

Bieneck, S.; Stadler, L. & Pfeiffer, C. (2011). *Erster Forschungsbericht zur Repräsentativbefragung Sexueller Missbrauch 2011*. Lützerode: Kriminologisches Forschungsinstitut Niedersachsen.

Bienioschek, S.; Weckler, H.; Fegert, J. & Kölch, M. (2019). Fetale Alkoholspektrumsstörung (FASD) – Überblick zu Folgen, Diagnostik und rechtlichen Aspekten. *Rechtspsychologie, 3*, 330–346.

Bierbrauer, G. (2005)[2.] *Sozialpsychologie*. Stuttgart: Kohlhammer.

Bilke-Hentsch, O. & Leménager, T. (2019). *Suchtmittelgebrauch und Verhaltenssüchte bei Jugendlichen und jungen Erwachsenen*. Göttingen: Vandenhoeck & Ruprecht.

Birbaumer, N. & Schmidt, R. (2010).[7.] *Biologische Psychologie*. Berlin: Springer.

Bjarnason, T. & Arnarsson, A.M. (2011). Joint physical custody and communication with parents: A cross-national study of children in 36 western countries. *Journal of Comparative Family Studies*, *42* (6), 871–890.

Böhm, B.; Emslander, C. & Grossmann, K. (2001). Unterschiede in der Beurteilung 9- bis 14jähriger Söhne geschiedener und nicht geschiedener Eltern. *Praxis der Kinderpsychologie und Kinderpsychiatrie*, *50*, 77–91.

Bösel, S. & Bösel, R. (2013). *Warum haben Eltern keinen Beipackzettel?* Wien: Orac.

Bohnacker, I. & Goldbeck, L. (2017). Familienorientierte traumafokussierte Verhaltenstherapie mit drei Geschwisterkindern einer Flüchtlingsfamilie. *Praxis der Kinderpsychologie und Kinderpsychiatrie, 66*, 614–628.

Bohnert, C. (2017). Inhaltliche und verfahrensrechtliche Komponenten der Anwendung des Verhältnismäßigkeitsgrundsatzes in der neuesten obergerichtlichen Rechtsprechung in Kindschaftssachen. *Rechtspsychologie*, *2*, 204–217.

Bolten,M.; Möhler, E. & v. Gontard, A. (2013). *Psychische Störungen im Säuglings- und Kleinkindalter*. Göttingen: Hogrefe.

Bondü, R. (2018). Sensibilität für Ungerechtigkeit, Vorurteile und Diskriminierung. In: A. Beelmann (Hrsg.), *Toleranz und Radikalisierung in Zeiten sozialer Diversität* (S. 75–89). Schwalbach im Taunus: Wochenschau-Verlag.

Booth, A. & Amato, P.R. (2001). Parental predivorce relations and offspring postdivorce well-being. *Journal of Marriage and Family*, *63*, 197–212.

Borchert, J.; Lewandowska-Walter, A. & Rostowska, T. (2018). Performing developmental tasks in emerging adults with childhood parentification – insights from literature. *Current Issues in Personality Psychology*, *6* (3), 242–251.

Borcsa, M. (2019). *Globalisierte Familien*. Göttingen: Vandenhoeck & Ruprecht.

Bormann, M. (2020). Sexualisierte Gewalt unter Geschwistern – Dynamik und Hilfe. In: K.H. Brisch (Hrsg.), *Bindung und Geschwister* (S. 164–178). Stuttgart: Klett-Cotta.

Botdorf, M.; Riggins, T. & Dougherty, L. (2019). Early Positive Parenting and Maternal Depression History Predict Children's Relational Binding Ability at School-Age. *Developmental Psychology*, *55* (11), 2417–2427.

Bottlender, R.; Buchberger, A.; Hoff, P. & Moller, H.J. (1999). Urteilsbildung und Wahn. Eine Studie zum Urteilsverhalten von wahnhaften, depressiven und gesunden Probanden. *Nervenarzt*, *70* (11), 987–992.

Bretherton, I. (2010). Fathers in attachment theory and research: A review. *Early Child Development and Care, 180*, 9–23.

Bretherton, I. & Page, T. (2004). Shared or conflicting working models? Relationships in post-divorce families seen through the eyes of mothers and their preschool children. *Development and Psychopathology*, *16*, 551–575.

Brisch, K.H. (2010). *SAFE – Sichere Ausbildung für Eltern*. Stuttgart: Klett-Cotta.

Brisch, K.H. (2011). Die Therapie von frühen Störungen der Entwicklung. In: K.H. Brisch (Hrsg.), *Bindung und frühe Störung der Entwicklung* (S. 301–331). Stuttgart: Klett-Cotta.

Brisch, K.H. (2013 a)[12.]. *Bindungsstörungen*. Stuttgart: Klett-Cotta.

Brisch, K.H. (2013 b). Die bindungsbasierte Behandlung von Suchterkrankungen auf verschiedenen Altersstufen. In: K.H. Brisch (Hrsg.), *Bindung und Sucht* (S. 277–297). Stuttgart: Klett-Cotta.

Brisch, K.H. (2019). Psychotherapie mit Kindern im Scheidungskonflikt der Eltern. In: K.H. Brisch (Hrsg.), *Bindung – Scheidung – Neubeginn* (S. 240–256). Stuttgart: Klett-Cotta.

Brisch, K.H. (2020). Bindung zwischen Stiefgeschwistern und Stiefeltern. In: K.H. Brisch (Hrsg.), *Bindung und Geschwister* (S. 312-323). Stuttgart: Klett-Cotta.

Britz, G. (2015). Anforderungen an familiengerichtliche Entscheidungen im Kinderschutz aus Sicht des Bundesverfassungsgerichts. *Das Jugendamt, 6*, 286–291.

Brockington, I.F. et al. (2001). A screening questionnaire for mother-infant bonding disorders. *Archives of Women's Mental Health, 3*, 133–140.

Bröning, S. (2009). *Kinder im Blick*. Theoretische und empirische Grundlagen eines Gruppenangebotes für Familien in konfliktbelasteten Trennungssituationen. Münster: Waxmann-Verlag.

Bronisch, T. (1997). Langzeitverläufe von Borderline-Persönlichkeitsstörungen. *Psychotherapie, 1*, 27–30.

Brown, T. (2003). Fathers and child abuse allegations in the context of parental separation and divorce. *Family Court Review, 41* (3), 367–380.

Browne, D. et al. (2017). Emotional problems among recent immigrants and parenting status: Findings from a national logitudinal study of immigrants in Canada. *PLoS ONE*, 12(4): e0175023.

Bruch, C. (2002). Parental Alienations-Syndrome und Parental Alienation: Wie man sich in Sorgerechtsfällen irren kann. *Zeitschrift für Familienrecht, 19*, 1304–1315.

Brückner, M.; Logé, C. & Salzer, S. (2019). Die ängstlich-vermeidende Persönlichkeitsstörung. *Psychotherapeutenjournal, 1*, 24–29.

Bryant-Waugh, R. & Lask, B. (2008). *Essstörungen bei Kindern und Jugendlichen*. Bern: Hans Huber.

Buchholz-Graf, W. (2001). Wie kommt Beratung zu den Scheidungsfamilien? *Praxis der Kinderpsychologie und Kinderpsychiatrie, 50*, 293–310.

Buchholz-Graf, W. & Vergho, C. (2005). Wie Eltern den begleiteten Umgang bewerten. *Kindschaftsrechtliche Praxis*, 2, 43–52.

Buchner, U. (2014). *Informationspapier Familie und Sucht*. München: Bayerische Akademie für Sucht und Gesundheitsfragen.

Bundesarbeitsgemeinschaft Landesjugendämter (Hrsg.) (2015)[7.]. *Empfehlungen zur Adoptionsvermittlung*. Mainz.

Bundesjustizamt (1980). *Haager Übereinkommen über die zivilrechtlichen Aspekte internationaler Kindesentführung vom 25.10.1980* (BGBl. 1990 II S. 207) „Haager Kindesentführungsübereinkommen (HKÜ). https://www.bundesjustizamt.de/DE/hared Docs/Publikationen/BZAA/HaagerÜbereinkommen.pdf

Bundeskriminalamt (2019). *Partnerschaftsgewalt. Kriminalstatistische Auswertung – Berichtsjahr 2018*. Wiesbaden: Bundeskriminalamt.

Bundeskriminalamt (2020). *Polizeiliche Kriminalstatistik 2019, Zahlen kindlicher Gewaltopfer*. Wiesbaden: Bundeskriminalamt.

Bundesministerium des Inneren, für Bau und Heimat (Hrsg.). (2020). *Polizeiliche Kriminalstatistik 2019, Version 2.0*. www.bka.de

Busch, M.A.; Maske, U.E.; Ryl, L.; Schlack, R. & Hapke, U. (2013). Prävalenz von depressiver Symptomatik und diagnostizierter Depression bei Erwachsenen in Deutschland. *Bundesgesundheitsblatt, 56*, 733–739.

Buschner, A. (2015). Rechtliche und soziale Elternschaft in Regenbogenfamilien. *Neue Zeitschrift für Familienrecht, 23*, 1103–1107.

Buschner, A. & Bergold, P. (2017). Regenbogenfamilien in Deutschland. In: P. Bergold, A. Buschner, B. Mayer-Lewis & T. Mühling (Hrsg.), *Familien mit multipler Elternschaft* (S. 143–172) Opladen: Verlag Barbara Budlich.

Busse, D.; Steller, M. & Volbert, R. (2000). Sexueller Missbrauchsverdacht in familiengerichtlichen Verfahren. *Praxis der Rechtspsychologie, 10* (2), 3–98.

Caldwell, A.B. (2005). How can the MMPI-2 help child custody examiners? *Journal of Child Custody, 2* (1), 83–117.

Carl, E. & Erb-Klünemann, M. (2011). Bi-nationale Mediation bei grenzüberschreitenden Kindschaftskonflikten. *Zeitschrift für Konfliktmanagement*, 4, 116–119.

Case, R. (1998). The development of conceptual structures. In: W. Damon (Eds.), *Handbook of child psychology*, Vol. 2. Cognition, perception and language (p. 745–800). New York: Wiley.

Cassell, D. & Coleman, R. (1998). Parents with psychiatric problems. In: P. Reder & C. Lucey (Eds.), *Assessment of parenting* (p. 169–181). London, New York: Routledge.

Cassidy, J. & Shaver, P.R. (2010)[2.]. *Handbook of Attachment*. New York: Guilford.

Castellanos, H.A. (in Vorbereitung). *Ethisches Verhalten im Familienrecht.*

Castellanos, H.A.; Hertkorn, C., Plattner, A. & Salzgeber, J. (2004). Psychologische Diagnostik der Erziehungsfähigkeit. *Praxis der Rechtspsychologie, 14* (2), 304–320.

Cierpka, M. (2005). Gewaltprävention – Unterstützung der Familien und Förderung der Kinder. In: U. Egle, S. Hoffmann & P. Joraschky (Hrsg.), *Sexueller Missbrauch, Misshandlung, Vernachlässigung* (S. 636–649). Stuttgart: Schattauer.

Cierpka, M. (2012). *Frühe Kindheit – 0 bis 3 Jahre.* Berlin: Springer-Verlag.

Clarke-Stewart, A. & Brentano, C. (2007). *Divorce.* New Haven: Yale University Press.

Clausius, M. (2019). Kindesschutz, Elternrechte und staatliche Aufgaben im Spannungsverhältnis. *Juris, 7/8*, 266–271.

Coan, J.A. (2008). Toward a neuroscience of attachment. In: J. Cassidy & P.R. Shaver (Eds.), *Handbook of attachment* (p. 241–268). New York: Guilford-Press.

Coester, M. (2018). Konflikt von Erziehungsleitbildern. *Rechtspsychologie*, 2, 157–180.

Conen, M.-L. (2019). Ohne Herkunftseltern geht es nicht. Lebensperspektiven von Pflegekindern zwischen Herkunftsfamilie und Pflegeeltern. *Kindschaftsrecht und Jugendhilfe, 9/10*, 341–348.

Conroy, S. et al. (2010). The impact of maternal depression and personality disorder on early infant care. *Social Psychiatry and Epidemiology, 45*, 285–292.

Cremer, H. (2012). Kinderrechte und der Vorrang des Kindeswohls. Die UN-Kinderrechtskonvention bietet ein weites Anwendungsfeld. *Anwaltsblatt*, 4, 327–329.

Cummings, E.M. & Bergman, K. (2019). Die Theorie der emotionalen Sicherheit. In: K.H. Brisch (Hrsg.), *Bindung – Scheidung – Neubeginn* (S. 49–62). Stuttgart: Klett-Cotta.

Cuvenhaus, H. (2001). Das psychologische Sachverständigengutachten im Familienrechtsstreit. *Kindschaftsrechtliche Praxis*, 6, 182–188.

Dawson, G. et al. (2001). Autonomic and brain electrical activity in securely- and insecurely-attached infants of depressed mothers. *Infant Behavior & Development, 24*, 135–149.

De Bel, V.; Kalmijn, M. & van Duijn, M. (2019). Balance in Family Triads: How intergenerational relationships affect the adult sibling relationship. *Journal of Family Issues, 40* (8), 2707–2727.

Deegener, G. (1995). *Sexueller Missbrauch: Die Täter.* Weinheim: Beltz.

Deegener, G. (2010). Risiko- und Schutzfaktoren bei Kindeswohlgefährdung/ Kindesmisshandlung. In: R. Steffens-enn, & J. Hoffmann (Hrsg.), *Schwere Gewalt gegen Kinder* (S. 9–44). Frankfurt: Verlag für Polizeiwissenschaft.

Demir, S.; Reich, H. & Mewes, R. (2016). Psychologische Erstbetreuung für Asylsuchende. *Psychotherapeutenjournal*, 2, 124–131.

Demmel, R. (2002). Internet addiction: Ein Literaturüberblick. *Sucht, 48* (1), 29–46.

Deneke, C. (2005). Misshandlung und Vernachlässigung durch psychisch kranke Eltern. In: G. Deegener & W. Körner (Hrsg.), *Kindesmisshandlung und Vernachlässigung* (S. 141–150). Göttingen: Hogrefe.

Deneke, C. & Lüders, B. (2003). Besonderheiten der Interaktion zwischen psychisch kranken Eltern und ihren kleinen Kindern. *Praxis der Kinderpsychologie und Kinderpsychiatrie, 52*, 172–181.

Dettenborn, H. (2003). Die Beurteilung der Kindeswohlgefährdung als Risikoentscheidung. *Familie, Partnerschaft, Recht, 6*, 293–299.

Dettenborn, H. (2008). Kindeswille. In: R. Volbert & M. Steller (Hrsg.), *Handbuch der Rechtspsychologie* (S. 583–593). Göttingen: Hogrefe.

Dettenborn, H. (2013). Hochkonflikthaftigkeit bei Trennung und Scheidung (Teil 1). *Zeitschrift für Kindschaftsrecht und Jugendhilfe, 6*, 231–234.

Dettenborn H. (2014)[4.]. *Kindeswohl und Kindeswille.* München: Ernst-Reinhardt.

Dettenborn, H. & Fichtner, J. (2015). Empfehlungen zum Verfassen und Prüfen von psychologischen Sachverständigengutachten im Familienrecht – eine praktische Anleitung. *Neue Zeitschrift für Familienrecht, 22*, 1035–1041.

Dettenborn, H. & Walter, E. (2015)[2.]. *Familienrechtspsychologie.* München: Ernst-Reinhardt.

Deutsche Krebshilfe (2013). *Hilfe für Kinder krebskranker Eltern.* http://www.verbund-kinder-krebskranker-eltern.de

Deutsches Institut für Jugendhilfe und Familienrecht eV (2019). *Verfassungsrechtliche Anforderungen bei Eingriffen in die elterliche Sorge.* Heidelberg: City-Druck.

Deutsches Institut für Medizinische Dokumentation und Information (Hrsg.), (2018). *Internationale statistische Klassifikation der Krankheiten und verwandter Gesundheitsprobleme, 10. Revision, German Modifikation, Version 2019* (ICD-10-GM). Köln: DIMDI.

Deutsches Institut für Medizinische Dokumentation und Information (Hrsg.), (2020). *Internationale Klassifikation der Funktionsfähigkeit, Behinderung und Gesundheit.* Köln: DIMDI.

Deutsches Krebsforschungszentrum (Hrsg.) (2003)[4.] *Passivrauchende Kinder in Deutschland. Frühe Schädigungen für ein ganzes Leben.* Heidelberg: Deutsches Krebsforschungszentrum.

Dietrich, P.S.; Fichtner, J.; Halatcheva, M. & Sandner, E. (2010). *Arbeit mit hochkonflikthaften Trennungs- und Scheidungsfamilien: Eine Handreichung für die Praxis.* München: Deutsches Jugendinstitut.

Dietz, L., Jennings, K.D., Kelley, S. & Marshal, M. (2009). Maternal depression, paternal psychopathology, and toddlers' behavior problems. *Journal of Clinical Child & Adolescent Psychology, 38* (1), 48–61.

Diouoani-Streek, M. (2015). Negative Effekte oder nachhaltige Effektivität im Kinderschutz? *Zeitschrift für Kindschaftsrecht und Jugendhilfe, 2*, 50–55.

Döge, P. (2007). Männer – auf dem Weg zur aktiven Vaterschaft? Bundeszentrale für politische Bildung (Hrsg.), *Aus Politik und Zeitgeschichte, 7*, 27–32.

Döpfner, M.; Frölich, J. & Lehmkuhl, G. (2013). *Aufmerksamkeitsdefizit-/Hyperaktivitätsstörung (ADHS).* Göttingen: Hogrefe.

Döpfner, M.; Schürmann, S. & Wolff-Metternich, T. (2003) [2.]. Training mit hyperkinetischen und oppositionellen Kindern. In: F. Petermann (Hrsg.), *Kinderverhaltenstherapie* (S. 241–267). Hohengehren: Schneider Verlag.

Dohrenbusch, R. & Köllner, V. 2016). Begutachtung affektiver und erschöpfungsbedingter/neurasthenischer Störungen. In: W. Schneider et al. (Hrsg.), *Begutachtung bei psychischen und psychosomatischen Erkrankungen* (S. 349–368). Göttingen: Hogrefe.

Dornes, M. (2001)[10.]. *Der kompetente Säugling.* Frankfurt: Fischer-Verlag.

Dotti Sani, G.M. & Treas, J. (2016). Educational gradients in Parent's Child-Care Time across Countries, 1965-2012. *Journal of Marriage and Family Relationships*, 78, 1083-1096.

Du Bois, R. (2013). Erlebte Gewalt als Risikofaktor für die Entwicklung von Kindern und Jugendlichen – in 12 Thesen. In: Bundesarbeitsgemeinschaft der Kinderschutz-Zentren eV

(Hrsg.), *Traumatisierte Kinder, gewalttätige Jugendliche, hochstrittige Eltern* (S. 13–34). Köln: Bundesarbeitsgemeinschaft der Kinderschutz-Zentren eV.

Dunn, J. (2004). Annotation: Children's relationships with their nonresident fathers. *Journal of Child Psychology and Psychiatry, 45* (4), 659–671.

Dusolt, H. (2011). Zwischen Bequemlichkeit und Resignation. In: Bundesarbeitsgemeinschaft der Kinderschutz-Zentren eV (Hrsg.), *Kinder im Spannungsfeld elterlicher Konflikte* (S. 255–275). Köln: Bundesarbeitsgemeinschaft der Kinderschutz-Zentren eV.

Edinger, A. et al. (2020). Entwicklung einer Online-Intervention für die Versorgung von sich selbstverletzenden Jugendlichen und jungen Erwachsenen. *Praxis der Kinderpsychologie und Kinderpsychiatrie, 69*, 141–155.

Egle, U., Hoffmann, S. & Joraschky, P. (2005)[3.]. *Sexueller Missbrauch, Misshandlung, Vernachlässigung*. Stuttgart: Schattauer.

Eichhorn, C. (2003). *Eltern sind nicht immer schuld*. Stuttgart: Klett-Cotta.

Eiden, R.D. (2013). Zur Bindungssicherheit von Alkoholikerkindern. In: K.H. Brisch (Hrsg.), *Bindung und Sucht* (S. 171–193). Stuttgart: Klett-Cotta.

Eilers, F., Gruber, F. & Kemmesies, U. (2015). *Entwicklungsmöglichkeiten einer phänomenübergreifend ausgerichteten Prävention politisch motivierter Gewaltkriminalität (PüG)*. Forschungsbericht des Bundeskriminalamtes. Wiesbaden.

Eisenberger, N.I. et al. (2006). An experimental study of shared sensitivity to physical pain and social rejection. *Pain, 126*, 132–138.

Eisenberger, N.I.; Way, B.M.; Taylor, S.E.; Welch, W.T. & Lieberman, M.D. (2007). Understanding Genetic Risk for Aggression: Clues From the Brain's Response to Social Exclusion. *Biological Psychiatry, 61*, 1100–1108.

Eliot, L. (2001). *Was geht da drinnen vor? Die Gehirnentwicklung in den ersten fünf Lebensjahren*. Berlin: Berlin Verlag.

Ell, E. (1990). *Psychologische Kriterien bei der Sorgerechtsregelung und Diagnostik der emotionalen Beziehungen*. Weinheim: Deutscher Studienverlag.

Emde, R.N. (2011). Bindung, frühe Moralentwicklung und wechselseitige Regulationsprozesse. In: K.H. Brisch (Hrsg.), *Bindung und frühe Störung der Entwicklung* (S. 237–255). Stuttgart: Klett-Cotta.

Engelhardt-Lohrke, C. et al. (2020). Evaluation eines manualisierten Gruppenprogramms für Geschwister von erkrankten oder behinderten Kindern. *Praxis der Kinderpsychologie und Kinderpsychiatrie, 69* (3), 203-217.

Engfer, A. (1991). Temperament und Kindesmißhandlung. *Psychosozial, 14*, 106–116.

Engfer, A. (1997)[2.]. *Kindesmißhandlung*. Stuttgart: Enke.

Engfer, A. (2005 a). Formen der Misshandlung von Kindern – Definitionen, Häufigkeiten, Erklärungsansätze. In: U. Egle, S. Hoffmann & P. Joraschky (Hrsg.)[3.], *Sexueller Missbrauch, Misshandlung, Vernachlässigung* (S. 3–19). Stuttgart: Schattauer.

Engfer, A. (2005 b). Gewalt gegen Kinder in der Familie. In: U. Egle, S. Hoffmann & P. Joraschky (Hrsg.)[3.], *Sexueller Missbrauch, Misshandlung, Vernachlässigung* (S. 23–39)[3.]. Stuttgart: Schattauer.

Enzmann, D. (2018). Die Verbreitung von körperlicher Elterngewalt und Misshandlung im internationalen Vergleich: Ergebnisse der dritten Internationals Self-Report Delinquency (ISRD-3) Studie. *Rechtspsychologie, 4*, 456–476.

Eren, H. & Örsal, Ö. (2018). Computer Game Addiction and Loneliness in Children. *Iranian Journal for Public Health, 47* (10), 1504–1510.

Erickson, M. & Egeland, B. (2006). *Die Stärkung der Eltern-Kind-Bindung – Frühe Hilfen für die Arbeit mit Eltern von der Schwangerschaft bis zum zweiten Lebensjahr des Kindes durch das STEEP™- Programm*. Stuttgart: Klett-Cotta-Verlag.

Ernst, M. et al. (2019). Sex-dependent associations of childhood neglect and bodyweight across the life span. *Scientific Reports, 9* (1), doi.org/10.1038/s41598–019–41367-y.

Eschelbach, D. & Rölke, U.(2012). International Relocation – Umzug eines Elternteils mit dem Kind ins Ausland. *Das Jugendamt*, *6*, 290–300.

Eschenbeck, H. & Knauf, R.-K. (2018). Entwicklungsaufgaben und ihre Bewältigung. In. A. Lohaus (Hrsg.), *Entwicklungspsychologie des Jugendalters* (S. 23–50). Berlin: Springer.

Escobar-Torres, O. (2019). *Abandono, agresión y abuso sexuel: Tres heridas emocionales de la infancia*. Print on demand.

Fahrendholz, L. & Zumbach, J. (2020). Bewertung eines entgegenstehenden Kindeswillens in Umgangsfragestellungen durch Sachverständige. *Rechtspsychologie, 1*, 36–54.

Falkai, P. & Wittchen, U. (Hrsg.) (2015). Diagnostisches und Statistisches Manual Psychischer Störungen DSM-5. Göttingen: Hogrefe.

Falkai, P. et al. (2018)[2.]. Diagnostisches und Statistisches Manual Psychischer Störungen DSM-5®. Göttingen: Hogrefe.

Faltermeier, J. (2020). Eltern und Fremdunterbringung. *Zeitschrift für Kindschaftsrecht und Jugendhilfe, 7*, 255-260.

Feddes, A.R., Mann, L. & Doosje, B. (2015). Increasing self-esteem and empathy to prevent violent radicalization. *Journal of Applied Social Psychology, 45 (7)*, 400–411.

Fegert, J. (2002). Wann ist der begleitete Umgang, wann ist der Ausschluss des Umgangs indiziert? *Familie, Partnerschaft, Recht*, *6*, 219–225.

Fegert, J. & Witt, A. (2019). Zahlen und Fakten zum Ausmaß von Vernachlässigung, Misshandlung und sexuellem Missbrauch von Kindern und Jugendlichen in Deutschland. *Zeitschrift für Kindschaftsrecht und Jugendhilfe, 8*, 288–296.

Fegert, J. et al. (2018). Psychosocial problems in traumatized refugee families: overview of risks and some recommendations for support services. *Child and Adolescent Psychiatriy and Mental Health, 12* (5), https://doi.org/10.1186/s13034-017-0210-3.

Fendrich, S. & Pothmann, J. (2010). Einblicke in die Datenlage zur Kindesvernachlässigung und Kindesmisshandlung in Deutschland. *Bundesgesundheitsblatt*, 1002–1010.

Fichtner, J. (2005). Mittellose Väter gleich vaterlose Kinder? *Das Jugendamt*, *9*, 386–391.

Fichtner, J. (2011). Kinderschutz und Kindeswohlgefährdung in Hochkonfliktfamilien. In: Kindesarbeitsgemeinschaft der Kinderschutz-Zentren eV (Hrsg.), *Kinder im Spannungsfeld elterlicher Konflikte* (S. 151 – 174). Köln: Bundesarbeitsgemeinschaft der Kinderschutz-Zentren eV.

Fichtner, J. (2015 a). Das Kindeswohl im Bermudadreieck? *Neue Zeitschrift für Familienrecht*, *13*, 588–593.

Fichtner, J. (2015 b): „Seriöser Anzug oder Matschhose“ Zur Diskussion um die Qualität familienrechtspsychologischer Gutachten (Teil 2). *Zeitschrift für Kindschaftsrecht und Jugendhilfe, 2*, 63–67.

Fichtner, J. (2015 c). *Trennungsfamilien*. Göttingen: Hogrefe.

Fichtner, J. (2018). Gut beraten oder doch lieber entschieden? *Kindschaftsrecht und Jugendhilfe*, *7*, 257–263.

Fichtner, J. (2019). Hochkonflikthaftigkeit in familiengerichtlichen Verfahren. In: R. Volbert, A. Huber, A. Jacob & A. Kannegießer (Hrsg.), *Empirische Grundlagen der familienrechtlichen Begutachtung* (S. 51–72). Göttingen: Hogrefe.

Fichtner, J., Dietrich, P., Halatcheva, M., Hermann, U. & Sandner, E. (2010). *Kinderschutz bei hochstrittiger Elternschaft*. München: Deutsches Jugendinstitut.

Fiedler, P. (2007)[6.]. *Persönlichkeitsstörungen*. Weinheim: Beltz.

Figdor, H. (2005). *Scheidungskinder – Wege der Hilfe*. Gießen: Psychosozial Verlag.

Figdor, H. (2011). Welche Gründe sprechen gegen die Obsorge beider Eltern? *Interdisziplinäre Zeitschrift für Familienrecht*, *3*, 131–138.

Filipp, S.H. (Hrsg.) (2010)[3.]. *Kritische Lebensereignisse*. München: Urban & Schwarzenberg.

Finke, F. (2015). Sorgerecht und Umgang bei Erkrankungen des Kindes. *Neue Zeitschrift für Familienrecht*, *23*, 1114–1118.

Foerster, K. & Dreßing, H. (Hrsg.) (2009). *Psychiatrische Begutachtung.* München: Urban & Fischer.

Fonagy, P. & Bateman, A. (2006). Mechanisms of Change in Mentalization-Based Treatment of BPD. *Journal of Clinical Psychology, 62* (4), 411–430.

Franck, L. (2015). Reichweite der berufspsychologischen Schweigepflicht unter besonderer Berücksichtigung der Supervision und Visite. *Rechtspsychologie, 3*, 273–284.

Franke, A. et al. (2001). *Alkohol- und Medikamentenabhängigkeit bei Frauen.* Weinheim: Juventa-Verlag.

Freitag. M.; Kitzerow, J.; Medda, J.; Soll, S. & Cholemkery, H. (2017). *Autismus-Spektrum-Störungen.* Göttingen: Hogrefe.

Freitag, T. (2017). Emotionale Gewalt durch Pornografie und frühe Sexualisierung. In: K.H. Brisch (Hrsg.), *Bindung und emotionale Gewalt* (S. 243–284). Stuttgart: Klett-Cotta.

Freyberger, H.; Merten, T.; Dudeck, M. & Schneider, W. (2016)[2.]. Sozialrechtliche Begutachtung bei psychotischen und organischen psychischen Störungen. In: W. Schneider et al. (Hrsg.), *Begutachtung bei psychischen und psychosomatischen Erkrankungen* (S. 327–339). Göttingen: Hogrefe.

Frick, J. (2011). *Die Droge Verwöhnung.* Bern: Huber.

Friedland, I.; Ortiz-Müller, W. & Lau, S. (2018). Stalking – Zwischen Strafrecht und Psychopathologie – ein verstehender Ansatz. *Rechtspsychologie, 1*, 68–84.

Friedrich, V., Reinhold, C. & Kindler, H. (2004). (Begleiteter) Umgang und Kindeswohl. In: M. Klinkhammer, U. Klothmann & S. Prinz (Hrsg.), *Begleiteter Umgang* (S. 13–39). Köln: Bundesanzeiger Verlagsgesellschaft.

Fthenakis, W.E. (1985). *Bilingual-bikulturelle Entwicklung des Kindes.* München: Huber.

Fthenakis, W. (1995). Umgangsmodelle zur kindgerechten Gestaltung der Beziehungen zwischen Eltern und Kindern in der Nachscheidungsphase. *Familie, Partnerschaft, Recht, 4*, 94–98.

Füchsle-Voigt, T. (2004). Verordnete Kooperation im Familienkonflikt als Prozess der Einstellungsänderung. *Familie, Partnerschaft, Recht, 11*, 600–602.

Gardner, R.A. (2002). Denial Of The Parental Alienation Syndrome Also Harms Women. In: *American Journal of Family Therapy, 30* (3), 191–202.

Garten, H.-K. & Salzgeber, J. (2008). Verarbeitung der Trennung/Scheidung der Eltern. In: G. Lauth, F. Linderkamp, S. Schneider & U. Brack (Hrsg.)[2.], *Verhaltenstherapie mit Kindern und Jugendlichen* (S. 264–275). Weinheim: PVU.

Georgas, J.; Berry, J. & Kağitçibaşi, C. (2006). Synthesis: How similar and how different are families across cultures? In: J. Georgas, J. Berry, F. van der Vijver, C. Kağitçibaşi,& Y. Poortinga (Hrsg.), *Families across cultures* (p. 186–240). Cambridge: Cambridge University Press.

Georgas, J.; et al. (Hrsg.), (2006). *Families across cultures.* Cambridge: Cambridge University Press.

George, C. (2019). Wie erleben sehr kleine Kinder die Trennung der Eltern? In: K.H. Brisch (Hrsg.), *Bindung – Scheidung – Neubeginn* (S. 81–94). Stuttgart: Klett-Cotta.

Ghinea, D.; Parzer, P.; Resch, F.; Kaess, M. & Edinger, A. (2020). Zusammenhänge von Drogenkonsum und der Borderline-Persönlichkeitsstörung sowie Depressivität in einer klinischen Stichprobe an Jugendlichen. *Praxis der Kinderpsychologie und Kinderpsychiatrie, 69*, 126–140.

Giltaij, H.; Sterkenburg, P.S. & Schuengel, C. (2017). Convergence between observations and interviews in clinical diagnosis of reactive attachment disorder and disinhibited social engagement dirsorder. *Clinical Child Psychology and Psychiatry, 2017, 22* (4), 603–619.

Glaz-Ocik, J. & Hoffmann, J. (2010). Wenn Eltern ihre Kinder töten – Ein Überblick über den gegenwärtigen Kenntnisstand. In: R. Steffens-enn & J. Hoffmann (Hrsg.), *Schwere Gewalt gegen Kinder* (S. 45–57). Frankfurt: Verlag für Polizeiwissenschaft.

Glitsch, E. & Bornewasser, M. (2009). Beziehungsgewalt verstehen und Konfliktverhandeln vorbereiten. In: D. Schröder (Hrsg.), *Gewalt im sozialen Nahraum III* (S. 46–76). Frankfurt: Verlag für Polizeiwissenschaft.

Gloger-Tippelt, G. (2000). Familienbeziehungen und Bindungstheorie. In: K. Schneewind (Hrsg.), *Familienpsychologie im Aufwind* (S. 49–63). Göttingen: Hogrefe.

Gödde, M. (2004). Umgangsverweigerung bei Kindern und Jugendlichen: Ein Plädoyer für den „Brückenschlag“ zwischen anwendungsorientierten Erklärungsansätzen und neueren Befunden der Scheidungsforschung. *Zentralblatt für Jugendrecht*, 6, 201–240.

Göttgens, C. & Jungbauer, J. (2011). Zur Evaluation von präventiven Hilfeangeboten für Kinder psychisch kranker Eltern. In: Bundesarbeitsgemeinschaft der Kinderschutz-Zentren eV (Hrsg.), *Kindheit mit psychisch belasteten und süchtigen Eltern* (S. 209–226). Köln: Bundesarbeitsgemeinschaft der Kinderschutz-Zentren eV.

Goldbeck, L.; Allroggen, M.; Münzer, A.; Rassenhofer, M. & Fegert, J. (2017). *Sexueller Missbrauch*. Göttingen: Hogrefe.

Goletz, H.; Döpfner, M. & Roessner, V. (2018). *Zwangsstörungen*. Göttingen: Hogrefe.

Gollwitzer et al. (2009). Why and when justice sensitivity leads to pro- and antisocial behavior. *Journal of Personality, 43*, 999–1005.

Gottman, J. (1998). *Kinder brauchen emotionale Intelligenz*. München: Heyne-Verlag.

Graf-van Kesteren, A (2015). *Kindgerechte Justiz*. Berlin: Deutsches Institut für Menschenrechte.

Granqvist, P. et al. (2017). Disorganized attachment in infancy: a review of the phenomenon and its implications for clinicians and policy-makers. *Attachment & Human Development, 19* (6), 534-558.

Green, J. & Goldwyn, R. (2002). Attachment disorganisation and psychopathology: New findings in attachment research and their potential implications for developmental psychopathology in childhood. *Journal of child psychology and psychiatry, and allied disciplines*, *43* (7), 835–846.

Grehsin, M. & Lante, D.-W. (2004). Sind Rechtsanwälte „penetrant“? *Der Sachverständige*, *3*, 52–54.

Greve, K.; Müller, J.M.; Albers, C.; Romer, G. & Achtergarde, S. (2020). Die emotionale Kompetenz der Mutter und die klinische Qualität der Mutter-Kind-Beziehung in einer vorschulpsychiatrischen Inanspruchnahmepopulation. *Praxis der Kinderpsychologie und Kinderpsychiatrie*, *1*, 22–39.

Griesel, D. & Salzgeber, J.: (2015). Abklärung eines Missbrauchsvorwurfs bei einem Kind. *Neue Zeitschrift für Familienrecht*, *13*, 606–609.

Grom, B. (2012). Religiosität/Spiritualität – eine Ressource für Menschen mit psychischen Problemen? *Psychotherapeutenjournal*, *3*, 194–201.

Grossmann, K. & Grossmann, K. (2005). *Bindungen – das Gefüge psychischer Sicherheit*. Stuttgart: Klett-Cotta.

Grossmann, K. & Grossmann, K. (2018). Das Gefüge der Gefühle. Die Entwicklung psychischer Sicherheit in feinfühligen Bindungen. In: Kulturverein Schloss Goldegg (Hrsg.), *Die Magie des Berührens* (S. 71–92). Goldegg: Kulturverein Schloss Goldegg.

Grossmann, K. et al. (2002). The uniqueness of child-father attachment relationship. *Social Development*, *11*, 307–331.

Guerin, D.W.; Gottfried, A.W.; Oliver, P.H. & Thomas, C.W. (2003).*Temperament*. New York: Kluwer Academic.

Haag, C. (2010). *Kinderwunsch und Vaterschaftspläne homosexueller Männer*. Erste Ergebnisse der ifb–Studie: „Gleichgeschlechtliche Lebensweisen in Deutschland“. Diplomarbeit an der Otto-Friedrich-Universität Bamberg, Fachbereich Soziologie.

Hahlweg, K. & Baucom, D. (2008). *Partnerschaft und psychische Störung*. Göttingen: Hogrefe.

Haid-Stecher, N. & Sevecke, N. (2019). Belastende Kindsheitserfahrungen und selbstverletzendes Verhalten – die Rolle der Emotionsregulation. *Praxis der Kinderpsychologie und Kinderpsychiatrie, 68*, 623–638.

Hapke, U. et al. (2013). Chronischer Stress bei Erwachsenen in Deutschland. *Bundesgesundheitsblatt*, *56*, 749–754.

Harcourt, K.T. et al. (2014). Examining family structure and half-sibling influence on adolescent well-being. *Journal of Family Issues, 36*, 250–272.

Hase, M. (2013). Traumatisierter sucht Bindung. Über die Zusammenhänge zwischen Bindung, Bindungsstörung, seelischer Traumatisierung und substanzbezogener Abhängigkeit. In: K.H. Brisch (Hrsg.), *Bindung und Sucht* (S. 92–109). Stuttgart: Klett-Cotta.

Hasselhorn, M. & Schneider, W. (2012). Vorschule. In: W. Schneider & U. Lindenberger (Hrsg.), *Entwicklungspsychologie* (S. 593–604). Weinheim, Basel: Beltz.

Haug-Schnabel, G. & Bensel, J. (2012)[11.]. *Grundlagen der Entwicklungspsychologie*. Freiburg: Herder.

Hautzinger, M. (1990). *Bewältigung von Belastungen*. Regensburg: Roderer.

Hegemann, T. (2001). Transkulturelle Kommunikation und Beratung. In: T. Hegemann & R. Salman (Hrsg.), *Transkulturelle Psychiatrie* (S. 116–129). Bonn: Psychiatrie-Verlag.

Heim, E. & Maercker, A. (2017). Kulturelle Anpassung in Diagnostik und Psychotherapie. *Psychotherapeutenjournal, 1*, 4–10.

Heinisch, C. et al. (2019). Mothers With Postpartum Psychiatric disorders: Proposal for an Adapted Method to Assess Maternal Sensitivity in Interaction With the Child. *Frontiers in Psychiatry, 10*, 471. doi: 10.3389/fpsyt.2019.00471

Heinz, T. K. (2019). Das neue Datenschutzrecht und seine Auswirkungen auf Sachverständige und Verfahrensbeistände. *Rechtspsychologie*, *1*, 6–25.

Heiß, H. & Castellanos, H.A. (2013). *Die gemeinsame Sorge und das Kindeswohl nach neuem Recht*. Baden-Baden: Nomos.

Heiß, T. A. (2015). Elternrechte contra Kinderrechte. *Rechtspsychologie, 2*, 163–181.

Hermann, U. (2011). Kinder in hochkonflikthaften Elternbeziehungen. In: Bundesarbeitsgemeinschaft der Kinderschutz-Zentren eV (Hrsg.), *Kinder im Spannungsfeld elterlicher Konflikte* (S. 117–136). Köln: Bundesarbeitsgemeinschaft der Kinderschutz-Zentren eV.

Herrler, E. (2015). Überprüfung und Auswertung von familienpsychologischen Gutachten aus richterlicher Sicht. *Neue Zeitschrift für Familienrecht*, *13*, 597–600.

Herrmann, B. (2005). Medizinische Diagnostik bei Kindesmisshandlung. In: G. Deegener & W. Körner (Hrsg.), *Kindesmisshandlung und Vernachlässigung* (S. 446–465). Göttingen: Hogrefe.

Hesse, E. & Main, M. (2002). Desorganisiertes Bindungsverhalten bei Kleinkindern, Kindern und Erwachsenen – Zusammenbruch von Strategien des Verhaltens und der Aufmerksamkeit. In: K.H. Brisch, K.E. Grossmann, K. Grossmann & L. Köhler (Hrsg.), *Bindung und seelische Entwicklungswege* (S. 219–248). Stuttgart: Klett-Cotta.

Heubrock, D. (2018). Das Münchhausen-by-proxy-Syndrom: Probleme der familienrechtlichen Begutachtung bei einer seltenen Form der Kindsmisshandlung. *Rechtspsychologie, 3*, 331–351.

Heyken, E. & Kilian, S. (2019). Die Qualität von Sachverständigengutachten im Familienrecht. *Kindschaftsrecht und Jugendhilfe, 12*, 445–451.

Hipp, M. & Staets, S. (2003). Familiäre Ressourcen stärken. Das Präventionsprogramm Kipkel. *Soziale Psychiatrie*, *3*, 27–30.

Höflinger, A. (2002). Kollision zwischen persönlichem Umgangsrecht der Großeltern und Sorgerecht. *Zentralblatt für Jugendrecht*, *89* (4), 131–134.

Höflinger, A. (2003). Elterliche Umgangsrechtsausübung durch moderne Kommunikationsmittel. *Zentralblatt für Jugendrecht*, *90* (1), 24–27.

Hofer, M. (2002). Familienbeziehungen im institutionellen Umfeld. In: M. Hofer, E. Wild & P. Noack (Hrsg.), *Lehrbuch Familienbeziehungen* (S. 50–69). Göttingen: Hogrefe.

Hoffer, R. & Bengel, J. (2020). Übereinstimmung von Eltern und Fachkräften in der Beurteilung von psychischen Auffälligkeiten, psychosozialen Ressourcen und Handlungsbedarf im Kindergartenalter. *Praxis der Kinderpsychologie und Kinderpsychiatrie, 1*, 3–21.

Hoffmann, B. (2020 a). Ausgewählte Fragestellungen zum Datenschutz in familiengerichtlichen Kinderschutzverfahren. *Zeitschrift für Kindschaftsrecht und Jugendhilfe*, 2, 45–50.

Hoffmann, B. (2020 b). Tätigkeit von Verfahrensbeistand und Sachverständigen in kindeschaftsrechtlichen Verfahren. *Zeitschrift für Kindschaftsrecht und Jugendhilfe, 7*, 249-254.

Hoffmann, J. & Voss, H.-G. (Hrsg.) (2005). *Psychologie des Stalking*. Wiesbaden: Verlag der Polizeiwissenschaften.

Hoffmann-Richter, U. & Pielmaier, L (2016). *Die psychiatrisch-psychologische Begutachtung*. Stuttgart: Kohlhammer.

Hohm, E. & Petermann, F. (2000). Sind Effekte erzieherischer Hilfen stabil? *Kindheit und Entwicklung, 9* (4), 212–221.

Hole, G. (2004). *Fanatismus. Der Drang zum Extrem und seine psychischen Wurzeln*. Gießen: Psychosozial.

Holtmann, M.; Legenbauer, T. & Grasmann, D. (2017). *Störungen der Affektregulation*. Göttingen: Hogrefe.

Homes, K. & v. Sydow, K. (2019). Familie im Blick? – Standardisierte Familiendiagnostik an Sozialpädiatrischen Zentren. *Praxis der Kinderpsychologie und Kinderpsychiatrie, 68*, 402–418.

Hommers, W. (2004). Kindeswohl. *Praxis der Rechtspsychologie, 14* (2), 277–285.

Hommers, W. (2019). Die Heidelberger Marschak-Interaktionsmethode (H-MiM): Eine kritische Analyse aus familienpsychologischer Sicht. *Rechtspsychologie, 3*, 347–360.

Hommers, W. & Steinmetz-Zubovic, M. (2013). Zur Weiterentwicklung in der familienrechtspsychologischen Testdiagnostik. *Praxis der Rechtspsychologie, 23* (2), 312–326.

Hornstein, C.; Hohm, E. & Trautmann-Villalba, P. (2009). Die postpartale Bindungsstörung: Eine Risikokonstellation für den Infantizid? *Forensische Psychiatrie, Psychologie, Kriminologie, 3*, 3–10.

Huber, A. & Ulrich, C. (2019). Hinwirken auf Einvernehmen. In: R. Volbert, A. Huber, A. Jacob & A. Kannegießer (Hrsg.), *Empirische Grundlagen der familienrechtlichen Begutachtung* (358–381). Göttingen: Hogrefe.

Hurrelmann, K. (1999). Grundlagen und Ziele der Suchtprävention. In: Bundesarbeitsgemeinschaft Kinder- und Jugendschutz (Hrsg.), *Suchtprävention* (S. 5–11). Bonn: Bundesarbeitsgemeinschaft Kinder- und Jugendschutz.

Ihle, W., Esser, G. & Schmidt, M.H. (2005). Aggressiv-dissoziale Störungen und rechtsextreme Einstellungen. *Verhaltenstherapie und Verhaltensmedizin, 26* (1), 81–101.

In-Albon, T. Plener, P., Brunner, R. & Kaess,M. (2015). *Selbstverletzendes Verhalten*. Göttingen: Hogrefe.

Ivanits, N. (2018). Wie sollten Kinder im Rahmen der Mediation beteiligt werden? *Kindschaftsrecht und Jugendhilfe, 4*, 133–136.

Jacob, A. (2014). *Interaktionsbeobachtung von Eltern und Kind*. Stuttgart: Kohlhammer.

Jacob, A. (2015). Videogestützte Interaktionsbeobachtung in der familienrechtspsychologischen Begutachtung. *Rechtspsychologie, 1*, 46–72.

Jacob, A. & Jacob, L. (2019). Dysfunktionale elterliche Erziehung. In: R. Volbert, A. Huber, A. Jacob & A. Kannegießer (Hrsg.), *Empirische Grundlagen der familienrechtlichen Begutachtung* (S. 263–297). Göttingen: Hogrefe.

Jacob, K, (2019). Zum Wohle der Kinder – Gerichtlich angeordnete Beratung von Hochkonflikt-Eltern in der Erziehungs- und Familienberatung. *Praxis der Kinderpsychologie und Kinderpsychiatrie, 4*, 305–315.

Jacobi, F. et al. (2013). Psychische Störungen in der Allgemeinbevölkerung. *Der Nervenarzt, 85*, 77–87.

Jaffe, P.G.; Wolfe, D.A., & Wilson, S.K. (1990). *Children of battered women*. Newbury Park, CA: Sage Publications.

Janßen, C. (2018). Psychotherapie mit Menschen mit geistiger Behinderung. *Psychotherapeutenjournal, 4*, 337–345.

Janssens, K.A.; Oldehinkel, A.J. & Rosmalen, J.G. (2009). Parental overprotection predicts the development of functional somatic symptoms in young adolescents. *Journal of Pediatrics, 154* (6), 918–923.

Jellinek, E.M. (1983)[7]. *The Disease Concept of Alcoholism*. New Haven: University Press.

Johnston, J. (2007). Entfremdete Scheidungskinder? *Kindschaftsrecht und Jugendhilfe*, *6*, 218–225.

Johnston, J. & Roseby, V. (1997). *In the name of the child*. New York: Wiley.

Johnston, J., Walters, M. & Friedlander, S. (2001). Therapeutic work with alienated children. *Family Court Review*, *39*, 316–333.

Jonas, K.; Stroebe, W. & Hewstone, M (2014). *Sozialpsychologie*. Berlin: Springer.

Jonson-Reid, M. et al. (2003). Foster care and future risk of maltreatment. *Children and Youth Services Review*, *25* (4), 271–294.

Josefsson, A. & Sydsjö, G. (2007). A follow-up study of postpartum depressed women. Recurrent maternal depressive symptoms and child behavior after four years. *Archive of Womens Mental Health*, *10*, 141–145.

Josupeit, J.; Kusaew, J. & Köhler, D. (2018). Qualitäts- und Qualifikationsstandards für pädagogische und sozialpädagogische Sachverständige nach § 163 Abs. 1 FamFG – Eine Standortbestimmung und Diskussionsgrundlage. *Rechtspsychologie*, *4*, 513–531.

Jungbauer, J. (2009). *Familienpsychologie kompakt*. Weinheim: Beltz.

Juul, J. (2011)[5]. *Was Familien trägt*. Weinheim: Beltz.

Kadkhodaey, Y. & Heubrock, D. (2015). Psychische Auswirkungen hoch konflikthafter Scheidungen auf Kinder – die Kontroverse um das „Parental Alienation Syndrome“. *Rechtspsychologie, 2*, 147–162.

Kaltenborn, K.-F. (2001). Aufwachsen mit familialen Übergängen. In: I. Behnken & J. Zinnecker (Hrsg.), *Kinder, Kindheit, Lebensgeschichte* (S. 502–521). Bonn: Kallmeyer.

Kaltenborn, K.-.F. (2002). „Ich versuchte, so ungezogen wie möglich zu sein“. *Praxis der Kinderpsychologie und Kinderpsychiatrie*, *51*, 254–280.

Kaltenborn, K.-F. (2004). Ko-Produktion von Wissen zur Sorgerechtsregelung durch Betroffene: Eine partizipative Studie. *Praxis der Kinderpsychologie und Kinderpsychiatrie*, *53*, 167–181.

Kalverboer, M. (2016). How to assess and determine the best interests of the child from a perspective of child development and child-rearing. Counsil of Europe (Hrsg.), *The best interests of the child. A dialogue between theory and practice* (59–69). Strasbourg: Counsil of Europe Publishing.

Kamp-Becker, I. & Quaschner, K. (2015). Autismus-Spektrum-Störung. *Psychotherapeutenjournal, 1*, 34–41.

Kannegießer, A. (2015). Besondere Qualifikationen der Sachverständigen erforderlich? *Neue Zeitschrift für Familienrecht*, *13*, 620–623.

Karle, M. & Klosinski, G. (1999). Sachverständigen-Empfehlungen zur Einschränkung oder zum Ausschluss des Umgangsrechts. *Praxis der Kinderpsychotherapie und Kinderpsychiatrie*, *48*, 163–177.

Karle, M. & Klosinski, G. (2000). Ausschluss des Umgangs – und was dann? *Zentralblatt für Jugendrecht*, *9*, 343–347.

Katzer, C. (2020). Kindheit und Jugend in Zeiten digitaler Aufmerksamkeitsökonomie. *Kindesmisshandlung und Vernachlässigung, 23*, 44-55.

Kavemann, B. (2010). Gewalt in der Partnerschaft der Eltern – Traumatisierung von Kindern und Jugendlichen und Fragen des Umgangsrechts. In: J.M. Fegert, U. Ziegenhain & L. Goldbeck (Hrsg.). *Traumatisierte Kinder und Jugendliche in Deutschland* (S. 140–154). Weinheim: Juventa.

Keller, P.S.; El-Sheikh, M.; Keiley, M. & Liao, P. (2009). Longitudinal Relations Between Marital Aggression and Alcohol Problems. *Psychology of Addictive Behaviors*, *23* (1), 2–13.

Kelly, J. B. (2005). Developing beneficial parenting plan models for children following separation and divorce. *Journal of American Academy of Matrimonial Lawyers*, *19*, 237–254.

Kennedy, S. (2000). Psychological factors and immunity in HIV infection. In: D. Mostofsky & D. Barlow (Eds.), *The management of stress in medical disorders* (S. 194–205). Needham Heights, MA: Allyn & Bacon.

Kepert, J. (2016). Das Gesetz zur Verbesserung der Unterbringung, Versorgung und Betreuung ausländischer Kinder und Jugendlicher – Führen die gesetzlichen Neuregelungen tatsächlich zu einer Verbesserung der Rechtsposition der Betroffenen? *Zeitschrift für Kindschaftsrecht und Jugendhilfe, 1*, 12–15.

Kerr, M., Stattin, S. & Burk, W.J. (2010). A Reinterpretation of Parental Monitoring in Longitudinal Perspective. *Journal of Research on Adolescence, 20* (1), 39–64.

Keupp, H. (2009). *Prekäre Lebenslagen Jugendlicher und Sucht als Bewältigungsversuch.* Vortrag beim 8. Bayerischen Suchtforum der Bayerischen Akademie für Suchtfragen am 29.4.2009 in München.

Khazova, O. (2016). Interpreting and applying the best interests of the child: the main challenges. Counsil of Europe (Hrsg.), *The best interests of the child. A dialogue between theory and practice* (27–30). Strasbourg: Counsil of Europe Publishing.

Killen, M. & Rutland, A. (2011). *Children and social exclusion: Morality, prejudice and group identity*. Chichester: Wiley-Blackwell.

Kindler, H. (1999). *Verfahren und Perspektiven zur Risikoeinschätzung bei Misshandlung und Vernachlässigung.* Vortrag, gehalten bei der Tagung des Bayerischen Landesjugendamtes am 15.10.1999.

Kindler, H. (2000). Verfahren zur Einschätzung von Misshandlungs- und Vernachlässigungsrisiken. *Kindheit und Entwicklung, 9* (4), 222–230.

Kindler, H. (2002). *Partnerschaftsgewalt und Kindeswohl.* München: Deutsches Jugendinstitut.

Kindler, H. (2004). Verfahren zur Einschätzung der Gefahr zukünftiger Misshandlung bzw. Vernachlässigung: Ein Forschungsüberblick. In: G. Deegener & W. Körner (Hrsg.), *Kindesmisshandlung und Vernachlässigung* (S. 385–404). Göttingen: Hogrefe.

Kindler, H. (2005). Umgangskontakte bei Kindern, die nach einer Kindeswohlgefährdung in einer Pflegefamilie untergebracht werden: Eine Forschungsübersicht. *Das Jugendamt, 12*, 541–546.

Kindler, H. (2006 a). Welcher Zusammenhang besteht zwischen Partnerschaftsgewalt und der Entwicklung von Kindern? In: H. Kindler, S. Lillig, H. Blüml, T. Meysen & A. Werner (Hrsg.), *Handbuch Kindeswohlgefährdung nach § 1666 BGB und Allgemeiner Sozialer Dienst (ASD)* (S. 191–194). München: Deutsches Jugendinstitut.

Kindler, H. (2006 b). Was ist über den Zusammenhang zwischen intellektuellen Einschränkungen der Eltern und der Entwicklung von Kindern bekannt? In: H. Kindler, S. Lillig, H. Blüml, T. Meysen & A. Werner (Hrsg.), *Handbuch Kindeswohlgefährdung nach § 1666 BGB und Allgemeiner Sozialer Dienst (ASD)* (S. 205–213). München: Deutsches Jugendinstitut.

Kindler, H. (2008). Gefährdungseinschätzung durch psychologische Sachverständige im Kontext von § 1666 BGB/§ 8 a SGB VIII. *Praxis der Rechtspsychologie, 18* (2), 240–257.

Kindler H. (2009 a). Kindeswohlgefährdung: Ein Forschungsupdate zu Ätiologie, Folgen, Diagnostik und Intervention. *Praxis der Kinderpsychologie und Kinderpsychiatrie, 58*, 764–785.

Kindler, H. (2009 b). Umgangsregelungen im Einzelfall. *Familie, Partnerschaft, Recht, 15*, 150–152.

Kindler, H. (2012). Kinderschutz im BGB. *Familie, Partnerschaft, Recht, 18*, 580–589.

Kindler, H. (2015). Anforderungen an familiengerichtliche Entscheidungen im Kinderschutz... aus Sicht der Praxis des Sachverständigen. *Das Jugendamt, 6*, 297–299.

Kindler, H. (2019). Einschätzung von Bindungsbeziehungen unter Bedingungen elterlicher Hochstrittigkeit in Deutschland. In: K.H. Brisch (Hrsg.), *Bindung – Scheidung – Neubeginn* (S. 63–80). Stuttgart: Klett-Cotta.

Kindler, H. et al. (2011). *Handbuch Pflegekinderhilfe.* München: Deutsches Jugendinstitut.

Kindler, H. & Eschelbach, D. (2014). Familiengerichtliches Verfahren bei Umgangskonflikten wegen sexuellen Missbrauchs. *Informationszentrum Kindesmisshandlung/Kindesvernachlässigung-Nachrichten, 1*, 73–79.

Kindler, H. & Fichtner, J. (2008). Die gemeinsame elterliche Sorge aus der Sicht der Bindungs- und Scheidungsforschung. *Familie, Partnerschaft, Recht*, *4*, 139–143.

Kindler H. & Grossmann K. (2008). Vater-Kind Bindung und die Rollen von Vätern in den ersten Lebensjahren ihrer Kinder. In: L. Ahnert (Hrsg.), *Frühe Kindheit* (S. 240–255). München: Ernst Reinhardt.

Kindler, H.; Lillig, S. & Küfner, M. (2006). Rückführung von Pflegekindern nach Misshandlung bzw. Vernachlässigung in der Vorgeschichte: Forschungsübersicht zu Entscheidungskriterien. *Das Jugendamt*, *1*, 9–17.

Kindler, H.; Salzgeber, J., Fichtner, J. & Werner, A. (2004). Familiäre Gewalt und Umgang. *Zeitschrift für das gesamte Familienrecht*, *51* (16), 1241–1251.

Kindler, H. & Werner, A. (2005). Auswirkungen von Partnerschaftsgewalt auf Kinder. In G. Deegener & W. Körner (Hrsg.), *Kindesmisshandlung und Vernachlässigung* (S. 104–127). Göttingen: Hogrefe.

Kischkel, T (2020). Effizientere Jugendhilfe und Sorgerechtsverfahren bei häuslicher Gewalt. *Zeitschrift für Kindschaftsrecht und Jugendhilfe, 8*, 289-294.

Kleeberg-Niepage, A. (2012). Zur Entstehung von Rechtsextremismus im Jugendalter – oder: Lässt sich richtiges politisches Denken lernen? *Journal für Psychologie*, *20* (2), 1–30.

Klein, M. (2003). Kinder drogenabhängiger Eltern. Fakten, Hintergründe, Perspektiven. *Report Psychologie*, *28* (6), 358–370.

Klein, M. (2008). *Kinder und Suchtgefahr: Risiken – Prävention – Hilfen.* Stuttgart: Schattauer.

Klein, M. et al. (2003). *Kinder unbehandelter suchtkranker Eltern – Eine Situationsanalyse und mögliche Hilfen.* Köln: Katholische Fachhochschule Nordrhein-Westfalen.

Klein, M. et al. (2013). *Kinder aus suchtbelasteten Familien stärken.* Göttingen: Hogrefe.

Klein, M. & Moesgen, D. (2019). Kinder von suchtkranken Eltern. In: R. Volbert, A. Hiber, A. Jacob & A. Kannegießer (Hrsg.), *Empirische Grundlagen der familienrechtlichen Begutachtung* (S. 183–202). Göttingen: Hogrefe.

Kleinz, P. (2016). Frühe Hilfen für Flüchtlingskinder und ihre Familien. *Kindschaftsrecht und Jugendhilfe, 2*, 52–55.

Klement, A. (2006). *Das Marginalsydnrom oder Das Leben zwischen zwei Kulturen.* Frankfurt am Main: Verlag für Polizeiwissenschaft.

Klemmert, O. (2015). Wie entsteht und woran erkennt man ein qualitativ gutes Sachverständigengutachten? *Zeitschrift für Kindschafts- und Jugendrecht*, *11*, 415–417.

Klengel, T. et al. (2013). Allele-specific FKBP5 DNA demethylation: a monecular mediator of gene–childhood trauma interactions. *Nature Neuroscience, 16*, 33–41.

Klenner, W. (2002). Szenarien der Entfremdung im elterlichen Trennungsprozess. *Zentralblatt für Jugendrecht*, *2*, 48–57.

Kliem, S.; Kirchmann-Kallas, S.; Stiller, A. & Jungmann, T. (2019). Einfluss von Partnergewalt auf die kindliche kognitive Entwicklung – Ergebnisse der Begleitforschung zum Hausbesuchsprogramm „Pro Kind". *Praxis der Kinderpsychologie und Kinderpsychiatrie, 68*, 63–80.

Kliewer-Neumann, J. et al. (2018). Assessment of attachment disorder symptoms in foster children: comparing diagnostic assessment tools. *Child and Adolescent Psychiatry and Mental Health, 12*, 43–52.

Klitzing, K. V. (Hrsg.) (1998). *Psychotherapie in der frühen Kindheit.* Göttingen: Vandenhoeck & Ruprecht.

Klüber, A. & Terlinden-Arzt, P. (2002). Die Bedeutung des Umgangs für das Kind aus entwicklungs- und familienpsychologischer Sicht. *Familie, Partnerschaft, Recht*, *6*, 215–219.

Knecht, C. (2020). Die Geschwisterbeziehung in Familien mit einem Kind mit chronischer Erkrankung. In: K.H. Brisch (Hrsg.), *Bindung und Geschwister* (S. 141-163). Stuttgart: Klett-Cotta.

Köckeritz, C. (2017). Ambulante elternbezogene Interventionen nach Kindeswohlgefährdung. *Kindschaftsrecht und Jugendhilfe, 2*, 56–62.

Köhler, D.; Neubert, L.; Hinrichs, G. & Huchzermeier, C. (2016). Die Rückfälligkeit von Inhaftierten des Jugendstrafvollzuges: die Vorhersagekraft von Psychischen Störungen, Persönlichkeit, Intelligenz und Therapiemotivation. *Rechtspsychologie, 4*, 448–469.

Köhler, I. (2020). Große Reform des Kindschaftsrechts nötig? *Zeitschrift für Kindschaftsrecht und Jugendhilfe, 1*, 4–6.

Kölch, M. et al. (2008). Belastung Minderjähriger aus Sicht der psychisch kranken Eltern. *Nervenheilkunde, 6*, 527–532.

Kölch, M. & Fegert, J.M. (2015). Anforderungen an medizinische Gutachten im Familienrecht – betreffend einer eingeschränkten Erziehungsfähigkeit oder psychischen Erkrankung der Eltern. *Neue Zeitschrift für Familienrecht, 13*, 593–596.

Koenig, A.M. et al. (2016). Psychological Risk Factors for Child Welfare among Postpartum Mothers with a History of Childhood Maltreatment and Neglect. *Geburtshilfe und Frauenheilkunde, 76*, 261–267.

Kötter, S. & Cierpka, M. (1997). Besuchskontakte in Pflegefamilien. *System Familie, 10*, 75–80.

Konrad, N.; Huchzermeier, C. & Rasch, W. (2019)[5.]. *Forensische Psychiatrie und Psychotherapie*. Stuttgart: Kohlhammer.

Korbin, J. (2002). Kindesmisshandlung im kulturellen Kontext. In: M. Helfer, R. Kempe & R. Krugman (Hrsg.), *Das mißhandelte Kind* (S. 49–78). Frankfurt am Main: Suhrkamp.

Korn-Bergmann, M. (2013). Gutachter – „Heimliche Richter" im Kindschaftsverfahren? *FamilienRechtsBerater, 9*, 302–306.

Korn-Bergmann, M & Purschke, A (2014): Gutachter – „Heimliche Richter" im Kindschaftsverfahren? Lösungsansätze und anwaltliche Handlungsoptionen. *FamilienRechtsBerater, 1*, 25–29.

Kostka, K. (2005). Elterliche Sorge bei Trennung und Scheidung – unter besonderer Berücksichtigung der Perspektive des Kindes. *Familie, Partnerschaft, Recht, 3*, 89–95.

Kostka, K. (2006). Das Wechselmodell – Forschungserkenntnisse aus den USA. *Familie, Partnerschaft, Recht, 7*, 271–274.

Kostka, K. (2014 a). Das Wechselmodell als Leitmodell? Umgang und Kindeswohl im Spiegel aktueller Forschung. *Streit, 4*, 147–157.

Kostka, K. (2014 b). Neue Erkenntnisse zum Wechselmodell? *Zeitschrift für Kindschaftsrecht und Jugendhilfe, 2*,54–62.

Krabbe, H. (2016). Einvernehmen herstellen – Eine gute Idee mit offenen Fragen in der Praxis. *Zeitschrift für Kindschaftsrecht und Jugendhilfe, 11*, 392–395.

Kraus, U. et al. (2016). Interrogative Suggestibilität im Kulturvergleich – Eine neue und alte Herausforderung? *Praxis der Rechtspsychologie, 26* (2), 93–110.

Krause, M. (2002). PAS und seine Geschwister. *Das Jugendamt, 1*, 2–6.

Krause, M. (2003). Psychologischer Sachverstand zwischen Gutachten und Mediation. *Kindschaftsrechtliche Praxis, 3*, 88–92.

Kray, J. & Schaefer, S. (2012). Mittlere und späte Kindheit. In: W. Schneider & U. Lindenberger (Hrsg.), *Entwicklungspsychologie* (S. 211–234). Weinheim: Beltz

Krohne, H.W. & Hock, M. (2007). *Psychologische Diagnostik*. Stuttgart: Kohlhammer.

Krumm, S.; Söderblom, B. & Solantaus, T. (2020). Psychische Erkrankungen und Elternschaft. Herausforderungen und Chancen aus Sicht der Erwachsenenpsychiatrie. *Praxis der Kinderpsychotherapie und Kinderpsychiatrie, 69* (5), 463-480.

Kubinger, K.D. (2009)[2.]. *Psychologische Diagnostik*. Göttingen: Hogrefe.

Küfner, M. (2003). Der Streit um Kontakte von und mit Kindern. *Das Jugendamt, 10*, 460–468.

Kumnig, M. et al. (2013). Muster dysfunktionaler Erziehung und psychische Störungen im Erwachsenenalter. *Zeitschrift für Psychosomatische Medizin und Psychotherapie, 59* (4), 356–368.

Kurt, A.; Dogan, E.; Erdogmus, Y. & Emiroglu, B. (2018). Examining computer gaming addiction in terms of different variables. *World Journal on Educational Technology: Current Issues, 10* (1), 29–40.

La Guardia, J.G.; Ryan, R.M.; Couchman, C.E. & Deci, E.L.(2000). Within-Person Variation in Security of Attachment: A Self-Determination Theory Perspective on Attachment, Need Fulfillment, and Well-Being. *Journal of Personality and Social Psychology, 79* (3), 367–384.

Lamb, M.E. (1999). Noncustodial Fathers and Their Impact on the Children of Divorce. In: R.A. Thompson & R.R. Amato (Hrsg.), *The post divorce family* (p. 105–125). Thousand Oaks: Sage.

Lang, A.J., Rodgers, C.S. & Lebeck, M.M. (2006). Associations between maternal childhood maltreatment and psychopathology and aggression during pregnancy and postpartum. *Child Abuse & Neglect, 30* (1), 17–25.

Langenbach, M. & Schütte, J. (2012). Online-Spielsucht als Kompensationsversuch posttraumatischer Belastung. *Sucht, 58* (3), 195–202.

Larbig, W.; Grulke, N. & Revenstorf, D. (2000). Verhaltensmedizin bei Krebs: Psychosoziale Aspekte und psychologische Behandlungsmodelle. In: W. Larbig,& V. Tschuschke (Hrsg.), *Psychoonkologische Interventionen* (S. 21–110). München: Ernst Reinhardt.

Largo, R. & Czernin, M. (2003). *Glückliche Scheidungskinder*. München: Piper.

Larsson, I.; Svedin, C.G. & Friedrich, W.N. (2000). Differences and similarities in sexual behaviour among pre-schoolers in Sweden and USA. *Nordern Journal for Psychiatry, 54*, 251–257.

Lauth, G.W. & Raven, H. (2009). Aufmerksamkeitsdefizit/Hyperaktivitätsstörungen (ADHS) im Erwachsenenalter. *Psychotherapeutenjournal, 1*, 17–30.

Lay, B.; Ihle, W.; Esser, G. & Schmidt, M. (2001). Risikofaktoren für Delinquenz bei Jugendlichen und deren Fortsetzung bis in das Erwachsenenalter. *Monatsschrift für Kriminologie und Strafrechtsreform, 2*, 119–132.

Lazarus, H. (2003). Zum Wohl des Kindes? Psychisch erkrankte Eltern und die Sorgerechtsfrage. *Soziale Psychiatrie, 3*, 22–26.

Lehmann, M. (2012). Der systemische Gutachter? *Kontext, 43* (1), 1–15.

Lenz, A. (2005). *Kinder psychisch kranker Eltern*. Göttingen: Hogrefe.

Lenz, H.-J. (2011). Gewalttätige Frauen in der Partnerschaft. In: Bundesarbeitsgemeinschaft der Kinderschutz-Zentren eV (Hrsg.), *Kinder im Spannungsfeld elterlicher Konflikte* (S. 345–368). Köln: Bundesarbeitsgemeinschaft der Kinderschutz-Zentren eV.

Lenz, A. (2016). Familienresilienz und Familientherapie. *Praxis der Kinderpsychologie und Kinderpsychiatrie, 65*, 2–4.

Lenz, A. & Wiegand-Grefe, S. (2017). *Kinder psychisch kranker Eltern*. Göttingen: Hogrefe.

Liel, C. (2017). Diagnostik in der Sozialen Arbeit: Validierung eines Risikoscreenings für Partnergewalt zum Einsatz in Täterprogrammen. *Rechtspsychologie, 3* (1), 68–91.

Lier-Schehl, H. (2011). Kleinstkinder psychisch kranker Elternteile. In: Bundesarbeitsgemeinschaft der Kinderschutz-Zentren eV (Hrsg.), *Kindheit mit psychisch belasteten und süchtigen Eltern* (S. 63–75). Köln: Bundesarbeitsgemeinschaft der Kinderschutz-Zentren eV.

Linsler, J. (2015). Erwartungen, Hoffnungen und Kritik betroffener Eltern gegenüber Psychologischen Gutachtern und deren Gutachten. *Neue Zeitschrift für Familienrecht, 13*, 612–616.

Littlewood, R. (2001). Von Kategorien zu Kontexten – Plädoyer für eine kulturumfassende Psychiatrie. In: T. Hegemann & R. Salman (Hrsg.), *Transkulturelle Psychiatrie* (S. 22–38). Bonn: Psychiatrie-Verlag.

Lofton, K. (2016). Religion and the Authority in American Parenting. *Journal of the American Academy of Religion, 84* (2), 806–841.

Lohaus, A. & Trautner, H. (2005). Präventionsprogrmme und ihre Wirksamkeit zur Verhinderung sexuellen Missbrauchs. In: U. Egle, S. Hoffmann & P. Joraschky (Hrsg.)[3.], *Sexueller Missbrauch, Misshandlung, Vernachlässigung* (S. 623–635). Stuttgart: Schattauer.

Lorenz, A. (2007). Warum schwänzen Kinder die Schule? *Familie, Partnerschaft, Recht, 12*, 482–484.

Lorenz, A. (2016). Kinderrechte und Kinderautonomie – Teil 1. *Kindschaftsrecht und Jugendhilfe, 2*, 44–48.

Lorenz, S.; Wild, S. & Jungbauer, J. (2014). Psychotherapeutische Versorgung von Kindern und Jugendlichen mit Migrationshintergrund. *Psychotherapeutenjournal, 3*, 257–264.

Lubinski, M. (2004). *Münchner Kooperationsvereinbarung „Interdisziplinäres Hilfenetzwerk für drogenabhängige/substituierte Schwangere, Mütter, Väter und deren Kinder"*. München: Arbeitskreis Sucht des Gesundheitsbeirates.

Ludwig-Körner, C. (2016). *Eltern-Säuglings-Kleinkind-Psychotherapie*. Göttingen: Vandenhoeck & Ruprecht.

Lübbehüsen, B. & Kolbe, F. (2009). Intervenierendes Arbeiten in der familienpsychologischen Begutachtung. *Praxis der Rechtspsychologie, 19* (2), 282–309.

Lübbehusen, B. & Kolbe, F. (2013). Hausbesuche in der familiengerichtlichen Begutachtung. *Praxis der Rechtspsychologie, 23* (2), 400–415.

Lüblinghoff, J. (2015). Gutachten in Kindschaftssachen. *Neue Zeitschrift für Familienrecht, 13*, 577–580.

Lugnegård, T, Hallerbäck, M.U. & Gillberg, C. (2012). Personality disorders and autism spectrum disorders: what are the connections? *Comprehensive Psychiatry, 53*, 333–340.

Lynch, M.A. (1989). Symptomatik bei körperlicher und emotionaler Mißhandlung und Vernachlässigung. In: H. Olbing, K.D. Bachmann & R. Gross (Hrsg.), *Kindesmisshandlung* (S. 59–64). Köln: Deutscher Ärzte Verlag.

MacCallum, F. & Golombok, S. (2004). Children raised in fatherless families from infancy: A follow-up of children of lesbian and single heterosexual mothers at early adolescence. *Journal of Child Psychology and Psychiatry, 45* (8), 1407–1419.

Madziva, R. (2015). Transnational parenthood and forced migration: the case of asylum-seeking parents who are forcibly separated from their families by immigration laws. *Families, Relationships and Societies, 5* (2), 281–297.

Main, M., Hesse, E., & Kaplan, N. (2005). Predictability of attachment behaviour and representational processes at 1, 6, and 18 years of age: The Berkeley Longitudinal Study. In K.E. Grossmann, K. Grossmann & E. Waters (Eds.), *Attachment from Infancy to Adulthood* (p. 245–304). New York: Guilford Press.

Manby, M. (2016). COPING Research: Exploring the Emotional Impact of Parental Imprisonment on Children in four European Countries; Qualitative Research Findings. *Rechtspsychologie, 3*, 310–329.

Marneros, A., Andreasen, N.C. & Tsuang, M.T. (Eds.) (1995). *Psychotic Continuum*. Berlin: Springer.

Marquardt, E. (2005). *Between two worlds*. New York: Crown Publishers.

Mattejat, F. (2019). Psychisch kranke Eltern. In: R. Volbert, A. Huber, A. Jacob & A. Kannegießer (Hrsg.), *Empirische Grundlagen der familienrechtlichen Begutachtung* (S. 141–182). Göttingen: Hogrefe.

Mattejat, F. & Wüthrich, C. & Remschmidt, H. (2000). Kinder psychisch kranker Eltern. *Der Nervenarzt, 71*, 164–172.

Mattila, M. et al. (2010). Comorbid Psychiatric Disorders Associated with Asperger Syndrome/High-functioning Autism: A Community and Clinic-based Study. *Journal of Autism and Deviant Disorders, 40*, 1080–1093.

Mayer, H. (2010). *Neuropsychologie der Epilepsie*. Göttingen: Hogrefe.

Maywald, J. (2003). Misshandlung, Vernachlässigung und sexueller Missbrauch. *Familie, Partnerschaft, Recht, 6*, 299–307.

McGauran, A.; Brooks, M. & Khan, R. (2019). The role of emotional resilience, childhood parentification and attachment style on antisocial behavior in adulthood: A comparison of an offender and normative population. *Journal of Criminal Psychology, 9* (2), 75–87.

Meiser, T. et al. (2018). Positionspapier zur Rolle der Psychologischen Methodenlehre in Forschung und Lehre. *Psychologische Rundschau, 69* (4), 325–331.

Menne, K. (2020). Erziehungsberatung – eine Psychotherapie eigener Art (Teil 2). *Zeitschrift für Kindschaftsrecht und Jugendhilfe, 5*, 169-176.

Menne, M. (2006). Zum Umgangsrecht von Strafgefangenen und Untersuchungshäftlingen. *Kindschaftsrecht und Jugendhilfe, 5*, 250–251.

Mensching, M. (2001). Zusätzliche Diagnosen in der Pädiatrie: Vernachlässigung, Verwahrlosung, Mißhandlung und sexueller Mißbrauch. *Kindheit und Entwicklung, 10*, 56–59.

Mesman, J.; Basweti, N. & Misati, J. (2018). Sensitive infant caregiving among the rural Gusii in Kenya. *Attachment & Human Development*, DOI: 10.1080/14616734.2018.1454053.

Milevsky, A.; Schlechter, M. & Machlev, M. (2011). Effects of parenting style and involvement in sibling conflict on adolescent sibling relationships. *Journal of Social and Personal Relationships, 28*, 1130–1148.

Mindell, J.A.; Kuhn, B.; Lewin, D.S.; Meltzer, L.J. & Sadeh, A. (2006). Behavioral treatment of bedtime problems and night wakings in infants and young children. *Sleep, 29* (10), 2163–1276.

Mitrega, G. (1999). Betreuter Umgang. *Familie, Partnerschaft, Recht, 4*, 212–215.

Möhler, E. & Resch, F. (2019). Early Life Stress. *Praxis der Kinderpsychologie und Kinderpsychiatrie, 68*, 575–591.

Mortelmans, D. (2019). Elternschaft und Erziehungsverhalten nach der Scheidung. In: K.H. Brisch (Hrsg.), *Bindung – Scheidung – Neubeginn* (S. 15–33). Stuttgart: Klett-Cotta.

Mosser, P. (2012). *Sexuell grenzverletzende Kinder*. München: Deutsches Jugendinstitut.

Mühlig, S. et al. (2016). Besondere Situationen. In: Drogenbeauftragte der Bundesregierung (Hrsg.), *S3-Leitlinien Methamphetamin-bezogene Störungen* (S. 117–140). Heidelberg: Springer.

Mühling, T. & Franz, J. (2017). Adoptivfamilien. In: P. Bergold, A. Buschner, B. Mayer-Lewis & T. Mühling (Hrsg.), *Familien mit multipler Elternschaft* (S. 85–112). Opladen: Barbara Budrich.

Müller, P.-G. (2006). Kindeswohl und Kindeswille als Maßstab und Wegweiser. *Kindschaftsrecht und Jugendhilfe, 11*, 483–487.

Müller, T. (2011). Anforderungen an die Gestaltung des Vollzugs langer Freiheitsstrafen. *Forensische Psychiatrie, Psychologie, Kriminologie, 5*, 100–107.

Müller, M.J.; Lange, M., Paul, T. & Seeliger, S. (2011). Stillen unter Methadon- bzw. Buprenorphin-Substitutionstherapie. *Klinische Pädiatrie, 223* (7), 408–413.

Müller, U., Schröttle, M., Glammeier, S. (2004). *Lebenssituationen, Sicherheit und Gesundheit von Frauen in Deutschland*. Rostock: Bundesministerium für Familie, Senioren, Frauen und Jugend.

Müller, A.; Wölfling, K. & Müller, K. (2018). *Verhaltenssüchte – Pathologisches Kaufen, Spielsucht und Internetsucht*. Göttingen: Hogrefe.

Mützel, E. (2011). Gewalt gegen Kinder und Jugendliche. *Monatszeitschrift für Kinderheilkunde, 159*, 373–382.

Napp-Peters, A. (2005). Mehrelternfamilien als „Normal"-Familien – Ausgrenzung und Eltern-Kind-Entfremdung nach Trennung und Scheidung. *Praxis der Kinderpsychologie und Kinderpsychiatrie, 54*, 792–801.

Nay, Y.E. (2017). *Feeling family*. Wien: Zaglossus.

Nienstedt, M. & Westermann, A. (1999). Die Chancen von Kindern in Ersatzfamilien. In: H. Colla, T. Gabriel, S. Millham, S. Müller Teusler & M. Winkler (Hrsg.), *Handbuch Heimerziehung und Pflegekinderwesen in Europa* (S. 791–798). Neuwied: Luchterhand.

Nienstedt, M.& Westermann, A. (2013)[4.]. *Pflegekinder*. Stuttgart: Klett-Cotta.

Niehaus, S.; Krüger, P. & Schmitz, S.C. (2013). Intellectually disabeled victims of sexual abuse in the criminal justice system. *Psychology, 4* (3A), 374–379.

Niestroj, H. (2005). Chancen der Verarbeitung traumatischer Erfahrungen in Pflegefamilien – notwendige Hilfen für das Kind in der neuen Eltern-Kind-Beziehung. In: Stiftung zum Wohl des Pflegekindes (Hrsg.), *Traumatische Erfahrungen in der Kindheit – langfristige Folgen und Chancen der Verarbeitung in der Pflegefamilie* (S. 135–163). Idstein: Schulz-Kirchner-Verlag GmbH.

Noeker, M. & Tourneur, D. (2005). Das Münchhausen-by-proxy Syndrom: Familienrechtliche und forensisch-psychiatrische Aspekte. *Das Jugendamt, 4*, 167–175.

Nowara, S. (2005). Das Münchhausen-by-proxy-Syndrom. In: G. Deegener & W. Körner (Hrsg.), *Kindesmisshandlung und Vernachlässigung* (S. 128–140). Göttingen: Hogrefe.

O'Connor, T. (2020). Geschwister aus der Sicht der Bindungstheorie. In: K.H. Brisch (Hrsg.), *Bindung und Geschwister* (S. 75-86). Stuttgart: Klett-Cotta.

Offe, H. (2007). Methoden zur Beurteilung des Verdachts auf Kindeswohlgefährdung. Diagnostik, Prognose und Schlussfolgerungen für das weitere Procedere. *Zeitschrift für Kindschaftsrecht und Jugendhilfe*, 6, 236–240.

O'Keeffee et al. (2015). *Prevalence and predictors of alcohol use during pregnacy.* http://bmjopen.bmj.com/content/5/7/e006323

Okulicz-Kozaryn, M.; Schmidt, A.F. & Banse, R. (2019). Worin besteht die Expertise von forensischen Sachverständigen, und ist die Approbation gemäß Psychotherapeutengesetz dafür erforderlich? *Psychologische Rundschau, 70* (4), 250–258.

Olbing, H., Bachmann, K.D. & Gross, R. (1989). *Kindesmisshandlung*. Köln: Deutscher Ärzte Verlag.

Opendak, M.; Gould, E. & Sullivan, R. (2017). Early life adversitiy during the infant sensitive period for attachment: Programming of behavioral neurobiology of threat processing and social behavior. *Developmental Cognitive Neuroscience, 25*, 145–159.

Ortner, N.; Bock, A.; Fuchs, M.; Haid-Stecher, N. & Sevecke, K. (2020). Multipler Substanzmissbrauch als Variante von Hochrisikoverhalten im Jugendalter. *Praxis der Kinderpsychologie und Kinderpsychiatrie, 69*, 156–169.

Osthold, R. (2011). Sachverständigentätigkeit in Kindschaftssachen nach § 163 FamFG. *Praxis der Rechtspsychologie, 21* (2), 195–206.

Otani, K.; Suzuki, A.;Matsumoto, Y. & Kamata, M. (2009). Parental overprotection increases interpersonal sensitivity in healthy subjects. *Comprehensive Psychiatry, 50*, 54–57.

Pachter, L.M. & Dumont-Mathieu, T. (2004). Parenting in Culturally Divergent Settings. In: M. Hoghughi & N. Long (Eds.), *Handbook of Parenting* (p. 88–97). London: Sage.

Papastefanou, C. & Hofer, M. (2002)4.. Familienbildung und elterliche Kompetenzen. In: M. Hofer, E. Wild & P. Noack (Hrsg.), *Lehrbuch Familienbeziehungen* (S. 168–191). Göttingen: Hogrefe.

Papoušek, M., Schieche, M. & Wurmser, H. (2004). *Regulationsstörungen der frühen Kindheit.* Bern: Huber.

Park, S. & Schepp, K.G. (2015). A systematic review of research on children of alcoholics. *Journal of Child and Family Studies, 24* (5), 1222–1231.

Park, R.; Senior, J.R. & Stein, A. (2003). The offspring of mothers with eating disorders. *European Child & Adolescent Psychiatry, 12*, 110–119.

Patterson, C.J. & Sutfin, E. (2004). Sexual orientation and Parenting. In: M. Hoghughi & N. Long (Eds.), *Handbook of Parenting* (p. 130–145). London: Sage.

Patterson, G.R. (1982). Toward a comprehensive model of antisocial development: A dynamic systems approach. *Psychological Review, 113*, 101–131.

Pauli-Pott, U.; Ries-Hahn, A.; Kupfer, J. & Beckmann, D. (1999). Konstruktion eines Fragebogens zur Erfassung des „frühkindlichen Temperaments" im Elternurteil – Ergebnisse für den Altersbereich drei bis vier Monate. *Praxis der Kinderpsychologie und Kinderpsychiatrie, 48*, 231–246.

Pauwels, L.J.R. & Heylen, B. (2017). Perceived group threat, perceived injustice, and self-reported right-wing violence. *Journal of Interpersonal Violence,* published online June 15.

Peek-Asa, C.; Saftlas, A.; Wallis, A.; Harland, K. & Dickey, P (2017). Presence of children in the home and intimate partner violence among women seeking elective pregnancy termination. *PLoS ONE, 12* (10): e0186389.

Perren, S. et al. (2005). Depressive symptoms and psychosocial stress across the transition to parenthood: Associations with parental psychopathology and child difficulty. *Journal of Psychosomatic Obstetrics & Gynecology*, 26 (3), 173–183.

Petermann, F. (2002). Verhaltensmedizin und chronische Erkrankungen im Kindesalter. *Psychologische Rundschau, 53* (4), 194–204.

Petermann, F., Niebank, K. & Scheithauer, H. (2004). *Entwicklungswissenschaft.* Berlin: Springer.

Petry, J. (2010). *Dysfunktionaler und pathologischer PC- und Internet-Gebrauch.* Göttingen: Hogrefe.

Pfeiffer, C., Lehmkuhl, U. & Frank, R. (2001). Psychische Langzeitfolgen von Kindesmisshandlung. *Familie, Partnerschaft, Recht, 4*, 282–286.

Pfundmair, M.; Graupmann, V.; Frey, D. & Aydin, N. (2018). Interkulturelle Unterschiede im Erleben und Verhalten nach sozialer Exkludierung. *Psychologische Rundschau, 69* (2), 95–103.

Pfundmair, M. & Prenzlow, R. (2018). Die Psychologie fremder Kulturen im familienrechtlichen Alltag. *Kindschaftsrecht und Jugendhilfe, 12*, 447–451.

Plattner, A. (2019). *Erziehungsfähigkeit psychisch kranker Eltern richtig einschätzen und fördern.* München: Reinhardt.

Plaum, E. (2004). Erfreuliches und Problematisches bei einer Grundkonzeption der Einzelfalldiagnostik. *Report Psychologie, 4*, 247–251.

Plich, I. (2017). Rechtliche Aspekte von Minderjährigenehen – Die gesetzliche Neuregelung. *Rechtspsychologie, 3*, 299–323.

Poortman, A.R. (2018). Postdivorce parent-child contact and child well-being: The importance of predivorce parental involvement. *Journal of Marriage and Family, 80* (3), 671–683.

Poustka, F. (2000). Autismus: Klinik, Diagnose, Therapie und Ursachen. *Forum der Kinder- und Jugendpsychiatrie und Psychotherapie, 10* (3), 73–86.

Poutvaara, P. & Steinhardt, M.F. (2015). *Bitterness in life and attitudes towards immigration.* Berlin: SOEPpapers on Multidisciplinary Panel Data Research.

Preuss, U.W. et al. (2009). Personality Disorders in Alcohol-Dependent Individuals: Relationship with Alcohol Dependence Severity. *European Addiction Research, 15*, 188–195.

Proyer, R.T. & Ortner, T.M. (2009). *Praxis der Psychologischen Gutachtenerstellung.* Bern: Hans Huber.

Pütz, D. (2006). *ADHS-Ratgeber für Erwachsene.* Göttingen: Hogrefe.

Quehenberger, J. (2017). Väter im Blick. In: K.H. Brisch (Hrsg.), *Bindung und emotionale Gewalt* (S. 25–28). Stuttgart: Klett-Cotta.

Raghavan, R. & Griffin, E (2017). Resilience in children with intellectual disabilities: A review of literature. *Advances in Mental Health & Intellectual Disabilities, 11* (3), 86–97.

Rama, C. (2014). Internationale Kinderentführung durch die Mutter. www.fu-berlin.de/sites/gpo/int_bez/Globalisierung/Rama_Kindesentführung/Rama_Text.pdf.

Rampp, G.; Roesler, C. & Peter, J. (2020). Bindungsrepräsentationen, belastende Lebensereignisse und ADHS bei Jungen im Alter von 6 bis 10 Jahren. *Praxis der Kinderpsychologie und Kinderpsychiatrie, 69*, 40–59.

Ramsauer, B. (2016). Komorbide Persönlichkeitsstörungen und Parenting Stress bei postpartal depressiv erkrankten Müttern. *Praxis der Kinderpsychologie und Kinderpsychiatrie, 65* (4), 282–286.

Rasch, I. (2006). Begleiteter Umgang. *Kindschaftsrecht und Jugendhilfe, 9*, 398–402.

Rassenhofer, M. et al. (2020). *Misshandlung und Vernachlässigung.* Göttingen: Hogrefe.

Ratzke K. & Cierpka, M. (1999). Der familiäre Kontext von Kindern, die aggressive Verhaltensweisen zeigen. In: M. Cierpka (Hrsg.), *Kinder mit aggressivem Verhalten* (S. 25–60). Göttingen: Hogrefe.

Rau, T.; Kliemann, A.; Ohlert, J.; Allroggen, M. & Fegert, J.,(2019). Gefährdungsmomente im Zusammenhang mit religiös-motivierter Radikalisierung. *Kindschaftsrecht und Jugendhilfe, 4*, 128–136.

Rau, T. et al. (2020). Profitieren Kinder und Jugendliche mit unterschiedlichen Aufnahmegründen gleichermaßen von einer Heimunterbringung? *Praxis der Kinderpsychologie und Kinderpsychiatrie, 69* (3), 218-235.

Rauh, H. (2008). *Elternkompetenz geistig behinderter Mütter.* Vortrag im Rahmen der 5. Münchner Tagung für Familienpsychologie am 15. und 16.2.2008 in München.

Reck, C. (2008). Depression und Angststörung im Peripartalzeitraum. *Nervenheilkunde, 6,* 499–505.

Reimer, D. (2020). Geschwisterbeziehung bei fremduntergebrachten Kindern – Belastungen und Ressourcen. In: K.H. Brisch (Hrsg.), *Bindung und Geschwister* (S. 194-214). Stuttgart: Klett-Cotta.

Reinhold, C. & Kindler, H. (2006). Was ist über Eltern, die ihre Kinder gefährden, bekannt? In: H. Kindler, S. Lillig, H. Blüml, T. Meysen & A. Werner (Hrsg.), *Handbuch Kindeswohlgefährdung nach § 1666 BGB und Allgemeiner Sozialer Dienst (ASD)* (S. 125–132). München: Deutsches Jugendinstitut.

Reis, O. & Meyer-Probst, B. (1999). Scheidung der Eltern und Entwicklung der Kinder. In: S. Walper & B. Schwarz (Hrsg.), *Was wird aus den Kindern?* (S. 49–71). Weinheim: Juventa.

Renner, E. (2002).[2.] *Andere Völker andere Erziehung.* Wuppertal: Peter Hammer.

Renner, I.; Hoffmann, T. & Paul, M. (2020). Frühe Hilfen für Kinder psychisch kranker Eltern – Forschungsergebnisse des Nationalen Zentrums Frühe Hilfe. *Praxis der Kinderpsychologie und Kinderpsychiatrie, 69* (5), 416-425.

Rens-Polster, H. (2020). *Politik auf dem Wickeltisch.* Vortrag auf der 19. Internationalen Bindungskonferenz, 11.-.13.09.2020 in Ulm.

Rettenberger, M. (2020). Risikoeinschätzung bei Fällen des sexuellen Kindesmissbrauchs. In: Deutscher Familiengerichtstag eV (Hrsg.), *23. Deutscher Familiengerichtstag* (S. 77–94). Bielefeld: Gieseking.

Retz, E. & Walper, S. (2015). Hochstrittige Eltern in Zwangskontexten: Effekt des Elternkurses Kinder im Blick. *Praxis der Rechtspsychologie, 25* (1–2), 61–84.

Richardt, M.; Remschmidt, H. & Schulte-Körne, G. (2006). Einflussfaktoren auf den Verlauf Begleiteter Umgänge in einer Erziehungsberatungsstelle. *Praxis der Kinderpsychologie und Kinderpsychiatrie, 55,* 724–738.

Richter, T. et al. (2020). Fachgruppe Pädagogische Psychologie: Die besondere Beziehung von Entwicklungspsychologie und Pädagogischer Psychologie. *Psychologische Rundschau, 71* (1), 24–48.

Richter, U. (2007). Schulschwänzer – ordnungsgemäß abgemeldet. *Familie, Partnerschaft, Recht, 12,* 463–467.

Riedesser, P. & Schulte-Markwort, M. (1999). Kinder körperlich kranker Eltern: Psychische Folgen und Möglichkeiten der Prävention. *Deutsches Ärzteblatt, 96* (38), 41–46.

Riggs, S. (2017). Der Zyklus des emotionalen Missbrauchs im Bindungsnetzwerk. In: K.H. Brisch (Hrsg.), *Bindung und emotionale Gewalt* (S. 59–97). Stuttgart: Klett-Cotta.

Rijn-van Gelderen, L et al. (2018). Wellbeing of gay fathers with children born through surrogacy: a comparison with lesbian-mother families and heterosexual IVF parent families. *Human Reproduction, 33* (1), 101–108.

Rivas-Drake, D. et al. (2014). Ethnic and racial identity in adolescence: Implications for psychosocial, academic, and health outcomes. *Child Development, 85,* 40–57.

Römer, F. (2012). *Meine liebe Nervensäge.* Weinheim: Beltz.

Rogalla, V. (2016). OLG Stuttgart: Umgangsausschluss bei Verweigerung des Kindes. *Neue Zeitschrift für Familienrecht, 1,* 43.

Rohmannn, J. (2004 a). Leichte körperliche Bestrafung, Teil 1. *Kindschaftsrechtliche Praxis, 4,* 123–128.

Rohmannn, J. (2004 b). Leichte körperliche Bestrafung, Teil 2. *Kindschaftsrechtliche Praxis, 5,* 170–175.

Rohmann, J. (2004 c). Systemorientierte Perspektiven und Ansätze in der Familienrechtspsychologie. *Praxis der Rechtspsychologie, 14* (1), 5–21.

Rohmann, J. (2005). Feindselige Ablehnung eines Elternteils und elterlich erzieherische Verantwortung. *Kindschaftsrechtliche Praxis, 6*, 208–215.

Rohmann, J. (2008). § 8 a SGB VIII: Psychologische Erkenntnisse, methodische Erfordernisse, Psychodiagnostik und Beurteilung hinsichtlich „gewichtiger Anhaltspunkte" und „Abschätzung" eines „Gefährdungsrisikos" bei (evtl.) Kindeswohlgefährdung. *Praxis der Rechtspsychologie, 18* (2), 196–228.

Rohmann, J. (2009). Interaktionsbeobachtungen bei Umgangskontakten. *Praxis der Rechtspsychologie, 19* (1), 42–53.

Rohmann, J. (2011). Zur Abschätzung bzw. Beurteilung des Risikos einer Kindeswohlgefährdung. *Praxis der Rechtspsychologie, 21* (2), 280–303.

Rohmann, J. (2020). Borderline-Persönlichkeitsstörungen (BPD) in familienrechtspsychologischer Perspektive. *Rechtspsychologie, 3*, 371-406.

Rohmann, J. & Stadler, M. (1999). Das Zueinander von Diagnostik und Intervention in der familienpsychologischen Sachverständigentätigkeit. *Zentralblatt für Jugendrecht*, 2, 37–78.

Romer, G. et al. (2004). Kinder körperlich erkrankter Eltern. *Hamburger Ärzteblatt, 3*, 124–127.

Romer, G. et al. (2006). Kindliches Erleben der chronischen körperlichen Erkrankung eines Elternteils: Eine qualitative Analyse von Interviews mit Kindern dialysepflichtiger Eltern. *Praxis der Kinderpsychologie und Kinderpsychiatrie, 55*, 53–72.

Romer; G. & Haagen, M. (2007). *Kinder körperlich kranker Eltern*. Göttingen: Hogrefe.

Rosenbach, C.; Zitzmann, J. & Renneberg, B. (2019). Borderline und Mutter sein – ein verhaltenstherapeutisches Gruppentraining zur Förderung der Erziehungskompetenz. *Psychotherapeutenjournal, 69* (4), 350–356.

Rossmann P. (2012). *Einführung in die Entwicklungspsychologie des Kindes und Jugendalters*. Bern: Hans Huber.

Rotheburg, E.-M. & Trinkner, A. (2015). Qualifizierte sozialpädagogische Familienhilfe für Kinder psychisch kranker Eltern. *Zeitschrift für Kindschaftsrecht und Jugendhilfe, 5*, 176–182.

Roux, I. & Castellanos, H.A. (2016). *Schriftlich oder mündlich, lang oder kurz* – welche Form der Gutachtenerstattung ist bei unterschiedlichen Fallkonstellationen zu empfehlen? *Praxis der Rechtspsychologie, 26* (2), 129–140.

Rupp, M. & Haag, C. (2016). Gleichgeschlechtliche Partnerschaften: Soziodemographie und Lebenspläne. In: Y. Niephaus, M. Kreyenfeld & R. Sackmann (Hrsg.), *Handbuch Bevölkerungssoziologie* (S. 327–345). Wiesbaden: Springer.

Ruppe, M. (2009). *Die Lebenssituation von Kindern in gleichgeschlechtlichen Lebenspartnerschaften*. Köln: Bundesanzeiger Verlag.

Saimeh, N. (2010). Frauen als Täterinnen. In: R. Steffens-enn & J. Hoffmann (Hrsg.), *Schwere Gewalt gegen Kinder* (S. 58–74). Frankfurt: Verlag für Polizeiwissenschaft.

Salewski, C. & Stürmer, S. (2015). *Standards in der familienrechtspsychologischen Begutachtung*. www.fernuni-hagen.de/psychologie/qpfg/Untersuchungsbericht1_FPRGutachten_2014.pdf.

Salgo, L. (2003 a). Häusliche Gewalt und Umgang. In: J.M. Fegert & U. Ziegenhain (Hrsg.), *Hilfen für Alleinerziehende* (S. 108-124). Weinhein: Juventa.

Salgo, L. (2003 b). Gesetzliche Regelungen des Umgangs und deren kindgerechte Umsetzung in der Praxis des Pflegekinderwesens. *Zentralblatt für Jugendrecht, 90* (10), 361–404.

Salgo, L. (2010). Häusliche Gewalt, Traumatisierung und Umgangsfragen. In: J.M. Fegert, U. Ziegenhain & L. Goldbeck (Hrsg.), *Traumatisierte Kinder und Jugendliche in Deutschland* (S. 121–139). Weinheim: Juventa.

Salgo, L. (2017). Die Beziehung zwischen Familienrecht und Human-/Sozialwissenschaften am Beispiel des Kindschaftsrechts. *Zeitschrift für Kindschaftsrecht und Jugendhilfe*, 7, 254–260.

Salzgeber, J. (2003). Zum aktuellen Stand der PAS-Diskussion. *Forum Familien- und Erbrecht, 6*, 232–235.

Salzgeber, J. (2014). Das Wechselmodell. *Neue Zeitschrift für Familienrecht, 20,* 921–929.

Salzgeber, J. (2015 a). Die Diskussion um die Einführung des Wechselmodells als Regelfall der Kinderbetreuung getrennt lebender Eltern aus Sicht der Psychologie. *Zeitschrift für das gesamte Familienrecht, 23*, 2018–2024.

Salzgeber, J. (2015 b)[6.]. *Familienpsychologische Gutachten.* München: H.C. Beck.

Salzgeber, J. (2015 c). Lösungsorientierte Gutachten. *Zeitschrift für Konfliktmanagement, 5* (18), 144–148.

Salzgeber, J. (2017). *Arbeitsbuch familienpsychologische Gutachten.* München: C.H.Beck.

Salzgeber, J.; Vogel, C.; Schrader, W. & Partale, C. (1995). Zur Frage der Erziehungsfähigkeit aus medizinisch-psychologischer Sicht bei gerichtlichen Fragen zur Sorge- und Umgangsregelung. *Zeitschrift für das gesamte Familienrecht, 21*, 1331–1342.

Sanders, A. (2019). Woher – Wohin? Familien(recht) im Wandel. In: Deutscher Familiengerichtstag eV (Hrsg.), *23. Deutscher Familiengerichtstag* (S. 27–41). Brühler Schriften zum Familienrecht. Bielefeld: Gieseking.

Sarimski, K. (2007). Psychische Störungen bei behinderten Kindern und Jugendlichen. *Zeitschrift für Kinder und Jugendpsychiatrie und Psychotherapie, 35* (1), 19–29.

Sarimski, K. (2020). Down-Syndrom: Auswirkungen auf die Familie aus Sicht von Müttern und Vätern. *Praxis der Kinderpsychologie und Kinderpsychiatrie, 69* (3), 236-251.

Sarimski, K. & Steinhausen, H.-C. (2008). *Psychische Störungen bei geistiger Behinderung.* Göttingen: Hogrefe.

Sauer, K. & Teubert, A. (2019). Prävention von (sexualisierter) Gewalt gegenüber Menschen mit kognitiven Beeinträchtigungen. *Kindesmisshandlung und -vernachlässigung, 21*, 46–57.

Sauter, K.J.; Wallner, S. & Stemmler, M. (2018). Der Beitrag von geringer Selbstkontrolle, problematischem Erziehungsverhalten, gewalthaltigen Medien und Peerdevianz zur Vorhersage von Jugenddelinquenz. *Rechtspsychologie, 2*, 229–253.

Sauter, K.J.; Wallner, S.; Stemmler, M. & Reinecke, J. (2016). Gewalthaltige Computerspiele, Erziehungsverhalten und Jugenddelinquenz. *Rechtspsychologie, 2,* 149–171.

Schaan, V.; Schulz, A. & Vögele, C. (2019). Was Hänschen erlebt – erlebt Hans immer wieder. In: K.H. Brisch (Hrsg.), Bindung – Scheidung – Neubeginn (S. 34–48). Stuttgart: Klett-Cotta.

Schade, B. (1996). Der Verdacht auf sexuellen Missbrauch von Kindern in familiengerichtlichen Verfahren. In: B. Marchewka (Hrsg.), *Weißbuch sexueller Missbrauch* (S. 111–128). Bonn: Interessenverband Unterhalt und Familienrecht.

Schader, H. (Hrsg.) (2012). *Risikoabschätzung bei Kindeswohlgefährdung. Ein systematisches Handbuch.* Weinheim: Juventa.

Schanda, H. & Stompe, T. (2011). Zur Beziehung zwischen Schizophrenie und gewalttätigem Verhalten. *Forensische Psychiatrie, Psychologie, Kriminologie, 5*, 54–63.

Schechter, D.S. & Willheim, E. (2009). Disturbances of attachment and parental psychopathology in early childhood. *Child and Adolescent Psychiatry Clinics of North America, 18* (3), 665–687.

Scheeringa, M.S. & Zeanah, C.H. (2001). A Relational Perspective on PTSD in Early Childhood. *Journal of Traumatic Stress, 14* (4), 799–815.

Scheithauer, H. & Petermann, F. (2004). Aggressiv-dissoziales Verhalten. In: F. Petermann, K. Niebank & H. Scheithauer (Hrsg.), *Entwicklungswissenschaft* (S. 367–410). Berlin: Springer.

Schepker, R. & Toker, M. (2009). *Transkulturelle Kinder- und Jugendpsychiatrie.* Berlin: Medizinisch-Wissenschaftliche Verlagsgesellschaft.

Schepker, R.; Toker, M. & Eberding, A. (2003). Ergebnisse zur Prävention und Behandlung jugendpsychiatrischer Störungen in türkeistämmigen Zuwandererfamilien unter Berücksichtigung von Ressourcen und Risiken. *Praxis der Kinderpsychologie und Kinderpsychiatrie, 52*, 689–706.

Scherpe, J. (2014). Reichweite des verfassungsrechtlichen Schutzes der Verwandtenstellung im Vormundschaftsverfahren. *Zeitschrift für Familienrecht, 22,* 1821–1827.

Scheuerer-Englisch, H. (2017). Bindungen stärken und Resilienz fördern in der Erziehungsberatung. In: P. Zimmermann & G. Spangler (Hrsg.), *Feinfühlige Herausforderung* (S. 155–188). Gießen: Psychosozial Verlag.

Scheuerer-Englisch H., Suess G.J. & Pfeifer W-K.P. (Hrsg.) (2003). *Wege zur Sicherheit.* Gießen: Psychosozial Verlag.

Schiffer, B. (2011). Risikofaktoren für Bindungsstörungen und Delinquenz. *Forensische Psychiatrie, Psychologie, Kriminologie, 5,* 66–67.

Schindler, A. (2013). Bindung und Sucht – theoretische Modelle, empirische Zusammenhänge und therapeutische Implikationen. In: K.H. Brisch (Hrsg.), *Bindung und Sucht* (S. 13–31). Stuttgart: Klett-Cotta.

Schlack, R.; Rüdel, J.; Karger, A. & Hölling, H. (2013). Körperliche und psychische Gewalterfahrungen in der deutschen Erwachsenenbevölkerung. *Bundesgesundheitsblatt, 56,* 755–764.

Schlauß, S. (2018). Internationales Kindschaftsrecht. Aktuelle Entwicklungen bei der Aufgabe des Bundesamts für Justiz. *Kindschaftsrecht und Jugendhilfe, 6,* 214–219.

Schleiffer, R. (2010). Frühe Risiken bei Kindern sozial benachteiligter Familien aus kinder- und jugendpsychiatrischer Sicht. In: R. Kißgen & N. Heinen (Hrsg.), *Frühe Risiken und frühe Hilfen* (S. 112–131). Stuttgart: Klett-Cotta.

Schlüter-Müller, S. (2008). Bewältigungsstrategien von Kindern psychisch kranker Eltern am Beispiel des surrealistischen Malers René Magritte. *Nervenheilkunde, 6,* 561–564.

Schlund, M. (2015). Begleiteter Umgang bei „schwierigen Fallkonstellationen". *Zeitschrift für Kindschaftsrecht und Jugendhilfe, 2,* 55–60.

Schmahl, C. & Stiglmayr, C. (2020). *Selbstverletzung.* Göttingen: Hogrefe.

Schmahl, S. (2013). *Kinderrechtskonvention mit Zusatzprotokollen.* Baden-Baden: Nomos-Verlag.

Schmauch, U. (2008). Lesbische Familien. *Familiendynamik, 33* (3), 289–307.

Schmid, M. et al. (2008). Kinder psychisch kranker Eltern. *Nervenheilkunde, 6,* 521–526.

Schmidt, M. et al. (2000). Effekte, Verlauf und Erfolgsbedingungen unterschiedlicher erzieherischer Hilfen. *Kindheit und Entwicklung, 9* (4), 202–211.

Schmidt-Atzert, L. et al. (2012). Zum Stand der Psychologischen Diagnostik. *Psychologische Runschau, 63* (3), 167–174.

Schmidt-Denter, U. (2000). Entwicklung von Trennungs- und Scheidungsfamilien: Die Kölner Längsschnittstudie. In: K.A. Schneewind (Hrsg.), *Familienpsychologie im Aufwind* (S. 203–221). Göttingen: Hogrefe.

Schmidt-Denter, U. (2005). *Soziale Beziehungen im Lebenslauf.* Weinheim: PVU.

Schmitt, M.; Neumann, R. & Montada, L. (1995). Dispositional sensitivity to befallen injustice. *Social Justice Research, 8* (4), 385–407.

Schmoeger, M. et al. (2018). Maternal bonding behavior, adult intimate relationship, and quality of life. *Neuropsychiatry, 32,* 26–32.

Schneewind, K. (2002) [2.]. Familie und Gewalt. In: R. Nave-Herz (Hrsg.), *Kontinuität und Wandel der Familie in Deutschland* (S. 131–157). Stuttgart: Lucius & Lucius.

Schneewind, K.A. et al. (Hrsg.) (2005). *4. Münchener Tagung für Familienpsychologie.* Abstractband. Department für Psychologie der Ludwig-Maximilians-Universität München: Eigenverlag.

Schneewind, K. & Schmidt, M. (1999). Familiendiagnostik im Kontext der Klinischen Entwicklungspsychologie. In: R. Oerter, C. v. Hagen, G. Röper & G. Noam (Hrsg.), *Klinische Entwicklungspsychologie* (S. 270–298). Weinheim: Beltz.

Schneider, F.; Frister, H. & Olzen, D. (2010)[2.] *Begutachtung psychischer Störungen.* Berlin: Springer.

Schneider, W. (2016)[2.]. Die psychosozialen Hintergrundbedingungen von Begutachtungsfragestellungen bei psychischen und psychosomatischen Erkrankungen. In: W. Schneider et al.

(Hrsg.), *Begutachtung bei psychischen und psychosomatischen Erkrankungen* (S. 25–42). Bern: Hogrefe.

Schneider, W.; Fabra, M. & Dohrenbusch, R. (2016). Das diagnostische Interview. In: W. Schneider et al. (Hrsg.), *Begutachtung bei psychischen und psychosomatischen Erkrankungen (S. 45–52)*. Bern: Hogrefe.

Schneider, W.; Freyberger, H. & Widder, B. (2016). Posttraumatische Belastungsstörung. In: W. Schneider et al. (Hrsg.), *Begutachtung bei psychischen und psychosomatischen Störungen* (S. 340–348). Göttingen: Hogrefe.

Schneider, W. & Lindenberger, U. (Hrsg.) (2012). *Entwicklungspsychologie*. Weinheim: Beltz.

Schreiber, H.-L. (2000). Der Sachverständige im Verfahren und in der Verhandlung. In: U. Venzlaff & K. Foerster (Hrsg.), *Psychiatrische Begutachtung* (S. 55–66). München: Urban & Fischer.

Schröder, M. et al. (2019). Attachment disorder and attachment theory – Two sides of one medal or two different coins? *Comprehensive Psychiatry, 95*, 152139.

Schuch, B. (1998). Entwicklungspsychopathologie und Entwicklungspsychologie über die Lebensspanne. In: I. Kryspin-Exner, B. Lueger-Schuster & G. Weber (Hrsg.), *Klinische Psychologie und Gesundheitspsychologie* (S. 79–99). Wien: Universitätsverlag.

Schütt, S. & Zumbach, J. (2019). Impulse aus der kriminalprognostischen Begutachtung für die Kindeswohlprognose im Familienrecht: Entwicklung eines Interviewleitfadens für die Elternexploration im Begutachtungskontext. *Rechtspsychologie, 2*, 160–177.

Schumann, E. (2013). Das Verfahren zur Übertragung der gemeinsamen elterlichen Sorge nach § 155 a FamFG. *Forum Familienrecht, 9*, 339–349.

Schwarz, B. & Noack, P. (2002). Scheidung und Ein-Eltern-Familien. In: M. Hofer, E. Wild & P. Noack (Hrsg.), *Lehrbuch Familienbeziehungen* (S. 312–335). Göttingen: Hogrefe.

Seagull, E. (2002). Die Begutachtung der Familie. In: M. Helfer, R. Kempe & R. Krugman (Hrsg.), *Das mißhandelte Kind* (S. 231–268). Frankfurt am Main: Suhrkamp.

Seelmann, K. (2014). *„Aber das Recht hat seine Grenze an der Liebe" – Über eine Grund-Paradoxie des Familienrechts*. Bielefeld: Gieseking.

Seiffge-Krenke, I. (2019). Was verursacht Zukunftsstress bei immigrierten und deutschen Jugendlichen und wie gehen beide Gruppen damit um? *Praxis der Kinderpsychologie und Kinderpsychiatrie, 68*, 606–622.

Seiffge-Krenke, I. & Skaletz, C. (2006). Chronisch krank und auch noch psychisch beeinträchtigt? *Praxis der Kinderpsychologie und Kinderpsychiatrie, 55*, 73–90.

Sekler, K. (2020). Gemeinsam Verantwortung tragen !? Interdisziplinäre Versorgung von Kindern psychisch kranker Eltern aus Sicht der Kinder- und Jugendhilfe. *Praxis der Kinderpsychologie und Kinderpsychiatrie, 69* (5), 405-415.

Selwyn, J. (2019). Sibling Relationships in Adoptive Families that Disrupted or Were in Crisis. *Research on Social Work Practice, 29* (2), 165–175.

Shen, J.; Cheah, C. & Yu, J. (2018). Asian American and European American Emerging Adults' Perceived Parenting Styles and Self-Regulation Ability. *Asian American Journal of Psychology, 9* (2), 140–148.

Sigusch, V. (2005). *Neosexualitäten*. Frankfurt: Campus-Verlag.

Sitorus, B. (2002). Trennung und Scheidung bei binationalen Familien. *Das Jugendamt, 9*, 390–393.

Skodol, A.E. et al. (2005). The Collaborative Longitudinal Personality Disorders Study (CLPS): overview and implications. *Journal of Personality Disorders, 19* (5), 487–504.

Sluzki, C. (2001). Psychologische Phasen der Migration und ihre Auswirkungen. In: T. Hegemann & R. Salman (Hrsg.), *Transkulturelle Psychiatrie* (S. 101–115). Bonn: Psychiatrie Verlag gGmbH.

Sodian, B. (2012). Entwicklung des Denkens. In: W. Schneider & U. Lindenberger (Hrsg.), *Entwicklungspsychologie* (S. 385–412). Weinheim: Beltz.

Solomon, J., & George, C. (1999). The development of attachment in separated and divorced families: Effects of overnight visitation, parent, and couple variables. *Attachment and Human Development, 1*, 1–33.

Sommer, K.; Lippert, M.; von Boode, L. & Schneider, S. (2020=. Nicht von schlechten Eltern – Interventionen und Hilfsangebote für Kinder psychisch kranker Eltern. *Praxis der Kinderpsychologie und Kinderpsychiatrie, 69* (5), 426-442.

Sonnenmoser, M. (2017). Häusliche Gewalt gegen Männer. Unbeachtet und tabuisiert. *Ärzteblatt für Psychologische Psychotherapeuten und Kinder- und Jugendpsychotherapeuten, 16* (3), 177.

Sørensen et al., H.J. et al. (2011). The contribution of parental alcohol use disorders and other psychiatric illness to the risk of alcohol use disorders in the offspring. *Alcoholism: Clinical and Experimental Research, 35* (2), 1315–1320.

Spangenberg B. & Spangenberg, E. (2002). Geschwisterbindung und Kindeswohl. *Zeitschrift für das gesamte Familienrecht, 15*, 1007–1010.

Spangenberg, B. & Spangenberg, E. (2003). Der Kindeswille – die mediative Sicht. *Kindschaftsrechtliche Praxis, 6*, 199–201.

Spangler, G. (2003). Beiträge der Bindungsforschung zur Situation von Kindern aus Trennungs- und Scheidungsfamilien. *Praxis der Rechtspsychologie, 13* (1), 76–90.

Spiegel, D. & Kato, P. (2000). Psychosoziale Einflüsse auf Inzidenz und Progression von Krebs. In: W. Larbig,& V. Tschuschke (Hrsg.), *Psychoonkologische Interventionen* (S. 111–150). München: Ernst Reinhardt.

Spielberg, P. (2019). Häusliche und sexualisierte Gewalt: Ärzte oft erste Anlaufstelle. *Deutsches Ärzteblatt, 116* (50).

Spindler, M. (2008). Hochstrittige Trennung und Scheidung: Definition, Interpretation und Intervention. *Zeitschrift für Kindschaftsrecht und Jugendhilfe, 3*, 98–106.

Spokas M. & Heimberg, R. (2009). Overprotective Parenting, Social Anxiety, and External Locus of Control: Cross-sectional and Longitudinal Relationships. *Cognitive Therapy and Research, 33*, 543–551.

Stachowske, R. (2011). Suchtbelastete Familien. In: Bundesarbeitsgemeinschaft der Kinderschutz-Zentren eV (Hrsg.), *Kindheit mit psychisch belasteten und süchtigen Eltern* (S. 101–132). Köln: Bundesarbeitsgemeinschaft der Kinderschutz-Zentren eV.

Stadler, L. (2012). Misshandlung und Vernachlässigung in der Kindheit: Epidemiologie, Risikofaktoren und Reviktimisierung im Erwachsenenalter. *Praxis der Rechtspsychologie, 22* (2), 419–446.

Stangier, U. & Ehlers, A. (2000). Stress and anxiety in dermatological disorders. In: D. Mostofsky & D. Barlow (Eds.), *The management of stress in medical disorders* (p. 304–333). Needham Heights, MA: Allyn & Bacon.

Stangier, U.; Risch, A.-K.; Heidenreich, T. & Hautzinger, M. (2014). Rezidivierende Depressionen – Lassen sich Rückfälle verhindern und psychische Gesundheit erhalten? *Psychotherapeutenjournal, 2*, 164–169.

Statistisches Bundesamt (2019). *Statistisches Jahrbuc*h. Wiesbaden.

Steck, B. (2002). *Multiple Sklerose und Familie.* Basel: Karger-Verlag.

Steele, B. (2002). Psychodynamische und biologische Aspekte der Kindesmisshandlung. In: M. Helfer, R. Kempe & R. Krugman (Hrsg.), *Das mißhandelte Kind* (S. 114–159). Frankfurt am Main: Suhrkamp.

Steil, R. & Rosner, R. (2009). *Posttraumatische Belastungsstörung*. Göttingen: Hogrefe.

Steinberg, K.; Maas, C.; Müller, J.; Michel, J. & Romer, G. (2019). Multifamilientherapie mit anorektischen Kindern und Jugendlichen im tagesklinischen Rahmen. *Praxis der Kinderpsychotherapie und Kinderpsychiatrie, 68*, 438–458.

Steinmetz, M. & Lewand, M. (2004). Zur Diagnostik der Erziehungsfähigkeit im Rahmen familienrechtlicher Begutachtung. *Praxis der Rechtspsychologie, 14* (2), 286–303.

Stelzig, O. & Sevecke, K. (2019). Stressbewältigung im Kindes- und Jugendalter. *Praxis der Kinderpsychologie und Kinderpsychiatrie, 68*, 592–605.

Stieglitz, R.-S.; Nyberg, E. & Hofecker-Fallahpour, M. (2012). *ADHS im Erwachsenenalter*. Göttingen: Hogrefe.

Streeck-Fischer, A. (2010). Angriffe auf Körper und Seele. *Der Psychotherapeut, 55*, 98–105.

Strobach, S. (2008). Die seelische Entwicklung des Kindes nach einer Elterntrennung und Scheidung. *Familie, Partnerschaft, Recht, 4*, 148–151.

Struck, J. & Taefi, A. (2019). Kriminalität, Staatsangehörigkeit und Migrationshintergrund: Quantitativ-kriminologische Forschung und das Deutungsmuster einer essentialistischen Kultur. *Rechtspsychologie, 3*, 313–329.

Sünderhauf, H. (2013). *Wechselmodell*. Wiesbaden: Springer.

Sullivan, P. (2005). Culture, divorce, and family mediation in Hong Kong. *Family Court Review, 43* (1), 109–123.

Taylor, J.L. & Kinderman, P. (2002). An analogue study of attributional complexity, theory of mind, deficits and paranoia. *British Journal of Psychology, 93* (1), 137–140.

Tedgård, E.; Råstam, M. & Wirtberg, I. (2019). An upbringing with substance-abusing parents: Experiences of parentification and dysfunctional communication. *Nordic Studies on Alcohol and Drugs, 36* (3), 223–247.

Temizyürek, K. (2018). Die richterliche Kindesanhörung: Bindungsfürsorge, Bindungstoleranz, Bindungsblockade. *Kindschaftsrecht und Jugendhilfe, 8*, 301–306.

Thiergärtner, R. (2015). *Eltern in der Psychiatrie – und die Kinder*? Augsburg: Wißner-Verlag.

Thomsen, C.S. (2011). Abbruchkriterien in der Mediation von Familienkonflikten. *Praxis der Rechtspsychologie, 21* (2), 263–279.

Toman, W. (2011)[9.]. *Familienkonstellationen*. München: Beck.

Tornello, S. et al. (2013). Overnight Custody Arrangements, Attachment, and Adjustment Among Very Young Children. *Journal of Marriage and Family, 75*, 871–885.

Trinder, L.; Keller, J. & Swift, L. (2008). The relationship between contact and child adjustment in high conflict cases after divorce or separation. *Child and Adolescent Mental Health, 13* (4), 181–885.

Trossen, A. (2002). Der Anwalt als Scheidungsmanager. *Die Kanzlei, 11*, 18–20.

Trost, A. (2013). Drogenabhängige Mütter und ihre Säuglinge – Interaktionsverhalten und Einstellungen. In: K.H. Brisch (Hrsg.), *Bindung und Sucht* (S. 110–138). Stuttgart: Klett Cotta.

Tylor, A. et al. (2005). A new Mother-to-Infant Bonding Scale: links with early maternal mood. *Archives of Women's Mental Health, 8*, 45–51.

Ulich, M. (1988). Risiko- und Schutzfaktoren in der Entwicklung von Kindern und Jugendlichen. *Zeitschrift für Heilpädagogik, 49* (6), 278–284.

UNICEF (2002). *Opinion poll.* What young people think. Europe and Central Asia. www.unicef.org//polls

UNICEF (2003). Todesfälle bei Kindern durch Misshandlungen und Vernachlässigung in den Industrieländern. Zusammenfassung der internationalen Vergleichsstudie „Child Maltreatment Deaths in Rich Nations". Florenz :*UNICEF-Innocenti Report Card Nr. 5*.

UNICEF (2015). *Schutz für Flüchtlingskinder in Deutschland.* www.unicef.de/presse/2015/schutz-fuer-fluechtlingskinder-deutschland/98698

Unterstaller, A. (2006). Was ist unter sexuellem Missbrauch zu verstehen? In: H. Kindler, S. Lillig, H. Blüml, T. Meysen T. & A. Werner (Hrsg.), *Handbuch Kindeswohlgefährdung nach § 1666 BGB und Allgemeiner Sozialer Dienst (ASD)* (S. 53–57). München: Deutsches Jugendinstitut.

Unzner, L. (2006). Bindungstheorie und Wechselmodell. *Familie, Partnerschaft, Recht, 7*, 274–277.

Uphoff, I. (2001). Eingriffe in die elterliche Sorge wegen psychischer Erkrankungen der Sorgeberechtigten. *Recht & Psychiatrie, 19* (1), 11–13.

Utsch, M. (2015). Spiritualität: Bewältigungshilfe oder ideologischer Fanatismus? Teil I. *Psychotherapeutenjournal, 4*, 347–351.

Utsch, M. (2016). Spiritualität: Bewältigungshilfe oder ideologischer Fanatismus? Teil II. *Psychotherapeutenjournal, 1*, 6–11.

Van Anken, P. (2009). Häusliche Gewalt gegen Männer – nur ein Annexthema häuslicher Gewalt gegen Frauen? In: D. Schröder (Hrsg.), *Gewalt im sozialen Nahraum III* (S. 77–110). Frankfurt: Verlag für Polizeiwissenschaft.

Van Hooijdonk, E. (2016). Child's best interests: a discussion of commonly encountered tensions. Counsil of Europe (Hrsg.), *The best interests of the child. A dialogue between theory and practice* (40–44). Strasbourg: Counsil of Europe Publishing.

Van Prooijen, J.-W. & Krouwel, A. (2019). Psychological Features of Extreme Political Ideologies. *Current Directions in Psychological Science, 28* (2), 159–163.

Verband binationaler Familien und Partnerschaften, iaf eV (2002 a) (Hrsg.). *Trennung und Scheidung binationaler Paare.* Frankfurt a.M.: Brandes und Apsel.

Verband binationaler Familien und Partnerschaften, iaf eV (2002 b)[3.] (Hrsg.). *Wie Kinder mehrsprachig aufwachsen.* Frankfurt a.M.: Brandes und Apsel.

Vergho, C. (2009). Begleiteter Umgang (BU) im Kontext häuslicher Gewalt. *Praxis der Rechtspsychologie, 19* (1), 124–145.

Vesting, C. (2017). Das neue Sachverständigenrecht. *Familienrecht, 2*, 196–203.

Vogel, H. (2016). Ablehnung des Sachverständigen wegen Besorgnis der Befangenheit in Kindschaftssachen nach Inkrafttreten des FGG-RG. *Rechtspsychologie, 4*, 470–480.

Volbert, R. (2005). Sexualisiertes Verhalten von Kindern – Stellenwert für die Diagnostik eines sexuellen Missbrauchs. In: M. Clauß, M. Karle, M. Günter & G. Barth (Hrsg.), *Sexuelle Entwicklung – sexuelle Gewalt* (S. 38–61). Lengerich: Pabst Science Publishers.

Volbert, R. & Kuhle, F. (2019). Sexueller Kindesmissbrauch. In: R. Volbert, A. Huber, A. Jacob & A. Kannegießer (Hrsg.), *Empirische Grundlagen der familienrechtlichen Begutachtung* (S. 233–262). Göttingen: Hogrefe.

Volkert, J. et al. (2019). Bindungskompetenzen psychisch kranker Eltern stärken: Adaptation und Pilottestung des mentalisierungsbasierten Leuchtturm-Elternprogramms. *Praxis der Kinderpsychotherapie und Kinderpsychiatrie, 68* (1), 27–42.

v. Boch-Galhau, W. (2018). Parental Alienation (Syndrome) – Eine ernst zu nehmende Form von psychischer Kindesmisshandlung. *Neuropsychiatrie, 32*, 133–148.

v. Gontard, A. (2010). *Säuglings- und Kleinkindpsychiatrie.* Stuttgart: Kohlhammer.

v. Hofacker, N. (2009). Frühkindliche Fütterstörungen – neuere Entwicklungen und ihre Relevanz für die Praxis. *Monatsschrift Kinderheilkunde, 157*, 567–573.

v. Lersner, U. & Kizilhan, J. (2017). *Kultursensitive Psychotherapie.* Göttingen: Hogrefe.

v. Salisch, M. (2020). Beschäftigung mit gewalthaltigen Computerspielen und offen aggressives Verhalten bei Kindern und Jugendlichen: Ein Literaturüberblick zur Wirkrichtung. *Praxis der Kinderpsychologie und Kinderpsychiatrie, 69*, 109–125.

Vulliez-Coady, L.; Solheim, E.; Nahum, J. & Lyons-Ruth, K. (2016). Role-confusion in Paret-Child Relationships: Assessing Mother's. Representations and its implications for Counseling and Psychotherapy Practice. *The European Journal of Counseling Psychology, 4* (2), 205–227.

Wagenblass, S. (2003). Wenn Mütter in ver-rückten Welten leben. In: J. Fegert & U. Ziegenhain (Hrsg.), *Hilfen für Alleinerziehende* (S. 208–214). Weinheim: Beltz.

Wahl, P; Otto, C. & Lenz, A. (2017). Bedarfe und Herausforderungen in Familien mit psychisch erkranktem Elternteil – „Health Literacy" als Rahmenkonzept. *Forum Gemeindepsychologie, 22* (1), eJournal.

Walger, M. (2010). Auswirkungen nicht erkannter Hörschädigungen auf die psychosoziale Entwicklung von Kindern. In: R. Kißgen & N. Heinen (Hrsg.), *Frühe Risiken und frühe Hilfen* (S. 105–111). Stuttgart: Klett-Cotta.

Wallerstein, J.S. & Lewis, J. (2001). Langzeitwirkungen der elterlichen Ehescheidung auf Kinder. *Zeitschrift für das gesamte Familienrecht, 48*, 65–72.

Wallerstein J.S. & Lewis, J.M. & Blakeslee, S. (2002). *Scheidungsfolgen – Die Kinder tragen die Last.* Münster: Verlag Votum.

Wallner, H. (2015). Pädophilie und sexueller Kindesmissbrauch im Familienverfahren. *Neue Zeitschrift für Familienrecht, 13*, 610–612.

Walper, S. (2005 a). *Das Umgangsrecht im Spiegel psychologischer Forschung.* Vortrag auf dem deutschen Familiengerichtstag am 17.9.2005 in Brühl.

Walper, S. (2005 b). Familien nach Trennung/Scheidung als Gegenstand familienpsychologischer Forschung. *Familie, Partnerschaft, Recht, 3*, 86–89.

Walper, S. (2005 c). Tragen Veränderungen in den finanziellen Belangen von Familien zu Veränderungen in der Befindlichkeit von Kindern und Jugendlichen bei? *Zeitschrift für Pädagogik, 51* (20), 170–191.

Walper, S. (2015). *Elternkonsens zwischen Wunsch und Wirklichkeit: Herausforderungen aus psychologischer Sicht.* Vortrag auf dem 6. Bundeskongress Elternkonsens, Stuttgart.

Walper, S. (2016). Arrangements elterlicher Fürsorge nach Trennung und Scheidung: Das Wechselmodell im Licht neuer Daten aus Deutschland. In: Deutscher Familiengerichtstag eV (Hrsg.), *21. Deutscher Familiengerichtstag* (S. 99–143). Bielefeld: Gieseking.

Walper, S. (2019). Die Beziehung zum getrennt lebenden Elternteil und das Wohlergehen von Kindern in verschiedenen Betreuungsmodellen. In: K.H. Brisch (Hrsg.), *Bindung – Scheidung – Neubeginn* (S. 128–151). Stuttgart: Klett-Cotta.

Walper, S. & Gerhard, A.-K. (2003). Entwicklungsrisiken und Entwicklungschancen von Scheidungskindern. *Praxis der Rechtspsychologie, 13* (Sonderheft 1), 91–113.

Walper, S. & Krey, M. (2011). Elternkurs zur Förderung der Trennungsbewältigung und Prävention von Hochkonfliktfamilien: Das Beispiel „Kinder im Blick". In: S. Walper, J. Fichtner & K. Normann (Hrsg.), *Hochkonflikthafte Trennungsfamilien* (S. 189–212). Weinheim: Juventa.

Walper, S. & Langmeyer, A. (2008). Auswirkungen einer elterlichen Scheidung auf die Entwicklung der Kinder. *Zeitschrift für Kindschaftsrecht und Jugendhilfe, 3*, 94–97.

Walper, S.; Lux, U. & Witte, S. (2020). Sozialbeziehungen zur Herkunftsfamilie. In: A. Lohaus (Hrsg.), *Entwicklungspsychologie des Jugendalters* (S. 113–137). Berlin: Springer.

Walper, S. & Wild, E. (2002). Wiederheirat und Stiefelternschaft. In: M. Hofer, E. Wild & P. Noack (Hrsg.), *Lehrbuch Familienbeziehungen* (S. 336–361). Göttingen: Hogrefe.

Walter, D. & Döpfner, M. (2020). *Schulvermeidung.* Göttingen: Hogrefe.

Walter, E. (1999). Begleiteter Umgang (§ 1684 Abs. 4 BGB) – Erfahrungen, Konzeptionen, Praxismodelle und neue Möglichkeiten. *Familie, Partnerschaft, Recht, 4*, 204–211.

Walter, E. (2008). Erziehungsfähigkeit. In: R. Volbert & M. Steller (Hrsg.), *Handbuch der Rechtspsychologie* (S. 594–600). Göttingen: Hogrefe.

Walter, E. (2009). Umgangspflicht aus psychologischer Sicht. *Praxis der Rechtspsychologie, 19* (1), 17–32.

Warschburger, P. & Petermann, F.(2008). *Adipositas.* Göttingen: Hogrefe..

Weber, M. (2004). Beteiligung von Kindern bei Beratung in Fragen der Trennung und Scheidung. *Kindschaftsrechtliche Praxis, 2*, 48–53.

Weber, A.; Karle, M. & Klosinski, G. (2004). Trennung der Eltern: Wie wird sie den Kindern vermittelt und welchen Einfluss haben Art und Inhalt der Mitteilung auf das Trennungserleben der Kinder? *Praxis der Kinderpsychologie und Kinderpsychiatrie, 53*, 196–206.

Weinberg, M.K. & Tronick, E. (1998). Emotional characteristics of infants associated with maternal depression and anxiety. *Pediatrics, 102* (5), 1298–1304.

Weingraber, S. & Stein, M. (2020). Interkulturelle Öffnung von spezialisierten Fachberatungsstellen gegen sexualisierte Gewalt als Beitrag zur Partizipation von Kindern mit Migrationshintergrund. *Kindesmisshandlung und –Vernachlässigung, 23*, 64-73.

Weis, M.; Link, E. & Stemmler, M. (2015). Längsschnittliche Zusammenhänge zwischen Erziehungsgewalt und Gewaltdelinquenz im frühen Jugendalter. *Rechtspsychologie, 3*, 285–302.

Weiß, H. (2010). Kinderarmut als Entwicklungsrisiko. In: R. Kißgen & N. Heinen (Hrsg.), *Frühe Risiken und frühe Hilfen* (S. 47–67). Stuttgart: Klett-Cotta.

Weiss, M.; Link, E. & Stemmler, M. (2015). Längsschnittliche Zusammenhänge zwischen Erziehungsgewalt und Gewaltdelinquenz im frühen Jugendalter. *Rechtspsychologie, 3,* 285–301.

Welldon, E.V. (2003). *Perversionen der Frau.* Gießen: Psychosozial-Verlag.

Wendt, E.-V. & Walper, S (2007). Entwicklungsverläufe von Kindern in Ein-Eltern- und Stieffamilien. In: C. Alt (Hrsg.), *Kinderleben – Start in die Grundschule* (S. 211–242). Wiesbaden: Verlag für Sozialwissenschaften.

Wendt, F. (2011). Begriffsgeschichte und Konzeptualisierung des psychischen Traumas. *Forensische Psychiatrie, Psychologie, Kriminologie, 5,* 3–11.

Werner, A. (2006): Was brauchen Kinder, um sich altersgemäß entwickeln zu können? In: H. Kindler, S. Lillig, H. Blüml, T. Meysen & A. Werner (Hrsg.), *Handbuch Kindeswohlgefährdung nach § 1666 BGB und Allgemeiner Sozialer Dienst (ASD)* (S. 81–84). München: Deutsches Jugendinstitut.

Westhoff, K. & Kluck, M.-L. (2008)[5]. *Psychologische Gutachten schreiben und beurteilen.* Berlin: Springer.

Westhoff, K.; Hornke, L.F. & Westmeyer, H. (2003). Richtlinien für den diagnostischen Prozess. *Report Psychologie, 28,* 504–517.

Wetzels, P. & Pfeiffer, C. (1997). Kindheit und Gewalt: Täter- und Opferperspektive aus Sicht der Kriminologie. *Praxis der Kinderpsychologie und Kinderpsychiatrie, 46* (3), 143–152.

Wewetzer, C. & Quaschner, K. (2019). *Suizidalität.* Göttingen: Hogrefe.

Weymann, B. (2008). *„Eine Ohrfeige hat noch nie geschadet!"* Gewalt in der Erziehung. Familienhandbuch des Staatsinstituts für Frühpädagogik. www.familienhandbuch.de/cmain/f_Aktuelles/a_Haeufige_Probleme/s_694.html

WHO (2019).[2.] *ICF-CY. Internationale Klassifikation der Funktionsfähigkeit, Behinderung und Gesundheit bei Kindern und Jugendlichen.* Göttingen: Hogrefe.

Wiedemann, M. (2013). Begutachtung psychisch gestörter Eltern. *Kindschaftsrecht und Jugendhilfe, 1,* 6–16.

Wiemann, I. (2013). Voraussetzungen für das Gelingen für Pflege und Adoption. In: Bundesarbeitsgemeinschaft der Kinderschutz-Zentren eV (Hrsg.), *Traumatisierte Kinder, gewalttätige Jugendliche, hochstrittige Eltern. Lösungswege aus schwierigen Familienkonstellationen* (S. 279–302). Köln: Bundesarbeitsgemeinschaft der Kinderschutz-Zentren.

Wigati, D.N., Tamtomo, D. & Dewi, Y.L.R. (2016). The relationship between parenting style, development stimulation, and gross motoric and language ability in children under five. *Indonesian Journal of Medicine, 1* (3), 169–174.

Wirmann, E. (2011). Videogestützte Entwicklungspsychologische Beratung (EpB). In: Bundesarbeitsgemeinschaft der Kinderschutz-Zentren eV (Hrsg.), *Kindheit mit psychisch belasteten und süchtigen Eltern* (S. 199–208). Köln: Bundesarbeitsgemeinschaft der Kinderschutz-Zentren eV.

Wissenschaftliche Dienste des Deutschen Bundestags (2019). *Sachstand Frauenhäuser in Deutschland.* Berlin: Deutscher Bundestag.

Witt, A., Brown, R.C.; Plener, P.L.; Brähler, E. & Fegert, J.M. (2017). Child maltreatment in Germany: prevalence rates in the general population. *Child and Adolescent Psychiatry and Mental Health, 11,* 47. https://doi.org/10.1186/s13034-017-0185-0.

Witte, S. (2020). Nähe, Wertschätzung und Fürsorge zwischen Geschwistern im Kontext von Misshandlung, Missbrauch und Vernachlässigung. In: K.H. Brisch (Hrsg.), *Bindung und Geschwister* (S. 179-193). Stuttgart: Klett-Cotta.

Witthöft, J.; Koglin, U. & Petermann, F. (2012). Zum Zusammenhang zwischen gewalthaltigen Bildschirmspielen und Aggression. *Zeitschrift für Psychiatrie, Psychologie und Psychotherapie, 60* (1), 51–65.

Wodarz, N. (2009). *Medikamente und Jugend: Funktion und Folgen von Medikamentenmissbrauch im Jugendalter.* Vortrag beim 8. Bayerischen Suchtforum der Bayerischen Akademie für Suchtfragen am 29.4.2009 in München.

Wölfling, K. (2009). *Verhaltenssüchte und Jugend. Nichtstoffgebundene „moderne" Süchte und ihre Auswirkungen: Computersucht, Onlinesucht, Handysucht.* Vortrag beim 8. Bayerischen Suchtforum der Bayerischen Akademie für Suchtfragen am 29.4.2009 in München.

Wölfling, K.; Müller, K., Giralt, S. & Beutel, M. (2011). Emotionale Befindlichkeit und dysfunktionale Stressverarbeitung bei Personen mit Internetsucht. *Sucht, 57* (1), 27–37.

Wölk, M. (2013). Gewaltbelastete Familien oder Familien mit Mehrbelastungen. In: Bundesarbeitsgemeinschaft der Kinderschutz-Zentren eV (Hrsg.), *Traumatisierte Kinder, gewalttätige Jugendliche, hochstrittige Eltern. Lösungswege aus schwierigen Familienkonstellationen* (S. 93–110). Köln: Bundesarbeitsgemeinschaft der Kinderschutz-Zentren eV.

Wolfe, J.D.(2016). The effects of maternal alcohol use disorders on childhood relationships and mental health. *Social Psychiatry and Psychiatric Epidemiology, 51* (10), 1439–1448.

Wurmser, H. et al. (2006). Association between life stress during pregnancy and infant crying in the first six months postpartum: a prospective longitudinal study. *Early Human Development, 82* (5), 341–349.

www.bundesgesetzblatt.de

www.bundestag.de

www.dhs.de

www.drogenbeauftragte.de

www.destatis.de

www.genesis.destatis.de

www.Institut-fuer-menschenrechte.de

www.mediendienst-integration.de

www.zpid.de

Zadeh, S.; Jones, C.M.; Basi, T. & Golombok, S. (2017). Children's. thoughts and feelings about their donor and security of attachment to their solo mothers in middle childhood. *Human Reproduction, 32* (4), 868–875.

Zaman, R.M.; Stewart, S.M. & Zaman, T.R. (2006). Pakistan: Culture, community, and familial obligations in a Muslim society. In: J. Georgas et al. (Ed.), *Families across cultures* (p. 427–434). Cambridge: University Press.

Zentner, M. (2011). *Inventar zur integrativen Erfassung des Kind-Temperaments (IKT).* Bern: Hans Huber.

Zentrum Bayern, Familie und Soziales, Bayerisches Landesjugendamt (1997). Merkmale, die bei sogenannten Sekten und Psychogruppen als kindeswohlgefährdend eingestuft werden können. *Mitteilungsblatt, 3.*

Ziegenhain, U. et al. (2004) 2.. *Entwicklungspsychologische Beratung für junge Eltern.* Weinheim: Juventa.

Ziegenhain, U. (2006). Kindeswohl und Kindeswohlgefährdung im Licht entwicklungspsychopathologischer Forschungsergebnisse. In: Zentrum Bayern Familie und Soziales (Hrsg.), *Kindeswohlgefährdung* (S. 12–22). München: ZBFS.

Ziegenhain, U. (2014). Risikoeinschätzung bei Kindeswohlgefährdung. In: Deutscher Familiengerichtstag eV (Hrsg.), *Brühler Schriften zum Familienrecht* (S. 81–116). Bielefeld: Gieseking.

Ziegenhain, U.; Fegert, J.M.; Ostler, T. & Buchheim, A. (2007). Risikoeinschätzung bei Vernachlässigung und Kindeswohlgefährdung im Säuglings- und Kleinkindalter – Chancen früher beziehungsorientierter Diagnostik. *Praxis der Kinderpsychologie und Kinderpsychiatrie, 56* (5), 410–428.

Zietlow, A.-L. & Reck, C. (2017). Die Bedeutung von postpartaler Depression und Angststörung für das Beziehungserleben der Mutter, die Mutter-Kind-Interaktion und die Entwicklung des Kindes. In: K.H. Brisch (Hrsg.), *Bindung und emotionale Gewalt* (S. 98–122). Stuttgart: Klett-Cotta.

Zimmermann, P. et al. (2000). Längsschnittliche Bindungsentwicklung von der frühen Kindheit bis zum Jugendalter. *Psychologie in Erziehung und Unterricht, 47* (1), 99–117.

Zimmermann, P. (2017). Bindung an den Vater: Eine andere Bindung?. In: P. Zimmermann & G. Spangler (Hrsg.), *Feinfühlige Herausforderung* (S. 191–208). Gießen: Psychosozial Verlag.

Zmyj, N. & Schölmerich, A. (2012). Förderung von Kleinkindern in der Tagesbetreuung. In: W. Schneider & U. Lindenberger (Hrsg.), *Entwicklungspsychologie* (S. 581–604). Weinheim: Beltz.

Zobel, M. (2005). Misshandlung und Vernachlässigung durch süchtige Eltern. In: G. Deegener & W. Körner (Hrsg.), *Kindesmisshandlung und Vernachlässigung* (S. 155–170). Göttingen: Hogrefe.

Zobel, M. (2006)2. *Kinder aus alkoholbelasteten Familien.* Göttingen: Hogrefe.

Zobel, M. (2008). Die Situation der Kinder in alkoholbelasteten Familien. In: M. Zobel (Hrsg.), *Wenn Eltern zu viel trinken* (S. 42–57). Bonn: Psychiatrie-Verlag.

Zumbach, J. (2017). Entwicklungspathologische Aspekte im Kontext der familienrechtspsychologischen Begutachtung. *Rechtspsychologie, 4*, 408–425.

Zumbach, J. (2019). Psychische Kindesmisshandlung. In: R. Volbert, A. Huber, A. Jacob & A. Kannegießer (Hrsg.), *Empirische Grundlagen der familienrechtlichen Begutachtung* (S. 203–232). Göttingen: Hogrefe.

Zurbriggen, E. & Ben Hagai, E. (2017). Die Folgen frühen emotionalen Missbrauchs für das Leben und die Beziehungen der erwachsenen Person. In: K.H. Brisch (Hrsg.), *Bindung und emotionale Gewalt* (S. 226–242). Stuttgart: Klett-Cotta.

Zuschlag, B. (2006)2. *Richtlinien für die Erstellung psychologischer Gutachten.* Bonn: Deutscher Psychologen Verlag.

Stichwortverzeichnis

Die Zahlen bezeichnen die Randnummern.